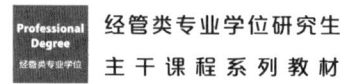

经管类专业学位研究生
主干课程系列教材

丛书编写委员会

主　　任　张金清

编　　委（按姓名笔画排序）

　　　　　　陈　钊　程大中　陈冬梅　陈学彬　杜　莉
　　　　　　封　进　黄亚钧　李心丹　刘红忠　刘莉亚
　　　　　　束金龙　沈国兵　杨　青　张晖明

经管类专业学位研究生
主干课程系列教材

Financial Markets and Institutions

金融市场与机构

刘红忠　卢　华　编著

复旦大学出版社

内容提要

本教材以"概论-机制-市场-机构-监管"为主要框架，从金融市场的范畴、功能和类型等基本概念出发，通过交易机制和市场有效性等市场机制角度认知金融市场，继而分别对货币市场、债券市场、股票市场、衍生品市场、金融市场中的金融机构、金融市场监管等相关领域的理论基础、现实结构和发展趋势进行了全面梳理。教材内容结合了国内外理论前沿与最新实务，既有理论系统性，又包括大量案例和实例内容，具有鲜明的应用型教材特色。

总　序

社会经济的发展对应用型专业人才的需求呈现出大批量、多层次、高规格的特点。为了适应这种变化,积极调整人才培养目标和培养模式,大力提高人才培养的适应性和竞争力,教育部于2009年推出系列专业学位硕士项目,实现硕士研究生教育从以培养学术型人才为主向以培养应用型人才为主的历史性转型和战略性调整。复旦大学经济学院于2010年首批获得金融硕士专业学位培养资格,经济学院专业学位项目依托强大的学科支持,设置了系统性模块化实务型课程,采用理论与实践相结合的双导师制度(校内和校外导师),为学生提供从理论指导、专业实践到未来职业生涯设计的全面指导。目前,已经形成了金融硕士、国际商务硕士、保险硕士、税务硕士、资产评估硕士五大专业学位硕士体系,招生数量与规模也逐年增长。

专业学位(Professional Degree)相对于学术型学位(Academic Degree)而言,更强调理论联系实际,广泛采用案例教学等教学模式。因此,迫切需要编写一套具有案例特色的专业学位核心课程系列教材。本套教材根据专业学位培养目标的要求,注重理论和实践的结合。在教材特色上,先讲述前沿的理论框架,再介绍理论在实务中的运用,最后进行案例讨论。我们相信,这样的教材能够使理论和实务不断融合,提高专业学位的教学与培养质量。

复旦大学经济学院非常重视专业学位教材的编写,2012年就组织出版了金融硕士专业学位核心课程系列教材。经过五年的探索和发展,一方面是学院的专业学位硕士由金融硕士扩展到了五大专业硕士学位体系;另一方面,对如何进行学位培养和教材建设的想法也进一步成熟,因此有必要重新对教材的框架、内容和特色进行修订。2015年4月,我院组织专家审议并通过了专业学位研究生课程教材建设方案。2015年12月,完成了专业学位核心课程的分类,初步设定建设《程序化交易中级教程》《投资学》《公司金融》《财务分析与估值》《金融风险管理实务》等核心课程教材。2016年10月,组织校内外专家制定了《复旦大学经济学院专业学位核心课程教材编写体例与指南》,2016年11月,组织教师申报教材建设并召开我院专业学位研究生教指委会议,针对书稿大纲进行讨论和修订,删除了目前教材之间的知识点重复现象,提高了教材理论的前沿性,修改和增加了教材中每章的案例,突出教材知识点的实务性。教材初稿完成以后,邀请校外专家进行匿名评审,提出修改意见和建议;再要求作者根据校外专家的匿名评审意见进行修改;最后,提交给我院专业学位研究生教指委进行评议并投票通过后,才予以正式出版。

最后,感谢复旦大学研究生院、经济学院以及学院专业学位研究生教指委提供的全方位支持和指导,感谢上海市高峰学科建设项目的资助,感谢校外专家对书稿的评审和宝贵意见,感谢复旦大学出版社的大力支持。本套教材是复旦大学经济学院专业学位教材建设的创新工程,我们将根据新形势的发展和教学效果定期修正。

经管类专业学位硕士核心课程系列教材编委会

2017年6月

前　言

为适应我国社会经济发展对应用型专业人才的迫切需求,2010年教育部推出系列专业学位项目,专业学位教育在研究生教育中得到了高度重视。复旦大学于2010年首批获得金融硕士专业学位的培养资格,从2011年开始招收金融硕士专业学位学生,"金融市场与机构"是金融硕士专业学位必修课程。

复旦大学金融学科历来重视教材的编写,先后多次出版过本科生和研究生《金融市场学》教材。但是,与传统科学学位的教育不同,专业学位项目在授课上更加强调理论联系实际,广泛采用案例教学、模拟训练等多种方式培养学生解决实际问题的能力,根据专业学位培养目标的要求,授课教师既要处理好理论知识的传授与能力培养的关系,又要处理好理论知识的先进性与适用性的关系。

为了满足专业学位教学需要,在复旦大学经济学院专业学位教学指导委员会的积极支持下,本教材列入了复旦大学高峰学科教材建设项目。

本教材的编写中,在金融市场理论逻辑方面,沿袭了本人之前所主编的《金融市场学》所界定的金融市场的内涵,即金融市场是为资源配置服务的交易机制的集成,涵盖了给定的交易机制约束下跨时空的资源配置的过程,金融市场功能和交易机制是研究金融市场的两大关键维度。全书以"概论—机制—市场—机构—监管"为主要框架,从金融市场与机构的理论基础、现实结构到发展趋势都做了全面梳理。

本教材的编写特色主要体现在以下三个方面。一是具有鲜明的应用型教材特色。本书理论与实务结合,既有理论系统性,又包括大量案例和实例内容,可读性强,教学适用性强,在分析学科发展前景与金融实践需要的前提下,紧扣应用型人才培养目标,更充分体现出复旦专业学位教育特色。二是国内与国际兼顾。本书充分吸收和借鉴国内及国际相关教材的编写经验,在理论上充分吸收国际最新研究成果,结合国内外的金融实践,重点结合中国本土金融实践案例进行分析和本土化转换,使读者对国内外的金融理论和实践发展有全景式把握。三是前沿性。金融市场与机构的实践与理论发展瞬息万变,本教材力图把握理论、市场、机构和监管发展的前沿,使读者掌握各领域最新的发展动态。

为了确保本书的编写质量,本书由复旦大学金融学科多位相关领域的同事共同参与。本人负责全书的策划、定位以及第一至第三章的编撰(感谢傅家范、杨秋平和毛杰三位博士研究生的参与);卢华博士负责全书结构安排和统稿,同时编著了第四章、第五章、第十二章第二节、第十三章第二节和第三节;罗忠洲副教授编著了第六章和第十章;我校专业学位校外导师申唯正博士编著了第七章、第八章和第十二章第一节;徐明东副教授编著了第九章;段白鸽博士编著了第十一章;黄明副教授编著了第十三章第一节。在教材编写过程中,复旦大学金融硕士专业学位已经毕业的刘华颖和鲁然等同学也提供了非常鲜活的素材,在此一并致谢。毋庸置疑,本教材是集体协作的结晶。

专业学位教材的撰写具有很强的探索性,为此我们热忱地期望得到广大师生使用这套教材的反馈意见,以供修订时参考。

刘红忠

2019 年 1 月

目　录

第一章　金融市场与机构概述 ... 1
教学目的与要求 ... 1
第一节　中国金融市场的发展和演变 ... 1
　　一、资本市场 ... 2
　　二、货币市场 ... 4
　　三、外汇市场 ... 6
　　四、衍生市场 ... 7
第二节　中国金融机构的发展和演变 ... 8
　　一、商业银行 ... 8
　　二、证券类金融机构 ... 9
　　三、保险类金融机构 ... 10
　　四、其他非银行类金融机构 ... 11
第三节　金融体系与金融监管 ... 13
　　一、市场主导型与银行主导型金融体系的法源与比较 ... 13
　　二、中国金融体系与金融监管格局 ... 14
第四节　金融市场的功能 ... 15
　　一、价格发现功能 ... 15
　　二、风险管理功能 ... 16
　　三、流动性提供功能 ... 16
　　四、信息生产功能 ... 17
　　五、交易成本节约功能 ... 17
专栏　从社会融资规模的结构看中国金融体系的资源配置功能的变迁 ... 18
本章小结 ... 19
重要概念 ... 20
习题与思考 ... 20

第二章　金融市场的交易机制 …… 21
教学目的与要求 …… 21
第一节　交易机制概述 …… 21
一、交易机制的研究目的 …… 21
二、交易机制的分类与比较 …… 22
三、交易订单以及订单匹配原则 …… 24
第二节　中国金融市场的交易机制简介 …… 26
一、上海证券交易所交易机制 …… 26
二、深圳证券交易所交易机制 …… 30
三、银行间债券市场交易机制 …… 31
四、外汇市场交易机制 …… 33
五、金融期货市场交易机制 …… 35
第三节　微观结构理论概述 …… 38
一、存货理论 …… 38
二、信息理论 …… 39
第四节　交易机制的评价 …… 41
一、流动性 …… 41
二、透明度 …… 42
三、交易成本 …… 43
专栏　中国证券期货市场的熔断机制 …… 46
本章小结 …… 47
重要概念 …… 47
习题与思考 …… 47

第三章　金融市场的效率 …… 49
教学目的与要求 …… 49
第一节　有效市场假说 …… 49
一、有效市场的价格形成过程 …… 50
二、弱式有效市场的检验 …… 51
三、半强式有效市场的检验：事件研究 …… 55
四、强式有效市场的检验：非公开信息检验 …… 56
第二节　有效市场假说与投资策略 …… 56
一、支持主动投资策略的实证检验 …… 57
二、否定主动投资策略的实证检验 …… 57
第三节　有效市场假说的理性前提 …… 58
一、对理性定义的分析 …… 58

二、理性的形成条件 ·········· 59
　　三、对理性前提条件的质疑 ·········· 59
　　四、对理性形成条件的质疑 ·········· 60
第四节　行为金融学对有效市场假说的质疑 ·········· 61
　　一、心理因素对认知能力的影响 ·········· 62
　　二、心理因素对行为模式的影响 ·········· 68
　　三、文化因素对人类行为的影响 ·········· 71
专栏　事件研究法 ·········· 71
本章小结 ·········· 73
重要概念 ·········· 74
习题与思考 ·········· 74

第四章　货币市场 ·········· 75
教学目的与要求 ·········· 75
第一节　货币市场概述 ·········· 75
　　一、货币市场的内涵 ·········· 75
　　二、货币市场的运行特征 ·········· 75
　　三、货币市场运行的基础理论 ·········· 76
第二节　货币市场子市场与工具 ·········· 78
　　一、同业拆借市场 ·········· 78
　　二、回购市场 ·········· 82
　　三、票据市场 ·········· 87
第三节　货币市场运行 ·········· 95
　　一、交易主体 ·········· 95
　　二、货币市场的中介机构 ·········· 97
　　三、交易价格与货币市场基准利率 ·········· 100
　　四、货币市场与央行货币政策调控 ·········· 102
专栏　中国利率市场化改革取得重要进展 ·········· 111
本章小结 ·········· 112
重要概念 ·········· 113
习题与思考 ·········· 113

第五章　债券市场 ·········· 114
教学目的与要求 ·········· 114
第一节　债券市场概述 ·········· 114
　　一、债券与债券市场的内涵 ·········· 114

二、中国债券市场结构 …………………………………………… 116
　　三、债券市场基础设施支持 ……………………………………… 117
　　四、债券市场风险揭示机制 ……………………………………… 119
　　五、我国债券市场的发展 ………………………………………… 124
第二节　债券市场产品与发行机制 ………………………………………… 127
　　一、债券的发行审核机制 ………………………………………… 127
　　二、政府债券发行 ………………………………………………… 128
　　三、金融债券发行 ………………………………………………… 129
　　四、非金融企业债券的发行 ……………………………………… 130
第三节　债券二级市场交易机制 …………………………………………… 138
　　一、债券市场交易机制与结构 …………………………………… 138
　　二、债券交易的价值分析 ………………………………………… 140
　　三、债券的报价 …………………………………………………… 141
第四节　债券市场创新与发展 ……………………………………………… 141
　　一、中国地方政府债券市场的发展 ……………………………… 141
　　二、中国债券市场国际化进程 …………………………………… 146
　　三、中国资产支持证券市场的发展 ……………………………… 149
专栏　中国债市首现违约 …………………………………………………… 151
本章小结 ……………………………………………………………………… 152
重要概念 ……………………………………………………………………… 153
习题与思考 …………………………………………………………………… 153

第六章　股票市场 …………………………………………………………… 154
教学目的与要求 ……………………………………………………………… 154
第一节　我国多层次资本市场结构 ………………………………………… 154
　　一、主板市场 ……………………………………………………… 154
　　二、创业板市场 …………………………………………………… 156
　　三、三板市场 ……………………………………………………… 157
　　四、四板市场 ……………………………………………………… 159
第二节　一级市场业务 ……………………………………………………… 159
　　一、首次公开发行股票 …………………………………………… 159
　　二、上市公司再融资 ……………………………………………… 164
第三节　二级市场 …………………………………………………………… 167
　　一、交易系统 ……………………………………………………… 167
　　二、交易制度与流程 ……………………………………………… 168
　　三、价格指数 ……………………………………………………… 171

专栏　中国股票市场的国际化……………………………………………………… 174
　　本章小结…………………………………………………………………………… 175
　　重要概念…………………………………………………………………………… 176
　　习题与思考………………………………………………………………………… 176

第七章　期货市场 …………………………………………………………………… 177
　　教学目的与要求 …………………………………………………………………… 177
　　第一节　期货市场概述 …………………………………………………………… 177
　　　　一、期货市场的内涵 ………………………………………………………… 177
　　　　二、期货市场的交易 ………………………………………………………… 178
　　　　三、期货市场的组织机构 …………………………………………………… 179
　　　　四、期货市场主要功能 ……………………………………………………… 181
　　　　五、期货市场的发展 ………………………………………………………… 183
　　第二节　期货市场主要交易品种 ………………………………………………… 186
　　　　一、商品期货 ………………………………………………………………… 187
　　　　二、金融期货 ………………………………………………………………… 189
　　第三节　中国期货市场及其主要品种 …………………………………………… 194
　　　　一、郑州商品交易所 ………………………………………………………… 194
　　　　二、上海期货交易所 ………………………………………………………… 197
　　　　三、大连商品交易所 ………………………………………………………… 200
　　　　四、中国金融期货交易所 …………………………………………………… 202
　　第四节　期货市场定价理论和期货投资分析方法 ……………………………… 204
　　　　一、期货市场定价理论 ……………………………………………………… 204
　　　　二、期货投资的分析方法 …………………………………………………… 205
　　专栏　中国2015年"股灾"引发的关于现货与期货的孰是孰非问题?………… 206
　　本章小结…………………………………………………………………………… 208
　　重要概念…………………………………………………………………………… 209
　　习题与思考………………………………………………………………………… 209

第八章　期权市场及其他衍生品市场 ……………………………………………… 210
　　教学目的与要求 …………………………………………………………………… 210
　　第一节　期权市场概述 …………………………………………………………… 210
　　　　一、期权概念 ………………………………………………………………… 210
　　　　二、期权与期货的区别 ……………………………………………………… 210
　　　　三、期权的分类 ……………………………………………………………… 212
　　　　四、期权价格的构成要素 …………………………………………………… 213

　　　　五、期权市场的发展 …………………………………………………… 216
　第二节　期权的定价理论与期权的交易策略 ……………………………… 218
　　　　一、期权定价理论 ……………………………………………………… 218
　　　　二、期权投资策略 ……………………………………………………… 219
　第三节　中国期权市场及产品 ……………………………………………… 222
　　　　一、上证50ETF期权 …………………………………………………… 222
　　　　二、大连豆粕期货期权 ………………………………………………… 223
　　　　三、郑州白糖期权介绍 ………………………………………………… 225
　第四节　其他衍生品市场 …………………………………………………… 226
　　　　一、外汇掉期 …………………………………………………………… 226
　　　　二、互换产品 …………………………………………………………… 227
　　　　三、权证市场 …………………………………………………………… 230
　专栏　中国白糖期权上市一周年回顾与展望 ……………………………… 232
　本章小结 ……………………………………………………………………… 234
　重要概念 ……………………………………………………………………… 235
　习题与思考 …………………………………………………………………… 235

第九章　金融市场中的金融机构：商业银行 …………………………… 236
　教学目的与要求 ……………………………………………………………… 236
　第一节　银行业概览 ………………………………………………………… 236
　　　　一、什么是银行 ………………………………………………………… 236
　　　　二、银行的存在逻辑及其理论解释 …………………………………… 237
　　　　三、银行业的特殊性 …………………………………………………… 238
　第二节　商业银行的基本业务 ……………………………………………… 239
　　　　一、负债业务 …………………………………………………………… 240
　　　　二、资产业务 …………………………………………………………… 241
　　　　三、其他业务 …………………………………………………………… 244
　第三节　商业银行的绩效评估与风险管理 ………………………………… 249
　　　　一、银行经营绩效评估 ………………………………………………… 249
　　　　二、商业银行全面风险管理框架 ……………………………………… 253
　　　　三、银行主要风险及其管理 …………………………………………… 256
　　　　四、商业银行风险监管指标 …………………………………………… 265
　第四节　中国银行业的创新、转型与发展趋势 …………………………… 266
　　　　一、FinTech与互联网金融发展对银行业的影响 …………………… 266
　　　　二、中国银行业的转型与发展趋势 …………………………………… 268
　专栏　中国式影子银行的发展 ……………………………………………… 270

本章小结 ………………………………………………………………………… 270
重要概念 ………………………………………………………………………… 271
习题与思考 ……………………………………………………………………… 271

第十章　金融市场中的金融机构：证券类金融机构 …………………………… 273
教学目的与要求 ………………………………………………………………… 273
第一节　证券类金融机构概述 ……………………………………………… 273
一、证券类金融机构的分类 ………………………………………………… 273
二、证券类金融机构的功能 ………………………………………………… 276
第二节　投资银行 …………………………………………………………… 277
一、投资银行概述 …………………………………………………………… 277
二、我国投资银行现状分析 ………………………………………………… 281
三、投资银行业的发展趋势 ………………………………………………… 285
第三节　证券投资基金 ……………………………………………………… 286
一、证券投资基金概述 ……………………………………………………… 286
二、证券投资基金的发展历史及现状 ……………………………………… 289
三、证券投资基金的发展特点 ……………………………………………… 293
专栏　QFII制度 ………………………………………………………………… 294
本章小结 ………………………………………………………………………… 295
重要概念 ………………………………………………………………………… 295
习题与思考 ……………………………………………………………………… 295

第十一章　金融市场中的金融机构：保险公司 …………………………………… 296
教学目的与要求 ………………………………………………………………… 296
第一节　全球保险市场概况 ………………………………………………… 296
一、发达保险市场 …………………………………………………………… 297
二、新兴保险市场 …………………………………………………………… 299
第二节　保险公司的业务 …………………………………………………… 301
一、寿险业务的主要类型 …………………………………………………… 302
二、非寿险业务的主要类型 ………………………………………………… 303
第三节　我国保险公司运行状况 …………………………………………… 306
一、人身保险公司 …………………………………………………………… 307
二、财产保险公司 …………………………………………………………… 309
三、保险资金运用 …………………………………………………………… 310
第四节　我国保险公司的偿付能力监管 …………………………………… 312
一、偿付能力监管制度介绍 ………………………………………………… 312

二、我国偿付能力监管制度体系介绍 ·· 316
　专栏　偿二代下我国保险公司偿付能力充足率剖析 ······························ 325
　本章小结 ··· 328
　重要概念 ··· 329
　习题与思考 ··· 329

第十二章　其他金融机构 ·· 330
　教学目的与要求 ··· 330
　第一节　期货经纪机构 ··· 330
　　一、期货经纪公司的定义 ·· 330
　　二、期货经纪公司的职能和组织结构 ·· 331
　　三、期货经纪公司的设立条件 ·· 332
　　四、中国国内期货经纪公司的历史、现状与展望 ································ 333
　第二节　信托公司 ·· 337
　　一、信托的内涵 ·· 337
　　二、信托的构成要素 ·· 338
　　三、信托公司的设立与经营 ·· 339
　　四、中国信托业的发展 ·· 340
　专栏　中国国内期货经纪公司的收入结构分析 ···································· 344
　本章小结 ··· 346
　重要概念 ··· 346
　习题与思考 ··· 346

第十三章　金融市场监管 ·· 347
　教学目的与要求 ··· 347
　第一节　中国金融监管的法律体系 ·· 347
　　一、金融监管法律体系概述 ·· 347
　　二、中国金融监管法律体系的演进 ·· 349
　　三、中国金融监管法律体系的内容 ·· 350
　第二节　金融监管模式 ··· 352
　　一、金融监管的内涵 ·· 352
　　二、金融监管的目标 ·· 352
　　三、金融监管的原则 ·· 353
　　四、金融监管的主要模式 ·· 354
　　五、功能监管的探索框架 ·· 355
　　六、我国金融监管现状及其面临的挑战 ·· 358

第三节　宏观审慎管理……………………………………………………… 361
　　　　一、宏观审慎管理的定义和目标 …………………………………… 362
　　　　二、宏观审慎政策的机构安排 ……………………………………… 362
　　　　三、宏观审慎政策操作 ……………………………………………… 362
　　　　四、宏观审慎政策框架的三种主要组织结构模式 ………………… 363
　　　　五、主要国家和地区加强宏观审慎管理的进展 …………………… 363
　　　　六、我国宏观审慎管理的实践 ……………………………………… 365
　　专栏　我国资管业务发展及其监管挑战 ………………………………… 367
　　本章小结 …………………………………………………………………… 367
　　重要概念 …………………………………………………………………… 368
　　习题与思考 ………………………………………………………………… 368

参考文献 …………………………………………………………………………… 369

第一章

金融市场与机构概述

教学目的与要求

通过本章学习,掌握金融市场各子市场的定义,了解中国金融市场的发展与演变过程;熟悉中国金融机构的主要类型和发展过程;熟悉银行主导型金融体系和市场主导型金融体系的特征,了解中国金融体系格局以及金融监管的发展趋势。

随着各国经济的发展和全球化趋势,金融市场日益成了现代市场经济的核心。围绕着在时间和空间上进行资源配置这一基础使命,金融市场发挥着一系列重要的功能。中国金融市场正是在为国民经济发展提供有效资源配置的背景下孕育而生,经过漫长的发展与演变,逐渐在提高我国社会资金的使用效率、管理与配置风险等方面发挥了无可替代的作用。本章结合金融市场的基本知识,重点介绍中国金融市场、金融机构与监管机构的发展与演变,以便更好地理解与感知金融市场的基本功能。

第一节 中国金融市场的发展和演变

在经济体系中,存在两种市场:要素市场和产品市场。在要素市场上,经济主体将自己的劳动和其他生产资料出让给其他经济主体,从而决定了生产要素(土地、劳动力和资本等)的价格,即要素所有者的收入(租金、工资和股息红利等)。产品市场包含产品和服务的交换关系(其中的产品包含了中间产品和最终产品)。本质上,要素所有者通过产品和服务的价格得以实现其要素收入,所以要素市场和产品市场是为资源配置服务的一体化的市场。

金融市场既是要素市场,也是产品市场。简单来讲,金融市场是资金供求双方通过各种契约、运用各种金融工具实现货币借贷和资金融通的交易场所。

金融市场的功能是资源配置,金融市场的交易机制是保证资源配置功能实现的所有交易规则。在这个意义上,金融市场是为资源配置服务的交易机制的集成。在功能层面,金融市场同时履行着价格发现功能、风险管理功能、流动性提供功能、信息生产功能和交易成本节约功能,并最终实现资源配置的功能;在交易机制层面,特定的交易机制决定着特定的金融市场质量,即市场的有效性、流动性、稳定性、波动性、透明度和安全性,进而影响着特定的金融市场的功能的实现程度。换言之,金融市场涵盖了给定的交易机制约束下跨时空的资源配置过程。

根据交易标的物的不同,可将金融市场划分为资金市场、外汇市场和衍生市场。资金市场是指直接进行资金融通和借贷的市场,按照参与交易的金融工具期限的长短,一般可将资金市场进一步划分为资本市场和货币市场。本节从金融市场本身的属性和功能出发,介绍每个子市场的定义及其在中国的发展和演变。

一、资本市场

资本市场是指进行中长期(通常为一年以上)资金借贷或金融证券买卖的市场,其基本功能是实现并优化投资与消费的跨期选择。按照参与交易的金融工具性质的不同,还可以细分为股票市场(权益市场)和债券市场。

(一) 股票市场

股票是股份公司发给股东作为投资入股的证书和索取股息红利的凭证。股份公司通过发行股票向公众筹集巨额资金,建立起规模庞大的企业。股票市场又称权益市场,是极为重要的资金融通渠道。

完整的股票市场包括股份发行市场和现有股份流通转让市场。股票发行包括初始发行和增加发行两种情形。发行的方式包括公募发行和私募发行;前者是指向市场上大量的非特定的投资者公开发行股票;而后者只向少数特定的投资者发行,例如内部职工、大型金融机构等。股票可以直接出售给投资者,也可以由投资银行等金融中介通过包销或代销等方式进行承销。目前,世界主要的股票交易市场包括纽约股票交易所(NYSE)、美国全国证券商自动报价系统(NASDAQ)、伦敦股票交易所(LSE)和东京股票交易所(TSE)等,其中,NASDAQ市场是二板市场的典型。所谓二板市场,是指与针对大型成熟企业的主板市场相对应的、面向新兴中小企业和高科技企业的股票市场,又称为创业板市场。二板市场往往具有前瞻性,其上市标准较低,旨在为中小型创新企业提供融资便利、为风险投资提供退出的渠道。

中国的股票市场是在中国经济体制改革和转轨的内在要求下催生而出的产物。20世纪80年代早期,由于国家信贷计划无法满足一些企业的融资需求,促使企业不得不寻找新的融资渠道。1984年,中国第一家股份有限公司北京天桥股份有限公司成立并发行股票,标志着中国股票市场开始萌芽。此后,国有企业股份制改造试点逐渐增多,股票发行量持续增长。截至1991年年底,全国历年累计发行股票达到75.42亿元,企业对融资的迫切需求直接导致了中国股票市场的诞生。1990年12月和1991年7月,上海证券交易所和深圳证券交易所分别成立,同一时期还有17个区域性证券交易中心和2个电子交易市场(即全国证券交易自动报价系统〔STAQS〕和中国证券交易系统〔NETS〕)成立。

中国股票市场发展之初,中央政府曾期望利用其为有资金需求的国有企业筹措资金,以改善相对有前途的国企的经营表现。但是,由于中国独特的经济环境,股票市场的建立面临一系列难题:很多人认为股份制就是私有化,股票交易会导致国家对上市公司控股权丧失和国有资产流失;此外,我国国有产权的清晰化问题尚未解决,面临股权流动后收益归属难以确定等技术性问题。因而,中国股票市场一开始采取了"国有存量股份不动,增量募集股份流通"的股权分置模式。然而,这种分置状态特别是流通权的分置状态,违背了同股同权、同股同利的基本原则,资本市场的基本功能受到了一定程度的扭曲,留下了严重的制度缺陷。

为了克服股权分置问题带来的种种弊端,决策层"摸着石头过河",采取了许多解决措施。在经历法人股流通(1992—1999年)、国有股减持(1999—2002年)相继宣告失败后,2005年4月29日,中国启动股权分置改革以完善市场基础制度和运行机制。股权分置改革的意义不仅在于解决历史遗留问题,更在于为股票市场其他各项改革和制度创新创造条件。截至2006年年底,有97%的公司完成或者进入股权分置改革程序,对应市值占比达97%,股权分置改革基本完成,为建立全面市场化奠定了基础[1]。

实现股权分置改革的制度性跨越后,中国股票市场开始进入高速发展时期,政府也加快了股票市场的市场化和国际化改革步伐。2007年6月,证监会颁布《合格境内机构投资者境外证券投资管理试行办法》,QDII制度开始实施,为缓解内地流动性过剩和内地资本海外投资开辟了新渠道;2009年10月创业板正式开启,2013年12月新三板扩容至全国,标志着由主板、中小板、创业板和新三板构成的多层次资本市场体系进一步完善,中小企业特别是创新型中小企业的融资渠道更加丰富;2010年3月,融资融券正式试点,证券交易机制得到完善;同年4月股指期货开市,改变了长期以来中国股票市场只能做多、不能做空的单边市场机制;2014年11月和2016年12月,沪港通和深港通先后启动,内地股票市场进一步向海外投资者开放。

经历二十多年的洗礼,如今中国股票市场已经得到长足发展。截至2017年12月月末,中国境内上市公司数(A、B股)达到3 567家,市值合计567 086亿元,其中流通市值449 105.31亿元,总股本60 919.15亿股[2],总体看为改善上市企业的财务状况、促进技术创造、扩大利润均做出了极大贡献。随着中国股票市场在国际股票市场中地位的显著提升,2017年6月20日,摩根士丹利资本国际公司宣布自2018年6月起,将A股中的222只大盘股纳入摩根士丹利国际资本指数(MSCI)新兴市场指数,这不仅能带动更多海外主动配置资金进入境内股票市场,也能促使境内股票市场的投资者结构、投资理念以及市场机制更加国际化,有助于加快我国资本市场与全球资本市场接轨的步伐。

(二) 债券市场

债券是由债务人签发给债权人的一种表明债权债务关系的凭证;债券持有人有权按照约定条件向债券发行人取得利息,并于到期日收回本金。债券市场是债券发行和流通的场所。发行市场涉及发行合同书的签订、债券信用等级的评定等环节。发行合同书载明了双方的责任义务,为保护债权人的利益还设有否定性条款和肯定性条款来规范借款人的行为。债券的发行人包括中央政府、地方政府、金融机构和各类工商企业,其中尤以政府发行的债券居多。不同的发行主体到期违约的可能性不同,穆迪和标准普尔等专业的信用评级机构就发行人和其所发行的债券给出一个信用等级。

---

[1] 参见中华人民共和国中央人民政府网站:http://www.gov.cn/ztzl/gclszfgzbg/content_554986.htm。
[2] 数据来源:Wind金融数据库。

中国债券市场起步于1981年财政部恢复国库券发行,其后上海、深圳、北京等地开始有企业以发行债券的形式筹资。1980年代中期,随着债券发行量的不断增加,债券交易市场开始出现。为了满足市场的交易流通需求,20世纪80年代末到90年代初,央行在全国各地建立债券流通转让市场。但由于缺乏全国集中统一的国债托管结算系统,绝大多数债券仍在柜台进行实物交易,交易双方对彼此国债库存一无所知,各类金融机构以代保管单的形式超发和卖空国库券的现象相当普遍,各地债券市场秩序较为混乱。为规范债券交易行为,1993年上海证券交易所首次尝试国债期货和国债回购业务试点,可以同时在场内交易所进行债券的现货、期货和回购业务,场内市场债券交易量急剧放大。1994年深圳证券交易所也正式开启债券业务,当年第一只企业债"深盐田"于深交所上市。在场外债券交易仍不断出现违规卖空和金融欺骗等现象的情况下,1995年国家规定债券交易全部集中到证券交易所进行。

然而,尽管交易所成为唯一合法的债券交易市场,但交易所国债交易的风险控制机制并未真正建立起来。1995年起,交易所国债交易也相继频频出现违规事件,并最终爆发了"3·27"国债期货风波。其后,政府决定暂时关闭国债期货市场,同时,发展更统一、透明度更高的债券市场也迫在眉睫。1997年,在国务院的批准下,全国银行间债券市场正式建立,16家商业银行成为银行间市场的最初成员。此后,在央行的大力支持与推动下,银行间债券市场无论在托管量、发行量还是在交易量上都实现对交易所市场的超越,于2004年达到整个债券市场份额的97%以上。

经过十几年的发展,如今中国债券市场已经正式形成以银行间市场为主、交易所市场为辅的市场体系。相比债券市场建立之初,债券种类不断丰富,债券市场工具和参与主体日益多元化,无论在发行量、托管量还是成交量方面均表现得更为活跃。1997年我国债券市场发行量仅为0.4万亿元,2017年债券市场的发行量高达39万亿元;债券市场现券、借贷和回购交易结算量从1997年的1.7万亿元增加到2017年的799万亿元;债券托管量从1997年年末的0.5万亿元增加到2017年年末的72.5万亿元[①]。

此外,我国债券市场对外开放的进程也在稳步推进。2010年,央行正式进行境外机构投资我国银行间债券市场的试点。2013年,RQFII投资者正式获得了进入交易所债券市场和银行间债券市场的资格。2015年起,债券市场开放提速,境外投资范围和额度限制不断放开。2017年6月,央行发布《内地与香港债券市场互联互通合作管理暂行办法》,宣布首先开放"北上"模式,即境外投资者购买境内债券的通道。2017年7月3日,"债券通"北向通正式启动,标志着我国资本市场开放又迈出了重要一步。

二、货币市场

货币市场以期限在一年以下的短期金融工具为交易标的物,这些工具的特点是期限短、安全性高、流动性强、有适当的收益,如国库券、商业票据、银行承兑汇票、可转让定期存单等都是常见的交易对象。货币市场的主要功能是调剂暂时性的资金余缺,同时它也是中央银行进行公开市场操作、贯彻货币政策意图的主要场所。

---

① 数据来源:Wind金融数据库。

(一)同业拆借市场

同业拆借市场是金融机构之间以货币借贷方式进行短期资金融通活动的市场。早期的同业拆借主要是银行之间为调剂存款准备金头寸而进行的交易。现在,拆借的目的除了满足准备金要求外,还包括轧平票据交换差额,解决临时性、季节性资金需求等,市场参与者也从商业银行扩大到诸如券商、储贷协会等许多其他金融机构。美国的联邦基金市场是最典型的同业拆借市场。一般同业拆借的期限以隔夜、1日或7日居多,因而拆借利率能灵敏地反映短期资金供求状况。最具代表性的伦敦银行同业拆放利率(LIBOR)是国际金融市场的关键利率,许多浮动利率金融工具均以其作为定价参照。

中国同业拆借市场始于1984年。当时针对中国人民银行和商业银行职能分离的新金融组织格局,我国对信贷资金管理体制也实行了重大改革,将传统的"统存统贷"信贷制度改为"实贷实存、相互融通",为银行间相互拆借资金确立了可行的制度保证。1996年1月,全国统一的银行间同业拆借市场正式建立。2002年6月,中国外币交易中心开始为金融机构办理外币拆借业务,统一的国内外币同业拆借市场正式启动。2007年,《同业拆借管理办法》颁布,标志着同业拆借市场确立了更加开放、透明、市场化的管理框架,逐步实现管理手段的市场化转型。随着我国同业拆借市场的不断完善,它已经成为我国金融机构之间调节短期头寸的主要场所,市场交易量逐年扩大,2017年全年累计成交95.9万亿元,是建立之初的约440倍;截至2017年年末,同业拆借市场成员达1 382家,是建立之初的28倍[①];从货币市场交易的期限结构看,7天以内(包括隔夜)拆借交易量比重占95%以上,而基于同业拆借市场形成的上海银行间同业拆借利率(SHIBOR)也已成为我国金融市场重要的基准利率。

(二)票据市场

票据市场是交易各种商业票据和银行承兑票据的场所。票据期限以短期居多,一般不超过270天。商业票据市场在美国十分发达,银行是商业票据的主要购买者。银行承兑汇票市场不但为调剂资金余缺提供了有效的途径,而且对促进国际贸易发展也有着十分重要的意义。中国票据市场的发展始自20世纪80年代初期恢复办理商业汇票业务。80年代末至90年代初期,为了解决企业间的"三角债"问题,政府开始鼓励企业之间使用票据进行结算,由此票据概念向全国推广。随着1995年《中华人民共和国票据法》的通过以及一系列与票据业务有关的法规和制度相继出台,1999年以后,票据市场急剧扩张,进入快速发展通道。2017年,票据市场已形成存量十万亿级、交易量百万亿级的重要市场,成为货币市场乃至金融市场的重要组成部分。

(三)回购市场

回购市场是指通过回购协议进行短期资金融通交易的市场。回购协议一般约定,卖方将证券出售给买方,且在未来某一特定日期,卖方以约定价格从买方购回相同证券。在回购交易中,卖出证券并融入资金的一方被称为正回购方,也即融资方;而买进证券并融出资金的一方则称为逆回购方,也即融券方。回购交易的实质是以证券作为抵押担保进行资金融通的一种交易行为。

---

① 数据来源:Wind金融数据库。

在国际市场上,回购交易的类型主要包括经典回购和购/售回交易两种,除此以外,三方回购近年来也在美国和欧洲市场上迅速发展。经典回购和购/售回交易的主要差别在于两者的报价方式不同。经典回购以首次交易的价格和回购利率进行报价,回购利息通过回购利率体现;而购/售回交易则以两次交易的价格进行交易,回购利息包含在两次交易的价格中。因此,从形式上看,经典回购表现为一次融资行为,购/售回交易表现为两次现券交易。三方回购则是指在回购交易中,证券和资金由交易对手方交付至一个独立的托管银行、清算所或证券托管机构等第三方托管机构,由其负责在交易存续期间确保有足额价值的担保品。目前,美国回购市场是全球流动性最好、交易技术最发达的市场。相比之下,欧洲回购市场起步较晚,直到1996年才作为一种融资工具被普遍使用。

中国的债券回购市场从1991年起步,历经20余年的发展,深度和广度均不断扩大,交易主体和交易类型也不断丰富。目前,中国的债券回购市场包括银行间市场和交易所市场,其中,银行间债券回购市场是中国回购市场的主体,交易量占整体回购交易量的95%左右。从交易主体看,银行间回购市场的投资主体涵盖银行、证券公司、基金公司、保险公司、信用社和企业等各类机构。在交易所市场,可以参加债券回购的投资者除了不包括商业银行以外,几乎涵盖了各种类型的投资者。从交易类型看,最初中国债券回购市场仅有质押式回购一种交易形式。在质押式回购下,如果回购交易到期后资金融入方无法按期还本付息,则资金融出方可以通过出售质押债券得到补偿,但在回购交易到期之前,资金融出方仅拥有该债券的质押权,无权随意处置被质押的债权,被质押债券不能流通和再次融资。2004年,买断式回购在中国债券回购市场上出现。在买断式回购下,债券持有人(正回购方或融资方)将债券卖给债券购买方(逆回购方或融券方)的同时,交易双方约定在未来某一日期,正回购方再以约定价格从逆回购方买回相等数量同种债券的交易行为。买断式回购可以释放债券流动性,并为市场参与者提供了融券功能和做空机制。

三、外汇市场

外汇市场是兑换和交易各国货币的场所。在外汇市场上,人们用一种货币标价的资金去买卖另外一种货币标价的资金,购买力便实现了在国际间的转移。外汇市场的存在一方面为国际贸易和国际投资提供了资金融通;另一方面,也为外汇保值和投机提供了场所。

外汇市场交易通常分成三个层次:银行与顾客间的外汇交易、银行同业间的外汇交易以及银行与中央银行间的外汇交易。其中,第一个交易层次被称为外汇零售市场,后两个层次则共同构成外汇批发市场。外汇批发市场集中了绝大部分的外汇交易,它决定了各币种之间汇率的高低;外汇零售市场则主要满足外汇最终使用者的需求,银行也可从中赚取买卖差价。目前,世界主要外汇市场包括欧洲的伦敦、苏黎世外汇市场,美洲的纽约外汇市场,亚洲的东京、新加坡、香港地区外汇市场等。各市场之间通过跨国的通信和计算机网络紧密联系在一起,交易时间相互衔接,构成了一个统一的、实时的全球外汇交易体系。

1978年以前,我国对外汇收支实行高度集中的指令性计划管理,并不存在外汇市场的概念。1979年起实行的外汇留成制度产生了调剂外汇的需要,外汇调剂市场成为我国外汇市场的雏形。1994年外汇管理体制改革,人民币官方汇率与外汇调剂价格正式并轨,我国开始实行以市场供求为基础、单一的、有管理的浮动汇率制度。之前的外汇留成制度取消,转而建立以银行结售汇制度为基础的银行柜台外汇市场和全国统一的银行间外汇市场。此后,在企业层面,外商投资企业的外汇买卖逐步纳入银行结售汇体系。在银行层面,统一的银行间外汇市场正式建立,为各外汇指定银行相互调剂余缺和清算服务。在定价方面,银行以央行每日公布的人民币对美元中间价作为依据,在规定的浮动幅度内自行挂牌汇率。1997年亚洲金融危机后,我国事实上采取了单一盯住美元的汇率安排,人民币汇率一度处于稳定状态。

2005年7月,央行宣布人民币汇率制度改革,实行以市场供求为基础、参考一篮子货币进行调节、有管理的浮动汇率制度,此后人民币不再盯住单一美元。这一改革不仅使得人民币汇率更富弹性,也为中国外汇市场的快速发展拉开了序幕。银行间外汇市场逐步具备了即期、远期、掉期、货币掉期和期权等多种外汇衍生产品,外汇交易工具日趋丰富。人民币汇率浮动区间也从2005年的中间价上下0.3%逐步扩大到2014年的中间价上下2%;2014年7月起,取消美元兑人民币的挂牌汇率浮动区间限制,标志着银行结售汇市场(即外汇零售市场)取消汇率浮动区间管理。2015年的"811汇改"进一步完善了人民币兑美元汇率中间价的形成机制,做市商参考前日银行间外汇市场收盘汇率,向中国外汇交易中心提供中间价报价。这一调整使得人民币汇率可以更真实地反映当期外汇市场的供求关系。

四、衍生市场

衍生市场是交易衍生工具的场所。衍生工具又称或有证券,是由基础性资产衍生出来的各种金融合约。20世纪后半叶,随着固定利率体系瓦解、金融自由化深入以及各国金融管制放松,全球范围内利率、汇率以及股市价格波动加剧,投资者规避风险的客观需求不断增加,作为新兴风险管理手段的金融衍生工具应运而生。衍生证券交易本质上是"零和游戏",目的是为了进行风险的再分配。由于其特有的套期保值、防范风险功能,自诞生以来衍生市场的发展十分迅速,市场规模不断扩大,交易手段也日趋多样化与复杂化。按照交易特征,现有的衍生工具可分为四大类:远期、期货、期权和互换。

一般而言,衍生工具的价值是由其所依附的基础资产价值决定的,基础资产可以包括商品、货币、利率工具、股票和股票指数等。因此,衍生市场是现货市场的派生,但是两者的交易机制仍存在很大区别。一方面,衍生工具的性质相当复杂,通过将期货、期权和互换等基本衍生工具与其他基础资产、金融工具进行组合,可以创造出各种各样的合成衍生工具。投资者可以根据需要构成任意特定的资产组合,但同时也需要对金融工具有比较高的驾驭能力。另一方面,衍生市场的交易具有很高的杠杆效应。许多衍生品的交易成本很低,保证金率仅占实际交易额的百分之几,使得针对衍生品的投机活动十分盛行。但以小博大的交易方式在带来数十倍于本金收益的同时,也可能带来巨额亏损,投资者投机失败导致破产清算的例子早已屡见不鲜,因此对衍生市场加强监管始终是十分必要的。

1990年10月,郑州粮食批发市场开业,标志着中国正式引入期货交易机制。之后中国期货业尽管迅速发展,但经历了一段相对混乱的野蛮生长时期。1993年起,政府开始清理和整顿期货业,期货交易量大幅萎缩,大部分交易品种沉寂,部分交易所和经纪公司难以为继。1998年,国务院确立证监会统一负责对全国证券、期货业的监管,并将原本14家交易所撤并为上海、郑州和大连3家交易所,仅保留12个商品期货交易品种。2000年12月,中国期货业协会正式成立,标志着期货业监管和自律体系完全确立。

在商品期货市场建立后不久,我国也出现了早期的金融衍生品。1992—1993年短短两年时间,外汇期货、国债期货、股票指数期货和认股权证等金融衍生品曾经相继出现,但由于投机气氛浓重,引发了许多严重违规操作,造成价格异常波动,使得这些金融衍生品一度极为混乱,纷纷被迫关闭。随着1996年6月认股权证摘牌,我国金融衍生品市场发展陷入全面停滞。此后至2004年,除中国银行获准试点开展人民币远期结售汇业务外,几乎没有具有金融衍生品性质的市场交易存在。

2005年5月,在央行的推动下,中国工商银行和兴业银行成交首笔银行间市场债券远期交易,标志着我国金融衍生品市场恢复发展。同年8月,银行间人民币远期市场建立,并正式引入人民币远期询价机制,初步形成了国内人民币远期汇率。此后,人民币结构性理财产品、人民币利率互换、人民币外汇掉期等陆续推出。而在交易所场内衍生市场方面,2006年中国金融期货交易所在上海挂牌成立,2010年股指期货正式上市,拉开了我国金融衍生品跨越式发展的序幕。此后,国债期货、上证50ETF期权相继于2013年和2014年推出,表示我国金融衍生品市场正在稳步发展中。

第二节 中国金融机构的发展和演变

金融机构是金融市场的重要参与者。改革开放以来,中国金融机构伴随着中国金融市场的成长获得了长足的发展,已经成为国民经济的重要支柱和财政来源。本节介绍不同金融机构的基本功能及其在中国的发展和演变。

一、商业银行

商业银行是金融体系中最主要的金融机构,其核心业务是吸收存款、发放贷款,并以存贷利差作为重要的盈利来源,因而商业银行在经济社会中起到了至关重要的信用中介与信用创造功能。除此以外,商业银行也可以向公众提供诸如投资建议、证券承销和财务计划等其他服务,并承担支付中介功能和一定的政策调节功能。作为经济中最为重要的一类金融机构,商业银行的经营过程需要实现安全性、流动性和营利性三大目标和原则的统一与平衡,对于商业银行的监管也紧紧围绕安全性和流动性展开。

1978年以前,我国的经济管理实行以产品分配为主的计划体制,国家财政实行统收统支,银行也是实行大一统的管理体制。这就使得银行往往处于被动的资金提供者的低位,对国民经济的调节能力十分有限。银行体系呈现高度集中的特征,由中国人民银行作为国家唯一的银行,既行使国家宏观调控的中央银行职能,也行使商业银行的信贷、交易结算等功能。在银行的运营方面,也是由总行下达指令,各分行严格按照指令进行操作。

1978年以后,为了适应经济发展和经济体制改革的需要,我国银行业发生了重大变化。自1983年中国人民银行分拆至1993年,我国逐步恢复并建立了中国农业银行、中国建设银行、中国银行和中国工商银行四大国有商业银行。同时,交通银行、中信实业银行、深圳发展银行等一大批全国性股份制商业银行也先后成立。此时,中国的商业银行具有了一定程度的自主经营管理权限,但在银行内部依然是行政性质的管理方法,并未实现真正的市场化经营,主要职责仍是为大型国有企业和国家扶持企业提供资金支持。

1993年相继颁布《中国人民银行法》和《商业银行法》,明确规定了中国人民银行和商业银行的性质、地位与职责,并为商业银行的市场化经营提供了法律依据。1994年,先后成立三家政策性银行,对国有银行的政策性职能进行剥离,完成了从国家专业银行向国家商业银行的转变,为商业银行的市场化经营创造了良好环境。1997年,为了解决四大国有商业银行的不良贷款问题,我国相继成立四大金融资产管理公司,用以剥离、收购、管理和处置四大国有商业银行的不良资产,加速了四大国有商业银行的市场化改革。

2003—2013年,中国商业银行进入同质化发展的十年繁荣期,整体表现为规模总量快速增长、行业利润增幅巨大、收入结构大幅改善、风险抵御能力显著增强、世界影响力大幅提升。但随着由经济发展带来的红利逐渐式微、利率市场化改革不断推进,2013年以来,中国银行业的利润增长中枢日渐下移,商业银行依靠传统存贷利差业务"躺着赚钱"的时代恐难再现,盈利模式面临全新挑战。在利率市场化背景下,我国商业银行一方面需要加大对中间业务的培育和拓展,推进中间业务由低层次(如支付结算类、代理类和银行卡类)向高附加值业务(如担保、承诺类和交易类等)发展;另一方面,也需要深化金融产品创新,以更多金融产品和方便快捷的效率拓展业务空间,从而缓解利差缩小对盈利能力造成的冲击。

二、证券类金融机构

证券类金融机构是资本市场上重要的金融机构,是从事证券发行、承销与交易,企业重组、兼并与收购,投资分析,风险投资和项目融资等多种业务的非银行类金融机构。不同国家对证券类金融机构有着不同的称谓。在美国,它被称作投资银行或证券经纪商;在英国,它被称作商人银行;在以德国为代表的欧洲大陆,由于一直采取混业经营,投资银行仅是全能银行的一个部门;而以日本为代表的东亚,则通常称之为证券公司。英美与德日证券类金融机构在内部与外部治理结构方面存在诸多不同。在英美模式下,证券类金融机构股权高度分散,个人持股比例较高,流动性较强,加之外部控制权市场较为完善,因而对证券类金融机构形成了很强的外部制约。相反,德日模式下法人持股比例相对集中,在外部控制权市场不活跃的情况下,证券类金融机构自身的债权方(往往是银行)容易发挥较大的作用。

自1987年深圳经济特区证券公司成立以来,证券业已成为推动我国资本市场快速发展的重要力量。中国最早的证券公司主要成立于1987—1995年,当时全国性证券公司以华夏、南方、国泰、海通等几家大券商为代表,地方性证券经营机构则多为央行分支机构和各地财政部门设立的专营证券机构。1996年,中国实行"银证分离",奠定分业经营模式,证券业格局发生大规模调整,各商业银行分行下属信托投资公司均被撤销,仅保留四大国有银行总行的信托投资公司证券营业部,这一过程催生了申银万国和国泰君安等大型券商,全行业注册资本由1997年的192.3亿元大幅增加到1999年的313.49亿元。然而,中国证券业在建立之初并未形成严格的行业规范,致使经营风险大、投资收益率低,在国民经济和股市行情的波动中产生了大量不良资产。1999年年底,中国87家证券公司不良资产总额近400亿元,占证券公司净资产的60%以上。

1999年,《证券法》正式颁布实施,从法律上规定了中国金融业分业经营模式,加速了证券业同银行业、信托业、保险业的分业管理与经营的步伐,又诞生了一批由信托公司重组而成的大型券商。此外,非证券类资产的剥离、对保证金的严格监管与禁止"透支"等措施的落实,使证券机构资产状况出现一定好转。但是,随着2001年以后证券市场的持续低迷,证券公司长期积累的问题充分暴露,风险集中爆发,证券业生存与发展遭遇严峻挑战。为了处理和化解风险,2004年,国务院出台"国九条"实施证券公司综合治理。经过两年多的努力,基本化解了历史遗留风险,初步形成了防范风险、促进证券公司规范发展的有效机制。2006年年底,92%的券商实现风险监控指标全部达标,扭转了全行业连续四年亏损的局面。

如今经过近30年的发展,中国证券公司的数量、规模均在不断提升,盈利水平不断增加。截至2017年年底,中国共有131家注册证券公司,行业总资产、净资产及净资本分别达6.14万亿、1.85万亿和1.58万亿。2013—2017年,营业总收入和总净利润的年均复合增长率分别达到18.2%和26.6%,证券类金融机构正处于蓬勃发展阶段。

三、保险类金融机构

保险类金融机构是以经营保险业务为主的金融机构。按照其业务险种划分,通常可以分为人寿保险公司和财产与灾害保险公司。前者的保险对象主要是有生命的个体,例如,保险公司承诺在保单持有人死亡时向保单受益人提供赔付;而后者则主要对事件或财产投保。

通常,保险类金融机构利用数理统计工具设计保险产品来实现风险的转移和管理,尤其是精算技术、分保和证券化的发展,使得保险公司承保范围日益扩大,减少了经济主体自身承担的不确定性,提高了经济运行的效率。通过积累保费收入,保险类金融机构往往聚集大量资金并投资于金融市场或其他实体项目,因而成为金融市场上不可或缺的一大投资主体。如今,保险业已经成为与银行业和证券业并列的中国第三大支柱金融行业。

1949年,中国第一家全国性大型综合国有保险公司——中国人民保险公司成立,标志着中国保险业正式起步。1952年,外国保险公司完全退出中国保险市场。1958年,全国财政会议正式决定全面停办国内保险业务,只保留涉外保险业务继续经营。此后,中国保险业的发展在相当长的一段时间内陷入停滞,直至1979年央行决定恢复国内保险业务。

20世纪80年代,中国保险业几乎处于完全封闭的环境。先后仅有英国、美国和日本的16家保险公司在中国设立代表处和联络机构;而国内保险公司仅为4家,几乎不存在外部竞争。截至1991年,中国人民保险公司的保费收入占当年全国保费收入的98%,保险市场近乎完全垄断。随着1995年《保险法》的颁布和1998年中国保监会的成立,保险监管逐步法制化、正规化,保险市场也开始实质性地对外开放。此后,中国保险业迅速成长,保险机构的数量快速增加,如今我国保险行业的发展已经取得了令人瞩目的成就。1980年国内保险业务恢复时,全国保费收入仅为4.6亿元;2014年全国保费收入已突破2万亿元,保险业总资产规模突破10万亿元,保险机构上升至180家。中国保险业正稳步向去垄断化、盈利多元化的方向发展。

四、其他非银行类金融机构

除了证券和保险两大主要非银行类金融机构外,中国具有一定规模的其他非银行类金融机构主要包括信托、投资基金、期货、融资租赁以及财务公司等。这里着重介绍信托和投资基金的概念及其发展过程。

(一) 信托投资公司

信托,源于罗马法中的"信托遗赠",现代信托制度源于英国信托法及其演变而成的美国信托法。中国作为大陆法系国家,没有权利主体与利益主体相分离、责任有限性和信托管理连续性等基本法理和观念,因此在引入信托制度的时候对信托也给出了自己的定义。根据《信托法》,信托"是指委托人基于对受托人的信任,将其财产权委托给受托人,由受托人按委托人的意愿以自己的名义,为受益人的利益或者特定目的,进行管理或者处分的行为"。现代信托有以下四大特征:(1) 委托人对受托人的信任是信托关系成立的基础;(2) 信托作为一种法律关系,应有三方当事人参与,即必须委托人、受托人和受益人共同参与;(3) 信托财产具有独立性;(4) 受托人以自己的名义对信托财产进行管理或处分。

广义上讲,所有以收取报酬为目的的使用信托法律关系开展营业的公司都应该归入信托公司的范畴。按照这个定义,中国现有的信托投资公司,例如证券投资基金管理公司和产业投资管理公司都属于信托公司。然而,信托还有各种狭义概念。在中国,信托公司是指依照《公司法》和银监会2007年发布的《信托公司管理办法》设立的主要经营信托业务的金融机构。而信托业务,是指信托公司以营业和收取报酬为目的,以受托人身份承诺信托和处理信托事务的经营行为。

从1979年中国国际信托投资公司成立至今,中国信托业前后多次经历行业整顿,放松—混乱—从严—萎缩的恶性循环使得我国信托业在不断"纠错"中艰难成长。

信托业务设立之初的目的,主要是为了充分利用各种渠道的多余闲置资金,以弥补银行信贷不足。1980年6月,央行正式开办信托业务,此后各家银行、各部委和各地政府纷纷设立信托投资公司。到1982年年底,全国各类信托投资机构已有620多家,绝大部分由地方政府和专业银行开办,少数几家由中央部委开办。改革开放极大地调动了地方政府和各部门的积极性,央行相关政策使信托业迅速发展,彼时基本处于自由发展阶段,出现了一定的盲目性。信托业的金融功能(主要是信用中介、支付功能和信用创造功能)在一定程度上扩大了基本建设规模,但也冲击了信贷收支平衡。此外,当时的信托业务内容和方式并未体现现代信托业的特征,基本仍在行使银行功能,是银行存贷款业务的重复。因此,20世纪80年代我国信托业一直处于低潮发展阶段,管理层先后于1982年、1984年、1986年和1989年对信托业进行了四次清理整顿。

20世纪90年代,由于种种原因,我国信托业的本业——"受人之托,代人理财"的民事信托几乎没有发展,信托公司逐渐发展成兼营银行、证券、投资经营等多种业务的金融百货公司,已名不副实。此外,由于信托投资公司多由各级政府出资建立,一些信托公司逐步成为政府的"小财政"和举债窗口。而在缺少信托业相关法律法规制约的情况下,信托经营因企业产权不清、管理不善形成巨大市场风险,导致大量信托企业被迫关闭。

2001年,《信托法》颁布实施,我国信托业终于从制度上规范了信托关系和信托行为,确立了信托当事人的法律地位,为促进我国信托事业奠定了制度基础。2002年相继颁布的《信托投资公司管理办法》《信托投资公司资金信托管理暂行办法》,使信托公司业务向本源回归,即围绕"受人之托,代人理财"的信托内涵开展业务,标志着信托业开始走上健康发展之路。2002年7月,上海爱建信托投资公司发售首只信托产品,被业内人士视为信托公司回归主业的开端。此后,财产信托、信贷资产证券化产品纷纷出现,机构投资者逐步加入,使得信托业逐渐做大信托业务规模。尤其是2011年以后,中国信托业迎来了爆发式增长,行业规模从2011年的3 000多亿元飞速突破至2017年的26.2万亿元。但由于政府对信托牌照的管制,国内信托公司的数量目前仍稳定在68家。

(二)证券投资基金

证券投资基金是一种利益共享、风险共担的集合证券投资方式,即通过发行基金证券,集中投资者的资金交由基金托管人托管,由基金管理人集中管理,主要投资于股票、债券等金融工具的投资以获得投资收益和资本增值。

证券投资基金有多种分类方式。根据基金单位是否可自由增加或赎回,可分为开放式基金和封闭式基金。开放式基金的份额一般不直接在市场上交易,但可以直接通过基金公司申购和赎回,因而基金规模并不固定。封闭式基金有固定的存续期,未到期前不能自由申购和赎回,但部分封闭式基金在证券交易场所上市交易,投资者可以通过二级市场买卖基金单位。根据基金组织形态的不同,可分为公司型和契约型基金。公司型基金指基金通过发行基金股份、成立投资基金公司的形式设立,契约型基金则是由基金管理人、基金托管人和投资人三方通过基金契约设立。我国的证券投资基金均为契约型基金。此外,按投资目标和投资对象的不同,还可以大致分为股票基金、债券基金、混合基金和货币市场基金等类别。

中国基金行业起步于20世纪90年代。1992年,淄博乡镇企业投资基金设立,揭开了投资基金业在内地发展的序幕,也引发了1993年我国投资基金发展的热潮。1994年后,基金发展过程中的不规范和积累的其他问题逐步暴露出来,基金业因此陷入发展停滞状态。1997年《证券投资基金管理暂行办法》的颁布,为我国的证券投资基金奠定了法律基础,基金业的发展进入一个全新阶段。1998年,南方基金管公司和国泰基金管理公司分别发起设立"基金开元"和"基金金泰",拉开了中国证券投资基金试点的序幕。1999年下半年以后,"老基金"(即1997年以前设立的基金)逐步被清理合并为新的证券投资基金。

随着金融创新的不断深入,近年来基金产品也开始走向多元化,债券基金、保本基金、货币市场基金、交易型开放式指数基金(ETF)、上市型开放式基金(LOF)等一系列基金创新产品相继面世,开放式基金逐渐取代封闭式基金成为市场的主流品种。截至2016年年底,各类公募基金资产管理规模已达到9.13万亿元,私募基金行业认缴规模达到10.24万亿元,均创下历史新高。

第三节　金融体系与金融监管

根据资源配置方式的不同,金融体系可分为以德、日为代表的银行主导型金融体系和以英、美为代表的市场主导型金融体系。近年来,随着金融创新的深入,从全球范围看,两种金融体系存在相互融合的趋势,其各自的边界愈发模糊,给金融监管带来全新的挑战。

中国的金融体系相对发达国家发育滞后,金融体系主要由银行主导,整体上呈现分业经营、分业监管的格局。以"一行三会"统筹监管、各种行业协会自律监管的监管体系,在中国金融体系的发展与演变过程中起到了举足轻重的作用。

本节结合对两种金融体系的比较,阐述两者相互融合的趋势,然后简要介绍当前中国金融体系格局以及金融监管的发展。

一、市场主导型与银行主导型金融体系的法源与比较

金融体系是指各种不同的金融机构以及金融市场所形成的系统。由于各国经济、政治、文化的差异,不同国家的金融体系千差万别。根据 La Porta 等学者 1998 年关于法律与金融关系的开创性研究,世界各国之所以形成不同的金融体系和处于不同的金融发展阶段,与其历史上采取的法律模式有关。一般认为,普通法模式更注重保护私人财产权利的完整性,这使得私人财产所有者对财产权利非常明确,对于金融体系的发展有积极影响,因而更易形成以英、美为代表的市场主导型金融体系;而大陆法系则注重维护国家利益,强调政府的权力,较少关注个体投资者的权力,导致德、日等大陆法系国家容易出现银行主导型金融体系。

市场主导型金融体系是指以直接融资市场为主导的金融体系,其特点是资本市场较为发达,企业长期融资以资本市场为主,银行更专注于提供短期融资和结算服务。银行主导型金融体系则主要以银行的间接融资方式来配置金融资源,其特点是企业外部资金来源于银行等金融中介,银行在吸纳储蓄、配置资金以及监督企业管理者的投资决策中发挥关键作用。支持银行主导的学派认为,银行等金融中介容易获得企业相关信息,进而能有效降低信息搜集和管理成本,有利于资源配置效率的提升并对企业实施控制。而支持市场主导的学派则强调,势力强大的金融中介对企业的影响力较大且具有天生的谨慎倾向,不利于公司创新和增长;相反,由于竞争性资本市场具有信息归集和向投资者有效传递信息的功能,可以将企业融资与其业绩相联系,能降低与银行体系有关的内在低效问题,也有利于改善公司治理结构。

尽管各国金融制度存在巨大差异,背后成因也错综复杂,但进入 2000 年以后却呈现趋同趋势,市场主导型和银行主导型金融体系之间的界限愈发模糊,混业经营成为大势所趋。在美国,投资银行与商业银行分离的传统监管壁垒早已被打破,大型商业银行通过兼并投资银行向证券业扩张,全能银行特征逐渐显现;在德国,推动股票与债券市场发展的改革持续多年,企业直接融资比重稳步提高,同时德国全能银行本身也正积极向投资银行领域扩张;日本为了从长期经济衰退中走出,通过税制改革活跃证券市场,随着改革的推

进,金融结构中银行占比大幅减少,证券市场在企业融资和风险管理中的作用不断加强。伴随着世界各国金融体系日新月异的变化,多数国家一直坚守的金融分业经营制度逐渐被放松,横跨金融业各个领域的混业经营已成为国际金融市场发展的大趋势。

二、中国金融体系与金融监管格局

当前,我国金融体系的总体格局依然呈现间接融资比重较高,直接融资比重相对较低的特征。尽管致力于改善融资结构的改革正在稳步推进,但企业融资依赖银行信贷的局面依然存在,截至 2017 年 12 月底,社会融资规模存量中人民币贷款存量占比仍高达 65%,而股票和债券融资存量占比仅为 14%;金融体系仍主要由银行主导,银行业资产占全部金融资产的 80%以上[1]。这一格局与我国金融业发展初期便确立的分业经营、分业监管模式有关。

自 2003 年以来,中国人民银行、中国银行业监督管理委员会、中国保险监督管理委员会、中国证券监督管理委员会(以下简称"一行三会"),构成了中国金融业分业监管的格局。中国人民银行是宏观系统性风险监管者与银行监管者,在国务院领导下制定和执行货币政策,防范和化解金融风险,维护金融稳定的政府机构。历史上,央行曾是整个金融体系的唯一监管者。自证监会、保监会、银监会相继成立后,央行原有监管职能很大程度上被"三会"所取代,但仍对金融机构具有一定的实质监管职责,主要体现在三个方面:(1)央行依职权对金融机构流动性和资本充足性进行监测,从宏观上把握金融系统性风险;(2)央行作为金融机构的最后贷款人,对问题金融机构经营状况、适用援助资金的使用情况等进行监管;(3)对于违反金融政策或从事较高风险的金融机构,央行可以通过市场手段而不是行政命令的方式进行限制。

银监会是银行业和某些非银行金融机构的监管者。前者包括商业银行、政策性银行等从事吸收公众存款的金融机构;后者包括金融资产管理公司、信托投资公司、财务公司、金融租赁公司,以及银监会批准设立的其他金融机构。2003 年银监会成立,并取代过去央行的银行监管职责,对监管范围内金融机构的市场行为和审慎经营两方面同时进行监管。保监会于 1998 年成立,并接手原央行的保险业监管职能。与银监会一样,保监会同时承担保险公司的市场行为监管和审慎监管。由于保险机构同样面临系统性风险,如巨灾风险、社会风险和政治经济风险等,保监会通过编制和更新"寿险业经验生命表"、监管保险基金投资风险、争取对保险业发展有利的税收政策等手段,监督和管理保险机构的系统性风险。证监会是资本市场监管者,是"三会"中最早成立的一个。依据《证券法》,证监会的监管对象包括股票、企业债券、国债、证券投资基金、证券衍生品种如期货合约、期权和认股权证衍生金融产品,以及证券公司、证券投资基金管理公司的审慎监管。

从近十几年的具体实践看,"一行三会"的金融模式与现阶段社会经济发展水平以及金融发展程度相适应,在我国向市场经济转变的过程中,对于快速、平稳地建立起完善的、多元化的金融市场体系产生了积极作用。然而,尽管我国目前仍实行严格的分业监管,银行、保险与证券等业务之间已出现相互渗透、逐渐交融的迹象,一些混业经营的金融控股

---

[1] 数据来源:中国人民银行统计数据。

集团应运而生,对分业监管提出了新的挑战,中国的金融监管协调问题愈发引起关注与重视。2017年7月,在全国金融工作会议宣布成立国务院金融稳定发展委员会,旨在加强"一行三会"的金融监管协调、补齐监管短板,这成为我国探索金融监管有效性、避免重复监管和监管真空的有益尝试。2018年3月,银监会和保监会正式合并为中国银行保险监督管理委员会,以避免机构改革进程缓慢影响风险防控效率,为监管机构更加统一、协调地调整防范系统性金融风险迈出重要一步。

第四节　金融市场的功能

从前三节的介绍中不难发现,金融市场的核心功能在于实现资金在供给者和需求者之间的高效转移。缺乏资金却拥有投资机会的经济主体可以利用金融市场获取资金,进而投资于回报率超过市场利率的投资机会,而拥有资金却缺乏投资机会的经济主体也可利用金融市场获得稳定的市场回报率。在这一过程中,经济中的闲散资金实现了从资金供给者到资金需求者的有效流转,使得参与金融市场运转的经济主体都可以从中获益。可见,在时间和空间上进行资源的有效配置是金融市场的核心功能和基础性功能。围绕这一基础功能,现代金融市场还发挥着其他功能,本节将逐一讨论。

一、价格发现功能

现代经济中,市场犹如一台复杂而精良的机器,它通过价格对所有市场参与主体从事的各种交易进行协调。在金融市场上,买方(投资者)和卖方(融资者)的相互作用决定了金融资产的价格,或者说决定了金融资产要求的收益率。资产价格(或收益率)协调着市场参与各方的投融资决策。较高的资产价格(即较低的收益率)趋于抑制投资者的购买,刺激他们出售资产,同时也刺激融资者扩大融资规模;相反较低的价格(即较高的收益率)鼓励投资者扩大投资,同时也可能进一步抑制融资者的融资行为。金融市场通过价格起落指示资金应如何在金融资产间进行分配,这一过程被称为价格发现过程。

由于金融资产的价格对于在时间和空间上的资源配置具有直接的影响作用,因此价格发现是金融市场的核心功能。

一个合理的价格体系能够使得金融市场取得动态平衡,但市场究竟是如何发现合理的价格体系呢?在经济学原理中,我们知道对于普通商品而言,当供给曲线和需求曲线相交时,价格和数量就被唯一确定下来,但是金融交易显然比商品交易复杂许多。在漫长的探索中金融学家们逐渐发现,金融资产的价格发现是通过两种价格形成机制产生的:其一是一般均衡机制,类似于传统经济学中的分析框架,它是个体投资者在自身既定约束条件下优化行为(资产选择)的结果,个体之间竞争与追逐福利导致了整个金融市场的均衡价格体系的形成;其二是套利机制,即普遍存在的、直观的逐利行为导致了金融资产价格形成的"一价规律"。相对而言,第二种价格机制似乎更能体现金融资产的本质,因为投资金融资产的主要目的是创造更多的未来现金流,而不像商品需求那样更多关注它的使用价值,所以金融资产套利通常比商品套利普遍得多。

二、风险管理功能

由于金融市场对资源的配置是跨期的,使得投资和获得回报之间需要一段时间,因此回报的多少及其可获得性会存在一定的不确定性。例如,当通用汽车公司建设汽车厂时,公司管理层并不能确切知道汽车厂未来所能产生的现金流。而当通用汽车公司通过向公众出售股票与债券的方式来筹集建设工厂的资金时,金融市场就成为分配这种风险的关键角色。因此,提供风险管理的手段是金融市场的第二个重要功能。

在金融市场上,较为乐观或偏好风险的投资者会购买股票,而较为保守的投资者可能更愿意购买债券,因为债券提供固定收益,其风险较小,而股票持有者承担较大风险,因而可以获得潜在较高的回报。由于投资者需要承担与收益相关的风险,风险往往与投资行为相伴而生。这种风险配置对于需要通过融资以增加资本进行投资的公司是有利的。当投资者能自行选择与他们偏好最适合的风险—收益特征的证券时,证券就能以合理的价格售出。

金融市场在实现资源配置的同时,也要实现风险的最优配置。金融体系既可以提供管理和配置风险的方法,又是管理和配置风险的核心。风险的管理和配置会增加企业与家庭的福利,当利率、汇率和商品价格的波幅较大时,会相应提高风险管理和配置的潜在收益;而计算机和金融技术方面的进步则降低了交易成本,这又使更大范围的风险管理和配置成为可能。因此,风险管理和配置能力的发展使得金融交易的融资功能和风险承担功能得以分离,使金融市场参与者选择其愿意承担的风险,回避其不愿承担的风险。

金融市场为企业、消费者和政府提供了各种防范风险的手段。例如,保险单可以分散个体风险,尤其是人寿险、健康险、财产险等保险工具,能使其持有人在被保对象受到特定损失时获得相应补偿,从而达到间接避险的效果。此外,企业和个人也可以利用金融市场的财富储藏功能进行"自我保险",即持有一定的金融资产以应对未来损失的风险。

由于风险是投资的基本属性,也是金融体系的基本属性,因而风险配置成为金融体系的基本功能之一。正如金融体系的资金配置功能表现为,该体系可通过直接融资或间接融资方式,将资金从盈余者配置到短缺者手中,从低效益的投资项目配置到高效益的投资项目那样,金融体系的风险配置功能表现为,伴随着资金的转移,投资活动中的风险从风险承担过度或承担能力较差的投资者,配置到有承担能力且愿意承担风险的投资者身上。

三、流动性提供功能

作为财富储藏手段的金融工具,可以在金融市场上以较低损失迅速换取现金。因此,金融市场可以在必要时为金融资产的持有者提供流动性。现代社会,货币的流动性最好,能随时随地用于购买其他资产,然而持有货币的回报率是所有资产中最低的,并且货币的购买力也会受到通货膨胀的影响而削减。正是由于金融市场具有流动性功能,人们才得以在不急需资金时持有最少量的货币,转而持有其他收益率相对较高的金融资产。

关于流动性,有多种不同角度的理解与解释。博迪和默顿在其《金融学》教科书中,将流动性定义为迅速转化为现金的能力,认为衡量资产流动性的一个较好指标是在金融市场上购买这项资产并立即出售兑现时所产生的成本。布莱克则认为,流动性好的市场应是连续市场,即任何数量的买卖都可成交,且小额交易成交价格与市价相同,大额交易若拉长交易时间则平均价格也与市价相近。若证券缺乏流动性,债权所有者将被迫持有债务工具至到期,股权所有者将被迫持有权益工具至公司自愿清算或破产清算。

如果把金融市场比作一个充满活力的年轻人,那么价格发现功能可以看作支撑他的心脏,流动性完全可以视作保证生命新陈代谢的血液。如果没有流动性,即没有血液流畅地循环运行,就不可能保证心脏正常跳动,也即无法维持金融体系的正常运转。例如在消费者投资行为中,常遇到金融资产之间、资产与现金之间的转换需要,如果金融体系不能满足这种需要,投资者就不得不放弃通过金融体系来投资,转而为未来可能的流动性需求进行"流动性保险"(把钱全部放在家里以备后用就是一种极端的表现形式)。于是,金融体系应有的资源配置功能将大打折扣。可见,流动性是金融市场的生命力所在。

四、信息生产功能

在市场经济运行中,信息是企业和个人投资决策的基本依据,必要的信息是协调各个经济部门分散决策的重要条件。金融市场除了提供虚拟金融资产交易外,也是一部传递信息的机器,能将成千上万个体的知识和活动汇集在一起,同时它也有信息生产的功能。

企业与家庭根据金融市场观察到的利率和资产价格进行资产配置和消费储蓄决策,利率和资产价格也是企业选择投资项目和融资的重要信号。资产收益的波动率是现代金融理论中量化风险的基本指标,也是风险管理和战略性融投资决策中的关键性信息。一般而言,金融市场上交易的金融工具越丰富多样,可以从它们的价格中获取的信息就越多;而信息越丰富,就越有利于资源配置决策。

同时,信息非均衡也是金融市场的基本特征。现实经济世界的信息往往存在非均衡,委托人与代理人之间由于信息不完全或合约不对称,会产生逆向选择、道德风险和"搭便车"等问题,进而导致社会经济资源分配的低效率。某种程度上,证券市场可看作一个信息市场,因为证券市场的核心问题是证券价格能否及时、准确地反映公司经营的基本面,也就是说,市场效率的核心是如何提高信息的充分性和准确性,并建立使得信息充分、准确的激励机制。从信息角度看,整个证券市场运行过程是一个信息处理过程,证券信息的充分公开揭示,对维护市场公平与效率、促进价格发现与资金有效分配、防止市场机能扭曲以及遏止内幕交易行为具有重要意义。

五、交易成本节约功能

在制度经济学中,人类社会的经济关系是一系列交换关系的集合,而交换关系的完成必然产生一定的成本,这种成本就是交易成本。有两种形式的交易成本:狭义的交易成本(即直接交易成本,包括佣金、手续费等)和广义的交易成本(包括搜寻成本与信息成本等)。在市场经济条件下,交易成本是使用市场的成本。

交易者利用金融市场完成交换目的,必然存在交易成本。金融市场的交易成本可分为直接交易成本和间接交易成本两种。直接交易成本又称为显性交易成本,是指交易者向经纪商、交易所或税务机关缴纳的费用,属于投资者可见的费用,包括佣金、手续费、过户费和印花税等。间接交易成本是指与金融交易相关的,但并非直接由投资者缴纳的相关成本,如搜寻与信息成本、延迟成本和市场影响成本。金融市场的交易成本与金融市场的发育度、交易机制、税收政策等因素密切相关,同时它也影响着金融市场的运行及其效率等。

应当看到,金融体系的这五种功能并不彼此独立。金融市场是解决资源在不确定环境下进行跨期最优配置的一种重要方式。它通过交易金融产品使得购买力在不同时间、不同地点下重新进行了分配与优化。合理的金融产品价格是保障资源得到最好利用的关键,因此价格发现是金融市场的核心功能。同时,金融产品价格既包含时间价值也包括风险价值,因此对风险的优化配置功能也是价格发现功能的必然产物。此外,如果市场具有完全信息和完美交易过程(即无摩擦),将有助于价格发现和资源合理配置,因而信息生产既是金融市场存在的基础,也是其重要功能。通过信息生产,金融市场获得了自我实现的前提条件。另外,足够的流动性将润滑金融市场交易,交易成本减少则会便利交易的进行,因此提供流动性和减少交易成本既是金融市场的功能,也是金融市场自我发展和完善应有的内容。

专栏

从社会融资规模的结构看中国金融体系的资源配置功能的变迁

传统的金融与经济关系,一般指银行体系通过其资产负债活动,促进经济发展和保持物价水平的基本稳定,在金融机构资产方主要体现为新增贷款对实体经济的资金支持,负债方主要体现为货币的创造和流动性增加。近年来,我国金融总量快速扩张,金融结构多元发展,金融产品和融资工具不断创新,证券、保险类机构对实体经济资金支持力度显著加大,商业银行表外业务对贷款表现出明显的替代效应。人民币贷款已不能完整反映金融与经济的关系,也不能全面反映实体经济的融资规模。同时,货币和信贷的关系也变得日益模糊,在此背景下亟需能更全面、准确反映金融与经济关系的统计指标。

为适应宏观金融监测和调控的需要,央行于2010年11月开始对社会融资规模统计指标进行研究与编制。社会融资规模是指实体经济(非金融企业和住户)从金融体系获得的资金。该指标具体由四个部分构成:一是金融机构通过表内业务向实体经济提供的资金支持,包括人民币贷款和外币贷款;二是金融机构通过表外业务向实体经济提供的资金支持,包括委托贷款、信托贷款和未贴现的银行承兑汇票;三是实体经济利用规范的金融工具,在正规金融市场所获得的直接融资,包括非金融企业境内股票筹资和企业债券融资;四是其他方式向实体经济提供的资金支持,主要包括保险公司赔偿、投资性房地产和小额贷款公司贷款等。

总体来看,我国社会融资规模增量呈现扩大趋势,有效促进了经济平稳较快发展。2017年,社会融资规模增量19.4万亿元,是2002年的9.7倍。从融资结构看,主要呈现以下几个重要特征:

(1) 人民币贷款占比大幅下降,2017年人民币贷款增加13.8万亿元,是2002年的7.5倍,占同期社会融资规模增量的71.2%,比2002年低21个百分点。信贷投放作为长期以来我国货币政策传导的主要手段,直接对实体经济发展产生显著的促进作用。

(2) 直接融资特别是企业债券融资快速发展。尤其是2016年非金融企业境内债券和股票合计融资 4.2 万亿元,比 2002 年多 4.1 万亿元,占同期社会融资规模增量的 23.8%,比 2002 年高 18.9 个百分点,其中企业债券净融资 3 万亿元,创历史年度最高水平。直接融资规模大幅增加,丰富和完善了金融业结构,提升了金融资源的配置效率和投资回报率,同时在一定程度上降低了社会融资成本。

(3) 实体经济通过金融机构表外的融资迅速增长,尤其是 2013 年,实体经济以委托贷款、信托贷款和未贴现银行承兑汇票方式合计融资达 5.2 万亿元,较 2002 年显著增长,一定程度上对货币政策有效性形成挑战,政策层面正在着手采取更为有效的监管手段规范表外融资行为,以更好地服务实体经济发展。

可见,由社会融资规模结构的变化反映出我国融资结构不断呈现多元发展,金融对资源配置的作用不断提高,金融体系资源配置功能的实现形式愈发丰富。

本 章 小 结

金融市场既是要素市场,也是产品市场。金融市场涵盖了给定的交易机制约束下跨时空的资源配置的过程,其核心功能在于在时间和空间上进行资源的有效配置。围绕这一基础功能,现代金融市场还发挥着价格发现、风险管理、流动性提供、信息生产以及交易成本节约等多重功能。

根据交易标的物不同,可将金融市场划分为资金市场、外汇市场和衍生市场。资本市场是指进行中长期(通常为一年以上)资金借贷或金融证券买卖的市场,其基本功能是实现并优化投资与消费的跨期选择。按照参与交易的金融工具性质的不同,还可以细分为股票市场(权益市场)和债券市场。货币市场是以期限在一年以下的短期金融工具为交易标的物的市场。外汇市场和衍生市场则分别为交易各国货币、交易衍生工具的场所。

金融机构是金融市场的重要参与者。商业银行是金融体系中最主要的金融机构,其核心业务是吸收存款并发放贷款,并以存贷利差作为重要盈利来源,其在经济社会中起到了至关重要的信用中介与信用创造功能。证券类金融机构则是从事证券发行、承销与交易,企业重组、兼并与收购、投资分析、风险投资和项目融资等多种业务的非银行类金融机构。保险类金融机构是以经营保险业务为主的金融机构,通常可分为人寿保险公司和财产与灾害保险公司。在中国,除证券和保险两大主要非银行类金融机构以外,具有一定规模的其他非银行类金融机构还包括信托、投资基金、期货、融资租赁以及财务公司等。

根据资源配置方式的不同,金融体系可分为以德、日为代表的银行主导型金融体系和以英、美为代表的市场主导型金融体系。近年来,随着金融创新的深入,从全球范围看,两种金融体系存在相互融合的趋势,其各自的边界愈发模糊,给金融监管带来全新的挑战。长期以来,中国的金融体系主要由银行主导,整体上呈现分业经营、分业监管的格局。以"一行三会"统筹监管、各种行业协会自律监管的监管体系,在中国金融体系的发展与演变过程中起到了举足轻重的作用。随着 2017 年 7 月国务院金融稳定发展委员会的成立以及 2018 年 3 月银监会和保监会的正式合并,我国正逐渐朝着加强金融监管协调、补齐监管短板、避免重复监管和监管真空的方向迈进。

重要概念

金融市场、金融机构、金融体系、金融监管

习题与思考

1. 金融市场按照交易标的物可以如何分类?
2. 简述货币市场与资本市场的联系与区别。
3. 简述债券的特点及分类。
4. 简述股票的特点及分类。
5. 基本的衍生工具有哪些,它们各自的特点是什么?
6. 银行主导型金融体系和市场主导型金融体系各有什么特点?
7. 中国的金融体系主要由哪些金融机构构成,商业银行在其中扮演什么样的角色?
8. 金融市场的核心功能是什么?除此以外,还有哪些其他功能?试简单论述。

第二章

金融市场的交易机制

教学目的与要求

通过本章学习,熟悉金融市场交易机制的内涵;掌握证券市场交易机制的主要类型和特征,熟悉交易订单类型和匹配原则;熟悉中国境内主要的金融子市场的交易机制和交易规则;掌握市场微观结构理论中的存货理论和信息理论;掌握评价金融市场交易机制的运行效率和质量的流动性、稳定性、有效性、透明度、安全性和交易成本等维度及相互关系。

功能和机制是研究金融市场的两大关键维度。金融市场的核心功能是在时间和空间上进行资源配置。围绕这一基础性的功能,金融市场还发挥着其他一系列的功能。金融市场的交易机制为金融市场功能的实现提供了微观基础,直接影响证券市场资源配置功能的发挥。

市场微观结构理论研究的是交易机制如何影响价格的形成过程,并分析在一定的交易机制下资产交易的过程和结果。交易机制指市场的交易规则和保证规则实施的技术以及规则和技术对定价机制的影响。这是市场微观结构理论的核心内容。本章第一节阐述交易机制的概述性内容,包括研究机制的目的、交易机制的分类与比较和交易订单及订单匹配原则。第二节结合中国金融市场的实际情况,介绍各子市场的重要交易机制,第三节介绍市场微观结构理论,第四节分析交易机制的评价维度。

第一节 交易机制概述

一、交易机制的研究目的

对一个市场来说,其微观结构由五个关键的部分组成:技术、规则、信息、市场参与者和金融工具。市场微观结构理论研究的是交易机制如何影响价格的形成过程,并分析在一定的交易机制下资产交易的过程和结果。广义的交易机制就是市场的微观结构;狭义的交易机制特指市场的交易规则和保证规则实施的技术,以及规则和技术对定价机制的影响。因为不同的交易机制不仅在价格发现过程中所起的作用不同,而且对市场参与者的行为策略影响也不同,所以在对交易机制的研究中,也应当包括对市场质量和投资者行为策略影响的分析。本章的论述主要集中在狭义的交易机制——规则和技术方面。

从功能组织方面看,证券交易机制是指有组织的证券交易场所为履行其基本职能而制定的与证券交易有关的运作规则,它的重要功能之一是使潜在的投资者需求转化为实际交易,发现市场的出清价格。根据不同目的、不同标准可以对证券交易制度进行不同划分。以交易价格的形成过程为主线,交易机制可以划分为六方面内容:(1) 交易委托方式;(2) 价格形成机制;(3) 委托匹配原则;(4) 信息披露方式;(5) 市场稳定措施;(6) 其他选择性手段等。前三项内容是证券交易制度所必须具备的基本要素,其中价格形成机制是证券交易制度的核心。价格形成机制包含做市商制和竞价制两种基本方式。竞价制又包括连续竞价和集合竞价两种方式。按照价格形成机制的不同,可以把证券交易市场划分为报价驱动的做市商市场、指令驱动的集合竞价或连续竞价市场,以及两者兼而有之的混合式市场。

不同交易机制的市场,其价格形成过程和运作特征是有差别的,主要体现在市场组织、订单匹配原则、信息传递范围和价格确定方法等交易过程方面,并导致不同交易机制的市场属性也会有所差别。研究证券交易机制,其意义在于揭示市场价格形成过程中的组织和内在运行机理,从而在市场的建立和培育、交易规则的制定和实行以及市场的监管等方面遵循市场的客观规律,维护和保障证券市场的运作功能和效率。

二、交易机制的分类与比较

Thomas(1989)将证券市场交易机制分为两类(见表2-1):一类是报价驱动交易机制,也就是做市商市场;另一类是指令驱动的竞价交易机制,包括集合竞价和连续竞价。Madhavan(1992)将兼具这两类特征的交易机制称为混合机制。

表2-1 交易机制分类表

	连续性市场	集合性市场
竞价市场(指令驱动)	连续竞价市场	集合竞价市场
做市商市场(报价驱动)	做市商市场	集合做市商市场(现实中不存在)

报价驱动制度与指令驱动制度的区别在于四个方面。(1) 价格形成方式不同。在采用做市商制度的市场上,证券的开盘价格和随后的交易价格是由做市商报出的,而指令驱动制度的开盘价与随后的交易价格都是竞价形成的。前者从交易系统外部输入价格,后者成交价格是在交易系统内部生成的。(2) 信息传递的范围与速度不同。采用做市商制度,投资者买卖指令首先报给做市商,做市商是唯一全面及时知晓买卖信息的交易商,成交量与成交价随后才会传递给整个市场。在指令驱动制度中,买卖指令、成交量与成交价几乎同步传递给整个市场。(3) 交易量与价格维护机制不同。在报价驱动制度中,做市商有义务维护交易量与交易价格。而指令驱动制度则不存在交易量与交易价格的维护机制。(4) 处理大额买卖指令的能力不同。做市商报价驱动制度能够有效处理大额买卖指令。而在指令驱动制度中,大额买卖指令要等待交易对手的买卖盘,完成交易常常要等待

较长时间。

(一) 报价驱动的做市商市场

做市商是通过提供买卖报价为金融产品制造市场的证券商。做市商制度,就是以做市商报价形成交易价格、驱动交易发展的证券交易方式。使用做市商制度的市场称为做市商市场。纯粹的做市商制度有两个重要特点:(1) 所有客户订单都必须由做市商用自己的账户买进卖出,客户订单之间不直接进行交易;(2) 做市商必须在看到订单前报出买卖价格,而投资人在看到报价后才下订单。

做市商报价驱动制度的优点表现在以下四点。(1) 成交即时性。投资者可按做市商报价立即进行交易,而不用等待交易对手的买卖指令,尤其是在处理大额买卖指令方面的即时性,比指令驱动制度要强。(2) 价格稳定性。在指令驱动制度中,证券价格随投资者买卖指令而波动,而买卖指令常有不均衡现象,过大的买盘会过度推高价格,过大的卖盘会过度推低价格,因而价格波动较大。而做市商则具有缓和这种价格波动的作用,这是因为:① 做市商报价受交易所规则约束;② 及时处理大额指令,减缓对价格变化的影响;③ 在买卖盘不均衡时,做市商插手其间,可平抑价格波动。(3) 矫正买卖指令不均衡现象。在指令驱动市场上,常常发生买卖指令不均衡的现象。出现这种情况时,做市商可以承接买单或卖单,缓和买卖指令的不均衡,并抑制相应的价格波动。(4) 抑制股价操纵。做市商对某种股票持仓做市,使得股价操纵者有所顾忌,担心做市商抛压,抑制股价。

做市商报价驱动制度的缺点表现在以下四点。(1) 缺乏透明度。在报价驱动制度下,买卖盘信息集中在做市商手中,交易信息发布到整个市场的时间相对滞后。为抵消大额交易对价格的可能影响,做市商可要求推迟发布或豁免发布大额交易信息。(2) 增加投资者负担。做市商聘用专门人员,承担做市商义务,是有风险的。做市商对其提供的服务和所承担的风险要求补偿,如交易费用及税收优惠等。这将会增大运行成本,也会增加投资者负担。(3) 可能增加监管成本。采取做市商制度,要制定详细的监管制度与做市商运作规则,并动用资源监管做市商活动。这些成本最终也会由投资者承担。(4) 做市商可能利用其市场特权。做市商经纪角色与做市功能可能存在冲突,做市商之间也可能合谋串通。这些都需要强有力的监管。

(二) 指令驱动市场

指令驱动交易机制分为集合竞价和连续竞价两种。

集合竞价也称为单一成交价格竞价。其竞价方法是:根据买方和卖方在一定价格水平的买卖订单数量,计算并进行供需汇总处理。当供给大于需求时,价格降低以调节供求量,反之则调高价格刺激供给,最终在某一价格水平上实现供需的平衡,并形成均衡价格。在集合竞价市场,所有的交易订单并不是在收到之后立刻予以竞价撮合,而是由交易中心将在不同时点收到的订单积累起来,到一定的时刻再进行集合竞价成交。

连续竞价也叫复数成交价格竞价,其竞价和交易过程可以在交易日的各个时点连续不断地进行。在连续竞价市场上,投资者的交易指令由经纪商输入交易系统,交易系统根据市场上已有的订单情况进行撮合。一旦按照有关竞价规则存在与交易指令相匹配的订单,该订单就可以成交。在连续竞价的价格撮合过程中,当出价最低的卖出订单价格等于或小于买进价格时,就可以达成交易。每笔交易构成一组买卖,交易依照买卖组以不同的价格连续进行。

虽然集合竞价市场缺乏交易的连续性,但集合竞价市场的价格反映了累积的市场信息,其信息效率要高于连续竞价市场。因此,在连续竞价市场交易中断时,集合竞价市场仍然可以正常运转。

相对于做市商报价驱动制度,指令驱动制度的优点表现在三个方面。(1)透明度高。在指令驱动制度中,买卖盘信息、成交量与成交价格信息等及时对整个市场发布,投资者几乎可以同步了解交易信息。透明度高有利于投资者观察市场。(2)信息传递速度快、范围广。指令驱动制度几乎可以实现交易信息同步传递,整个市场可同时分享交易信息,很难发生交易信息垄断。(3)运行费用较低。投资者买卖指令竞价成交,交易价格在系统内部生成,系统本身表现出自运行特征。这种指令驱动系统,在处理大量小额交易指令方面,优越性较明显。

指令驱动制度的缺点表现在三个方面。(1)处理大额买卖盘的能力较低。大额买卖盘必须等待交易对手下单,投资者也会担心大额买卖指令对价格的可能影响,因而不愿意输入大额买卖指令,而宁愿分拆开来,逐笔成交。这种情况既影响效率,又会降低市场流动性。(2)某些不活跃的股票成交可能继续萎缩。一些吸引力不大的股票,成交本来就不活跃,系统显示的买卖指令不足,甚至较长时间没有成交记录。这种情况又会使投资者望而却步,其流动性可能会进一步下降。(3)价格波动性。在指令驱动制度下,价格的波动性可能较大。原因如下:① 买卖指令不均衡引起价格变动;② 大额买卖指令也会影响价格;③ 操纵价格的行为。最重要的是,指令驱动制度没有设计价格维护机制,任由买卖盘带动价格变化。

(三) 混合交易机制

混合交易机制同时具有报价驱动和指令驱动的特点。大多数证券市场并不仅仅采取做市商、集合竞价、连续竞价中的一种形式,而是根据不同的市场情况采取不同程度的混合模式。如纽约证券交易所采取了辅之以专家制度的竞价制度,伦敦证券交易所部分股票由做市商交易,另一部分股票则采用电子竞价交易。在亚洲的新兴证券市场,普遍采用的是指令驱动电子竞价方式,但一般均结合了集合竞价和连续竞价两种形式。通常开盘时先由集合竞价方式决定开盘价,然后采取连续竞价方式。

(四) 特殊会员制度

除了上述三种典型的交易机制以外,有的证券市场还采取一些特殊会员的交易制度,如纽约证券交易所的专家制度、东京证券交易所采取的会员制度和巴黎证券交易所的兼职特种会员制度等。

三、交易订单以及订单匹配原则

(一) 订单的种类及其传递的指令信息

在交易机制的定价过程中,由订单表示的交易指令是交易信息传达和揭示的形式。在金融市场上,通常使用的交易指令有四种形式:市价指令(market order)、限价指令(limit order)、止损指令(stop order)、止损限价指令(stop limit order)。其中,前两种指令多用于现货市场,后两种指令多用于期货、期权市场。

市价指令是指投资者在提交指令时只规定数量而不规定价格,经纪商在接到该市价指令后应该以最快的速度,并尽可能以当时市场上最好的价格来执行这一指令。市价指令的特点是能够确保成交,但是投资者最后接受的价格可能与他们期望的价格存在差异。

限价指令则与市价指令相反,投资者在提交指令时不仅规定数量,而且还规定价格。经纪商在接到限价指令后应以最快的速度提交给市场,但成交价格必须优于指令的价格,即如果是买入指令,则买价不高于指令限价;如果是卖出指令,则卖价不低于指令限价。如果订单限价与市价不一致,经纪商只有等待。限价指令的特点是保证成交价格,但不保证成交。

止损指令本质上是一种特殊的限制性市价委托,它是指投资者在指令中约定一个触发价格,当市场价格上升或下降到该触发价格时,止损指令被激活,转化为一个市价指令;否则该止损指令处于休眠等待状态,不提交到市场执行。

停损限价指令是将止损指令与限价指令结合起来的一种指令,投资者所下达的指令中有两个指定价格——触发价格和限制价格。当市场价格上升或下降到该触发价格时,止损指令被激活,转化为一个限价指令,此时成交价格必须优于限价。

(二) 订单匹配原则

订单所传递的交易指令可能会在价格、数量、时间等委托交易参数上有所不同,所以交易机制中需要一定的匹配规则,使得买卖订单以尽可能接近委托要求的条件达成交易。综合各地证券市场的实践,订单匹配原则主要有以下优先性依次减弱的七种:

(1) 价格优先原则:这是各证券交易所普遍使用的第一优先原则,指经纪商在接受委托进行交易时,必须按照最有利于委托人利益的方式进行交易,即优先满足较高价格的买进订单和较低价格的卖出订单。

(2) 时间优先原则:也称先进先出原则,指当存在若干相同价格的订单时,优先满足最早进入交易系统的订单。

(3) 按比例分配原则:指所有订单在价格相同的情况下,成交数量以订单数量按比例进行分配。美国纽约证券交易所的交易大厅和芝加哥期权交易所等采取了按比例分配原则,对于数额太小的订单,一般来说是随机分配的。

(4) 数量优先原则:在价格相同,或者价格相同并且无法区分时间先后的情况下,有些交易所规定应该遵循数量优先匹配原则。数量优先原则有两种形式,一是价格和时间都相同的情况下,优先满足订单数量较大的订单,以增加交易流动性;二是数量上完全匹配的订单优先满足于数量上不一致的订单,以避免订单只是部分被执行的情况。

(5) 客户优先原则:指在同一价格条件下,公共订单优先满足于经纪商自营账户的订单,以减轻公共客户与经纪商自营之间的利益冲突,纽约证券交易所就采取了这一匹配原则。

(6) 做市商优先原则:与客户优先原则相反,指做市商提交的在自己的市场报价基础上的订单,可以优先于客户的与该报价相当的限价订单,与新进入市场的订单成交。纳斯达克市场在新的限价订单保护规则实施以前,采取的就是做市商优先原则。

(7) 经纪商优先原则:指当订单的价格相等时,发出这个订单的经纪商可以优先选择与之匹配的订单,经纪商可以用自己提交的订单与该订单匹配。

第二节　中国金融市场的交易机制简介

一、上海证券交易所交易机制

上海证券交易所(Shanghai Stock Exchange,简称上交所)是中国内地两所综合性证券交易所之一,于 1990 年 11 月 26 日由中国人民银行总行批准成立。截至 2017 年年末,上交所股票总市值为 33.13 万亿元[①],折合 5.08 万亿美元,排名全球第 4 位,电子订单交易量位居全球第 5 位[②]。目前,在上交所交易的证券品种涵盖股票(A 股和 B 股)、基金(封闭式基金和交易型开放式指数基金 ETF 等)、债券(国债、公司债、企业债等)、债券回购和权证等,交易品种广泛。而上交所的交易系统也由最早的单一指令驱动的竞价交易系统,逐渐发展为包括大宗交易市场、固定收益证券的做市商市场,以及融资融券业务的综合性交易系统组合,交易规则也日臻完善。以下深入介绍上交所几大主要交易系统的交易机制。

(一) 竞价交易系统

上交所的竞价交易系统是指令驱动的竞价市场。上交所会员和经认可的机构通过参与者交易业务单元进行证券交易,对投资者实行全面指定交易制度,即投资者指定一家会员作为买卖证券的受托人,通过会员的交易业务单元参与证券买卖。股票、基金、债券、债券回购(包括买断式和质押式)、权证以及经证监会批准的其他交易品种均可在上交所挂牌交易。

1. 竞价交易申报

上交所采用限价订单和市价订单。市价订单又分为即时成交剩余撤销申报、即时成交剩余转限价申报两类。前者未成交部分自动撤销,后者未成交部分按照最新成交价或本方最优报价转为限价订单。市价订单只适用于有价格涨跌幅限制证券连续竞价期间的交易。

各类证券的订单申报单位、订单上限以及债券现货和回购交易的每手数量如表 2-2 所示。

表 2-2　上海证券交易所各类证券申报订单单位、每手数量和订单上限

证券类型	股票、基金、权证	债　券	债券质押式回购	债券买断式回购
订单申报单位	100 股(份)	1 手	100 手	1 000 手
每手数量	—	1 000 元面值	1 000 元标准券	1 000 元面值
订单上限	100 万股(份)	10 万手	10 万手	5 万手

2. 交易和交收时间

交易日为每周一至周五。每个交易日的 9:15 至 9:25 为开盘集合竞价时间,9:30 至

---

① 数据来源:上海证券交易所网站,2017 年上海市场情况简介。
② 数据来源:World Federation of Exchanges,Annual Reports。

11:30、13:00 至 14:57 为连续竞价时间,14:57 至 15:00 为收盘集合竞价时间,集合竞价阶段不可撤单,其余交易时段内的未成交订单均可撤销。

投资者买入的证券,交收前不得卖出,但实行"回转交易"(成交后,交收前即可卖出)的除外。根据上交所指定结算机构的现行规定,A 股股票的交收日为 T+1 日。

3. 竞价和成交价格

上交所采用集合竞价和连续竞价。集合竞价的所有交易均以同一价格成交,成交价格应同时满足三个条件:(1)成交价格应是可实现最大成交量的价格;(2)高于该价格的买入申报与低于该价格的卖出申报可以全部成交;(3)与该价格相同的买方或卖方至少有一方可以全部成交。连续竞价按价格优先、时间优先的原则进行撮合成交。连续竞价的即时成交价格符合以下条件:(1)最高买入申报价格与最低卖出申报价格相同;(2)买入申报价格高于即时揭示的最低卖出申报价格的,以即时揭示的最低卖出申报价格为成交价格;(3)卖出申报价格低于即时揭示的最高买入申报价格的,以即时揭示的最高买入申报价格为成交价格。

4. 涨跌幅和订单申报价格限制

对股票、基金交易实行价格涨跌幅限制,涨跌幅比例为 10%。2015 年,上交所修改了原新股发行首日无价格涨跌幅限制的交易规则,规定新股发行首日的连续竞价阶段,有效申报价格不得高于发行价格的 144% 且不得低于发行价格的 64%,盘中成交价格较当日开盘价首次上涨或下跌超过 10% 的,交易所将实施临时停牌;新股发行首日的集合竞价阶段,有效申报价格不得高于发行价格的 120%,且不得低于发行价格的 80%。

5. 开盘价与收盘价

证券的开盘价为当日该证券的第一笔成交价格。开盘价通过集合竞价产生,集合竞价不能产生的,通过连续竞价产生。证券的收盘价为当日该证券最后一笔交易前一分钟所有交易的成交量加权平均价(含最后一笔交易)。当日无成交的,以前收盘价为当日收盘价。

(二)大宗交易市场

在上交所进行证券交易达到一定金额的,可采用大宗交易方式。

1. 入场条件

单笔买卖申报数量,A 股不低于 30 万股,或交易金额不低于 200 万元人民币;B 股不低于 30 万股,或交易金额不低于 20 万美元;基金不低于 200 万份,或交易金额不低于 200 万元;债券及债券回购不低于 1 000 手,或交易金额不低于 100 万元。

2. 交易申报

大宗交易的申报接受意向申报、成交申报以及固定价格申报等。每个交易日 9:30 至 11:30、13:00 至 15:30 接受大宗交易意向申报和成交申报,16:00 至 17:00 仍可接受成交申报,15:00 至 15:30 可接受固定价格申报,即在竞价交易系统关闭后仍可进行大宗交易。意向申报可以不包含成交价格和成交数量。当意向申报被会员接受(包括其他会员报出比意向申报更优的价格)时,申报方应当至少与一个接受意向申报的会员进行成交申报。提出固定价格申报的,买卖双方可按当日竞价交易市场收盘价格或者当日全天成交量加权平均价格进行申报。

3. 涨跌幅限制

有涨跌幅限制证券的大宗交易成交价格，由买卖双方在当日涨跌幅价格限制范围内确定。无涨跌幅限制证券的大宗交易成交价格，由买卖双方在前收盘价的上下30%或当日已成交的最高、最低价之间自行协商确定。买卖双方达成协议后，须提出成交申报，成交申报一经确认，不得变更或撤销。

4. 清算交收

每个交易日9:30至15:30时段确认的成交，于当日进行清算交收；每个交易日16:00至17:00时段确认的成交，于次一交易日进行清算交收。

5. 大宗交易的信息披露

大宗交易不纳入上交所即时行情和指数的计算，成交量在大宗交易结束后计入该证券成交总量。每个交易日大宗交易结束后，属于股票和基金成交申报大宗交易的，公告证券名称、成交价、成交量及买卖双方所在会员营业部的名称等信息；属于债券和债券回购成交申报大宗交易的，公告证券名称、成交价和成交量等信息；单只证券的固定价格申报大宗交易，公告成交量、成交金额，及该证券当日买入、卖出金额最大五家会员证券营业部的名称和各自的买入、卖出金额。

（三）固定收益证券综合电子平台

固定收益证券（包括国债、公司债券、企业债券、分离债等）不仅可以在竞价交易系统内进行交易，而且可以在上交所"固定收益证券综合电子平台"进行交易，该平台为报价驱动的做市商市场。平台上的交易商分为两类：普通交易商和一级交易商（即做市商）。普通交易商为上交所核准的取得平台交易资格的证券公司、基金管理公司等机构投资者；一级交易商，即上交所核准的可以提供做市服务的交易商。

做市商必须对指定的关键期限国债进行做市，并可自主对挂牌交易的其他固定收益证券进行做市。一级交易商在交易期间，应当对选定做市的特定固定收益证券进行连续双边报价，每交易日双边报价中断时间累计不得超过60分钟。其他交易商就特定固定收益证券向为其做市的一级交易商提出询价的，该一级交易商应在接到询价后20分钟内进行报价。此外，一级交易商对做市品种的双边报价，应当是确定报价。国债双边报价价差不得大于10个基点，单笔报价数量不得低于5 000手（1手为1 000元面值）；公司债券、企业债券、分离债双边报价价差不大于20个基点，单笔报价数量不得低于1 000手。

固定收益证券综合电子平台交易时间为9:30至11:30、13:00至14:00。现券交易实行净价申报，申报价格变动单位为0.001元，申报数量单位为手。交易商当日买入的固定收益证券，当日可以卖出，即实行T+0交易。价格涨跌幅限制比例为10%，但依据前一交易日参考价格（即全部交易的加权平均价）确定当日涨跌区间，而非竞价系统中的收盘价。

交易采用报价交易和询价交易两种方式。报价交易中，交易商可以匿名或实名方式申报；询价交易中，交易商须以实名方式申报。报价交易可以采用确定报价或待定报价。前者在其他交易商接受报价后即成交；后者则在其他交易商接受报价后，还须原报价的交易商进行确认。询价交易中，询价方每次可以向5家被询价方询价，被询价方接受询价时提出的报价为确定报价。询价方对被询价方提出的报价予以接受的，方能确认成交。在询价方接受前,被询价方可撤销其报价。

(四) 融资融券交易

融资融券交易是指投资者借入资金买入上市证券或借入上市证券并卖出的行为,相当于保证金购买和卖空。2010年,上交所开始实施融资融券试点。

1. 融资融券账户设立

从事融资融券交易,应开立融券专用证券账户、客户信用交易担保证券账户、融资专用资金账户及客户信用交易担保资金账户。会员应与客户签订融资融券合同及交易风险揭示书,并为其开立信用证券账户和信用资金账户。

2. 融券交易的价格限制

融券卖出的申报价格不得低于该证券的最新成交价;当天没有产生成交的,申报价格不得低于其前收盘价。融券期间,客户通过其所有或控制的证券账户持有与融券卖出标的相同证券的,卖出该证券的价格也应遵守上述规定,但超出融券数量的部分除外。

3. 融入资金和证券的偿还

客户融资买入证券后,可通过卖券还款或直接还款的方式向会员偿还融入资金;融券卖出后,可通过买券还券或直接还券的方式向会员偿还融入证券。客户卖出其融资、买入尚未了结合约的证券所得价款,须优先偿还融资欠款。未了结相关融券交易前,客户融券卖出所得价款除买券还券外不得他用。客户未能按期交足担保物或者到期未偿还融资融券债务的,会员可根据约定处分担保物或采取强制平仓措施。融资融券期限最长不得超过6个月。

4. 标的证券

经上交所认可的股票、证券投资基金、债券或其他证券,可以作为融资买入或融券卖出交易的标的证券。上交所会向市场公布标的证券名单。成为标的证券的股票,应当具备一定的流通规模,拥有分散的股东人数,股价波动幅度较小,且流动性良好。

5. 保证金

会员向客户融资、融券,应当向客户收取一定比例的保证金。保证金可以用标的证券或上交所认可的其他证券充抵;可充抵保证金的证券,在计算保证金金额时应当以证券市值或一定的净值折算率进行折算。具体为,上证180指数成分股股票的折算率最高不超过70%,其他A股股票折算率最高不超过65%;交易型开放式指数基金折算率最高不超过90%;证券公司现金管理产品、货币市场基金、国债折算率最高不超过95%;被实施风险警示、暂停上市或进入退市整理期的A股股票、权证折算率为0%;其他上市证券投资基金和债券折算率最高不超过80%。

融资保证金比例是指投资者融资买入时交付的保证金与融资交易金额的比例,计算公式为:

融资保证金比例=保证金/[融资买入(或卖出)证券数量×买入(或卖出)价格]×100%

客户融资买入和融券卖出证券时,保证金比例均不得低于50%。

同时,融资买入或融券卖出时所使用的保证金不得超过其保证金可用余额。保证金可用余额的计算公式如下:

$$保证金可用余额 = 现金 + \sum(可充抵保证金的证券市值 \times 折算率) +$$
$$\sum[(融资买入证券市值 - 融资买入金额) \times 折算率] +$$
$$\sum[(融券卖出金额 - 融券卖出证券市值) \times 折算率] -$$
$$\sum 融券卖出金额 - \sum 融资买入证券金额 \times 融资保证金比例 -$$
$$\sum 融券卖出证券市值 \times 融券保证金比例 - 利息及费用$$

6. 担保物

会员向客户收取的保证金以及客户融资买入的全部证券和融券卖出所得全部资金,整体作为客户对会员融资融券所生债务的担保物。维持担保比例(即客户担保物价值与其融资融券债务之间的比例)不得低于130%,否则会员应通知客户在2个交易日内追加担保物,追加后的维持担保比例不得低于150%。维持担保比例超过300%时,客户可以提取保证金可用余额中的现金或证券,但提取后维持担保比例不得低于300%。

7. 风险控制

上交所会通过"融资监控指标"对融资融券业务风险进行控制。对于融资业务,该指标的具体定义为:"会员上报的标的证券融资余额"和"信用账户持有的标的证券市值"取较小者与标的证券流通市值的比值。对于融券业务,则通过"融券余量"与该股票或基金上市可流通量的比值对其进行风险控制。当单只股票融资或融券的风险控制指标达到25%时,上交所可在次一交易日暂停其融资买入或融券卖出,并向市场公布。上述指标降至20%以下时,可以在次一交易日恢复其融资融券业务并向市场公布。

二、深圳证券交易所交易机制

深圳证券交易所(Shenzhen Stock Exchange,简称深交所)成立于1990年12月1日。截至2017年年末,深交所(含主板、中小板与创业板)股票总市值为23.6万亿元,折合3.62万亿美元,排名全球第7位,电子订单交易量位居全球第4位。在主板市场之外,深交所分别于2004年和2009年启动中小企业板和创业板市场,基本确立了主板、中小企业板和创业板的多层次资本市场体系架构。深交所与上交所的主要交易机制大致相似,以下主要介绍两个交易所的不同之处。

(一) 委托指令

与上交所相同,深交所接受会员的市价申报(即市价订单)和限价申报(即限价订单),但订单申报单位、每张数量和订单上限有所不同,如表2-3所示。

表2-3 深圳证券交易所各类证券申报订单单位、每手数量和订单上限

证券类型	股票、基金	债券	债券质押式回购
订单申报单位	100股(份)	10张	10张
每张数量	—	100元面值	100元标准券
订单上限	100万股(份)	100万张	100万张

（二）交易时间

深交所的开盘价和收盘价都产生自集合竞价。交易时间中，9:15 至 9:25 为开盘集合竞价时间，9:30 至 11:30、13:00 至 14:57 为连续竞价时间，14:57 至 15:00 为收盘集合竞价时间。开盘和收盘集合竞价交易时段不可撤单；其他交易时段内未成交订单均可撤销。

（三）涨跌幅与订单申报价格限制

股票、基金交易的涨跌幅限制比例为 10%，ST 和 *ST 等被实施特别处理的股票价格涨跌幅限制比例为 5%。上市首日开盘集合竞价的有效竞价范围为发行价的上下 20%；连续竞价开始后，当盘中成交价较当日开盘价首次上涨或下跌达到或超过 10% 时，将实施盘中临时停牌 1 小时；当盘中成交价较当日开盘价首次上涨或下跌达到或超过 20% 时，将实施盘中临时停牌至 14:57。

（四）开盘价与收盘价

证券的开盘价产生方式与上交所相同。收盘价通过集合竞价的方式产生。收盘集合竞价不能产生收盘价或未进行收盘集合竞价的，以当日该证券最后一笔交易前一分钟所有交易的成交量加权平均价（含最后一笔交易）为收盘价。当日无成交的，以前收盘价为当日收盘价。

除此之外，深交所与上交所在大宗交易的入场条件、ST 和 *ST 股票收盘价的异常波动、申报价格的最小变化单位等方面均存在不同。需要注意的是，上交所债券现券交易仅采用净价交易，而深交所债券交易可以采取净价交易或全价交易的方式。净价交易指买卖债券时以不含应计利息的价格申报并成交；全价交易指买卖债券时以含应计利息的价格申报并成交。

三、银行间债券市场交易机制

银行间债券市场依托于中国外汇交易中心暨全国银行间同业拆借中心和中央国债登记结算公司，是商业银行、保险公司、证券公司等金融机构进行债券买卖和回购的市场。

目前，银行间债券市场目前已成为我国债券市场的主体部分。其交易主体涵盖商业银行及其授权分支机构、非银行金融机构和非金融机构（如基金公司、证券公司、信托投资公司、财务公司、城市信用社）以及经央行批准经营人民币业务的外国银行分行。其交易券种包括但不限于国债、央行票据、政策性金融债、公司债、企业债、中期票据和短期融资券。

（一）交易方式

银行间债券市场的交易方式分为询价和点击成交两种。

1. 询价交易方式

询价交易方式指交易双方自行协商确定交易价格以及其他交易要素的交易方式，包括报价、格式化询价和确认成交三个步骤。询价交易方式下，最低交易量为券面总额 10 万元，交易量最小变动单位为券面总额 10 万元。

报价分为意向报价、双向报价和对话报价。意向报价指交易成员向全市场特定交易成员和/或系统用户发出的、表明其交易意向的报价,受价方可根据意向报价向报价方发送对话报价,进行格式化询价。双向报价指交易成员向全市场发出的、同时表明其买入/卖出或融入/融出意向的报价,交易成员可就双向报价产品(为交易系统事先设定部分交易要素的标准化报价品种)和资产支持证券发出双向报价。对话报价指交易成员为达成交易向特定系统用户发出的交易要素具体明确的报价,受价方可以直接确认成交。一般情况下,意向报价和双向报价不可直接确认成交;对话报价经对手方确认即可成交。交易系统会根据债券交易子市场设置相应的报价方式。

格式化询价指交易成员与对手方相互发送的一系列对话报价所组成的交易磋商过程。交易成员可在交易系统允许的轮次内询价。超过允许轮次而仍未确认成交的,格式化询价结束。

确认成交指交易成员就交易要素达成一致后向交易系统提交确认成交的请求。

2. 点击成交方式

点击成交交易方式指报价方发出具名或匿名的要约报价,受价方点击该报价后成交或由限价报价直接与之匹配成交的交易方式。点击成交交易方式下,最低交易量为券面总额100万元,交易量最小变动单位为券面总额10万元。

报价分为做市报价(双边)和点击成交报价(单边)。做市报价指报价方就某一券种同时报出买入和卖出价格及数量的报价。做市商和尝试做市机构可对其设定的做市券种进行双边报价。点击成交报价指报价方就某一券种报出买入或卖出价格及数量的报价。

(二)各交易类型及对比

银行间债券市场的交易类型包括现券买卖、质押式回购、买断式回购和债券借贷。

现券买卖是交易双方以约定的价格转让债券所有权的交易行为。可交易券种包括国债、央行票据、金融债、次级债、企业债、国际开发机构债券、短期融资券、资产支持证券等。

质押式回购是交易双方进行的以债券为权利质押的一种短期资金融通业务,指资金融入方(正回购方)在将债券出质给资金融出方(逆回购方)融入资金的同时,双方约定在将来某一日期由正回购方按约定回购利率计算的资金额向逆回购方返还资金,逆回购解除出质债券上质权的融资行为。正回购方应在首期结算日提供足额质押债券,质押债券的折算比例应符合中国人民银行规定。回购期间,交易双方不得动用质押的债券。回购到期后,正回购方应按照合同约定全额返还到期回购项下的资金并解除质押关系,且不得以任何方式展期。

买断式回购指债券持有人(正回购方)将债券卖给债券购买方(逆回购方)的同时,交易双方约定在未来某一日期,正回购方再以约定价格从逆回购方买回相等数量同种债券的交易行为。买断式回购实行净价交易,全价结算。

债券借贷是债券融入方以一定数量的债券为质物,从债券融出方借入标的债券,同时约定在未来某一日期归还所借入标的债券,并由债券融出方返还相应质物的债券融通行为。

上述四类交易类型的对比见表2-4。

表 2-4 各交易类型对比表

	现券买卖	质押式回购	买断式回购	债券借贷
交易时间	北京时间上午 9:00—12:00,下午 13:30—16:30。中国国内法定假日不开市			
交易方式	现券买卖可采用询价交易方式和点击成交交易方式。询价交易方式下可用意向报价、双向报价(仅适用资产支持证券)和对话报价,点击成交交易方式下可用做市报价、点击成交报价和限价报价	质押式回购采用询价交易方式,可用意向报价、对话报价和双向报价	买断式回购采用询价交易方式,可用意向报价和对话报价	债券借贷采用询价交易方式,可用意向报价和对话报价
最长期限	/	365 天	91 天	365 天
最低交易量	询价 10 万元/点击成交 100 万元	10 万元	10 万元	10 万元
最小报价单位	0.000 1 元	0.000 1%	0.000 1%	0.000 1%

四、外汇市场交易机制

除承担银行间债券市场的交易平台职能外,中国外汇交易中心暨全国银行间同业拆借中心也是银行间外汇市场的具体组织者和运行者,主要负责为银行间同业拆借市场、债券市场、外汇市场等提供交易、信息、基准、培训等服务,承担市场交易的日常监测工作,为央行货币政策操作和传导提供服务。

银行间外汇市场交易品种包括外汇即期交易、远期交易、掉期交易、货币掉期交易和外汇期权交易。人民币外汇即期交易的外汇币种包括美元、欧元、日元、英镑、港币、澳大利亚元、加拿大元、新西兰元、马来西亚林吉特和俄罗斯卢布。根据国际清算银行每三年进行的全球主要货币成交量统计,2016 年,人民币日均成交量(含全部外汇交易品种之和)达 2 020 亿美元,为全球第八大货币[①]。下面以外汇即期交易为例介绍主要交易规则。

(一)中间价与汇率浮动幅度

人民币汇率中间价指交易中心根据央行授权,每日计算和发布人民币对美元等主要外汇币种汇率中间价。根据 2017 年 8 月最新公布的人民币兑美元中间价形成方式,交易中心于每日银行间外汇市场开盘前向外汇市场做市商询价,做市商参考上日银行间外汇市场收盘汇率,综合考虑外汇供求情况以及国际主要货币汇率变化进行报价。交易中心将全部做市商报价作为人民币对美元汇率中间价的计算样本,去掉最高和最低报价后,将剩余做市商报价加权平均,得到当日人民币对美元汇率中间价,权重由交易中心根据报价方在银行间外汇市场的交易量及报价情况等指标综合确定。人民币与其他货币汇率之间的中间价形成方式与上述类似,人民币对港元汇率中间价由外汇交易中心分别根据当日人民币对美元汇率中间价与上午 9 时国际外汇市场港元对美元汇率套算确定。

---

① 数据来源:BIS Statistics of Foreign Exchange:Triennial Central bank Survey of foreign exchange and OTC derivatives markets in 2016.

2005年7月,我国开始实行以市场供求为基础、参考一篮子回避进行调节、有管理的浮动汇率制度。在此基础上,形成了基于公布的每日人民币外汇即期交易中间价,在中国人民银行公布的浮动范围内进行外汇交易的交易模式。现阶段美元对人民币的交易价在中间价上下2%的幅度内浮动,其他各人民币即期外汇交易品种汇率浮动幅度如表2-5所示。

表 2-5 人民币外汇即期外汇交易品种汇率浮动幅度

货 币 对	汇率浮动幅度	货 币 对	汇率浮动幅度
USD/CNY	2%	CNF/CNY	
HKD/CNY	3%	CNY/MYR	5%
JPY/CNY		CNY/RUB	
EUR/CNY		CNY/KRW	
GBP/CNY		CNY/HUF	
AUD/CNY		CNY/PLN	
SGD/CNY		CNY/DKK	
CAD/CNY		CNY/SEK	
NZD/CNY		CNY/NOK	

资料来源:中国外汇交易中心:《中国外汇交易中心产品指引(外汇市场)》v2.2,2017年8月。

(二) 交易模式

银行间外汇市场的交易模式主要包括竞价交易和询价交易等。竞价交易也称为匿名交易,做市商通过外汇交易系统匿名报价,市场参与者可点击报价或提交订单,系统按照"价格优先、时间优先"的原则进行匹配达成交易,交易双方通过集中净额清算模式进行清算。询价交易指由双边授信关系的交易双方,通过外汇交易系统发起交易请求、协商交易要素达成交易,并通过双边清算模式或集中金额清算等其他清算模式进行清算的交易模式。

(三) 清算模式

清算是指交易的匹配确认、盈亏以及双方支付或交割权利义务的计算、结算指令的发送和到账确认等过程。清算包括集中清算和双边清算两种模式。集中清算外汇交易达成后,第三方作为中央清算对手方分别向交易双方独立进行资金清算。双边清算指外汇交易达成后,由交易双方按交易要素直接进行资金清算。

银行间外汇市场的竞价交易主要为集中净额清算,适用人民币外汇和外币对即期竞价交易(T+2)和所有人民币外汇和外币对即期竞价会员。询价交易主要为双边清算和集中净额清算,适用人民币外汇即期询价交易(T+2)和指定会员。

(四) 即期交易其他基本要素

除价格(中间价和汇率浮动幅度)、交易模式和清算模式外,银行间外汇市场的其他即期交易要素包括期限、报价精度、最小交易金额和竞价流动性限额。根据不同的货币对,人民币外汇即期交易包括 T+0、T+1 和 T+2,而外币对即期交易主要为 T+2(除 USD/CAD 为 T+1 以外)。最小交易金额为外汇交易在交易系统中允许成交的最低金额,以交易货币金额计。流动性限额则指在竞价交易模式下,做市商对其买卖报价所承诺的最低可成交金额,以基准货币金额计。银行间外汇市场主要货币对交易的基本参数如表 2-6 所示。

表 2-6 银行间外汇市场主要货币对交易基本参数

货 币 对	报价精度	最小交易金额	竞价流动性限额 单位:百万
USD/CNY	0.000 1		USD 5M
EUR/CNY	0.000 1		EUR 5M
100JPY/CNY	0.000 1		JPY 500M
HKD/CNY	0.000 01		HKD 50M
GBP/CNY	0.000 1		GBP 5M
AUD/CNY	0.000 1		AUD 5M
SGD/CNY	0.000 1	交易货币 10 000	SGD 5M
CAD/CNY	0.000 1		CAD 5M
NZD/CNY	0.000 1		NZD 5M
CHF/CNY	0.000 1		CHF 5M
CNY/MYR	0.000 01		CNY 5M
CNY/RUB	0.000 1		CNY5M
CNY/KRW	0.01		/

五、金融期货市场交易机制

中国金融期货交易所(以下简称中金所)是经国务院同意,中国证监会批准,由上海期货交易所、郑州商品交易所、大连商品交易所、上交所和深交所共同发起设立的金融期货交易所。2017 年 12 月,按单边计算的成交量和成交金额分别为 190.2 万手和 1.9 万亿元。

(一) 市场进入条件

自然人、一般法人和其他经济组织在申请开户时保证金账户可用资金余额不低于 50 万元,并且具有累计 10 个交易日、20 笔以上的股指期货仿真交易成交记录或者最近三年内具有 10 笔以上的商品期货交易成交记录。一般法人和其他经济组织还需满足净资产不低于人民币 100 万元的条件。

(二) 交易标的

目前,在中金所上市的期货合约有沪深 300 股指期货合约、中证 500 股指期货合约、上证 50 股指期货合约、5 年期和 10 年期国债期货。其中,沪深 300 股指期货合约存在时间最长,以下均以此为例进行介绍。

沪深300指数是由上海和深圳证券市场中选取300只A股作为样本编制而成的成分股指数,其样本覆盖了沪深市场六成左右的市值,具有良好的市场代表性。以沪深300指数为交易标的的股指期货合约,合约乘数为每点300元,最小变动价位为0.2个指数点,合约月份为当月、下月及随后两个季月(季月指3月、6月、9月、12月)。股指期货合约价值为股指期货指数点乘以合约乘数。例如,若某日IF1204合约收于2 586.20点,则对应的合约价值为2 586.2×300=775 860元。

(三) 交易指令

金融期货市场的交易指令主要分为市价指令和限价指令。市价指令指不限定价格、按当时市场上可执行最优报价成交的指令,其未成交部分自动撤销。限价指令指按限定价格或更优价格成交的指令。在买入时,限价指令必须在其限价或者限价以下的价格成交;在卖出时,必须在其限价或者限价以上的价格成交。

交易指令的报价只能在合约价格限制范围内,超过价格限制范围的报价为无效报价。交易指令申报经交易所确认后生效。交易指令每次最小下单数量为1手(1张合约),市价指令每次最大下单数量为50手,限价指令每次最大下单数量为100手。

(四) 交易时间与竞价交易

股指期货的最后交易日为合约到期月份的第三个星期五,遇国家法定假日顺延。以沪深300股指期货合约为例,其交易时间如图2-1所示:

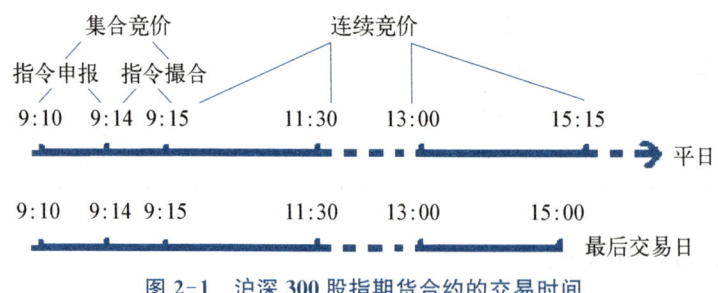

图2-1 沪深300股指期货合约的交易时间

此外,股指期货竞价交易采用集合竞价和连续竞价两种方式。集合竞价是对在规定时间内接受的买卖申报一次性集中撮合的竞价方式,连续竞价是对买卖申报逐笔连续撮合的竞价方式。集合竞价采用最大成交量原则,即以此价格成交能够得到最大成交量。高于集合竞价产生的价格的买入申报全部成交;低于集合竞价产生的价格的卖出申报全部成交;等于集合竞价产生的价格的买入或者卖出申报,根据买入申报量和卖出申报量的多少,按照少的一方的申报量成交。连续竞价交易按照价格优先、时间优先的原则撮合成交。以涨跌停板价格申报的指令,按照平仓优先、时间优先的原则撮合成交。

(五) 涨跌幅

股指期货合约的涨跌停板幅度为上一交易日结算价的±10%。季月合约上市首日涨跌停板幅度为挂盘基准价的±20%。上市首日有成交的,于下一交易日恢复到合约规定的涨跌停板幅度;上市首日无成交的,下一交易日继续执行前一交易日的涨跌停板幅度。

(六) 保证金

中金所实行保证金制度,保证金是交易所向结算会员收取的用于结算和担保合约履行的资金。保证金分为结算准备金和交易保证金。结算准备金是指结算会员在交易所专用结算账户中预先准备的资金,是未被合约占用的保证金。交易保证金是指结算会员存入交易所专用结算账户中确保履约的资金,是已被合约占用的保证金。买卖成交后,交易所根据交易保证金标准和持仓合约价值向双方收取交易保证金。

股指期货合约最低交易保证金标准为合约价值的8%(对应12.5倍杠杆)。若股指期货交易出现涨跌停板单边无连续报价(单边市)[①]或交易所认为市场风险明显变化,交易所可以根据市场风险状况调整交易保证金标准,并向证监会报告。交易所调整期货合约交易保证金标准的,在当日结算时对该合约的所有持仓按照调整后的交易保证金标准进行结算。

(七) 结算与追加保证金

中金所实行当日无负债结算制度。当日收市后,交易所按照当日结算价对结算会员所有合约的盈亏、交易保证金及手续费、税金等费用进行清算,对应收应付的款项实行净额一次划转,相应增加或者减少结算准备金。结算会员在交易所结算完成后,按照前款原则对客户、交易会员进行结算;交易会员按照前款原则对客户进行结算。

当日结算价是指某一期货合约最后一小时成交价格按照成交量的加权平均价。期货合约以当日结算价作为计算当日盈亏的依据。计算公式如下:

$$当日盈亏 = \sum[(卖出成交价 - 当日结算价) \times 卖出量 \times 合约乘数] +$$
$$\sum[(当日结算价 - 买入成交价) \times 买入量 \times 合约乘数] +$$
$$(上一交易日结算价 - 当日结算价) \times (上一交易日卖出持仓量 -$$
$$上一交易日买入持仓量) \times 合约乘数$$

结算准备金余额的具体计算公式如下:

$$当日结算准备金余额 = 上一交易日结算准备金余额 + 上一交易日交易保证金 -$$
$$当日交易保证金 + 当日盈亏 + 入金 - 出金 - 手续费等$$

结算完毕后,结算会员的结算准备金余额低于最低余额标准时,该结算结果即视为交易所向结算会员发出的追加保证金通知,两者的差额即为追加保证金金额。交易所发出追加保证金通知后,可通过期货保证金存管银行从结算会员专用资金账户中扣划。若未能全额扣款成功,结算会员应在下一交易日开市前补足至结算准备金最低余额。未能补足的,如结算准备金余额小于结算准备金最低余额,不得开仓;如结算准备金余额小于零,按照《中国金融期货交易所风险控制管理办法》的规定进行处理。

[①] 单边市指某一合约收市前5分钟内出现只有停板价格的买入(卖出)申报、没有停板价格的卖出(买入)申报,或者一有卖出(买入)申报就成交、但未打开停板价格的情形。

(八) 持仓限额制度

中金所实行持仓限额制度。持仓限额是交易所规定的会员或者客户对某一合约单边持仓的最大数量。同一客户在不同会员处开仓交易,其在某一合约单边持仓合计不得超出该客户的持仓限额。股指期货合约持仓限额具体规定为:(1)进行投机交易的客户号某一合约单边持仓限额为 100 手;(2)某一合约结算后单边总持仓量超过 10 万手的,结算会员下一交易日该合约单边持仓量不得超过该合约单边总持仓量的 25%;(3)进行套期保值交易和套利交易的客户号的持仓按照交易所有关规定执行,不受某一合约单边持仓限额为 100 手的限制;(4)会员、客户持仓达到或者超过持仓限额的,不得同方向开仓交易。

(九) 强行平仓

中金所实行强行平仓制度。当会员和客户出现一些特定情形时,交易所可以对其持仓实行强行平仓,如结算会员结算准备金余额小于零且未能在第一节结束前补足、持仓超出持仓限额标准且未能在第一节结束前平仓,或者出现违规、违约行为等。强行平仓的价格通过市场交易形成。

第三节 微观结构理论概述

市场微观结构理论是微观金融学发展最快的新兴分支学科,其研究对象为特定交易机制下资产交易的过程和结果,即主要研究特定交易规则如何影响资产价格的形成(O'Hara,1995)。

经济学认为商品价格系由其供给和需求决定,在两者均衡时便形成了价格。然而,市场微观结构研究领域的先行者 Demsetz(1968)指出,市场供给与需求在时间维度上通常并不匹配,供求双方很难在交易数量上达到一致。因而,想要即时购买的交易商只能等待卖方出售,而想要即时出售的交易商只能等待买方购买。此时,想要即时购买的交易商倾向于提高价格,吸引等待出售的交易商来立即成交;想要即时出售的交易商倾向于降低价格,吸引等待买入的交易商来立即成交,由此便形成了均衡时的两个均衡价格,即买入价和卖出价。买入价和卖出价之间的买卖价差反映了交易的即时性成本。关于交易即时性的成本,市场微观结构研究形成了存货理论和信息理论。

一、存货理论

存货理论的经典文献认为,提供成交即时性(市场流动性)的做市商在假定买卖交易指令流随机分布的基础上,优化其自身的存货头寸,以此来决定资产价格和买卖价差。存货理论模型根据其不同的侧重点可分为三代。

第一代存货理论模型研究了交易指令流的性质对资产交易价格的影响。Garman(1976)在假定交易指令流到达服从泊松过程的基础上,研究了资产价格的形成、买卖价差的产生及其性质。他强调,提供市场流动性的做市商为了防止自身破产、且在防止自身破产的前提下实现自身利润的最大化,从而根据买入指令流和卖出指令流的性质相应制定出不同的买入价格和卖出价格。在此基础上,Amihud 和 Mendelson(1980)将做市商的定价策略设定为以其头寸为状态变量的半马尔科夫链过程,从而将做市商的买卖报价与其头寸相联系、并将做市商的定价策略动态化。

第二代存货理论模型,在给定做市商效用函数的条件下,研究了单个做市商的最优化行为对资产交易价格的影响。Stoll(1978)在给定做市商效用函数的条件下,研究了单个做市商的单期最优买卖报价,强调做市商通过买卖报价所赚取的收益是其流动性风险的补偿。在此基础上,Ho 和 Stoll(1981)、O'Hara 和 Oldfield(1986)将单个做市商单期最优买卖报价的研究拓展至单个做市商多期最优买卖报价的研究。

第三代存货理论模型,在给定做市商效用函数的条件下,研究了多个做市商最优化行为对资产交易价格的影响。Cohen,Maier 和 Schwartz et al(1981)指出现实市场中的投资者并非只能递交市价指令,而是既可递交市价指令,又可递交限价指令。递交市价指令的投资者可即时成交,因而递交市价指令的投资者是市场流动性的需求方;递交限价指令的投资者未必能及时成交,因而递交限价指令的投资者是市场流动性的供给方,其作用等同于做市商。由此证明:当市场存在交易成本时,限价指令无论如何接近市价指令,都不一定能够执行,即限价指令在临近市价指令价格时,限价指令的执行概率发生了跳跃,从而引致价格发生跳跃,因而买卖价差必然存在。而 Ho 和 Stoll (1983) 则延续了 Ho 和 Stoll (1981)的分析框架,在多个做市商、多期、多资产的市场条件下,研究了做市商的定价行为、资产价格的形成和买卖价差的性质。

二、信息理论

信息理论的经典文献认为,市场上存在两类交易者,知情交易者根据私人信息来进行知情交易,而非知情交易者则根据公共信息来进行非知情交易,两类交易者的信息差异决定了资产价格和买卖价差。信息理论模型根据其不同的侧重点也可分为三代。

第一代信息理论模型研究了交易者信息差异对资产交易价格的影响。Bagehot(1971)指出做市商在与知情交易者交易时总是亏损的,因而做市商需以与非知情交易者交易所获得的收益来抵补亏损,做市商通过买卖报价所赚取的收益是其信息不对称的补偿。Copeland 和 Galai(1983)首先引入了"信息成本"这一概念,建立了单期静态模型来分析做市商买卖报价的决定问题。Glosten 和 Milgrom(1985)首次将动态因素引入信息理论模型,指出交易指令的类型是传递信息的信号,交易者的买入指令促使做市商向上调整其买卖报价,交易者的卖出指令促使做市商向下调整其买卖报价。Easley 和 O'Hara(1987,1992)分别指出交易规模和交易时间间隔会影响做市商的买卖报价。

第二代信息理论模型研究了知情交易者的交易策略问题。知情交易者具有信息优势,并尽可能地利用其信息优势制定出最优的交易策略,从而最大化其自身的收益。第二代信息理论模型依据市场假定不同,又可分为两类:

其一为策略分析模型,其假定市场规模较小,因而知情交易者的指令流易对资产价格产生影响。Kyle(1985)首先构建了策略分析模型,研究了单个知情交易者在单期、多期、连续时间三种情形下的最优交易策略问题,及知情交易者最优交易策略对资产价格的影响。Back(1992)从数学上对知情交易者在连续时间下的最优交易策略问题进行了拓展。

在此基础上，Kyle(1984)将单个知情交易者拓展至多个风险中性的知情交易者，研究了多个风险中性知情交易者的最优交易策略问题；Subrahmanyam(1991)将多个风险中性的知情交易者拓展至多个风险厌恶的知情交易者，研究了多个风险厌恶知情交易者的最优交易策略问题；而 Holden 和 Subrahmanyam(1992)将模型中随机变量服从正态分布的假定放松至服从椭圆形分布的假定。Caballe 和 Krishnan(1994)研究了多个知情交易者多个资产的最优交易策略问题。

其二为噪声理性预期模型，其假定市场规模较大，因而知情交易者的指令流并不会对资产价格产生影响。Grossman 和 Stiglitz(1980)首先构建了噪声理性预期模型，研究了单个知情交易者单个资产的单期最优交易策略问题，及其最优交易策略对资产价格的影响。在此基础上，Hellwig(1980)和 Verrecchia(1982)将单个知情交易者拓展至异质性连续统交易者，Admati(1985)将单个资产拓展至多个资产，He 和 Wang(1995)将单期模型拓展至多期模型。一般而言，对于噪声理性预期模型中的"噪声"有四种不同的理解：套期保值(Diamond 和 Verrecchia，1981；Brown 和 Jennings，1989)、异质信念(Grundy and McNichols，1989)、私有技术(Wang，1994；Easley，O'Hara，Yang，2014)、自由决定噪声交易(Han，Tang，Yang，2016)。

策略分析模型与噪声理性预期模型并非完全割裂。Rochet 和 Vila(1994)指出，随着市场规模的不断扩大，策略分析模型与噪声理性预期模型完全等价。

第三代信息理论模型研究了非知情交易者的交易策略问题。由于在与知情交易者交易时易受亏损，非知情交易者会尽可能地制定出最优交易策略，以减少亏损。Admati 和 Pfleiderer(1988)将非知情交易者分为相机抉择的非知情交易者和非相机抉择的非知情交易者，考察了非知情交易者和知情交易者在单期情形下的相互作用以及此相互作用对资产价格的影响。他们指出，相机抉择的非知情交易者往往会选择集中在同一交易时期内进行交易，因而此结论契合了日内股票交易量和波动性 U 型分布的相关实证检验。在此基础上，Foster 和 Viswanathan(1990)将单期模型拓展至多期模型，考察了非知情交易者的交易策略问题。他们假设，在一周内信息是波动的，相机抉择的非知情交易者可选择是否推迟交易。他们指出，在此交易机制下，倘若公开信息的信息含量很高，知情交易者的私有信息则不会隐藏很久，非知情交易者的交易将集中在两天之内；反之，倘若公开信息的信息含量不高，知情交易者则会隐藏其私有信息，从而引致周五出现集中交易的情形。Admati 和 Pfleiderer(1989)通过对报价交易机制的假定考察了一个交易日内和一周内不同交易日间的证券收益的变化方式，认为证券收益的变化方式是做市商的做市行为、知情交易者的交易策略、相机抉择非知情交易者的交易策略三者共同作用的结果。另有 Spiegel 和 Subrahmanyam(1992)分析了非知情交易者套期保值需求下的交易策略问题。

这里需指出，对于信息理论(特别是第二代、第三代信息理论模型)，亦可从资产定价理论的视角来重新审视。传统的资产定价理论假设投资者具有共同的信息，然而更为符合现实的情况是投资者具有异质信息。而信息理论(特别是第二代、第三代信息理论模型)就是在给定的交易规则下考察异质信息对资产价格的影响，因而市场微观结构的研究又与资产定价研究紧密相关。

第四节 交易机制的评价

交易机制是金融市场各项功能实现的基础。狭义的交易机制特指市场的交易规则和保证规则实施的技术,以及规则和技术对定价机制的影响;广义的交易机制就是市场的微观结构。不同的金融市场所采用的交易机制往往是不同的。那么,不同的交易机制是否能够保证金融市场各项功能的实现?如何评估金融市场交易机制的效率和质量?

对于一个金融市场来说,可以从流动性、稳定性、有效性、透明度、安全性和交易成本等维度对其交易机制的运行效率和质量进行评价。其中,稳定性是与波动性相对立的概念,指证券价格的暂时波动程度及其自我调节平衡能力;安全性则更多地从技术的角度出发,指交易的技术手段对交易连续性和交易安全的保障程度。稳定性和安全性不作为讨论的重点,有效性作为交易机制市场效率的评价,将在第三章中重点阐述。本节将从流动性、透明度和交易成本三个维度对交易机制进行评价。

一、流动性

流动性是一个很难明确定义的概念,它几乎与市场运行的所有因素有关。学者们对流动性给出了多种定义。O'Hara(1995)认为,流动性就是"立即完成交易的价格"。Amihud 和 Mendelson(1989)则认为,流动性是在一定时间内完成交易所需的成本,或寻找一个理想价格需要的时间。Black(1971)指出,市场具备流动性是指任何数量的证券均可立即买进或卖出,也即小额买卖可按接近当前市场价格成交、大额买卖在一定时间内可按平均接近当前市场价格成交。综合上述定义,当一种资产能以较小的交易成本迅速与现金相互转换时,则该资产具有流动性。因此,可以认为流动性实际上就是投资者根据市场的基本供给和需求状况,以合理的价格迅速交易一定数量资产的能力。市场的流动性越高,则进行即时交易的成本就越低。一般而言,较低的交易成本意味着较高的流动性或相应的较好的价格。

因而可知,流动性实际包含了三个方面的内涵:速度(交易时间)、价格(交易成本)和交易数量。速度指证券交易的即时性。从这一角度看,流动性意味着一旦投资者有买卖证券的愿望即可立即得到满足。但是,在任何一个市场,如果投资者愿意接受极为不利的条件,交易一般均可得到迅速执行。

因此,流动性还得满足第二个条件,即交易即时性必须在成本尽可能小的情况下获得;或者说,在特定的时间内,如果某资产交易买方的溢价很小或卖方的折价很少,则该资产具有流动性。流动性的价格因素通常以市场宽度来衡量,常见指标为买卖价差。当买卖价差足够小时,市场具有宽度,当大额订单的买卖价差很大时,市场缺乏宽度。

但是,光有速度和低成本还不够,流动性须具备数量上的限制,即量较大的交易也能以合理价格较快执行。流动性的数量因素通常以市场深度衡量,常见指标为特定价格上存在的订单总数(即最佳买卖报价上的订单数量)。订单数量越多,则市场越有深度。在深度较大的市场,一定数量的交易对价格的冲击较小,反之则同等数量的交易对价格的冲击较大。

二、透明度

透明度是设计市场交易机制、确定市场交易所需遵循的法规和准则时涉及的基本问题之一,一定的透明度也是保证市场公正性和市场有效性的中心环节。透明度的概念涉及"市场交易信息被观察和认知的程度"。

总体来说,交易信息的及时公开能提高金融市场的效率,促进价格对信息的反馈;信息的公开透明也加强了市场的公平性,促使市场参与者更多地参与交易,提高市场的流动性并降低交易成本,促进市场运行更趋安全和稳定。当然,透明度也不是越高越好,例如,Gemmill(1996)的研究发现,大宗交易信息的即时披露反而会加剧交易后的价格波动,延迟一段时间披露往往能提高市场稳定性。总之,透明度是金融市场运行质量的重要衡量指标,只有保证交易信息一定程度上的透明,才能实现市场交易的效率、公正和公平。

(一) 透明度的定义

金融市场的透明度,在 O'Hara(1995)中被定义为市场参与者能够观察到交易过程中信息的能力。这一定义高度简洁而概括,然而却包含了很多研究市场透明度时需考虑的问题。

第一,市场参与者分为做市商、流动性提供者、噪声交易者、经纪商,以及大量的潜在的市场交易者等。透明度的界定就涉及信息为哪一类市场参与者可见、何人能观察到信息;

第二,交易过程中的信息又可分为关于市场参与者的信息、关于交易价格的信息和关于订单流的信息三大类。市场参与者的信息透明涉及交易对手的匿名性;价格的透明既包括在交易执行以前市场上买卖订单的价格与数量的披露情况,又包括交易后成交价格的公布;关于订单流的信息则更为复杂,涉及订单流的大小、方向、递交订单的时间、订单流的种类等。

所以,从 O'Hara(1995)的定义出发考察市场透明度,有多种视角,具体运用时须明确"哪一类市场参与者",能观察到的是交易过程中的"何种信息"。

刘狄(2002)进一步将市场透明度的概念区别为广义和狭义。他认为,狭义的市场透明指证券交易信息的透明,即有关证券买卖的价格、数量等信息的公开披露,通常以市场上买卖订单流和成交报告的信息披露来衡量;广义的市场透明则不仅包括交易信息的透明,也包括上市公司信息的即时和准确披露。广义透明度涵盖了上市公司这一金融市场的主体。

在这一区分下,O'Hara(1995)的定义以及国际证监会组织(IOSCO,1992)的定义——透明度为市场参与者观察诸如价格、数量、涉及的经纪商等交易特征的能力,都属于狭义的透明度范畴。本书侧重分析狭义的市场透明度。

(二) 透明度与有效性的关系

在衡量金融市场运行质量的六大指标中,市场透明度和效率性均围绕金融市场交易过程中的信息而展开,但两者的侧重点不同。

第一,两者考察的角度存在差异。Fama(1970)认为,当价格能充分反映投资者可获得的信息时,金融市场就是有效市场。因此,效率强调的是"信息能不能被迅速、准确地反映",而透明度着眼于包括成交价格在内的一些特定信息对于交易者的可见程度,不在于信息被价格反映的准确性和及时性。

第二,两个概念中的信息内容有差别。根据有效性从弱到强,交易价格能分别反映历史的价格信息、当前所有公开的信息以及所有的公开和内幕信息。而市场透明度考察的信息主要为交易前后买卖价格、数量、交易对手的身份信息,这些特定信息包括在效率性研究的信息内容范畴之内。

由于都涉及对信息的反映,市场透明度和效率性必然存在关联。事实上,很多学者都研究过两者的关系。如 Bloomfield 和 O'Hara(1999)用实验经济学的方法研究市场透明度对信息效率的影响,认为交易信息的透明能显著的提高市场的信息效率。

三、交易成本

从市场微观结构的角度看,由于交易活动时发生在证券的买方和卖方之间的交换行为,那么这种交换行为本身所带来的成本就是交易成本。

(一) 交易成本的分类

1. 直接交易成本和间接交易成本

直接交易成本又称显性交易成本,指交易者向经纪商、交易所或税务机关缴纳的费用,属于投资者可见的费用。金融市场为金融资产交易提供了场所和保证其正常运行的机制,获得这些便利必然要求便利提供者支付一定的费用,这些费用也就组成了直接交易成本。直接交易成本主要有佣金、印花税、过户费和手续费等。

由于直接交易成本是人为制定的,不仅会直接受到法律和国家政策相关规定的影响,而且也与金融市场发育程度、市场供求关系和交易数额的大小有关,投资者也会考虑直接交易成本对收益的影响,进而调整自身的交易策略,所以许多国家和地区的证券市场都将税费等直接交易成本的管制和调整作为监管和调控市场价格行为的重要途径之一。

间接交易成本又称隐性交易成本,指与金融交易相关的,但并非直接由投资者缴纳的相关成本,主要包括买卖价差、搜寻成本、延迟成本和市场影响成本。间接交易成本不容易被交易者直接观察和测算,但与直接交易成本一起同时影响投资者的投资决策,所以也对金融市场的运行产生影响。

2. 交易决策成本与交易运行成本

在现实的证券市场中,市场参与人的行为策略和市场价格呈现不断变化的特征,如果要在这个动态的环境下考察交易机制对市场效率的影响,仅从直接成本和间接成本的角度认识交易成本是不够的,有必要对交易成本这个综合指标做出进一步的解释。

从交易活动的构成角度来看,一个完整的交易活动应包含两个阶段。第一,交易决策阶段,是交易意愿的形成时期,它决定着市场参与人将以怎样的价格和数量进行交易。第二,交易运行阶段,是市场参与人将前一阶段形成的交易意愿付诸实施的过程,此时投资者会向市场提交买卖指令,并通过市场的交易系统达成交易。

与交易活动的两个阶段相对应,交易成本应包括交易决策阶段的成本和交易运行阶段的成本两个方面。交易决策成本主要指信息成本,其大小取决于信息披露的有效性、信息扩散的有效性和信息反映的有效性三个条件。而交易运行阶段市场参与人的行动,比如提交指令的时间、买卖指令的类型(包括交易价格和数量)、成交状况(从指令发出到成交的时间、成交价格和成交数量)等,通常是可观察和可衡量的。最重要的是,交易决策阶段的信息成本会影响后续的交易运行状况,所以运行阶段的交易成本与交易决策阶段的成本在一定程度上是序列相关的。由此,我们就可以将关注的重点转向运行阶段的成本,这不仅在逻辑上成立,也有利于更好地衡量某一市场机制下的市场效率。

市场的运行成本主要包括直接交易成本、买卖价差和市场影响成本。从更广泛的意义看,市场影响成本和买卖价差均反映某一笔交易对价格的影响;若将市场影响成本的含义界定为交易对价格的影响,则买卖价差就是市场影响成本最常见的存在形式。因而市场运行成本也可以视作直接交易成本和市场影响成本的组合,其中市场影响成本用买卖价差来衡量。

(二) 运行成本与市场效率

根据前文对市场运行成本的界定,我们可以考察不同的交易机制下,所对应的运行成本给市场效率和质量造成的影响。

1. 直接交易成本与市场效率

以直接交易成本形式存在的交易税费对证券市场及其参与主体的影响,是当今国际研究中讨论的热点。总体来看,交易税费与流动性之间反方向的影响作用,在学术界基本已有共识;但对于交易税费与波动性的关系,却存在争议。

(1) 直接交易成本对交易量和流动性的反向影响作用。

通常,交易税费提高,则投资者的实际收益和利润会相应降低,为避免这种"损失",投资者会降低交易频率或减少资产组合结构中短期证券的比例,甚至将交易转向海外市场,导致国内证券市场的交易量降低和流动性下降。

另外,按照 Allen 和 Gale(1994)的研究,高交易税费会提高进入市场的门槛,从而对投资者在进入市场之前就进行了"隐形"的筛选,产生所谓"市场参与的有限性"现象,这将制约市场规模并降低市场的流动性水平。

(2) 直接交易成本与市场波动性的关系。

随着交易税费的增大和换手率的降低,市场价格的波动性是否相应降低? 答案是不明确的,对这个问题的回答与市场上的投资者结构有关。以 Tobin 和 Summers 为代表的一些学者认为,增大交易税费可以减少短期投机交易,降低噪声交易行为对股票市场的影响,使市场波动性降低。但同时,Campbell 和 Froot(1994)等指出,交易税费的存在或提高并不仅仅对噪声交易者产生作用,也会对知情交易发生作用,后者的交易行为在降低股票市场波动性方面发挥着很大作用。所以,仅当交易税费对噪声交易者的作用大于知情交易者的作用时,才可以断言增加交易税费能一定程度减少市场波动性。

(3) 直接交易成本对证券价格和市场有效性的影响。

一方面,交易税费会降低证券价格。因为当交易成本增加时,投资者当前报酬率会降低,并期望获得较高的收益率,才会继续持有该金融工具;而当投资者要求的收益率上升时,证券价格就会相应下降。

另一方面,交易税费影响证券价格的信息效率。因为交易税费直接作用于每日证券收益,如果信息的价值不足以超过交易成本,则边际投资者将减少交易或不交易。

此外，Tobin 和 Summers 认为，交易税费可以引导投资者和基金经理进行长远投资，减少非生产性的短期交易行为，从而提高市场效率。不过，Campbell 和 Froot(1994)等则指出交易税费使得证券的相对交易成本发生变化，可能导致最优投资组合扭曲和市场效率降低。

2. 市场影响成本与市场效率

如前文所言，市场影响成本衡量的是一笔交易的执行给市场价格带来的冲击，可用买卖价差表示，而买卖价差也是市场流动性最重要的衡量指标。所以在考察不同交易机制下的市场影响成本对市场效率的影响时，主要就是考察交易机制对买卖价差的作用。

为了与做市商市场中直接获得的买卖价差进行比较研究，在双向竞价市场上，我们通常取市场上未成交有效订单的最高卖价和最低买价之差作为竞价市场的价差，因为这两个价位反映了下一笔交易可能的实际成交价格，也是投资者买进和卖出所愿意接受的价格。

(1) 市场模式对买卖价差的影响。

对于集合竞价市场与连续交易市场，通常的认识是集合竞价市场的价差较低。理论研究也表明，由于集合竞价市场采用了一个相对有效的处理信息不对称分布问题的机制，可以通过推迟交易，迫使交易者通过提交订单的行为暴露私人信息。正是由于集合竞价市场上交易者面临的逆向选择风险较低，所以交易的市场影响成本也相应较低。

对于做市商制度与竞价制度，从理论上看，做市商市场的平均价差要高于竞价市场。因为做市商作为流动性的提供者，承担了来自存货风险和逆向选择风险的成本，因而会扩大其买卖报价价差。而对于竞价制度来说，存货风险完全等于零，每个交易者仅面临可能与知情交易者交易的逆向选择风险，故价差会显著降低。大量实证研究也支持这一结论。

(2) 其他交易机制因素对买卖价差的影响。

最小价格升降档位对买卖价差的影响。从理论上看，最小的买卖价差就是所允许的最小价格升档位。在做市商市场上，最小价格升降档位越大，其最小买卖价差就越大，相应地，最小利润空间也越大；但对交易者来说，这无疑要承担更大的成本。如果存在做市商的充分竞争，则最小的买卖价差就等于最小价格档位。由此可以推断，较小的报价档位应该会使价差下降。大量研究（如 Ahn, Cao 和 Choe, 1998; Chakravarty, Harris 和 Wood, 2001; Bessembinder, 2003)也证实了随着最小价格升降档位变小而出现的买卖价差和有效价差降低的现象。

大额交易机制对买卖价差的影响。一般来说，大额交易机制会使得价格发生逆向变化，大额卖出使价格下跌，大额买入使价格上升。但是，在场外市场执行的大额交易价格带来的影响，要低于在交易所内与普通订单一起执行时的价格影响。另外，大量对机构投资者大额交易的实证分析表明，市场对大额卖出和买入的反应程度不同，通常大额买入订单的市场影响成本要高于大额卖出；大额交易价格影响的这种不对称性被归结为，作为知情交易者的机构买进行为多由信息导致，而卖出行为则不然(Keim 和 Madhavan, 1995, 1997; Saar, 2001)。

信息披露制度对买卖价差的影响。如果证券市场的信息披露能够降低信息分布的不对称性，则逆向选择成本也会缩小，价差也将随之降低。这也是为什么透明度高、信息成本低的竞价市场，价差通常要低于做市商市场的原因。

专栏

中国证券期货市场的熔断机制

2015年6月的股灾之后,为了进一步完善我国证券期货市场交易机制,维护市场秩序,保护投资者权益,促进资本市场长期稳定健康发展,上交所、深交所和中金所于2015年12月4日发布了指数熔断的相关规定。熔断机制(Circuit Breaker),指当股指波幅达到规定的熔断点时,交易所为控制风险采取的暂停交易措施。根据相关规定,以沪深300指数作为指数熔断的基准指数,设置5%、7%两档指数熔断阈值,涨跌都熔断,日内各档熔断最多仅触发1次。在触发熔断时,暂停交易的对象为沪深两市所有股票及各交易所交易的各类相关衍生品,包括上交所和深交所的所有A股、B股、股票类基金、可转换公司债券和可交换公司债券,中金所的沪深300、中证500和上证50股指期货。

2016年1月4日,是中国股市熔断机制开始实施的第一天。当天上午,股市始终萎靡不振;下午开盘,股指便掉头向下。13点13分,沪深300指数下跌5%,达到第一档熔断阈值,暂停交易15分钟;13点28分,股市恢复交易,但仅过5分钟,沪深300指数便下跌7.02%,再一次触发熔断,停止交易直至收盘。这一天,股市提前了85分钟收盘,沪指报3 296.66点,下跌6.85%,深圳成指报11 640.94,跌8.16%,创业板指数报2 491.27,跌8.21%。沪深两市共1 280只股票跌停。股指期货全线暴跌,沪深300主力合约IF1601收跌6.75%,中证500主力合约IC1601收跌7%,上证50主力合约IH1601收跌6.22%。而两天后的1月6日,更是仅开盘15分钟就触发了深市、沪市、中金所全面停止交易,创下自中国股市创立以来最短交易时间的记录。2016年的第一个交易周,A股三天上演千股跌停,开局之惨历史罕见。

实施熔断机制的本意是给市场一个冷静期,让投资者充分消化市场信息,防止市场或某一产品非理性大幅波动,从交易机制的角度保持市场的稳定。但是,从中国证券期货市场的实践过程看,熔断机制设定的阈值却无意中给恐慌的投资者一个明确的"止损"目标,加速了证券的下跌过程。熔断机制设立意料之外的后果不得不导致它被迅速叫停,这项夭折的新政为中国股市创造了两个记录:最短的交易时间和最短的制度实施时间。

那么,为什么以救市为目的的熔断机制,并没有起到维护市场稳定的作用呢?一个重要原因是在当前市场规则下的"熔断"容易加剧市场恐慌情绪,从而产生磁吸效应。磁吸效应指实行涨跌停和熔断等机制后,证券价格将要触发强制措施时,同方向的投资者害怕流动性丧失而抢先交易,反方向的投资者为等待更好的价格而延后交易,造成证券价格加速达到该价格水平的现象。磁吸效应的具体表现有三个特点:其一是在接近涨跌停或熔断价格水平时,价格上涨或下跌的速度会越来越快;其二是发生涨跌停或熔断的概率会显著地高于价格在涨跌停或熔断价格水平附近但不触发的概率,也就是说,当有可能触发涨跌停或熔断时往往就会触发;其三是磁吸效应发生的过程中往往伴随成交量的剧烈变化和价格波动加剧。

这次指数熔断机制的暂停用沉痛的代价告诉我们,每一个监管措施都可能会有不足甚至错误之处。尽管没有人能事先完全了解监管措施实行后市场的反应,但在引入监管措施之前,仍应对中国金融市场和监管措施设计进行认真的科学研究,谨慎决策。

本章小结

金融市场的交易机制为金融市场功能的实现提供了微观基础，直接影响证券市场资源配置功能的发挥。市场微观结构理论研究的便是交易机制如何影响价格的形成过程，并分析在一定的交易机制下资产交易的过程和结果。广义的交易机制就是市场的微观结构。狭义的交易机制特指市场的交易规则和保证规则实施的技术，以及规则和技术对定价机制的影响。证券市场交易机制大致分为报价驱动的交易机制和指令驱动的竞价交易机制两类，交易订单分为市价指令、限价指令、止损指令和止损限价指令四种，订单匹配原则可能涉及价格优先原则、时间优先原则等七类，它们共同构成市场交易规则中的基本要素。

中国境内主要的金融市场分为股票、债券、外汇和衍生品等多个子市场。股票交易的场所主要为上海证券交易所和深圳证券交易所，两所均采用竞价交易的方式，但在委托指令、交易时间、开盘价和收盘价的形成方式等交易规则细节上有所不同。中国外汇交易中心暨全国银行间同业拆借中心，既承担银行间债券市场的交易平台职能，也是银行间外汇市场的具体组织者和运行者。中国金融期货交易所是目前我国唯一的金融期货交易所。

市场微观结构理论基于对交易即时性成本的不同理解，形成了存货理论和信息理论。存货理论的经典文献认为，提供成交即时性的做市商在假定买卖交易指令流随机分布的基础上，优化其自身的存货头寸，以此来决定资产价格和买卖价差。信息理论的经典文献认为，市场上存在两类交易者，知情交易者根据私人信息来进行知情交易，而非知情交易者则根据公共信息来进行非知情交易，两类交易者的信息差异决定了资产价格和买卖价差。

就金融市场交易机制的运行效率和质量而言，可从流动性、稳定性、有效性、透明度、安全性和交易成本等维度进行评价。其中，稳定性与波动性是相对立的概念，指证券价格的暂时波动程度及其自我调节平衡能力。安全性则更多地从技术的角度出发，指交易的技术手段对交易连续性和交易安全的保障程度。

重要概念

交易机制、市场微观结构、交易机制的评价

习题与思考

1. 简述交易机制的含义及其包含的内容。
2. 报价驱动机制和指令驱动机制有何区别？除此以外，还有哪些交易机制？
3. 试对竞价市场和做市商市场的优劣做简要的比较。

4. 金融市场中的交易指令有哪些形式?
5. 请列举金融市场中的订单匹配原则?
6. 论述交易机制的三大评价原则。
7. 请从市场微观结构的角度思考交易机制与价格确定两者之间的关系。
8. 联系实际,试比较我国和美国的金融市场中交易机制的差别。

第三章

金融市场的效率

教学目的与要求

掌握有效市场假说的基本理论、实证方法；了解基于有效市场的投资策略；熟悉有效市场假说的理性前提以及对理性前提质疑的主要方面；掌握行为金融学发展对有效市场假说的质疑和挑战。

一般而言，市场效率有两类：其一，市场的配置效率，即市场价格是否有助于实现资源的最优配置；其二，市场的信息效率，即市场价格是否反映了市场的所有可得信息。市场信息效率是市场配置效率的必要前提，倘若市场达到了最优配置效率，则市场必然也达到了最优信息效率；市场配置效率是市场信息效率的可能结果，倘若市场达到了最优信息效率，则市场有可能达到最优配置效率。

本章主要探讨市场信息效率研究的重要成果——有效市场假说。第一节介绍有效市场假说的基本理论和实证成果；第二节介绍基于有效市场假说的投资策略；第三节介绍有效市场假说的理性前提以及对理性前提的质疑；第四节讨论行为金融学对有效市场假说的质疑和挑战[①]。

第一节 有效市场假说

有效市场假说是现代金融学理论体系的重要理论基石，现代金融学的诸多理论皆与有效市场假说有着千丝万缕的联系。Fama(1970)[②]指出，倘若资产价格总能"完全反映"市场的可得信息，则市场有效。根据《新帕尔格雷夫货币金融大辞典》对有效市场的解释：当某信息集向所有市场参与者披露时，资产价格不受影响，则该市场相对于该信息集是有效的。根据信息集涵盖范围的大小，有效市场假说可细分为三类：弱式有效市场假说、半强式有效市场假说、强式有效市场假说。在弱式有效市场，当前的资产价格已经充分反映了市场交易历史数据的全部信息（包括以往的资产价格、成交量、未平仓合约等信息），因

---

① 本章内容部分参考了《投资学》（第3章和第4章），刘红忠主编，高等教育出版社，2015年。
② Fama E F.，Efficient Capital Markets：A Review of Theory and Empirical Work[J]. The Journal of Finance，1970，25(2)：383-417.

而在弱式有效市场,投资者根据市场交易历史数据信息进行技术分析,依据其技术分析结果进行交易是无法获取超额收益的,即在弱式有效市场上技术分析是毫无意义的。在半强式有效市场,当前的资产价格已经充分反映了全部的市场公开信息(包括以往的资产价格、成交量、未平仓合约信息,还包括会计数据、竞争对手公司的经营情况、宏观经济数据、与资产价值有关的所有其他公开信息),因而在半强式有效市场,无论投资者根据公开信息进行技术分析,或根据公开信息进行基本面分析,市场参与者依据其分析结果进行交易都是无法获取超额收益的,即在半强式有效市场上技术分析和基本面分析都是毫无意义的。在强式有效市场,当前的资产价格已经充分反映了全部的市场信息(不仅包括各种公开信息、还包括各种非公开信息等),因而,在强式有效市场,投资者无论根据公开信息进行分析,还是根据非公开信息进行分析,依据其分析结果进行交易都是无法获取超额收益的,即在强式有效市场上任何分析都是毫无意义的。

一、有效市场的价格形成过程

由于有效市场假说的定义过于笼统,有必要讨论有效市场的价格形成过程,来确切定义上述"完全反映"的含义。

(一)"公平赌局"模型

资产的期望价格可表示为:

$$E[\widetilde{P}_{t+1} \mid \mathcal{F}_t] = [1 + E(\widetilde{r}_{t+1} \mid \mathcal{F}_t)] \cdot P_t \qquad (3.1)$$

式(3.1)中,$E[\cdot \mid \mathcal{F}_t]$是在信息集$\mathcal{F}_t$下的条件均值算子,$P_t$是资产在t时刻的价格,$P_{t+1}$是资产在$t+1$时刻的价格,$r_{t+1} = \dfrac{P_{t+1}}{P_t} - 1$,~表示随机变量。资产的超额收益为:

$$\widetilde{X}_{t+1} = \widetilde{P}_{t+1} - E(\widetilde{P}_{t+1} \mid \mathcal{F}_t) \qquad (3.2)$$

根据有效市场假说,资产价格总能"完全反映"可得信息,市场参与者根据信息集进行交易则无法获取超额收益,因而,

$$E[\widetilde{X}_{t+1} \mid \mathcal{F}_t] = E[\widetilde{P}_{t+1} - E(\widetilde{P}_{t+1} \mid \mathcal{F}_t) \mid \mathcal{F}_t] = 0 \qquad (3.3)$$

即随机序列$\{\widetilde{X}_t\}$在信息流$\{\mathcal{F}\}$下呈"公平赌局"。

(二)下鞅模型

为推广"公平赌局"模型至下鞅模型,可将式(3.1)改写为

$$E[\widetilde{P}_{t+1} \mid \mathcal{F}_t] \geqslant P_t \qquad (3.4)$$

基于信息流$\{\mathcal{F}_t\}$的下一时期资产价格的期望值大于或等于当前的资产价格,即$\{\widetilde{P}_t\}$是$\mathcal{F}_t$-下鞅。尤在式(3.4)取等号时,$\{\widetilde{P}_t\}$是$\mathcal{F}_t$-鞅。

(三)随机游走模型

有效市场假说的早期文献(Bachelier,1900[1];Cowles,1933[2];Working,1934[3];

---

[1] Bachelier L. Théorie de la spéculation[D]. Annales Scientifiques De L École Normale Supérieure,1900,3:21-86.(英译本见 Cootner P H. The Random Character of Stock Market Prices[M].Cambridge, MA:MIT press, 1964.)

[2] Cowles A. Can Stock Market Forecasters Forecast? [J]. Econometrica:Journal of the Econometric Society,1933:309-324.

[3] Working H. A Random-difference Series for Use in the Analysis of Time Series[J]. Journal of the American Statistical Association,1934, 29(185):11-24.

Kendall,1953[①];Roberts,1959[②])将有效市场的价格形成过程定义为随机游走模型,即价格的变化是独立同分布的。随机游走模型可表达为

$$f(\tilde{r}_{t+1} \mid \mathcal{F}_t) = f(\tilde{r}_{t+1}) \tag{3.5}$$

"公平赌局"模型仅仅表明,可用期望收益来表示有效市场的均衡条件,但并未描述收益生成的随机过程。而基于"公平赌局"模型的随机游走模型则表明,在投资者偏好改变和新信息产生的条件下,收益分布伴随时间的不断重复而形成均衡。

二、弱式有效市场的检验

检验弱式有效市场的相关文献,多数从时序收益的可预测性和截面收益的可预测性来检验市场是否弱式有效。时序收益的可预测性,又可细分为历史收益预测和外生变量预测;截面收益的可预测性,又可细分为 SLB 模型、多因子模型、基于消费的资产定价模型。

(一) 时序收益的可预测性

1. 历史收益预测

有效市场假说的早期实证文献均假设:股票的短期收益是恒定的,并不随时间变化而变化。市场有效表明,股票的历史收益或其他外生变量不可用于预测股票的短期收益,对股票短期收益的最佳预测便是其历史均值。譬如,Fama(1965[③])计算了 1957 年年底至 1962 年 9 月道琼斯 30 种工业股票收益的自相关系数,发现 30 种工业股票大多并不显著相关,由此证明了弱式有效市场假说成立。

而 Lo & MacKinlay(1988[④])、Conrad & Kaul(1988[⑤])将纽约证券交易所的股票按公司规模分组后发现,股票收益呈显著的正相关关系,且小公司股票的正相关关系更强。最近的相关文献均指出,股票的短期收益(包括日收益、周收益、月收益)均可用历史收益来进行预测,因而股票的短期收益并非恒定不变。

有鉴于此,对有效市场假说的实证研究转入了对股票长期收益的研究。Shiller(1984[⑥])、Summers(1986[⑦])指出,股票的价值不随时间变化而变化,股票价格的无条件均值即为股票的价值,股票价格围绕其价值上下波动且长期均值回复。然而,Stambaugh(1986[⑧])指出,股票价格的长期均值回复意味着股票长期收益具有显著的负自相关性。

---

① Kendall M G. The Analysis of Economic Time-series Part I: Prices[J]. Journal of the Royal Statistical Society. Series A (General),1953,116(1):11-34.
② Roberts H V. Stock-market "Patterns" and Financial Analysis: Methodological Suggestions[J]. The Journal of Finance,1959,14(1):1-10.
③ Fama E F. The Behavior of Stock-market Prices[J]. The Journal of Business,1965,38(1):34-105.
④ Lo A W, MacKinlay A C. Stock Market Prices do not Follow Random Walks: Evidence from a Simple Specification Test[J]. The Review of Financial Studies,1988,1(1):41-66.
⑤ Conrad J, Kaul G. Time-variation in Expected Returns[J]. Journal of Business,1988(4):409-425.
⑥ Shiller R J. Stock Prices and Social Dynamics[J]. Brookings Papers on Economic Activity,1984:457-510.
⑦ Summers L H. Does the Stock Market Rationally Reflect Fundamental Values? [J]. The Journal of Finance,1986,41(3):601-602.
⑧ Stambaugh R F. Does the Stock Market Rationally Reflect Fundamental Values? Discussion[J]. The Journal of Finance,1986,41(3):591-601.

DeBondt & Thaler(1985[1],1987[2])亦指出,股票具有显著的"输家赢家效应",即前期的绝对输家将会在后期成为赢家,赢得高于市场的回报。对此,Fama & French(1988[3])强调,在研究时序收益的可预测性时,最大问题是无法从股票价格中区分非理性的泡沫和理性的预期收益。

2. 外生变量预测

某些外生变量有助于预测股票的短期收益,诸如预期通货膨胀率(Bodie,1976[4];Nelson,1976[5];Jaffe & Mandelker,1976[6];Fama,1981[7])、短期利率(Fama & Schwert,1977[8])、股息收益(DIP)(Rozeff,1984[9];Shiller,1984[10])、股息价格比(D/P)(Fama & French,1988[11])、收益价格比(E/P)(Campbell & Shiller,1988[12])、消费收入比(CAY)(Lettau & Ludvigson,2001[13])等。然而,外生变量对短期收益的可预测性,并不能表明市场无效。Fama(1991[14])指出,外生变量对短期收益的可预测性,实质上是外生变量和短期收益具有高度的相关性,而此相关性并不能表明外生变量对短期收益的可预测性,而极可能是由市场泡沫所致。

但另有文献从市场异象的视角来否定弱式有效市场假说,诸如周末效应(Cross,1973[15];French,1980[16];Gibbons & Hess,1981[17])、节日效应(Ariel,1990[18])、月末效应

---

[1] De Bondt W F M, Thaler R. Does the Stock Market Overreact? [J]. The Journal of Finance, 1985, 40(3): 793-805.
[2] De Bondt W F M, Thaler R H. Further Evidence on Investor Overreaction and Stock Market Seasonality [J]. Journal of Finance, 1987: 557-581.
[3] Fama E F, French K R. Permanent and Temporary Components of Stock Prices[J]. Journal of Political Economy, 1988, 96(2): 246-273.
[4] Bodie Z. Common Stocks as a Hedge against Inflation[J]. The Journal of Finance, 1976, 31(2): 459-470.
[5] Nelson C R. Inflation and Rates of Return on Common Stocks[J]. The Journal of Finance, 1976, 31(2): 471-483.
[6] Jeffrey F J, Mandelker G. The "Fisher Effect" for Risky Assets: An Empirical Investigation[J]. The Journal of Finance, 1976, 31(2): 447-458.
[7] Fama E F. Stock Returns, Real Activity, Inflation, and Money[J]. The American Economic Review, 1981, 71(4): 545-565.
[8] Fama E F, Schwert G W. Asset Returns and Inflation[J]. Journal of Financial Economics, 1977, 5(2): 115-146.
[9] Rozeff M S. Dividend Yields are Equity Risk Premiums[J]. The Journal of Portfolio Management, 1984, 11(1): 68-75.
[10] Shiller R J. Stock Prices and Social Dynamics[J]. Brookings Papers on Economic Activity, 1984: 457-510.
[11] Fama E F, French K R. Dividend Yields and Expected Stock Returns[J]. Journal of Financial Economics, 1988, 22(1): 3-25.
[12] Campbell J Y, Shiller R J. Stock Prices, Earnings, and Expected Dividends[J]. The Journal of Finance, 1988, 43(3): 661-676.
[13] Lettau M, Ludvigson S. Consumption, Aggregate Wealth, and Expected Stock Returns[J]. The Journal of Finance, 2001, 56(3): 815-849.
[14] Fama E F. Efficient Capital Markets: II[J]. The Journal of finance, 1991, 46(5): 1575-1617.
[15] Cross F. The Behavior of Stock Prices on Fridays and Mondays[J]. Financial Analysts Journal, 1973, 29(6): 67-69.
[16] French K R. Stock Returns and the Weekend Effect[J]. Journal of Financial Economics, 1980, 8(1): 55-69.
[17] Gibbons M R, Hess P. Day of the Week Effects and Asset Returns[J]. Journal of Business, 1981: 579-596.
[18] Ariel R A. High Stock Returns before Holidays: Existence and Evidence on Possible Causes[J]. The Journal of Finance, 1990, 45(5): 1611-1626.

(Ariel,1987[①])、日内效应(Harris,1986[②])、小公司效应(Banz,1981[③])。

(二) 截面收益的可预测性

1. SLB 模型

Black、Jensen、Scholes(1972[④])、Blume、Friend(1973[⑤])、Fama、MacBeth(1973[⑥])使用 SLB 模型对截面收益的可预测性做了第一次有益的尝试。SLB 模型的早期研究表明：(1) 股票预期收益与市场组合收益正相关，相关系数为 β；(2) β 系数是解释截面预期收益所需风险的唯一度量。

批评 SLB 模型的实证研究始于 20 世纪 70 年代后期，此类研究旨在识别足以解释截面预期收益的变量，如收益价格比(Basu,1977[⑦],1983[⑧])、公司规模(Banz,1981[⑨])、账面市值比(Chan、Hamao、Lakonishok,1991[⑩]；Fama & French,1992[⑪])、杠杆率(Chan、Chen,1988[⑫])。

然而，由于面临联合检验问题，收益价格比、公司规模、账面市值比、杠杆率与预期收益之间的关系，并非是有效的证据可证明市场不有效，因为人们无法认定此类研究结果是市场真的不有效抑或是资产定价的错误。

2. 多因子模型

在 SLB 模型中，证券和投资组合的截面预期收益系由市场 β 系数决定。多因子模型的早期文献多使用宏观变量因子(Chen、Roll、Ross,1986[⑬])和统计因子(Chamberland & Rothchild,1986[⑭]；Connor & Korajczyk,1987[⑮])来研究截面收益的可预测性。而 Fama &

[①] Ariel R A. A Monthly Effect in Stock Returns[J]. Journal of Financial Economics, 1987, 18(1): 161-174.

[②] Harris L. A Transaction Data Study of Weekly and Intradaily Patterns in Stock Returns[J]. Journal of financial Economics, 1986, 16(1): 99-117.

[③] Banz R W. The Relationship between Return and Market Value of Common Stocks[J]. Journal of Financial Economics, 1981, 9(1): 3-18.

[④] Jensen M C, Black F, Scholes M S. The Capital Asset Pricing Model: Some Empirical Tests[J]. Social Science Electronic Publishing, 1972, 94(8): 4229-4232.

[⑤] Blume M E, Friend I. A New Look at the Capital Asset Pricing Model[J]. Journal of Finance, 1973, 28(1): 19-34.

[⑥] Fama E F, Macbeth J D. Risk, Return, and Equilibrium: Empirical Tests[J]. Journal of Political Economy, 1973, 81(3): 607-636.

[⑦] Basu S. The Investment Performance of Common Stocks in Relation to Their Price/Earnings Ratio: A Test of the Efficient Market Hypothesis[J]. Journal of Finance, 1977, 32(3): 663-682.

[⑧] Basu S. The Relationship between Earnings' Yield, Market Value and Return for NYSE Common Stocks: Further Evidence[J]. Journal of Financial Economics, 1981, 12(1): 129-156.

[⑨] Banz R W. The Relationship between Return and Market Value of Common Stocks[J]. Journal of Financial Economics, 1981, 9(1): 3-18.

[⑩] Chan L K C, Hamao Y, Lakonishok J. Fundamentals and Stock Returns in Japan[J]. Journal of Finance, 1991, 46(5): 1739-1764.

[⑪] Fama E F, French K R. The Cross-Section of Expected Stock Returns[J]. Journal of Finance, 1992, 47(2): 427-465.

[⑫] Chan K C, Chen N F. An Unconditional Asset-pricing Test and the Role of Firm Size as an Instrumental Variable for Risk[J]. The Journal of Finance, 1988, 43(2): 309-325.

[⑬] Chen N F, Roll R, Ross S A. Economic Forces and the Stock Market[J]. Journal of Business, 1986, 59(3): 383-403.

[⑭] Chamberlain G, Rothschild M. Arbitrage, Factor Structure, and Mean-Variance Analysis on Large Asset Markets[J]. Econometrica, 1983, 51(5): 1281-1304.

[⑮] Connor G, Korajczyk R A. Risk and Return in an Equilibrium APT: Application of a New Test Methodology[J]. Journal of Financial Economics, 1988, 21(2): 255-289.

French(1992[①], 1993[②], 1996[③])指出,账面市值比和公司规模比β系数能更好地解释股票的截面预期收益,于是将账面市值比和公司规模引入 SLB 模型,构建了 Fama-French 三因子模型。此后,诸多因子被引入用于解释截面收益的可预测性,如动量因子(Carhart, 1997[④])、流动性风险因子(Pastor & Stambaugh, 2003[⑤])、投资因子(Hou, Xue & Zhang, 2015[⑥];Fama & French, 2015[⑦])等。而 Daniel & Titman(1997[⑧])质疑了多因子模型,他们认为多因子模型无法识别是因子所代表的股票风险驱动了股票收益抑或是因子所代表的股票特质恰好与股票收益相关。

3. 基于消费的资产定价模型

Rubinstein(1976[⑨])、Lucas(1978[⑩])、Breeden(1979[⑪])等提出了基于消费的资产定价模型。在基于消费的资产定价模型中,假设股票的未来收益为 $\tilde{X}_{t+1}$、股票的当前价格为 P_t、代表性个人的禀赋序列为 $\{e_t\}$、代表性个人的效用函数为 $U_t(c_t, c_{t+1}) = u(c_t) + \beta E_t[u(c_{t+1})]$,其中 β 为主观贴现率。由此,代表性个人的最优化问题为:

$$\begin{cases} \max_{\xi} u(c_t) + \beta E_t[u(c_{t+1})] \\ s.t. \quad c_t = e_t - P_t \xi \\ c_{t+1} = e_{t+1} - \tilde{X}_{t+1} \xi \end{cases} \tag{3.6}$$

由此可解得代表性个人的最优化条件为

$$P_t = E_t\left[\beta \frac{u'(c_{t+1})}{u'(c_t)} \tilde{X}_{t+1}\right] \tag{3.7}$$

令股票收益率 $\tilde{R}_{t+1} = \dfrac{\tilde{X}_{t+1}}{P_t}$、随机贴现因子 $m_{t+1} = \beta \dfrac{u'(c_{t+1})}{u'(c_t)}$[⑫],基于消费的资产定价模型

---

① Fama E F, French K R. The Cross-Section of Expected Stock Returns[J]. Journal of Finance, 1992, 47(2): 427-465.

② Fama E F, French K R. Common Risk Factors in the Returns on Stocks and Bonds[J]. Journal of Financial Economics, 1993, 33(1): 3-56.

③ Fama E F, French K R. Multifactor Explanations of Asset Pricing Anomalies[J]. Journal of Finance, 1996, 51(1): 55-84.

④ Carhart M M. On Persistence in Mutual Fund Performance[J]. Journal of Finance, 1997, 52(1): 57-82.

⑤ Pastor L, Stambaugh R F. Liquidity Risk and Expect Stock Returns[J]. Social Science Electronic Publishing, 2003.

⑥ Hou K, Xue C, Zhang L. Digesting Anomalies: An Investment Approach[J]. The Review of Financial Studies, 2015, 28(3): 650-705.

⑦ Fama E F, French K R. A Five-factor Asset Pricing Model[J]. Journal of Financial Economics, 2015, 116(1): 1-22.

⑧ Daniel K, Titman S. Evidence on the Characteristics of Cross Sectional Variation in Stock Returns[J]. Journal of Finance, 1996, 52(1): 1-33.

⑨ Rubinstein M. The Valuation of Uncertain Income Streams and the Pricing of Options[J]. The Bell Journal of Economics, 1976: 407-425.

⑩ Lucas R E. Asset Prices in an Exchange Economy[J]. Econometrica, 1978, 46(6): 1429-1445.

⑪ Breeden D T. An Intertemporal Asset Pricing Model with Stochastic Consumption and Investment Opportunities[J]. Journal of Financial Economics, 1979, 7(3): 265-296.

⑫ 关于随机贴现因子的详细论述参见 Cochrane J H. Asset Pricing:(Revised Edition)[M]. Princeton University Press, 2009。

可表示为：

$$1 = E_t[m_{t+1} \cdot \tilde{R}_{t+1}] \tag{3.8}$$

引入无风险利率 R^f 后，有 $1 = E_t[m_{t+1}] \cdot R^f$，式(3.8)又可表示为：

$$1 = E_t[m_{t+1}] \cdot E_t[\tilde{R}_{t+1}] + Cov_t[m_{t+1}, \tilde{R}_{t+1}] = \frac{1}{R^f} \cdot \left\{ E_t[\tilde{R}_{t+1}] + \frac{Cov_t[m_{t+1}, \tilde{R}_{t+1}]}{E_t[m_{t+1}]} \right\} \tag{3.9}$$

基于消费的资产定价模型则可表示为：

$$E_t[\tilde{R}_{t+1}] - R^f = -\frac{Cov_t[m_{t+1}, \tilde{R}_{t+1}]}{E_t[m_{t+1}]} \tag{3.10}$$

投资组合的风险溢价等于投资组合收益率对随机贴现因子的回归系数。然而，Mehra & Prescott(1985[1])所提出的"股权溢价之谜"、Weil(1989[2])所提出的"无风险利率之谜"、Shiller(1981[3])所提出的"过度波动之谜"等，质疑了基于消费的资产定价模型。

三、半强式有效市场的检验：事件研究

对半强式有效市场的检验，系主要通过事件研究法来考察事件发生后的价格调整。Fama、Fisher、Jensen & Roll(1969[4])首次运用了事件研究法来研究股票分割事件对股票价格的影响。近期，运用事件研究法对半强式有效市场的检验，常与公司金融的相关问题相联系，如股利政策（Charest，1978[5]；Ahrony & Swary，1980[6]；Asquith & Mullins，1983[7]）、兼并收购（Mandelker，1974[8]；Dodd & Ruback，1977[9]；Bradley，1980[10]；Dodd，1980[11]；Asquith，1983[12]）等。事件研究法的结果大多表明，股票价格对具体信息的反应速

---

[1] Mehra R, Prescott E C. The Equity Premium: A Puzzle[J]. Journal of Monetary Economics, 1985, 15(2): 145-161.

[2] Weil P. The Equity Premium Puzzle and the Risk-free Rate Puzzle[J]. Journal of Monetary Economics, 1989, 24(3): 401-421.

[3] Shiller R J. Do Stock Prices Move Too Much to be Justified by Subsequent Changes in Dividends? [J]. American Economic Review, 2001, 71 (3): 421-436.

[4] Fama E F, Fisher L, Jensen M C, et al. The Adjustment of Stock Prices to New Information[J]. International Economic Review, 1969, 10(1): 1-21.

[5] Charest G. Dividend Information, Stock Returns and Market Efficiency-II[J]. Journal of Financial Economics, 1978, 6(2-3): 297-330.

[6] Aharony J, Swary I. Quarterly Dividend and Earnings Announcements and Stockholders' Returns: An Empirical Analysis[J]. Journal of Finance, 1980, 35(1): 1-12.

[7] Asquith P, Mullins D W. The Impact of Initiating Dividend Payments on Shareholders' Wealth[J]. Journal of Business, 1983, 56(1): 77-96.

[8] Mandelker G. Risk and Return: The Case of Merging Firms[J]. Journal of Financial Economics, 2006, 1(4): 303-335.

[9] Dodd P, Ruback R. Tender Offers and Stockholder Returns: An Empirical Analysis[J]. Journal of Financial Economics, 1977, 5(3): 351-373.

[10] Bradley M. Interfirm Tender Offers and the Market for Corporate Control[J]. Journal of Business, 1980, 53(4): 345-376.

[11] Dodd P. Merger Proposals, Management Discretion and Stockholder Wealth[J]. Journal of Financial Economics, 1980, 8(2): 105-137.

[12] Asquith P. Merger Bids, Uncertainty, and Stockholder Returns[J]. Journal of Financial Economics, 1983, 11(1-4): 51-83.

度很快,市场达到了半强式有效。而且,事件研究法并不存在显著的联合检验问题,因而,运用事件研究法来研究市场效率,最直接地证明了市场有效。

四、强式有效市场的检验:非公开信息检验

对强式有效市场的检验,系主要检验股票价格是否蕴含了非公开信息。而现实中,由于较难刻画非公开信息,因而往往退而求其次,主要考察下述三个方面。(1)考察内幕交易的盈利能力。根据强式有效市场假说,投资者依据内幕信息进行交易无法获取超额收益。Jaffe(1974[①])首先研究了内幕交易的盈利能力,他指出,股票价格中并未蕴含内幕交易信息,甚至市场在内幕交易信息公开时也不作出反应。Seyhun(1986[②])亦认为,投资者依据内幕信息进行交易可获取超额收益,故市场并非强式有效。(2)考察股票价格是否蕴含了证券分析的信息。倘若市场强式有效,股票价格则应当蕴含所有的信息,包括证券分析的信息。Black & Kaplan(1973[③])、Copeland & Mayers(1982[④])、Huberman & Kandel(1987[⑤],1990[⑥])使用了 Value Line 调查数据,Lloyd-Davies & Canes(1978[⑦])、Liu、Smith & Syed(1990[⑧])使用了《华尔街日报》的专栏数据,均发现证券分析的信息致使股票价格变化,故市场并非强式有效。(3)考察基金经理的盈利能力。根据强式有效市场假说,即便基金经理拥有更多的信息,基金经理也无法获取超额收益。而 Henriksson(1984[⑨])、Chang & Lewellen(1984[⑩])、Ippolito(1989[⑪])等均发现,共同基金的收益大多好于 Sharpe-Lintner 证券市场线,由此,强式有效市场假说并不成立。

第二节 有效市场假说与投资策略

根据投资者对有效市场假设的判断,可以把投资策略分成主动(Active)和被动

[①] Jaffe J F. Special Information and Insider Trading[J]. Journal of Business,1974,47(3):410-428.

[②] Seyhun H N. Insiders' Profits, Costs of Trading, and Market Efficiency[J]. Journal of Financial Economics,1986,16(2):189-212.

[③] Black F, Kaplan R S. Yes, Virginia, There is Hope: Tests of the Value Line Ranking System[J]. Financial Analysts Journal,1973,29(5):10-92.

[④] Copeland T E, Mayers D. The Value Line Enigma: A Case Study of Performance Evaluation Issues[J]. Journal of Financial Economics,1982,10(3):289-321.

[⑤] Huberman G, Kandel S. Value Line Rank and Firm Size[J]. Journal of Business,1987,60(4):577-589.

[⑥] Huberman G, Kandel S. Market Efficiency and Value Line's Record[J]. Journal of Business,1990,63(2):187-216.

[⑦] Lloyd-Davies P, Canes M. Stock Prices and the Publication of Second-Hand Information[J]. Journal of Business,1978,51(1):43-56.

[⑧] Liu P, Smith S D, Syed A A. Stock Price Reactions to the Wall Street Journal's Securities Recommendations[J]. Journal of Financial & Quantitative Analysis,1990,25(3):399-410.

[⑨] Henriksson R D. Market Timing and Mutual Fund Performance: An Empirical Investigation[J]. Journal of Business,1984,57(1):73-96.

[⑩] Chang E C, Lewellen W G. Market Timing and Mutual Fund Investment Performance[J]. Journal of Business,1984,57(1):57-72.

[⑪] Ippolito R A. Efficiency with Costly Information: A Study of Mutual Fund Performance,1965-1984[J]. Quarterly Journal of Economics,1989,104(1):1-23.

(Passive)两种。如果投资者认为市场是有效的，那么意味着任何一种证券的价格都不可能持续地被低估或高估，从而都能带来正常的投资收益率。所以，他们倾向于中长线投资，即在买入证券之后，在相当长一段时间内持有该证券，以期降低交易成本并获取正常的投资收益率。这就是被动的投资策略，又称指数化投资策略(Indexing)。反之，如果投资者认为市场是无效的，那么他们相信通过证券分析可以挖掘出价格被低估或高估的证券，从而获得超常的投资收益率，这就是主动的投资策略。与被动的投资策略相比，采取主动策略的投资者大多倾向于短线投资。而短线投资者不仅需要支付较高的交易成本，而且还要承担为证券分析所支付的额外成本。那么究竟应该采用哪一种投资策略呢？在扣除交易成本和额外成本之后，主动的投资策略是否有效呢？

一、支持主动投资策略的实证检验

Hodges 和 Brealey(1973[①])运用模拟的方法对主动投资策略进行了研究。进行主动投资的策略，最关键的一点是能够准确地预测和判断大市的走向和发现价格被低估或高估的证券。Hodges 和 Brealey 选用了预期的超常收益率与实际的超常收益率之间的相关系数来反映投资者对未来大市走向的判断能力和发现价格被低估或高估证券的能力。图 3-1 中的三条曲线分别代表寻找价格被低估证券的主动投资策略的投资收益率，它们的相关系数分别等于 0.05、0.10 和 0.15。与图中 M 点所代表的市场指数的平均收益率相比，在风险相同的条件下，三条曲线所代表的投资收益率明显高于市场指数的平均收益率。即使是相关系数只有 0.05 的第一条曲线，代表了在扣除交易成本之后的主动投资策略的投资收益率仍然高于市场指数的平均

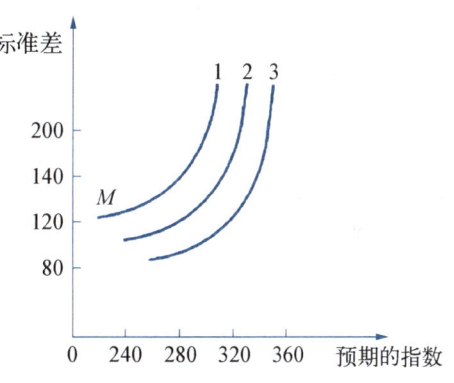

图 3-1　相关系数与主动投资策略

收益率。而三条曲线之中，由于第三条曲线的相关系数最高，投资者预测和判断的准确性也最高，所以它的超常收益率最大。

因此，Hodges 和 Brealey 认为，只要能够比较准确地预测和判断未来大市的走向和拥有发现价格被低估或高估的证券的能力，主动投资策略就可以为投资者带来可观的超常收益率。预测的准确率越高，超常收益率也就越高。所以，投资者应该选取主动的投资策略。

二、否定主动投资策略的实证检验

Sharpe(1975[②])对主动投资策略所作的实证检验却得到了相反的结论。假定采用主

[①] Hodges S D, Brealey R A. Portfolio Selection in Dynamic and Uncertain Word[J]. Financial Analyst Journal, 1973(3-4).

[②] Sharpe W F. Likely Gains from Market Timing[J]. Financial Analysts Journal, 1975(3-4).

动投资策略的投资者面临着两种投资对象,标准普尔 500 指数和美国国债。如果投资者在年初准确预测标准普尔 500 指数的投资收益率高于国债的收益率,将买入标准普尔 500 指数;否则,投资于国债。与此同时,另外两种投资策略分别是单纯投资国债和单纯投资标准普尔 500 指数(即被动的投资策略)。表 3-1 列举了 1929 至 1972 年单纯投资国债、单纯投资标准普尔 500 指数和主动投资策略的平均投资收益率以及收益率的标准差。尽管在准确预测标准普尔指数和国债的投资收益率之后,主动投资策略的收益率(14.86%)高于单纯购买国债(2.38%)和单纯购买标准普尔指数(10.64%)的收益率,但是实现 14.86% 的收益率的前提是主动投资者预测的准确率为 100%。要使主动投资策略的收益率等于单纯投资标准普尔指数的收益率(10.64%),预测的准确率必须等于 74%。而对于投资者来说,74% 的准确率是非常难以实现的。所以 Sharpe 认为,在不确定的情况下,与其选取主动投资策略,还不如选择被动投资策略。

表 3-1 三种投资策略投资收益率的比较

年 份	单纯投资国债		单纯投资标准普尔指数		主 动 策 略	
	平均收益率(%)	标准差	平均收益率(%)	标准差	平均收益率(%)	标准差
1929—1972	2.38	1.96	10.64	21.06	14.86	14.58
1934—1972	2.40	2.00	12.76	18.17	15.25	13.75
1946—1972	3.27	1.83	12.79	15.64	14.63	12.46

资料来源:Sharpe W. F., Likely Gains from Market Timing[J]. Financial Analysts Journal, 1975, (3-4).

第三节 有效市场假说的理性前提

一、对理性定义的分析

有效市场假说认为,在投资者理性、拥有完全信息和无交易成本的假设条件下,投资者追求自身效用最大化的行为,能够使市场价格充分反映现有信息,市场达到有效。可以看出,有效市场假说蕴含着投资者理性的前提。

首先,理性的定义是与偏好紧紧相连的。我们知道,偏好是现代经济学的一个基本概念。它是个人对各种可供选择的商品组合偏好的数学表述。风险状态下理性的偏好通常被假定具有完全性、传递性、连续性和独立性,从而可以构筑冯·诺伊曼—摩根斯坦效用函数。

在金融市场中,决定效用的两个因素是收益与风险,效用与收益成正比,与风险成反比,市场参与者在不同的收益和风险的组合中构筑自身的效用函数。而追求效用的最大化是理性的市场参与者的唯一目标。市场参与者总是追求尽可能高的收益,或者承担尽可能低的风险。另外,市场参与者具有完全的能力去追求自身效用的最大化,即市场参与者对于自身的效用函数具有完全的认识,因此可以根据效用的最大化选择相应的收益与风险水平。

在风险状态的理性条件下,市场参与者的理性表现为期望效用的最大化。冯·诺伊曼—摩根斯坦效用函数以每一决策可能带来各种经济后果的概率为权数,计算各种经济后果中效用的期望值。为此,理性的市场参与者除了充分了解自身效用函数外,还必须对每一项决策可能带来的各种后果及其概率具有完全的认识。

因此,一个风险状态下理性的市场参与者是具有完全的能力实现自身预期效用最大化的市场参与者。为此,就要求市场参与者具备以下三个前提条件:① 完全的认知能力;② 完全的行为能力;③ 完全的自利动机。完全的认知能力,才能保证市场参与者对每一行为可能带来的效用及发生的概率有一个准确的认识,从而获知每一行为的期望效用,并根据期望效用大小排序,做出最优判断。而完全的行为能力,才能保证市场参与者可以毫无障碍地将自身的决策付诸实施,实现期望效用的最大化。完全的自利动机,才能保证市场参与者均以实现自身效用最大化为唯一目标。

二、理性的形成条件

在传统的金融理论中,理性是在三个逐步放松的条件下,通过市场的竞争和淘汰,最终得以形成的。这三个形成条件是:

(1) 市场中大部分的参与者具有很强的认知能力、分析能力和趋利避害的能力;

(2) 即便那些少数不具备这些能力的参与者也可以在市场中逐步学习和掌握这些能力;

(3) 那些始终无法掌握这些能力的市场参与者终将在市场竞争中被淘汰。

从传统的金融理论来看,这三个条件渐次放松,与现实状况更趋贴近,因此理性具有现实基础。通过竞争,在长期的市场环境中生存下来的参与者将是那种同质的理性的经济人。然而,随着金融学的发展,不论是理性的三个前提条件还是其三个形成条件均受到了质疑。

三、对理性前提条件的质疑

就理性的三个前提条件而言,市场参与者并不具有完全的认知能力、行为能力和自利动机。

首先,由于人类的脑力和精力均是有限的,与外界浩如烟海的信息相比较,其掌握和处理这些信息的能力是微不足道的。这也正是人类发展至今仍有着不计其数的科学秘密尚待发掘的原因所在。与自然科学相比,在金融领域中不同参与者之间构成了博弈关系,每一个参与者的收益与风险均受到其他参与者行为的影响,因此其他参与者的思维方式、行为方式都成为每一个参与者进行理性决策所必须掌握的信息。在金融市场中,参与者人数的众多、参与者之间的差异性和不确定性,无疑都使得信息极度膨胀,远非个人有限的时间和精力所能处理。即便是辅之以设备及其他人的支持,全面收集和处理这些信息所需的成本也是不可想象的。因此,在现实生活中,市场参与者不可能全知全觉。事实上,我们经常发现需要在很短的时间内做出决策,我们所依据的只能是一些经验法则,而无法经过深思熟虑,更遑论掌握完全的信息并经过周全的处理。(实际上,依据经验法则做出一些决策,也常常是在考虑到收集和处理信息成本后的一种合理做法。但这无疑是与理性前提条件中的完全的认知能力相背离的。)

其次,市场参与者的行为能力也不可能是完全的。因为人性中存在着一些固有的弱点,如人类自控能力就很有限。在我们的日常生活中就存在着一些不良的生活习惯,如过度饮食、吸烟等。尽管我们很清楚其危害性,但由于绝大部分人所固有的惰性,并不能真正形成完全健康的生活习惯。在金融市场中,这种由于市场参与者行为的惰性而没能实施最优化策略的情况也屡见不鲜。例如,在许多金融诈骗案中,受害者往往只需稍微花点时间或成本向有关金融当局求证,即可避免损失。但常常由于行为上的惰性而疏于防范,最终招致损失。而且人类作为情感性的动物,其行为方式也并不完全由理智来支配。许多情感的因素都可能在市场参与者的行为中发挥影响,使其实际行动偏离最优化的路径。

最后,市场参与者以自利为其唯一目标也是颇值得怀疑的。这显然也与现实生活中存在的许多利他行为相背离。虽然人类行为是利己或利他似乎涉及人性本善或本恶的哲学论争而无定论,但人类行为中不同程度地存在着利他心理却是一个不争的事实。对于市场中的另一个重要参与者——企业来说也是如此。传统上,我们一直设定企业的唯一目标是追求利润的最大化。但实际上,在市场经济高度发展的今天,企业在一定程度上也摒弃了以利润为其唯一经营目标的做法,社会效益也成为了其关注的一个重要目标。因此,市场参与者完全自利这一理性条件似乎也是值得商榷的。

四、对理性形成条件的质疑

对于达成理性的过程来说,同样存在问题。首先,市场中所有的参与者都不满足具有完全认知能力、行为能力和利己心理的前提条件。其次,学习也不能确保市场参与者的行为趋于最优化。一方面因为学习或实验新方法或新策略机会成本的存在,使得一个"理性"的市场参与者可能不愿意尝试。因而市场参与者就可能永远停留在非理性的策略上。另一方面,如果学习或实验新方法或新策略所需的时间太长,超出了市场参与者的存续时间,而且这样一种学习又只能通过自身的亲身体验来获得,无法通过他人或前辈间接经验的累积得到,就会使得市场参与者的行为永远无法收敛到理性的水平。再次,非理性的参与者未必会在市场中被淘汰,在市场中生存下来的未必就是理性的参与者。也就是说,市场竞争和进化并不能使市场参与者都理性化。在博弈论中的斗鸡博弈就是一个案例:在一座仅容一个人通过的独木桥上两人迎面相遇,两人的策略与收益情况如表3-2所示。

表3-2 斗鸡博弈的收益矩阵

乙方 \ 甲方	礼 让	不 让
礼 让	(−1, −1)	(1, −1)
不 让	(−1, 1)	(−2, −2)

很显然,在这个博弈中存在两个纯策略纳什(Nash)均衡(礼让,不让)和(不让,礼让)。而在决定最终将形成哪一个均衡时,甲乙双方的理性程度将起着重要作用。当甲方判断乙方比较疯狂或者说不太理性时,甲方往往会采取礼让策略,使得最终达到(礼让,不

让)的均衡。在这种情形下,乙方的收益显然是高于甲方的,因此乙方,也就是不太理性的参与者,反而更有可能在市场竞争中生存下来。在金融市场中,套利的有限性(Limit of Arbitrage)同样说明了这样一种可能性的存在。套利者作为发现市场中金融资产定价偏离其内在价值的一方,无疑代表着理性的市场参与者,而噪声交易者(Noise Traders)由于其并非根据金融资产的真实内在价值进行交易,无疑代表着非理性的市场参与者。根据传统的金融理论,套利者通过套利行为一方面使得市场恢复有效性,另一方面自身也获得了无风险收益。但由于绝大部分套利者的交易时限是有限的,套利者面临着在交易期限到来前,金融资产定价进一步偏离其真实内在价值的风险。因此套利并非没有风险,从事套利行为的交易者反而可能因为其理性的交易活动而受到损失,而噪声交易者却可能获益。最终,理性的市场参与者可能为市场所淘汰,而非理性的参与者反而得以生存下去。1998年,在俄罗斯债券上进行套利的长期资本管理公司(LTCM)濒临破产,就是一个例证。因此,市场的竞争和进化并不像传统金融理论所想象的那样,将所有的非理性参与者淘汰出局,使得市场完全由同质的理性的经济人构成。

综上所述,传统金融理论对市场参与者的理性假设,不论是在其前提条件上还是在形成条件上,都缺乏充分的说服力。

第四节 行为金融学对有效市场假说的质疑[①]

在第三节中,我们就传统金融理论中的理性前提的条件及其形成机制进行了一些分析,认为理性前提在理论上缺乏坚实的基础。而在实际的金融市场中,对市场参与者的观察和实证研究也为我们提供了对理性前提的认识。大量的事实也证明了完全理性假设并不成立。

首先,在传统金融理论中,金融资产的内在价值是由其预期收益率及收益波动的方差决定的。在市场参与者均为理性的前提下,所有市场参与者将对市场中每一种金融资产的内在价值作出一致的判断,亦即所有市场参与者对每一种金融资产的定价应一致,这样市场中就不可能存在由于不同参与者对同一种金融资产内在价值看法不一致而形成的交易。因此,金融市场的交易量应该与其相对应的实物资产相匹配(或趋于匹配)。但在金融市场的发展过程中,这种趋势并不存在。事实上,金融市场的交易额远远超出了实体经济的交易额,而且这种差距还有进一步扩大的趋势。这无疑是与市场参与者理性前提相背离的。

其次,在对市场参与者行为的观测中,我们也可以发现许多与理性前提相抵触的现象,包括:对风险并非始终采取规避的态度,在某些情形下可能转为风险偏好;市场参与者面临不确定性时对概率的判断未必完全能遵循贝叶斯学习规则,因而可能出现系统性的偏差;等等。

[①] 本节内容主要参考了 Shiller R J. Human Behavior and Efficiency of Financial System. Handbook of Macroeconomics,1999,1:1305-1340。

在对市场参与者行为的分析中,其他社会科学,特别是心理学的研究成果,大大丰富了我们对市场参与者理性的理解,并从市场参与者认知能力、行为能力等方面为我们提供了偏离传统金融理论理性前提的例证。总结对市场参与者行为分析的成果,可以将其归纳为以下三方面的内容。

一、心理因素对认知能力的影响

在传统金融理论中,市场参与者被设定为全知全觉,能够汇总分析所有信息,对每一决策带来的各种可能后果了如指掌。在面临结果的不确定性时,市场参与者完全根据贝叶斯学习规则不断地修正先验概率,使得主观概率不断逼近客观概率,进而可以使自己的决策达到最优化。但心理学家在对实验对象的决策行为进行分析时,却发现贝叶斯学习规则并不能保证行为人主观概率逼近客观概率,二者之间可能存在系统性的偏差;而且行为人的决策也未必是建立在完全信息的基础之上,而是经常根据局部或部分信息来进行判断。

(一) 前景理论

期望效用理论是传统金融学的一个重要支柱。但 20 世纪 50 年代以来,人们观测的许多结果都与其相冲突。例如,Allais 观测人们在不同彩票之间进行选择时,就常常发现对预期效用理论所得出的结论的系统性偏离,而 Kahneman 和 Tversky(1974[①])所做的实验也证实了这种偏离的存在。在 Kahneman 和 Tversky 的实验中,实验对象被要求在两种彩票中进行选择。其中,甲彩票有 25% 的机会赢取 3 000 元,而乙彩票则有 20% 的机会赢取 4 000 元。结果 65% 的实验对象选择了乙彩票。随后,同一批实验对象又被要求在另外两种彩票中进行选择。其中,丙彩票有 100% 的机会赢取 3 000 元,而丁彩票则有 80% 的机会赢取 4 000 元。结果 80% 的实验对象选择了丙彩票。由于除了丙和丁赢得奖金的概率分别为甲和乙概率的 4 倍以外,两次实验完全相同,那么根据预期效用理论,同一批实验对象应该具有同样的选择偏好,即甲和丙被选中的可能性应该一致,而实验对象对乙和丁的偏好也应该一致。但实验结果显示的不一致性无疑是与期望效用理论相背离的。

根据这些实验结果,Kahneman 和 Tversky 提出了前景理论(Prospect Theory),又称为期望理论或者展望理论。前景理论认为:人们决策的依据是建立在他们的前景之上,而前景是人们对决策可能带来各种后果的价值函数(Value Function)的加权平均值。从形式上看,前景理论与期望效用理论颇为相似。但不论是前景理论中的权数还是其价值函数,都与期望效用理论中的客观概率和效用函数存在区别。

Kahneman 和 Tversky 认为,行为人赋予其决策各种可能后果的权数并不是它们的客观概率,而是一种主观权数,这种主观权数是客观概率的非线性函数。对于概率极低的情况,赋予主观权数"0";对于概率极高的情况,赋予"1";对于较高但非极高概率的情况,赋予的主观权数低于其客观概率;对于较低但非极低概率的情况,赋予的主观权数高于其

[①] Tversky A, Kahneman D. Judgement under Uncertainty: Heurisitics and Biases[J]. Science, 1974, 185: 1124-1131.

客观概率。亦即,在较低和较高的概率范围内,行为人赋予各种后果主观权数的变化较其实际概率变化为小。

前景理论对主观权数的界定很好地解释了 Kahneman 和 Tversky 观察到的实验结果。根据前景理论,由于 20% 和 25% 的概率水平均处在斜率小于 1 的权数范围内,实验对象赋予二者的主观权数的差异较客观概率差异更小,结果使人们倾向于选择一旦赢出获得奖金更多的彩票(乙彩票)。相反,人们在赋予 80% 概率事件的主观权数时倾向于低估它,但对于 100% 概率的事件则不会低估,所以实验对象在丙和丁之间做比较时又会选择丙彩票。

前景理论选择主观权数,而不是客观概率,来计算作为决策依据的期望值,可以很好地解释现实经济生活中人们面临风险时所做出的貌似不合理的选择,如在金融市场中的期权微笑现象①。当人们观测期权的市场价格时,往往发现与根据 Black-Scholes 期权定价公式计算的理论价格存在系统性偏差。当期权合约中标的物的市场价格远远偏离期权合约所约定的履约价时,期权的市场价格往往大于根据 Black-Scholes 期权定价公式计算的理论价格;而当期权合约中标的物的市场价格与合约约定的履约价相仿时,期权的市场价格与根据 Black-Scholes 期权定价公式计算的理论价格趋于一致。我们知道,当标的物的市场价格偏离履约价较多时,如果期权合约的内在价值为正,市场价格与履约价的差异进一步扩大的概率应该比较小;而对于期权买入方来说,如果期权合约规定的履约价与市场价格相比更为不利,期权合约的内在价值为 0(亦即买入期权履约价高于市场价格或卖出期权的履约价低于市场价格),那么市场价格发生反向变化直至内在价值转为正的概率也比较小。但在期望理论中,这两种情形的主观权数都被放大,从而使得期权合约的市场价格出现了高估。

此外,在 Kahneman 和 Tversky 的前景理论中,价值函数异于效用函数的一个重要方面在于:价值函数并不是一条平滑的曲线,而是一条折线,其转折点称为参考点(Reference Point)。它是人们用于将各种情形进行对比的参照体系,是由个人的主观印象决定的。在决策时,人们将各种可能的结果与参考点作比较。当财富水平高于参考点时,价值函数与效用函数一样是凹的;当财富水平低于参考点时,价值函数则转为向上凸(见图 3-2)。亦即,价值函数在参考点处存在着斜率的不连续性。在参考点之上,人们表现出对风险的厌恶;而在参考点之下,人们则表现出对风险的偏好。虽然期望理论未能告诉我们决定参考点的准确因素,但对实验对象的观察发现,参考点是由人们用作比较的坐标点决定的。而这种可

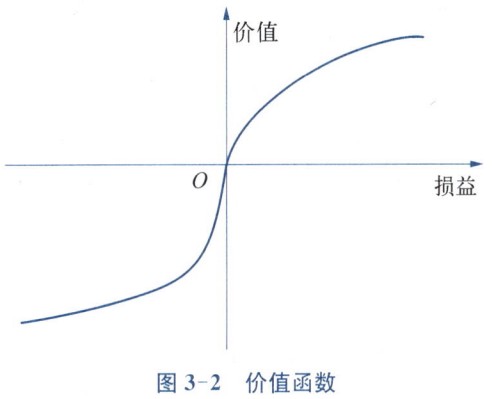

图 3-2 价值函数

---

① 期权的实际价格与根据 Black-Scholes 公式计算得到的理论价格之间的差异反映了期权商品价格的波动性。在一个时点上,以不同的履约价为横轴,前面所述的波动性为纵轴,所得出的图形看上去就像一个微笑的表情,因此成为期权的微笑现象(Option Smile)。参见:Mayhew S. Implied Volatility[J]. Financial Analysts' Journal,1995,51(4):8-20.

比较的坐标点又取决于主体很方便就可以找到或看到的标准,甚至可能受到问题表述方式的影响。因此,人们对于价值的评估具有不确定性,而并非预期效用理论所指出的那样,是确定的、唯一的。

(二) 锚定现象

当人们进行数量评估的时候,他们的评估值常常受到问题表述方式的影响,也就是心理学上所说的锚定现象(Anchoring)。虽然在某些情形下,问题的表述方式确实如反应方所期望的那样蕴涵了一些潜在信息,因而反应方根据问题表述方式进行评估具有一定的合理性。但在大多数情形下,问题的表述中并不蕴涵任何信息,但锚定现象依然存在。为证实这一心理效应,Tversky 和 Kahneman(1974[①])曾做过一个有趣的实验。在问卷中,提出一个问题,例如回答非洲国家在联合国所占的百分比。在实验中,主持实验的人在这些实验对象面前转动一个标着 1 到 100 的转盘,实验者首先需要回答,他们的答案是高于或低于转盘所指的数目,然后再给出自己具体的答案。显然转盘停下时所指的数目与问卷所问的问题毫无关系,但实验结果却显示,实验对象的答案受到转盘所指数目的强烈影响。如转盘所指的数目为 10 时,答案是 25%;而转盘所指的数目为 65 时,答案是 45%。

由于很多金融产品的内在价值本身就很模糊,上述心理效应在金融市场中尤其明显。例如,没有人知道股票指数所代表的内在价值是多少,它是否真的值 1 000 点或 2 000 点。因此人们在价值判断时,更容易受到锚定现象的影响。在缺乏更准确信息的情况下,以往价格(或类似产品的要价)也就更容易成为确定当前价格的一个参照。

在金融市场中类似的例子比比皆是,美国投资者对日本股市市盈率的评价就是一个很好的例子。20 世纪 80 年代末,美国投资者普遍认为日本股市的市盈率过高(这是以当时处于较低水准的美国股市市盈率做参照)。而到了 90 年代中期,尽管日本股市的市盈率仍比美国高得多,但很多美国投资者觉得日本市场价格并没有被高估。这也许就是因为日本 80 年代末的高市盈率又成了人们判断的另一个参照。Fisher(1928[②])提出的货币幻觉同样也与锚定现象有关,即以往的通胀率成了人们判断未来通胀率的参照,结果导致在做经济决策时对通胀率的预期不足。

锚定现象告诉我们,在金融市场中,人们在决策时并不总是根据合理的信息。一些不相关的信息也可能影响人们对金融资产价值的判断。

(三) 心理区间

期望效用理论认为市场参与者是在综合考虑所有影响金融市场的因素并汇集所有相关信息后,才会做出自身期望效用最大化的决策。但对市场参与者行为进行分析时却常常发现,人们倾向于依据一些表面的特征将特定的事件归入不同的心理区间(Mental Compartments)。在决策时,又会根据不同的心理区间,将决策细分为若干个小决策,尔后单独对待。

[①] Tversky A., Kahneman D., Judgement under Uncertainty: Heurisitics and Biases[J], Science, 1974, 185: 1124-1131.

[②] Fisher I., The Money Illusion[J], The Works of Irving Fisher, 1928, 8, Picking & Chatto Publisher.

以投资市场为例，人们往往将他们的投资归入自己主观划分的区间。在面临同样冲击下，对投资所做的反应是基于它们所处的区间。Shefrin 和 Statman(1994[①])提出，个人投资者往往很自然地将他们的投资组合划分为两部分，一部分是可以抵御下跌风险的"安全"部分，而另一部分是用来谋取财富增长的风险部分。Shefrin 和 Thaler(1988[②])提出，人们总是将其收入来源划分为三种，目前工资收入、资产收入和未来收入，这三种收入会有不同的使用方式。即使知道未来收入一定可以获得，人们也不愿意提前使用。

人们在认知过程划分心理区间的现象，同样对传统金融理论中市场参与者掌握所有信息后，可以在信息加工时不为自身情感和心理因素干扰，做出最优化决策的能力提出了质疑。

(四) 过度自信与代表性启发式思维

心理学家在实验中发现，人们对自己的判断常常表现出过度自信(overconfidence)。在这些实验中，实验对象就一些问题做出回答后，被要求给出自己答对的概率。实验结果发现，实验对象倾向于高估自己答对的概率。即便在实验者对实验对象详细解释过概率的含义后，并要求他们对自己的答案下注，也没有改变这种过度自信的现象。事实上，当实验对象确信他们是正确的时候，他们正确的概率仅有大约80%。

在我们的现实生活中，这种过度自信的倾向也很普遍。当然，如果我们不断地将人们犯错的结果告诉他们，他们有时也会过度反应而表现出自信不足。但总体而言，人们普遍倾向于过度自信。这种过度自信一方面是与 Ross(1987[③])总结的"情况演绎"困难有关（即在评估那些复杂的情况时，人们很难充分预料到其中的不确定性），另一方面则与代表性启发式思维(representativeness heuristic)有关。代表性启发式思维是指，人们倾向于将事件归入一些常见的种类，在进行概率估计时，常常过分强调这种归类的重要性，而忽视了关于潜在概率的实际线索[④]，结果人们往往试图在一些随机的数据中找到趋势。

这种过度自信的心理特征导致行为人在对外部冲击做出反应时，有时表现出过度反应，有时则表现出反应不足。在金融市场上，这两种反应方式同样存在，并导致了为传统金融理论所无法解释的一些系统性的偏差。

根据统计数据对股票价格走势进行分析时发现，实际股票价格持续偏离按有效市场模型计算现值的长期走势，而且在经历相当长的一段时间后，才会向长期趋势回复，从而导致股票总体价格的波动幅度远比有效市场理论隐含的波动来得剧烈。这也正体现了股票价格对某些消息或历史价格过度反应，直至投资者恢复正常心态才能使得股价得以纠正。而 De Bondt 和 Thaler(1988[⑤])，Fama 和 French(1988[⑥])，Poterba 和

[①] Shefrin H., Statman M., Behavioral Portfolio Theory (unpublished paper), Santa Clara University, 1994.

[②] Shefrin H., Thaler R. H., The Behavioral Life-Cycle Hypothesis[J], Economic Inquiry, 1988.

[③] Ross L., The Problem of Construal in Social Inference and Social Psychology.//Grumberg N, Nisbett R E, Singer J., A Distinctive Approach to Psychological Research: The Influence of Stanley Schachter. Hillsdale, NJ: Erlbaum, 1987.

[④] Tversky A., Kahneman D., Judgement under Uncertainty: Heuristics and Biases[J], Science, 1974, 185: 1124-1131.

[⑤] De Bondt W. F., Thaler R. H., Does the Stock Market Overreact[J], Journal of Finance, 1985, 40: 793-805.

[⑥] Fama E. F., French K. R., Permanent and Temporary Components of Stock Prices, Journal of Political Economy, 1988, 96: 246-273.

Summers(1988[①])、Cutler、Poterba 和 Summers(1991[②])的研究结果发现,股票收益率在3—5年的时期内往往存在着负向的自相关,即股价最初的过度反应在3—5年中逐步得到纠正。这证实了过度反应的存在。这种过度反应可能是由于公司以往的盈利记录或外部冲击,在代表性启发式思维现象中被不恰当放大和归类,并被不恰当地外推,却忽视了决定公司价值的其他因素。

此外,我们在证券市场上常常发现,当一些重大消息被披露时,股价很少有大的波动,股价的大波动往往是在没有什么消息的时候发生的。而且 Cutler、Poterba 和 Sumers、Jegadeesh 和 Titman(1993[③]),Chan、Jegadeesh 和 Lakonishok(1995[④])都发现,在一年之内,股票短期收益往往存在着正的自相关。这种正相关意味着股价最初对消息反应不足,在随后的一段时间中才逐步得到调整。Barberis、Shleifer 和 Vishny(1998[⑤])通过代表性启发式思维及保守原则建立的心理模型,为过度反应与反应不足同时存在提供了很好的解释。

总之,代表性启发式思维的普遍存在,使得市场参与者只是依据市场的局部特征做出过度自信的判断。这种普遍的思维模式导致了市场中系统性偏差的存在。

(五) 历史的不相关性

历史的不相关性(the Irrelevance of History)也是过度自信的一种表现,但由于它与代表性启发式思维所引起的过度自信表现不同,所以下面将单独分析。历史的不相关性是指,认为过去发生的事件与未来无关,历史不能为未来的状况提供任何信息,而未来只能根据当前发生的特别因素决定。

这种过度自信使得市场参与者很少从过去的统计数据中吸取教训。事实上,大部分的市场参与者不会从研究历史数据中获得相关或其他有用的信息。相反,他们倾向于从最近的一些偶然的事件中获得参照。

导致这种历史无关性思维的根源在于历史决定论,即在回顾历史事件时,我们会发现历史事件之间的逻辑关系。历史事件似乎根据一种我们可以发现的模式,以其内在的必然性和正常的顺序展开,以至于我们觉得历史只会这样发生。在历史决定论的影响下,我们相信历史(包括以往发生的重大事件)在某种程度上很可能可以被事先预见到,或者在事件发生之前人们已有充分的理由相信事件可能发生。而现在则感受不到发生这些重大事件的理由。正是基于这样一种错觉,行为人会忽视历史数据所隐含的信息。

历史无关性思维方式与前面的代表性启发式思维似乎是矛盾的。但二者作为对人们全面理性思维模式的背离,是共同存在的。当人们发现当前的环境在某些细节方面与某

[①] Poterba J. M., Summers L. H., Mean Reversion in Stock Prices: Evidence and Implications[J], Journal of Financial Economics, 1988, 22 (1): 27-59.

[②] Cutler D. M., Poterba J. M., Summers L. H., Speculative Dynamics[J], Review of Economic Studies, 1991, 58 (3): 529-546.

[③] Jegadeesh N., Titman S., Returns to Buying Winner and Selling Losers: Implication for Stock Market Efficiency[J], Journal of Finance, 1993, 48 (1): 65-91.

[④] Chan L., Jegadeesh N., Lakonishok J., Momentum Strategies, NBER Working Paper, 1995, No.5375.

[⑤] Barberis N., Shleifer A., Vishny R., A Model of Investor Sentiment[J], Journal of Financial Economics, 1998, 49: 307-343.

一段众所周知的历史时期相吻合时,代表性启发式思维就会占据主导地位。但是,代表性启发式思维也没有对历史数据进行系统性分析。

(六) 注意力异常与可获得性启发式思维

传统金融理论中的期望效用最大化模型假定市场参与者能够获得对目标函数最大化所需要的所有信息。但是行为学研究已经证明人的注意力(attention)是具有选择性的,人们一般只会注意到能引起他兴趣的信息。因而,对于参与者的决策来说,也只有其注意到的信息才能发挥作用。"我的经历是我愿意注意的东西。只有我自己注意到的这些东西才能塑造我的想法。如果没有选择性兴趣,经历只是噪声。"[1]

不论物体能否轻易辨认,影响注意力的是它的突出程度、表述的生动程度或者说表述是否有丰富多彩的细节。因此判断就会受到可获得性启发式思维(availability heuristic)的影响,即受到事件或相关联想进入参与者脑海的难易程度的影响。

事实上,投资狂潮以及随之而来的资产价格的巨幅波动,是与公众注意力的反复无常相关的[2]。投资者对投资品种(股票、债券或不动产,投资国内还是投资国外)的注意力,似乎受公众注意力交替变化的影响。而投资者对投资市场的注意力也随时间而变化。同样,金融市场的崩溃也能归结为注意力问题,因为金融危机往往是发生在公众注意力过度关注金融市场的时候。

(七) 框架效应

框架效应(framing effect)是指人们对事物的认知和判断存在对背景的依赖,因而事物的表面形式会影响人们对事物的看法。框架主要受到两方面因素的影响:一是问题的形式,二是社会规范、习惯和决策者的性格特征。如果相关信息是模糊和晦涩难懂的,那么人们的判断和决策将在很大程度上取决于问题所表现出来的特殊框架。Tversky 和 Kahneman(1981)[3]进行的"亚洲疾病"问题的实验是较为有名的框架效应研究。

假设美国正在为亚洲即将爆发的一场疾病做准备,这场疾病可能会导致600多人丧生,现有两套方案:实施方案A,能够挽救200人的性命;实施方案B,有1/3的概率挽回600人的性命,有2/3的概率无法挽救任何人。在这一框架下,调查对象中,有72%的人选择了A方案,挽回200人生命,而不是以如此多人的生命作赌注。

他们给另一组调查对象同样的问题,只是改变了对方案结果的描述:实施方案C,400人会死亡;实施方案D,有1/3的概率没有人死亡,有2/3的概率600人都会死亡。在这一框架下,78%的人选择了方案D,他们更愿意赌一赌,而不愿意接受400人死亡。虽然方案C和D的人数与方案A和B是等同的,但问题的框架不同,得到的答案就完全不同。

Thaler(1980)[4]研究了把价格标贴为信用卡附加费和现金折扣对消费决策的影响,发现人们通常把信用卡附加费当作损失,而把现金折扣看作获利,因此,相对于接受信用卡

---

[1] James W., Principle of Psychology[M]. New York, Dover Publications, 1890.
[2] Shiller R. J., Stock Prices and Social Dynamics, *Brookings Papers on Economic Activity*, Ⅱ, 1984: 457-498; Shiller R. J., Fashions, Fads and Bubbles in Financial Markets Jack Coffee. Knight, Raiders and Targets[M]. The Impact of the Hostile Takeover[M]. Oxford: Oxford University Press, 1987.
[3] Kahneman D., Tversky A., The Framing of Decisions and the Psychology of Choice[J], Science, 1981, 453-458.
[4] Thaler R. H., Toward a Positive Theory of Consumer Choice[J], Journal of Economic Behavior and Organization, 1980, (1): 39-60.

附加费,人们更愿意放弃现金折扣。

金融市场中,投资者在投资决策过程中存在框架效应,即使面对同一只股票,将"过去价格存在上涨趋势"和"过去价格存在巨大波动"两种描述进行展示,投资者可能更愿意选择前者。

(八) 禀赋效应

在行为实验研究时,Thaler(1980[①])发现,调查对象最多愿意出 200 美元来购买一份意外死亡率为 1‰ 的保单,但问其从事一份具有 1‰ 死亡率的工作时,索要的最低补偿高达 10 000 美元。Thaler 提出了禀赋效应来解释这一现象,当健康作为一种禀赋被拥有时,人们对它的估价要远远高于他们没有拥有时的水平。Knetsch(1989[②])的实验研究表明,如果采取物物交换的形式,由于被试对自己拥有的物品估值远远超过其他被试,导致他们之间的交易水平低于传统经济理论模型所预测的潜在交易量。

传统经济理论认为,人们为了获取某商品愿意付出的价格和失去已拥有的同样的商品所要求的补偿没有区别,但是禀赋效应理论否定了这一观点。禀赋效应理论认为,对于一个物品的买价和卖价的差异取决于物品的所有权的归属,个体不愿放弃自己已经拥有的东西,当其打算卖掉自己的东西时要价高于同样物品的买价。禀赋效应的提出冲击了科斯定理(Coase theorem),即只要交易成本为零,财产的法定所有权分配就不会影响经济运行效率,资源配置的最终状态与产权配置的初始状态无关。

金融市场上,禀赋效应可能会导致交易惰性(reluctance to trade),投资者对所持有的资产估值高于买方,不愿出售,使得资产交易量偏低。还可能因损失厌恶,在股价下跌时没有及时止损而导致更大的损失。

二、心理因素对行为模式的影响

行为学对人们行为模式的研究发现,传统金融理论关于市场参与者具有完全行为能力的假设也是不现实的。在金融市场中,行为者并不总能如理性假设的那样,能以最低成本及时地将决策付诸实施。相反,市场参与者常常会受到一些心理因素的影响,或者影响他们决策的时效性,或者使得实际行为偏离原始的决策。因此,市场参与者的行为能力也只是一种有限制的能力。具体而言,这些影响体现在以下几个方面。

(一) 后悔与认知上的不协调

心理学研究告诉我们,人类存在一种为自身所犯错误后悔(regret)的倾向。尽管这种错误可能是微不足道的,但犯错方并不会主动淡化这种痛苦。为了避免后悔,人们的行为模式就可能扭曲而偏离传统理论中理性所界定的最优化模式。

从对市场参与者投资行为的观察中,我们发现投资者总是拖延卖出价格下挫的股票,而加快卖出价格上涨的股票。这在很多情形下是与理性的投资行为相背离的。当一只股票因为基本面恶化而开始下跌时,理性的反应应该是及时斩仓出局;而当一只股票因为基

[①] Thaler R. H., Toward a Positive Theory of Consumer Choice[J], Journal of Economic Behavior and Organization, 1980, (1): 39-60.

[②] Knetsch J. L., The Endowment Effect and Evidence of Nonreversible Indifference Curves[J], The American Economic Review, 1989, 79(5): 1277-1284.

本面好转而开始上涨时,理性的反应应该是继续持有。但受到避免后悔心理的左右,人们常常是对出现亏损的股票惜售,以延缓因亏损兑现而带来的后悔,或者是期待小概率事件的发生弥补已产生的亏损。但在大多数情形下,反而导致亏损继续扩大。相反,面对盈利的股票,投资者则往往急于将其兑现,以避免股价可能回落而带来的后悔。

认知上的不协调(cognitive dissonance)是指人们面对与其原始的信念或推断相背离的证据时所承受的精神上的冲突。它同样可以视为因错误的信念而后悔。为了避免认知上的不协调,人们在行动中往往会回避与其观点和信念不一致的信息。这样无疑削弱了人们根据贝叶斯学习规则不断调整后验概率,从而完善自身决策的机会。

(二) 分割效应

当市场参与者进行决策时,他们常常倾向于将决策拖延至某些信息披露为止,尽管这些信息与决策并不相关,或者根本影响不了决策,这就是心理学中的分割效应(disjunction effect)。在投资者行为中出现分割效应无疑是与理性行为的"确定事件原则"相冲突的[①]。

Tversky 和 Shafir(1992[②])所做的实验证实了这一效应的存在。他们让实验对象参加抛硬币的游戏,由实验对象猜正反,猜对则实验对象赢 200 元,猜错则实验对象输 100 元。结果大部分实验对象拒绝参加,但在第一轮硬币的正反面情况已经得知后,大部分实验对象参与了第二轮游戏。从概率上讲,第一轮硬币的正反面对第二轮硬币出现正反面的概率没有丝毫的影响,不应该影响实验对象参与游戏的决定,但分割效应的存在使得行为人出现了似乎"有悖常理"的行为方式。

(三) 赌博与投机

研究结果表明,赌博是人类最广泛的一种天性。但赌博作为主动承担不必要风险(而且预期收益一般为零或负数)的行为,与传统理论理性定义中风险规避的原则相背离。而且进一步的研究还发现,赌博的冲动潜伏在人体内。对于每一个人来说,它的释放只会采取某种特定的形式。也就是说,人并不是一个简单的风险规避者或风险爱好者,在不同的个体、不同的决策过程乃至不同的环境中,人们都可能表现出不同的风险偏好。

在金融市场中,赌博和投机(gambling and speculation)心理的存在使得市场参与者行为复杂化,并构成了投机市场中泡沫的一个起源。

(四) 魔术思维

魔术思维(magic thinking)是指,人们常常将一些偶然的行为与某些结果联系起来,而忽视二者之间并不存在逻辑关系的事实。魔术思维在人们的日常活动中十分普遍。例如,一个运动员赢了一场关键比赛,可能会把胜利归结为他所穿的运动鞋。这种思维方式有时可能会增强一个人的信心,客观上也提高了魔术思维中与之相联系结果出现的概率,从而又强化了这种思维方式。例如,该运动员在参加其他重要比赛时,穿上同样的运动鞋,可能信心倍增。如果确实提高了他获胜的机会,那么他的魔术思维又会进一步强化。

---

① Savage L. J., The Sure-Thing Principle//Savage L. J., The Foundation of Statistics[M], New York: John Wiley, 1954: 21-26.

② Tversky A., Shafir E., The Disjunction Effect in Choice Under Uncertainty[J], Psychological Science, 1992, 3(5): 305-309.

在金融市场中,魔术思维同样存在。当魔术思维通过有影响力的媒体或个人传播开来,而成为市场中一种普遍性的思维方式后,魔术思维就会对金融资产的定价产生影响。因此,魔术思维可能会打破传统理性定义中不对不相关信息做出反应的原则。

(五) 准魔术思维

准魔术思维(quasi-magical thinking)是指,尽管行为人不相信,但他们还是愿意表现出相信自己的行为将影响结果。根据传统理论,行为人的行动与信念不一致,显然是一种非理性的表现。但事实上,这样一种行为模式在我们的生活中确实存在。例如在选举中,尽管大部分投票者都明白自己的一票对于改善国家的政治发挥不了什么影响,但很多人还是愿意参加投票。我们知道,根据传统理论,理性的行为应该是不参加投票,而去"搭便车"。

(六) 有限的自制力

根据传统经济学理论,消费者会在当期消费和未来消费之间进行理性权衡,但现实生活中,人们的自制力往往是有限的。Thaler 和 Shefrin(1981[①])研究了人们因为缺乏自制力而无法执行最优计划的情形,他们提出了计划执行模型(planner-doer model),认为人们既是有远见的计划者,又是短视的执行者。他们发现,距离当前较近的时间区间的贴现率要大于距离当前较远的时间区间,用双曲线贴现(hyperbolic discount)可以解释人们倾向于无限推迟曾经制定计划的原因。

(七) 社会偏好

理性人假设市场参与者是完全自利的,以实现自身效用最大化作为唯一目标。社会偏好理论则认为,人们不仅关心自己的物质利益,也会关心其他人的利益,社会偏好是其效用函数的重要组成部分。Kahneman、Knetsch 和 Thaler(1986[②])发现,人们会将公平纳入其价值判断从而影响他们的决策,而非只追求财富最大化。他们的实验研究表明:第一,人们的决策会体现出对于他人的公平;第二,人们会放弃一些资源来惩罚对于自己的不公平行为;第三,人们会放弃一些资源来惩罚对于第三方的不公平行为。

(八) 羊群行为

金融市场中的羊群行为(herd behaviors)是一种特殊的非理性行为,它是指投资者在信息环境不确定的情况下,行为受到其他投资者的影响,模仿他人决策,或者过度依赖舆论,而不考虑自己的信息的行为。Froot,Scharfstein 和 Stein(1992[③])指出,机构投资者具有高度的同质性,它们通常关注同样的市场信息,采用相似的经济模型、信息处理技术、组合及对冲策略。在这种情况下,机构投资者可能会盈利预警或证券分析师建议等相同的外部信息做出相似的反映,在交易活动中表现为羊群行为。

在金融市场上,当大量投资者在同一时间买卖相同股票,追涨杀跌,买卖压力超过市场所能提供的流动性,导致股价大幅波动,不利于市场的稳定运行。

[①] Thaler R. H., Shefrin H. M., An Economic Theory of Self-Control[J], Journal of Political Economy, 1981, 89(2): 392-406.

[②] Kahneman D., Knetsch J. L., and Thaler R. H., Fairness and the Assumptions of Economics[J], Journal of Business, 1986, 59: S285-S300.

[③] Froot, Scharfstein and Stein, Herd on the Street: Information Inefficient in a Market with Short Term Speculation[J], Journal of Finance, 1992, 47: 1461-1484.

三、文化因素对人类行为的影响

行为科学的研究发现,市场参与者不是同质的。在传统理论中,由于汇总了市场中所有的相关信息,且对不确定结果的主观概率接近或等于客观概率,因此,市场参与者对金融市场的判断应该是一致的。但正如前文所述,由于行为人的注意力是选择性的,而文化因素又对选择性的注意力产生了重要影响,因此,文化因素也影响着认知和行为模式。

(一) 文化与社会认知

不同的国家、部族或社会群体,社会认知(social contagion)有所不同,而相异的习俗、思潮和符号更强化了这种差异性。对于不为社会所认知或所关注的事实和观念,即便部分人了解,也无法在群体中传播开来,因此这些事实和观念对群体的行为发挥不了什么影响。相反,代表一种文化的事实、假定、符号和思想,却能对受这种文化影响的个体行为产生微妙但深远的影响。

在金融市场中,O'Barr 和 Conley(1992[①])通过与养老基金管理人面谈进行了研究,他们发现,每一只养老基金都有其自身的文化,而且这种文化往往是与这些机构起源的传奇故事紧密联系在一起的。养老基金的文化就是其投资策略的理念体系,而且这些文化确确实实影响着投资决策。而文化因素之所以对决策发挥着重大影响,是因为人们普遍希望将决策的责任归结到机构本身以及人们希望在机构内维持一种良好的人际关系的意愿。

正是由于文化在个人判断与决策中发挥的重要作用以及不同群体之间文化的差异性,市场参与者表现出了很强的异质性,这与传统理论中的同质性是矛盾的。

(二) 全球文化

尽管存在着地理和语言上的障碍,但不同国家之间还是可以存在很多相互学习和模仿的地方。在全球范围内,很多类似的行为并不是对同样或相近的经济冲击所做出的理性反应,而是一种国际性的文化在发挥着影响。

这种全球文化(global culture)并不是一种文化在全球范围内的复制,而是不同文化在全球范围内的融合与交流。受全球文化的影响,可能使得不同地域的金融市场在面临不同或不完全相同的基本面时,做出相似的反应。这种反应并不能完全从经济全球化中找到答案。关键在于全球文化对不同地域群体行为模式的一些共同影响。

心理学和行为学等社会科学对行为人的研究揭示了许多偏离传统理论以预期效用最大化为唯一目的,并通过贝叶斯学习过程达到这一目的的理性行为人的现象及其背后的机制,从而证明了市场参与者的理性是不完全的。

专栏

事件研究法

在半强式有效市场假设中,当前股票价格充分反映了所有公开可获得的信息,投资者

[①] O'Barr W. M., Conley J. M., Fortune and Folly: The Wealth and Power of Institutional Investing[M], Homewood: Irwin, 1992.

无法根据公开信息的发布而获得超额收益。对半强式有效市场的实证检验一般采用事件研究法(event study),其原理是根据研究目的选定某一特殊事件,研究事件发生前后股票收益率的变化,以检验价格对披露信息的反应程度。特殊事件包括股利政策、兼并收购、宏观政策等。事件研究法最早由Fama、Fisher、Jensen和Roll(1969[①])提出,用来研究股票分割事件对股票价格的影响。

假设市场上出现了某只股票的利好消息,并且半强式有效市场假设成立,那么市场上可能会出现以下两种情况。第一种,如果这一利好消息出乎投资者的预期,那么该股票的价格在该消息公布之前不会发生大的波动,投资者的收益率也只是正常的收益率;在消息公布的那一天,该股票的价格一次性上涨,带来正的超常收益率;从公布的第二天起,股票价格重新恢复稳定,投资者的收益率水平也恢复到正常收益率水平。第二种,如果利好消息在投资者预料之中,并且投资者对这一利好消息的预期是逐渐形成的,那么该股票的价格在消息公布之前就会逐渐走高,获得超常收益率;由于消息已经被市场完全消化,所以在消息正式公布那一天股票价格不会由于消息的因素而发生变动(即使有,波动的幅度也非常小);从公布的第二天起,股票的价格趋于稳定。

反之,如果半强式有效市场假设不成立,并且这一利好消息出乎投资者的预料,那么,股票的价格在消息公布之前不会出现大的波动,超常收益率也接近于0;在消息公布的这一天,部分精明的投资者迅速买入该股票并获得超常收益率;之后,其他投资者逐渐认识到这一利好消息并跟着买入,将该股票的价格进一步推高,带动超常收益率逐步走高。

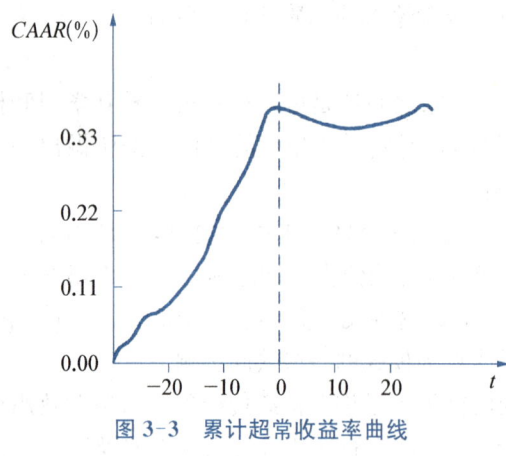

图 3-3　累计超常收益率曲线

Fama等人在纽约证券交易所1927—1959年进行股票分割的股票中选取了940个观察值,对每次消息公布前后的超常收益率进行了实证研究,图3-3为940次股票分割的累计平均超常收益率曲线,可以看出,这一利好消息在投资者意料之中,消息公布前,投资者就不断地买入将进行股票分割的股票,在价格上升过程中获得超常收益率;消息公布后,股价趋于稳定,收益率也恢复到正常水平。这一结果证明半强式有效市场假设是成立的。

一般来说,事件研究法的研究过程主要包括以下几个步骤:

1.事件的定义。确定模型所要研究的事件及其事件日,进而根据该事件对股价的影响确定所要检验的时间区间,即事件窗口期。如图3-4所示:

[①] Fama E. F., Fisher L., Jensen M. C., et al. The Adjustment of Stock Prices to New Information[J]. International Economic Review, 1969, 10(1): 1-21.

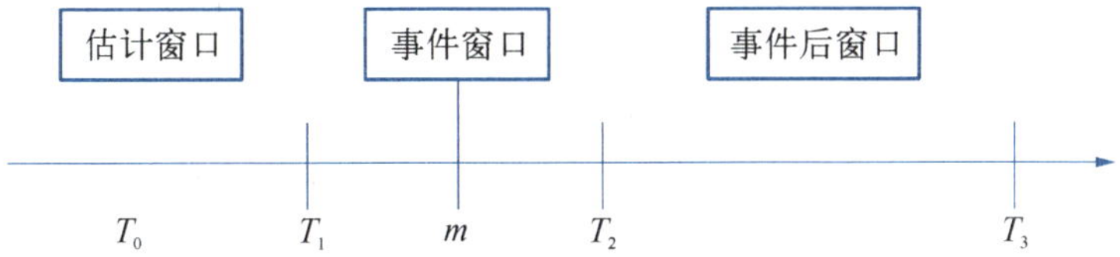

图 3-4　事件研究法中的时间窗口划分

2. 样本选取。确定哪些数据将被用于研究,注意数据获取的难易程度,该数据对市场价值的影响,在该事件发生的同时有没有另外的重大事件发生对此次分析造成影响。

3. 估计正常收益和超常收益。正常收益是指在没有该事件发生的时候,人们所预期的期望收益,可以根据资本资产定价模型(CAPM)或其他模型测算。超常收益是指在该事件发生的期间,该股票的实际收益减去正常收益的差额。

4. 模型检验。假设事件对股票收益没有影响,即超常收益率为 0,进行统计检验,如果检验结果中超常收益率显著不为 0,则拒绝原假设,表明事件对市场仍有影响,进而可以根据事件影响的时间来判断市场对于新信息的反应速度,如果市场反应不足或反应过度,说明市场没有达到半强式有效。

本 章 小 结

有效市场假说认为,如果资产价格总能"完全反映"市场的可得信息,则市场有效。根据信息集涵盖范围的大小,有效市场假说可细分为三类:弱式有效市场假说、半强式有效市场假说、强式有效市场假说。在弱式有效市场,当前的资产价格已经充分反映了市场交易历史数据的全部信息,因而技术分析毫无意义。在半强式有效市场,当前的资产价格已经充分反映了全部的市场公开信息,因而技术分析和基本面分析毫无意义。在强式有效市场,当前的资产价格已经充分反映了全部的市场信息,因而任何分析都是毫无意义的。通过考察时序收益和截面收益的可预测性,可实现对弱式有效市场假说的检验。通过事件研究法来考察事件发生后的价格调整,可实现对半强式有效市场假说的检验。通过考察股票价格是否蕴含非公开信息,可实现对强式有效市场假说的检验。

根据投资者对有效市场假说的判断,可以把投资策略分成主动和被动两种。如果投资者认为市场有效,即市场上任何证券的价格都不可能持续地被低估或高估,从而不能获得超常的投资收益,投资者因而会倾向于采取被动的投资策略。如果投资者认为市场无效,即通过证券分析可以挖掘出价格被低估或高估的证券,从而获得超常的投资收益,投资者因而会倾向于采取主动的投资策略。

有效市场假说认为,在投资者理性、拥有完全信息和无交易成本的假设条件下,投资者追求自身效用最大化的行为,能够使市场价格充分反映现有信息,市场达到有效。可以看出,有效市场假说蕴含着投资者理性的前提,即投资者具备以下三个前提条件:完全的认知能力、完全的行为能力、完全的自利动机。在传统的金融理论中，投资者理性是在三个逐步放松的形成条件下，通过市场的竞争和淘汰，最终得以实现的。三个形成条件是：第一，市场中大部分的参与者具有很强的认知能力、分析能力和自利动机；第二，即便那些少数不具备这些能力的参与者也可以在市场中逐步学习和掌握这些能力；第三，那些始终无法掌握这些能力的市场参与者终将在市场竞争中被淘汰。

随着金融学的发展，理性的前提条件和形成条件均受到了质疑。一方面，市场参与者并不具有完全的认知能力、行为能力和自利动机；另一方面，学习也不能确保市场参与者的行为趋于最优化。在对市场参与者行为的分析中，其他社会科学，特别是心理学的研究成果，从市场参与者认知能力、行为能力等方面提供了偏离传统金融理论理性前提的例证。第一，心理因素对认知能力有影响，例如前景理论、锚定现象、心理区间等；第二，心理因素对行为模式有影响，例如后悔、分割效应、赌博等；第三，文化因素对认知和行为模式有影响，例如文化与社会认知、全球文化等。

重 要 概 念

有效市场假说、投资策略、投资者理性、行为金融

习 题 与 思 考

1. 比较弱式有效市场、半强式有效市场和强式有效市场假设的异同。
2. 检验弱式有效市场假设的实证方法有哪些？
3. 比较主动投资策略和被动投资策略。
4. 简述理性的定义，它要求市场参与者具备哪些前提条件？
5. 简述市场参与者的有限理性，并将其与传统金融理论中的完全理性加以比较。
6. 前景理论和传统的期望效用理论有什么区别？
7. 什么是"锚定现象"？
8. 简述心理因素对行为模式有哪些影响。

第四章

货币市场

教学目的与要求

通过本章学习,掌握货币市场的内涵、运行特征和货币市场运行的基础理论。熟悉货币市场各子市场的内涵、特征和发展。了解各货币市场交易主体、中介机构的构成和特征。掌握货币市场利率体系及有效性特征。熟悉货币市场的政策功能和政策工具。

第一节 货币市场概述

货币市场是金融市场重要的组成部分,是专门融通短期资金的市场。在微观层面,主要满足了市场参与者短期流动性资金需求,并提供短期投资便利;在宏观管理层面,货币市场为中央银行实施货币政策,调节宏观经济提供了工具和渠道。货币市场由多个子市场构成,主要包括同业拆借市场、短期政府债券市场、商业票据市场、大额可转让定期存单市场、银行承兑汇票市场和回购市场等。随着金融创新的发展,货币市场的工具、运行机制及其对宏观经济的影响也日益复杂。

一、货币市场的内涵

在金融市场分类中,货币市场是与资本市场相对应的市场,是指专门融通一年之内短期资金的市场。

货币市场连接短期货币资金供给与需求,并以弥补头寸和流动性不足为主要目的,以短期信用工具为主要交易对象,提供短期投融资便利,求得短期货币资金市场供需均衡的市场。

二、货币市场的运行特征

货币市场中的金融工具主要是政府、银行及工商企业发行的短期信用工具,有着不同于资本市场的以下几点特征:

（1）期限短。期限短于或等于1年，大多数货币市场工具期限小于120天。

（2）高流通性。货币市场主要满足市场参与者短期流动性资金需求，货币市场证券通常有一个活跃的二级市场，使其成为满足短期融资需求灵活的工具。

（3）交易具有批发性质。大部分货币市场的交易都是机构间大规模交易，因此货币市场被认为是批发市场，个人投资者难以直接参与货币市场。

（4）低违约风险，低收益率。正因为货币市场证券有着期限短、流通性强的特点，其违约的可能性较小，因此安全性高，风险溢价较小，收益率也相对较低。

（5）信息完全。货币市场中各类信息的发布、传递、汇集、处理都成为市场中所有参与主体关注的焦点。要使货币市场中的所有参与者能够准确地获取各自交易需要的信息，这就要求市场信息必须是充分、真实、公开和及时的。由于在市场的资金借贷活动中，资金是由资金盈余方调剂给赤字方使用的，因此借贷双方能否通过市场交易行为达到各自融资效率最大化的目的，关键取决于资金资源能否实现最优化配置，而实现这一目标的前提就是市场必须处于一个充分信息化的条件，借款人资信、经营前景和效率状况等所有信息是可得的，这是投资人选择适当投资工具与组合，实现市场资源优化配置的基本前提。

（6）交易工具标准化且高度同质。货币市场中交易的是标准化与高度同质的信用工具。虽然货币市场中各类信用工具的形式与特点各异，但是其实质都是一样的，即它们都是证明债权债务借贷关系的法律性契约凭证，都是具有规范和标准的要式及设权凭证。信用工具的这一特点使它们成为高度同质的产品，相互之间存在着可替代性。市场中对这些交易工具的供给与需求在很大程度上是相通的，因此这些交易工具之间也就具有很强的竞争性，在商品市场中因某些特殊产品的垄断地位而导致的不充分竞争状况在货币市场中很难出现。

对于投资者来说，货币市场为闲散资金提供一个临时的投资场所，降低其机会成本。而对于货币市场证券的出售者来说，货币市场提供了一个低成本的融资渠道。相比于货币市场，同样提供短期借贷服务的商业银行，还受到存款准备金制度和利率管制的影响。因此，货币市场正逐渐成为公司或金融机构发挥短期剩余资金用处的理想场所。

三、货币市场运行的基础理论

（一）真实票据理论

真实票据理论认为，银行资金的来源主要是吸收流动性很强的活期存款，银行经营的首要宗旨是满足客户兑现的要求，所以，商业银行必须保持资产的高流动性，才能避免因流动性不足给银行带来经营风险。因此，商业银行的资产业务主要集中于以真实票据为基础的短期自偿性贷款，以保持与资金来源高度流动性相适应的资产的高度流动性。短期自偿性贷款主要指的是短期的工商业流动资金贷款。

16世纪的苏格兰经济学家约翰·劳（John Law）最早提出了这一理论。该理论是论证商业票据安全性的一个重要依据，成为商业票据交易的理论基础。依照这一理论要求，票据签发人是以实际发生的商品交易或劳务为依据而发出要求付款的凭证，交易标的和票据转移是同时发生的，如果付款人到期不能履行票据义务，债权人有权处置交易标的来得到补偿,挽回损失。这种以真实交易为基础而形成的票据市场,具有较强的安全性,从而这样的票据在承兑、贴现、转让过程中有着广泛的可接受性。在这之后各国货币市场中以抵押、质押和担保方式签发的票据或发行的债券,实质上都是以真实票据理论为基础发展起来的。

(二) 货币市场均衡理论

凯恩斯主义者认为商品市场包括投资品和消费品市场。货币市场是一个以货币供给和货币需求为内容的市场,着重于研究货币流通手段和支付手段的供求关系和利率均衡机制。当货币供应量增加时,货币存量增加,对债券的需求会增加,实业部门由此会得到更多的投资,由此导致就业增加、产出增加,商品市场的价格也随之发生变动;当货币供应量减少时,对债券的需求会下降,投资受到抑制,就业水平下降,产出下降。

(三) 流动性资产组合理论

现代货币市场的发展,可以追溯到20世纪30年代希克斯(J. R. Hicks)所进行的资产选择分析,该理论中所谓资产是指带有利息收入的金融债券。希克斯将风险因素纳入资产收益预期的分析和计算模型之中,对风险度不同的资产赋予不同的贴现率。他认为,对一个公司来讲,其持有的各项资产都应为公司带来收益。公司持有的现金、银行账户存款、银行存单、政府债券、商业票据以及持有的外币资产都是流动性很强的生利资产,各有不同的成本费用率、利息收益率,还有不同的期限和不同的兑换条件。公司对各种金融资产要选择某种组合方式,以求得流动性、安全性、收益性的最佳结合。同样,政府和家族也会对自己的资产结构不断地调整,使收益最大而风险最低。

凯恩斯主义经济学家托宾也认为,各个经济主体都会根据经济形势及其客观情况的变化不断对资产价格水平进行调整。货币市场作为流动性金融资产的组合场所,在促进资产流动性的加速、提高资金的使用效率、熨平经济波动、生成竞争性资金价格、扩大交易工具使用范围方面发挥着重要作用。

(四) 金融市场创新理论

20世纪60年代以来,各国货币市场中新的交易工具种类不断涌现。例如,以货币清算为基础的远期合约、货币期货合约、货币期权、货币利率互换、货币市场基金、大额可转让存单等。这些市场的发展使全球货币市场流动性和风险性表现得更为突出,在给投资者带来巨大机会的同时,也给市场管理者们带来新的挑战。面对层出不穷的货币市场工具,学者们从不同的角度对金融创新进行了解释。

西尔柏(W. L. Silber)的约束诱导性金融创新理论主要是从寻求利润最大化的金融机构创新最积极这个表象开始的,由此归纳出金融创新是金融企业为了寻求最大的利润,减轻外部对其产生的金融压制而采取的"自卫"行为。当面临着来自外部的政府控制管理以及企业内部约束加强双重压制的情况下,对于前者导致的企业经营效率降低,金融企业必须通过不断创新、提高效率来弥补这部分损失。而由于内部自身约束的要求,为了保证资产的流动性和必要的偿债能力,金融企业则通过采取一系列的资产负债管理等内控制度,从而促使其不断创新,这是金融企业金融创新的逻辑结果。

在凯恩(E. J. Kane)规避型金融创新理论中,规避是指对各种规章制度的限制性措施实行回避。规避创新,是金融企业回避各种金融控制和管理的行为,即政府对金融的控制和由此产生的规避行为是政府与金融企业之间为管制和自由而进行的一种博弈行为。这种博弈的结果就是管制—创新—新的管制—新的创新，如此循环往复推动着金融创新的不断发展。

制度学派的戴维斯(S. Davies)、塞拉(R. Syla)和诺斯(North)认为，作为经济制度的一个组成部分，金融创新是一种与经济制度相互影响、互为因果关系的制度改革。基于这种观点，一国金融体系的任何因制度改革的变动都可以视为金融创新。因此，政府政策的调整与改变都会引起金融制度的变化。

希克斯(J. R. Hicks)和尼汉斯(J. Niehans)提出的金融创新理论的基本命题，即金融创新的支配因素是降低交易成本。这个命题包括两层含义：一是降低交易成本是金融创新的首要动机，交易成本的高低决定着金融业务和金融工具是否具有实际意义；二是金融创新实质上是对科技进步导致交易成本降低的反映。希克斯又把交易成本和货币需求与金融创新联系起来考虑，得出了如下的逻辑关系：交易成本是作用于货币需求的一个重要因素，不同的需求产生对不同类型金融工具的要求，交易成本的高低使经济个体对需求预期发生变化。交易成本降低的发展趋势使货币向更多样化的形式演变和发展，而不断地降低交易成本会刺激金融创新。可以说，一国金融发展的过程本身就是不断降低交易成本的过程[①]。

第二节　货币市场子市场与工具

货币市场由多个子市场构成，主要包括同业拆借市场、短期政府债券市场（主要在债券市场部分）、商业票据市场、大额可转让定期存单市场、银行承兑汇票市场和回购市场等。

一、同业拆借市场

同业拆借是指具有法人资格的金融机构及经法人授权的非法人金融机构、分支机构之间以货币借贷方式进行短期资金融通的行为，目的在于调剂头寸和临时性资金余缺。同业拆借市场是货币市场的重要子市场，也是央行制定和实施货币政策的重要载体。其产生源于各国存款准备金制度的建立，在存款准备金制度下，产生了商业银行间调剂资金头寸的需求。当前，同业拆借不仅在于调剂存款准备金，也可满足金融机构在日常经营中实现的短期资金供需平衡。

(一) 同业拆借市场的特点

同业拆借活动有严格的市场准入条件，一般在金融机构或指定某类金融机构之间进行。一般而言，融通资金的期限比较短，交易手段比较先进，交易手续比较简便，成交的时间也较短。市场交易额较大，且一般不需要担保或抵押，完全是一种信用资金借贷式交易。拆借利率由供求双方议定，可以随行就市。同业拆借交易以询价方式进行，自主谈

---

① 张自力、林力：《中国货币市场运作导论》，经济科学出版社，2010年版。

判、逐笔成交。

(二) 同业拆借市场的功能

同业拆借市场为金融机构提供了一种实现流动性的机制；能提高金融机构的资产盈利水平。同业拆借市场也是中央银行制订和实施货币政策的重要载体。同业拆借市场利率往往被视作基础利率，能迅速反映市场资金供求状况的变化，对宏观经济发挥着重要作用。

(三) 同业拆借市场的发展特征

(1) 完备的存款准备金制度是同业拆借市场发展的基础，清算支付和流动性管理的功能是其发展的持续动力。存款准备金一般不付利息，因此，商业银行等金融机构在难以准确预测存款余额和准备金水平的情况下，产生了相互调剂准备金的要求，直接导致了同业拆借市场的快速发展。但值得注意的是，进入20世纪90年代之后，部分国家取消了法定存款准备金制度，如英国和加拿大，而美国以及欧洲央行也逐渐降低了法定存款准备金率调整在货币政策中的作用，但是即使存款准备金制度的地位有所下降，建立在准备金基础之上的同业拆借市场在货币政策中的作用却更加突出了，这一市场已逐渐回归其最原始的功能，即商业银行清算支付和流动性管理的功能。

(2) 市场主体多元化。同业拆借市场中的参与者包含了种类众多的金融机构，多元化的主体具有不同的风险和收益偏好，对资金需求的数量和期限不同，既能保证市场的活跃性，也能促使同业拆借利率成为真正反映市场资金供求关系的敏感指标。

(3) 交易以短期拆借为主。同业拆借市场的交易以短期资金拆借为主，70%以上为隔夜拆借，是金融机构头寸调剂和流动性管理的主要场所。

(4) 同业拆借利率市场化程度高。在同业拆借市场上形成的利率通常被视为该国或地区的基准利率，其形成机制具有以下特点：一是同业拆借利率通过报价形成，是有资格的报价行拆借资金的报价，而非实际交易利率，基准利率是在报价基础上剔除一定比例最高和最低报价部分，对剩余的报价部分进行简单算术平均求得的；二是形成了利率体系，利率由隔夜至一年期的各档次利率组成；三是基准利率信息一般由指定机构计算和按时对外公布。

(四) 中国同业拆借市场运行模式

我国金融机构间同业拆借是由中国人民银行统一负责管理、组织、监督和稽核。金融机构用于拆出的资金只限于交足准备金、留足5%备付金、归还人民银行到期贷款之后的闲置资金，拆入的资金只能用于弥补票据清算、先支后收等临时性资金周转的需要。

1. 进入同业拆借市场的机构类型及条件

下列金融机构可以向同业拆借中心提交联网材料进入同业拆借市场：政策性银行；中资商业银行；外商独资银行、中外合资银行；城市信用合作社；农村信用合作社县级联合社；企业集团财务公司；信托公司；金融资产管理公司；金融租赁公司；汽车金融公司；证券公司；保险公司；保险资产管理公司；中资商业银行（不包括城市商业银行、农村商业银行和农村合作银行）授权的一级分支机构；外国银行分行；中国人民银行确定的其他机构。

进入同业拆借市场的金融机构需要具备一定条件，具体如下：

(1) 在中华人民共和国境内依法设立；

(2) 有健全的同业拆借交易组织机构、风险管理制度和内部控制制度；
(3) 有专门从事同业拆借交易的人员；
(4) 主要监管指标符合中国人民银行和有关监管部门的规定；
(5) 最近二年未因违法、违规行为受到中国人民银行和有关监管部门处罚；
(6) 最近二年未出现资不抵债情况；
(7) 中国人民银行规定的其他条件。

下列金融机构进入同业拆借市场，除具备本办法第七条所规定的条件外，还应具备以下条件：

(1) 外商独资银行、中外合资银行、外国银行分行经国务院银行业监督管理机构批准获得经营人民币业务资格；

(2) 企业集团财务公司、信托公司、金融资产管理公司、金融租赁公司、汽车金融公司、保险资产管理公司在申请进入同业拆借市场前最近两个年度连续盈利；

(3) 证券公司应在申请进入同业拆借市场前最近两个年度连续盈利，同期未出现净资本低于2亿元的情况；

(4) 保险公司应在申请进入同业拆借市场前最近四个季度连续的偿付能力充足率在120%以上。

2. 交易类型

(1) 头寸拆借，一般为日拆。
(2) 同业借贷，它的期限比较长，从数天到一年不等。

3. 交易方式

同业拆借一般通过各商业银行在中央银行的存款准备金账户，由拆入银行与拆出银行之间用电话或电传通过以下三种方式进行：

(1) 要求拆入的银行直接与另一家商业银行接触并进行交易；
(2) 通过经纪人从中媒介，促成借贷双方面议成交；
(3) 通过代理银行沟通成交，即拆出行和拆入行都用电话通知代理行，由代理行代办交易，其大致过程是由拆出银行通知中央银行将款项从其准备金账户转到拆入银行的账户，中央银行借方记拆出银行账户，贷方记拆入银行账户，由此完成拆借过程。

拆借交易采用询价交易方式。询价交易方式是指交易双方以双边授信为基础，自行协商确定交易价格以及其他交易条件的交易方式，包括报价、格式化询价和确认成交三个步骤。

4. 交易要素

同业拆借的交易要素包括：拆借利率、拆借金额、拆借方向、拆借期限、清算速度。拆借双方就交易要素达成一致的，交易系统方可予以确认成交。

5. 交易基本参数

每笔拆借交易的最低拆借金额为人民币10万元，最小拆借金额变动量为人民币1万元。日计数基准为实际天数/360。

6. 交易时间

交易系统的工作日为每周一至周五，法定节假日除外，交易时间为9:00—12:00、13:30—16:30。

7. 报价

拆借交易报价包括公开报价、定向报价、双向报价和对话报价四种报价方式。其中,公开报价、定向报价和双向报价属于意向报价,不可直接确认成交;对话报价属于要约报价,经对手方确认即可成交。交易成员可修改或撤销已发出的报价。

8. 格式化询价

格式化询价是指交易成员与对手方相互发送的一系列对话报价所组成的交易磋商过程。交易成员可在交易系统允许的轮次内询价。超过允许轮次而仍未确认成交的,格式化询价结束。

9. 成交

交易成员通过格式化询价就交易要素达成一致后可向交易系统提交确认成交的请求。

(五)同业拆借利率及利息的计算

1. 同业拆借利率的确定

同业拆借的交易价格(即利率)分为两种情况:一种是由拆借双方当事人协定,而不通过公开市场竞价来确定;另一种是拆借双方借助于中介人——经纪商,通过观察公开竞价来进行确定。同业拆借有两个利率,即为拆进利率(Bid rate),表示银行愿意借款的利率;拆出利率(Offered rate)表示银行愿意贷款的利率。

国际同业拆借市场广泛使用的利率有:伦敦银行同业拆借利率(LIBOR)、联邦基金利率、新加坡银行同业拆借利率和香港银行同业拆借利率。

上海银行间同业拆放利率(Shanghai Interbank Offered Rate,SHIBOR),以位于上海的全国银行间同业拆借中心为技术平台计算、发布并命名,是由信用等级较高的银行组成报价团自主报出的人民币同业拆出利率计算确定的算术平均利率,是单利、无担保、批发性利率。目前,对社会公布的SHIBOR品种包括隔夜、1周、2周、1个月、3个月、6个月、9个月及1年八个品种。利率品种代码按期限长短排列为 O/N、1W、2W、1M、3M、6M、9M、1Y(O/N代表隔夜,W代表周,M代表月,Y代表年)。Shibor报价银行团现由18家商业银行组成。报价银行是公开市场一级交易商或外汇市场做市商,在中国货币市场上人民币交易相对活跃、信息披露比较充分的银行。中国人民银行成立SHIBOR工作小组,依据《上海银行间同业拆放利率(SHIBOR)实施准则》确定和调整报价银行团成员、监督和管理SHIBOR运行、规范报价行与指定发布人行为。全国银行间同业拆借中心授权SHIBOR的报价计算和信息发布。每个交易日根据各报价行的报价,剔除最高、最低各四家报价,对其余报价进行算术平均计算后,得出每一期限品种的SHIBOR,并于9:30对外发布。

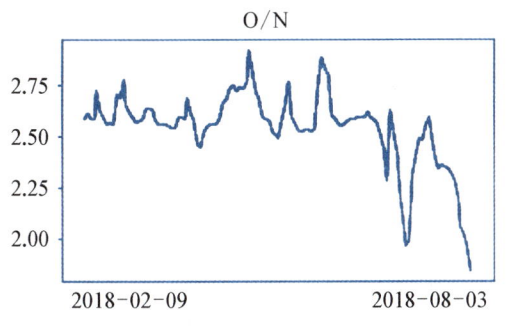

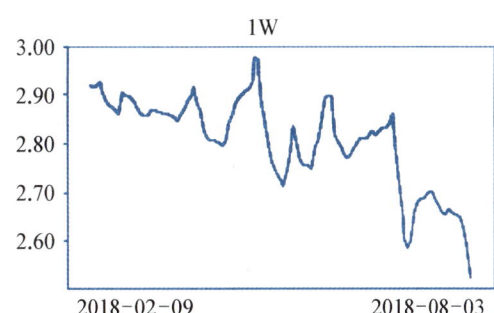

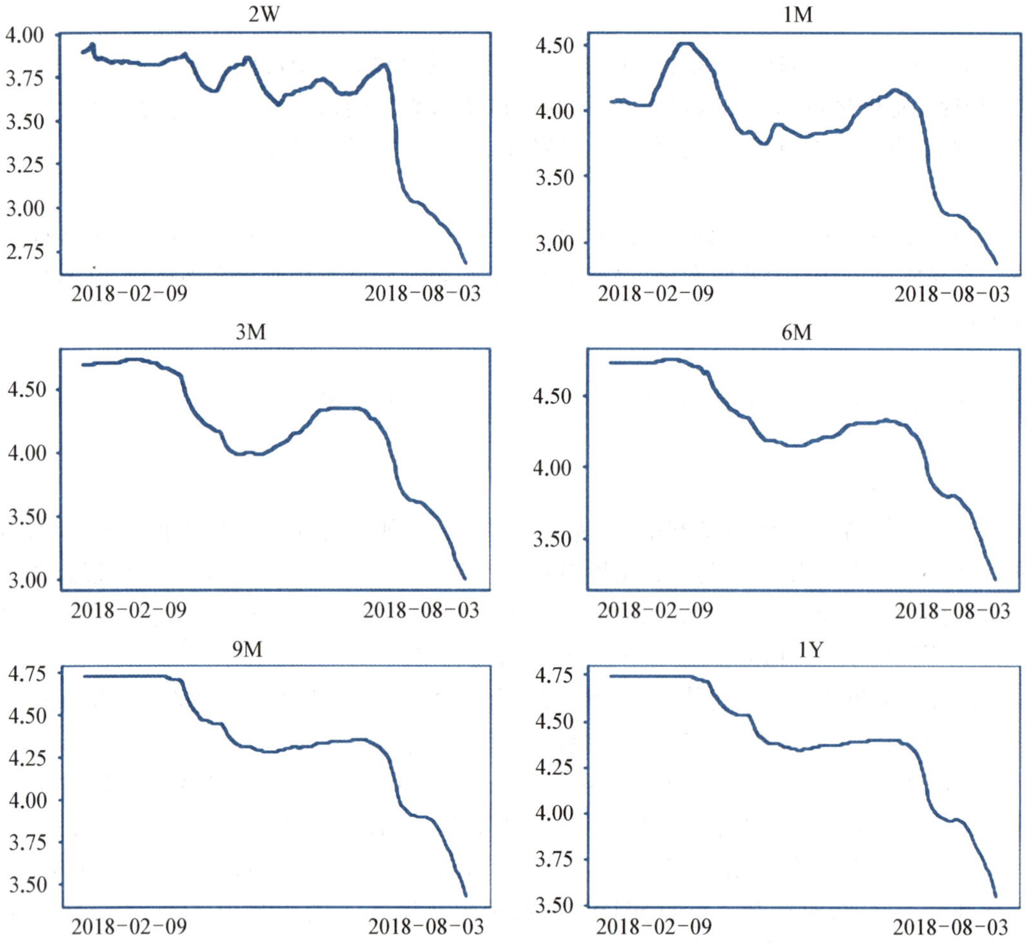

图 4-1　2018 年 2 月至 8 月各期限品种的 SHIBOR 利率

2. 利息计算

$$I = P \times R \times A/D$$

其中，I 表示同业拆借的利息，P 表示拆借的金额，R 表示拆借的利率，A 表示生息的天数，D 表示 1 年的基础天数

我国自 1984 年起开放同业拆借并以《中华人民共和国银行管理暂行条例》为标志同业拆借业务开始发展，1996 年起正式建立全国统一的银行间同业拆借市场，2002 年 6 月 1 日起中国外汇交易中心为金融机构办理外币拆借中介业务，建立起统一、规范的国内外币同业拆借市场。从我国银行间同业拆借市场的年累计成交金额来看，自 2007 年我国正式实施上海同业间银行拆借款利率以来，交易总量大幅上升。

二、回购市场

（一）回购协议与回购市场的内涵

回购市场是指通过回购协议进行短期资金融通的市场。

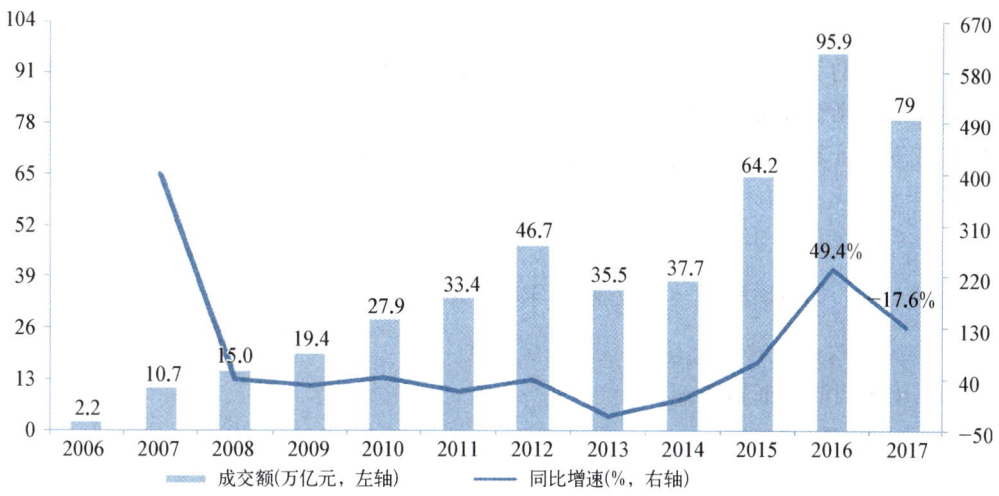

图 4-2　我国同业拆借市场成交额及增速（2006—2017）

数据来源：中国人民银行。

回购协议是一种有担保品的短期资金融通方式，相关机构通过出售政府或政府机构债券等金融资产取得短期资金，并约定在未来的某个日期按预定的价格再购回（即"赎回"）此项金融资产，以获得即时可用资金的交易方式。

（二）回购协议的类型

根据所质押的债券所有权是否由正回购方转移给逆回购方，回购交易可分为质押式回购和买断式回购两种类型的交易方式。

1. 质押式回购

质押式回购又称封闭式回购，是指交易双方以债券为权利质押所进行的短期资金融通业务。在质押式回购交易中，资金融入方（正回购方）在将债券出质给资金融出方（逆回购方）融入资金的同时，双方约定在将来某一日期由正回购方向逆回购方返还本金和按约定回购利率计算的利息，逆回购方向正回购方返还原出质债券。在这一过程中，正回购方所质押证券的所有权并未真正让渡给逆回购方，而是由交易清算机构作质押冻结处理，并退出二级市场；待回购协议到期，正回购方按双方约定的回购利率向逆回购方返还本金并支付利息后，交易清算机构对质押冻结券予以解冻，质押证券重新进入二级市场流通。在回购期间，逆回购方没有对质押证券实施转卖、再回购等处置的权利。封闭式回购实际上是一种以证券为质押的资金拆借方式。

2. 买断式回购

买断式回购指债券持有人（正回购方）将债券卖给债券购买方（逆回购方）的同时，与买方约定在未来某一日期，由卖方再以约定价格从买方买回相等数量同种债券的交易行为。买断式回购又称开放式回购，逆回购方拥有买入证券的完整所有权和处置权以在回购期间灵活运用质押证券的权利。在回购到期前，逆回购方可以根据资金管理的需要和对市场形势的把握，将质押证券用于在回购或二级市场上交易，并只需要在回购到期时，以约定价格将相等数量的同种证券反售给正回购方即可。开放式回购实际上是一种附于证券买卖的融资方式。

(三) 回购协议的市场交易风险

回购协议的市场交易的主要风险是信用风险以及相应抵押物价值的波动。其中的信用风险主要包括交易对手方破产或申请破产、陷入经济纠纷无法行使质押权和违约不进行回购或返售证券。可以通过设置保证金,并根据市值调整交易减少信用风险。

(四) 回购利息的计算和回购利率的影响因素

1. 回购利息的计算

$$回购利息 = 成交额 \times 年收益率 \times 回购天数 / 365 天$$

2. 影响回购利率的因素

(1) 用于回购的证券质地;
(2) 回购期限的长短;
(3) 交割的条件;
(4) 货币市场其他子市场的利率水平。

(五) 中国回购市场的发展

1. 发展历程

我国的国债回购交易始于 1991 年,当时上海证券交易所和全国证券交易自动报价系统(STAQ 系统)成立不久,跨地区、有组织、规范化的国债交易刚刚起步。为发展我国国债市场,活跃国债交易,引导短期资金的流通,STAQ 系统于 1991 年 7 月宣布试办国债回购交易。1993 年 12 月 15 日,上海证券交易所发布了《关于国债交易专场回购业务的通知》,正式开办了以国债为主要品种的回购交易业务。1994 年 10 月,深圳证券交易所也推出了该项交易。为防范大量银行资金通过债券回购流入股票市场,同时也为了公开市场操作顺利进行,人民银行开始建立银行间债券市场。1996 年 1 月 3 日,全国统一拆借网络系统开始试运行;1996 年 12 月 2 日,中央国债登记结算公司正式成立;1997 年 6 月 5 日,商业银行停止在证券交易所进行债券回购和现券买卖业务;1997 年 6 月 16 日,全国银行间债券市场正式启动,商业银行债券交易必须在全国统一同业拆借网络中心处理,并在中央国债登记结算公司开立债券集中托管账户。

从 2003 年起,由于席位清算、一级托管等交易托管体制安排上的缺陷,交易所回购市场开始出现券商挪用客户债券的恶性事件,到 2005 年出现了大量违规违法事件,证监会采取了一系列关闭、托管券商等措施,同时开始不断优化回购机制,包括质押券入库、债券信息实时查询、标准券折算等,杜绝券商挪用客户债券现象。2006 年 2 月 6 日,在证监会的推动下,中国证券业协会、上海证券交易所和中证登分别发布了针对交易所债券质押式回购的改革措施。此后,上证所于 5 月 8 日起推出新质押式国债回购制度。新质押式回购制度保证了市场的稳定运行,自此之后,交易所债券回购市场运行平稳,并未再出现类似风险事件。

在银行间债券回购市场,2000 年 7 月 28 日,央行发布了《全国银行间债券市场债券回购主协议》,标志着我国债券回购交易的规范化;2004 年 5 月 20 日,财政部、中国人民银行和证监会发布了《关于买断式回购交易业务的通知》,中国人民银行发布了《全国银行间债券市场债券买断式回购业务管理规定》,银行间债券市场债券买断式回购正式推出。至此,银行间市场两种形式的债券回购交易(质押式和买断式)全部推出。银行间债券市

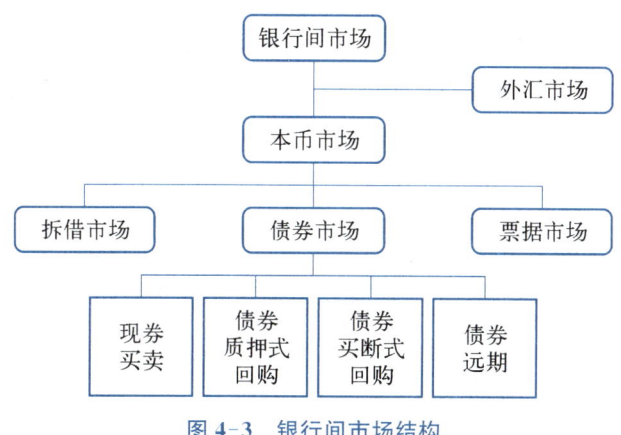

图 4-3　银行间市场结构

场回购发展迅速,并成为债券交易的主体。

2. 回购市场结构

(1)交易所和银行间两大市场的相互分割。

我国的债券回购交易始于交易所,目前银行间债券回购与交易所债券回购并行,但以银行间市场为主。

交易所和银行间两大市场的相互分割,首先,两个回购市场之间有着相差悬殊的回购参与者。银行间债券回购市场的直接参与者只限于金融机构,非金融机构只能在交易所进行债券回购交易,同样,商业银行也只限于在银行间债券回购市场进行交易。其次,两个市场之间有着完全不同的交易价格形成机制。银行间债券市场回购交易方式为自主询价、自主交易,自主选择、相互协商交易品种和交易对象,是场外交易市场,债券的结算、托管与资金的清算服务是两个分开的系统;交易所债券市场实行的是集合竞价电脑撮合交易,交易品种是标准化的,是场内交易市场。最后,两个市场之间的债券托管和资金清算系统是相互分离的。交易所市场拥有自己的债券托管结算系统,银行间市场则由中央债券登记结算公司和上海清算所负责债券的托管与结算。

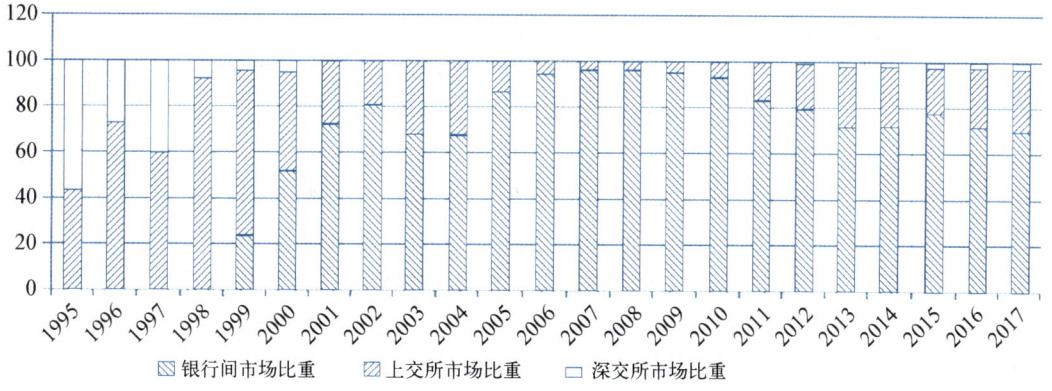

图 4-4　1995—2017 年银行间回购市场与交易所回购市场占回购市场比重情况

数据来源:Wind 数据库。

2017年，银行间市场债券回购累计成交616.4万亿元，日均成交2.5万亿元，日均成交同比增长2.5%；同业拆借累计成交79万亿元，日均成交3 147亿元，日均成交同比下降17.7%。从期限结构看，市场交易集中于隔夜品种，全年回购和拆借隔夜品种的成交量分别占各自总量的80.5%和86.1%。交易所债券回购累计成交260.2万亿元，同比增长11.4%。中资大型银行是货币市场主要资金融出方，证券业机构、其他金融机构及产品、中资中小型银行、外资银行和保险业机构资金需求大幅下降。2017年，中资大型银行回购和拆借净融出资金162.1万亿元，占市场净融出资金的99.5%；证券业机构全年净融入58.6万亿元，同比下降12.0%；其他金融机构及产品净融入91.93万亿元，同比下降17.2%；保险业机构由资金融入方转为资金供给方；中资中小型银行融入量同比明显减少，全年净融入7.3万亿元，同比下降80.5%。

表4-1 2017年金融机构回购、同业拆借资金净融出、净融入情况　　　　单位：亿元

	回购市场		同业拆借	
	2017年	2016年	2017年	2016年
中资大型银行①	−1 450 764	−1 953 274	−170 598	−237 311
中资中小型银行②	49 838	356 213	23 490	19 786
证券业机构③	465 915	490 116	119 990	175 790
保险业机构④	−8 761	−31 443	77	97
外资银行	49 185	70 702	2 295	−270
其他金融机构及产品⑤	894 587	1 067 686	24 747	41 909

注：① 中资大型银行包括工商银行、农业银行、中国银行、建设银行、国家开发银行、交通银行、邮政储蓄银行。② 中资中小型银行包括招商银行等17家中型银行、小型城市商业银行、农村商业银行、农村合作银行、村镇银行。③ 证券业机构包括证券公司和基金公司。④ 保险业机构包括保险公司和企业年金。⑤ 其他金融机构及产品包括城市信用社、农村信用社、财务公司、信托投资公司、金融租赁公司、资产管理公司、社保基金、基金、理财产品、信托计划、其他投资产品等，其中部分金融机构和产品未参与同业拆借市场。⑥ 负号表示净融出，正号表示净融入。

数据来源：中国外汇交易中心。

(2) 质押式回购为主，买断式回购不活跃。

买断式回购自2004年推出以来，交易量呈现逐步增长状态，但与质押式回购相比，交易相对不活跃。2017年12月，银行间市场质押式回购577 029.1亿元人民币，买断式回购仅29 331亿元人民币。产生这一现象的主要原因有以下几点：第一，买断式回购的逆回购方进行卖空交易，所面临的市场风险愈发凸显；第二，买断式回购要求逆回购方到期返还相同数量的同种债券，给逆回购方带来一定的流动性风险；第三，在债券回购现行的财务制度安排下，利率和市场价格波动较大时，市场成员做空的内在动力并不十分充足；第四，虽然买断式回购引入了做空机制，但是监管部门对卖空进行了一系列严格的限制。

(3) 短期回购活跃。

目前，全国银行间市场回购的期限为1天到365天，交易系统按1天、7天、14天、21

天、1个月、2个月、3个月、4个月、6个月、9个月、1年共11个品种统计公布质押式回购和买断式回购的成交量和成交价。上海证券交易所质押式和买断式回购的回购期限均分为1天、2天、3天、4天、7天、14天、28天、91天和182天九个品种。深圳证券交易所质押式回购也包括以上9个品种。从近年来各回购期限品种交易量占比情况来看,隔夜品种占80%左右,期限在7天以下(含)的占99%,主要为短期交易。

三、票据市场

票据市场指的是在商品交易和资金往来过程中产生的以汇票、本票和支票的发行、担保、承兑、贴现、转贴现、再贴现来实现短期资金融通的市场。票据市场是短期资金融通的主要场所,是直接联系产业资本和金融资本的枢纽之一。

(一) 票据的概念和特征

票据是指出票人依法签发的,约定自己或委托付款人在见票时或指定的日期向收款人或持票人无条件支付一定金额并可以转让的有价证券。

票据是一种重要的有价证券,因为它以一定的货币金额来表现价值,同时体现债权债务关系,且能在市场上流通交易,具有较强的流动性。

(1) 票据是一种完全有价证券。有价证券可分为完全有价证券和不完全有价证券。完全有价证券的证券本身和该证券拥有的权利在任何情况下都不可分离。票据权利的享有和行使与票据的持有密切相关。

(2) 票据是一种设权证券。所谓设权证券,是指证券权利的发生,必须以制成票据为前提。票据的制成并非是用来证明已经存在的权利,而是创立一种新的权利。

(3) 票据是一种无因证券。指证券上的权利只由证券上的文义确定,持有人在行使权利时无须负证明责任。

(4) 票据是一种要式证券。所谓要式证券,就是指证券的制成必须按照法律规定。

(5) 票据是一种文义证券。这是指票据上的所有权利义务关系均以票据上的文字记载为准,不受任何外来因素的干扰。

(6) 票据是一种流通证券。票据权利可以通过一定的方式转让,一般包括背书或交付。

(7) 票据是一种返还证券。票据权利人实现了自己的权利,收领了票据上的金额之后,应将票据归还给付款人。

(二) 票据的种类

票据的基本形式有三类:汇票、本票和支票。

(1) 汇票:是出票人签发的,委托付款人在见票时或者在指定日期无条件支付一定金额给收款人或持票人的一种票据。

(2) 本票:出票人签发的,承诺自己在见票时无条件支付确定的金额给收款人或者持票人的票据。

(3) 支票:是出票人签发的,委托办理支票存款业务的银行或其他金融机构在见票时无条件支付确定金额给收款人或持票人的票据。

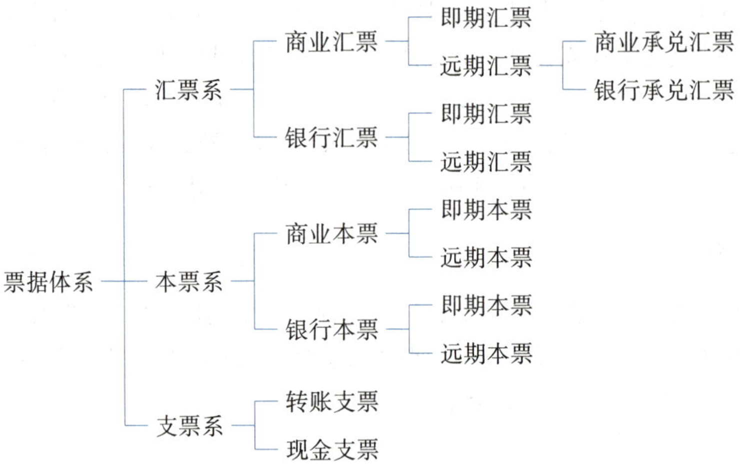

```
                    ┌─ 商业汇票 ─┬─ 即期汇票
                    │           │           ┌─ 商业承兑汇票
         ┌─ 汇票系 ─┤           └─ 远期汇票 ─┤
         │          │                       └─ 银行承兑汇票
         │          └─ 银行汇票 ─┬─ 即期汇票
         │                      └─ 远期汇票
         │
         │          ┌─ 商业本票 ─┬─ 即期本票
票据体系 ─┼─ 本票系 ─┤           └─ 远期本票
         │          └─ 银行本票 ─┬─ 即期本票
         │                      └─ 远期本票
         │
         └─ 支票系 ─┬─ 转账支票
                    └─ 现金支票
```

图 4-5　票据体系

(三) 商业票据市场

1. 商业票据的特点

商业票据(commercial paper)是指以企业为出票人、以贴现方式出售给投资者,到期按票面金额向持票人付现而发行的无抵押担保的承诺凭证。它是一种商业证券。其发行成本较低;融资和资金使用具有灵活性;一般为大机构发行,其发行可以提高发行公司的声誉。

美国的票据市场是以商业票据市场为主、银行承兑汇票市场为辅的市场,其商业票据一般以短期融资为目的,直接向货币市场投资者发行。

表 4-2　美国商业票据分类

名　称	概　念	特　点
普通商业票据	由金融机构或信用较高的非金融企业发行的无担保商业票据	发行人信用评级较高,发行成本较低
资产支持商业票据	属于资产证券化产品,由非金融企业、金融机构将自身拥有的、将来能够产生稳定现金流的资产出售给受托机构(特殊目的公司),由受托机构将这些资产作为支持发行的商业票据	通过设立特殊目的公司发行。支持资产包括各类应收账款以及银行贷款、信用卡应收款、汽车贷款等金融资产
信用支持商业票据	通过信用评级较高的企业提供信用支持发行的商业票据	信用支持方式包含担保、债券保险等

2. 商业票据的发行

商业票据市场是一个巨大的融资工具市场。

(1) 发行者:商业票据的发行者和投资者是票据市场的两大要素,它们构成了票据市场的供求双方,商业票据的发行者包括金融公司、非金融公司及银行控股公司。

(2) 投资者:商业票据的主要投资者是中央银行、大商业银行、非金融公司、保险公司、政府部门、基金组织和投资公司等。

(3) 发行及销售。商业票据的发行渠道通常有两种：一是直接销售，二是经销商销售。

(4) 发行成本。商业票据的发行成本包括利息成本和非利息成本两部分。

(5) 信用评级。商业票据具有一定的风险是由于投资人可能面临票据发行人到期无法偿还借款的局面，因而货币市场对发行公司的信用等级有很严格的要求，只有信用等级达到一定程度的公司才有资格在市场上发行商业票据。

3. 我国非金融机构票据发行

(1) 超短期融资券、短期融资券、中期票据及定向工具。

短期融资券是指境内具有法人资格的非金融企业，依照《银行间债券市场非金融企业债务融资工具管理办法》规定的条件和程序，在银行间债券市场发行和交易并约定在一定期限内还本付息的有价证券。企业短期融资券本质上是一种商业票据，是在银行间债券市场面向投资人发行的直接融资工具，具有固定收益，到期偿还，发行期限在1年以内的货币市场产品特征，期限不超过365天；超短期融资券期限不超过270天。

中期票据是指具有法人资格的非金融企业依照《银行间债券市场非金融企业债务融资工具管理办法》《银行间债券市场非金融企业中期票据业务指引》在银行间债券市场按照计划分期发行的，约定在一定期限还本付息的债务融资工具，期限一般为3—5年。

定向工具全称名为"非公开定向债务融资工具"，是指具有法人资格的非金融企业向银行间市场特定机构投资人发行，并限定在特定投资人范围内流通转让的债务融资工具。

超短期融资券、短期融资券属于货币市场融资工具，而中期票据及定向工具则属于资本市场融资工具。

我国非金融机构票据发行发展较为迅速，在2005年年末我国短期融资券发行规模就已突破千亿元大关，发行主体大多为AA-以上企业。2017年全年，发行短期融资券462只，发行规模达3 947.70亿元；超短期融资券1 671只，发行规模达19 412.20亿元。

表4-3 2017年我国各类商业票据发行情况

类　　型	2017年发行数量	2017年发行规模(亿元)	2016年发行数量	2016年发行规模(亿元)
超短期融资券	1 671	19 412.20	1 950	27 194.90
短期融资券	462	3 947.70	688	6 082.95
非公开定向债务融资工具	720	4 940.23	746	6 028.85
区域集优中小企业集合票据	0	0.00	0	0.00
非金融企业资产支持票据	113	574.95	38	166.57
中期票据	900	10 282.45	890	10 997.10
项目收益票据	5	21.10	11	38.50
绿色债务融资工具	12	99.00	7	80.00

数据来源：上海清算所网站。

(2) 发行制度。

超短期融资券、短期融资券、中期票据及定向工具在银行间债券市场发行实行注册制,企业发行短期融资券及中期票据通过中国银行间市场交易商协会进行注册即可。

交易商协会接受注册申请采取了没有试点、没有批次、不预设规模的开放式姿态,只要市场投资者接受,符合人民银行的办法和协会注册规则的要求,符合国家宏观经济管理的需要,一般都会接受注册,是目前发行制度最为市场化的方式,因此规模增长迅速。

在发行额度上,规定了短期融资券及中期票据待偿还余额不得超过企业净资产的40%。

在募集资金投向上,企业发行短期融资券及中期票据所募集的资金应用于企业生产经营活动,并在发行文件中明确披露具体资金用途。企业在短期融资券存续期内变更募集资金用途应提前披露。

在评级要求上,企业发行短期融资券及中期票据时应披露企业主体信用评级和当期融资券的债项评级。企业的主体信用级别低于发行注册时信用级别的,短期融资券发行注册自动失效,交易商协会将有关情况进行公告。

(3) 企业发行短期融资券的基本程序。

● 企业自审。根据《银行间债券市场非金融企业债务融资工具管理办法》《银行间债券市场非金融企业短期融资券业务指引》发行条件及管理要求,对照自身情况,确定是否符合发行条件。

● 选择有承销商资格的主承销做好发行前准备工作。

● 提交注册申请。通过承销商向银行间市场交易商协会申请注册。

● 发行。企业在注册有效期内,可分期发行中期票据,首期发行应在注册后两个月内完成,后续发行只需提前两个工作日向交易商协会备案。在注册有效期内需更换主承销商或变更注册金额的,应重新注册。

● 信息披露。发行人根据《银行间债券市场非金融企业债务融资工具信息披露规则》的要求,在中国货币网和中国债券信息网披露相关信息,如发行公告、募集说明书、信用评级报告、财务报表、重大事项等。

● 到期还本付息。

(四) 大额可转让存单市场

可转让存单最早产生于20世纪60年代的美国。由于美国政府对银行支付的存款利率规定上限,上限往往低于市场利率水平,为了吸引客户,商业银行推出可转让大额存单。从国际经验看,不少国家在存款利率市场化的过程中,都曾以发行大额可转让存单作为推进改革的重要手段,主要包括面向非金融机构投资者发行的记账式大额存款凭证和向同业发行的同业存单。

1. 大额存单

大额存单是指由银行业存款类金融机构面向非金融机构投资人发行的记账式大额存款凭证。2015年6月2日,中国人民银行正式发布《大额存单管理暂行办法》(以下简称《办法》);6月15日,市场利率定价自律机制核心成员正式启动发行首期大额存单产品,我国大额存单产品正式推出,目前我国大额存单产品以人民币计价,是银行存款类金融产品,属一般性存款。

大额存单的推出,有利于有序扩大负债产品市场化定价范围,健全市场化利率形成机制;也有利于进一步锻炼金融机构的自主定价能力,培育企业、个人等零售市场参与者的市场化定价理念,为继续推进存款利率市场化进行有益探索并积累宝贵经验。同时,通过规范化、市场化的大额存单逐步替代理财等高利率负债产品,对于促进降低社会融资成本也具有积极意义。

大额存单的投资人包括个人、非金融企业、机关团体等非金融机构投资人;鉴于保险公司、社保基金在商业银行的存款具有一般存款属性,且需缴纳准备金,这两类机构也可以投资大额存单。考虑到不同投资群体投资能力的差异,《办法》在存单起点金额设计上对个人和机构投资人有所区别,个人投资人认购的大额存单起点金额不低于20万元,机构投资人则不低于1 000万元。

从期限品种看,目前已发行存单包括1个月、3个月、6个月、9个月、1年期、18个月、2年期、3年期、5年期共9个期限品种。

从发行利率看,各期限存单利率一般高于相应期限存款基准利率,并低于相应期限的保本理财产品收益率。截至2018年8月,大额存单发行主体范围为自律机制核心成员与基础成员1 197家。

2. 同业存单

同业存单是指由银行业存款类金融机构法人向同业发行的记账式定期存款凭证。

2013年12月7日,中国人民银行发布了《同业存单管理暂行办法》,10家银行获得首批发行资格(工行、农行、中行、建行、交行、招行、中信、兴业、浦发9家商业银行和1家政策性银行国开行)。截至2018年7月底,发行机构已逾1 700家。

同业存单在银行间市场发行,存单投资主体覆盖了商业银行、证券公司、信托公司和财务公司等各类金融机构。

2016年,同业存单发行交易量明显增加。银行间市场陆续发行同业存单17 643只,发行总量为13.04万亿元,二级市场交易总量为70.12万亿元。截至2017年9月,2017

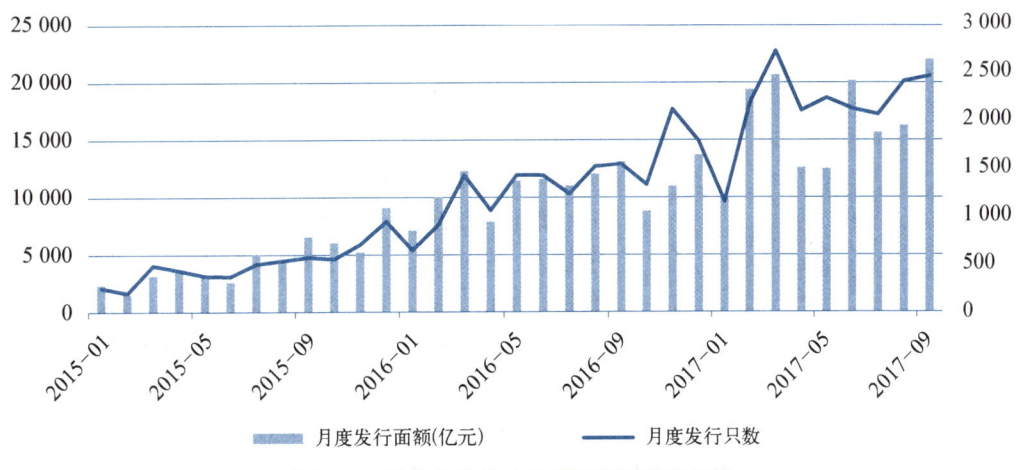

图4-6 同业存单月度发行面额和发行只数

数据来源:上海清算所。

年同业存单的发行只数和发行面额已超 2016 年全年,随后受央行将同业存单纳入 MPA 考核等因素影响,同业存单市场发行量、托管量和交易量的扩张受到控制,全年共发行 20.19 万亿元,同比增长 55.37%。

同业存单定价市场化程度较高,发行交易全部参照 SHIBOR 定价。利率走势与 SHIBOR3 个月及中债国债 3 个月的收益率走势较为一致。同业存单发行和交易的推进,既对规范金融机构同业业务发展、提高同业业务定价透明度发挥了积极作用,也为中长端 SHIBOR 报价提供了交易基础,与中长端 SHIBOR 基准性提高相互促进。2017 年全年,3 个月期同业存单发行加权平均利率为 4.62%,比 3 个月 SHIBOR 高 25 个基点。同业存单发行利率与中长端 SHIBOR 的相关性进一步提高。

图 4-7 同业存单、SHIBOR 及短期国债收益率对比

数据来源:Wind 数据库。

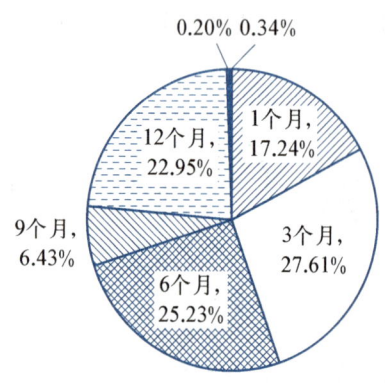

图 4-8 同业存单 2016 年发行期限结构

数据来源:Wind 数据库。

2016 和 2017 年,同业存单的发行期限以 1 个月、3 个月、6 个月和 12 个月为主,按 2016 年发行总额计算分别占比 17.24%、27.61%、25.23% 和 22.95%。但 2018 年,银行发行 6、9、12 个月的同业存单的比例快速增长。

(五) 银行承兑汇票市场

银行承兑汇票是由出票人开立的一种以银行为付款人,在未来某一约定的日期,支付给持票人一定数量金额的远期汇票。银行承兑汇票市场就是以银行承兑汇票为交易对象,通过发行、承兑、贴现与再贴现进行融资的市场。在我国,银行汇票的出票银行为经中国人民银行批准办理银行汇票的银行,多用于异地转账结算和支取现金。我国现有票据监管法规只承认了银行本票的合法地位,并且银行本票被限制用于同城范围内的交易款项的结算。支票在我国则只是作为代替现金使用的短期支付工具,在近年来的交易性票据中,银行承兑汇票占95%以上。

1. 我国商业承兑汇票市场的发展概况

在我国,一方面由于市场对商业信用接受程度较低,市场参与者普遍习惯于使用银行信用,很大程度上影响了商业承兑汇票的普及;另一方面,商业承兑汇票的信用等级和流通性上也低于银行承兑汇票,在银行办理贴现的难度较银行承兑汇票高,市场的接受程度较低。因此,目前经常使用商业承兑汇票的企业较少。

具体而言,当前商业承兑汇票市场现状受以下五个方面的影响:

(1) 从市场条件来看,商业信用影响因素较多,商票承兑存在较大压力,制约了商业承兑汇票的发展。具体表现为,受票人一般只接受关系密切、且规模较大的合作伙伴承兑的商业承兑汇票,接到票据后多是到银行申请贴现或到期收款,背书转让的较少,且一般不愿接受异地企业承兑或转让的商业承兑汇票。这使得商业承兑汇票的使用范围受到了明显影响,市场流通较为缓慢。

(2) 从企业自身来看,企业对商业承兑汇票业务的基础投入较少,不利于商业承兑汇票的推广。

(3) 从商业银行来看,金融机构对商票融资积极性不高,推动商业承兑汇票发展动力不足。这主要有两个方面的原因:第一,由于商业承兑汇票以企业信用为基础,商业银行普遍担心商业承兑汇票到期不能兑付而形成新的不良资产;第二,由于大型企业集团签发商业承兑汇票后,挤出银行对其高利率的流动资金贷款。

(4) 从人民银行来看,央行在商票再贴现的限额较少,对商业承兑汇票业务的支持力度不够。银行对商业承兑汇票再贴现的限额相对较少,会导致银行办理商业承兑汇票贴现后,向同业办理转贴现困难或无法向中央银行办理再贴现,贴现资金吃紧,影响了银行对商业承兑汇票业务发展的信心。

(5) 从社会层面来看,商业信用体系还不健全,行业法律法规尚待完善。由于缺少统一、规范的信用评估机构,不能为企业签发商业承兑汇票提供可靠的信用保障,造成企业因无法获知企业真实的信用状况,也不敢采用商业承兑汇票的结算方式。

2. 银行承兑汇票市场发展概况

我国银行承兑汇票业务经历了从禁止到逐步放开再到不断发展的历史演变。十一届三中全会以前,我国实行高度集中的计划经济体制,银行信用包揽商业信用,对商业信用一直采取禁止或限制的政策。十一届三中全会后到90年代中期,商业信用的禁令逐渐被解除,商业信用逐步票据化,银行承兑汇票随之得到发展,但银行承兑汇票的功能和作用尚未被充分认识。自90年代开始,银行承兑汇票的融资功能日益显著。银行承兑汇票的承兑业务作为商业银行重要的表外业务被纳入统一授信范畴,并得到极大发展,在增加商业银行收入、调整资产结构和规避资本充足率低的矛盾等方面发挥了重要作用;企业则利用银行承兑汇票的融资功能来降低经营成本,加速资金周转,提高经营效益。银行承兑汇票由结算工具到融资工具的转变受到企业和商业银行的普遍欢迎,银行承兑汇票业务迅速发展起来。

人民银行的引导和支持对银行承兑汇票规范发展功不可没。1984年,人民银行刚刚行使中央银行职能,根据在上海等地的试点,出台了《商业汇票、承兑、贴现暂行办法》,鼓励商业银行积极开展银行承兑汇票业务;1986年,在全国开展了银行承兑汇票再贴现业务,引导银行承兑汇票业务的发展;1988年,针对全国范围的货款拖欠情况,作为清理拖欠的一项措施,进行了银行结算制度的改革,要求大力推行商业票据,颁布了《银行结算办法》,将商业汇票作为货款结算的一种工具,规范了结算、承兑、贴现、再贴现的处理程序和会计核算手续;同年颁发了《关于加强商业汇票管理促进商业汇票发展的通知》,继续倡导和促进商业汇票的使用和推广。

1995年,《中华人民共和国票据法》颁布,明确了包括银行承兑汇票在内的各种票据行为和法律责任等;根据《中华人民共和国票据法》的有关规定,人民银行出台了《支付结算办法》,明确了银行承兑汇票业务核算程序;1997年,人民银行颁发《商业汇票承兑、贴现与再贴现管理暂行办法》,要求商业银行必须将贴现纳入资产负债比例管理中;1999年颁发《关于改进和完善再贴现业务管理的通知》;2001年颁发《关于切实加强商业汇票承兑贴现和再贴现业务管理的通知》等,提出银行承兑汇票业务的规模不得超过上年存款的5%,以防范风险。

21世纪以来,票据业务走上规模化和专业化发展轨道,票据业务总量成倍增长。在票据业务全国范围内推广应用和市场制度建立后,票据业务运作机制逐渐成熟,商业银行票据业务开展的规模化和专业化程度明显上升,由此促进了票据业务快速增长。其间,票据市场参与主体迅速扩大,除票据业务恢复开展初期的大型国有商业银行之外,股份制商业银行、城市商业银行、财务公司和信用社等金融机构纷纷开展票据业务,票据市场活跃程度明显提高。

3. 银行承兑汇票的市场结构

银行承兑汇票市场的参与者主要是承兑银行、市场经纪人和投资者。银行承兑汇票市场的初级市场,主要涉及出票和承兑。出票即出票人签发汇票并交付给收款人的行为。承兑即银行对远期汇票的付款人明确表示同意按出票人的指示,于到期日付款给持票人的行为。二级市场主要涉及汇票的贴现与再贴现。

4. 银行承兑汇票的特点

(1) 信用好,承兑性强。银行承兑汇票经银行承兑到期无条件付款,就把企业之间的商业信用转化为银行信用。对企业来说,收到银行承兑汇票,就如同收到了现金。

(2) 流通性强,灵活性高。银行承兑汇票可以背书转让,也可以申请贴现,不会占压企业的资金。

(3) 节约资金成本。对于实力较强、银行比较信得过的企业,只需缴纳规定的保证金,就能申请开立银行承兑汇票,用以进行正常的购销业务,待付款日期临近时再将资金交付给银行。

近年来,银行承兑汇票市场发展有一定波动性。2017年,企业累计签发商业汇票[①]17万亿元,同比下降6.1%;期末商业汇票未到期金额为8.2万亿元,同比下降9.5%。金融机构累计贴现票据40.3万亿元,同比下降52.4%;期末贴现余额3.9万亿元,同比增长28.9%。票据融资余额下降,期末票据融资余额占各项贷款的比重为3.2%,同比下降1.9个百分点。

---

① 主要为银行承兑汇票,在央行公布数据中未对商业承兑和银行承兑进行区分。

从行业结构看,企业签发的银行承兑汇票余额仍集中在制造业、批发和零售业;从企业结构看,由中小型企业签发的银行承兑汇票约占三分之二。

票据市场利率受市场流动性影响显著,银行体系流动性合理充裕、货币市场利率下降,票据市场利率一般也将趋降。另外,票据业务风险事件、票据监管环境、货币市场波动等因素也将影响票据供求关系,影响市场利率。

第三节 货币市场运行

一、交易主体

货币市场的交易主体主要包括中央银行、政府部门、银行类金融机构、非银行类金融机构、实体经营企业与个人投资者等。

(一) 中央银行

中央银行作为货币市场的参与者,其目的并非出于盈利,而主要是运用各种货币政策工具依托货币市场这一平台实施货币政策,调控宏观经济。中央银行在货币市场的公开市场操作业务主要集中在二级交易市场,以各类国债和国库券等短期信用工具为交易对象。例如,中央银行通过在公开市场上购入与售出短期信用工具并以此来使金融机构的可用资金和市场货币流通量发生增减变化,从而达到调节社会货币供给量和信用规模的目的。

中央银行在公开市场中的交易行为会对货币市场上各种信用工具的价格、收益率、利率变化产生重要影响,因此公开市场业务的操作选择是人们判断市场预期走向的重要依据。而中央银行对金融机构融资的再贴现利率水平的调整,既直接影响了商业银行的融资成本、改变其超额储备及可贷资金规模,同时再贴现率的变动也具有向资金借贷市场传递货币政策操作变动信息和力度的告示作用。此外,中央银行还出于货币政策操作的需要,通过发行央行票据等信用工具配合政策操作。近年来,各国的货币政策工具日益多元和精准。

(二) 政府部门

政府部门包括中央和地方政府。政府部门参与货币市场的目的是筹措资金弥补财政赤字,是货币市场中资金的需求者。政府在货币市场中的活动集中于发行市场。

政府所发行的债券为货币市场提供了重要的金融工具,也为中央银行进行公开市场操作提供了操作工具。政府的债券发行管理的一项基本原则是保证发行顺利和发行成本最低。货币市场利率相对稳定,有助于降低发行成本,是政府筹措资金,尤其是短期资金的重要场所,政府债券的利率水平也成为市场中其他信用工具制定发行利率水平的一个重要依据。

(三) 商业银行等银行类金融机构

商业银行等银行类金融机构的经营性质与经营规模决定了其在货币市场中交易频繁规模巨大,是市场中最主要的交易主体,其市场参与目的主要是进行流动性头寸管理。银行持有的超额储备过多会影响收益率水平,但是在中央银行存款准备金制度的约束下,过少的超额储备又会面临因为偿债能力不足而遭受处罚的问题。因此,同业拆借市场、票据市场、短期债券等市场就成了商业银行赖以进行短期融资、保持合理头寸的基本渠道。

(四) 非银行类金融机构

非银行类金融机构主要包括保险公司及各类养老和投资基金,这些非银行类金融机构的共同特点是拥有大量个人的长期资金,希望通过专家式的管理取得高于银行存款,但风险尽可能低的收益。因此需要将资产组合调整到一个最佳位置,即资产构成中不仅包括高收益率的风险资产,还包括收益率虽然不高,但是风险低、流动性高的资产。货币市场信用工具的高流动性与低风险性,可以满足这类机构的配置需求。

(五) 实体经营企业

实体经营企业参与货币市场活动的目的是为了调整流动性资产比重、融通短期资金,取得短期投资收益,实现现金管理。

实体经营企业可以通过发行商业票据、票据贴现来获得短期资金融通,为企业经营提供流动性。同时,实体企业也是货币市场资金的重要供给者,通常他们在生产及经营过程中会形成一定数量的短期闲置资金,为了获得可观的投资收益,同时避免承担很大的资本损失风险,就需要进入货币市场将短期资金投放于各种流动性高,收益性高于银行存款的货币市场工具。通过这些市场投资,企业在获得流动性和安全性收益的同时,也提高了它们头寸管理的效率;从另一个角度看,正是由于它们的市场参与也促成了市场交易的活跃及合理的货币市场交易价格的形成。一般而言,实体企业主要借助金融机构服务或购买相关的金融工具进行货币市场的投资活动。

(六) 个人投资者

由于货币市场是批发性质的资金交易市场,一般情况下,这类个人投资者不直接参与货币市场的交易,而是委托有货币市场交易资格的金融中介机构进行交易。因此,居民个人投资者是主要通过购买货币市场基金的渠道,将手中规模有限的闲置资金间接运用到货币市场中以获取自己理想中的收益。

20世纪70年代,美联储对储蓄存款和定期存款利率规定了上限,但通胀高企,银行存款面临实际利率为负的窘境,货币市场基金由此诞生。货币市场基金使投资者不仅可

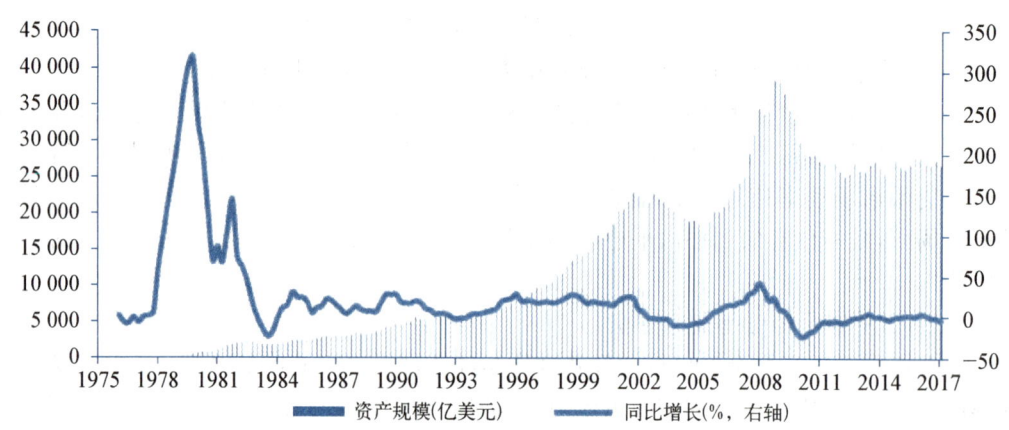

图4-9 美国货币型基金资产规模和增长率(1975—2017)

资料来源:海通证券研究所。

以获得货币市场工具组合的收益,也可据以签发支票,具有很强的流动性。银行存款利率与市场利率之间的巨大差别成为货币市场基金发展的重要动力。货币市场基金出现之后非常受欢迎,规模不断增长,但是在金融危机后有所下降;截至2017年6月30日,美国货币基金资产净值为2.9万亿美元。

二、货币市场的中介机构

(一) 货币市场的做市商

做市商是指在金融市场上,由具备一定实力和信誉的金融组织法人作为特许交易商,不断地向公众投资者报出某些特定金融产品的买卖价格(双向报价),并在该价位上接受公众投资者的买卖要求,以其自有资金与投资者进行交易。做市商通过这种不断买卖来维持市场的流动性,满足公众投资者的投资需求。做市商机制是金融市场基本的交易机制之一。各国对于货币市场的做市商选择都有严格规定。要求具备雄厚的资金实力,掌握足够的市场交易工具;具有管理市场交易工具的能力,控制交易风险的能力以及准确的报价能力。

1. 外汇市场做市商

我国外汇市场做市商是指经国家外汇管理局核准,在我国银行间外汇市场进行人民币与外币交易时,承担向市场会员持续提供买、卖价格义务的银行间外汇市场会员。

我国银行间外汇市场按交易产品分别核准了各细分市场做市商,分为人民币外汇做市商和外币对做市商,分别履行做市义务,为市场提供流动性。做市商须签署做市协议并遵守银行间外汇市场做市商相关规章制度。人民币外汇做市商分为即期做市商和远期掉期做市商。目前,人民币对林吉特,人民币对俄罗斯卢布,人民币对欧元、日元、英镑、澳元、新西兰元、新加坡元、瑞士法郎、加拿大元、南非兰特、韩元、阿联酋迪拉姆、沙特里亚尔、匈牙利福林、波兰兹罗提、丹麦克朗、瑞典克朗、挪威克朗、土耳其里拉、墨西哥比索和泰铢直接交易实行做市商制度,分别设置相应做市商。即期外汇市场和远期掉期外汇市场还推出了尝试做市商业务,以完善做市商优胜劣汰的考核机制,增强做市商做市积极性。

金融机构申请成为银行间外汇市场做市商应具备以下基本条件:(1)遵守中国人民银行和外汇局的有关规定,在提交申请的前两年内,无结售汇业务和外汇市场交易违法、违规记录;(2)具备健全的外汇业务风险管理系统、内部控制制度和较强的本外币融资能力;(3)集中管理结售汇综合头寸;(4)取得银行间外汇市场会员资格两年(含)以上;(5)上一半年期全行在银行间即期外汇市场人民币与外币交易规模排名在前30名(含)以内;(6)上一半年期全行境内代客跨境收支规模排名在前50名(含)以内;(7)上年度全行资本充足率达到8%或外汇资本金在等值1亿美元(含)以上。

2. 银行间债券市场做市商

债券做市商制度,是指做市商在银行间市场按照有关要求连续报出做市券种的现券买、卖双边价格,并按其报价与其他市场参与者达成交易的行为。

我国银行间债券市场做市商应具备以下条件:(1)注册资本或净资本不少于12亿元人民币;(2)市场表现活跃,提交申请时上一年度的现券交易量排名前80位;(3)提交申请前,已在银行间市场尝试做市业务,具备必要的经验和能力;(4)具有完善的内部管理制度、操作规程和健全的内部风险控制机制、激励考核机制;(5)有较强的债券市场研究和分析能力;(6)相关业务部门有5人以上的合格债券从业人员,岗位设置合理、职责明确;(7)提交申请前2年没有违法和重大违规行为;(8)中国人民银行规定的其他条件。

银行间债券市场做市机构名单如下(截至2017年7月):

表4-4 银行间债券市场做市商

序号	机 构 名 称	序号	机 构 名 称
1	中国工商银行股份有限公司	16	汉口银行股份有限公司
2	中国农业银行股份有限公司	17	江苏银行股份有限公司
3	中国银行股份有限公司	18	北京银行股份有限公司
4	中国建设银行股份有限公司	19	上海银行股份有限公司
5	交通银行股份有限公司	20	杭州银行股份有限公司
6	国家开发银行股份有限公司	21	南京银行股份有限公司
7	中信银行股份有限公司	22	洛阳银行股份有限公司
8	招商银行股份有限公司	23	花旗银行(中国)有限公司
9	中国光大银行股份有限公司	24	摩根大通银行(中国)有限公司
10	中国民生银行股份有限公司	25	渣打银行(中国)有限公司
11	兴业银行股份有限公司	26	中信证券股份有限公司
12	中国邮政储蓄银行股份有限公司	27	中国国际金融股份有限公司
13	恒丰银行股份有限公司	28	国泰君安证券股份有限公司
14	浦东发展银行股份有限公司	29	广发证券股份有限公司
15	广发银行股份有限公司	30	第一创业证券股份有限公司

资料来源:银行间交易商协会网站。

(二)货币经纪公司

货币经纪就是为金融机构媒介金融产品、提供交易信息、促进交易达成的金融中介服务,该行业被称为货币经纪业。

货币经纪公司是专指在金融市场上,通过声讯和电子手段,专门从事以促进批发市场上金融机构间资金融通、外汇交易、债券交易、衍生品交易等为目的的经纪服务,并从中收取佣金的专业性中介机构,是国际金融市场中必不可少的"润滑剂"。货币经纪公司自身不会以交易主体的身份参与任何产品的直接交易。国际上著名的货币经纪公司主要包括英国毅联汇业、英国国惠集团和瑞士利顺金融集团等。

1. 货币市场经纪机构的业务特点

货币经纪公司起源于19世纪60年代英国的外汇市场和货币批发市场,20世纪

50年代之后逐步得到规范发展,并逐渐成为世界各主要金融中心不可或缺的组成部分。

从性质上看,货币经纪公司是货币市场参与主体之间的中间连接枢纽,是货币市场高效运行的内在要求,它的主要功能是提高市场流动透明度和有效性。与直接交易相比,通过货币经纪公司的间接交易具有以下特点:

(1) 货币经纪公司能够为客户,尤其是为中小客户提供充分的市场信息。

(2) 通过双边撮合,提供实时可成交价格。

(3) 由于货币经纪公司通常不做自营业务,其报价能真实反映市场的实际情况,保证市场价格的公平和透明。

(4) 货币经纪公司在交易完成前不透露客户的姓名,可避免资金交易的大户报价及看法对市场价格的不利影响,有利于市场稳定,为市场营造一个相对理性的交易空间,并且为市场中金融衍生产品不断推出创造有利条件。

(5) 增强了市场流动性。

(6) 具有交易成本低的优势。

2. 我国货币经纪公司的设立与发展

根据银监会2005年8月8日公布的《货币经纪公司试点管理办法》,在我国进行试点的货币经纪公司是指经批准在中国境内设立的,通过电子技术或其他手段,专门从事促进金融机构间资金融通和外汇交易等经纪服务,并从中收取佣金的非银行金融机构。中国银行业监督管理委员会对货币经纪公司进行监督管理。货币经纪公司在银行间市场进行同业拆借、债券买卖和外汇交易等经纪业务活动应同时接受中国人民银行和国家外汇管理局的监管和检查;其业务涉及外汇管理事项的,应当执行国家外汇管理部门的有关规定,并接受国家外汇管理部门的监督和检查。

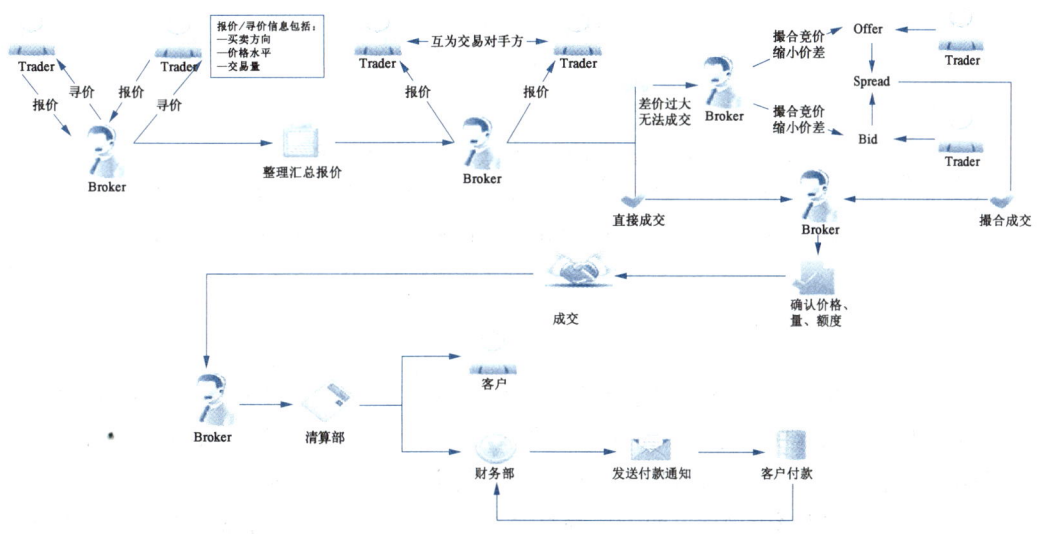

图 4-10 货币经纪业务示意图

资料来源:上海国际货币经纪公司网站。

我国货币经纪公司及其分公司仅限于向境内外金融机构提供经纪服务,不得从事任何金融产品的自营业务。货币经纪公司及其分公司按照中国银行业监督管理委员会批准经营的业务范围,可以经营下列全部或部分经纪业务:境内外外汇市场交易,境内外货币市场交易,境内外债券市场交易,境内外衍生产品交易,经中国银行业监督管理委员会批准的其他业务。货币经纪公司及其分公司从事证券交易所相关业务的经纪服务,需报经中国证券监督管理委员会审批。

我国首家货币经纪公司为上海国利货币经纪有限公司,于2005年12月20日由上海国际信托有限公司和英国国惠集团旗下德利万邦(欧洲)有限公司共同发起成立。目前,我国共设立了5家货币经纪公司,均为与国际主要货币经纪公司共同设立的企业,有利于其基于全球网络开展业务。

三、交易价格与货币市场基准利率

(一) 货币市场利率体系

货币市场利率对社会资金供求关系有着高度灵敏性。货币市场的交易利率包括同业拆借利率、商业票据贴现、转贴现和再贴现利率、短期国债回购利率、短期国债现货利率及大额可转让定期存单利率等同时各相对独立的子市场的市场利率,形成了一个按照风险结构和期限结构组合起来的利率体系。

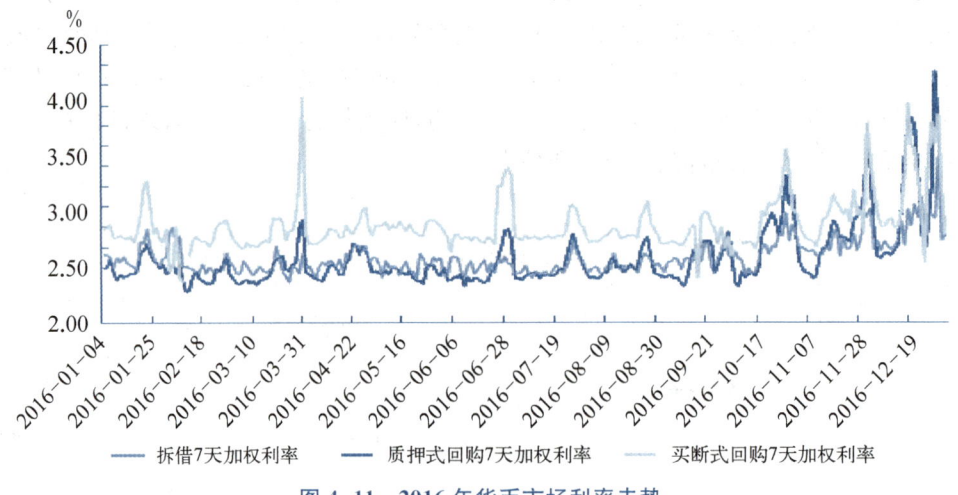

图4-11 2016年货币市场利率走势

数据来源:中国人民银行。

影响货币市场工具价格的因素既来自整体宏观因素所决定的短期无风险利率水平,也有发行人自身因素所决定的风险溢价。图4-12显示了影响短期无风险利率和风险溢价的基本因素,也是造成货币市场工具价格变动的主要力量。当为国库券定价时,重点在于确定影响无风险利率的因素,而为风险性货币市场工具(如商业票据)则同时需要考虑发行人的风险溢价,其受到经济、行业和特定公司状况的影响。

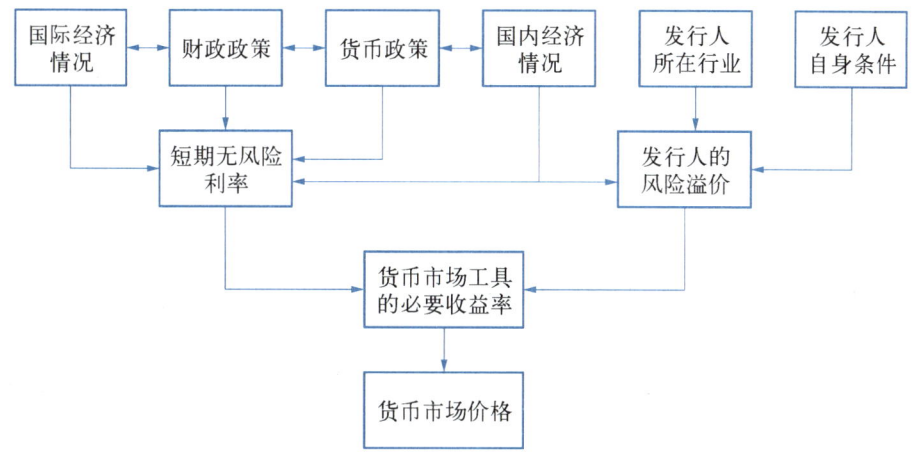

图 4-12 货币市场工具定价因素

(二) 货币市场利率基准利率选择

基准利率是以金融市场供给和需求为基础形成的基准性利率,是在货币金融市场上具有普遍参照作用,是其他金融工具利率水平或金融资产价定价的基础依据,为人们公认并普遍接受的利率。在利率市场化条件下,融资者衡量融资成本,投资者计算投资收益,以及管理层对宏观经济的调控,客观上都要求有一个普遍公认的基准利率水平作参考。

货币市场基准利率应具备以下基本属性。

(1) 市场性:市场性是基准利率最本质的属性,其含义就是基准利率的大小是由市场力量自发决定的,以货币市场中资金供求情况为基础形成的。所以,基准利率首先必须是市场化利率。在这个基础上,要想很准确地反映市场的资金供需状况,则该利率必须具有较高的市场参与度、较大的影响力。交易主体广泛、交易种类多、交易量大、交易活跃度高,可以保证市场处于高流动性的状态,降低买卖差价,提高市场的有效性,提高操控市场的难度,更准确地反映资金供求。

(2) 稳定性:稳定性的含义是即便是在受到外部预期之外的冲击时,基准利率仍能保持自身波动幅度的可控,避免出现大起大落。

(3) 基准性:基准性是指基准利率反映的借贷关系不存在违约可能,不包含信用风险。

(4) 传导性:传导性是指基准利率能够作为货币政策传导中的一个重要变量,及时地将央行的管理目标传导至整个金融市场,进而实现通过货币政策变化调节实体经济运行的目标。

(5) 可测性:可测性是指基准利率的大小是可以明确观测、其数据是能够得到的。这是由基准利率的作用所决定的。

(6) 可控性:可控性指的是货币当局能够对基准利率加以调节和影响,进而实现对整个宏观经济的调控。

(7) 相关性:相关性是指基准利率既要与货币市场利率体系高度相关,又要跟宏观经济的重要指标之间保持相关关系。

当前，我国正着力构建以上海银行间同业拆借利率（SHIBOR）、国债收益率曲线和贷款基础利率（LPR）等为代表的金融市场基准利率体系。

为推进利率市场化改革，健全市场化利率形成和传导机制，培育货币市场基准利率，中国人民银行2007年正式推出了上海银行间同业拆借利率（SHIBOR）。十多年来，在有关各方的共同努力下，SHIBOR已经成长为我国认可度较高、应用较广泛的货币市场基准利率之一。

首先，SHIBOR基准性明显提升，比较有效地反映了市场流动性松紧。短端SHIBOR与拆借、回购交易利率的相关性均在80%以上，并维持较窄价差，其中隔夜SHIBOR与隔夜拆借、回购交易利率的相关性高达98%；中长端SHIBOR得益于同业存单市场的发展壮大，基准性也有显著增加，SHIBOR 3M与3个月同业存单发行利率的相关系数高达95%。其次，SHIBOR产品创新取得进展，应用范围不断扩大。目前SHIBOR已被应用于货币、债券、衍生品等各个层次的金融产品定价，部分商业银行也依托SHIBOR建立了较完善的内部转移定价（FTP）机制，金融体系内以SHIBOR为基准的定价模式已较为普遍。最后，SHIBOR与实体经济联系日趋紧密，越来越多地发挥了传导货币政策和优化资源配置的作用。通过SHIBOR挂钩理财产品、SHIBOR浮息债、非金融企业参与的SHIBOR利率互换交易等渠道，SHIBOR较好地将货币政策信号传导至实体经济，并随着直接融资比重提升和多层次资本市场建立完善，进一步发挥优化资源配置的作用。SHIBOR对债券产品定价发挥重要的基准作用。2017年第三季度，共发行以SHIBOR为基准定价的浮动利率债券68只，总量为337.6亿元；发行固定利率企业债193只，总量为1 976.3亿元，全部参照SHIBOR定价；发行参照SHIBOR定价的固定利率短期融资券1 202.4亿元，占固定利率短期融资券发行总量的97%。

SHIBOR的创设借鉴了伦敦银行间同业拆借利率（LIBOR）等国际基准利率。2012年以来，由于国际金融危机后无担保拆借市场规模有所下降，以及部分报价行操纵LIBOR报价案件等原因，国际社会开始着手改革以LIBOR为代表的金融市场基准利率体系。2017年7月，英国金融行为管理局（FCA）宣布将从2021年起不再强制要求LIBOR报价行开展报价，届时LIBOR可能不复存在，未来英国将逐步转向基于实际交易数据的SONIA（英镑隔夜平均利率）作为英镑市场基准利率。另有一些国家和地区的中央银行（例如欧央行、日本央行）采取了更加中性、多元的做法：一方面研究引入基于实际交易数据的无风险利率，丰富市场基准利率体系，允许存在多个基准利率；另一方面，改革EURIBOR、TIBOR等基于报价的基准利率，引入瀑布法等混合方法，提高银行间拆借利率（IBOR）报价的可靠性和基准性[①]。

四、货币市场与央行货币政策调控

一般认为，货币市场的主要功能是融资功能，即解决市场主体的短期性或临时性资金需求，这是货币市场与资本市场（其主要任务是满足市场主体的长期资金需求）的根本区别。此外，货币市场还有更为重要的功能，即政策功能——为货币政策实施提供条件。在

[①] 中国人民银行：《中国货币政策执行报告（2017年第三季度）》。

现代市场经济条件下,货币市场的政策功能日益凸显,政策功能要求在市场进一步发展的基础上,设计和安排中央银行对货币市场调控的关键着力点和作用途径,其基本目标是通过公开市场业务,实现以货币供应量为主体的数量调控;通过基准利率,实现以同业拆借利率、短期债利率、商业票据利率和外币对本币的汇率等为主体的价格调控。

(一)我国货币政策调控体系的建立与完善过程

改革开放以来,我国货币政策调控体系的发展主要分为三个阶段。第一个阶段是计划调控时期(1978—1997),在这一时期四大国有商业银行和九家股份制商业银行先后成立,中央银行贷款和银行信贷规模管理是调控的主要手段,存款准备金率和基准利率只是作为辅助性调节工具;第二个阶段是数量型调控时期(1998—2012),1998年取消贷款规模管理,货币政策从以直接调控为主转变为以间接调控为主,并逐渐形成了以广义货币(M2)为中介目标、以维持物价稳定(CPI)为最终目标、多种货币政策工具组合运用的数量型为主的货币政策调控框架;第三个阶段是数量型调控向价格型调控转型时期(2013年至今),2012年"十二五"规划出台,明确提出"推进货币政策从以数量型调控为主向以价格型调控为主转型",随后央行逐渐推出了常备借贷便利(2013)、中期借贷便利(2014)等新兴货币政策工具,开始尝试建立利率走廊制度。

(二)传统货币政策工具

我国传统的货币政策工具有存款准备金率、公开市场操作和再贴现率。存款准备金是金融机构在中央银行的存款,在央行的存款占存款总额的比率成为存款准备金率。其特点如下:(1)央行拥有完全的自主权,最易实施;(2)存款准备金率对货币供应量的影响迅速,一旦确定后金融机构必须执行;(3)对所有金融机构一视同仁;(4)作用过于巨大,不太适宜作为日常货币供给的调整工具;(5)某些程度上受商业银行超额存款准备金的影响,提高存款准备金率不一定会影响货币供给量。

公开市场操作是指中央银行买卖证券和外汇,从而调节市场流动性。其主要特点如下:(1)可以随时进行操作,精准控制银行体系的准备金和基础货币;(2)无告示效应,不会引起社会公众对其的错误解读;(3)不会决定证券的收益率,进而不会影响银行的收益;(4)对中央银行要求较高,央行必须具有足够强的实力控制整个金融市场;(5)必须拥有一个完整、发达的金融市场与之匹配;(6)必须与其他货币政策工具进行配合使用。

从1998年起,中国人民银行陆续将国债、政策性金融债券和中央银行票据作为公开市场业务的操作工具。

再贴现率是指中央银行买进商业银行未到期的商业汇票,向银行提供资金支持。主要特点如下:(1)有利于央行发挥最后贷款人的身份,既能调解货币供给的总量,又能调节货币供给的结构;(2)主动权在商业银行,而不在中央银行,央行具有被动性。

1. 存款准备金

我国于1984年实施法定存款准备金制度,2004年实行差别存款准备金制度,至今为止,存款准备金制度仍是我国最重要的货币政策工具之一。央行相机抉择运用存款准备金率来调节货币供给,截至2018年8月1日,存款准备金率经历了五十余次调整,主要集中于2007年之后(1984—2005年仅调整8次,2006年3次,2007年后39次普遍调整,6次定向调整)。存款准备金被认为是比较猛烈的货币政策工具,往往存款准备金率的小幅调整就能带来货币供给的剧烈变化。

从超额存款准备金来看,2001年以来存在下降的趋势,但在金融危机后逐渐企稳,主要原因是金融危机后经济下滑,不良贷款率上升,银行体系放贷的意愿下降。发达国家有对存款准备金付息的,也有不付息的,我国央行对存款准备金付息,法定存款准备金利率为1.62%,超额存款准备金利率为0.72%。

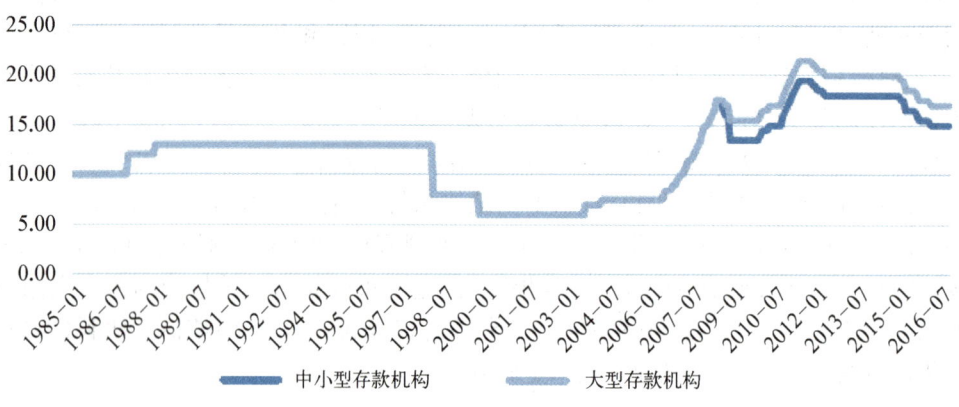

图4-13 法定存款准备金率(1985—2016)

数据来源:Wind 数据库。

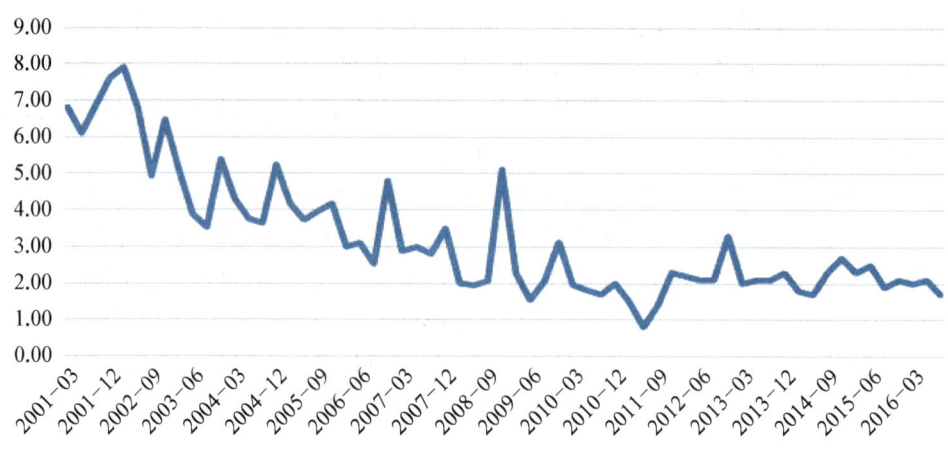

图4-14 金融机构超额存款准备金率(2001—2016)

数据来源:Wind 数据库。

2. 再贴现与再贷款

再贴现是中央银行对金融机构持有的未到期已贴现商业汇票予以贴现的行为。在我国,中央银行通过适时调整再贴现总量及利率,明确再贴现票据选择,达到吞吐基础货币和实施金融宏观调控的目的,同时发挥调整信贷结构的功能。中央银行贷款指中央银行对金融机构的贷款,简称再贷款,是中央银行调控基础货币的渠道之一。近年来,适应金融宏观调控方式由直接调控转向间接调控,再贷款所占基础货币的比重逐步下降,结构和投向也发生了重要变化。新增再贷款主要用于促进信贷结构调整,引导扩大县域和"三农"信贷投放。由于中期借贷便利(MLF)和常备借贷便利(SLF)的逐渐应用,再贴现使用的越来越少,央行也不再公布相关数据。

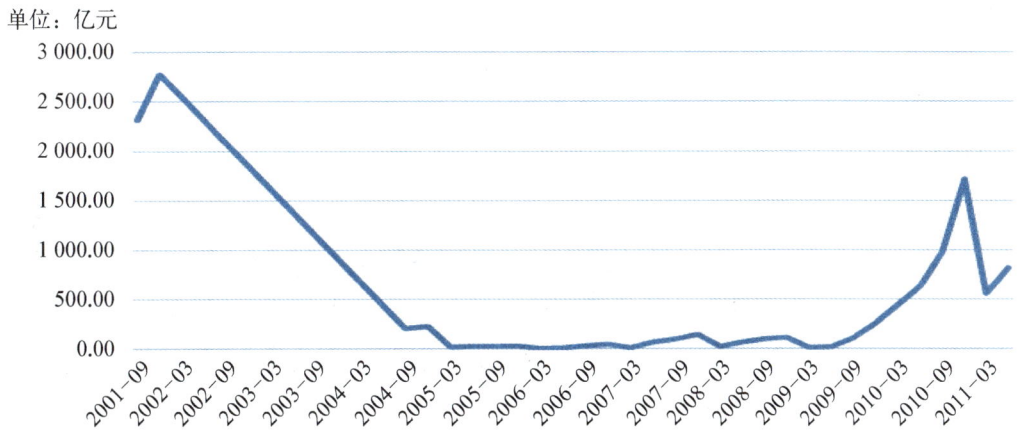

图 4-15　票据再贴现累计值(2001—2011)

数据来源:Wind 数据库。

3. 公开市场操作

公开市场操作是中央银行吞吐基础货币、调节市场流动性的主要货币政策工具,通过中央银行与市场交易对手进行有价证券和外汇交易,实现货币政策调控目标。中国公开市场操作包括人民币操作和外汇操作两部分。外汇公开市场操作于 1994 年 3 月启动,人民币公开市场操作 1998 年 5 月 26 日恢复交易,规模逐步扩大。1999 年以来,公开市场操作发展较快,目前已成为中国人民银行货币政策日常操作的主要工具之一,对于调节银行体系流动性水平、引导货币市场利率走势、促进货币供应量合理增长发挥了积极的作用。

从交易品种看,中国人民银行公开市场业务债券交易主要包括回购交易、现券交易和发行中央银行票据,以回购交易为主。其中回购交易分为正回购和逆回购两种,正回购为中国人民银行向一级交易商卖出有价证券,并约定在未来特定日期买回有价证券的交易行为,正回购为央行从市场收回流动性的操作,正回购到期则为央行向市场投放流动性的操作;逆回购为中国人民银行向一级交易商购买有价证券,并约定在未来特定日期将有价证券卖给一级交易商的交易行为,逆回购为央行向市场上投放流动性的操作,逆回购到期则为央行从市场收回流动性的操作。现券交易分为现券买断和现券卖断两种,前者为央行直接从二级市场买入债券,一次性地投放基础货币;后者为央行直接卖出持有债券,一次性地回笼基础货币。中央银行票据即中国人民银行发行的短期债券,央行通过发行央行票据可以回笼基础货币,央行票据到期则体现为投放基础货币。

当银行体系流动性存在长期、趋势性供求矛盾时,公开市场操作可与其他工具相配合,对较长期限的流动性进行有效调节。比如,从 2003—2013 年,中国人民银行通过发行央行票据和开展正回购操作,与法定准备金率等其他工具相配合,对冲外汇大量流入带来的过剩流动性。相对于持续性的投放和回收流动性,公开市场操作高度灵活的特点决定了这一工具在双向微调流动性方面更具优势。中央银行通过合理安排公开市场操作的品种、期限、规模等要素，可对短期流动性波动进行"削峰填谷"式的微调操作，实现对流动性的精细化管理，旨在熨平诸多因素对流动性的影响，并不代表货币政策取向发生变化，促进流动性和货币市场平稳运行。

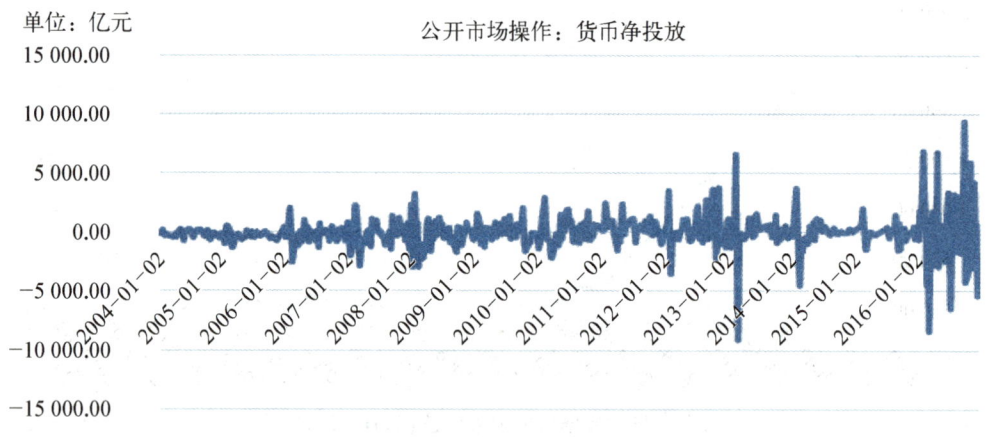

图 4-16　2001—2016 年央行公开市场操作

数据来源：Wind 数据库。

（三）新型货币政策工具的应用

长期以来，在维持币值稳定的基础上促进经济增长是我国法定的货币政策目标。但事实上，基于经济发展不同阶段的需要，我国中央银行一直采取的是多目标制，要在稳币值、保增长、促就业和平衡国际收支多个目标间寻求恰当的平衡，并要在不同的阶段以不同的权重去考虑多目标，同时随着经济条件的变化去改变权重，或进行切换（周小川，2010）。在经济发展新常态下，国家宏观调控的总体思路是宏观要稳、微观要活，而且，经济中高速增长、结构转型升级和增长动力机制转换是新常态的重要特征。这意味着货币政策的调控在原有目标的基础上还要肩负调结构和防风险（金融稳定）的重任（张晓慧，2015）。

对于货币政策中介目标，目前仍以 M2 和社会融资规模为主，正在越来越多地考虑利率等价格型中介目标。

货币政策调控方式目前仍以数量型调控为主，正在逐渐向价格型调控过渡。目前仍主要使用存款准备金率和公开市场操作调节货币供应量，但 2013 年创设了常备借贷便利（SLF）、中期借贷便利（MLF）构成利率走廊的上限，加上已存的存款准备金率作为利率走廊的下限，正在构筑利率走廊机制和价格型调控方式。2012 年 9 月，《金融业发展与改革"十二五"规划》明确提出："在继续关注货币供应量、新增贷款等传统中间目标的同时，发挥社会融资规模在货币政策制定中的参考作用，推进货币政策从以数量型调控为主向以价格型调控为主转型。"在 2015 年 10 月，人民银行明确提出未来的政策利率体系："对于短期利率，人民银行将加强运用短期回购利率和常备借贷便利利率，以培育和引导短期市场利率的形成。对于中长期利率，人民银行将发挥再贷款、中期借贷便利、抵押补充贷款（PSL）等工具对中长期流动性的调节作用以及中期政策利率的功能，引导和稳定中长期市场利率"，这标志着我国货币政策框架正式进入价格型框架时代，以 M2 为基准的数量型货币政策工具正在向以市场利率为调控目标、以某些政策利率为基准的价格型货币政策工具转向。

1. 定向降准

定向降准主要发挥了信号和结构引导作用，通过建立促进信贷结构优化的正向激励作用，引导商业银行用好增量、盘活存量，这有利于在不大幅增加贷款总量的同时，使相关领域企业获得更多的信贷支持。

国际金融危机爆发以来，通过开展定向操作疏通货币政策传导机制成为主要经济体央行的新动向。如美联储实施"扭转操作"以打通短期利率向中长期利率的传导梗阻，欧央行推出"定向长期再融资操作"也是在引导资金通过信贷等途径流向实体经济。然而，货币政策主要还是总量政策，其结构引导作用是辅助性的。定向降准等结构性措施若长期实施也会存在一些问题，如数据的真实性可能出现问题，市场决定资金流向的作用可能受到削弱，准备金工具的统一性也会受到影响。

2017年9月，中国人民银行宣布对普惠金融领域贷款达到一定标准的金融机构实施定向降准。此次定向降准是对原有小微企业和"三农"领域定向降准政策的拓展，将政策延伸到脱贫攻坚和"双创"等其他普惠金融领域贷款，政策外延更加完整和丰富。同时，还对原有定向降准政策进行了优化，聚焦"真小微""真普惠"，指向单户授信500万元以下的小微企业贷款、个体工商户和小微企业主经营性贷款，以及农户生产经营、创业担保、建档立卡贫困人口、助学等贷款，政策精准性和有效性显著提高。在具体实施上，定向降准政策仍保留了原有两档考核标准的政策框架。

2. 短期流动性调节工具

短期流动性调节工具(Short-term Liquidity Operations，SLO)是指央行推行的短期逆回购操作。SLO在2013年1月创设，采用市场化利率招标方式开展操作，作为公开市场常规操作的必要补充，在银行体系流动性出现临时性波动时相机使用。这一工具的及时创设，既有利于央行有效调节市场短期资金供给，熨平突发性、临时性因素导致的市场资金供求大幅波动，促进金融市场平稳运行，也有助于稳定市场预期和有效防范金融风险。

其特点主要有：(1) SLO的操作期限短，多为7天以内的回购；(2) SLO的操作时点具有灵活性，通常为公开市场常规操作的间歇期。常规公开市场操作是，一级交易商在每周一上报回购需求，央行根据上报的需求确定周二周四发行相应期限、品种的回购。但是当一级交易商预期的资金变化与实际需求不符时，市场就有可能出现利率过度波动，而SLO的不固定时间点将会使市场调控更加精准；(3) SLO的操作对象为符合特定条件的一级交易商。

表4-5 中国人民银行公布短期流动性调节工具(SLO)操作情况表

操作日期	操作方向	期限	交易量	加权平均中标利率
2016年1月20日	投放流动性	6天	1 500亿元	2.25%

数据来源：中国人民银行公开市场业务操作室2016年1月20日。

3. 常备借贷便利

常备借贷便利(Standing Lending Facility，SLF)是指以高信用评级的债券和优质信贷资产作为抵押而获得央行的贷款,期限为1—3个月。全球大多数中央银行具备借贷便利类的货币政策工具,但名称各异,如美联储的贴现窗口(Discount Window)、欧央行的边际贷款便利(Marginal Lending Facility)、英格兰银行的操作性常备便利(Operational Standing Facility)、日本银行的补充贷款便利(Complementary Lending Facility)、加拿大央行的常备流动性便利(Standing Liquidity Facility)、新加坡金管局的常备贷款便利(Standing Loan Facility),以及新兴市场经济体中俄罗斯央行的担保贷款(Secured Loans)、印度储备银行的边际常备便利(Marginal Standing Facility)、韩国央行的流动性调整贷款(Liquidity Adjustment Loans)、马来西亚央行的抵押贷款(Collateralized Lending)等。

借鉴国际经验,中国人民银行于2013年初创设了常备借贷便利。银行根据自身的资金需求,单独向央行提出申请,央行根据当时的流动性紧缺情况、货币政策目标和引导市场利率需要等多种因素,综合确定SLF的利率水平。SLF到期后,申请SLF的银行根据央行确立的利率水平向央行赎回抵押的资产,资金由此再回收到央行。常备借贷便利有以下三个特点:第一,SLF的操作期限较MLF短,多为1—3个月;第二,金融机构可根据自身流动性需求申请,针对性强;第三,常备借贷便利的交易对手覆盖面广,能覆盖不同的银行。

常备借贷便利是中国人民银行正常的流动性供给渠道,主要功能是满足金融机构期限较长的大额流动性需求。对象主要为政策性银行和全国性商业银行。利率水平根据货币政策调控、引导市场利率的需要等综合确定。常备借贷便利以抵押方式发放,合格抵押品包括高信用评级的债券类资产及优质信贷资产等。现在常备借贷便利交易期限为隔夜、7天和1个月,主要用于发挥利率走廊上限的作用。央行每月公布交易状况。

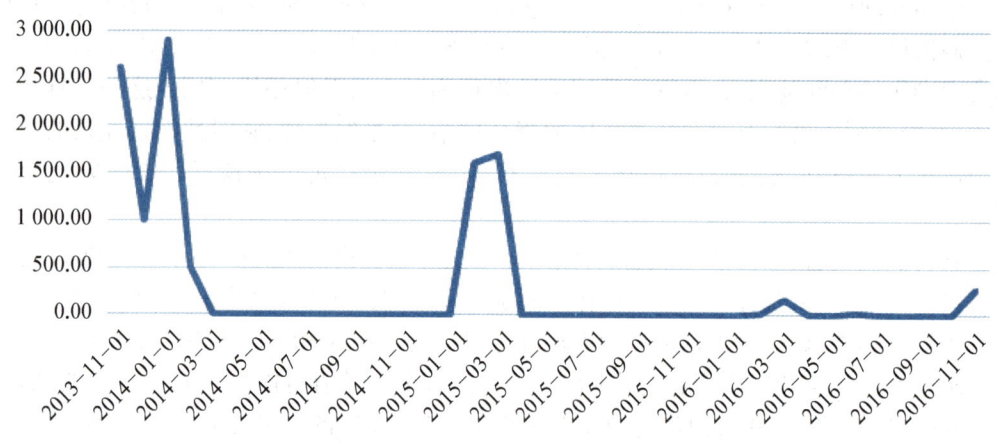

图4-17 常备借贷便利余额(2013—2016)(单位:亿元)

数据来源:Wind数据库。

4. 中期借贷便利

中期借贷便利(Medium-term Lending Facility,MLF)是指商业银行及政策性银行,通过招标方式以国债、央行票据、政策性金融债、高评级信用债等作为押品获得央行贷款,期限为3个月至1年。

当前银行体系流动性管理不仅面临来自资本流动变化、财政支出变化及资本市场IPO等多方面的扰动,同时也承担着完善价格型调控框架、引导市场利率水平等多方面的任务。为保持银行体系流动性总体平稳适度，支持货币信贷合理增长，中央银行需要根据流动性需求的期限、主体和用途不断丰富和完善工具组合，以进一步提高调控的灵活性、针对性和有效性。MLF 于 2014 年 9 月由人民银行创设，银行根据自身的资金需求，单独向央行提出申请，央行根据当时的流动性紧缺情况、货币政策目标和引导市场利率需要等多种因素，综合确定 MLF 的利率水平。MLF 到期后，申请 MLF 的银行根据央行确立的利率水平向央行赎回抵押的资产，资金由此再回收到央行。

中期借贷便利有以下三个特点：(1) MLF 的操作期限较 SLF 长，多为 3 个月至 1 年；(2) MLF 具有 SLF 针对性强及交易对手覆盖面广等特点；(3) MLF 可多次展期，为银行的信贷投放意愿起到助力作用，能有效把利率往中长端传导。

中期借贷便利是中央银行提供中期基础货币的货币政策工具，对象为符合宏观审慎管理要求的商业银行、政策性银行，可通过招标方式开展。中期借贷便利采取质押方式发放，金融机构提供国债、央行票据、政策性金融债、高等级信用债等优质债券作为合格质押品。通过调节向金融机构中期融资的成本来对金融机构的资产负债表和市场预期产生影响，引导其向符合国家政策导向的实体经济部门提供低成本资金，促进降低社会融资成本。一般情况下，商行是借用短期资金贷出长期资金，即所谓的"借短贷长"。为了维持一笔期限较长的贷款，商行需要频繁借用短期资金，因此存在一定的短期利率风险和成本。由于 MLF 的期限较长，若商行用 MLF 得到的资金来进行该笔贷款，就无需进行频繁的借短贷长，可以在某种程度上降低商业银行的利率风险。MLF 发挥了中期政策利率的作用，调节商业银行中期融资的成本，进而对金融机构的资产负债表进行调节，同时影响市场预期，引导银行业向符合国家政策导向的实体经济提供低成本资金，降低商业银行贷款利率和社会融资成本，促进实体经济发展。从商业银行的资产负债表来看，短期负债减少，中期负债增多，且利率更为稳定，可以提高商业银行的负债管理水平。从资产端来看，由于中期借贷便利会引导资金向符合国家政策引导的实体经济流动，且为这一行业内的企业提供低成本的资金，但因此也可能会减少商业银行的利息收入，或引发机会主义行为。

近年来中期借贷便利余额不断上升，中期借贷便利逐渐成为央行投放货币的主要方式，体现了央行引导中期利率、降低企业融资成本的政策意愿。

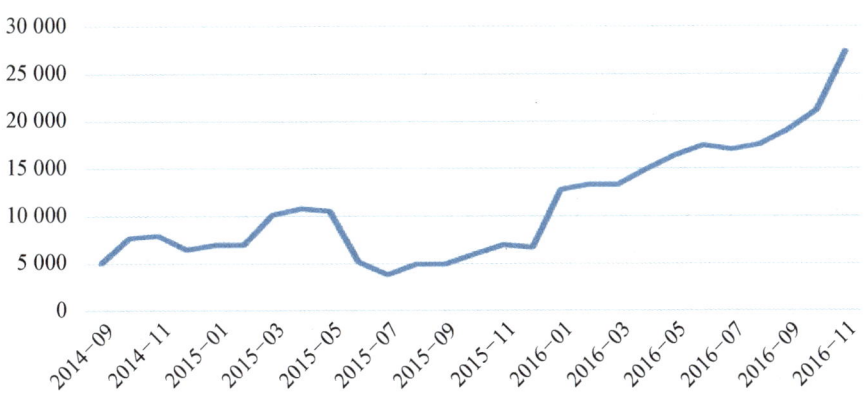

图 4-18　中期借贷便利余额(2014—2016)(单位：亿元)

数据来源：Wind 数据库。

近年来，根据货币政策调控需要和银行体系流动性状况，中国人民银行综合运用中期借贷便利(MLF)、常备借贷便利(SLF)等货币政策工具，进一步增强央行流动性管理的灵活性和有效性，保持银行体系流动性基本稳定。2017年，中国人民银行累计开展常备借贷便利操作共6 069亿元，各季度分别开展操作2 300亿元、769亿元、1 168亿元和1 832亿元，期末余额为1 304亿元。探索发挥常备借贷便利利率作为利率走廊上限的作用，促进货币市场平稳运行。为反映经济基本面和适应货币市场利率中枢上行，2017年三次上调常备借贷便利利率。为促进经济平稳增长，保证基础货币供给，结合金融机构流动性需求情况，每月适时开展中期借贷便利操作，弥补银行体系中长期流动性缺口。中期借贷便利成为央行基础货币供给的重要渠道。2017年，中国人民银行累计开展中期借贷便利操作53 295亿元，期末余额为45 215亿元。为满足金融机构中长期流动性需求，主要开展期限为1年期的中期借贷便利操作，稳定市场预期。

5. 补充抵押贷款

2014年4月，中国人民银行创设抵押补充贷款(Pledged Supplemental Lending, PSL)为开发性金融支持棚户区改造提供长期稳定、成本适当的资金来源。抵押补充贷款的主要功能是支持国民经济重点领域、薄弱环节和社会事业发展而对金融机构提供的期限较长的大额融资。抵押补充贷款采取质押方式发放，合格抵押品包括高等级债券资产和优质信贷资产。

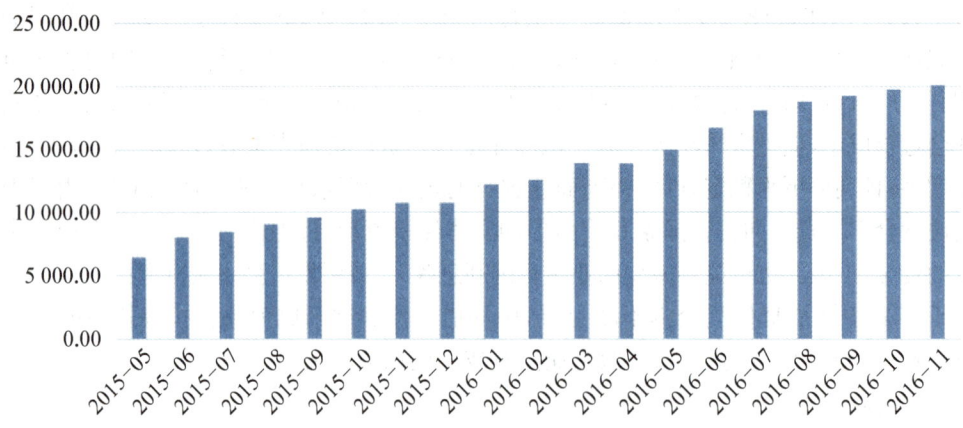

图4-19　抵押补充贷款期末余额(2015—2016)(单位：亿元)

数据来源：Wind 数据库。

6. 建立利率走廊的尝试

利率走廊是指以央行存款利率作为利率下限，常备借贷便利利率作为利率上限，短期利率(美国为联邦基金利率，国内为SHIBOR或质押式回购利率)作为基准利率在上下限之间蛇行的一种货币政策调控方式。

欧央行于1998年6月成立后即实施利率走廊机制，该机制随着1999年欧元的启动而正式实施。其走廊上限利率为边际借贷便利，走廊下限利率为银行存款便利。银行存款便利允许金融机构在国家中央银行存入隔夜存款。通常情况下，存款便利利率比市场利率低，边际借贷便利则允许银行以惩罚性的市场利率获得隔夜流动性。原则上对边际借贷便利不设额度限制。欧央行设定的初始走廊系统为不对称系统，其中边际贷款便利利率比目标利率高150个基点，存款便利利率比目标利率低100个基点。然而，随着欧洲央行在1999年4月8日降息，利率走廊的走廊宽度随即收窄为20个基点，目标利率也开始位于走廊的中间位置。金融危机期间，由于欧洲央行实施宽松的货币政策，欧元隔夜平均利率指数不断下降。与此同时，利率走廊的宽度也经历多次变化，先是2008年10月被暂时收窄至100个基点，接着2009年年初又被恢复到200个基点，最后才于2009年5月7日的会议之后重新收窄并确定在150个基点。2009年的年中开始，实际隔夜拆借利率已被足量的流动性驱使至走廊下限附近，此时的利率走廊系统就近似于地板系统。事实上，正是由于地板系统将利率政策与流动性政策相分离的优点，欧洲央行向货币市场注入空前流动性的同时才能将短期市场利率稳定地控制在政策利率附近。

为实施利率走廊，欧洲央行创设了多样化的货币政策工具，从常态化和非常态化的货币市场操作，到经常性的融资便利。此外，金融危机之后，欧洲央行还发明了长期再融资计划LTRO(Long-term Refinancing Operation)、资产担保购买计划CBPP(Covered Bond Purchase Program)等多项非常规的货币政策工具，以实行超宽松的货币政策，为实体经济提供流动性支持。

表 4-6 欧洲央行货币政策工具

货币政策操作	操作工具	投放货币	回笼货币	期限	频率
公开市场操作	主要再融资操作	逆回购		一周	每周
	长期再融资操作	逆回购		三个月	每月
	微调操作	逆回购、外汇掉期、买断式回购	逆回购、外汇掉期、买断式回购、吸收定期存款	无固定标准	不定期
	结构性操作	逆回购、买断式回购	发行债券、买断式回购	有/无固定标准	定期/不定期
经常性融资便利	边际借贷便利	逆回购		隔夜	凭交易方意愿
	存款便利		存款	隔夜	凭交易方意愿

在完善的金融市场中，央行只需要调节短期利率，并通过金融市场的调节，就可以达到调控整个利率期限结构曲线的目标。然而我国的金融市场仍然不够发达，利率传导不畅，央行仍需要调节短期和中长期利率来达到调控利率期限结构曲线的目标。对于短期利率，人民银行将加强运用短期回购利率和常备借贷便利(SLF)利率，以培育和引导短期市场利率的形成。对于中长期利率，人民银行将发挥再贷款、中期借贷便利(MLF)、抵押补充贷款(PSL)等工具对中长期流动性的调节作用以及中期政策利率的功能，引导和稳定中长期市场利率。

专栏

中国利率市场化改革取得重要进展

2016年，中国利率市场化改革加快推进并取得重要进展。一是继续培育金融市场基准利率体系。着力培育以上海银行间同业拆放利率(SHIBOR)、国债收益率曲线和贷款基础利率(LPR)等为代表的金融市场基准利率体系,为金融产品定价提供重要参考。扎实推进 Shibor 和 LPR 的应用,促进其使用范围逐步扩大。自 2016 年 6 月 15 日起,通过中国人民银行网站发布中国国债收益率曲线,推动市场主体提高对国债收益率曲线的关注和使用程度,进一步夯实国债收益率曲线的基准性。二是不断健全市场利率定价自律机制。进一步拓宽自律机制成员范围,目前自律机制成员已扩大至 1 712 家,包括 12 家核心成员、988 家基础成员和 712 家观察成员。同时,进一步完善省级自律机制。三是有序推进金融产品创新。逐步扩大存单发行主体范围,推进同业存单、大额存单发行交易。2016 年 6 月 6 日进一步将个人投资人认购大额存单的起点金额由 30 万元调整至 20 万元。四是完善中央银行利率调控体系,积极疏通利率传导渠道,增强央行引导和调节市场利率的有效性[①]。

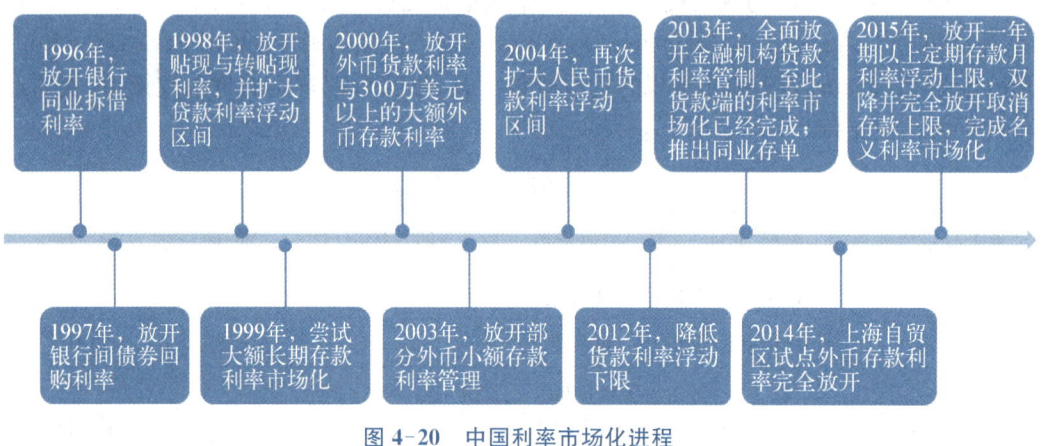

图 4-20 中国利率市场化进程

本 章 小 结

货币市场是专门融通短期资金的市场。在微观层面,主要满足了市场参与者短期流动性资金需求,并提供短期投资便利;在宏观管理层面,货币市场为中央银行实施货币政策,调节宏观经济提供了工具和渠道。货币市场由多个子市场构成,主要包括同业拆借市场、短期政府债券市场、商业票据市场、大额可转让定期存单市场、银行承兑汇票市场和回购市场等。随着金融创新的发展,货币市场的工具、运行机制及其对宏观经济的影响也日益复杂。

货币市场的交易主体主要包括政府部门、中央银行、银行类金融机构、非银行类金融机构、实体经营企业与个人投资者等。货币市场的中介机构主要包括货币市场的做市商

---

① 资料来源:中国人民银行网站。

和货币经纪公司。

货币市场的交易利率包括同业拆借利率、商业票据贴现、转贴现和再贴现利率、短期国债回购利率、短期国债现货利率及大额可转让定期存单利率等同时各相对独立的子市场的市场利率,形成了一个按照风险结构和期限结构组合起来的利率体系。影响货币市场工具价格的因素既来自整体宏观因素所决定的短期无风险利率水平,又有发行人自身因素所决定的风险溢价。货币市场基准利率应具备市场性、稳定性、基准性、传导性、可测性、可控性、相关性等基本属性。货币市场的政策功能表现在为货币政策实施提供条件。中央银行对货币市场调控的关键着力点和作用途径,其基本目标是通过公开市场业务,实现以货币供应量为主体的数量调控;通过基准利率,实现以同业拆借利率、短期债利率、商业票据利率和外币对本币的汇率等为主体的价格调控。

重 要 概 念

货币市场、同业拆借、票据市场、回购市场

习 题 与 思 考

1. 近年来中国同业存单市场发展迅速,发行主体也由期初的国有大型商业银行转变为股份制银行城商行等中小银行。试分析同业存单市场发展的意义及潜在的市场风险。
2. SHIBOR 目前可以作为我国货币市场基准利率吗?为什么?
3. 请举例说明当前中国人民银行运用的新型货币政策工具及其宏观影响。

第五章

债券市场

教学目的与要求

通过本章学习,熟悉债券和债券市场的内涵;熟悉中国债券市场结构和基础设施支持;熟悉债券市场风险揭示机制;了解中国债券市场的发展历程。熟悉债券市场不同产品及其发行机制。熟悉不同债券市场的交易机制。掌握债券价值分析方法。了解当前中国债券市场创新与发展。

第一节 债券市场概述

一、债券与债券市场的内涵

(一) 债券的内涵

债券是政府、企业和金融机构等依据法律手续发行的,向投资者即债权人承诺的,按约定利率和日期支付利息、偿还本金,从而明确债权债务关系的有价证券。债券发行者有义务定期支付利息,并在到期日偿还本金。如果债券的发行者不能按规定还款,债券的持有者(投资者)就可以对债券发行者的资产行使索偿权。

债券的基本要素包括债券的名称、债券的面值、偿还期限、利率和价格。

(1) 债券的名称。一般由发行年份、发行人简称以及债券发行和流通时在相应市场中所获得的编号代码共同构成。

(2) 债券的面值。债券的票面价值是债券票面标明的货币价值,是债券发行者承诺在债券到期日偿还给债券持有人的金额。一般而言,各个国家对于不同债券均有约定俗成的票面金额。

(3) 偿还期限。是指债券从发行日起至偿清本息之日止的时间,也是债券发行者承诺履行合同义务的全部时间。发行者在确定债券期限时,要考虑多种因素的影响,包括资金使用方向、未来现金流、市场利率变化、债券的变现能力等。

(4) 票面利率。票面利率也称为名义利率,是债券年利息与债券票面价值的比率,通常年利率用百分比表示。票面利率是债券票面要素中不可缺少的内容,主要与借贷资金市场利率水平、筹资者的资信水平、债券的期限等因素有关,并且票面利率在债券的约定期限内是固定的或按约定的计算方式确定。

(5) 债券价格。债券的价格反映了投资者对债券未来收益的现值预期。影响债券价格的因素主要有利率(票面利率和市场利率)、信用水平、流动性等。由无信用风险、不同剩余期限债券的交易价格所形成的收益率曲线是社会经济中一般金融产品收益水平的重要基准之一。

债券种类繁多,根据发行主体划分可以分为政府债券、公司债券和金融债券。按收益划分可以分为固定利率债券、浮动利率债券、指数债券、零息债券、高收益债券。按抵押担保状况划分可以分为信用债券、抵押债券、担保债券、担保信托债券、设备信托债券。按内涵选择权划分可分为可赎回债券、偿还基金债券、可转换债券和带认股权证的债券。按偿还期限划分,可以分为短期、中期、长期债券。其中最为常见的是根据发行主体进行划分。

(二) 债券市场的内涵

债券市场是发行和交易债券的场所,是金融市场一个重要组成部分。债券市场是一国金融体系中不可或缺的部分。一个统一、成熟的债券市场可以为全社会的投资者和筹资者提供风险与收益匹配的投融资工具;债券的收益率曲线是社会经济中金融商品收益水平的重要基准,因此债券市场也是传导中央银行货币政策的重要载体,是一个国家金融市场的重要基础。

根据不同的分类标准,债券市场可分为不同的类别。

根据债券的运行过程和市场的基本功能,可将债券市场分为发行市场和流通市场。债券发行市场又称一级市场,是发行单位初次出售新债券的市场。债券发行市场的作用是将政府、金融机构以及工商企业等为筹集资金向社会发行的债券,发行到投资者手中。债券流通市场又称二级市场,指已发行债券买卖转让的市场。债券一经认购,即确立了一定期限的债权债务关系,通过债券流通市场,投资者可以转让债权、变现债券。债券发行市场和流通市场相辅相成,是互相依存的整体。发行市场是债券流通的前提和基础,发达的流通市场是发行市场的重要支撑,流通市场的发达是发行市场扩大的必要条件。

根据市场组织形式,债券流通市场可进一步分为场内交易市场和场外交易市场。在证券交易所内买卖债券所形成的市场,就是场内交易市场,如我国的上海证券交易所和深圳证券交易所。交易所作为债券交易的组织者,本身不参加债券的买卖和价格的决定。只是为债券买卖双方创造条件,提供服务,并作为自律性机构提供相应的监管。场外交易市场是在证券交易所以外进行证券交易的市场。我国的债券场外交易市场主要包括银行间债券市场和商业银行柜台市场,银行间债券市场是我国发行和交易规模最大的债券市场。

根据债券发行地点的不同,债券市场可以划分为国内债券市场和国际债券市场。国际债券又包括由非居民发行的在岸国际债券和在离岸市场发行的离岸国际债券,前者包括扬基美元债券、武士日元债券和熊猫人民币债券等种类,后者包括离岸欧洲美元债券、离岸欧洲日元债券和离岸人民币点心债券等品种。由于国际债券的交易涉及跨境和离岸交易,因此不同货币计价的国际债券发行规模的变化反映了这些货币的国际化程度。

20世纪90年代以来,随着经济全球化的发展以及全球经济市场化的不断推进,国际债券市场获得了较快的发展。就国际债券市场的货币结构来看,美元债券、欧元债券、英镑债券和日元债券构成了全球主要的国际债券,其占比超过90%,其中美元国际债券和欧元国际债券近年来各占全球市场的40%左右,英镑国际债券约占7%。

截至2016年6月,由国内债券和国际债券构成的全球债券未偿还余额达104.5万亿美元,国际债券未偿还余额为21.6万亿美元,占比约21%。从全球债券未偿还余额来看,最多的债券为美元债券,其次为欧元债券,日元债券排名第三。到2016年6月,这三种债券的未偿还余额分别为44.9万亿美元、18.7万亿美元和14.1万亿美元,美元债券未尝还余额约为全球债券的43%,欧元为18%,日元为13%。

表5-1 按货币划分的全球债券市场未偿还余额　　（单位：万亿美元）

时间	美元		欧元		日元		其他货币		全部债券	
	金额	占比	金额	占比	金额	占比	金额	占比	金额	占比
2011年	37.1	39%	21.7	23%	16.3	17%	20.6	22%	96	100%
2012年	39.0	39%	22.4	23%	15.0	15%	22.8	23%	99	100%
2013年	40.6	41%	23.1	23%	12.6	13%	23.6	24%	100	100%
2014年	42.6	43%	20.3	21%	11.2	11%	24.4	25%	99	100%
2015年	43.9	45%	18.2	19%	11.3	12%	24.9	25%	98	100%
2016年6月	44.9	43%	18.7	18%	14.1	13%	26.9	26%	104	100%

资料来源：BIS数据库。

二、中国债券市场结构

中国债券市场分为银行间市场、交易所市场和柜台债券市场。其中,银行间市场是中国债券市场的主体。银行间市场从1997年6月正式启动,是我国债券交易最主要的市场,属于场外交易市场。该市场参与者是各类机构投资者,属于大宗交易批发市场,实行双边谈判成交,逐笔结算。由中央结算公司为银行间市场投资者开立证券账户,进行一级托管和交易结算。交易所市场属于集中撮合交易的零售市场,实行净额结算。交易所实行两级托管体制,其中中央结算公司为一级托管人,为交易所开立代理总账户;中国证券登记结算公司为债券二级托管人,为交易所投资者提供结算。商业银行柜台市场是银行间市场的延伸,属于零售市场和场外交易市场。柜台市场实行两级托管。

随着债券市场的发展,债券市场托管总量持续增长。2017年年末,全国债券市场托管存量达64.57万亿元,其中,中央结算公司托管债券50.96万亿元,占全市场78.92%;上海清算所托管债券8.23万亿元,占全市场12.74%;交易所托管债券5.38万亿元,占全市场8.34%。

表 5-2　2017 年债券市场余额情况

	余额(亿元)
全市场	645 704.41
中央结算公司登记托管的债券	509 581.79
上海清算所登记托管的债券	82 275.75
中证登登记托管的债券	53 846.87

资料来源：中国债券信息网、上海清算所网站、中国结算网。

按监管部门来看，中国债券市场具有财政部、国家发展改革委、中国人民银行、中国证监会、中国银监会和中国保监会等多部门监管的特点。这种多部门监管体制是中国债券市场发展进程中逐步演变的结果，对于促进债券市场品类的发展发挥了重要作用，但也成为债券市场发展的突出问题。

多部门监管的结果导致了监管职能分割，其中，中国人民银行和证监会履行银行间债券市场、交易所市场监管的职能；财政部、国家发改委、人民银行、证监会、银监会、保监会、银行间市场交易商协会分别履行国家和地方政府、企业、政策性金融机构和国际金融开发机构、公司和证券机构、银行业机构、保险业机构、发行非金融企业债务融资工具的企业主体等发行主体监管职能；银监会、证监会和保监会履行本行业机构参与债券交易的机构监管职能。市场发行、交易等功能性监管职能和机构投资者监管职能相分割。

这些监管职能的形成来源不一，有些是在债券产品创设时，往往就拥有了对它运行的监管权；有的源于金融监管体系变迁中，不同监管职能的延续与重新划分，如一行三会监管职能的交错；有的则沿袭了中国传统的固定资产投资管理的体制，如发改委对企业债的发行审批。

这种多部门监管体制，相关部门之间就必然存在着分工合作和相互协调的要求。从监管分工来看，我国债券市场既存在着机构监管与功能监管部门的分工，也存在着不同功能监管部门之间的分工。从监管目标而言，机构监管与功能监管是不同的。机构监管主要是根据不同类型的金融机构的经营特点，在市场准入、经营业务、市场退出等方面做出限制性的规定，对金融机构内部组织结构、风险管理和控制提出合规性要求；而功能性监管则从债券发行、交易等行为入手，侧重于对信息披露、交易制度、信用评级等方面进行规范性管理，监管的重点在于防范和控制系统性风险、维护市场秩序、保护投资者利益。在分业监管的大背景下，这两种监管在债券市场进行分工，有其制度背景，然而是否能够实现监管目标、有效控制系统性风险，关键在于以明晰的监管边界为基础，形成良好的监管协调机制。

然而，由于各部门对中国债券市场监管的权力来源不一，不仅存在着功能监管与机构监管边界不够清晰，功能监管中也存在着分割，尤其是一级市场发行所涉及的监管主体极其庞杂，不可避免地形成监管重复交叉和监管空白，难以形成合理的分工协调机制。

三、债券市场基础设施支持

金融市场基础设施(FMI)是保障金融市场安全高效运行和整体稳定的一整套体系，

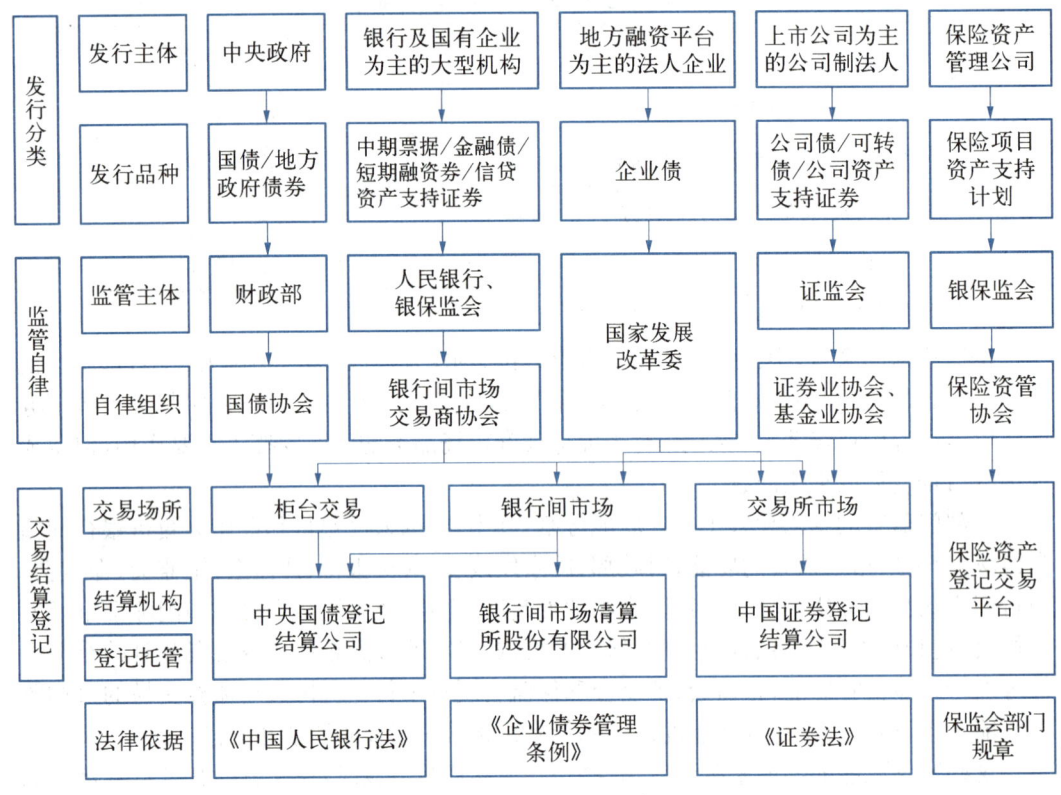

图 5-1 中国债券市场监管结构

包括系统重要性支付系统（SIPS）、中央证券存管系统（CSD）、证券交收系统（SSS）、中央对手方（CCP）和交易信息集中报告机构（TR）等。债券登记、托管、清算和结算系统是债券市场重要的基础设施。

从登记结算方面来看，中证登负责交易所市场，成为对境内证券交易所提供证券托管、结算服务的唯一后台系统。在银行间债券市场，中债登和上清所，负责对在银行间债券市场发行和流通的国债、政策性金融债、一般金融债、次级债、地方政府债、企业债、中期票据、短期融资券、超短期融资券、资产支持证券等券种的登记与托管。不同机构间较为明确的机构分工格局已初步形成，这在一定程度上满足了不同层次投资者的差异化需求。

中债登根据投资人的机构性质以及可以从事的业务范围对债券托管账户实行了分类设置和集中管理。银行间市场债券托管账户分为一级托管账户和二级托管账户。一级托管账户分甲类账户、乙类账户和丙类账户三种。甲类账户持有人通过其自营账户可以办理自营业务，通过其所代理的丙类账户可以办理代理业务，经批准可以通过代理总户办理债券柜台业务。商业银行柜台交易市场的债券实行二级托管。中债登是一级托管管到人，柜台承办银行承担二级托管职责，分别对一级托管账务和二级托管账在柜台交易市场，投资者在商业银行的柜台开立托管账户，用于记载账户的真实性、准确性、完整性和安全性负责。对于担当了国债等固定收益证券的分托管人的中证登，则以名义持有人的身份在该系统分别设立代理总账户，用以记载两个交易所投资人托管的债券总量。

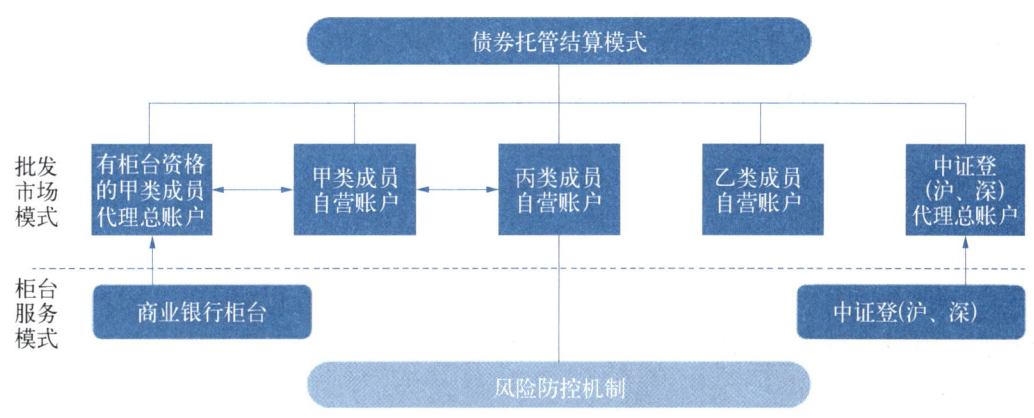

图 5-2　中国债券托管结算模式

然而,一些体制机制方面的因素造成几方之间的互联互通仍然存在障碍。证券系统信息割裂、市场割裂问题依旧存在,在跨现货和衍生品市场的信息整合与共享方面还存在一些薄弱环节,跨市场监管的及时性和有效性有待加强,随着产品复杂性和关联度的不断提高,风险传导性与递延性问题凸显,如何强化信息共享和联动监控是迫在眉睫的重要问题。

从国际债券市场发展的趋势来看,债券市场的登记托管结算体系呈现出一体化的趋势。托管结算体系建设中最主要的创新是中央证券托管机构的出现。自 20 世纪 60 年代末诞生以来,从初期作为解决实物券分散托管问题的具体方案,发展成为支持证券市场安全高效运行的核心基础设施、服务和推动证券市场创新的必要环节以及政府进行市场监管的重要手段。中央托管结算机构的发展水平直接反映了一国金融基础设施的先进程度,影响着该国金融市场的国际竞争力。中央登记托管体系是一国的核心金融基础设施,在无纸化、网络化的现代证券市场运行中处于核心地位。

四、债券市场风险揭示机制

从发达国家债券市场的监管经验来看,首先确保风险得到正确揭示、增加市场透明度是监管部门的责任,风险揭示主要通过强制性、严格的信息披露机制实现。发行人的经营状况、财务状况、信用状况都必须如实、持续地按时披露。其次是监管部门密切关注发债机构经营状况的变化。其三,由于债券市场投资的专业性和发债主体多元性,信用评级制度是市场化监督机制的重要组成部分,独立、公正、客观的信用评级对于债券市场的健康发展具有非常重要的作用。因此,对信用评级、会计师事务所、资产评估等债券市场中介服务机构也加强监管,防止其与债券发行方共同侵犯投资人利益。

(一) 债券的信用评级

债券的信用评级是由专门的信用评级机构根据发行人提供的信息材料,并通过调查、预测等手段,运用科学的分析方法,对拟发行债券资金使用的合理性和按期偿还本息的能力及风险程度所做的综合评价。债券信用评级的目的是将债券发行人的信誉和偿债的可靠程度告知投资者,以保护投资者的利益,避免其因信息不对称而造成损失。信用评级的主要依据是债券发行人的偿债能力、债券发行人的资信情况以及投资者承担的风险水平。

从公司债券来看，公司债券信用评级本身是针对公司债券这一产品进行的评级，因此债券获得的信用等级（债项级别）一般反映了两方面因素：一是债券发行人自身的信用风险，即主体信用等级；二是公司债券的特点，主要包括担保、抵押及债券的优先偿付次序等因素，即债项信用等级。

1. 主体信用评级主要考察的因素

主体评级是对受评主体如期偿还其全部债务及利息的能力和意愿的综合评价，主要以受评主体违约概率的高低来衡量。由于受评主体所属行业的不同，主体评级的方法也会有所差异。

(1) 经营风险评价。主要包括宏观分析、行业分析和发行人分析。

宏观经济环境分析的重点是了解宏观经济环境的变化对受评行业产品或服务需求、原料供给及价格、外部融资环境等方面的影响，一般需要关注整个宏观经济运行状态和国家宏观调控政策的变化。在宏观经济运行状态方面主要考察：整个国家经济发展所处的阶段、GDP 增长速度、固定资产投资增长速度、人均可支配收入变化情况、物价指数等方面的指标。国家宏观调控政策方面主要关注国家货币政策、财政政策、收入政策方面的变化情况。需要指出的是，由于信用评级是对企业未来偿还债务能力的评价，所以评级结果应该是跨企业经营周期的，应该本着谨慎的原则，考虑受评主体在外部经济环境不好的情况下的违约可能性。企业所在区域的经济发展状况、产业配套效应方面的综合表现关系，区域基础设施建设状况、人文文化、人才储备、地方政府的经济发展规划、地区税收政策等也会对企业的长远发展产生较大的影响。评级分析时要依据受评主体的商业特征分析区域经济环境对受评主体的影响。

行业分析主要考虑产业政策、行业供求和产品价格变化趋势、行业在产业链中的地位和行业内竞争等。国家的产业政策对受评企业的经营和发展有重大影响。评级分析时首先要判断受评主体所处行业是否能获得相关国家政策支持，其次要关注国家具体政策和政策变化趋势，判断对行业内企业的影响，最后综合判断产业政策对受评主体所处行业和企业的经营、盈利、发展的影响及其程度。产品价格是决定企业盈利能力的核心因素，而行业供求状况是决定产品价格的基础，也是决定企业盈利能力的外部环境，对企业资金获取能力有重大影响。评级分析时，应分析当前产品供求的状况，结合行业周期性和行业所处的阶段以及消费习惯的变化趋势来预测未来产品需求的变化趋势，并根据短期行业内产能规划情况，判断未来产品的供应状况，再对未来产品价格做出合理的分析和判断，进而判断这些因素对受评企业所处行业盈利能力的影响。对行业在产业链中的地位分析时，重点应判断所属行业对上下游行业的依赖程度及议价能力，可从上下游行业的竞争激烈程度、所属行业对上游资源及技术的依赖程度、所属行业对下游行业销售渠道的依赖程度、所属行业向上下游行业拓展的难度等方面加以分析，最后综合判断行业在产业链中的位置及其影响。行业内竞争程度是决定行业内企业获利能力和现金流稳定性的核心因素。评级分析时应考察行业集中度、行业内经营企业的数量、行业内企业的主要竞争手段，判断行业内竞争程度，同时应该把握行业内核心企业的经营及发展状况，判断其对行业内其他企业的影响。

发行人分析主要从其竞争能力、管理和战略着手分析。在竞争能力方面，主要分析企业的规模和市场地位、技术水平和研发能力、运营模式、采购渠道稳定性和议价能力、生产设备和产品结构、销售渠道建设、稳定性和议价能力等。管理与战略主要分析法人治理结构及组织架构、管理团队及人员素质、分支机构管控能力、管理制度建设及执行情况以及发展战略合理性等。

(2) 财务风险评价。财务信息质量的判断是第一位的。财务数据是企业经营和管理的综合体现，是企业财务风险分析的基础，财务信息的可靠性关系到信用风险判断是否合理。审计机构是对企业财务报表进行审计的专业机构，其对财务报表的审计意见是评级机构判断财务信息质量的基础。分析时要重点关注企业财务报表审计机构的资质，财务报表的审计结论，以及企业重要会计政策选择是否与行业一般企业选择一致等。

资产质量的分析是财务分析的起点，企业资产账面价值与实际价值不符，会造成企业实际债务负担与财务指标表现差异显著，进而影响对企业债务负担和偿债能力的分析和判断力。其中流动资产分析和判断的出发点是企业资产的变现能力和价值的合理性，重点要关注存货、应收账款、其他应收款的变现能力。对于非流动资产的分析重点要分析在建工程、固定资产、无形资产。

对企业资本结构的分析重点主要关注以下五个方面：一是企业当前债务负担的轻重程度，可以通过行业比较来加以分析和判断；二是企业当前债务结构是否合理，主要分析企业长、短期债务占比情况，并结合企业的资产布局和销售收入的规模进行判断；三是企业所有者权益的稳定性，主要关注企业所有者权益的构成及其利润分配政策对企业所有者权益的影响；四是企业债务负担的变化趋势；五是关注企业对外担保、诉讼等或有债务对企业债务负担的潜在影响。

盈利能力分析的重点是企业盈利能力的强弱及其稳定性。盈利能力的强弱主要通过毛利率、总资产报酬率等指标进行衡量；盈利稳定性的分析，要区分经营性盈利和非经营性盈利对企业的影响，对于投资收益、营业外收支等非经营性盈利项目要重点考察其稳定性，同时结合产品价格波动和企业近几年盈利的波动情况判断企业经营性盈利的稳定性。

现金流是企业自身偿还债务的真正来源，因此，考察企业现金流状况是企业财务风险分析的重点。从企业自身的偿债资金来源看，经营活动现金净流量和投资活动的现金流入量是企业偿还债务的重要来源，因此，需要在分析中重点考察；同时企业经营活动现金流入量规模的大小能在一定程度上反映企业资金周转能力的强弱，对此也需要重点关注；企业未来投资支出的规模大小是企业未来现金流出的重要方面；历史筹资活动现金流入量能在一定程度上反映企业的融资能力，分析中也应该有所关注。

偿债指标的分析是企业财务分析的综合，旨在综合资产质量、资本结构、盈利能力、现金流量分析的结论，通过偿债指标综合评定受评企业财务风险的高低，是支持企业财务风险分析结论的关键因素。对企业偿债指标的分析分为短期偿债指标分析和长期偿债指标分析两部分。其中，对于企业短期偿债指标分析首先要考察可变现资产对企业短期债务的保障程度，其次是短期债务周转或偿还能力。对于企业长期偿债指标的考察主要集中在企业长期偿债资金来源对于长期债务和利息的保障程度[1]。

（3）支持评级。支持评级主要从股东支持和政府支持两个方面来考察发行人可获得的外部支持程度。

股东支持主要考察股东实力、主要股东对发行人的持股比例、发行人对股东的重要性（收入、资产及利润规模在股东合并报表中的比重、发行人所从事的业务是否是股东业务构成中的重要部分及其在股东发展战略中的重要性）、股东历史上对发行人的支持意愿、支持方式和支持力度以及股东未来是否有针对发行人的在注资、偿还债务等方面的承诺。

政府支持主要考察政府的财政实力、政府对发行人的持股比例、发行人对国民经济或地方经济的重要性、政府在历史上对发行人的支持意愿、支持方式和支持力度以及政府未来是否有针对发行人的在注资、偿还债务等方面的安排。

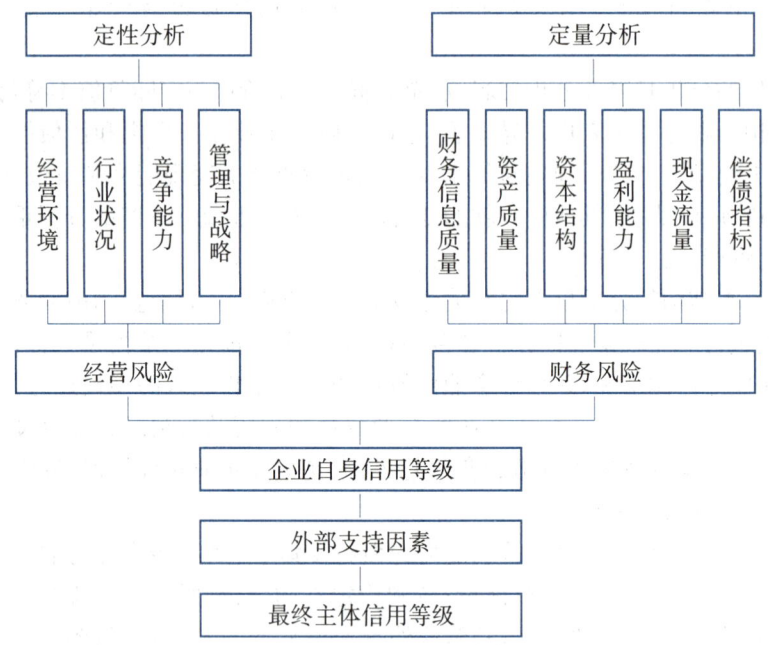

图 5-3 中债资信工商企业主体评级思路框架

资料来源："评级技术基础规范之五：工商企业主体评级方法总论"，中债资信网站。

2. 债项信用评级考察的基本因素

（1）债券偿付的优先次序。债券偿付的优先次序对不同债权人面临的违约损失有较大程度的影响，因此这一因素需要在债券信用评级时重点考虑。

（2）担保措施。如果发行的公司债券为有担保的债券，则担保人的信用品质也将成为债项信用评级时需要重点考察的因素。对担保人的信用评级方法与对发行人的评级方法基本一致。担保人的信用品质可能会对债券信用等级有提升作用，这种提升的作用取决于担保人自身的信用等级以及担保人与发行人之间的相关性等因素。

（3）抵押措施。如果发行的公司债券为设置抵押的债券，则对债券的信用评级还需

---

[1] "评级技术基础规范之五：工商企业主体评级方法总论"，中债资信网站。

考虑抵押品的价值、变现能力以及相应可能遇到的法律问题。最终债券的信用等级取决于发行人的主体信用等级和抵押对债券的增级程度,这种增级程度又取决于发行人违约后,对抵押品的处置能在多大程度上降低债券持有人的违约损失。

3. 信用符号体系

信用评级符号体系是评级机构建立的一套简单、直观的等级符号系统,用以反映受评对象的评级结果,从而使投资者了解受评对象信用风险的相对大小。随着债券品种的日益多元,不同债券品种的评级内涵也产生了差异,其符号体系也日益多元化。

表 5-3 主体评级符号体系

等级符号	等 级 含 义
AAA	偿还债务的能力极强,基本不受不利经济环境的影响,违约风险极低
AA	偿还债务的能力很强,受不利经济环境的影响不大,违约风险很低
A	偿还债务的能力较强,较易受不利经济环境的影响,违约风险较低
BBB	偿还债务的能力一般,受不利经济环境的影响较大,违约风险一般
BB	偿还债务的能力较弱,受不利经济环境的影响很大,违约风险较高
B	偿还债务的能力较大地依赖于良好的经济环境,违约风险很高
CCC	主体基本无法偿还债务,未来一段时间内将发生违约
CC	主体基本难以偿还债务,短期内将发生违约
C	主体已发布债务兑付风险提示、申请破产等情况,表示主体即将违约
D	主体已经违约

资料来源:"评级技术基础规范之三:评级符号体系",中债资信网站。

我国债券市场长期以国债、央票、政策性金融债为主导,企业债券也多带有准市政债性质,存在着政府的隐形担保,信用评级的重要性不足,信用评级产业发展相对滞后。其主要表现为信用评级差别性不强,信用等级明显偏高,信用定价作用不明显,而信用评级机构的权威性、公信力也受到影响。

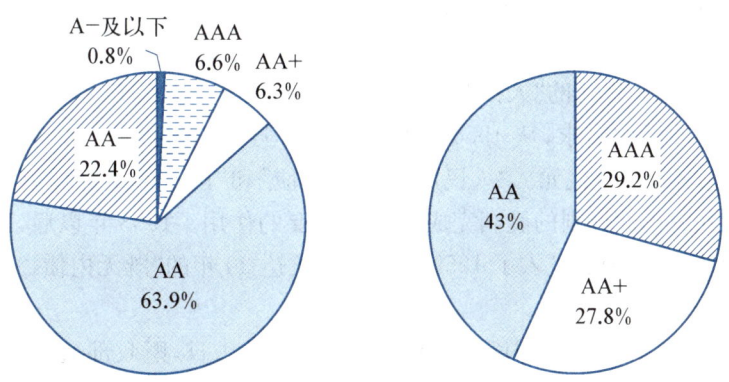

图 5-4 2017 年企业债券市场信用评级分布

注:左图为主体信用评级,右图为债券信用评级,按 2017 年发行期数统计。

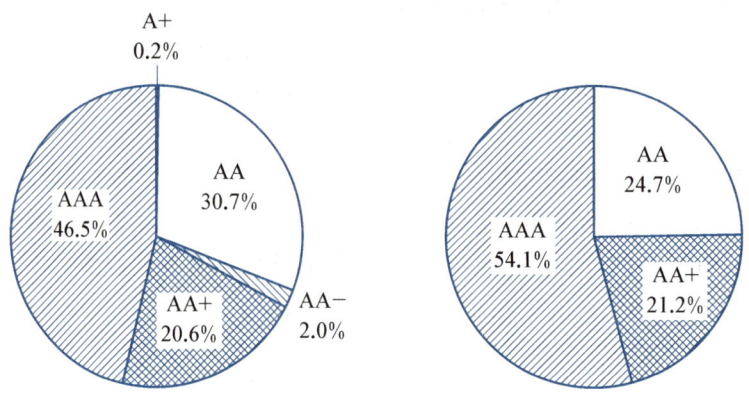

图 5-5　2017 年公司债券信用评级分布

注：左图为主体信用评级、右图为债券信用评级，按 2017 年发行期数统计。

（二）信息披露机制

我国银行间债券市场企业的信息披露制度包括《银行间债券市场非金融企业债务融资工具信息披露规则》《非金融企业债务融资工具存续期信息披露表格体系》《银行间债券市场非金融企业债务融资工具主承销商后续管理工作指引》等，同时针对部分债券品种如资产支持证券出台专门的信息披露规则。涉及的内容包括定期财务信息、重大事项、已披露信息变更、信息披露事务管理制度、付息兑付相关工作等，在债务融资工具存续期内，企业应披露年报、半年报和季报。公司债信息披露制度包括两部分：一是证监会出台的《公司债券发行与交易管理办法》中信息披露相关章节；二是上海证券交易所和深圳证券交易所公布的对交易所上市债券的自律管理规定。

五、我国债券市场的发展

我国债券市场的雏形早在新中国成立初期就已经出现。1949 年以后，经济极度困难，一方面，全国统一的税收制度尚未建立，城乡物资交流不畅又造成税源不足，政府所取得的财政收入极为有限；另一方面，由于战争尚在继续，军费开支很多，导致财政支出规模庞大。在严峻的经济形势下，我国开始了国债发行的尝试。1949 年 12 月 21 日，中央人民政府第四次会议上通过了《关于于发行人民胜利折实公债的决定》，并于次年 11 月开始发行为期 5 年、总额 3 亿元的"人民胜利折实公债"。在第一个五年计划中，规模庞大的建设形成了对资金的巨大需求，从 1954—1958 年，我国连续发行了 5 次"国家经济建设公债"，实际发行总额 35.45 亿元。"人民胜利折实公债"和"国家经济建设公债"的发行，对国民经济恢复和"一五"计划的胜利完成发挥了重要的作用。1958 年以后，国家停止了在国内外的举债活动，并随之进入了 1959—1978 年长达 20 年的"既无内债，又无外债"的债券市场空白时期。

改革开放后，首先恢复了国库券发行，1981 年 7 月 1 日，财政部通过行政分配，实际发行了国库券 48.66 亿元，发行对象以企事业单位为主，居民个人为辅，发行期限为 10 年，偿还期为 6—9 年。国债的恢复发行，为解决财政赤字做出了贡献，极大地支持了国家的经济建设。国债恢复发行后,企业债券也开始出现。1985年,沈阳市房地产公司向社会公开发行了5年期债券,正式拉开了企业债券的发展序幕。1993年,为整顿当时经济生活中普遍存在的乱集资现象,国家修订并颁布了《企业债券管理条例》,对企业债券市场进行规范,严格企业发债条件和资金用途。除了企业债券,金融债券开始出现并有了一定发展。1982年,中国国际信托投资公司在日本东京证券交易所发行了外国金融债券,这是我国首次在国际市场上发行外国金融债券。1985年,中国工商银行、中国农业银行开始在国内发行人民币金融债券。1991—1992年,由中国建设银行和中国工商银行共同发行了160亿元的国家投资债券。1993年中国投资银行被批准在境内发行外币金融债券5 000万美元,发行对象为城乡居民,期限1年,而且采用浮动利率,高于同期国内美元存款利率1个百分点,这是我国首次发行境内外币债券。1994年,我国三大政策性银行成立;同年4月,国家开发银行第一次通过派购方式发行债券,政策性金融债券应运而生。

我国债券流通市场始于1986年,在国债发行5年后。债券流通市场出现后,大体上经历了以场外柜台市场为主、场内市场为主和银行间债券市场为主三个发展阶段。2004年以后,与我国大力发展资本市场的形势相呼应,债券市场改革创新进入了一个新的高潮,我国债券市场从此驶入了发展的快车道,获得了迅猛的发展。

首先,从债券市场品种来看,债券市场产品创新加速,债券品种不断丰富。一是面向金融机构推出了次级债券、混合资本债券和一般性金融债券,还进行了资产证券化试点。其中,一般性金融债券的发行拓宽了金融机构直接融资渠道,有利于解决金融机构长期存在的资产负债期限结构错配问题,而混合资本债、次级债及资产支持证券的发行对于推进国有商业银行股份制改革、提高商业银行资本充足率起到了非常重要的作用,特别是次级债券,已经成为商业银行补充附属资本的重要渠道。二是为改善社会融资偏重于间接融资的状况,增加企业直接融资手段,鼓励有竞争力的企业直接进入资本市场融资,降低融资成本,先后推出了企业短期融资券、公司债券和中期票据等,这些企业融资工具的发展,拓宽了直接融资渠道,改善了我国融资结构,推动了公司信用债券市场的发展。三是为推动债券市场改革开放步伐,先后推出了熊猫债、木兰债等国际债券。四是发行了国家支持机构债券。为发挥中央汇金有限责任公司作为国家对重要金融机构注资平台的作用,在2010年下半年发行了国家支持机构债券——汇金债券。

其次,从债券市场交易工具来看,1997年,我国债券市场仅有现券买卖和质押式回购两种基本的工具。2004年,银行间债券市场和交易所债券市场在质押式回购的基础上,分别推出了债券买断式回购。此后,为满足市场参与主体的多元化需求,进一步增强市场交易活跃程度,丰富债券市场避险工具,银行间债券市场先后推出了债券远期交易、人民币利率互换、远期利率协议等衍生产品品种以及债券借贷工具,这些交易工具的不断丰富,对帮助投资者规避债券市场风险、提高市场流动性、促进价格发现功能的实现发挥了积极作用。

再次,从市场发行量、托管量和交易量来看,我国债券市场快速发展的特征表现得更为明显。1997年,我国债券市场发行量仅为0.4万亿元,市场交易量11.7万亿元。2017年,债券市场共发行各类债券39.8万亿元,同比增长12%。年末债券市场托管余额为

74.4万亿元,同比增长16.6%。目前,银行间债券市场的发行人包括财政部、国家开发银行、政策性银行、中国铁路总公司、商业银行、非银行金融机构、国际开发机构、境内外非金融企业、境外金融机构及外国政府等各类主体,债券品种日趋多样化,信用层次进一步丰富。2017年,同业存单供给大幅增长,同业存单发行20.19万亿元,是上年发行量的1.55倍。公司信用类债券发行下降,其中,非金融企业债务融资工具发行4.02万亿元,同比下降21.6%;公司债发行0.98万亿元,同比下降58.1%;企业债发行5 931亿元,同比下降19%。全市场共成交结算1 010.05万亿元,同比增长4.86%,其中,现券交易104.69万亿元,交投活跃度提升。

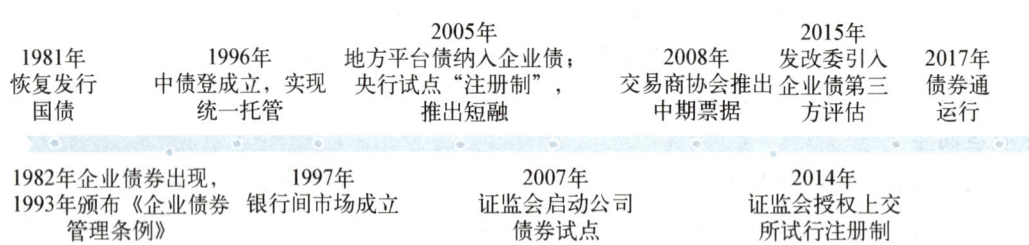

图5-6 改革开放以来债券市场的发展历程

图5-7 近年来债券市场各券种发行量变化情况

数据来源:中国人民银行,2017中国金融稳定报告。

经过30余年的发展,中国债券市场已经成为全球第三大债券市场。

表5-4 2017年未偿还余额的全球债券排名(万亿美元)

	政府债	金融债	企业债	其他	合计
美 国	16.5	15.1	5.8	0.2	37.6
日 本	10.4	2.7	0.7	—	13.9
中 国	3.0	3.4	2.5	—	8.9

续 表

	政府债	金融债	企业债	其 他	合 计
英 国	2.7	2.7	0.6	0.0	5.9
法 国	2.0	1.5	0.6	—	4.2
德 国	1.8	1.5	0.2	—	3.4
意大利	2.1	0.9	0.1	—	3.1
加拿大	1.2	0.6	0.4	—	2.2
荷 兰	0.4	1.6	0.1	—	2.1
澳大利亚	0.6	1.1	0.2	—	1.9
西班牙	1.0	0.8	0.0	—	1.8
韩 国	0.6	0.6	0.6	—	1.7
开曼群岛	0.0	1.4	0.0	—	1.4
爱尔兰	0.1	0.7	0.0	—	0.8

资料来源：BIS 数据库。

第二节　债券市场产品与发行机制

一、债券的发行审核机制

发行审核是债券市场运行机制中的重要组成部分。债券的发行审核是政府对债券发行主体和债券市场进行监管的一种手段，债券本身的质量直接关系到债市场整体运行的稳定，正确运用这种手段，对于保护债券投资者利益、降低债券市场风险，有十分重要的作用。所以，金融当局通常都会对债券的发行进行审核。就其内容而言，一是审批机关对发债主体的情况进行审查，二是对拟发债券的情况进行审核。在此基础上，对发债做出同意或不同意的决定。

就其形式而言，主要有以下三种。

(1) 审批制。它不但要对申请发行的机构、发行的债券进行实质性审查，还要按照预先确定的发行规模对拟发债券进行筛选，甚至连发行利率、发行日期等也要做出规定。

(2) 审核制。对发债主体和债券本身的情况进行实质性审查或程序性审查，只要发行主体具备了发债的条件，就允许其发行债券。

(3) 备案和注册制。发债主体向监管机构报送发行材料，进行备案或注册，监管门对所报材料只做程序性审查，关注其信息披露质量，并做出同意或不同意备案或注册决定。

中国债券市场不同的债券品种往往具有不同监管主体，监管标准不同，发行条件也随之有所区别，发行管理方式各异。

二、政府债券发行

(一) 发行审批机制

政府债券具有信用风险小、发行和交易量大的特点,一般享受税收优惠,采用公募发行。

我国国债、地方政府债券发行(具体见本章第四节)即根据国务院下达的限额,报本级人民代表大会常务委员会批准发行。

我国国债的发行是与国家预算相联系的,主要是为了弥补赤字,保证国家预算的顺利实施。此外,国债的发行还与一定时期的财政政策有关,在实行积极财政政策时,为了扩大政府开支、支持企业发展,往往需要发行一定数量的国债来筹集资金。国家发行债券是一种国家信用,一般情况下不存在信用风险,因此无需监管部门进行审批或审核。但正因为国家发行债券涉及国家信用,为维护国家信用的权威性,防止政府负债的任意性,一定时期内国债的发行量和一定时点上的余额必须控制在可承受的范围之内。这种控制,通过国家权力机关——全国人大或它的常设机构全国人大常委会来进行。全国人大规定国债的存量不超过一定的水平,而当年发行多少、什么时候发行均由财政部决定。

(二) 发行定价机制

在 20 世纪 80 年代恢复国债发行初期,各级政府还是采取行政分配的方式发行国债。但是随着国债发行数量的增加,传统的方式已经难以为继,在这种情况下,1991 年财政部逐步引入了市场化的发行机制,组织了国债的承购包销,顺利地完成了当年的国债销售任务。1996 年,国债的定价机制向市场化方向又迈出了重要的一步,随着发行方式由承购包销向公开招标的过渡,其定价方式由承销团成员集体与发行者之间的商议,变为投资者按自己的意愿投标,由竞标的结果决定发行的价格。

招标发行定价方式是发行方式中市场化程度最高的一种。招标发行有多种形式,主要有数量招标和价格招标两种。数量招标即发行人确定价格后,投资人依其对这种价格的认可程度投下标书,提出认购的数量。在这种招标方式下,价格是确定的,投资人通过认购数量,表达其对价格的看法。价格招标是发行人只确定发行规模,不确定债券价格,由投资人提出某一价格下的认购数量,最后将达到发行规模时的报价作为发行的价格。

债券价格竞标有两种典型的中标方式,即"荷兰式"中标和"美式"中标,这两种典型的中标方式,体现了两种不同的定价机制。

1."荷兰式"中标

"荷兰式"中标又称统一价位中标或单一价位中标,是指在投标结束后,发行系统将各承销商有效投标价位按对发行人有利原则进行排序(利率、利差招标由低到高排序,价格招标由高到低排序),并将投标数额累加,直至满足预定发行额为止。则此时的价位点称为边际价位点,中标的承销商都以此价格或利率中标。

2."美式"中标

"美式"中标是在投标结束后,发行系统将各承销商的有效投标价位按对发行人有利原则进行排序(利率、利差招标由低到高排序,价格标由高到低排序),直至募满预定发行额为止,在此价位以内的所有有效投标均以各承销商的各自出价中标。所有中标价位、中标量加权平均后的价位为该期债券的票面价格或票面利率。

3. "混合式"中标

"荷兰"式中标和"美式"中标是价格招标中的两种典型的中标方式,但在实际运作中,完全的、纯粹的定价方式并不多见。往往是将几种主要的方式混合起来,形成一些新的方式,即"混合式"中标。

"混合式"中标也有利率招标和价格招标两种情形。利率招标"混合式"中标是指在投标结束后,发行系统将各承销商有最标价位按对发行人有利原则进行排序(由低到高排序),直至募满为止,此时的价位点称为边际价位点。对低于边际价位点(含该点)的各投标价位及对应中标量计算加权平均价位,作为该期债券的票面利率。对低于或等于票面利率的投标价位,按票面利率中标;对高于票面利率的投标价位,按各自投标价位中标。

价格招标"混合式"中标是指在投标结束后,发行系统将各承销商有效投标价位进行排序(由高到低排序),直至募满预定发行额为止,此时的价位点称为边际价位点。对高于边际价位点(含该点)的各投标价位及对应中标量计算加权平均价,作为该期债券的票面价格。对高于或等于票面价格的投标价位,按票面价格中标;对低于票面价格的投标价位,按各自投标价位中标。

三、金融债券发行

金融债券可进一步分为央行监管的政策性银行金融债、商业银行金融债、企业集团财务公司债,以及一行三会主管的商业银行次级债、保险公司债、证券公司债等。根据具体品种不同,对于资本充足率、净资产额等也有不同要求。

(一) 政策性金融债券的发行

政策性金融债券是随着政策性银行的设立而出现的。政策性银行不能吸收公众存款,主要通过发行债券来筹集资金,因此,成为我国债券市场上规模很大的品种。

政策性银行由国家财政最终为其财务结果承担责任的,因此,政策性金融债券是一种准政府信用债券,其发行数量有严格的限制。政策性金融业务需要财政提供部分支持,而且它不应与商业银行争利,因此,其业务范围和规模是有限制的,这就决定了它的资金来源必须受限。每年年初,国家开发银行等三家政策性银行都要向人民银行提出全年发行债券的申请,中国人民银行根据其当年新的计划批准其债券发行规模。在限额之内,由政策性银行自行决定发行时间、次数和规模。

与政府债券相似,对政策性金融债券的审核,并不涉及发行主体本身的信用状况。目前,银行业监督管理委员会对政策性金融债券的风险权重确定为零,与国债相同。

(二) 商业性金融债券的发行

商业性金融债券是2004年6月开始推出的。最先是商业次级债券,这是商业银行为补充附属资本筹集资金而发行的一种长期债券,2005年5月,又允许商业性金融机构发行普通金融债券,不规定特定用途,是商业性金融机构主动补充营运资金的一种工具,发行主体包括商业银行、非银行金融机构。由于商业性金融债券是由商业银行和非银行金融机构发行的,它们都是以自己的商业信用为基础发行,因此,对这些机构发行债券的审核不仅涉及发行数量,还涉及信用状况、还债能力、经营状况以及一系列监管指标的实际情况。

由于金融机构的上述情况人民银行审核部门并不完全掌握,须由这些机构的监管部门提供相应的证明。因此在有关商业性金融债券发行的文件中,都规定须由这些机构的监管部门出具前置性批准文件,人民银行才做出是否准予其在银行间债券市场发行债券的批复。

四、非金融企业债券的发行

非金融企业发行债券主要有三个路径。企业债由发改委主管,实行审批制,对于股份有限公司、非金融企业债务融资工具监管主体为央行下的银行间交易商协会,实行注册制,一次注册后不再需要监管审批。证监会监管下的公司债,实行核准制,最常见的品种为公开发行的"大公募"(面向公众投资者)和"小公募"(面向合格投资者)。

(一) 公司债券的发行

我国公司债券市场起步于 2007 年。2007 年 8 月,《公司债券发行试点办法》发布,公司债券正式进入试点阶段。随后,上交所和深交所分别制定了公募公司债券和私募公司债券业务细则,公司债券的发行与上市有了行业规范和标准。由于试点阶段的公司债券对发行主体的要求较为严格,仅限于上市公司发行,发行准入门槛较高,因此 2007—2014 年我国公司债券市场的发育一直停留在千亿规模水平,与同期在银行间市场发行的企业债券发行量相去甚远。2015 年 1 月,证监会出台了《公司债券发行与交易管理办法》,从发行主体、发行方式、债券期限和交易场所等多方面放宽了公司债券准入,业内称此后发行的公司债券为"新公司债",公司债券市场实现了量级的跨越,仅 2015 年全年公司债券

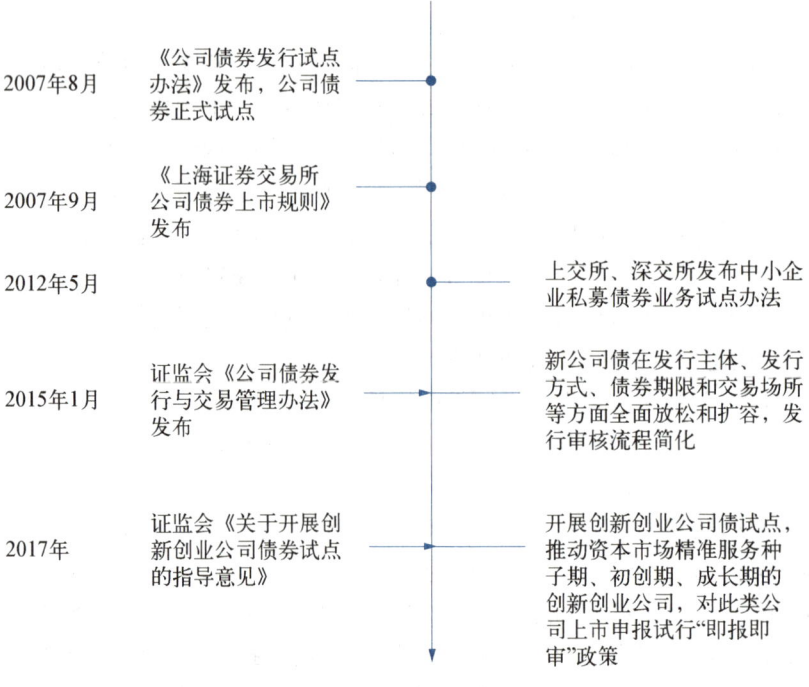

图 5-8 公司债券发行政策变化

发行规模就达到 10 283.55 亿元[①]，远超 2007—2014 年公司债券发行总额，此后公司债券市场一直保持万亿元容量水平。

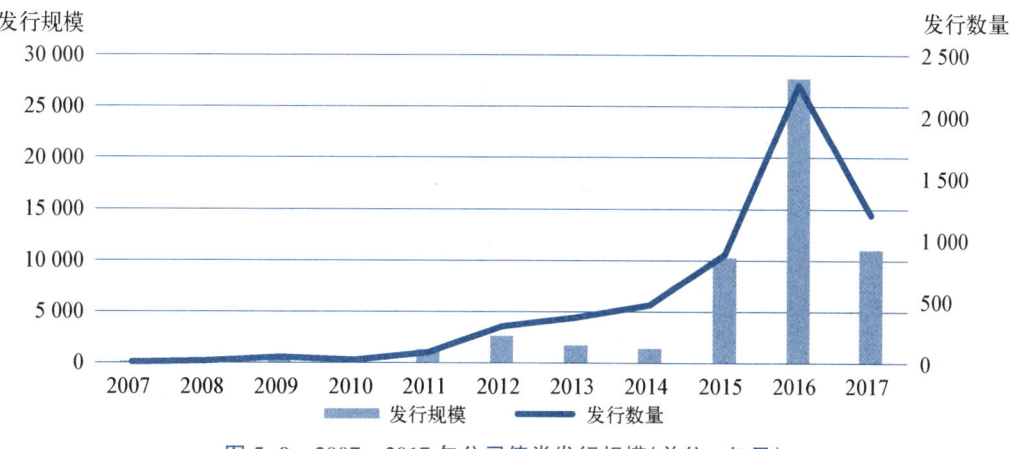

图 5-9　2007—2017 年公司债券发行规模（单位：亿元）

当前，公司债券的主要种类如下图所示：

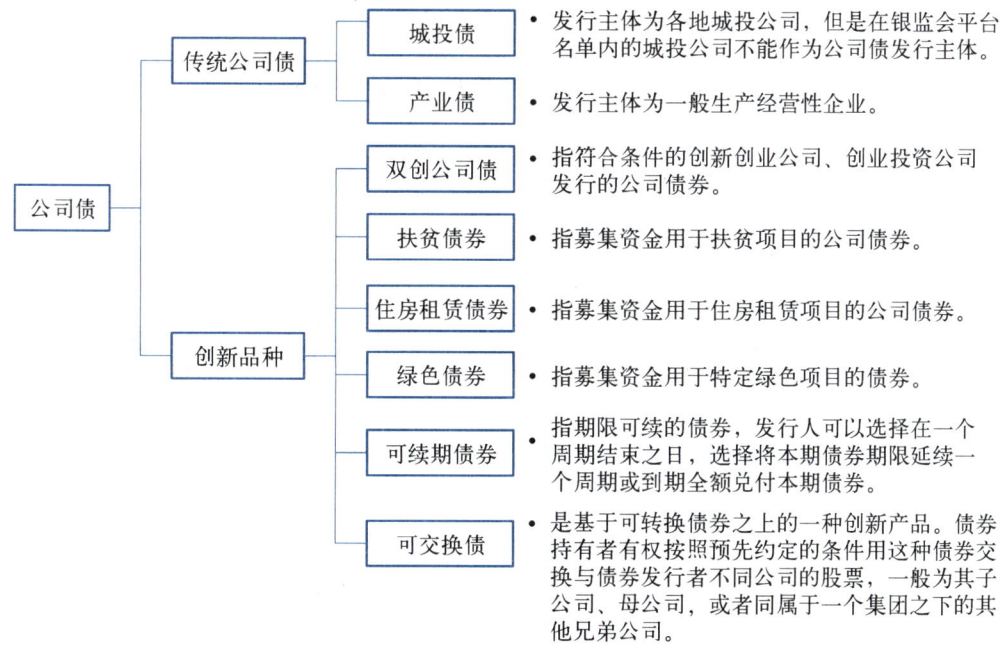

图 5-10　公司债券分类情况

1. 公司债券发行条件

2015 年证监会《公司债券发行与交易管理办法》中规定的公司债券的一般发行条件与之前相比，条件更为宽松、审核更为简便，具体如下表所示：

---

① 数据来源：Wind 资讯。

表 5-5 公司债券的一般发行条件

		大公募(向公众投资者公开发行)	小公募(向合格投资者公开发行)	非公开公司债
变化1：新公司债全面放松和扩容	发行公司债券对发行主体的一般要求	1. 发行人需为境内注册公司制法人； 2. 发行人累计债券余额不超过公司有效净资产的40%；目前已发行多为优质产业类企业，净资产一般在15亿元以上(发债额度最多为6亿元)； 3. 股份公司净资产不低于3 000万元，有限公司净资产不低于6 000万元； 4. 发行人最近三个会计年度实现的平均可分配利润不少于债券一年利息的1倍； 5. 最近36个月内公司财务会计文件不存在虚假记载、公司不存在其他重大违法行为； 6. 前一次公开发行的公司债券已经募足； 7. 对已公开发行的公司债券或者其他债务没有违约或者延迟支付本息的事实； 8. 未改变已公开发行公司债券所募资金的用途； 9. 本次发行申请文件不存在虚假记载、误导性陈述或者重大遗漏。根据《证券法》规定，发行新公司债的发行人累计债券余额原则上不包括短期融资券、中期票据、一年以内到期(即将清偿)的企业债和公司债额度，但要扣减未行权的可转债、可交换债(公募)额度。审核中往往实质重于形式。非公开发行公司债无须考虑额度问题。		非公开发行公司债券的发行人应当不属于负面清单范畴①。
	发行主体的特殊要求	1. 发行人最近三年无债务违约或者延迟支付本息的事实； 2. 发行人最近三个会计年度实现的平均可分配利润不少于债券一年利息的1.5倍； 3. 债券信用评级达到AAA级； 4. 中国证监会根据投资者保护的需要规定的其他条件。	无。符合"大公募"条件的公司也可自主选择"小公募"发行。	不强制财务指标、发行限制条件、信用评级和受托管理人责任。
	募集资金用途	不与固定资产投资项目挂钩，使用灵活，可用于偿还银行贷款、补充流动资金等。		

① 公司债券发行负面清单：1. 政策限制类：① 地方融资平台公司；② 部分房地产公司(存在"闲置土地""炒地""捂盘惜售""哄抬房价""信贷违规""无证开发"等违法违规行为的房地产公司)。2. 违法违规类：《非公开发行公司债券负面清单指引(征求意见稿)》规定的内容。3. 其他类：信用评级低于AA-的小贷公司、典当行、担保公司等。对于政府平台属性的审查采用形式审查与实质审查相结合的方式。形式审查以银监会的地方政府融资平台名单为准；实质审查采用"双五十"核查，并且承诺债券不能新增地方政府债务、募集资金不能用于与地方政府相关的项目。2016年8月30日，交易所窗口指导提高了类平台发行人的门槛，"双五十"要求变为"单五十"，即只要达到"发行人最近三年的营业收入中，来自所属地方政府的比例若超过50%，将不能在交易所发债"一条，将立即叫停。

续 表

		大公募(向公众投资者公开发行)	小公募(向合格投资者公开发行)	非公开公司债
变化2：发行审核流程简化	核准要求	公开发行公司债券须编制和报送申请文件,证监会受理后3个月内做出是否核准的决定。	上交所对小公募债券的上市申请进行受理、对其做出预审核并出具上市预审核意见(反馈意见),上交所预审通过后报证监会,证监会受理发行申请并通过上交所下发核准批复,前后历时1个月左右。	上交所对非公开公司债的挂牌申请进行受理、对其做出预审核并出具反馈意见,预审核通过后由上交所下发无异议函,前后历时1个月左右。

2. 公司债券发行流程

公司债券从项目组进场到债券发行上市完成,以 T 日作为起始日(项目组进场日),T 日到 T+30 日主要是项目组对发行主体进行尽职调查和收集底稿、撰写募集说明书的时间段,T+30 日到 T+40 日这 10 天的时间一般通知发行主体和各中介方对有关文件进行签字盖章和集中申报。T+40 日到 T+60 日是交易所核查的时间段,在该期间交易所针对主承销商提交的申报材料进行审核并下达反馈意见,由主承销商对反馈意见进行补充说明。交易所核查结束后,公司债券接下来的发行流程可大致分为两类,对于私募公司债券来说,在交易所核查结束,拿到交易所出具的无异议函即代表审核通过准许发行,而对于公募公司债券来说,交易所层面只是执行了预审核工作,申报材料还需提交证监会进行

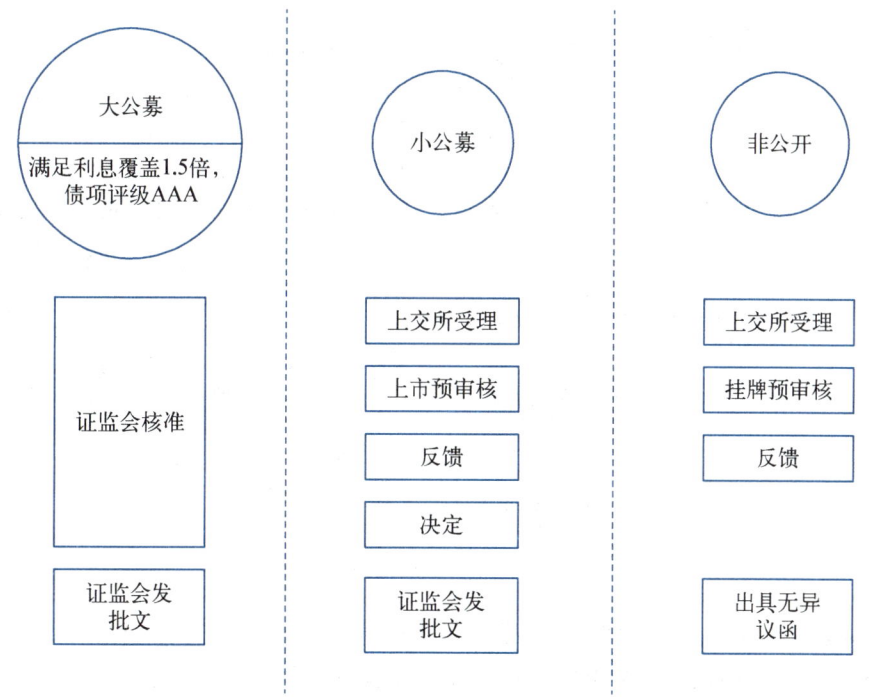

图 5-11 公司债券发行流程图

审核,以证监会出具的批文作为公司债券审核通过的依据。公司债券拿到无异议函或批文后,簿记管理人(一般为主承销商)就可以准备启动发行工作,以及披露主管部门要求的信息公告和文件,以上为公司债券一个完整的操作流程和周期。

公开发行公司债券,可以申请一次核准,分期发行。自中国证监会核准发行之日起,发行人应当在12个月内完成首期发行,剩余数量应当在24个月内发行完毕。公开发行公司债券的募集说明书自最后签署之日起6个月内有效。采用分期发行方式的,发行人应当在后续发行中及时披露更新后的债券募集说明书,并在每期发行完成后5个工作日内报中国证监会备案。

公开发行的公司债券,应当在依法设立的证券交易所上市交易,或在全国中小企业股份转让系统或者国务院批准的其他证券交易场所转让。

公司债券的发行定价主要受以下因素影响:其一是资金市场或金融市场上资金供求状况及利率水平;其二是发行公司的资信状况;其三是政府的金融政策;其四是债券本身内涵的相关条件,如期限、偿债保障、内涵选择权等。一般以同一期限的国债利率为基础,上浮一定利差。

(二) 企业债券的发行

企业债券是企业依照法定程序发行、约定在一定期限还本付息的有价证券。目前我国企业债券的发行采取核准制,由国家发改委核准。企业债券可以分为传统企业债及创新品种。

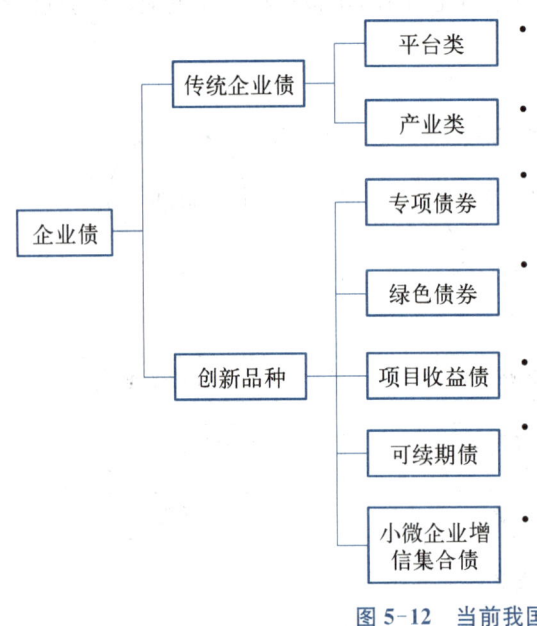

图 5-12　当前我国企业债的类型

由国家发改委作为主管部门的企业债券市场有一套较为完善和成熟的制度体系作为保证,对我国其他固定收益类融资工具市场的建设具有一定的指导意义。2008年1月2日,国家发改委发布了《关于推进企业债券市场发展、简化发行核准程序有关事项的通知》

(发改财金〔2008〕7号),企业债券发行制度由"双重核准"①程序改为一次核准制,企业债进入了市场化发行阶段;同时,7号文明确了企业债定义、发行条件、资金用途、比例限制等要素,对企业债券发行做出了规范。

1. 企业债券发行条件

企业债券的一般发行条件如表5-6所示:

表5-6 发行企业债券的一般条件

《证券法》基本要求(公开发行)	一般发行条件
股份有限公司的净资产不低于人民币3 000万元,有限责任公司和其他类型企业的净资产不低于人民币6 000万元; 累计债券余额不超过企业净资产(不包括少数股东权益)的40%; 最近三年平均可分配利润(净利润)足以支付企业债券一年的利息; 筹集资金的投向符合国家产业政策和行业发展方向; 债券的利率不超过国务院限定的利率水平。	用于固定资产投资项目的,应符合固定资产投资项目资本金制度的要求,原则上累计发行额不得超过项目总投资的70%。用于收购产权(股权)的,比照该比例执行。用于调整债务结构的,不受该比例限制,但企业应提供银行同意以债还贷的证明;用于补充营运资金的,不超过发债总额的40%; 本区域企业发行企业债券、中期票据等余额一般不超过上年度GDP的12%; 城投类企业和一般生产经营类企业担保措施的资产负债率要求为65%和75%;主体评级AA+的,相应资产负债率要求放宽至70%和80%;主体评级AAA的,相应资产负债率要求进一步放宽至75%和85%; 债项级别为AA及以上的发债主体(含县域企业),不受发债企业数量指标的限制; 债券的利率由企业根据市场情况确定,但不得超过国务院限定的利率水平; 已发行的企业债券或者其他债务未处于违约或者延迟支付本息的状态; 最近三年没有重大违法违规行为。

资料来源:《证券法》、国家发改委《企业债券审核工作手册》。

除了《证券法》和国家发改委对企业债券发行的一般规定之外,发改委在推出企业债券创新品种时会给予一定的附加条件(或放宽条件)以支持其发行。

2. 企业债券发行流程

与银行贷款、股权融资等融资手段一样,发行企业债券也需要遵循一定的操作流程,既包括企业内部的工作流程,也包括企业外部关系的协调处理。企业进行债券融资所遵循的基本流程主要包括以下几个方面:

(1) 前期内部调研。

目前,产业债的发行主体为一般生产性工商企业,城投债是以地方政府设立的地方政府融资平台作为发行载体,主要包括城投公司、建投公司、交投公司等。后者往往具有设立时间短、缺少实际经营、资产数量及质量情况较差的特点。而且,有的城市由于历史原因,存在多家地方政府融资平台公司,造成资产资源分散,难以形成合力。发行人首先应分析自身内部情况并着眼于全市范围内的资产资源进行调研,在专业财务顾问的帮助下找出问题、发现资源,为下一步自我完善、资源整合做好基础工作。

---

① "双重核准"程序是指先核准规模、后核准发行的核准程序。

(2) 资产重组。

根据国家发改委有关发债的基本条件，企业的资产状况及利润水平是企业发债的核心要求，直接决定了企业债券发行的成功与否及发债规模。

在前期内部调研的基础上，发行人通常会反映出诸如出资不实、股权结构混乱、优质资产欠缺、营收情况差、缺乏主营业务等问题。这一阶段的工作重点就是针对发行人内部存在的问题，结合内外部调研到的可利用资源情况，由财务顾问团队提出自愿整合、资产重组的思路和方案，并在与当地政府部门及发行人充分交流的基础上，最终确立并协助发行人执行资产重组操作方案。

(3) 发行方案确立。

在所有基础工作准备就绪以后，财务顾问团队进行债券发行方案的分析与讨论，最终形成一份债券发行框架方案提交给发行人，初步确定债券融资的基本要素、财务重组方案、增信方式以及募集资金投向等核心问题。

(4) 遴选中介机构并协调主导工作开展。

中介机构的选择在企业债券发行过程中也是至关重要的。中介机构通常包括券商、审计机构、评级机构、担保机构、律师事务所等。券商是债券发行工作的总协调人，不仅在发债前期协助开展工作，开展尽职调查，准备申请文件，与政府部门沟通，还需审核把控各机构的服务质量和工作成果，为发行人提供全程专业服务。审计机构就发行人报告期间财务状况出具审计报告，信用评级机构根据对发行主体的尽职调查结果出具信用评级报告。

(5) 材料组卷上报。

在债券增信方式、募集资金投资项目确定，各家中介机构完成各自的工作成果后，就正式进入材料组卷上报阶段。各方面材料全部到位以后，按照一定的顺序组装成卷，按照规定程序，上报市发改委，获得初审批复后转报省发改委，最终报送国家发改委，等待意见反馈并最终核准发行。

(6) 核准发行。

国家发改委自受理申请之日起 3 个月内（反馈修改材料的时间除外，创新型企业债品种可加快审核流程）做出核准或不予核准的决定。在得到国家发改委批准并经中国人民银行和证监会会签后，企业即可进行具体的债券发行工作。企业债券须在批准文件印发之日起两个月内开始发行。在发行结束后 1 个月内，发行人通常需要在财务顾问及主承销商的协助下向有关机构申请债券上市交易。

企业债券资金直接用于固定资产投资项目，在支持实体经济发展方面的效果十分突出，企业债券最大的特点是募集资金指定项目用途，打通投资与融资的渠道，为项目建设提供直接的融资渠道。企业债券已经成为社会直接融资重要的组成部分，2006—2017年，企业债券累计发行 4.52 万亿元。

(三) 非金融企业债务融资工具的发行

2007 年 9 月，银行间市场交易商协会成立，为我国债券市场引入了注册制为核心的发行管理制度，并先后推出中期票据、短期融资券、超短期融资券、非公开定向债务融资工具等债券品种。其中的中期票据和非公开定向债务融资工具为资本市场中长期金融工

图 5-13 历年企业债券发行量

数据来源：中国人民银行、中央国债结算登记公司。

具。中期票据是指具有法人资格的非金融企业依照相关法规，在银行间债券市场按照计划分期发行的，约定在一定期限还本付息的债务融资工具，期限一般为 3—5 年。非公开定向债务融资工具是指具有法人资格的非金融企业向银行间市场特定机构投资人发行，并限定在特定投资人范围内流通转让的债务融资工具。在创新方面，交易商协会在 2013 年以来推出了长期限含权融资工具、项目收益票据、非公开定向可转债务融资工具、供应链票据、双创专项债务融资工具、扶贫债券等创新品种。

银行间债务融资工具的发行与交易在创立伊始便确立了自律管理制度。2008 年 3 月 14 日，中国人民银行通过了《银行间债券市场非金融企业债务融资工具管理办法》，明确了"交易商协会依据本办法及中国人民银行相关规定对债务融资工具的发行与交易实施自律管理。交易商协会应根据本办法制定相关自律管理规则，并报中国人民银行备案"。

2012 年交易商协会制定了非金融企业债务融资工具注册文件表格体系，2016 年交易商协会在 2012 年注册体系基础上进一步完善，确立了"分层分类"的管理体系。具体而言，交易商协会将融资主体分为两类：第一类企业可就公开发行超短期融资券、短期融资券、中期票据等品种编制同一注册文件，进行统一注册（资产支持票据、项目收益票据等交易商协会相关规则指引规定企业应分别注册的品种除外）；按照第一类企业注册的，可在注册有效期内自主发行。统一注册多品种债务融资工具的，注册阶段可不确定注册额度，发行阶段再确定每期发行品种、发行规模、发行期限等要素。第二类企业应就公开发行各品种债务融资工具编制相应注册文件，分别进行注册。划分第一类企业与第二类企业的标准需同时满足以下四条：(1) 最近 36 个月内累计公开发行债务融资工具不少于 3 期，公开发行规模不少于 100 亿元；(2) 市场认可度高，行业地位显著，经营财务状况稳健，最近两个会计年度未发生连续亏损；(3) 最近 24 个月内无债务融资工具或其他债务违约或延迟支付本息的事实，控股股东、控股子公司无债务融资工具违约或延迟支付本息的事实；(4) 最近 24 个月内无债务融资工具或其他债务违约或延迟支付本息的事实，控股股东、控股子公司无债务融资工具违约或延迟支付本息的事实。由上述要求可以看到,第一类企业相对于第二类企业的发行门槛更高,但相应的享有更灵活的发行机制和更为简化的发行流程。

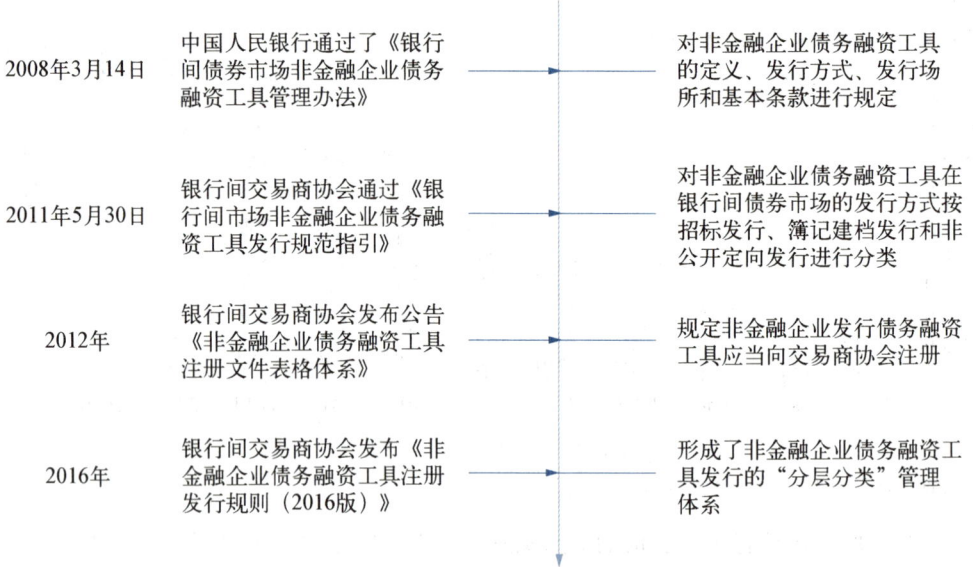

图 5-14　银行间债务融资工具政策梳理

第三节　债券二级市场交易机制

一、债券市场交易机制与结构

(一) 中国债券市场的交易机制

债券市场交易机制对于债券市场而言是非常重要的,直接决定着市场的运行效率和功能。债券交易分为场内交易和场外交易,这两种市场的组织形式不同,所采用的交易机制也具有不同的特点。

场内市场的交易模式最主要的是以"竞价撮合、时间优先、价格优先"为特征的指令驱动制,但为了满足大宗交易的需要,有的场内市场也提供了大宗交易机制。在场内模式下,市场是统一的,所有投资者,无论是交易商还是一般投资者,都可以在同一个市场中直接进行竞价。

场外市场一般分为交易商间的市场和交易商与客户间的市场。交易商间市场的主要参与者是众多的做市商和一般交易商,在这个市场中,单笔交易规模大,可以说是一个批发市场。交易商与客户市场的主要参与者是终端投资者,在该市场中,终端投资者主要与做市商、一般交易商进行交易,由做市商、一般交易商对债券进行买卖报价,最终投资者是债券价格的接受者,可以说是一个零售市场。目前,几乎所有的场外债券市场都采用了报价驱动的交易方式。所谓报价驱动制,是指交易者以自主报价、一对一谈判的方式进行交易。按流动性提供方的不同,报价驱动制可以分为询价交易制度和做市商制度,各种制度适用不同类别的投资者。

我国的银行间债券市场、交易所债券市场和商业银行柜台市场采用不同的交易机制。银行间债券市场的交易机制与国际经验相类似,定位于场外市场的银行间债券市场也主要采用了报价驱动的交易机制。银行间债券市场报价驱动的交易机制既包括简单的询价交易机制,也包括做市商机制。我国的上海证券交易所和深圳证券交易所的交易主要采取指令驱动模式,在其固定收益证券综合电子平台以及协议转让平台采用询价交易模式。

表5-7 中国债券市场的交易机制

	银行间债券市场		交易所债券市场	柜台债券市场
	中债登	上清所		
市场性质	场外交易	场外交易	场内交易	场外交易
债券产品	国债、地方债、政策性金融债、夹票、企业债、中票、商业银行债	短融、中票、同业存单、资产证券化产品等	国债、地方债、政策性金融债、企业债、公司债、可转债、中小私募债等	记账式国债、凭证式国债
投资人	银行、农信社、证券、保险、基金、财务公司、企业、境外机构等		证券、保险、基金、财务企业、个人、企业、QFII（银行除外）	个人投资者
交易方式	一对一询价和双边报价		自动撮合交易	银行柜台报价
交易类型	现券、回购、远期、互换等,T+1或T+0		现券、回购、T+1	现券、T+0
债权托管机构	中债登	上清所	中证登、上交所、深交所	商业银行

(二) 交易品种与结构

三大交易市场的交易品种结构各不相同。银行间债券市场交易品种包括：现券交易、质押式回购、买断式回购、远期交易和债券借贷。交易所债市的交易品种包括：现券交易、质押式回购和融资融券。柜台市场交易品种仅有现券交易。

表5-8 中国债券市场交易品种

交易品种	阐释
现券交易	交易双方以约定价格转让债券的交易行为
质押式回购	交易双方以债券为质押的短期资金融通,即资金融入方(正回购方)在将债券出质给融出方(逆回购方)融入资金时,约定在回购到期后返还资金和债券,债券冻结在融资方账户
买断式回购	债券持有人将债券卖给对手方,并约定在未来某一日期,卖方再以约定价格买回同等数量债券的行为,债券过户至出资方账户,相当于引入做空机制
远期交易	交易双方约定未来某一日,以约定价格和数量买卖标的债券的行为,期限限定在365天之内
债券借贷	交易双方以债券为质押品,借入标的债券,并约定在未来某一日返还所借标的债券,并归还相应质物的债券融通行为
融资融券	投资者向具有融资融券业务资格的证券公司提供担保物,借入资金买入证券(融资交易)或借入证券并卖出(融券交易)的行为

2017年,银行间市场现券累计成交102.8万亿元,日均成交4 097亿元,日均成交同比下降19.1%。交易所现券累计成交5.5万亿元,同比增长4.2%。市场投资者结构更加多元化,境外机构参与程度加大。截至2018年末,银行间市场各类参与主体(含产品)共计25 000多个,其中,法人类参与机构约3 400家。共有1 200多家境外投资者通过结算代理模式和"债券通"模式投资银行间债券市场。

二、债券交易的价值分析

债券价格应等于债券未来所有现金流的现值之和:

$$P = \sum_{t=1}^{n} \frac{C}{(1+r)^t} + \frac{Par}{(1+r)^n} \tag{5.1}$$

或

$$P = \frac{C}{r}[1-(1+r)^{-n}] + \frac{Par}{(1+r)^n} \tag{5.2}$$

其中,P为当前债券价格;C为每年利息额;r为该类债券的内涵收益率;Par为债券面值。

当债券清算日距离下次付息日不满一年时,将上述的t和N以d计:

其中,$d=$清算日距离下次付息日的天数/365。

(一) 债券收益的衡量

主要债券收益衡量指标及其含义如下表所示:

表5-9 主要债券收益衡量指标及其含义

收益率指标	含义
名义收益率	债券息票利率
当期收益率	衡量当期的收入和成本比例
到期收益率	衡量持有债券至到期时的收益率
赎回/回售收益率	衡量债券在赎回日/回售日被赎回/回售时的收益率
持有期收益率	衡量当投资者在到期前出售债券时获得的收益率

当期收益率是债券年利息同其当前市场价格之比:

$$当期收益率 = \frac{年息票利息}{市场价格} \tag{5.3}$$

到期收益率也被称为保证的到期收益率(Promised Yield to Maturity),它比较完整地反映了当投资者持有债券到到期时所获得的收益水平。到期收益率的计算与内部收益率相似。但要注意期限问题。

到期收益率的近似简便计算公式如下:

$$Y_m = \frac{C + \dfrac{P_p - P_m}{N}}{\dfrac{P_p + P_m}{2}} \tag{5.4}$$

其中，P_p＝债券面值国；P_m＝当前债券价格；N＝购买债券到债权赎回的日期（年）；C＝每年利息额。

(二) 债券收益的衡量——三种收益率的比较

当债券发行时,其息票利率、当期收益率和到期收益率的关系如下：

表 5-10 息票利率、当期收益率和到期收益率的关系

债券发行价格	三　者　关　系
平　价	票面利率＝当期收益率＝到期收益率
溢　价	票面利率＞当期收益率＞到期收益率
折　价	票面利率＜当期收益率＜到期收益率

三、债券的报价

债券报价主要有净价和全价两种模式。债券应付利息是指当投资者卖出债券的日期离下次付息日不到一个付息周期时,上次付息日和结算日之间那段时间内投资者应得的利息。利用债券价格公式计算得到的价格被称为净价(Clean Price),净价加上应付利息就是投资者应得的债券的价值,被称为全价(Full Price)：

$$全价 = 净价 + 应计利息$$

其中应计利息为：

$$I_a = \frac{D}{365} \times C \tag{5.5}$$

其中,D＝结算日离上次付息日的天数;C＝年利息。

第四节 债券市场创新与发展

一、中国地方政府债券市场的发展

(一) 地方政府债券基本内涵

地方政府债券是由各级地方政府发行的债券。发行这类债券的目的,是为了筹措一定数量的资金用满足市政建设、文化进步、公共安全、自然资源保护等方面的资金需要。

发展我国的地方政府债券市场的意义在于：

(1) 促进地方经济平稳健康发展。通过地方政府债券管理模式创新,形成总量可控、动态可持续的资金保障机制,以合法规范的方式保障地方政府合理的融资需求,支持地方稳增长、补短板。

（2）构建一个更加透明和高效的融资方式，进一步拓宽了地方政府的融资渠道，促使政府融资模式进行结构性转变，有利于促进地方财政透明运行，遏制违法违规变相举债行为。在严格执行国发〔2014〕43号文件关于剥离融资平台公司政府融资职能、《国务院关于加强地方政府融资平台公司管理有关问题的通知》（国发〔2010〕19号）、关于公益性资产不得作为资本注入融资平台公司等规定的同时，通过开"正门"发行地方政府债券，防范违法违规举债或变相举债、挪用土地储备资金等行为发生。

（3）锻炼了政府市场化融资的能力，有利于形成市场对政府行为的硬约束。

（4）深化财政与金融互动。完善地方政府债券市场，进一步增强地方政府债券透明度，保护投资者合法权益，支持对债券科学合理定价，丰富地方政府债券品种，提高地方政府债券市场化水平，吸引更多社会资本投资地方政府债券，带动民间资本支持重点领域项目建设，激发民间投资潜力。

同时，对地方政府的财政管理体制改革、我国债券市场品种和价格体系完善、社会信用体系构建等诸多方面都将产生深远影响。

（二）发展历程

1949年后不久我国就允许地方政府发行债券，如东北生产建设折实公债、地方经济建设折实公债等。1958年4月，中共中央发布了《关于发行地方公债的决定》，决定自1959年起，在必要时允许发行地方建设公债，并规定了发债的条件。

1985年，在各地方政府怀有强烈的投资冲动的情况下，为了控制投资规模，决定暂停发行地方债。此后，地方债的发行一直受到1985年《中华人民共和国预算法》第28条规定的限制。该条指出："地方各级预算按照量入为出、收支平衡的原则编制，不列赤字。除法规和国务院规定的以外，地方政府不得发行地方政府债券。"该规定本身含有"例外条款"。

2008年国际金融危机对我国经济造成严重冲击，中央政府推出4万亿元经济刺激计划。为了缓解地方政府在刺激计划中的资金瓶颈，从2009年开始，中央政府每年代地方政府发行一定数量债券。

自2011起，经国务院批准，上海、浙江、广东、深圳试点在国务院批准的额度内自行发行债券，但仍由财政部代办还本付息；其余地区的地方政府债券仍由财政部代理发行、代办还本付息。2013年，自行发债试点地区在2012年4个的基础上新增江苏和山东。2014年5月22日，财政部印发《2014年地方政府债券自发自还试点办法》，继续推进地方政府债券改革：第一，在前期自行发行的基础上，在还本付息上从财政部代行突破至发债地区自行还本付息；第二，在前期6个试点地区的基础上，再次增加直辖市北京、计划单列市青岛以及中西部省份江西和宁夏为试点地区；第三，将债券期限由2013年的3年、5年和7年拉长至5年、7年和10年；第四，在2013年试点办法提出逐步推进建立地方政府信用评级的基础上，明确提出"试点地区按照有关规定开展债券信用评级"。

2014年8月31日，预算法修正案草案在第十二届全国人民代表大会常务委员会第十次会议上高票通过。修改后的预算法于2015年1月1日起施行，地方政府发债走向合法化和常态化。

新预算法对地方发债权的规定是："经国务院批准的省、自治区、直辖市的预算中必需的建设投资的部分资金,可以在国务院确定的限额内,通过发行地方政府债券举借债务的方式筹措。"同时,新预算法规定:"举借债务的规模,由国务院报全国人民代表大会或者全国人民代表大会常务委员会批准。"地方举债只能用于公益性资本支出,而不得用于经常性支出。

地方债存量从2014年底的1.16万亿元迅速扩大,2015—2017年,36个省份共发行地方债券14.24万亿元,2017年底地方政府债务余额16.47万亿元,其中地方债券余额14.74万亿元,占比近90%,以政府债券为主体的规范的地方政府举债融资机制基本建立。目前,地方债券余额、年度发行量占整个债券市场的比重均超过20%,已经超越国债,也超越了政策性银行债,成为第一大债券品种。随着地方政府债务置换工作的逐渐结束,地方政府债券发行规模将逐步进入常规规模。

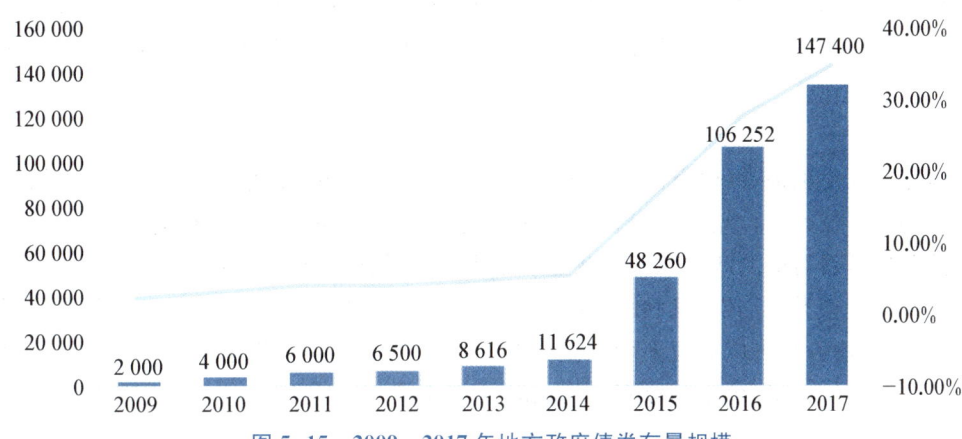

图5-15 2009—2017年地方政府债券存量规模

(三) 发行方式

按照地方政府债券的资金用途,又可以将地方政府债券分为一般债券和专项债券。

一般债券以一般公共预算收入作为偿债来源,同时还可以采取调减投资计划、统筹各类结余结转资金、调入政府性基金或国有资本经营预算收入、动用预算稳定调节基金或预备费等方式筹措资金偿还,必要时可以处置政府资产。

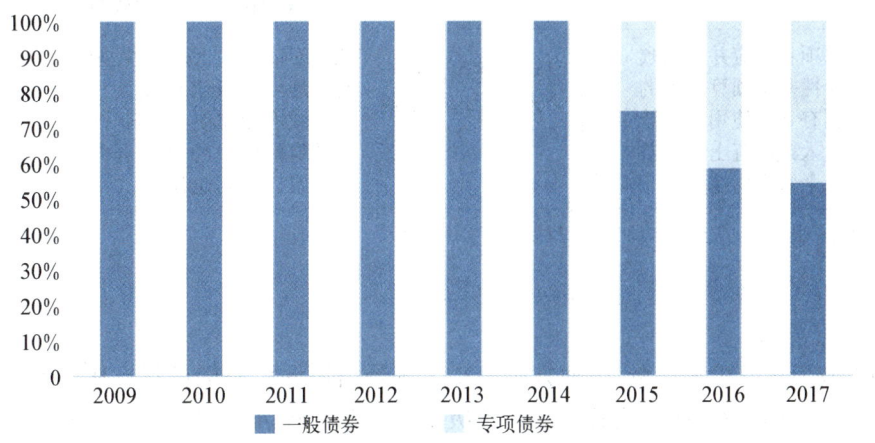

图5-16 2009—2017年地方政府一般债券和专项债券发行比例

专项债券以政府性基金收入作为偿债来源,同时还可以通过调入项目运营收入、调减债务单位行业主管部门投资计划、处置部门和债务单位可变现资产、调整部门预算支出结构、扣减部门经费等方式筹集资金偿还债务。

1. 一般债券

一般债券由地方政府在限额内按照市场化原则自发自还。

省、自治区、直辖市(含经省政府批准自办债券发行的计划单列市)人民政府(以下简称省级政府)依法自行组织本地区一般债券发行、利息支付和本金偿还。一般债券发行兑付有关工作由省级政府财政部门(以下简称地方财政部门)负责办理。

一般债券实行限额管理。省、自治区、直辖市政府发行的一般债券总规模不得超过当年本地区一般债券限额。一般债券发行遵循市场化原则,地方财政部门、一般债券承销团成员(以下简称承销团成员)、信用评级机构及其他相关主体,不得以非市场化方式干扰一般债券发行工作。

2. 专项债券

地方政府专项债券(以下简称专项债券)是指省、自治区、直辖市政府(含经省级政府批准自办债券发行的计划单列市政府)为有一定收益的公益性项目发行的、约定一定期限内以公益性项目对应的政府性基金或专项收入还本付息的政府债券。

单只专项债券应当以单项政府性基金或专项收入为偿债来源。单只专项债券可以对应单一项目发行,也可以对应多个项目集合发行。专项债券由各地按照市场化原则自发自还,遵循公开、公平、公正的原则,发行和偿还主体为地方政府。

表 5-11 地方政府专项债券的类型和特征

	土地储备专项债券	收费公路专项债券	棚户区改造专项债券
资金用途	土地储备资金需求	发展政府收费公路	纳入国家棚户区改造计划,依法实施棚户区征收拆迁、居民补偿安置以及相应的腾空土地开发利用等的系统性工程,包括城镇棚户区(含城中村、城市危房)、国有工矿(含煤矿)棚户区、国有林区(场)棚户区和危旧房、国有垦区危房改造项目等
偿还来源	以项目对应并纳入政府性基金预算管理的国有土地使用权出让收入或国有土地收益基金收入偿还	以项目对应并纳入政府性基金预算管理的车辆通行费收入、专项收入偿还	项目对应并纳入政府性基金预算管理的国有土地使用权出让收入、专项收入偿还的地方政府专项债券。其中专项收入包括属于政府的棚改项目配套商业设施销售、租赁收入以及其他收入

资料来源:根据中华人民共和国财政部网站相关文件整理。

(四)地方政府债券的信用评级与信息披露

1. 信用评级

地方政府债券信用评级,由地方政府择优选择信用评级机构进行。从当前我国评级公司的评级依据来看,地方政府的信用等级主要由基础性因素和支持性因素决定。地方政府基础性信用风险的评价主要是评估地方政府的偿债能力和意愿。受评地方政府的地区经济发展基础条件、经济发展水平、经济增长潜力等经济实力指标,财政收入规模、财政支出结构、财政收入结构、财政收支平衡程度、债务指标等财政实力指标,信息透明度和管理制度及执行情况等政府治理指标是衡量地方政府基础性信用风险的重要因素。支持性因素主要由地方政府的行政层级、政治重要性、经济重要性、历史支持等因素构成。

2014—2017年发行的地方债,发行信用评级均为无差别的AAA级,评级结果对债券定价的参考价值较小。

2. 信息披露机制

地方债发行信息披露逐步规范化使得投资者对政府的偿债能力、风险和投资回报等全面把握,并影响地方债的发行认购效果以及二级市场的流动性。根据财政部有关地方政府债券发行工作要求,对于一般债券,地方财政部门应当重点披露本地区生产总值、财政收支、债务风险等财政经济信息,以及债券规模、利率、期限、具体使用项目、偿债计划等债券信息。对于专项债券,应当重点披露本地区及使用债券资金相关地区的政府性基金预算收入、专项债务风险等财政经济信息,以及债券规模、利率、期限、具体使用项目、偿债计划等债券信息。对于土地储备、收费公路专项债券等项目收益专项债券,地方财政部门应当在积极与国土资源、交通运输等相关部门沟通协调的基础上,充分披露对应项目详细情况、项目融资来源、项目预期收益情况、收益和融资平衡方案、潜在风险评估等信息。

表 5-12 地方政府债券发行的信息披露机制

一 般 债 券	专 项 债 券
● 债券发行兑付相关制度办法 ● 债券基本信息。包括发行数量、发行日期、手续费率、发行方式、发行款缴纳时间和账户信息、募集资金投向说明等 ● 本地区经济运行、财政收支、债务情况 ● 信用评级情况。包括首次信用评级报告和跟踪评级安排等	● 债券发行兑付相关制度办法 ● 债券基本信息 ● 本地区经济运行、财政收支、债务等情况 ● 专项债券对应的政府性基金、调入专项收入情况,包括该政府性基金、调入专项收入最近三年的预决算数据、以该政府性基金、调入专项收入为还款来源的其他专项债券的发行及余额情况等 ● 专项债券对应项目主要情况 ● 信用评级情况

资料来源:根据中华人民共和国财政部网站相关文件整理。

地方政府债券到期日前需要按期进行信息披露,具体如下:

表 5-13 到期日前的信息披露机制

一 般 债 券	专 项 债 券
● 按年度披露地方政府性债务管理情况 ● 按年度披露财政预决算,按季度披露经济运行等情况,按月度披露财政收支等情况 ● 不迟于信用评级机构出具跟踪评级结果后5个工作日,公布跟踪评级报告	● 财政预决算、经济运行、财政收支执行等情况 ● 地方政府性债务管理情况 ● 专项债券对应的政府性基金、调入专项收入预决算数据 ● 以专项债券对应的政府性基金、调入专项收入为还款来源的其他专项债券的发行及余额情况等 ● 专项债券对应项目主要情况、募集资金使用情况等 ● 不迟于信用评级机构出具跟踪评级结果后5个工作日,公布跟踪评级报告

资料来源:根据中华人民共和国财政部网站相关文件整理。

二、中国债券市场国际化进程

近年来,随着人民币国际化步伐的加快,我国债券市场国际化进程加速。按照国际清算银行(BIS)狭义统计口径[①],截至 2016 年年末,以人民币标价的国际债券余额为 6 987.2 亿元,其中境外机构在离岸市场上发行的人民币债券余额为 5 665.8 亿元,在中国境内发行的人民币债券余额为 1 321.4 亿元。

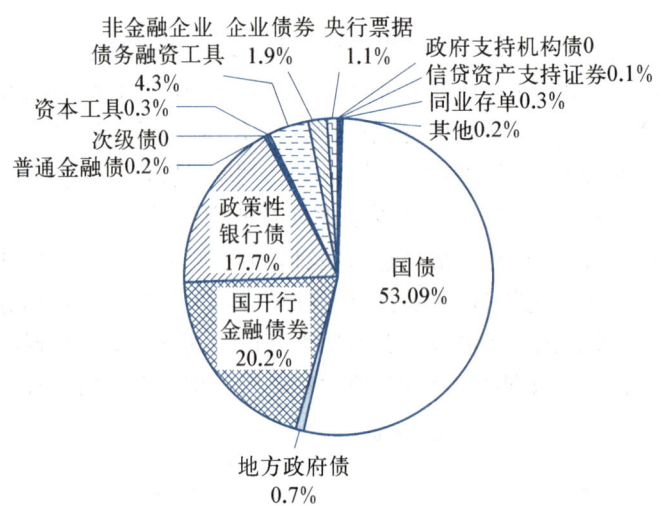

图 5-17　境外机构在中国境内银行间债券市场托管品种分布情况

资料来源:中国人民银行。

(一) 境外机构境内发行人民币债券概况

境外(含香港、澳门和台湾地区)机构在我国境内发行的人民币债券称为熊猫债。国际开发机构、境外非金融企业、国际性商业银行、外国政府已先后在我国境内成功发行熊猫债。

2005 年,国际金融公司和亚洲开发银行作为国际开发机构先后获准在我国银行间债券市场发行人民币债券,开启了熊猫债发行的先河。其中,国际金融公司于 2005 年、2006 年分两期共发行了 20 亿元人民币债券;亚洲开发银行于 2005 年、2009 年分两期共发行了 20 亿元人民币债券。

2013 年 12 月,中国银行间市场交易商协会(NAFMII)接受德国戴姆勒股份公司在我国银行间债券市场发行 50 亿元人民币定向债务融资工具的注册,这是境外非金融企业首次在银行间债券市场融资。

2014 年 9 月,人民银行发布《中国人民银行办公厅关于境外机构在境内发行人民币债务融资工具跨境人民币结算有关事宜的通知》(银办发〔2014〕221 号),明确境外机构可凭 NAFMII 发出的人民币债务融资工具"接受注册通知书",申请开立人民币专用存款账户,用于存放发行人民币债务融资工具所募集资金,募集资金可汇出境外,可使用境外人民币还本付息等;其他境外机构经批准在银行间债券市场发行人民币债务融资工具的有

---

① BIS 对国际债券有狭义和广义两个统计口径。按照 BIS 的统计口径,狭义的人民币国际债券是指境外机构在境内外发行的以人民币标价的债券;广义的人民币国际债券是指发行人在本国或本地区之外发行的以人民币标价的债券。

关跨境人民币结算业务参照执行。

2015年9月,人民银行批复同意香港上海汇丰银行有限公司和中国银行(香港)有限公司在银行间债券市场分别发行10亿元和100亿元人民币金融债券,这是国际性商业银行首次获准在银行间债券市场发行人民币债券。2015年11月和12月,NAFMII先后接受加拿大不列颠哥伦比亚省和韩国政府在我国银行间债券市场发行60亿元和30亿元人民币主权债券的注册。

随着人民币国际接受程度的稳步提升,熊猫债市场受到国际市场广泛关注,发债主体类型进一步扩展,发债规模也实现了大幅增长。截至2017年7月末,熊猫债发债主体已包括境外非金融企业、金融机构、国际开发机构以及外国政府等,累计发行额为1 940.4亿元。为统一熊猫债账户开立、资金存管、跨境汇划和数据报送的规则,构建关于熊猫债的数据统计监测和宏观审慎管理体系,2016年12月,中国人民银行发布《中国人民银行办公厅关于境外机构境内发行人民币债券跨境人民币结算业务有关事宜的通知》(银办发〔2016〕258号),明确境外机构可选择开立境外机构人民币银行结算账户或委托主承销商开立托管账户两种方式,存放发行人民币债券所募集的资金。开户行按照有关部门同意人民币债券发行的证明文件,并根据其规定的募集资金境内外使用比例,办理相关跨境人民币资金汇划。2016年8月,全球首只以SDR计价、人民币结算的债券(命名为"木兰债")由世界银行(国际复兴开发银行)在我国银行间债券市场成功发行,合计额度20亿SDR。同年10月,渣打银行(香港)有限公司也在我国银行间债券市场成功发行1亿木兰债。木兰债的推出,丰富了我国债券市场交易品种,促进我国债券市场的开放与发展,也是扩大SDR使用的标志性事件,对于增强国际货币体系的稳定性具有积极意义[①]。

(二)离岸人民币债券市场的发展

随着人民币国际化进程的加速,人民币在国际贸易结算和投资中的使用占比越来越高,跨国公司和国际金融机构对人民币有较强的融资偏好。因此,离岸人民币债券市场在近些年得到了较大发展,发行量总体呈上升趋势。作为一类投资工具,国际市场对于人民币债券的持有偏好与人民币升值预期挂钩。在2014年之前,人民币一直处于升值通道,这也进一步提高了人民币债市的活跃度。而在2015年8月启动新一轮汇改之后,人民币币值趋于稳定,并伴有小幅下滑,导致国际投资者对于离岸人民币债券投资意愿降低。离岸人民币债市发行的热潮也开始逐步褪去。

但从长期来看,离岸人民币债券市场是对在岸市场的有效补充,也是进一步推进人民币国际化、形成人民币健康回流机制的重要环节。

表5-14 重要离岸人民币债券发展事件

2016年5月	中国财政部在伦敦发行30亿元人民币国债
2014年6月	国际金融公司在伦敦发行首批5亿元的绿色金融债券
2014年6月	汇丰银行、渣打银行在新加坡交易所发行共计15亿元人民币债券

---

① 资料来源:中国人民银行,人民币国际化报告。

续 表

2013 年 6 月	安硕在港交所推出亚洲首只离岸人民币债券 ETF
2013 年 3 月	台湾中国信托商业银行在台发行 10 亿元人民币债券，台湾离岸人民币债市启动
2012 年 4 月	汇丰银行在伦敦首次发行 20 亿元人民币债券，伦敦离岸人民币债市启动
2010 年 7 月	合和公路发行 13.8 亿元的 2 年期债券，为中国非金融企业首单离岸人民币债券
2007 年 7 月	国开行首次在香港发行第一只离岸人民币债券

数据来源：新闻整理。

（三）债券跨境交易

交易方面，境外机构投资银行间债券市场的主体范围和投资范围不断扩大。近年来，人民银行先后允许符合条件的境外央行或货币当局、主权财富基金、国际金融组织、人民币境外清算行和参加行、境外保险机构、RQFII 和 QFII 进入银行间债券市场，开展债券现券、债券回购等多种业务。在 2015 年 7 月扩大对央行类机构开放程度的基础上，2016 年，人民银行将境外投资主体范围进一步扩大至境外依法注册成立的各类金融机构及其发行的投资产品，以及养老基金等中长期机构投资者。截至 2017 年 12 月末，全年共有 866 家境外机构获准进入银行间债券市场[①]，包括境外央行类机构（包括境外央行、国际金融机构和主权财富基金）、境外商业银行、非银行类金融机构、金融机构产品类投资者和其他类型机构投资者。债券托管余额为 1.2 万亿元。

2017 年成功推出内地与香港债券市场互联互通合作（简称"债券通"）。7 月 3 日，"债券通"正式上线试运行，首日发行认购及交投活跃、运行稳定。"债券通"的推出丰富了境外投资者投资渠道，有利于进一步推进银行间债券市场对外开放。截至 2017 年年末，已有 249 家机构通过"债券通"途径进入银行间债券市场，持债规模超 887.9 亿元。

截至 2017 年年末，非居民持有境内人民币金融资产余额为 4.29 万亿元，其中，境外机构持有的股票市值和债券托管余额分别为 11 746.7 亿元和 11 988.3 亿元；境外机构对境内机构的贷款余额为 6 164.4 亿元；非居民在境内银行的人民币存款余额为 9 154.7 亿元，包括同业往来账户存款、境外机构和境外个人存款。

表 5-15　非居民持有境内人民币金融资产情况　　　单位：亿元

项目	2015.03	2015.06	2015.09	2015.12	2016.03	2016.06	2016.09	2016.12	2017.12
股票	7 384.1	7 844.0	5 285.2	5 986.7	5 709.5	6 012.1	6 562.2	6 491.9	11 746.7
债券	7 128.0	7 640.8	7 645.8	7 517.1	6 799.5	7 639.8	8 059.6	8 526.2	11 988.3
贷款	8 769.2	9 242.1	9 357.1	8 515.6	7 782.7	7 474.2	7 081.9	6 164.4	7 390.0
存款	20 248.0	21 203.5	16 641.8	15 380.7	12 744.5	12 529.4	11 307.2	9 154.7	11 734.7
合计	43 529.3	45 930.4	38 929.9	37 400.1	33 036.2	33 655.5	33 010.9	30 337.2	42 859.7

数据来源：中国人民银行、中国证监会、中央国债登记结算有限责任公司、银行间市场清算所股份有限公司、中国证券登记结算有限责任公司、中国人民银行整理。

[①] 自 2016 年 6 月起，境外机构家数统计调整为实际已进入银行间债券市场数目，且统计口径为在交易中心开户的账户数。数据来源：中国人民银行，《2017 年人民币国际化报告》。

三、中国资产支持证券市场的发展

资产证券化是指将缺乏流动性,但能够在将来产生稳定的、可预见的现金流收入的资产转换为可以在金融市场上出售与流通的证券的行为。

我国资产支持证券自 2005 年国务院批准中国人民银行牵头开展的信贷资产证券化试点起步。尽管发展历史较短,但近年来发展迅速,市场规模不断扩大,基础资产逐渐多元化,产品设计日趋成熟,市场参与者专业能力和活跃度不断提升。作为直接融资的创新品种,资产支持证券已经成为债券市场的重要组成部分。2017 年,ABS 发行规模达 1.52 万亿元,同比增长 67.95%,历史累计发行量突破 3.53 万亿元,存量规模达 1.84 万亿元。企业 ABS 增速明显,信贷 ABS 发行稳定,资产支持票据扩容提速。资产证券化产品的主要分类如图 5-18 所示:

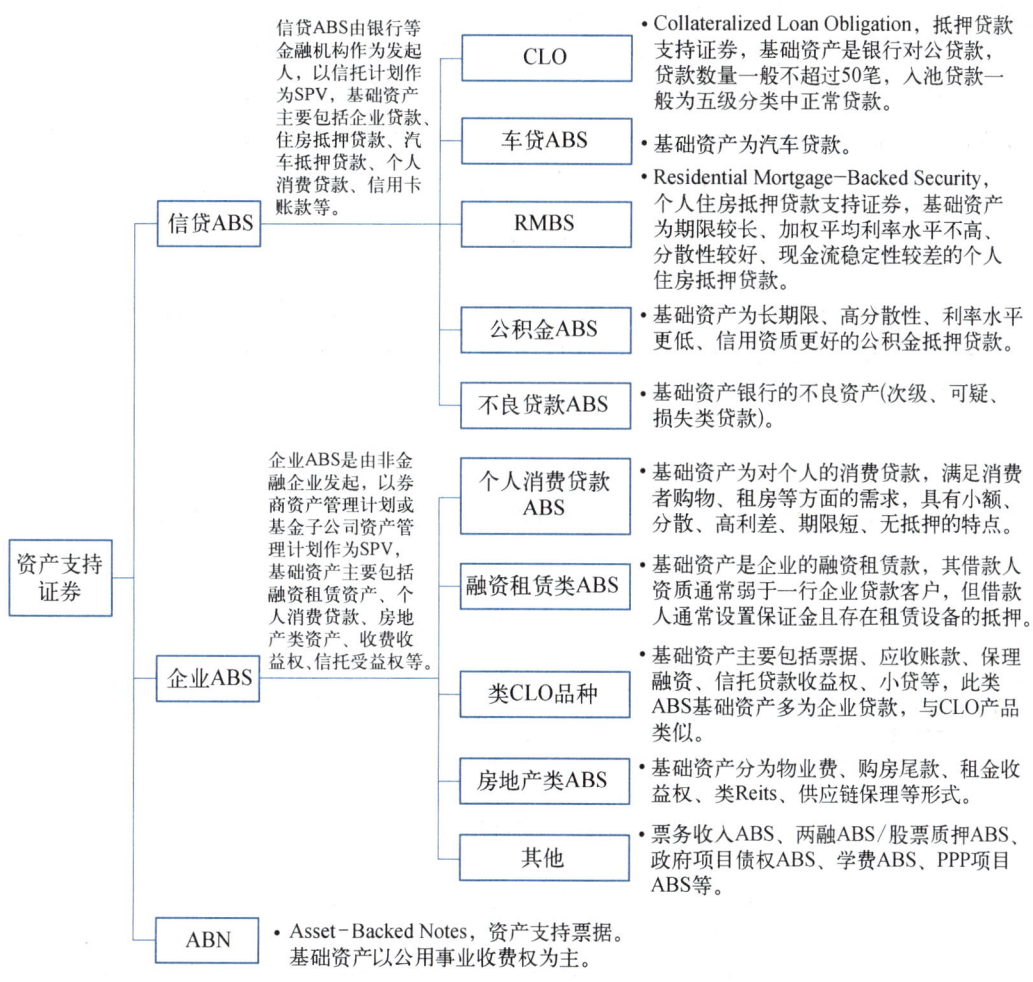

图 5-18　资产证券化产品的主要分类

(一)发展历程

我国资产证券化市场产品根据主管部门的不同可以划分为信贷资产证券化、企业资产证券化和资产支持票据三条线,对应的主管部门分别为中国银监会、中国证监会和银行间交易商协会。在我国资产证券化市场发展历程中,央行和中国银监会先试先行,于 2005 年推出了信贷资产证券化,标志着我国资产证券化试点拉开序幕,随后企业资产证券化和资产支持票据也陆续开展试点工作。

纵向梳理三大部委出台的关于资产证券化的政策可以发现,我国资产证券化产品的发展可谓一波三折。2008 年美国次贷危机爆发,资产支持证券和衍生产品一度被认为是罪魁祸首,国内外关于发展资产证券化的反对声音很大,受此影响,国内资产证券化试点被迫暂停。在此后的两年多时间里,虽然中国证监会于 2009 年发布了《证券公司企业资产证券化业务试点指引(试行)》,但是国内的资产证券化业务一直处于停滞状态,直到 2012 年央行、银监会和财政部联合下发了《关于进一步扩大信贷资产证券化试点有关事项的通知》,开启第二轮 500 亿元资产证券化试点工作,国内的资产证券化业务才开始破冰。2012 年后,国内金融创新氛围浓郁,资产证券化市场也迎来了大发展,三大部委在不断规范资产证券化产品交易结构的同时,积极推动资产证券化业务创新,房地产信托投资基金(REITS)、PPP 资产支持证券等多种创新融资工具应运而生,资产证券化越来越被国内资本市场认为是一种适应国家供给侧改革政策、盘活优质存量资产、丰富企业融资渠道的融资手段,资产证券化市场的广度和深度也得到了一定拓展。

(二)资产证券化产品的一般交易结构

资产支持证券的交易结构较其他债务融资工具更加复杂,不同发行品种和不同类型基础资产的交易结构也存在很大差异。但各类资产支持证券交易结构的核心目的都是实现资产隔离和结构化增信。

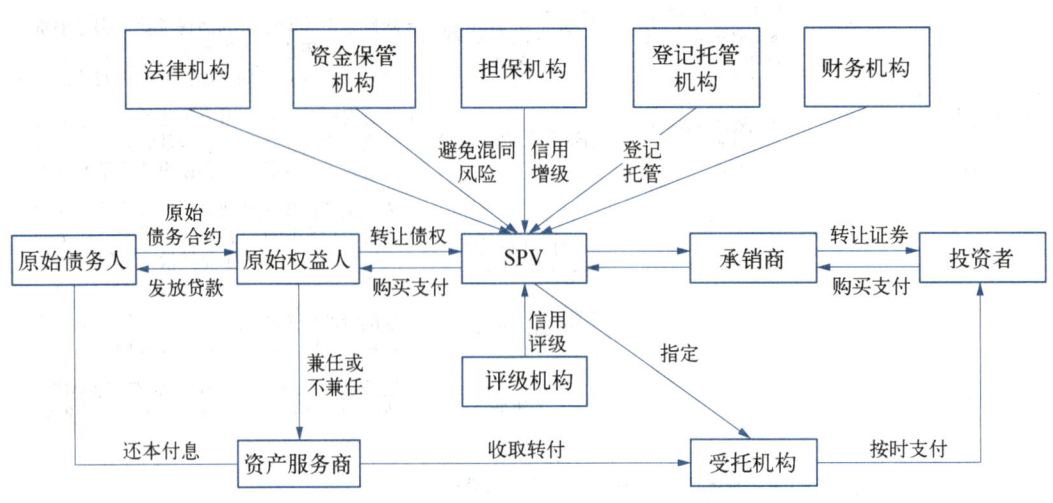

图 5-19 资产证券化产品的一般交易结构

资产隔离方面,主要通过建立特殊目的载体(SPV)实现,表现为原始权益人向原始债务人构建债权资产并将债权资产转让给 SPV,同时让各类机构参与确认资产是否合法合规、估值是否合理,以及监督现金流的归集和分配。

表 5-16 资产隔离的两种处理方式

基础资产	债权	收益权
风险报酬转移情况	风险报酬基本转移，比如原始权益人或母公司不提供担保或反担保	风险报酬转移不足，原始权益人或其母公司仍存在一定被追偿的风险	基础资产是未来预期的营业收入，尚未转化为合同债权，不是会计意义上的资产，风险报酬无法转移
会计处理原则	可以认定为"真实出售"	不能认定为"真实出售"	
是否实现资产出表	可以	不可以	
收到募集资金的会计处理	借：银行存款 贷：出售资产对应的科目，如持有至到期投资或长期债券投资、应收账款等	借：银行存款 贷：长期应付款	

当基础资产可以出表时（如风险报酬基本转移的债权类资产），发行 ABS 可以实现资产真实销售，不增加负债，资产负债表左侧流动性较差的基础资产可以被置换为流动性较强的货币资金，从而提升企业的流动比率和速动比率，进而提高短期偿债能力，如果企业使用筹集的资金偿还债务，还可以进一步降低资产负债率；当基础资产不能出表时（如风险报酬转移不足的债权类资产和收益权），资产支持证券视作抵押担保融资，资产负债表两侧同时增加货币资金和负债，对企业偿债能力的提升相对弱于出表情形。

在结构化方面，通常会设置优先/夹层/次级的多重结构，更低级持有者优先承担损失，为更高级持有者提供增信。同时也可以采用折价购买基础资产、基础资产超额利差、资产超额抵押、发起人差额支付、流动性支持及担保等各类增信手段。对满足投资者对期限的要求，通常还会在现金流满足兑付的要求下安排不同档产品。

专栏

中国债市首现违约

2014 年 3 月 4 日，注定是中国资本市场极不平凡的日子。当晚，深圳证券交易所披露的《上海超日太阳能科技股份有限公司 2011 年公司债券第二期利息无法按期全额支付的公告》称，超日太阳于 2012 年 3 月 7 日发行的 2011 年公司债券（简称"11 超日债"）第二期利息原定金额共计人民币 8 980 万元，但由于各种不可控的因素，公司付息资金仅落实人民币 400 万元。因此，"11 超日债"本期利息将无法于原定付息日按期全额支付，仅能够按期支付共计人民币 400 万元。

3 月 7 日当天，上述公告中所述事实兑现。至此，"11 超日债"正式违约，成为国内首例债券违约事件。

超日太阳于 2010 年 11 月在深交所中小企业板上市，2012 年 3 月 7 日发债之后，即于 4 月 16 日预报 2011 年亏损 6 000 万元。2013 年 1 月 17 日，公司发布公告称 2012 年预计亏损 9 亿—11 亿元，并披露公司面临流动性风险，大多数资产已被质押、抵押或查封。

2013年1月23日,公司公告称因涉嫌未按规定披露信息,证监会上海稽查局于22日已对其立案调查。

根据＊ST超日的重整草案,以保利协鑫为首的9家重组方,将支付用于＊ST超日重整费用、清偿债务、提存初步确认债权和预计债权的资金约18亿元。参与重整的投资人受让股权总共支付14.6亿元,公司同时还通过境内外资产和借款等方式筹集不低于5亿元资金。

2014年10月23日的第二次债权人会议上,超日重组获得通过的同时,也宣布"11超日债"的本金和利息将会得到全额偿付,何时兑付也成为债民们关注的焦点。

2014年12月17日晚间,＊ST超日发布公告称,公司将以2014年12月22日作为还本付息日,对每手"11超日债"面值1 000元派发本息合计1 116.40元。

本 章 小 结

债券是政府、企业以及金融机构等依据法律手续发行的,向投资者即债权人承诺的,按约定利率和日期支付利息、偿还本金,从而明确债权债务关系的有价证券。债券的基本要素包括债券的名称、债券的面值、偿还期限、利率和价格。债券市场是一国金融体系中不可或缺的部分。一个统一、成熟的债券市场可以为全社会的投资者和筹资者提供风险与收益匹配的投融资工具;债券的收益率曲线是社会经济中金融商品收益水平的重要基准,因此债券市场也是传导中央银行货币政策的重要载体。根据债券的运行过程和市场的基本功能,可将债券市场分为发行市场和流通市场。根据市场组织形式,债券流通市场可进一步分为场内交易市场和场外交易市场。根据债券发行地点的不同,债券市场可以划分为国内债券市场和国际债券市场。中国债券市场分为银行间市场、交易所市场和柜台债券市场。其中,银行间市场是中国债券市场的主体。

债券登记、托管、清算和结算系统是债券市场重要的基础设施。确保风险得到正确揭示、增加市场透明度是监管部门的责任,风险揭示主要通过强制性、严格的信息披露机制实现。信用评级制度是市场化监督机制的重要组成部分,独立、公正、客观的信用评级对于债券市场的健康发展具有非常重要的作用。我国债券市场经历了以场外柜台市场为主、场内市场为主和银行间债券市场为主三个发展阶段。

中国债券市场不同的债券品种往往具有不同监管主体,监管标准不同,发行条件也随之有所区别,发行管理方式各异。

债券交易分为场内交易和场外交易,这两种市场的组织形式不同,所采用的交易机制也具有不同的特点。我国的银行间债券市场、交易所债券市场和商业银行柜台市场采用不同的交易机制,交易品种结构各不相同。

当前,中国地方政府债券发行流动机制逐步完备;随着人民币国际化步伐的加快,我国债券市场国际化进程加速;资产支持证券规模日益扩大,成为我国债券市场发展与创新的新亮点。

重 要 概 念

债券市场、国债、地方政府债券、企业债券、公司债券、信用评级

习 题 与 思 考

1. 简述中国债券市场当前的结构特征和监管体制存在的主要问题。
2. 试述公司债券主体信用评级主要考察的因素。
3. 简述债券债项信用评级考察的基本因素。
4. 当前中国的企业选择发行债券的发行方式主要有哪些?
5. 简述我国银行间债券市场、交易所债券市场和商业银行柜台市场的交易机制。
6. 试述当前中国地方政府债券的发行的影响。

第六章

股票市场

> **教学目的与要求**
>
> 我国资本市场经过20多年的发展,形成了多层次的资本市场结构。经过本章的学习,了解我国主板市场、创业板市场、三板市场和四板市场的特点及发展情况,熟悉并掌握一级市场首次公开发行股票和再融资这两大业务的主要内容,以及二级市场的交易制度和价格形成机制。

第一节 我国多层次资本市场结构

我国资本市场从建立之初发展至今仅有20多年,其间,股票市值从20多亿元增至50多万亿元,经济证券化率由不足1%升至65%以上。随着创业板的推出、新三板的扩容和区域性股权市场的发展,我国资本市场已经逐渐发展成由主板市场、创业板市场、三板市场和四板市场构成的多层次资本市场,为国企改革、产业转型升级等发挥了重要作用。

一、主板市场

(一)主板市场概述

主板市场是最具传统意义的证券市场,也是一国资本市场最重要的组成部分之一。主板市场对于发行人的营业年限、股本大小、盈利水平、最低市值等各方面的标准都是最高的,因此在该市场上市的企业多为已经发展成熟的大型企业。在主板市场上,证券的首次公开发行以及之后的交易流通都是通过有形的场所即证券交易所进行的。证券交易所是根据各国法律规定,通过证券管理部门批准而设立的,集中进行证券交易的固定场所。

证券交易所按照组织形式的不同可以分为会员制和公司制两种。会员制证券交易所是由股票经纪人、证券机构及专业会员等以会员协会形式成立的不以营利为目的的机构。世界上大多数证券交易所设立之初都是采用会员制的形式。在会员制的证券交易所内,只有会员及享有特许权的经纪人才有资格进行证券交易。但是,由于管理交易所的会员同时又是股票交易的参与者,因此往往容易导致交易的不公正性和垄断的产生。我国的证券交易所具有传统的会员制形式,下设会员大会、理事会、总经理和监事会。会员大会为交易所的最高权力机构,理事会为执行机构,总经理负责交易所的日常管理工作,监事会为交易所的监督机构。

公司制证券交易所是以营利为目的,由证券公司、银行、投资信托机构和各类公营、民营公司等共同投资入股所建立起来的公司法人。这种形式的证券交易所收入主要来源于发行公司的上市费与提供证券交易收取的收入。因其是独立的法律和经济实体,本身不直接参与证券买卖,因此有助于保证交易的公平、公正。但是由于较高的上市费用和管理成本,会促使一些证券交易的参加者转向场外交易市场。

随着交易技术水平的进步和国际证券市场的竞争加剧,传统会员制交易所存在的垄断基础不复存在,公司制治理结构的优越性逐渐体现,全球主要证券交易所纷纷从传统的会员制转向公司制。如 2000 年 3 月,世界上最早成立的证券交易所阿姆斯特丹交易所(Amsterdam Stock Exchange,AEX)与布鲁塞尔交易所(Brussels Stock Exchange,BSE)和巴黎交易所(Paris Bourse/Paris Stock Exchange)签署协议,合并成立全球第一个跨国境、单一货币的泛欧交易所(Euronext N.V.)。2005 年 4 月,纽约证券交易所(New York Stock Exchange,NYSE)与全电子证券交易所(Archipelago)合并,完成由非营利性组织向营利性机构的转变。

(二) 我国主板市场

我国的主板市场主要由深圳证券交易所和上海证券交易所共同构成。深圳证券交易所成立于 1990 年 12 月 1 日,并于 1991 年 7 月 3 日正式营业。为了优化资本市场结构,于 2000 年 9 月停止新股发行,并在 2004 年 5 月 17 日设立中小企业板,重新恢复新企业上市。

我国的中小企业板是一个相对独立的板块,于 2004 年在深圳证券交易所内设立,主要安排主板市场拟发行上市企业中流通股本相对较小的公司在该板块上市。通常公司股本总额超过 8 000 万的企业选择在主板上市,而股本在 5 000 万到 8 000 万之间的企业选择在中小板上市。近年来,该区分有所变化。中小企业板块推出时的总体设计,可以概括为"两个不变"和"四个独立",即在现行法律法规不变、发行上市标准不变的前提下,在深圳证券交易所主板市场中设立的一个运行独立、监察独立、代码独立、指数独立的板块。中小板的建立是构筑多层次资本市场的重要举措。

截至 2017 年 12 月底,深市主板拥有 476 家上市公司,股票市价总值 8.05 万亿元,中小板拥有 903 家上市公司,股票市价总值 10.40 万亿元。上海证券交易所成立于 1990 年 11 月 26 日,并于同年 12 月 19 日开始营业。截至 2017 年 12 月底,上交所拥有 1 396 家上市公司,股票市价总值 33.13 万亿元。

两个交易所主要职能包括:提供证券交易的场所和设施;制定业务规则;接受上市申请、安排证券上市;组织、监督证券交易;对会员进行监管;对上市公司进行监管;管理和公布市场信息以及中国证监会许可的其他职能。经过二十多年的改革和发展,无论是上市标准、交易规则还是监管办法等各方面都日益完善。从数量和规模上看,沪深主板市场已经是我国多层次资本市场的最重要组成部分,是大中型企业上市融资的主要市场。

二、创业板市场

(一)创业板市场概述

创业板市场是为了满足不同层次公司的融资需求而逐渐建立发展起来的。同主板市场相比,上市企业往往规模较小,抵御市场风险能力较弱,但是市场前景良好,业务增长潜力可观,具有高风险、高收益的特点,多为高新技术企业或快速成长的中小企业。

1. 创业板市场特点

与主板市场相比,创业板市场主要有如下特点:

(1)高风险性。创业板市场是高风险市场,在该市场上市的公司多为中小企业或高新技术企业,其经营规模、业务稳定性、盈利持续性等都与在主板市场上市的企业有一定差距。同时,它所面临的技术风险、市场风险以及经营风险往往比主板市场上市公司大。

在创业板市场上,过去的表现不是融资的决定性因素,市场更看重的是公司的发展前景和成长空间,以及是否具有良好的战略规划和突出的主营业务。以在纳斯达克市场上市的中国社交网站新浪微博为例。北京时间 2014 年 4 月 17 日晚,微博正式登陆纳斯达克,成为全球范围内首家上市的中文社交媒体。微博发行价定为 17 美元,上市日涨幅达 19.06%。但根据其财务数据显示,公司 2014 年第一季度净利润亏损达 4 738 万美元,年度净亏损达 6 547 万美元。由此可见,创业板市场上投资者更看重的是公司的发展前景而不是历史经营业绩,在创业板上市的也多为那些能够提供新产品与新服务,或公司经营模式独特,具有较大增长潜力的企业。

(2)低标准性。同主板市场对于上市企业的各项财务指标都有较高要求不一样,创业板市场对于申请上市企业的规模与盈利条件要求相对较低。如美国的 Nasdaq 要求股东权益达 1 500 万美元,公众持股量为 110 万股,香港创业板仅要求公众持股最低量为 3 000 万港元,两者都不要求有盈利记录。

2. 创业板市场运作模式

创业板市场主要有两种运作模式:非独立的附属市场模式和独立运作模式。附属市场模式下,创业板市场仅仅作为主板市场的补充存在,它和主板市场具有共同的组织管理体系、交易运作系统和监管标准,唯一不同的就是上市标准的差别。根据上市企业能否晋升到主板,市场又可以细分为附属递进型和附属平行型两类。前者规定,上市企业如果能在规定期限内达到主板市场的条件,就能晋升到主板市场挂牌,而后者并不存在主板、创业板的转换关系和途径。独立运作模式下,创业板市场拥有独立于主板市场之外的完全不同的证券交易系统、组织管理系统、上市标准和监管体系,如美国的 Nasdaq、法国的 Newmarket 和欧洲的 EASDAQ 等市场都是属于这种运作模式。

(二)我国创业板市场

1984 年国家科技委员会首次将创业板市场作为一种创业投融资机制提出,认为其可以促进国家高新科技的发展。

1998 年 3 月,成思危代表民建中央提交了《关于借鉴国外经验,尽快发展中国风险投资事业的提案》,此提案是当年全国政协会议的"一号提案",被认为开启了在中国设立创业板的征程。1999 年 8 月,党中央、国务院出台的《关于加强技术创新,发展高科技,实现产业化的决定》指出,要培育有利于高新技术产业发展的资本市场,适当时候在现有的上海、深圳证券交易所专门设立高新技术企业板块。1999年12月,全国人大常委会对《公司法》做出修改,为了体现高科技知识产权的重要性,放宽了高科技股份有限公司设立时"无形资产占净资产比重不得超过20%"的规定;在股份公司的设立方式上增加了"整体变更设立股份公司的方式"等。高新技术企业可以按照国务院新颁布的标准在国内股票市场上市。同时通过了一个拟建单独的高科技股票交易系统的决议。

2000年10月,深圳证券交易所开始筹建创业板。但2001年初纳斯达克泡沫破裂,股价巨幅下跌,香港创业板也从1200点跌到最低100多点。2001年11月,相关部门认为我国股市尚未成熟,设立创业板的计划被搁置。

直到2009年,中国创业板终于又迎来了曙光。2009年3月31日,证监会发布《首次公开发行股票并在创业板上市管理暂行办法》,办法自5月1日起实施。7月26日,中国证监会正式开始受理创业板发行上市申请材料,10月30日首批28家创业板公司集中在深交所挂牌上市。截至2017年12月底,创业板共拥有上市公司数710家,市价总值5.13万亿元。

创业板市场各方面的标准要求都要比主板市场低一些。虽然如此,与国外创业板市场相比,我国企业创业板挂牌上市的条件就显得十分严格。例如我国创业板市场对净利润有明确的要求,并且上市前不得存在未弥补亏损,而Nasdaq等其他创业板市场就没有相关的要求。另一方面我国创业板对企业规模、成长性仍然有较高要求,而海外创业板市场少有类似规定。

三、三板市场

从最初"两网"的短盛长衰到"旧三板"的流于形式,再到后来"新三板"的破茧而出,我国三板市场在经历一波三折的发展之后已经成为多层次资本市场中不可或缺的重要组成部分。

(一)"两网"市场

1992年7月1日,为了解决我国国有企业股份制改革过程中法人股的流通问题,国务院批准出台了《1992年经济体制改革要点》,与此同时,相应的法人股流通市场全国证券交易自动报价系统(STAQ)成立。随后在1993年4月28日,经国务院主管部门批准,由人行、工行、农行、中行、建行、交行、人保公司及华夏、国泰、南方三大证券公司共同出资组建的NET法人股市场在北京正式开通。我国三板市场的雏形随着STAQ和NET两个法人股交易市场的运行逐渐产生。截至1993年底,STAQ系统共有上市公司10家,NET系统7家,并拥有近500家会员公司和32 000名开户的机构投资者,累计交易金额达220亿元。然而随着两网市场的逐渐热门,众多个人股民通过各种渠道进入市场,涌向市场的资金与日俱增,两市指数扶摇直上。市场成立之初"限定在法人之间转让"的规定形同虚设,名义上的流通法人股逐渐向个人转移。由此,1993年6月21日,中国证券业协会针对两网市场出台了《暂缓审批新的法人股挂牌流通的通知》,两网系统开始由盛转衰,并从此一蹶不振。最终1999年9月9日,STAQ网关闭,至此"两网"正式停止运营。

(二) 旧三板市场

为了使国有企业法人股走出困境,2001年7月16日,证券公司代办股份转让系统正式开通。与原有两网系统不同的是,除了原来在STAQ、NET市场挂牌的公司外,从主板市场退市的股票也能够在该系统挂牌交易。因此,新系统被寄托了化解退市风险、弥补我国证券市场结构性缺陷的期望。在业内,这个"证券公司代办股份转让系统"被称为"三板",为了与后来出现的"新三板"区别开来,现在称之为"旧三板"。

在旧三板市场上,投资主体和交易机制都类似于主板市场。与原先的两网不同,旧三板市场向所有投资者开放,不区分自然人和机构投资者。交易制度采用集合竞价的方式进行配对成交。交易次数根据股份转让公司的质量实行分类管理,具体来说就是根据挂牌公司的净资产多少而分别实行每周1次、3次和5次的转让方式,以5%作为涨跌停板的限制。有关公司信息披露的标准也是根据主板上市公司的要求来制定。

(三) 新三板市场

为了促进我国高新技术产业的发展,满足高科技企业的融资需求,我国于2006年1月正式启动了中关村代办股份转让试点。它是一个以证券公司和相关当事人的契约为基础,依托深圳证券交易所、中国登记结算公司的技术系统和证券公司的服务网络,以代理客户买卖挂牌公司股份为核心业务的股份转让平台,主要服务对象是没有达到主板上市条件的高新技术企业,又称"新三板"。2008年4月,中关村提出将新三板发展成全国性场外交易市场,2013年2月发布《全国中小企业股份转让系统业务规则(试行)》,2013年6月,国务院确定将中小企业股份转让系统试点扩大至全国,试点园区数量逐步增加。

经过多年的运行,新三板挂牌公司数量逐步增加,中关村代办股份转让系统已经逐渐成为非上市高新科技股份公司募集资金、股权顺畅流转的重要平台,同时也成为多层次资本市场上市资源的"孵化器"。

表6-1 新三板市场概况

年份	挂牌公司(家)	总股本(亿股)	成交笔数(万笔)	成交股数(亿股)	成交金额(亿元)	定向增发(亿元)
2006	10	5.77	0.02	0.15	0.78	0.50
2007	24	12.36	0.05	0.43	2.25	0.82
2008	41	18.86	0.05	0.54	2.93	2.69
2009	59	23.59	0.09	1.07	4.82	1.35
2010	74	26.90	0.06	0.69	4.17	5.62
2011	97	32.57	0.08	0.92	5.00	7.16
2012	200	55.27	0.06	1.15	5.84	6.43
2013	356	97.17	0.10	2.02	8.14	10.02
2014	1 572	658.35	9.27	22.82	130.36	133.47
2015	5 129	2 959.51	282.12	278.91	1 910.62	1 321.48
2016	10 163	5 851.55	308.83	363.63	1 912.29	1 478.85

资料来源:全国中小企业股份转让系统官网及Wind数据库。

四、四板市场

四板市场即区域性股权市场,主要是由地方政府主导的,为市场所在地省级行政区域内的企业提供股权、债券的转让和融资服务的私募市场,对于促进中小微企业股权交易和融资,鼓励科技创新和激活民间资本,加强对实体经济薄弱环节的支持具有不可替代的作用。截至2016年8月,中国共设立区域性股权交易市场38家,绝大多数为省级股权交易中心,较有代表性的包括天津股权交易所、上海股权托管交易中心、前海股权交易中心、广州股权交易中心等。

以上海股权托管交易中心为例。在上海市政府的积极推动下,上海股权托管交易中心股份有限公司(以下简称股交中心)于2010年11月在上海张江高科技园区注册成立,2012年2月正式启动运营,由上海国际集团有限公司、上海证券交易所、张江高科技园区开发股份有限公司、上海联合产权交易所等多家股东共同出资,集合了多方资源。

股交中心集股份转让、登记结算、代理买卖、市场拓展、定向增资、企业购并等多种金融服务业务于一体,为一级、二级市场投资者提供多样化的金融产品和综合服务。此外,还对挂牌公司的规范运作、信息披露等市场行为予以监管,为其实现转主板、中小板、创业板上市发挥培育、辅导和促进作用。

目前股交中心已具有E板、Q板和N板三个不同板块。E板为股份转让系统,该系统在股交所正式运营时即已启用,主要为挂牌企业提供股份转让、登记结算、代理买卖、定向增资等金融服务。Q板为股权报价系统,于2013年启动,主要服务于还不足以进入E板的中小微企业,报价流程、信息披露等制度更加灵活和宽松,是对市场内部的进一步细分。N板即科技创新板,于2015年启动,是专为科技型和创新型中小企业服务的板块,看重"新技术、新产品、新模式和新业态"的"四新"企业。

截至2017年9月12日,股交中心共有N板挂牌企业137家,E板挂牌企业692家,Q板挂牌企业8975家,托管企业170家,股权融资209.67亿元。股交中心正积极发挥着"股份交易中心、资源集聚中心、上市孵化中心、金融创新中心"的功能,是上海市国际金融中心建设的重要组成部分,也是中国多层次资本市场体系建设的重要环节。

第二节 一级市场业务

一级市场又称证券发行的市场,是政府机构或公司通过投资银行将新发行的证券出售给投资者的市场。一级市场为资金需求者提供筹措资金的渠道,为资金供应者提供投资机会,实现储蓄向投资的转化,形成资金流动的收益导向机制,促进资源配置的不断优化。

根据证券是否第一次发行上市,可以分为首次公开发行和上市公司发行新股(即再融资),两者共同构成了一级市场的主要业务。

一、首次公开发行股票

首次公开发行股票(Initial Public Offerings,简称IPO),也称首次公开募股,是指企业(我国规定是股份有限公司)通过证券交易所首次公开向社会公众发行股票,以期募集用于企业发展所需资金的过程。通过首次公开发行并在证券交易所上市的企业能迅速扩展融资渠道,完善法人治理结构,扩张和发展业务,提升经营管理效率。更为重要的是,上市公司还可以提升自己在金融市场以及产品和劳务市场上的形象和声誉。

(一) 首次公开发行参与者

首次公开发行参与者可以分为三类:股票发行者,即需要发行股票筹集资金的股份有限公司;股票购买者,即股票投资者,包括机构投资者和个人投资者;发行中介机构,即帮助发行人完成整个上市过程并将证券销售给投资者的机构,包括股票承销商或投资银行家、会计师事务所、律师事务所和评估机构等。承销商在首次公开发行中扮演重要角色。

1. 承销商职能

根据监管体制的不同,股票承销商由商业银行或投资银行承担。在新证券发行过程中一般需要承销商履行以下几个职能:① 为发行人提供有关发行的条款、时机、定价等方面建议;② 帮助发行人准备相关材料并完成审批过程;③ 将证券销售给投资者。承销方式可以分为包销和代销两类。

(1) 包销。包销的情况下,证券发行风险完全转移到承销商身上,承销商要承担可能出现的股票发行失败的风险。具体来说包销又可以分为全额包销和余额包销两种。全额包销是指承销商先以自己的名义将发行人拟发行的股票全部认购下来,然后再按市场条件转售给投资者的一种发行方式。采用这种发行方式,承销机构要承担发行失败的风险,而好处是承销商可以赚取从发行者手里以低价购入并向公众投资者以高价卖出所产生的差价。余额包销是指承销商与股票发行公司签订承销合同,承诺在约定期限内如果股票不能全额售出,其余下部分将由承销商按承销协议价格全部认购的一种发行方式。这种发行方式下,承销商仍然需要承担部分发行的风险。

(2) 代销。代销是指承销者在约定发行日期内按照规定的发行条件尽力推销股票,期满后仍销售不出去的那部分股票退还给发行者。这种承销方式下,全部发行风险都由发行公司承担,承销机构只是代理人,因此代销的手续费较低。

2. 承销商的作用

(1) 降低发行公司的发行风险。一方面,公司首次公开发行上市需要准备各种材料档案,通过证券市场主管部门的层层审核,而公司管理层在这些事务方面并非专家。承销商作为专业机构不仅具有丰富的知识,还有足够的经验,在承销商的帮助下,公司可以更加顺利地通过审核。另一方面,有些上市公司不为大众所熟悉,承销商的路演推介有助于企业股票发行的成功。

(2) 降低发行公司的发行成本。承销商的介入可以从两方面降低公司发行上市的成本。首先,如果没有承销商的帮助,企业必须自己准备发行上市所需的材料,这会额外增加公司的人工成本。其次,股票首次公开发行需要制定一个合理的价格,涉及专业估值理论的应用,而实际发行价格的确定与理论价格计算的结果存在一定偏差,需要根据现实情况进行调整。发行定价的不合理会严重影响到证券的顺利发行,具体来看定价偏高会导致投资者望而却步,定价偏低会降低企业募集资金的数量。因此,投资银行的专业知识与经验的价值有利于IPO公司制定一个合理的发行价格,使得筹资效果最大化。

(3) 扩大证券的发行渠道。投资银行往往与众多投资机构都有着密切的联系,因此在证券销售过程中,投资银行通过路演可以将证券发行的信息及时通知机构投资者,凭借自己的客户网络和市场信誉确保证券的顺利发行,避免发行失败的情形发生。

(4) 维护公司上市初期二级市场流动性。股票首次公开发行只是它在资本市场上流通的第一步,成功发行上市之后,仍然需要一个活跃的二级市场保证其流动性。除了证券承销以外,投资银行在资本市场上还有更广泛的业务,因此有些投资银行会承担起保持发行公司的股票上市之后一段时间内流动性的责任。

(二) 首次公开发行主要内容

1. 首次公开发行一般过程

首先有上市意向的企业选择合适的保荐机构,组建发行工作小组,包括律师事务所、会计师事务所以及评估机构等。在选择保荐机构时,主要应该考虑投资银行的声誉、行业经验和综合实力。保荐机构应该在发行公司所属行业中具有丰富的承销经验,熟悉发行公司及其主要业务。承销商的综合实力主要包括股票分析能力,即投资银行对发行企业所属行业拥有强大的研究力量,能够为股票合理定价;股票销售能力,即拥有强大的客户网络来确保股票的顺利销售;发行后的市场稳定能力,即投资银行需要有能力支持股票上市后初期的市场表现,保证二级市场的活跃性。

在成功组建发行工作小组后,发行顾问应该对拟上市公司进行尽职调查,了解公司的组织架构、管理运行情况、经营业绩情况、资金使用和需求情况等,并对公司有关文件的真实性、准确性、完整性进行核查和验证。完成这一系列工作后,根据调查结果对发行人进行改制和重组,以使其符合首次公开发行的条件。主要包括:企业所有制形式改制、资本结构优化、突出主营业务、减少关联交易、避免同业竞争等。

接下来是辅导和制作上市文件阶段。我国对拟上市公司应由辅导机构进行规范化培训、辅导与监督。辅导机构由符合条件的证券机构担任,原则上与主承销商为同一机构。上市辅导的内容主要包括组织有关发行上市法律法规、上市公司规范运作和其他证券基础知识的学习、培训和考试;督促企业按照有关规定初步建立符合现代企业制度要求的公司治理结构;督促企业实现独立运作,做到业务、资产、人员、财务、机构独立完整;督促企业规范与控股股东及其他关联方的关系;督促企业形成明确的业务发展目标和未来发展计划等。

股票发行是一个相当复杂的过程,需要准备大量的材料,包括招股说明书、尽职调查报告、审计报告、法律意见书和律师工作报告等,主承销商必须协调好各有关机构的工作,以保证所有材料在规定时间内完成。其中招股说明书的准备工作是整个上市过程的关键环节。招股说明书必须提供有关公司的详细资料,包括本次发行方案、公司面临的风险、公司法人治理结构、管理层对公司经营业务与成果的讨论和财务报表等。说明书中包括的所有信息必须经过认真仔细的核实,做到准确无误,任何虚假或误导性报告以及相关信息的省略都会受到严厉惩罚。

在辅导验收合格、准备完相应文件后,发行人把所有申请资料报送证券监管机构,等待证券监管机构的专家组对其进行审查。在注册制(如美国)下,证券监管机构不对预期发行的质量进行评价或评估,其结论由市场做出。而在核准制(如我国)下,证券监管机构对材料进行审查后,将由发审委决定公司是否允许公开发行。

通过证券监管机构的审查后,承销商就要着手进行路演,即帮助发行人安排发行前的调研与推介活动。路演的主要目的是让投资者进一步了解发行人,增强投资者的信心,创造对新股的市场需求并且从投资者的反应中获得有用的信息。

根据路演中投资者对股票的反馈信息,结合承销商以往的经验和相关定价模型,投资银行和发行人会最终确定一个合理的发行价格。价格确认之后,就到了首次公开发行过程中最后一步,把全部证券按计划出售给公众投资者,这通常需要有大量的营销组织。一方面投资银行有自己的投资客户群(包括机构和个人)可以作为其销售证券的基本对象;另一方面有时为了确保销售的质量、增加潜在的投资客户群体,对发行规模较大的公司,承销商还会组织一个承销团,以顺利完成股票销售任务。

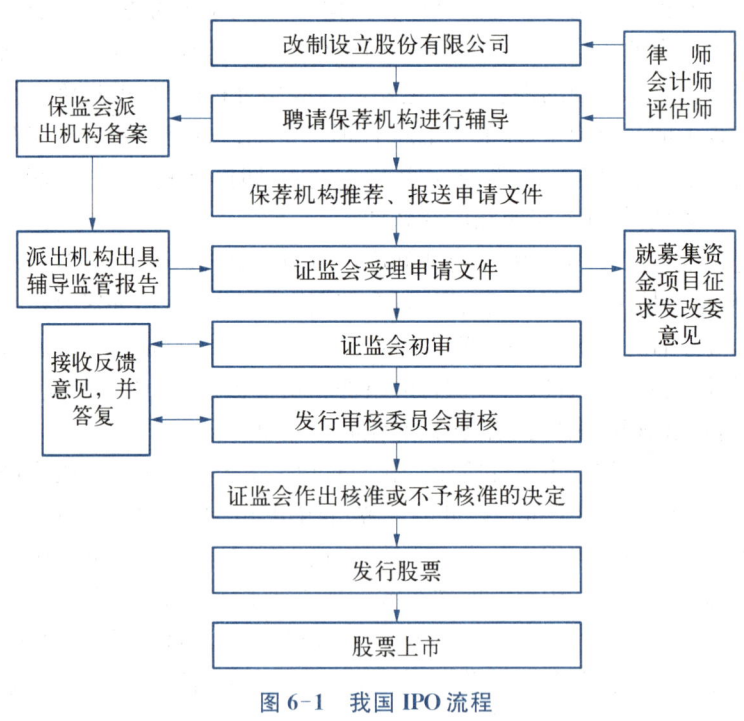

图 6-1　我国 IPO 流程

2. 首次公开发行上市条件

首次公开发行上市的企业需要满足 IPO 相关的法律法规。不同国家、不同类型的市场对于企业申请上市的条件都不相同,主要有主体资格、资产条件、盈利情况、募集资金运用等方面。我们以中国主板市场上市条件为例来具体说明。

根据中国证监会于 2006 年 5 月发布实施并于 2015 年 12 月进行修正的《首次公开发行股票并上市管理办法》的规定,首次公开发行股票的企业需要符合以下几个方面的主要条件:

(1) 主体资格。发行人自股份有限公司成立后,持续经营时间应当在 3 年以上,但经国务院批准的除外。有限责任公司按原账面净资产值折股整体变更为股份有限公司的,持续经营时间可以从有限责任公司成立之日起计算。发行人最近3年内主营业务和董事、高级管理人员没有发生重大变化,实际控制人没有发生变更。

(2) 规范运行。发行人已经依法建立健全股东大会、董事会、监事会、独立董事、董事会秘书制度,相关机构和人员能够依法履行职责。发行人不得有下列情形:最近36个月内未经法定机关核准,擅自公开或者变相公开发行过证券;或者有关违法行为虽然发生在36个月前,但目前仍处于持续状态;最近36个月内违反工商、税收、土地、环保、海关以及其他法律、行政法规,受到行政处罚,且情节严重;最近36个月内曾向中国证监会提出发行申请,但报送的发行申请文件有虚假记载、误导性陈述或重大遗漏;或者不符合发行条件,以欺骗手段骗取发行核准;或者以不正当手段干扰中国证监会及其发行审核委员会审核工作;或者伪造、变造发行人或其董事、监事、高级管理人员的签字、盖章;本次报送的发行申请文件有虚假记载、误导性陈述或者重大遗漏;涉嫌犯罪被司法机关立案侦查,尚未有明确结论意见;严重损害投资者合法权益和社会公共利益的其他情形。

(3) 财务会计。发行人应当符合下列条件:最近3个会计年度净利润均为正数且累计超过人民币3 000万元,净利润以扣除非经常性损益前后较低者为计算依据;最近3个会计年度经营活动产生的现金流量净额累计超过人民币5 000万元;或者最近3个会计年度营业收入累计超过人民币3亿元;发行前股本总额不少于人民币3 000万元;最近一期末无形资产(扣除土地使用权、水面养殖权和采矿权等后)占净资产的比例不高于20%;最近一期末不存在未弥补亏损。同时发行人不存在重大偿债风险以及具有影响持续经营能力的情形。

以上列举的是我国主板市场的上市条件,而主板和创业板上市条件存在差异,其主要差异如下表。

表6-2 中国主板市场和创业板市场上市条件区别

上市条件	主板市场	创业板市场
持续经营时间	依法设立且持续经营3年以上的股份有限公司	依法设立且持续经营3年以上的股份有限公司
主营业务、董事及管理层和实际控制人	发行人最近3年内主营业务和董事、高级管理人员没有发生重大变化,实际控制人没有发生变更	发行人最近2年内主营业务和董事、高级管理人员没有发生重大变化,实际控制人没有发生变更
盈利要求	1. 最近3个会计年度净利润均为正数且累计超过人民币3 000万元,净利润以扣除非经常性损益前后较低者为计算依据 2. 最近3个会计年度经营活动产生的现金流量净额累计超过人民币5 000万元;或者最近3个会计年度营业收入累计超过人民币3亿元 3. 最近一期末不存在未弥补亏损	1. 最近两年连续盈利,最近两年净利润累计不少于1 000万元;或者最近一年盈利,最近一年营业收入不少于5 000万元。净利润以扣除非经常性损益前后孰低者为计算依据 2. 最近一期末不存在未弥补亏损
股本要求	发行前股本总额不少于人民币3 000万元	发行后股本总额不少于人民币3 000万元

续表

上市条件	主板市场	创业板市场
资产要求	最近一期末无形资产（除土地使用权、水面养殖权和采矿权等后）占净资产的比例不高于20%	最近一期末净资产不少于2 000万元

资料来源：《首次公开发行股票并上市管理办法》《首次公开发行股票并在创业板上市管理办法》。

3. 首次公开发行红鞋机制和绿鞋机制

为了保证首次公开发行的公开、公平、公正以及股票发行上市后能够在二级市场保持活跃性，在发行过程中会有一些机制，其中最著名的就是红鞋机制和绿鞋机制。

（1）红鞋机制。红鞋机制源于香港，是香港股票市场发行股票时的一种制度，即凡是参与申购的投资者，无论是机构投资者还是个人，无论申购数量的大小，每个账户都能得到一定数量的股票。这种制度的产生是为了保证中小投资者的利益。

（2）绿鞋机制。绿鞋机制又称为"绿鞋期权"，业内称为"超额配售选择权"。最早由1963年美国波士顿绿鞋制造公司首次公开发行股票时使用，并因此而得名。它是赋予主承销商的一种权利，可以根据一级市场认购状况和二级市场运行情况在股票上市后的一段时间内（一般为30天），相机要求股票发行企业额外发行一定数量的股票（一般不超过本次发行的15%）或者从二级市场购入股票。

绿鞋机制的目的是调节融资规模，使供求平衡，稳定股价，增强参与一级市场认购投资者的信心，实现新股股价由一级市场向二级市场的平稳过渡。具体做法是如果股票上市后供小于求，股价上涨过高，主承销商可以行使超额配售选择权，以发行价格增发不超过原发行量15%的股票，分配给提出申请的认购者，从一定程度上抑制股价过高并使发行人获得更多融资；如果股票上市后供大于求，股价跌破发行价格，主承销商用事先超额发售股票获得的资金（即事先认购超额发售投资者的资金），按不高于发行价的价格从二级市场上买入然后分配给提出超额认购申请的投资者，以此维护股价。

在我国的B股市场上，早在1995年粤电力就已在IPO中使用了超额配售选择权。2001年9月，证监会颁布了《超额配售选择权试点意见》，开始了超额配售选择权在我国A股发行中的试点工作。我国首次公开发行于2006年正式引入绿鞋机制，根据《证券发行与承销管理办法》中第48条规定："首次公开发行股票数量在4亿股以上的，发行人及其主承销商可以在发行方案中采用超额配售选择权。"在中国IPO历史上，2006年工商银行IPO时最早设置该机制，但是由于上市时表现良好最终并未启用。2010年农业银行IPO计划发行股份222.35亿股，按照不超过15%的比例超额配售（即最多可超额配售股份33.35亿股），最终在A股市场上共发行股份255.7亿股，超额发行33.35亿股（占发行初始规模的15%），超额募集资金89.39亿元，募集资金总额685.29亿元。在H股市场上也全额行使超额配售选择权，共募集资金819亿元。在"绿鞋"行使完毕后，农行共募集资金人民币1 503亿元，成为截至当时全球最大的IPO。

二、上市公司再融资

已上市的企业为了筹集资金也可以发行新的股票，按照发行是否公开可以分为公开发行和非公开发行,按照发行的对象不同可以分为配股、增发和可转换债券等。具体来说主要有以下四种方式：向原股东按照一定比例配售股份（即配股），向不特定对象公开募集股份（即公开增发），向特定对象非公开发行股份（即定向增发或非公开发行）和发行可转换公司债券。近些年又出现了分离交易可转换债券和可交换债券等。

（一）配股

配股是指上市公司根据有关法律规定和相应的程序,向原股东发行新股、筹集资金的一种融资方式。在配股发行时,为了确保所有股东都有公平的机会能够参与,公司一般会实行按比例配股。比如,10配3意味着股东拥有每持有10股股票可以购买3股新股的权利。

在配股过程中,持股股东的登记一般按照在配股股权登记日那天收市清算后仍持有该只股票为标准。凡是登记在案的股东都可以自由选择是否参与配股,如果选择参与,则需在上市公司发布配股公告中规定的配股缴款期内参加配股,若过期不操作,即视为放弃配股权利。在一些国家和地区,现有股东按比例认购新股的权利可以销售给另外一方,然后由最终的买主实施认购权。配股缴款之后,根据上市公司公告会有一个具体的除权日,以除权方式来平衡股东该股份资产总额以保证总市值的稳定。

在配股实施过程中,配股价格合理与否至关重要,直接影响到配股的成功与否和最终效果。在确定配股价格时,上市公司与财务顾问需要考虑以下因素：公司现金流需要,一般来说公司业务运营和增长所需募集的资金越多,为了保证足够高的股东认购率,配股发行价就可能越低;配股所支持的新投资项目预期收益情况,如果企业预期收益越大,配股发行对股东的吸引力也就越大,公司在定价过程中就越能按照自己的意愿确定合适的配股价格。

上市公司选择配股作为再融资方式的,需要满足组织机构、盈利能力、财务状况等各方面的要求。以我国为例,其中比较主要的发行条件有：最近3个会计年度连续盈利;最近2年内曾公开发行证券的,不存在发行当年营业利润比上年下降50%以上的情形;最近3年以现金方式累计分配的利润不少于最近3年实现的年均可分配利润的30%;配售股份总数不超过本次配售股份前股本总额的30%等。另外,在发行过程中,如果控股股东不履行认配股份的承诺,或者代销期限届满,原股东认购股票的数量未达到拟配售数量70%的,被认定为发行失败。如发行失败则发行人应当按照发行价并加算银行同期存款利息返还已经认购的股东。与其他两种再融资方式相比,配股具有没有发行价格约束、不涉及新老股东之间利益平衡、操作简单、审批快捷等优点。但是其融资规模受到较大限制,利用代销方式承销,并且有发行失败的风险。

（二）增发

1. 公开增发

公开增发是指上市公司通过向市场上所有非特定对象的投资者发行新股募集资金的一种融资方式。一般来说,原有股东会有一定的优先认购权,发行价格按照某段特定时期内股票平均价格为参照标准。以我国为例,《上市公司证券发行管理办法》规定向不特定对象公开募集股份的,发行价格应不低于公告招股意向书前20个交易日公司股票均价或前一个交易日的均价。

公开增发与配股相比,需要满足的标准和要求更高。以我国为例,主要发行条件有：

最近3个会计年度连续盈利;最近2年内曾公开发行证券的,不存在发行当年营业利润比上年下降50%以上的情形;最近3个会计年度加权平均净资产收益率平均不低于6%,扣除非经常性损益后的净利润与扣除前的净利润相比,以低者作为加权平均净资产收益率的计算依据;最近3年以现金方式累计分配的利润不少于最近3年实现的年均可分配利润的30%;除金融类企业外,最近一期末不存在持有金额较大的交易性金融资产和可供出售的金融资产、借予他人款项、委托理财等财务性投资的情形;募集资金数额不超过项目需要量等。

与配股相比,一般来说,公开增发面向全部投资者并且没有发行数量的限制(我国曾有过发行规模限制的规定),从而能够获得更大规模的融资。如果上市公司投资项目前景明朗,受到投资者的肯定和追捧,公开增发无疑是较好的再融资选择。目前公开增发的不足之处在于发行定价空间较小,定价机制不能很好地反映公司基本面情况以及未来前景,尤其是与发行日前后市场环境有很大关系,在股价下行的市场环境下,即使公司拥有良好的投资项目,承销商也面临较大的包销风险。

2. 定向增发

定向增发即非公开发行,是指上市公司向特定的对象发行股票再融资的一种手段。定向增发的发行对象一般是机构投资者,并且数量上有一定限制。以我国为例,特定对象必须符合股东大会决议规定的条件并且不能超过10名,发行对象为境外战略投资者的,应当经国务院相关部门事先批准。

与其他两种再融资方式相比,定向增发具有操作流程简便、发行条件低和定价灵活等显著优点。定向增发新股的门槛很低,没有财务上硬性的要求,即使业绩平平的上市公司也可以进行定向增发。在定价方式上,根据2017年新修订的《上市公司非公开发行股票实施细则》的规定,发行价格不低于定价基准日前20个交易日公司股票均价的90%,定价基准日是指本次非公开发行股票发行期的首日,与公开增发基本一致。此外,定向增发有一个特别的优点,在定增中由于主要是机构投资者认购,机构投资者比个人投资者更加具有专业性,对于公司的业务和前景也更加了解,有利于发行的顺利进行。

在我国可能会影响定向增发的一个主要缺点是对于发售股份流通上市的限制。根据规定发行对象认购的股份自发行结束之日起12个月内不得转让,有如下情形之一的发行对象认购的股份自发行结束之日起36个月内不得转让:① 上市公司的控股股东、实际控制人或其控制的关联人;② 通过认购本次发行的股份取得上市公司实际控制权的投资者;③ 董事会拟引入的境内外战略投资者。

(三) 可转换公司债券

可转换公司债券是指发行人按照法定程序发行的,赋予债券投资者在发行后的特定时间里,按自身的意愿选择是否按照约定的条件将债券转换为股票的一种公司债券,又称为"可转换债券"或"可转债"。公开发行可转换公司债券的公司应当符合下列主要规定:最近三个会计年度加权平均净资产收益率平均不低于6%;本次发行后累计公司债券余额不超过最近一期末净资产额的40%;最近三个会计年度实现的年均可分配利润不少于公司债券一年的利息等。

可转换债券具有债券和股票的双重特性。首先它是一种固定收益债券,在转换为股票之前具有票面价值和票面利率,一般半年或一年付息一次,通常来说,可转债的票面利率低于普通债券的利率。此时可转债投资者可以享受稳定的利息收入,在公司破产时享有优先于股东的剩余资产索取权,但是不能获得股利,也不能参与企业决策。

在可转债的转换期内,投资者可以根据约定按照一定的转股价格和转股比率将债券转换成股票,转股后投资者便成为公司股东,享有对公司剩余收益的索取权、参与企业经营的决策权以及其他普通股股东所享有的合法权益。转股价格是指可转债投资者将其转换为股票时,为每股股票支付的价格。转股比率是指在转换时每单位可转换公司债券可换成的股票数量,即债券面值与转股价格之比。转股价格往往高于发行时基准股票的市价,这个溢价体现了可转换公司债券中股票期权的价值。可转换公司债券还有赎回和回售条款等规定。

配股、公开增发和定向增发这三种再融资方式在各国资本市场上都曾相继占据主导地位。1998年以前我国上市公司再融资的方式只有配股一种,1998年以后增发和可转债的融资方式逐渐增加,从1998到2001年,上市公司通过配股方式共筹集资金1 483.86亿元,通过增发筹资416.02亿元,通过可转债筹资47亿元,在这期间配股仍然占主导地位。2002年增发方式募集资金首次超过配股,其中以公开增发占据市场主导地位,2006年以后,定向增发一跃成为我国证券市场再融资的主要方式。

第三节 二级市场

二级市场也称证券交易市场、次级市场,是指对已经发行的证券进行买卖、转让和流通的市场。二级市场是资本市场的重要组成部分,使已公开发行或非公开发行的有价证券买卖交易得以进行。在初次发行之后的任何证券交易都称为二级市场交易。二级市场可分为场内交易市场和场外交易市场,常见的交易标的包括股票、债券、期货、期权等。本节内容主要介绍股票市场。

一、交易系统

证券交易系统包括两个相互联系的组成部分:交易规则和技术系统。交易规则是制度化的市场交易结构,而技术系统是保证交易得以实施的必要措施。技术系统的基本功能在于:在交易者之间沟通市场信息,把投资者的订单传送到市场,撮合匹配订单,并把交易信息反馈给交易者和结算系统。从操作的意义上说,技术系统决定了交易规则在多大程度上实现自己的功能,从而决定了证券市场在既定技术水平条件下的发展空间。

金融市场自诞生以来,技术系统经历了数次从简单到复杂、从落后到先进的变革过程。

(一) 人工交易

人工交易是一种传统交易方式,一般通过交易所大厅或柜台进行交易。在这种模式下,整个交易过程中的报价、委托、交割、结算等一系列手续和大量烦琐的工作都是通过人工方式完成的。以人工竞价中的公开喊价为例,其主要交易程序为:经纪公司派驻交易所的出市代表，根据手中所持有的客户委托，在交易所大厅内以口头方式（并配合以各种手势）公开竞价，使得交易达成，并最终通过结算机构进行交割清算。

（二）电子自动化交易

一方面，人工处理交易数据的难度加大产生了对于自动化交易的迫切需求；另一方面，信息技术的飞速发展为交易技术的进步提供了支持。于是，计算机逐渐被用于金融资产交易，以现代高新技术为基础的电子交易系统迅速形成。

电子自动化交易使得各国证券交易所的运作普遍实现了无纸化和电脑化，竞价方式由传统的手工竞价过渡到电脑自动撮合是其中一个显著特点。从采取竞价方式的证券交易所的实践看，自动化电脑交易系统通常由自动撮合系统、通信网络、交易终端三部分组成。投资者除了在服务商柜台下单买卖证券之外，也可以通过终端电子设备下单买卖，其委托由服务商柜台终端通过通信网络传送到交易所撮合主机，撮合成交后实时发回交易信息。因此，投资者在发出交易指令后可以立即查询交易结果。

自动撮合系统是整个自动交易系统的核心，它接受由服务商电脑系统通过通信网络发来的订单信息，把它们读入计算机处理系统进行撮合和匹配，并将交易信息通过通信系统传回交易大厅以及各服务商的电脑终端。电子撮合不仅把人们从繁重的工作中解放出来，也减少了可能出现的人为误差和纰漏，交易所需时间大大缩短，交易效率得到了显著提高。

自1970年代以来，自动化技术被广泛应用到证券交易领域。进入20世纪八九十年代后，除纽约等少数交易所外，各主要交易所（如巴黎、伦敦、多伦多、法兰克福、东京等）纷纷取消了其交易大厅，转而采取基于屏幕的自动化交易模式。即使是以大厅交易为主的期货交易市场，近年来也开始放弃传统的交易大厅模式，开始使用自动交易系统，如伦敦国际金融期货交易所等。

二、交易制度与流程

（一）交易规则

我国沪深交易所对证券交易制定的交易规则包括交易时间、交易品种、竞价交易机制（集合竞价与连续竞价）、涨跌幅和订单申报价格限制、开盘价与收盘价等内容，详见本书第二章第二节。

（二）交易成本

交易成本可分为直接交易成本和间接交易成本。

1. 直接交易成本

直接交易成本又称显性交易成本，它是指交易者向经纪商、交易所或税务机关缴纳的费用，属于投资者可见的费用，主要包括佣金、手续费、过户费、印花税等。

佣金是证券经纪商为直接代理双方进行买卖所要求的服务回报，由于经纪商在处理经纪业务上的规模经济性，比单个交易者自行寻找交易对手和完成清偿的成本要低得多，从整个社会角度看，经纪商的存在大大降低了整体交易成本。

过户费是在证券委托买卖成交后，买卖双方为变更所有权登记所支付的费用。过户费按照成交的证券面值总面额的固定比例计算，归证券登记结算机构收取。

手续费是普通交易者在办理委托买卖证券时,向其经纪人缴纳的一项费用,一般用于单据、通信方面的开支,按委托买卖证券的笔数计算。

交易税是交易者完成证券买卖后向税务部门缴纳的与交易相关的税金,分为证券交易税和印花税两种。印花税是对经济活动和经济交往中书立、领受的应税经济凭证所征收的一种税。交易税征收的具体比例由国家税务机关规定。

2. 间接交易成本

间接交易成本又称隐性交易成本,是指与金融市场交易有关,但并非由交易者直接缴纳的相关成本,不容易被直接观察和测算,但也与直接交易成本一起同时影响投资者的投资决策。间接交易成本主要包括买卖价差、搜寻成本、延迟成本和市场影响成本。

买卖价差是某项金融资产交易中,买进报价和卖出报价的差额。对于做市商市场而言,买卖价差即做市商的买进报价与卖出报价间的差额,是做市商对其自身提供的服务所要求的价格补偿。而在竞价市场中,理论上不存在买卖价差,因为交易系统按照相同的价格撮合交易,买价和卖价相同。因此,对于竞价市场,买卖价差通常采用市场上尚未成交的最高买价和最低卖价之间的差额。

搜寻成本是指交易者针对某特定交易发现最优价格的成本。交易者搜寻最佳价格需要花费时间、交通费用、信息费用等,实际发生的费用加上耗时的机会成本就构成了投资者的搜寻成本。搜寻成本与市场透明度与交易机制密切相关。在完全有效的证券市场中,所有信息都反映在当前的价格中,搜寻成本可以忽略不计。在竞价市场中,搜寻成本同样可以忽略不计。

延迟成本是指由于交易执行时间的延迟而遭受的损失所产生的成本。在不能即时匹配的交易机制中,交易指令的发出到交易实际执行有一定的时间延迟,因此,在交易尚未完成时价格可能向不利的方向变化,或在订单成交时,价格已发生变化而不再是最优价格。这种从等待成交到指令执行时价格可能的不利变化,就是交易者的延迟成本。

市场影响成本是指大额交易可以得到迅速执行时所需的额外成本。在市场上,大额交易的执行会使市场价格向相反的方向变化。在执行大额买进订单时,市场价格会上升,执行大额卖出订单时,市场价格下降。对订单发起者的交易对手而言,这种价格向不利方向的变化意味着损失,从而产生了额外的成本。

表 6-3　目前我国市场交易成本一览

	种　类	含　义
直接交易成本	佣　金	证券经纪商为直接代理双方进行买卖所要求的服务回报
	过户费	买卖双方为变更所有权登记所支付的费用
	手续费	交易者办理委托买卖证券时向经纪人缴纳的费用
	交易税	交易者完成证券买卖后向税务部门缴纳的与交易相关的税金,包括证券交易税和印花税
	其他直接交易费用	一级市场中交易费用还包括上市费用和开户费等

续表

种 类		含 义
间接交易成本	买卖价差	某项金融资产交易中买进报价和卖出报价的差额
	搜寻成本	交易者针对某特定交易发现最优价格的成本
	延迟成本	由于交易执行时间的延迟而遭受的损失所产生的成本
	市场影响成本	大额交易可以得到迅速执行时所需的额外成本

（三）资金交收

目前，我国上海证券交易所和深圳证券交易所对股票和基金交易实行"T+1"的资金交收制度，指达成交易后，相应的证券交割与资金交收在成交日的下一个营业日完成，这是我国资本市场的一个独特之处。除中国外，世界其他主要资本市场所通用的都是"T+0"交易制度，即允许投资者买入一只证券后随时将其卖出。

1992年5月，上海证券交易所在取消涨跌幅限制后实行了T+0交易制度。1993年11月深圳证券交易所也取消T+1，实施T+0。然而，随后股票市场出现了过度投机行为，市场的稳定性受到影响，取消涨停板制度和采取T+0交易制度被认为是罪魁祸首。因此，基于防范股市风险的考虑，1995年沪深两市的A股和基金交易又由T+0回转交易方式改回了T+1资金交收制度。2001年，沪深两市的B股也调整为T+1资金交收制度，并一直沿用至今。

（四）信息披露

1. 信息披露及分类

所谓信息披露，是指股票发行人在股票发行和交易过程中，充分、真实、准确、及时地向社会公众投资者公开有关公司资产状况、项目运营、公司治理、财务安排等内部信息，供市场理性判断证券投资价值以维护公司股东或债权人的合法权益。按主体行为意愿的不同，可分为强制性信息披露与自愿性信息披露。强制性信息披露是指公司按照法律法规条例等规定，定期公开公司的基本信息。自愿性信息披露是在强制性披露要求之外，公司自主提供的关于公司财务和公司发展的其他方面相关信息。

2. 我国上市公司信息披露制度

根据证监会《上市公司信息披露管理办法》第五条规定，我国上市公司信息披露文件包括招股说明书、上市公告书、定期报告和临时报告等。其中，前两者为公司上市前的信息披露内容，帮助投资者对股票发行人的经营状况和发展潜力进行细致的评估；后两者为公司上市后的持续性信息披露内容，以确保迅速披露可能对上市股票价格的动向产生实质性影响的信息。

当前，我国上市公司信息披露制度体系主要包括四个层次：第一层次为基本法律，主要是指《证券法》和《公司法》等国家财经法律，还包括《刑法》等法律中的有关规定；第二层次是行政法规，主要包括《股票发行与交易管理暂行条例》《国务院关于股份有限公司境内上市外资股的规定》《股份有限公司境外募集股份及上市的特别规定》《可转换债券管理暂行办法》等；第三层次为部门规章，主要是指中国证监会制定的适用于上市公司信息披露的制度规范,包括《公开发行股票公司信息披露的内容与格式准则》《公开发行证券的公司信息披露编报规则》等;第四层次为自律性规则,主要是指证券交易所制定的上市规则。

(五) 交易流程

证券交易程序一般包括开户、委托买卖、成交、清算及交割、过户等几个步骤。

1. 开户

所谓开户,就是股票的买卖人在选定一家证券公司作为其买卖股票的经纪人之后,在该证券公司开立委托买卖的账户。投资者与证券商或经纪人签订委托买卖股票的契约,确立双方为委托或受托的关系。

2. 委托买卖

客户的委托买卖是证券交易所交易的基本方式,是指投资者委托证券商或经纪人代理投资者在场内进行股票买卖交易的活动。在现行交易机制下,交易所并不直接面对投资者办理证券交易,投资者必须通过交易所的会员(证券经纪商)办理。

3. 成交

证券商在接受客户委托、填写委托书后,应立即通知其在证券交易所的经纪人去执行委托。由于要买进或卖出同种证券的客户都不止一家,故都通过双边拍卖的方式来成交。证券交易所内的双边拍卖主要有三种方式,即口头竞价交易、板牌竞价交易和计算机终端申报竞价。证券交易成交遵循价格优先和时间优先原则。

4. 清算与交割

清算是将买卖股票的数量和金额分别予以抵消,然后通过证券交易所交割净差额股票或价款的一种程序。清算工作由证券交易所组织,各证券商统一将证券交易所视为中介人进行清算,而不是各证券商之间互相进行轧抵清算。

股票清算后,即办理交割手续。所谓交割就是卖方向买方交付股票,而买方向卖方支付价款。

5. 过户

股票交易的完成意味着原有股东权利的转让,因此证券和价款清算和交割后,还需变更股东名簿上相应的内容,即通常所说的过户手续。

三、价格指数

(一) 股票价格指数

股票市场价格指数是描述股票市场总体价格水平变化的指标。它是通过选取若干有代表性股票,并把这些股票的价格进行加权平均得到的。因此,股票市场价格指数常常被认为是反映一个国家或地区政治、经济发展状况的信号。

人们用股票价格指数反映股票市场价格的相对水平。编制股价指数,通常以某年某月为基础,以这个基期的股票价格作为100,用以后各时期的股票价格和基期价格比较,计算出涨跌的百分比,就是该时期的股价指数。投资者根据指数的涨跌,可以判断出整体股票价格的变动趋势。为了能实时向投资者反映股市动向,所有的股市几乎都是在股价变动的同时即时公布股票价格指数。

目前,国际市场上重要的股票指数有道琼斯指数、纳斯达克指数、德国 DAX 指数、伦敦金融时报指数、日经指数、香港恒生指数等。

表 6-4 国际股票市场主要指数说明

指数名称	指 数 说 明
道琼斯指数	道琼斯指数在 1884 年由道琼斯公司的创始人查理斯·道开始编制,是世界上历史最为悠久的股票指数。现在的道琼斯股票价格平均指数以 1928 年 10 月 1 日为基期,因为这一天收盘时的道琼斯股票价格平均数恰好为 100 美元。以后股票价格同基期相比计算出的百分数,就成为各期的股票价格指数,所以现在的股票指数普遍用点来做单位,而股票指数每一点的涨跌就是相对基准日的涨跌百分数。
纳斯达克综合指数	纳斯达克综合指数是反映纳斯达克证券市场行情变化的股票价格平均指数,于 1971 年 2 月 8 日创立,基本指数为 100。纳斯达克的上市公司涵盖所有新技术行业,包括软件和计算机、电信、生物技术、零售和批发贸易等。目前,纳斯达克综合指数包括 5 000 多家公司,超过其他任何单一证券市场。因为它有如此广泛的基础,所以已成为最有影响力的证券市场指数之一。
德国 DAX 指数	德国 DAX 指数是由德意志交易所集团推出的一个蓝筹股指数,是德国最受重视的股价指数,也是世界证券市场中的重要指数之一。该指数包含 30 家主要的德国公司,于 1987 年推出,1988 年 7 月 1 日起开始正式交易,基准点为 1 000 点。指数以"整体回报法"进行计算,即在考虑公司股价的同时,考虑预期的股息回报。如此,即便德国股票价格没有变动,DAX30 指数仍可能因股息收入而上涨。
伦敦金融时报指数	伦敦金融时报指数是伦敦《金融时报》工商业普通股票平均价格指数的简称,它是由英国《金融时报》于 1935 年 7 月 1 日起编制,用以反映伦敦证券交易所行情变动的一种股票价格指数。由于 1888 年创刊的《金融时报》每天都详细登载伦敦金融市场,特别是证券交易所的行情变化、市场动向及国内外的政治、经济动态,发行量很大,因此,该指数不仅是英国股票市场,也是世界金融市场颇有影响的股价指数。
日经指数	日经指数的全称是"日本经济新闻社道琼斯股票平均价格指数"。该指数是由日本经济新闻社编制公布的反映日本东京证券交易所股票价格变动的股票价格平均指数。其中的日经 225 指数是从 1950 年 9 月开始编制的,因延续时间较长,具有很好的可比性,所以成为考察日本股票市场股价长期演变及最新变动最常用和最可靠的指标。
香港恒生指数	香港恒生指数由香港恒生银行全资附属的恒生指数服务有限公司编制,是以香港股票市场中的 46 家上市股票为成份股样本,以其发行量为权数的加权平均股价指数,是反映香港股市价格趋势最有影响的一种股价指数。该指数于 1969 年 11 月 24 日首次公开发布。

(二) 我国的主要股票价格指数

1. 上证指数

由上海证券交易所编制并发布的上证指数系列是一个包括上证综合指数、上证 180 指数、上证 50 指数、A 股指数、B 股指数、分类指数、基金指数等的指数系列。其中,最早编制的为上证综合指数,其样本股是上海证券交易所全部上市股票,从总体上反映了上海证券交易所上市股票价格的变动情况。上证综合指数由上海证券交易所于 1991 年 7 月 15 日公开发布,它以"点"为单位,基日定为 1990 年 12 月 19 日,基日指数定为 100 点。1992 年 2 月 21 日,增设上证 A 股指数和上证 B 股指数,以反映 A 股、B 股的各自走势。1993 年 6 月 1 日,又增设了上证分类指数,即工业类指数、商业类指数、地产业类指数、公用事业类指数、综合业类指数,以反映不同行业股票的各自走势。

2002年6月,上海证券交易所对原上证30指数进行调整并更名为上证成分指数(简称"上证180指数"),该指数选取了A股股票中最具市场代表性的180种股票作为样本股,并剔除了下列类型股票:上市时间不足一个季度的股票;暂停上市的股票;经营状况异常或最近财务报告严重亏损的股票;股价波动较大、市场表现明显受到操纵的股票。上证180指数的选样方法是根据总市值、流通市值、成交金额和换手率对股票进行综合排名,然后按照各行业的流通市值比例分配样本只数,在行业内选取排名靠前的股票,并对各行业选取的样本作进一步调整,使成分股总数为180家。上证180指数依据样本稳定性和动态跟踪相结合的原则,每半年调整一次成分股,每次调整比例一般不超过10%。而上证50指数的成分股是在上证180指数的成分股中选取规模大、流动性强的50只股票。

上证指数均采用派氏加权综合价格指数公式。成分指数以成分股的调整股本数为权数进行加权计算,具体计算公式为

报告期指数=报告期成分股的调整市值/基日成分股的调整市值×100

其中,调整市值=$\sum$(市价×调整股本数),调整股本数采用分级靠档的方法对成分股股本进行调整。

上证指数系列均为"实时逐笔"计算。具体做法是,在每一交易日集合竞价结束后,用集合竞价产生的股票开盘价(当日无成交者则取昨日收盘价)计算开盘指数,以后每有一笔新的成交,就重新计算一次指数,直至收盘,实时向外发布。

2. 深证指数

深圳证券交易所股价指数主要包括以下几类:综合指数类,包括深证综合指数、深证A股指数、深证B股指数、中小板综、创业板综等;成份指数类,包括深证成分指数、成分A股指数、成分B股指数、中小板指、创业板指等;行业指数类,包括深证能源、深证材料、深证工业、深证金融等。

众多指数中最有影响的是深证成分指数,成分股指数类的指数股(即成份股)是从上市公司中挑选出来的40家成份股。纳入成分股指数类计算范围的成份股的一般选取原则包括以下方面:首先是要有一定的上市交易日期,为了考察上市股票的市场表现和代表性,需要股票有一定的上市交易日期;其次要有一定的上市规模,所谓的规模以每家公司一段时期内的平均流通市值和平均总市值作为衡量标准;最后是交易活跃,以每家公司一段时期内的总成交金额作为衡量标准。

根据以上标准定出初步名单后,再结合下列各项因素评选出40家上市公司作为成份股,计算深圳成分指数:一是公司股份在一段时间内的平均市盈率,二是公司的行业代表性及所属行业的发展前景,三是公司近年的财务状况、盈利记录、增长展望及管理素质等,四是公司的地区代表性等。

综合指数类和成份股指数类均为派氏加权价格指数,即以指数股的计算日股份数作为权数,逐日连锁实时计算。每一交易日集合竞价结束后,用集合竞价产生的股票开始价(当日无成交者则取昨日收盘价)计算开市指数,然后用连锁方法计算即时指数,直至

收市。

3. 沪深 300 指数

沪深 300 指数是由上海和深圳证券交易市场中选取 300 只 A 股作为样本编制而成的成份股指数。沪深 300 指数样本覆盖了沪深市场六成左右的市值,具有良好的市场代表性。沪深 300 指数是沪深证券交易所第一次联合发布的反映 A 股市场整体走势的指数,它的推出丰富了市场现有的指数体系,增加了一项用于观察市场走势的指标,有利于投资者全面把握市场运行状况。

沪深 300 指数样本需要满足以下条件:上市时间超过一个季度,除非该股票自上市以来的日均 A 股总市值在全部沪深 A 股中排在前 30 位;非 ST、*ST、非暂停上市股票;公司经营状况良好,最近一年无重大违法违规事件,财务报告无重大问题;股票价格无明显的异常波动或市场操纵;剔除其他经专家委员会认定不能进入指数的股票。选取方法是:对样本股票在最近一年的日均成交金额由高到低排名,剔除排名后 50％的股票,然后对剩余股票按照日均总市值由高到低进行排名,选取前 300 名的股票作为样本股。沪深 300 指数以调整股本为权数,采用派氏加权综合价格指数公式进行计算。

专栏

中国股票市场的国际化

自 1990 年上交所成立以来,中国股市经历了股权分置改革等多项革新,上市公司数量和总市值不断扩大,但 A 股市场却在长时期内处于比较封闭的状态。随着我国经济地位的不断攀升,以更加积极的心态融入国际资本市场是必然之举。近年来,"沪港通""深港通"及加入 MSCI 新兴市场指数体系等事件都反映了中国股票市场在国际化道路上的重要进展。

一、"沪港通"与"深港通"

"沪港通"是指上海证券交易所和香港联合交易所允许两地投资者通过当地证券公司买卖规定范围内的对方交易所上市的股票,是沪港市场交易互联互通的机制。2014 年 4 月,国务院总理李克强在出席博鳌亚洲论坛年会开幕式时指出,为了推动更高水平的资本市场对外开放,将积极创造条件,建立上海与香港的股票交易连接机制,推动内地与香港的紧密合作与互利共赢。2014 年 11 月 17 日,"沪港通"正式启动。

"深港通"是深圳证券交易所和香港联合交易所有限公司建立技术连接,使内地和香港投资者可以通过当地证券公司买卖规定范围内的对方交易所上市股票。2014 年 8 月,中国证监会出台了深圳资本市场改革创新 15 条,提出了深圳、香港在彼此合作发展上应探寻一种更加紧密的形式。2015 年 1 月 5 日,李克强总理在深圳考察时表示,沪港通后应该有深港通。2016 年 8 月,国务院批准《深港通实施方案》;2016 年 12 月 5 日,"深港通"正式启动。

"沪港通"与"深港通"将对中国资本市场带来显著的积极意义。一是有利于投资者更好地共享两地经济发展成果,扩大内地与香港股票市场互联互通的投资标的范围和额度,满足投资者多样化的跨境投资以及风险管理需求。二是有利于促进内地资本市场开放和改革,进一步学习借鉴香港比较成熟的发展经验,吸引更多境外长期资金进入 A 股市场,改善A股市场投资者结构,促进经济转型升级;三是有利于深化内地与香港金融合作,促进内地与香港经济、金融的有序发展;四是有利于巩固和提升香港作为国际金融中心的地位,有利于推动人民币国际化。

在"沪港通"与"深港通"推动中国资本市场开放的过程中同样存在风险。首先,内地和香港监督管理体制的差异将给两地的金融监管部门带来挑战。如何建设和完善两地的司法协助机制、进行跨境监管和投资者保护是亟待解决的问题。此外,中国资本市场与国际资本市场的衔接愈发紧密,一旦其他地区发生金融危机,就会通过传导机制波及我国的金融体系,如何应对外部冲击成为我国股票市场国际化进程中面临的重要挑战。

二、MSCI与中国A股

MSCI(Morgan Stanley Capital International)是美国著名指数编制公司——美国明晟公司的简称,是一家股权、固定资产、对冲基金、股票市场指数的供应商。经过40多年发展,MSCI旗下各项指数已经成为绝大多数国际投资者的风向标,是全球投资银行或基金公司普遍跟踪采用的基准指数。MSCI指数体系下包括市场指数、因素和策略指数、主题指数、房地产指数、ESG指数、自定义指数等若干大类,其中市场指数分类包括全球市场指数、发达市场指数、新兴市场指数和前沿市场指数等。

从2013年开始,MSCI就宣布启动A股纳入MSCI新兴市场指数的审议及征询工作。经历了此后几年间数次"闯关"失败后,2017年6月21日,MSCI官方宣布将A股纳入MSCI新兴市场指数体系。2017年10月24日,MSCI发布了"中国A股纳入指数",同时更新了A股进阶MSCI指数体系时间表。根据时间安排,2018年3月1日,"MSCI中国A股指数"将更名为"MSCI中国A股在岸指数"。2018年6月1日,将按照2.5%的纳入比例将A股正式纳入MSCI新兴市场指数中。2018年9月3日,A股的纳入比例将提高到5%。

A股全面纳入MSCI指数将进一步提高全球投资人对中国股市的关注,对吸引资金流入至关重要,这有利于人民币国际化,增强投资者信心。此外,全球投资者的参与将有助于改善中国的公司治理,使中国股票成为更适合指数化和被动投资的资产。中国资本市场将逐渐与成熟的国际市场接轨。

中国资本市场发展,是一个在探索中践行开放理念、拓展开放广度、提升开放层次的历程。坚持市场化、法治化和国际化的发展方向,努力建设现代化的具有国际竞争力的多层次资本市场,中国资本市场正逐渐成为全球资本配置的重要目的地。无论QFII、RQFII、沪港通、深港通,抑或是纳入MSCI指数体系,中国资本市场正在国际化的道路上坚定前行。

本 章 小 结

我国现已形成由主板市场、创业板市场、三板市场和四板市场构成的多层次资本市场,其中主板市场是传统意义上的证券市场,创业板市场是为了满足不同层次公司的融资需求而逐渐建立发展起来的,具有高风险性、前瞻性、低标准性等特点。

首次公开发行股票和上市公司发行新股(即再融资)共同构成了一级市场的主要业务。首次公开发行股票需满足一定的上市条件,承销方式包括包销和代销。

已上市的企业为了筹集资金也可以再融资,具体来说主要有以下四种方式:向原股东按照一定比例配售股份(即配股),向不特定对象公开募集股份(即公开增发),向特定对象非公开发行股份(即定向增发或非公开发行)和发行可转换公司债券。

二级市场是指对已经发行的证券进行买卖、转让和流通的市场。我国对证券交易的交易制度有详细的规定,主要包括交易规则、资金交收、交易成本、信息披露和交易流程等方面。

证券交易过程中价格的发现与确定是保证交易机制实现功能的重要前提,根据价格形成方式的不同,证券交易机制可分为做市商交易机制和竞价交易机制,其中竞价交易机制又可分为集合竞价和连续竞价两种交易机制。

重 要 概 念

多层次资本市场结构、一级市场、二级市场

习 题 与 思 考

1. 我国多层次的资本市场结构包括哪几个市场?分别的特点是什么?
2. 什么是首次公开发行股票的红鞋机制和绿鞋机制?
3. 已上市公司的再融资活动按照发行对象的不同可以分为哪几种?
4. 试述股票市场中的直接交易成本和间接交易成本的区别。
5. 二级市场上有哪些主要的价格指数?

第七章

期 货 市 场

教学目的与要求

通过本章学习,全面了解和掌握期货市场的发展历史,期货市场基本概念和功能,期货市场类别及其主要品种,中国期货市场及其主要品种的构成,以及期货市场定价理论和期货投资分析方法有哪些。

第一节 期货市场概述

一、期货市场的内涵

(一) 期货交易与期货合约

期货交易是在期货交易所内集中买卖期货合约的交易活动,是买卖双方共同约定在未来某一时间内,按照敲定价格交收某种指定期货标的的交易活动。期货合约是由期货交易所统一制定和规定的,在未来某一特定时间、地点交割一定数量和质量的商品或者指定标的的标准化合约。期货合约是期货交易的对象,期货市场买卖双方正是通过期货交易所买卖期货合约,转移价格风险,获取风险收益。期货合约是一种财务契约,在某种意义上讲,期货合约是远期合同所衍生出来的金融商品,主要区别在于期货合约条款的标准化。期货合约标的物的数量、质量等级和交割等级,以及替代品的升贴水、交割地点、交割月份等条款都是标准化的,这是期货合约的一般特点,期货价格是在交易所内以公开竞价的方式产生的。

(二) 期货市场与现货市场的区别

现货交易是指买卖双方在成交后必须履行交货和付款义务的交易方式。期货交易是指在交易所内达成受法律约束,并规定在将来某一特定地点和时间交收某种特定商品的合约式的交易行为。期货交易与现货交易互相补充,共同发展,两者的主要区别为以下五个方面:其一,买卖对象不同。现货交易的买卖对象是实物商品或者金融商品,是一手交钱一手交物的商品货币交换,即存在实物交割,而期货交易的对象是标准化合约,多数情况下期货交易是在交货日之前进行反向交易即平仓操作,并不进行实物商品货币交换。

其二,交易的目的不同。现货交易的目的是获得或让渡商品的所有权,而期货交易的目的不是获得实物商品,不是实物商品所有权的转移,而是通过期货交易转嫁与这种所有权有关的,由于商品价格变动而带来的风险,或者通过风险投资获得利润。其三,交割时间不同。现货交易一般即时或很短时间内成交,货币和标的物的交换在时间上基本一致,而期货交易从成交到收付之间存在时间差,货币和标的物分离。其四,交易场所和方式不同。现货交易一般不受交易地点、交易时间的限制,而期货交易必须在高度组织化的期货交易所内以公开竞价的方式集中进行,投资者参与期货交易必须委托期货交易所的期货经纪公司会员代理。其五,结算方式不同。现货交易主要采用到期一次性结清的结算方式,同时也有货到付款或分期结算,而期货交易实行每日无负债结算制度,交易双方需缴纳一定数额的保证金,在交易过程中始终维持一定的保证金水平。

二、期货市场的交易

(一) 保证金

缴纳保证金是期货交易者进行期货交易的前提。期货交易所可以根据期货交易标的价格波动率的不同,规定期货合约的初始保证金和维持保证金水平,初始保证金一般为期货合约价值的 1%—10% 不等,维持保证金一般低于初始保证金的一定比例。期货经纪公司可以根据市场风险程度的不同,适当调整初始保证金和维持保证金水平,但不能低于交易所水平。

(二) 买多和多头与卖空和空头

期货交易可在缴纳规定保证金的基础上,先买入后卖出对冲交易,也可以先卖出后买入对冲交易。预期价格会上涨的买进期货合约的持有者简称为买多的"多头",预期价格会下跌的卖出期货合约的持有者简称为卖空的"空头"。

(三) 做空机制与持仓量

做空机制是一种信用交易机制,也是期货市场的主要特点之一。做空是在缴纳一定保证金的基础上,可以首先卖空期货合约的一种交易方式。也就是说,做空者"空头"并不一定拥有该标的现货,就可以在缴纳一定保证金的基础上进行空头交易。总持仓量也叫总未平仓量,是期货市场的一个特有概念,其数量所包含的正是多头做多没有对冲平仓的期货合约数量和空头做空也没有对冲平仓的期货合约数量之即时加总量。中金所和境外期货交易所的持仓量一般为单边持仓量总额,国内其余三家期货交易所采用的是双边加总量计算方式。

(四) T+0 交易方式与涨跌停板限制

期货交易一般都采用 T+0 的交易方式,即当天开仓就可以当天平仓的交易方式,这样就增强了市场的流动性和波动性,为期货市场的风险控制提出了更高的要求。所以,为了控制 T+0 期货保证金交易的波动风险,期货交易所为很多期货品种都设定了涨跌停板限制,一般都设定在 3%—10% 的范围。也就是说,这个涨跌停板幅度限定了当天的最大波动范围。

(五) 每日无负债结算制度

每个期货品种在每天交易结束后或者以当日加权平均价格或者以收盘价作为当天的

交易结算价,并以此结算价为基准清算所有成交的并未平仓的期货交易单,从而做到所有交易者结算账户的每日无负债结算,为进入下一个交易日的交易循环做好了准备。

三、期货市场的组织机构

期货市场是一个高度组织化的市场,有着严密的组织机构和交易制度,以保障期货市场的有效运行。其组织结构主要分为四个层次:投资者、核心服务层、相关服务机构和监管机构。投资者是指所有交易者的统称,其不仅是市场赖以存在的基础,也是整个期货市场所服务的主要对象;核心服务层由期货交易所、结算机构和期货经纪公司等核心组织机构组成;相关服务机构是指为期货交易提供间接服务的服务机构,如结算银行、会计师事务所、律师事务所等;监管机构则指证监会、期货业协会等相关监督管理机构。

(一) 期货交易所

1. 期货交易所的定义

期货交易所是专门进行标准化期货合约买卖的场所,它按照其章程的规定实行自律管理,以其全部财产承担民事责任。期货交易所是一种具有高度系统性和严密性,高度组织化和规范化的交易服务组织,它本身不参与交易活动,不参与期货价格的形成,也不拥有期货合约标的商品,只为期货交易提供设施、信息和服务。目前,全球约有50余家期货交易所,其中大部分分布在北美和欧洲,美国主要有芝加哥商业交易所(CME)、欧洲主要有伦敦金属交易所(LME)等。中国目前有上海期货交易所、郑州商品交易所、大连商品交易所和中国金融期货交易所共4家期货交易所。

2. 期货交易所的设立

1999年5月,国务院通过的《期货交易暂行管理条例》第6条规定:"设立期货交易所,由国务院期货监督管理机构审批。未经国务院期货监督管理机构批准,任何单位或者个人不得设立期货交易所,或者以任何形式组织期货交易及其相关活动。"同时规定了"期货交易所不以营利为目的,按照其章程的规定实行自律管理",期货交易所以其全部财产承担民事责任。期货交易所的负责人由中国证监会任免。

3. 期货交易所的职能

期货交易所在期货交易中是合约买卖双方的中介,也就是说,期货市场每进行一笔期货交易,必须通过交易所进行撮合交易并清算。主要职能有:提供期货交易的场所、设施和服务以及发布市场信息;制定并实施业务规则,设计期货合约、安排期货合约上市;组织并监督期货交易、结算和交割;监控市场风险、制定和执行风险管理制度;保证期货合约的履行;监管指定交割仓库等。

4. 期货交易所的组织形式

主要分为会员制和公司制。会员制期货交易所由全体会员出资组建,会员缴纳资格费是取得会员资格的条件之一,会员制期货交易所设有会员大会、理事会和监事会等行政组织系统,由总裁负责日常行政业务管理;公司制期货交易所是由投资者以入股方式组建,并设置场所和设施,经营交易市场的股份有限公司,是以营利为目的的公司法人。它不参与交易,却向交易者收取交易费用。公司制交易所机构设置有股东大会、董事会、监事会以及经理机构,也设置有与会员制基本一致的专业委员会。目前中国的4家期货交易所中,上海期货交易所,大连商品交易所和郑州商品交易所都采用会员制,而中国金融期货交易所采用公司制。

(二) 期货交易结算机构

期货交易结算机构是期货市场的一个重要组成部分。相对于期货交易双方而言,期货结算机构属于第三方,但提供的是相应的期货市场对冲结算服务,对期货市场起到了重要作用。

1. 组织形式

国际期货交易结算机构组织形式有三种:交易所的业务部门、交易所的附属结算机构、全国性的结算公司。目前中国期货市场采用的是第一种结算机构组织形式。

2. 结算体系

期货市场的结算体系一般采用分级分层的管理体系。结算机构通常采用会员制,只有结算机构的会员才能直接得到结算机构提供的服务。目前中国期货市场采用分层分级管理体系,主要表现为交易结算有两个层次:首先,由期货交易所对会员进行结算;其次,结算会员对客户进行结算。

(三) 期货经纪机构

1. 期货经纪公司的定义

期货经纪公司是依法设立的,以自己的名义代理客户进行期货交易并收取一定手续费的中介机构。

2. 期货经纪公司的设立

期货经纪公司设立必须经政府主管部门批准,并到相关部门办理登记注册后才能开业,并根据法律规章,按照规定程序办理手续(详见第十二章第一节期货经纪机构)。

(四) 期货投资者

根据期货投资者参与期货交易的动机,可以将其划分为套期保值者和投机者。

1. 套期保值者

其大多数是生产商、加工商、库存商以及贸易商和金融机构,其初始动机是期望通过期货市场寻求价格保障,以尽可能消除不愿意承担的现货交易的价格风险,从而能够集中精力于本行业的生产经营业务,并以此取得正常的生产经营利润。

2. 投机者

期货市场的投机者是指愿意以自己的资金来承担市场价格风险,通过自己的预测来买卖期货合约,并希望在价格变化中获取收益的风险偏好者。期货投机交易者是期货市场上重要的组成部分,其大量的存在,增加了期货市场的流动性,承担了套期保值所转嫁的市场风险,保证了期货市场价格发现功能的实现。当然,适度的期货投机能够减缓价格波动,期货投机的过度也能带来期货市场的大幅波动。

(五) 期货监管机构

期货监管机构是指国家政府机关指定的对期货市场进行监管的机构。

1. 政府监管机构

美国1975年成立了商品期货交易委员会(CFTC)来行使对期货交易的管辖权,主要防止期货市场中的垄断行为和虚假行为,强化市场竞争机制,保护期货合约买卖,审查期货交易人员的合法性等。中国目前确定由中国证监会及其下属派出机构对中国期货市场进行统一监管。国家工商行政管理局负责对期货经纪公司的工商注册登记。

2. 期货业协会

期货行业协会是一种自律组织,是期货市场自我管理与相互协调的行业中介组织,它的成立须经政府主管部门的审查和批准,并接受政府的管理。中国期货业协会(以下简称协会)成立于2000年12月29日,协会注册地为北京,是根据《社会团体登记管理条例》和《期货交易管理条例》成立的全国期货业自律性组织,是非营利性社会团体法人,接受业务主管单位中国证监会和社团登记管理机关国家民政部的业务指导和监督管理。协会职能包括:教育和组织会员及期货从业人员遵守期货法律法规和政策,制定行业自律性规则,建立健全期货业诚信评价制度,进行诚信监督;负责期货从业人员资格的认定、管理以及撤销工作,负责组织期货从业资格考试、期货公司高级管理人员资质测试及行政法规、中国证监会规范性文件授权的其他专业资格胜任能力考试等。

3. 期货交易所监管

期货交易所也承担对交易会员和期货投资者的主要的监管责任。主要手段包括增加保证金、交易品种各合约的涨跌停板限制、宣布市场禁入者等。

4. 保证金监管中心

2006年5月18日,中国期货保证金监控中心成立。经国务院同意,中国证监会决定建立期货保证金安全存管机构,由上海期货交易所、大连商品交易所、郑州商品交易所出资设立的保证金存管中心,是非营利性的公司制法人。用于对期货保证金实时安全监控,及时发现并报告期货保证金风险状况,配合期货监管部门处置风险事件。

(六) 相关服务机构

除了以上专业组织以外,还有期货市场交割仓库、结算银行、信息技术公司和软件服务商等。交割仓库是指交易所指定的为期货合约履行实物交割的交割地点和货物存放点,是独立法人;结算银行是指交易所指定的协助交易所办理期货交易结算业务的银行,交易所与会员之间期货业务资金的往来结算,通过交易所专用结算账户和会员专用资金账户办理,并通过这种方法实行无障碍结算;信息技术公司负责有偿收集各个期货交易所的即时交易信息,播报给其信息技术的购买者,信息技术公司汇集了大批高级技术分析人才;软件服务商作为期货市场的第三方平台,为期货经纪商及其客户提供期货交易软件等服务。

四、期货市场主要功能

期货市场发源于远期合同市场,在其发展过程中,制度不断改进,市场功能也不断完善。尤其是保证金制度和结算制度的逐步完善起到了关键作用,不仅使期货交易履约得到保障,更吸引了大量的投机者参与进来,促进了对冲功能的有效发挥,使期货市场消化了大量的市场信息,发现了市场价格,起到了风险规避的作用。

(一) 发现价格

市场通过价格对资源配置起决定性作用。价格不仅指现货价格,还包括时间序列上的一系列期货价格,现货价格主要对当期消费起作用,期货价格则指挥着决定未来供应的生产和投资。在期货市场价格的形成过程中,由于采用集中竞价和杠杆的交易机制,拥有大量各个方面信息的广大参与者都在利用自身的各种市场优势,博弈转瞬即逝的投资机会,最终在期货交易所集中撮合,这就决定了期货市场天然具有价格发现功能。之所以能够具有发现价格的功能,主要原因有:其一,交易活动透明度高。交易指令在高度组织化的期货交易所内撮合成交,所有期货合约的买卖,都必须在期货交易所内公开竞价进行,不允许场外交易。其二,参与度广泛,市场流动性强。期货交易的参与者众多,包括商品的生产商、销售商、加工商、进出口商以及数量众多的投机者等。这些套期保值者和投机者聚集在一起竞争,使期货合约的市场流动性大大增强。其三,高质量的信息非常集中。当前及未来的各类宏观信息、产业信息和供求关系信息能够低成本地、迅速地体现在期货交易中,期货交易形成的价格往往能领先于现货价格反映出大宗商品和产业运行情况。期货价格的形成过程是收集信息、输入信息、产生价格的连续过程,信息的质量决定了期货价格的真实性。由于大量期货交易的参与者都比较熟悉某种商品行情,有丰富的经验知识和广泛的信息渠道,最终形成的期货价格,实际上反映了大多数人的心理预测方向,具有权威性,比较能够真实地代表供求变动趋势。其四,价格具有连续性。期货价格是不断反映供求关系及其变化趋势的一种价格信号。因为期货合约的换手相当频繁,就可以连续不断地反映市场供求变化的状况,对相关企业的实际生产经营具有价格的指导意义。另外,经济的全球化趋势,出现了国际市场间各种商品的价格差,存在了跨市套利的机会。可以吸引大量的跨市场套利的资金参与进来,都会有利于市场真实价格的发现。当前,国际上主要的大宗商品已从传统的生产商或贸易商主导定价,逐渐转变为由相关多元各方参与的期货市场主导定价。

(二) 风险管理

期货市场的风险规避功能主要是指相关期货交易者通过期货市场进行套期保值。所谓套期保值业务,是指在期货市场上买进或卖出与持有、生产的相关现货商品或资产相同、数量相等,但方向相反、月份相同或相近的期货合约,从而在期货和现货两个市场之间建立盈亏冲抵机制,以规避价格波动风险的一种交易方式。举例说明:一铜杆加工厂,2017年2月22日以48 500元/吨的价格买进1 000吨铜板进行生产加工,加工期3个月,加工利润为1 000/吨。为了回避市场下跌风险,该厂商同时在上海期货市场以48 900元/吨的价格卖出沪铜1707合约200手(即200手×5吨=1 000吨)铜,三个月后,按期完成生产,在2017年5月22日以47 000元/吨的铜杆价格出售,同时在期货市场以45 900元/吨买入对冲平仓,现货亏损1 500元/吨,期货盈利3 000元/吨,盈亏相抵赚取利润1 500元/吨,这样就利用期货市场回避了在生产期间的价格波动风险。利用期货市场规避现货市场风险并不等于现货市场风险被消灭,现货市场的风险只是换了一种方式仍然存在于期货市场中。

(三) 资产配置和风险投资

1. 资产配置

期货市场的资产配置功能,指的是运用期货市场机制,能够提高企业经营效率,增强企业的市场竞争力,主要有三个方面:其一,能够促进现有资金的有效使用,防范系统性风险,提高经营效率和竞争力;其二,通过交割月的交割和保值对冲,促进各种资产的有效流动,有利于企业经营的计划生产销售,有利于资源配置;其三,降低了交易成本,提高了交易效率。因为期货市场的高杠杆性,可以用较小的交易成本达到企业生产所必需的生产资料采购和销售准备,既提高了交易效率,又达到了降低整个企业成本的目的。

2. 期货是一种重要的风险投资工具

有利于资产管理公司以更小的成本获得最大化的收益;有利于那些市场敏感的投资者合理利用市场规则,以较小的代价获得超额利润。"抢帽子"的投资者为市场带来流动性,也同时获得即时波动所带来的利润;趋势交易者可以利用对趋势的正确判断获得超额利润;价差套利交易者可以利用合约之间、市场之间的价差获得无风险收益。

五、期货市场的发展

期货交易方式是在货币制度产生后商品市场逐步实现远期现货交易合约化、信用化、标准化的产物。在人类社会经济发展历史上,自劳动剩余产品的出现,让商品交换方式不断创新发展,逐步形成了物物交换、现货交易、远期交易、期货交易以及期权交易等多种交易方式。在古希腊、古罗马时代,就记载了罗马大厦广场等中央交易所,大宗易货交易和货币制度等带有一些现代期货交易特点的远距离及远期商品交易活动。尤其进入13世纪以后,欧洲的比利时商人在普遍采用即期现货交易的基础上,开始出现根据样品质量而签署的远期交货合同。哥伦布发现新大陆之后,欧洲贸易开始从地中海沿岸向大西洋沿岸迅速发展,跨地区商品贸易日益活跃,1531年在北海沿岸的海港兼商业都市安特卫普设立了第一家商品交易所。在这个交易所内,从北欧运抵的鲱鱼已经可以按照品牌和商品等级进行远期交货的合同交易,而且,未收获的谷物、未开剪的羊毛、未成熟的水果等都可以进行早期意义的期货交易。1570年伦敦也建立了英国国内第一家商品交易所——伦敦皇家交易所,主要业务是以现货交易为主,通过从事商品的现货和部分远期合约的交易方式来实现商品交割。比利时的安特卫普商品交易所和英国伦敦皇家交易所都被公认为是现代商品交易所的雏形。虽然,17世纪后期,日本成立的大阪稻米交易所也体现了大部分的现代期货交易市场的特点,不仅规定了期限、稻米等级、标准化合约以及到期结算制度,而且也使投机交易合法化,但仍不属于公认的现代期货交易市场。

(一) 现代期货市场的产生

尽管具有一定现代期货交易特点的远期交易很早就在欧洲萌芽,但真正现代意义的期货市场却诞生在19世纪中期的美国芝加哥。

19世纪初到19世纪中期,美国经济发生了结构性的变化,人口迅速增长,非农劳动力比重迅速上升,城市人口急剧上升,城市工业结构以农副产品加工业为主。在这段时间内,数次美国经济危机的爆发和农产品市场周期性的特点,再加上当时运输条件的不发达,导致美国农产品价格剧烈波动。为了获得丰厚的农产品价差,大量的商人在主要通道上修建了仓库,收获的季节大量收储,然后再转卖到城市等消费地,逐步改善了恶劣的贸易条件,也逐步促成了大宗农产品的跨地区、跨时期的远期交易活动。随着远期贸易量的逐步增大,1848年由82位商人在芝加哥协商成立了芝加哥期货交易所(CBOT),交易所采用的是会员制,由交易所承担买卖双方的信用担保机制和中介监督职能,进行规范化的远期合约交易,对远期合约条款也逐步规范化,当时交易的品种主要有谷物、牛肉、猪肉、木材、盐、酒、鱼等现货商品。"1851年3月13日,芝加哥期货交易所诞生了第一份玉米远期合约合同交易,数量是3 000蒲式耳,交割期为当年的6月份,价格为低于3月13日当地玉米市价的1美分。"[①]直到1865年该交易所推出了标准化期货合约,同时实行了保证金制度,才促成了真正意义上的期货交易的诞生。1882年芝加哥期货交易所允许对冲方式免除履约责任。

芝加哥地理位置优越,有丰富的水路和陆路交通,使其成为全美最重要的交通枢纽。不仅是农产品的交易中心,而且是大宗肉类等其他农副产品的集散地,1874年5月,一些相关现货商在芝加哥建立了农副产品交易所,为黄油、鸡蛋和其他农产品提供了一个有组织的交易市场。1899年,这些现货商组建了芝加哥黄油和鸡蛋交易委员会。1919年9月,芝加哥黄油和鸡蛋交易委员会正式更名为芝加哥商业交易所(CME),同时,统一的结算机构——芝加哥商业交易所结算公司也宣布成立。

随着英国工业化的发展,到19世纪中期,英国已经成为世界上最大的金属铜和锡的生产国。但随着工业需求的快速增长,英国需要更大量的基本金属的生产来满足国内工业需求,大量的铜矿石和锡矿石运回英国进行精炼。铜矿石和锡矿石的价格因运输条件困难以及运输过程中的种种难题,经常引起大起大落的价格波动风险。为了保证货物运来时不至于因为价格暴涨或者暴跌而造成大的亏损,当时的英国商人和消费者面对价格风险,采取了预约价格的方式,锁定交易价格,形成了伦敦金属市场。1876年,英国皇家交易所和伦敦金属市场完成合并成立了伦敦金属交易所(LME)。伦敦金属交易所目前是世界上最大的有色金属交易所,主要交易品种有铜、铝、铅、锌、镍和铝合金,交易所的价格和库存对世界范围的有色金属生产和销售有着重要的影响。

(二) 现代期货市场的发展

现代期货市场经过19世纪末的初步发展,经历了20世纪初第一次世界大战前后的经济繁荣和第二次世界大战时期的经济萧条,世界经济出现了日益增强的全球化发展趋势,为政府、企业和个人都增加了很多新的市场风险,但同时也为期货市场带来了新的发展机遇。二战后尤其是20世纪60年代之后,随着经济的复苏和政府管制的逐步放松,逐步规范化的商品期货交易空前繁荣和丰富起来。

1. 金融期货的诞生和全球范围发展期

金融期货的诞生来自原有金融体系的解体。1971年8月15日,美国政府宣布不再继续承担维持35美元/盎司的黄金兑换义务,也宣告了布雷顿森林体系的解体。黄金本位的美元锚定货币时代结束,让各国之间的汇率出现了巨大波动,为规避汇率间的风险,金融期货存在了极大的市场需求。(1)外汇期货。1972年5月16日,芝加哥商业交易所正式开启英镑、加拿大元、德国马克、西班牙盾、日元、墨西哥比索、瑞士法郎等货币的美元报价期货合约。随后,CME还推出了以美元指数为标的的美元指数期货。外汇期货亦称为货币期货,是最早出现的金融期货品种,表明期货市场正式步入了金融时代。(2)利率期货。1975年10月,芝加哥期货交易所推出了以利率为交易对象的交易品种——政府国民抵押协会的房屋抵押证券期货合约(Government National Mortgage Association Contract);

[①] 徐洪才:《期货投资学》,首都经济贸易大学出版社2014年版,第19页。

1976年8月,芝加哥商业交易所推出了90天短期国债期货合约;1976年8月22日,芝加哥期货交易所开始推出美国长期国债期货合约等,都标志着全球利率期货交易的开始和发展。(3)股票指数期货。1982年2月24日,美国堪萨斯期货交易所(KCBT)率先推出了全球第一种股票价格指数期货合约——价值线综合指数期货合约;4月21日,CME推出了SP500股指期货交易;纽约期货交易所(NYSE)在5月6日推出了纽约证券交易所综合指数期货交易。股指期货的诞生很快就取得了空前的活跃,尤其是SP500的股指期货很快就成为全球最活跃的金融期货品种之一。股指期货的功能具备了巨大吸引力,让一些尚未批准本国股票指数期货交易国家的股票指数,被其他国家抢先推出,比如1986年9月3日,新加坡国际金融期货交易所(SIMEX)率先推出日经225股票指数期货,直到1988年日本大阪证券交易所(OSE)才推出日经225股票指数期货,1990年CME也推出了日经225股票指数期货,这样在全球就有三家不同国家的期货交易所共同交易的日经225股票指数期货。此外,新加坡交易所(SGX)后来还抢先推出了台湾股票指数期货和新华富时A50中国股票指数期货。

2. 科技推动的电子化交易发展期

20世纪80年代以后,随着经济的全球化,影响因素的多变导致期货品种时时刻刻都有风险和投资机会,使期货交易有了24小时不间断交易的市场需求,各国的期货交易所之间的竞争也日趋激烈。恰逢现代科学技术的发展,伴随计算机互联网技术的普及和应用快速发展起来,电子化期货交易方式出现并逐步替代了传统的场内喊价的交易方式。1990年,CME开始研制全球全日交易系统(Globex),得到了CBOT和路透社的大力支持。1992年7月25日,Globex开始接通运行。在发展初期,电子交易系统和公开叫价系统并行,但随着跨市场交易的市场需求,越来越多的期货交易所开始使用电子化交易系统。尤其是中国等新兴发展中国家的期货交易所,一开始就用电子化交易方式,极大地促进了期货交易的快速发展。电子化期货交易系统凭借无时空限制、品种的多样化、开放交易、充裕的市场流动性等优势,为相关客户提供了高效服务,带来了全球期货交易量的迅猛增长。

(三) 中国期货市场的发展

1978年改革开放以后,从计划经济到商品经济的逐步形成过程中,尤其是粮食流通体制的改革,随着国家取消农产品的统购统销政策、放开大多数农产品价格,市场对农产品生产、流通和消费的调节作用越来越大,市场价格的波动性特征突出,影响着经济增长的平稳性,期货市场逐步提上创办日程。1988年2月,国务院领导指示有关部门研究国外的期货市场制度,解决国内农产品价格波动问题,1988年3月,七届全国人大一次会议的《政府工作报告》提出:积极发展各类批发贸易市场,探索期货交易,拉开了中国期货市场研究和建设的序幕。

1. 初期发展和清理整顿阶段

1990年10月12日,郑州粮食批发市场经国务院批准,以现货为基础,逐步引进期货交易机制,作为我国第一个商品期货市场正式开业,并于1993年5月28日正式推出期货合约交易;1991年5月28日上海金属商品交易所开业;1991年6月10日深圳有色金属交易所成立,并于1992年10月率先推出特级铝的标准化期货合约;1993年2月28日大连商品交易所成立;1992年9月第一家期货经纪公司——广东万通期货经纪公司成立,标志着中国期货市场中断了40多年后重新在中国恢复。但试点初期,受行业和地方利益驱动,市场监管不力,而且没有国家的期货交易法规约束,交易所的数量和交易品种迅猛扩张,交易品种重复,一些不符合期货交易的商品也被列入期货交易的范围。最多的时候曾出现了50多家期货交易所,2 300多个交易所会员,300多家期货经纪公司和上千家中介代理机构。针对无序性的盲目发展,1993年11月4日,国务院发出《关于制止期货市场盲目发展的通知》,开始清理整顿,保留了15家期货交易所作为试点交易所。1994年暂停了外盘期货交易,暂停了钢材、煤炭、食糖、粳米和菜籽油期货交易。1995年2月的"国债期货327事件"和5月的"国债期货319事件",导致了新中国第一个金融期货品种国债期货的暂停交易。

2. 逐步规范阶段

1998年8月,国务院下发《关于进一步整顿和规范期货市场的通知》,开始了进一步的清理整顿。首先,把15家期货交易所撤并为3家期货交易所,即仅仅保留了上海期货交易所、郑州商品交易所、大连商品交易所;其次,将原来的35个期货交易品种减少为12个主要品种,并且规定各个品种在各个交易所不再重复设置。1999年5月,国务院通过了《期货交易管理暂行条例》,定于当年9月1日正式实行。中国证监会组织制定了《期货交易所管理办法》《期货经纪公司管理办法》《期货从业人员资格管理办法》《期货经纪公司高级管理人员任职资格管理办法》。同时,中国证监会还统一了三家交易所的交易规则,提高了对会员的交易结算准备金和财务实力要求,修改了交易规则中的薄弱环节,完善了风险控制制度。2000年12月,中国期货业协会成立。2004年,《国务院关于资本市场改革开放和稳定发展的若干意见》发布,为期货市场的规范奠定了制度基础。

3. 金融期货发展新阶段

股指期货上市的制度和技术准备工作基本完成,2006年9月8日,经国务院同意,中国证监会批准,由上海期货交易所、郑州商品交易所、大连商品交易所、上海证券交易所和深圳证券交易所共同发起设立的中国金融期货交易所正式成立,成为中国内地的第4家期货交易所,也是中国内地成立的首家金融衍生品交易所。2006年建立了期货交易保证金安全存管制度,从制度上解决了困扰多年的期货公司挪用客户保证金的问题。2007年建立了期货投资者保障基金,实施期货投资者利益补偿机制,同年4月,国务院修订发布了《期货交易管理条例》,中国证监会8个配套的规章和规范性文件也发布实施。2010年4月16日,沪深300股指期货正式上市交易,宣告中国金融衍生品期货发展阶段的开始。2013年9月6日5年期国债期货推出,宣告国债期货又重返中国期货市场。中国金融衍生品的逐步推出,对于深化资本市场改革,完善资本市场体系,发挥资本市场功能,具有重要的战略意义。

第二节 期货市场主要交易品种

期货交易来源于商品期货,随着期货市场的发展,商品期货交易不断发展和扩大,成为现代期货市场体系中最重要的组成部分。到了20世纪70年代之后,金融期货诞生并有了突飞猛进的发展,逐步占据期货市场的主导地位。随着期货市场不断发展,期货品种也在不断创新,一些与传统商品期货和金融期货有所不同的新品种也应运而生,比如保险期货、天气期货等其他衍生类期货品种。

一、商品期货

随着工业经济的全球化,金融市场的全球化,国际商品期货交易迅猛发展,其商品交易量大幅增长,期货品种不断增加,目前全球商品期货已经涵盖农产品期货、金属期货、能源与化工类期货100多个品种。

(一)农产品期货

农产品期货是最早进行交易的商品期货,包括粮食产品和经济作物等,是目前全球商品期货市场中的重要组成部分。

1. 粮食期货

主要上市包括:小麦、玉米、大豆、豆粕、豆油、稻米、燕麦、绿豆、棕榈油、菜籽、菜籽油、花生等。

2. 经济作物类

主要有原糖、可可、咖啡、橙汁等软商品。

3. 畜产品期货

主要有肉类制品和皮毛制品等,包括鸡蛋、活牛、活猪等期货品种。

4. 林产品期货

主要有木材产品、棉花和天然橡胶期货。芝加哥商业交易所集团(CME Group),是目前世界上最大的农产品期货交易中心,涵盖了几乎所有农产品期货的交易。中国的郑州商品交易所和大连商品交易所在全球农产品期货交易量排行榜中位居前几位,有较大的国际影响力。

表7-1 CBOT大豆期货合约

交易代码	ZS
品种名称	大豆
合约规模	5 000蒲式耳
最小变动价位	一个价位1/4美分/蒲式耳(即一个跳动12.5美元)
合约月份	1、3、5、7、8、9、11
涨跌停板幅度	初始:±0.65美元,扩展:±1美元
交易时间	(美国中部时间)场内9:30—14:15,电子盘20:00—次日8:30(冬令时往后推迟一小时)
最后交易日	合约月份15日前一交易日
交割方式	实物交割

(二) 金属期货

全球范围内的金属矿产品期货品种多达十几种,包括有色金属、黑色金属以及贵金属。伦敦金属交易所是目前全球最权威的金属矿产类期货交易所,CME集团的纽约商品交易所(COMEX)和上海期货交易所也是世界上重要的金属矿产类期货交易所。这些重要的金属期货市场交易的品种主要分为:

1. 基本金属

包括铜、铝、锌、镍、锡、铅、铝合金等。

2. 黑色金属类

包括铁矿石、螺纹钢、热卷板、焦煤、焦炭、动力煤等。

3. 贵金属类

包括黄金、白银、铂金、钯金等。

表7-2 LME铜期货合约

交易品种	阴极铜
合约大小	25吨
最小变动价位	0.5美元/吨(12.5美元/手)
交割日期	3个月内为任何一个交易日,3个月以上至15个月为每个月第3周的周三
涨跌停板幅度	无
交易时间	场内交易时间:(伦敦时间) 第一次交易市:12:00—12:05 第二次交易市:12:30—12:35 第三次交易市:15:30—15:35 第四次交易市:16:10—16:15 场外交易时间9:00—第二天凌晨3:00
交割方式	实物交割
交割等级	所有交割的A级铜的品牌必须是LME许可的,且必须符合BS6017—1981(1989)(即Cu-CATH-1阴极铜)的标准

(三) 能源与化工期货

1970年代的第一次世界石油危机产生之时,1973年,纽约棉花交易所曾率先推出一个在鹿特丹交割的原油合约,但没有成功。随后的10年内,世界能源格局发生了巨大的变化,1983年原油期货上市后就受到市场追捧。尤其是进入21世纪后,以美国为代表的北美市场的能源自给能力不断增强,欧洲市场的能源消费水平停滞不前,而以中国为代表的亚太地区的能源消费正在持续上升,引起能源期货板块交易更趋活跃。原油期货是最重要的石油期货品种,也是交易量最大的期货品种之一。全球最重要的原油期货市场有3家:

(1) CME集团旗下的纽约商业交易所(NYMEX)。其上市的能源期货包括CL轻质低硫原油、2号柴油、燃料油、汽油和期权等,其能源期货和期权交易量占到所有能源交易总量的一半以上。

（2）洲际交易所（ICE）。其以布伦特原油为期货合约标的,世界原油贸易中约有65%的原油以布伦特原油现货价格为基准油作价,其成交量处于全球原油期货交易的第2位。

（3）迪拜交易所（DME）。以阿曼原油（OQD）为基准合约的迪拜交易所是世界最大产油地区——中东所对应的交易所。其规避了CME的WTI原油和ICE的布伦特原油所不能对冲的亚洲原油进出口价格的风险。

表7-3 WTI原油期货合约

合约规模	1 000桶
交易代码	CL
最小变动价位	一个价位0.01点,即10美元
合约月份	近6年的连续月份合约,第7—9年的每年6、12月
涨跌停板幅度	±5美元,熔断2分钟
交易时间	7:00—6:00（第2日）（美国中部时间）
最后交易日	合约月份前一月的25日前第3个交易日（25日为交易日）,合约月份前一月的25日前第4个交易日
交割方式	实物交割
交割等级	从交割月第1日算起,剩余日期为6年半至10年的中期国债

二、金融期货

1970年代,期货市场有了突破性的创新发展,金融期货品种大量出现并逐步占据了期货市场的主导地位。主要原因是由于布雷顿森林体系解体之后的国际金融市场的剧烈动荡,这样的金融风险越来越受到人们的关注,国际市场上出现了规避金融市场风险的迫切需求,许多具有创新意识的证券交易所、期货交易所纷纷推出各种金融期货合约。金融期货主要包括利率期货、股指期货和外汇期货。

（一）利率期货

1. 定义

利率期货是指以债券类凭证为标的的期货合约。它是在1970年代美国金融市场不稳定的背景下,为满足投资者规避利率风险的需求而产生的。其产生和发展源于利率管制的放松和取消;其目的是回避银行利率波动所引起的债券类凭证价格变动的风险。所谓债券凭证,是指在信用交易活动中产生的用于证明债权债务关系的书面凭证。美国国债期货是全球成交最活跃的金融期货品种之一。

2. 分类和交割方式

利率期货种类繁多,按照标的期限主要可以分为短期利率期货与长期利率期货。短期利率期货是指期货合约期限在1年以内的各种利率期货,包括各种短期期限的商业票据期货、国库券期货及欧洲美元定期存款期货等;长期利率期货则是指期货合约标的期限在 1 年以上的各种利率期货,包括各种期限的中长期国库券期货和市政公债指数期货等。利率期货的交割方式分为实物交割和现金交割两种,实物交割率一般低于 5%,现金交割方式的推广有利于控制多头囤积现券而逼空的投机行为。

3. 主要交易所及最活跃品种介绍

全球交易利率期货的交易所主要有美国芝加哥商业交易所集团(CME Group)(包括 CME、CBOT、NYMEX)、欧洲期货交易所、中国金融期货交易所、印度国家证券交易所、韩国交易所等数十家期货交易所。下面介绍 3 种最活跃品种:

表 7-4 CME 欧洲美元期货合约

交易品种	三个月欧洲美元定期存款
交易单位	100 万美元
报价方式	指数方式,指数等于 100－年利率(不带%)
最小变动价位	1/2 个基点,12.5 美元/合约(现货月为 1/4 个基点)
涨跌停板幅度	场内不限,Globex 为 200 个基点
交易时间	场内:周一至周五,7:20—24:00 Globex:周日至周四,17:00—次日 14:00(美国中部时间)
最后交易日	合约月份第 3 个星期三往回数的第 2 个伦敦银行工作日
交割日	合约月份的第 3 个星期三
交割方式	现金交割
最终结算价	根据英国银行家协会的 Libor 抽样平均利率计算

表 7-5 CME(CBOT)的 10 年期国债期货合约

交易品种	100 000 美元面值的中期国债
报价方式	指数方式,指数等于 100－年利率(不带%)
最小变动价位	一个价位 1/32 点
合约月份	季度月(1 年以内)
涨跌停板幅度	无
交易时间	公开喊价:周一至周五,7:20—14:00 Globex:周日至周四,18:00—次日 16:00(美国中部时间)
最后交易日	合约月份最后一个工作日往回数的第 7 个工作日
交割日	合约月份的最后 1 个工作日
交割方式	实物交割
交割等级	从交割月第 1 日算起,剩余日期为 6 年半至 10 年的中期国债

表 7-6　Eurex 的长期国债期货合约

合约标准	德国政府发行的剩余期限在 8.5 年至 10.5 年之间的，票息率为 6% 的长期债券，该债券的发行量至少为 50 亿欧元
合约价值	100 000 欧元
报价方式	合约面值的百分数(保留 2 位小数)
合约月份	最近的三个季月
最小变动价位	0.01 个百分点(10 欧元/手)
交易时间	8:00—22:00(中部欧洲时间)
交割日	交割月第 10 个公历日，如不是交易日，顺延至下一个交易日
最后交割日	交割日往回数第 2 个交易日，终止交易时间为 12:30(中部欧洲时间)
交割方式	实物交割

(二) 股指期货

1. 定义

股指期货全称为股票指数期货，是以股票指数为期货标的，买卖双方根据事前的约定在未来某一特定时间，按照双方事先约定的股价指数，进行股票指数期货交易的一种标准化合约。

2. 股指期货合约的主要特点

与其他期货品种相比，股指期货合约有如下特点：其一，股指期货合约是以股票指数为标的的金融期货合约，这是一篮子股票的综合指数期货，可以消除股市波动带来的系统性风险；其二，股票指数期货合约所代表的指数必须是具有代表性的权威指数，具有客观反映股票市场行情的总体代表性和影响的广泛性特点；其三，股指期货合约价格以股票指数的点来表示，波动的点位乘以给定的乘数即可以表示期货合约的盈亏；其四，股票指数期货合约以现金交割的方式来进行期货交割，这样就简化了交割方式，有利于提高市场的参与度；其五，股指期货价格主要受股价指数水平、股息收益率、利率水平以及距交割期的时间长短四个因素影响。

3. 全球主要股票指数及最活跃股指期货合约介绍

全球最主要的股票价格指数有美国的标准普尔 500 指数、道·琼斯工业股票平均价格指数和纳斯达克综合指数，英国的金融时报股票指数，日本的日经 225 股票指数，中国香港的恒生指数，中国内地的沪深 300 指数等。下面介绍最活跃的 3 种股指期货合约：CME 上市的迷你(Mini)SP500 期货合约、新加坡国际金融期货交易所(SIMEX)日经 225 指数期货合约、香港联合交易所恒生指数期货合约。

表 7-7　CME(Mini)SP500 期货合约

交易代码	ES
合约规模	50 美元×标普 500 指数价格

续 表

最小变动价位	直接报价：0.25 指数点＝12.50 美元/手
交易时间	周一至周五：前日下午 5:00 到当日下午 4:15(美国中部时间)
合约月份	3月、6月、9月、12月之中最近的 5 个季月
最后交易日和时间	合约月份第 3 个周五上午 8:30(美国中部时间)
持仓规模限制	所有合约月份加总相当于 14 万手的 E 迷你 SP500 的净多或者净空
每日价格涨跌幅度	周一至周五上午 8:30 至下午 3:00，适用于期货定盘价格的 7%、13% 及 20% 的价格下跌限制，周日及周五下午 5:00 至上午 8:30 及周一至周五下午 3:00 至下午 4:15，涨跌幅限制为 5%

表 7-8 日经 225 指数期货合约介绍

交易代码	SSI
合约规模	￥500×日经 225 指数价格
交易时间	周一到周五，上午 7:30—下午 14:25(T)，下午 14:55 至次日凌晨 4:45
最小变动价位	5 指数点＝2 500 日元/每手
合约月份	3 个最近的连续月份和 12 个连续季月
最后交易日	合约月份的第 2 个周五之前
交割方式	现金交割
涨跌停板限制	无涨跌停板，有熔断机制

表 7-9 恒生指数期货合约

交易代码	HSI
合约规模	HKD50×恒生指数价格
交易时间	周一到周五[9:15—12:00＆13:00—16:30(T)，17:15—01:00(T+1)]
最小变动价位	1 指数点＝HKD50.00
合约月份	现月、下月及之后的两个季月
最后交易日	该合约当月的最后第 2 个营业日
交割方式	现金交割
涨跌停板限制	T+1 时段的可委托价格区间为 T 时段最后成交价的 5%

(三) 外汇期货

1. 定义

外汇期货是指交易双方在期货交易所内通过公开竞价达成将来规定的日期、地点、价格买进或卖出规定数量外汇的期货合约的一种期货交易。其交易的标的是一定数量的一种货币用另一种货币进行的报价,并约定在未来特定时点进行交割的一定数量货币。

2. 外汇期货的特点

外汇期货具有以下三个特点:第一,主要外汇期货集中在美国,因此,外汇期货中其他货币以美元报价的方式居多,而美元则以美元指数期货为特征;第二,外汇期货的期货保证金相对于大多数商品期货保证金来说较低,一般为1%—3%;第三,外汇期货交易以对冲交易为主,其实际到期交割的只占很少的一部分。

3. 全球主要外汇期货市场及最活跃外汇期货合约介绍

全球外汇期货市场主要集中在美国,包括芝加哥商业交易所集团(CME Group)的国际货币市场(IMM)、中美洲商品交易所(MCE)和费城期货交易所(PBOT),此外,外汇期货的主要交易所还有伦敦国际金融期货交易所(LIFFE)、新加坡国际货币交易所(SIMEX)、东京国际金融期货交易所(TIFFE)和法国国际期货交易所(MATIF)等。最活跃的外汇期货合约包括欧元/美元期货、英镑/美元期货、日元/美元期货、加元/美元期货、澳元/美元期货等。下面主要介绍3种外汇期货合约:

表 7-10　CME 欧元/美元期货(EUR/USD)

交易代码	6E
合约规模	125 000 欧元
交易时间	周一到周五(当日 07:00—次日 06:00)(美中冬令时)
最小变动价位	0.000 05＝USD6.25
合约月份	最近 3 个连续 3 个月份及连续 20 个季月(3、6、9、12)
最后交易日	合约月份第 3 个星期三前 2 个交易日 9:16 a.m.(美中时间)
交割方式	实物交割
涨跌停板限制	±0.02 美元,熔断 2 分钟

表 7-11　CME 日元/美元期货(JPY/USD)

交易代码	6J
合约规模	12 500 000 日元
交易时间	周一到周五(当日 07:00—次日 06:00)(美中冬令时)
最小变动价位	0.000 000 5＝USD6.25
合约月份	最近 3 个连续 3 个月份及连续 20 个季月(3、6、9、12)
最后交易日	合约月份第 3 个星期三前 2 个交易日 9:16 a.m.(美中时间)
交割方式	实物交割
涨跌停板限制	±0.02 美元,熔断 2 分钟

表 7-12 CME 欧元/英镑期货(EUR/GBP)

交易代码	RP
合约规模	125 000 欧元
交易时间	周一到周五(当日 07:00—次日 06:00)(美中冬令时)
最小变动价位	0.000 05＝GBP6.25
合约月份	最近 3 个连续 3 个月份及连续 6 个季月(3、6、9、12)
最后交易日	合约月份第 3 个星期三前 2 个交易日 9:16a.m.(美中时间)
交割方式	实物交割
涨跌停板限制	±0.02 美元,熔断 2 分钟

第三节 中国期货市场及其主要品种

中国现代期货市场起步于 1980 年代末,经过近 30 年的积极探索实践,伴随着中国特色社会主义市场经济的建设,期货市场取得了斐然成绩,期货市场规模体量发展迅速。截至 2016 年年底,商品期货成交量已经连续八年位居世界第一,金融期货重要作用也日益显现,市场运行日趋规范,监管有效性也在不断提升,市场在发现价格、风险管理、服务供给侧结构性改革、落实国家产业政策、促进落后产能淘汰、提升产品质量、服务"三农"、助力脱贫攻坚以及双向开放等方面发挥了积极作用。截至 2017 年 10 月底,中国共有 3 家商品期货交易所和 1 家金融期货交易所,有 149 家期货公司,已上市 55 个期货品种,包括 5 个金融期货品种、1 个金融期权品种、47 个商品期货品种、2 个商品期权品种,期货行业总资产 5 500 余亿元,全市场资金总量 4 900 多亿元左右,约为 120 多万个投资者。除原油、天然气外,国际市场成熟的商品期货品种均已在中国上市交易,并发展了与中国经济结构、经济体量相适应的有中国特色和世界影响力的 PTA 等品种,各有关部门正在推进苹果、红枣等商品期货新品种的研发上市工作。

一、郑州商品交易所

(一)郑州商品交易所简介

郑州商品交易所简称郑商所(CZCE),是经国务院批准成立的中国首家期货市场试点单位。郑商所实行会员制,会员大会是郑商所权力机构,交易所理事会是会员大会常设机构,下设战略发展、品种、监察、交易、交割、会员资格审查、调解、财务、技术、结算 10 个专门委员会。郑商所总经理为法定代表人。设有农产品部、非农产品部、期货衍生品部、市场服务部、会员部、交易部、结算部、交割部、市场监察部等 20 个职能部门,郑州易盛信息技术有限公司、郑州商品交易所期货及衍生品研究所有限公司以及北京研发中心等 5 个下属机构。截至 2017 年 6 月底,郑商所共有会员 164 家,分布在全国 26 个省(市)、自治区。其中期货公司会员149家,占会员总数的91%;非期货公司会员15家,占会员总数的9%。郑商所目前上市交易期货品种有普通小麦、优质强筋小麦、早籼稻、晚籼稻、粳稻、棉花、油菜籽、菜籽油、菜籽粕、白糖、动力煤、甲醇、精对苯二甲酸(PTA)、玻璃、硅铁和锰硅等。2017年4月19日,白糖期权在郑州商品交易所上市交易,是国内第2只商品期权,也是郑商所衍生品创新发展的标志性突破。郑商所实行保证金制、每日涨跌停板制、每日无负债结算制、实物交割制等期货交易制度。其积极适应市场创新发展要求,不断优化制度安排。1995年6月加入国际期权(期货)市场协会,2012年10月加入世界交易所联合会。目前郑商所已经成为小麦、菜粕、白糖、棉花、动力煤、甲醇、玻璃、PTA最有影响力的综合类商品期货定价中心。

(二)主要活跃品种介绍

郑商所目前上市交易的期货品种基本形成了综合性品种体系,覆盖农业、能源、化工、建材和冶金等国民经济重要领域,小麦、菜粕、白糖、棉花、动力煤、甲醇、玻璃、PTA等产品的"郑州价格"已经具有了世界重要影响力。这里主要介绍其最具独特性的两个品种:白糖、精对苯二甲酸(以下简称PTA)。

1. 白糖期货

2006年1月6日,白糖期货在郑州商品交易所(以下简称"郑商所")挂牌交易。白糖期货上市以来,交易制度逐步完善,市场发育较快,市场参与度增强,市场规模迅速扩大,在全球成交活跃的农产品期货品种中,郑商所白糖位居前列。各类涉糖企业利用期货市场套期保值,稳定生产经营,保障了糖料种植安全,白糖期货市场也为现货企业探索更有效的贸易方式创造了条件。总体上看,白糖期货功能得到了良好发挥。

表7-13 白砂糖期货合约介绍

交易品种	白砂糖
交易单位	10吨/手
报价单位	元(人民币)/吨
最小变动价位	1元/吨
每日价格最大波动限制	不超过上一个交易日结算价±4%
合约交割月份	1、3、5、7、9、11月
交易时间	每周一至周五上午9:00—11:30(法定节假日除外)下午1:30—3:00
最后交易日	合约交割月份的第10个交易日
最后交割日	合约交割月份的第12个交易日
交割品级	标准品:一级白糖(符合GB317—2006);替代品及升贴水见《郑州商品交易所期货交割细则》
交割地点	交易所指定仓库
最低交易保证金	合约价值的6%

续 表

交割方式	实物交割
交易代码	SR
上市交易所	郑州商品交易所

2. PTA 期货

郑商所于 2006 年 12 月 18 日上市精对苯二甲酸期货（以下简称 PTA 期货）。PTA 期货一经上市就受到了广大投资者的积极参与，其日益良好的流动性为企业套保和更多投资者的参与提供了基础，为市场功能发挥提供了保障。据了解，在 PTA 期货上市以前，国内 PTA 定价由几家大的 PTA 厂商主导，是以当月现货交易情况为基准做出的一种回溯性定价，而由于下游化纤、聚酯行业的销售周期很短，这种回溯性的定价无法为其采购和生产提供及时、准确的决策依据。有了 PTA 期货以后，许多企业通过灵活运用期货市场，一改过去生产经营"谋事在人、成事在天"的无奈状况，转而实现期、现货市场同步经营、相互保障，期货市场的价格发现功能正在转变现货企业的传统经营观念。现在，PTA 期货有效地把上、下游的企业衔接起来，由产业链各方及投资者共同报价、交易形成的 PTA 期货行情成了企业最为灵敏、直观、易得的价格"嗅觉器"。PTA 期货价格已经成为化纤原料市场的"晴雨表"。PTA 期货已经对聚酯化纤行业产生实质影响。现货企业订单价格已经开始参考 PTA 期货价格，逐步改变了原来现货市场的价格定价机制。

表 7-14 PTA 期货合约

交易单位	5 吨/手
报价单位	元（人民币）/吨
最小变动价位	2 元/吨
每日价格最大波动限制	不超过上一交易日结算价±4%
合约交割月份	1、2、3、4、5、6、7、8、9、10、11、12 月
交易时间	每周一至周五 上午 9:00—11:30 下午 1:30—3:00
最后交易日	合约交割月份的第 10 个交易日
最后交割日	合约交割月份的第 12 个交易日
交割品级	符合工业用精对苯二甲酸 SH/T1612.1—2005 质量标准的优等品 PTA，详见《郑州商品交易所精对苯二甲酸交割细则》
交割地点	交易所指定仓库
交易保证金	合约价值的 6%
交割方式	实物交割
交易代码	TA
上市交易所	郑州商品交易所

二、上海期货交易所

(一) 上海期货交易所简介

上海期货交易所简称上期所(SHFE),成立于1999年12月,其前身是上海金属交易所、上海商品交易所、上海粮油交易所。目前挂牌交易黄金、白银、铜、铝、锌、铅、螺纹钢、线材、燃料油、天然橡胶、石油沥青、热轧卷板、镍、锡14种期货合约。上海上期商务服务有限公司、上海期货信息技术有限公司、上海期货与衍生品研究院有限公司和上海国际能源交易中心股份有限公司是上海期货交易所的下属子公司。到2016年年底,上期所已经成为全球第一大黑色金属期货市场、第一大天然橡胶期货市场和第二大有色金属期货市场。上海期货交易所现有会员190多家(其中期货公司会员占近75%),在全国各地开通远程交易终端1 400多个。

(二) 主要活跃品种介绍

上期所上市的14个品种大部分都比较活跃,这里主要介绍在全球最有影响力的两个代表性期货品种:螺纹钢、铜。

1. 螺纹钢期货

2009年3月27日,螺纹钢期货合约在上海期货交易所正式挂牌交易。目前是世界上交易量最大的商品期货品种,日成交量曾多次超过千万手。螺纹钢即带肋钢筋,分为热轧带肋钢筋和冷轧带肋钢筋,螺纹钢亦称变形钢筋或异形钢筋。螺纹钢属于小型型钢钢材,主要用于钢筋混凝土建筑构件的骨架。在使用中要求有一定的机械强度、弯曲变形性能及工艺焊接性能。由于其使用范围非常广泛,在钢材按品种分类的22个品种中,螺纹钢是占钢材总量比例最大的品种。中国是螺纹钢生产大国,由于数十年来的固定资产投资规模较大,在2016年前的10多年间,螺纹钢年产量都保持在两位数以上的速度增长。由于螺纹钢期货具有较强的金融属性,参与也非常广泛,其价格波动也非常大,其波动范围从2009年上市初的5 000元/吨左右,最低下跌到2015年底的1 600元/吨左右。螺纹钢期货完善了钢材价格的形成机制,能够帮助企业回避市场价格波动风险,促进生产经营合理化配置。

表7-15 螺纹钢期货合约

交易品种	螺纹钢
交易单位	10吨/手
报价单位	元(人民币)/吨
最小变动价位	1元/吨
每日价格最大波动限制	不超过上一交易日结算价±3%
合约交割月份	1—12月
交易时间	上午9:00—11:30、下午1:30—3:00;交易所规定的其他交易时间(夜盘:21:00—23:00)

续 表

最后交易日	合约交割月份的 15 日(遇法定假日顺延)
交割日期	最后交易日后连续 5 个工作日
交割品级	标准品：符合国标 GB1499.2—2007《钢筋混凝土用钢 第 2 部分：热轧带肋钢筋》HRB400 或 HRBF400 牌号的 ϕ16 mm、ϕ18 mm、ϕ20 mm、ϕ22 mm、ϕ25 mm 螺纹钢 替代品：符合国标 GB1499.2—2007《钢筋混凝土用钢 第 2 部分：热轧带肋钢筋》HRB335 或 HRBF335 牌号的 ϕ16 mm、ϕ18 mm、ϕ20 mm、ϕ22 mm、ϕ25 mm 螺纹钢
交割地点	交易所指定交割仓库
最低交易保证金	合约价值的 5%
最小交割单位	300 吨
交割方式	实物交割
交易代码	RB
上市交易所	上海期货交易所

2. 阴极铜期货

上海阴极铜期货简称沪铜(CU)。沪铜期货合约自 1992 年 5 月推出以来，得到投资者积极参与，是国内期货市场一直保持相当规模的唯一品种，目前稳居全球铜期货市场前三。沪铜期货交易未曾发生重大风险，履约率达 100%，沪铜的期货价格已经成为国内行业的权威报价，受到企业和投资者的绝对关注。铜价格能够较好反映社会经济现状，被称为"铜博士"，因此，沪铜期货相对其他品种来说更加成熟，已成为国内相关企业的可靠投资和套期保值工具。

表 7-16　沪铜期货合约介绍

交易品种	阴极铜
交易单位	5 吨/手
报价单位	元(人民币)/吨
最小变动价位	10 元/吨
每日价格最大波动限制	不超过上一交易日结算价±3%(根据交易所即时规定会有所变化)
合约交割月份	1—12 月
交易时间	上午 9:00—11:30，下午 1:30—3:00 和交易所规定的其他交易时间(夜盘：21:00—01:00)
最后交易日	合约交割月份的 15 日(遇法定假日顺延)
交割日期	最后交易日后连续 5 个工作日

续 表

交割品级	标准品：阴极铜，符合国标 GB/T467—2010 中 1 号标准铜(Cu-CATH-2)规定，其中主成分铜加银含量不小于 99.95% 替代品：阴极铜，符合国标 GB/T467—2010 中 A 级铜(Cu-CATH-1)规定；或符合 BS EN 1978：1998 中 A 级铜(Cu-CATH-1)规定
交割地点	交易所指定交割仓库
最低交易保证金	合约价值的 5%
交割方式	实物交割
交易代码	CU
上市交易所	上海期货交易所

注：根据上期发〔2017〕15 号文修订。

（三）上海国际能源交易中心

中国证监会批准筹建，上海期货交易所子公司上海国际能源交易中心股份有限公司于 2013 年 11 月 6 日在上海市工商局登记成立。原油是特殊商品，可以说是商品之王，在长期内决定了大宗商品的定位和走势。中国是世界上重要的石油生产国和第二大消费国，为了提高在国际原油市场的定价权，消除"亚洲升水"，维护国家的原油战略安全，为国内原油企业提供保值避险手段，完善国内成品油定价机制，成立中国能源交易中心非常必要。2018 年 3 月 26 日，上海市委书记李强、中国证监会主席刘士余共同为中国原油期货交易鸣锣开市。中国原油期货在停止交易 25 年后，历经 17 载的积极筹备、探索和重新设计后，正式在上海国际能源交易中心上市交易，这正是落实党的十九大所提出的更加开放的务实行动。原油"中国价格"的形成，有利于反映中国和亚太地区石油市场供需关系的价格体系，有利于服务国家"一带一路"推进，有利于金融进一步的对外开放以及上海国际金融中心建设。

表 7-17 上海国际能源交易中心原油期货标准合约

交易品种	中质含硫原油
交易单位	1 000 桶/手
报价单位	元(人民币)/桶 (交易报价为不含税价格)
最小变动价位	0.1 元(人民币)/桶
涨跌停板幅度	不超过上一交易日结算价±4%
合约交割月份	最近 1—12 个月为连续月份以及随后 8 个季月
交易时间	上午 9:00—11:30，下午 1:30—3:00 以及上海国际能源交易中心规定的其他交易时间
最后交易日	交割月份前第一月的最后一个交易日；上海国际能源交易中心有权根据国家法定节假日调整最后交易日

续 表

交割日期	最后交易日后连续5个交易日
交割品质	中质含硫原油,基准品质为API度32.0,硫含量1.5%,具体可交割油种及升贴水由上海国际能源交易中心另行规定
交割地点	上海国际能源交易中心指定交割仓库
最低交易保证金	合约价值的5%
交割方式	实物交割
交易代码	SC
上市机构	上海国际能源交易中心

三、大连商品交易所

(一)大连商品交易所简介

大连商品交易所简称大商所(DCE),成立于1993年2月28日,是经国务院批准的四家期货交易所之一。2017年3月31日,大商所上市了豆粕期权,至此大商所已上市的品种有玉米、玉米淀粉、黄大豆1号、黄大豆2号、豆粕、豆油、棕榈油、鸡蛋、纤维板、胶合板、线型低密度聚乙烯、聚氯乙烯、聚丙烯、焦炭、焦煤、铁矿石共计16个期货品种和豆粕期权。截至2017年年末,大商所拥有会员单位165家,指定交割库280个。2017年大商所年成交量和成交额分别达到10.98亿手和52万亿元。大商所农产品期货年成交量超越美国芝加哥商业交易所集团,成为全球最大的农产品期货市场,并保持全球最大的油脂、塑料、煤炭、铁矿石期货市场地位。根据美国期货业协会(FIA)公布的全球主要衍生品交易所成交量排名,2017年大商所在全球排名第10位。大商所大豆、棕榈油、塑料、铁矿石等品种的"大连价格"在国际相关市场的影响力不断提升,大连成为全球的重要价格传导中心之一。

(二)大商所主要品种介绍

大商所上市的16个品种大部分都比较活跃,这里主要介绍在世界上最有影响力的两个代表性期货品种:豆粕、铁矿石。

1. 豆粕期货

豆粕是大豆经过提取豆油后得到的一种副产品。豆粕是棉籽粕、花生粕、菜籽粕等12种动植物油粕饲料产品中产量最大、用途最广的一种。作为一种高蛋白质,豆粕是制作牲畜与家禽饲料的主要原料,价格波动比较大,产业链条长,参与企业多,影响的范围广,这使企业避险和投资需求都较为强烈。中国作为世界上大豆进口量和加工量最大的国家,上市豆粕期货非常必要。大连商品交易所的豆粕期货和豆粕期权的推出,完善了大豆品种体系,形成了一个完美的品种套保体系,为相关企业提供了一个使用方便、功能齐全的风险规避场所。

表 7-18 豆粕期货标准化合约

交易品种	豆粕
交易单位	10 吨/手
报价单位	元(人民币)/吨
最小变动价位	1 元/吨
涨跌停板幅度	上一交易日结算价的 4%
合约月份	1、3、5、7、8、9、11、12 月
交易时间	每周一至周五上午 9:00—11:30,下午 13:30—15:00,以及交易所公布的其他时间
最后交易日	合约月份第 10 个交易日
最后交割日	最后交易日后第 3 个交易日
交割等级	大连商品交易所豆粕交割质量标准
交割地点	大连商品交易所指定交割仓库
最低交易保证金	合约价值的 5%
交割方式	实物交割
交易代码	M
上市交易所	大连商品交易所

2. 铁矿石期货

铁矿石期货,是以铁矿石为标的物的期货品种。2013 年 10 月 18 日,铁矿石期货在大连商品交易所上市交易。随着中国城市化进程的发展,铁矿石的需求量越来越大,中国已经成为全球最大的铁矿石消费国,铁矿石进口量达到全球产量的 60% 以上。铁矿石的定价问题一直是钢铁行业的心头之痛。2010 年,延宕 40 年的长协定价机制被打破,铁矿石金融化速度逐年加快。大商所的铁矿石期货的成功上市和活跃,有利于中国钢铁工业对进口铁矿石定价权的争夺,更有利于国内相关企业的套期保值和贸易活动。2017 年,我国铁矿石期货单边成交量 3.29 亿手(329 亿吨),已发展成为全球成交规模最大的铁矿石衍生品市场,是世界第二大铁矿石衍生品市场——新加坡交易所的铁矿石掉期和期货成交总量的 23.44 倍,市场规模和流动性具有明显优势。同时,我国铁矿石期货是全球唯一采取单一实物交割的铁矿石衍生品,保证了期现货市场的紧密衔接。铁矿石期货在品种设计之初就定位为国际化品种,随着该品种的日渐成熟,大商所发布了铁矿石期货引入境外交易者的相关规则,推进了海外客户开户和境外经纪机构备案、交易、交割等业务准备后,从 2018 年 5 月 4 日起,正式引入境外交易者参与,实现了铁矿石期货的国际化。

表 7-19 铁矿石期货合约

交易品种	铁矿石
交易单位	100 吨/手

续 表

报价单位	元(人民币)/吨
最小变动单位	0.5 元/吨
涨跌停板幅度	上一交易日结算价的 4%
合约月份	1、2、3、4、5、6、7、8、9、10、11、12 月
交易时间	每周一至周五上午 9:00—11:30,下午 13:30—15:00,以及交易所公布的其他时间
最后交易日	合约月份第 10 个交易日
最后交割日	最后交易日后第 3 个交易日
交割等级	大连商品交易所铁矿石交割质量标准
交割地点	大连商品交易所铁矿石指定交割仓库及指定交割地点
最低交易保证金	合约价值的 5%
交割方式	实物交割
交易代码	I
上市交易所	大连商品交易所

根据大商所发〔2017〕276 号文件,自铁矿石 1809 合约开始施行新质量标准 F/DCE I001—2017。

四、中国金融期货交易所

(一)中国金融期货交易所简介

中国金融期货交易所简称中金所(CFFEX),是经国务院同意、中国证监会批准设立的,由上海期货交易所、郑州商品交易所、大连商品交易所、上海证券交易所和深圳证券交易所共同发起,于 2006 年 9 月 8 日在上海正式挂牌成立的,专门从事金融期货、期权等金融衍生品交易与结算的公司制交易所。自 2010 年 4 月以来,先后推出了沪深 300 股指期货(IF)、中证 500 股指期货(IC)、上证 50 股指期货(IH)、5 年期国债期货(TF)、10 年期国债期货(T)五个金融期货产品,初步形成了较为完善的股权类、利率类两条产品线。

(二)中金所主要品种介绍

截至 2017 年年底,中金所共推出五个金融期货品种,这里主要介绍沪深 300 指数期货(IF)和 10 年期国债期货(T)两个品种。

1. 沪深 300 指数期货(IF)

沪深 300 指数是从上海和深圳证券市场中选取 300 只 A 股作为样本编制而成的成分股指数。沪深 300 指数样本覆盖了沪深市场六成左右的市值,具有良好的市场代表性。沪深 300 指数是沪深证券交易所第一次联合发布的反映 A 股市场整体走势的指数。它的推出,丰富了市场现有的指数体系,增加了一项用于观察市场走势的指标,有利于投资者全面把握市场运行状况,也进一步为指数投资产品的创新和发展提供了基础条件。

表 7-20　沪深 300 指数期货合约

合约标的	沪深 300 指数
合约乘数	每点 300 元
报价单位	指数点
最小变动价位	0.2 点
合约月份	当月、下月及随后 2 个季月
交易时间	上午：9:30—11:30，下午：13:00—15:00
每日价格最大波动限制	上一个交易日结算价的±10%
最低交易保证金	合约价值的 8%
最后交易日	合约到期月份的第 3 个周五，遇国家法定假日顺延
交割日期	同最后交易日
交割方式	现金交割
交易代码	IF
上市交易所	中国金融期货交易所

资料来源：中证指数有限公司官方网站，http://www.csindex.com.cn。

2. 10 年期国债期货(T)

国债期货(Treasury Future)是指通过有组织的交易场所预先确定买卖价格并于未来特定时间内进行钱券交割的国债派生交易方式。国债期货属于金融期货的一种，是一种高级的金融衍生工具。2013 年 9 月 6 日，国债期货正式在中国金融期货交易所上市交易。10 年期国债期货合约标的为面值为 100 万元人民币、票面利率为 3% 的名义长期国债；到期月份首日剩余期限为 6.5—10.25 年的记账式附息国债。

表 7-21　10 年期国债期货合约

合约标的	面值为 100 万元人民币、票面利率为 3% 的名义长期国债
可交割国债	合约到期月份首日剩余期限为 6.5—10.25 年的记账式附息国债
报价方式	百元净价报价
最小变动价位	0.005 元
合约月份	最近的 3 个季月(3 月、6 月、9 月、12 月中的最近 3 个月循环)
交易时间	9:15—11:30,13:00—15:15
最后交易日交易时间	9:15—11:30
每日价格最大波动限制	上一交易日结算价的±2%

续　表

最低交易保证金	合约价值的2%
最后交易日	合约到期月份的第2个星期五
最后交割日	最后交易日后的第3个交易日
交割方式	实物交割
交易代码	T
上市交易所	中国金融期货交易所

第四节　期货市场定价理论和期货投资分析方法

一、期货市场定价理论

（一）商品期货价格的构成

商品期货的特点之一就是保证金交易，合约到期就可以用实物来进行交割。实物交割的存在，使得商品期货价格必然以现货商品的价值为基础，交割环节成为期货与现货联系的纽带。关于商品期货价格的构成，马歇尔、凯恩斯、希克斯、萨缪尔森等经济大师都在他们的著作中做过论述。随着期货市场理论的发展和市场创新，关于期货价格组成，主要形成了四方面认识：第一，商品生产成本。商品生产成本是指生产商品时所耗费的物质资料价值和支付的劳动报酬总和，是商品期货价格的基本组成部分。第二，标的商品的储存、流通费用。尽管绝大多数期货交易是通过对冲平仓完成的，一般与商品的流通费用不直接发生关系，但总有一部分（3%）商品的期货交易是围绕实物商品交割进行的，这些实物商品从入库日到交割日的库存费用成本、商品运费和持有商品的机会成本等必然增加到期货价格中。第三，期货交易成本。期货交易成本是指期货交易过程中发生和形成的交易者必须支付的费用，包括经纪商佣金、交易所交易手续费、风险金和保证金利息等。第四，商品的预期收益。期货由于风险较高，存在一定的风险利润纳入期货价格中，预期收益包括两部分，即社会平均投资利润和期货交易的风险利润。

（二）期货定价的理论基础

期货价格收敛于现货价格是期货定价的理论基础。随着期货合约交割月份的接近，期货价格会收敛于其标的物的现货价格，当到达交割日时，期货价格基本等于或者非常接近于现货价格。商品期货市场大量的期现价差套利交易者是价格收敛的市场条件；对金融期货标的来说，比如股指期货合约是以现金结算的，故按最后交易日结束时的价格进行盯市，并将所有头寸以最后交易日的股指现货收盘价作为结算价格进行了结。

（三）影响期货价格的因素

期货投资具有高风险性，任何投资品种都有它的特点和规律。因此投资者在进行期货投资时，一定要清楚影响期货价格走势最主要的因素。影响商品期货价格变动的主要因素有：商品的供求关系、季节性因素等；影响金融期货的主要因素有：经济周期、货币金融变动因素、政府因素等;另外还有其他的政治因素、社会因素、心理因素等。在信用货币体系下,商品期货具有很大程度的金融属性,金融期货也具备了一定的商品属性,在不同的历史时期,用不同的影响因素形成期货市场价格来体现出不同的金融市场主要矛盾。

二、期货投资的分析方法

(一) 基础分析方法

1. 定义

基础分析方法又称为基本面分析法,是根据商品的产量、库存和预计需求量,即根据商品的供给和需求关系,以及影响供求关系变化的种种因素,来预测商品价格走势的分析方法。基本面分析方法所依据的经济学原理是,商品的价格由供给和需求变化决定,供求力量的均衡形成了市场的价格。

2. 基础分析的主要特点

主要特点有三方面:其一,主要分析价格变动的中长期趋势;其二,寻求价格变动的根本内在原因;其三,主要以宏观政治经济因素作为切入点来分析。

3. 供给与需求对市场价格的影响

(1) 供给是指一定时间、一定地点和某一价格水平下,生产者或卖者愿意并可能提供的某种商品或劳务的数量。一般来说,市场存在供给法则,即价格越高,就会吸引越来越多的生产者来为市场提供更多的产品生产;相反,价格越低,供给量就会越来越小。当然,价格变化引起供给量变化的供给弹性也是影响价格的重要因素。另外,商品市场的供给量主要由前期库存量、当期生产量和当期进口量三部分组成,也对市场价格形成有重要影响。

(2) 需求是指在一定时间、一定地点和某一价格水平下,消费者对某一商品所愿意并有能力购买的数量。一般来说,市场存在需求法则,即商品价格越高,人们对它的需求量就越小;反之价格越低,人们对它的需求量就越大。需求弹性反映了需求量对价格的敏感程度。

4. 经济周期、政府政策等宏观微观因素也作为基本面分析的主要方面

主要是指影响期货基本面的金融属性的经济周期、货币金融、政治、政策等因素。尤其是在进入信用货币时代之后,各国央行政策和货币投放量增速快慢都将决定商品期货价格的波动性大小。

(二) 技术分析方法

1. 技术分析的定义

技术分析是通过对市场价格本身的变化分析,来预测市场价格的变化方向,它主要是将历史数据按照时间顺序绘制成图形和图表,然后根据这些图形和图表分析与预测期货价格的走势。

2. 技术分析的三个基本假设

市场行为包容消化一切、价格按趋势方式运行和历史会重演是技术分析方法的三个基本假设。其中,市场行为包容消化一切正反映了所有市场行为需要通过价格来反映其

所掌控的所有信息;趋势概念是技术分析方法的核心,研究价格图表就是要早期发现趋势的运行轨迹,包括小趋势、中级趋势、长期趋势和反转可能;历史会重演,在一定程度上反映了外在客观条件变化而人性未变的市场行为。

3. 技术分析的特点

主要有以下三个特点:其一,量化的指标。可以根据量化指标等数量化分析预测行情的转折点。其二,顺应趋势。主要是顺应趋势的技术分析方法论落实。其三,简单、直观和精确性。是根据价格历史轨迹的记录,没有虚假,没有主观的精确记述和市场反应。

4. 技术分析的基础指标

主要基础技术指标有:开盘价、收盘价、最高价、最低价、成交量和持仓量(未平仓合约量)。开盘价一般是开盘前的5分钟集合竞价所产生的价格;收盘价一般为当日交易的最后一笔成交价;最高价为当日交易出现的最高价格;最低价为当日交易出现的最低价格;成交量为在一定的交易时段内某种期货合约在交易所成交的合约数量;未平仓合约量是指买入或卖出后尚未对冲及进行实物交割的某种期货合约的数量,亦称为持仓量和空盘量。关于成交量和持仓量的计算,全球多数交易所采取的都是单边计算,中国金融期货交易所也采取单边计算,而目前上期所、郑商所和大商所采取的都是双边计算的交易量和持仓量。

5. 技术分析的方法

一般分为4大类分析方法:趋势分析法、形态分析法、指标分析法和其他类分析方法。(1)趋势分析法。其理论基础是道氏理论,道氏理论认为:市场价格指数可以解释和反映市场的大部分行为,市场波动有三种趋势,即主要趋势、次要趋势和短暂趋势,交易量在趋势判断上有重要作用,收盘价是最重要的价格等。(2)形态分析法。市场价格形态主要有两种分类,即反转形态和持续形态。反转形态意味着价格趋势将发生重要反转,持续形态则显示市场可能仅仅是修正和调整一段时间。反转形态一般有:双重顶(底)、三重顶(底)、V字顶(底)、圆形顶(底)和头肩顶(底)等形态。持续形态一般有:三角形、旗形、矩形和楔形等。(3)指标分析法。主要有移动平均线、MACD、威廉指标等。(4)其他类分析方法。主要有艾略特波浪理论、江恩理论和相反理论等。

> **专栏**
>
> **中国2015年"股灾"引发的关于现货与期货的孰是孰非问题**
>
> 2015年中国遭遇了严重的股灾,股指期货的做空机制备受指责,引发了股指期货"是不是引发股灾的罪魁祸首"之争论,随后,中金所从股指期货交易保证金和手续费大幅提高,到限制期货开仓,特别是限制"恶意"开空仓,股指期货交易大幅降温。尽管修改规则短期内似乎抑制了投机,似乎稳定了股票市场,但仍然没有正确解决和认识到股指期货的作用。下面是有关内容的介绍和分析。
>
> **一、2015年"股灾"回顾**
>
> 中国股市在2015年发生了一场"股灾":从2014年11月开始,不少于5 000亿—10 000亿的场外配资、20 000多亿的融资融券大量涌入中国股市,短短半年时间,上证指数从2 000点左右快速上涨到5 000点以上。但是,自2015年6月12日上证指数冲顶

5 178.19点后,又开始连续大幅度下跌,到2015年8月26日,就跌至2 850.37点,53个交易日共计下跌超45%。尤其是2015年8月24日,中国股市近乎全线跌停板。在这段时间内曾出现了11次的千股跌停奇观,股价下跌又导致其他融资盘进入"警戒线"甚至"强制平仓线",引起次级杠杆类资金的清仓强平。2015年7月上旬起,上市公司出现"停牌潮"。以2015年7月8日为例,该日上证综指跌6.97%,两市逾1 300只个股跌停,剩下的公司中竟有1 312家主动宣布停牌,占A股市场的47.2%。这一大面积"停牌潮"现象的产生是因上市公司为避免流动性缺失,股价背离其价值持续下跌而采取的无奈之举。为应对"股灾",7月4日国务院直接决定暂停新股发行,甚至将7月6日最后一批28只新股已冻结申购款提前解冻退回投资者。中国证券金融股份有限公司也大举入场救市,暂缓了市场的进一步大幅下跌。最后,在舆论压力下,中金所连续数次增加保证金,提高手续费,导致股指期货市场也基本陷于半停顿状态。此次"股灾"对投资者和市场经济的打击和伤害十分严重,引发了亚洲、欧美等多个金融市场的大幅波动,也引起各国广泛关注与担心。

二、股指期货是引发2015年"股灾"的罪魁祸首吗?

关于股指期货是否是引发"股灾"的罪魁祸首,社会各界引起了分歧和争论,主要有两种观点:一种观点认为,是股指期货引发了2015年"股灾"的进一步恶化。他们认为:先是期指有主力突然大肆作空,继而引起300指数跟跌,根本不是股票抛售引起的指数下跌,而是期指率先被作空而导致股票指数下跌,期指主力操作的资金非常巨大,操作水平极高,期货市场交易额比整个中国A股交易量还大,这是不正常的。这样风声鹤唳、动辄草木皆兵的暴跌,并非是单纯市场行为,即"恶意做空"所为。另一种观点认为,股指期货是一种现货股票市场的对冲工具。它只是一种测量市场"热度"的"温度计",不是2015年"股灾"发生的主要原因。尽管一定程度上,股指期货可以把乐观预期放大化,把悲观情绪也极端化,放大负面因素,加剧股市崩盘,但是根本原因只能是股市内在重要变动所引发的,尤其期指T+0的交易方式和A股T+1的交易制度不匹配必然导致期货指数的暴跌领先于现货指数。

三、2015年"股灾"的深层次原因分析

2014年年底大量融资、配资等杠杆资金的入市,推动股票指数快速大幅上涨后,到2015年6月初,中国证券管理层开始对高倍率配资业务进行查处,迫使配资公司的高杠杆资金迅速恐慌式退出,导致市场抛盘集聚,股价下跌,带来了全面大幅度下跌。主要原因有:

(一) A股股价快速上涨

本身已孕育着下跌风险。据深圳证券交易所数据统计:截至2015年6月5日收盘,深成指股票平均市盈率67.13倍,股票平均价格26.22元;中小板股票平均市盈率83.16倍;创业板平均市盈率达143.17倍,是深市股票平均市盈率的2倍多。这在世界各国股市上都十分罕见。同时,通过深沪两市A+B股和A+H股股价的比较不难看出,投资渠道相对封闭的中国A股市场存在着价值高估现象,而潮涨潮落的股票价格在大涨后必然伴随着快速的调整。

(二) 直接导火索是股市快速去杠杆带来的市场恐慌

从2014年中国股市启动以来,不少于5 000亿—10 000亿的场外配资、20 000多亿的融资融券涌入股市,在从2 000点到5 000点的快速上涨过程中,各方都赚得不亦乐乎。

但是这种行情持续不了多久,那些拿了场外配资、融资融券的人一旦有风吹草动,就会夺路而逃。不得不说,场外配资和融资融券就是股市的"兴奋剂",它极大地推动了 A 股的疯狂上涨,给人以前所未有的快感。也是因为场外配资和融资融券带来巨大的风险导致互相踩踏,导致了 2015 年中国股灾的爆发。

(三)期指 T＋0 和 A 股 T＋1 的交易方式不一致性

上交所的 T＋1 交易制度与中金所的 T＋0 交易制度不一致,也是引发投机资金进入期货市场推波助澜的主要原因之一。因为市场的急速下跌,很多股票市场(T＋1)的当天买入的投资者无法即时了结亏损股票,只能抛空股指期货来保值,而融资融券的也不得不利用股指期货(T＋0)交易来保证他们的资产稳定下来。恐慌的市况下,机构和个人投资者一心想抛股,无奈现货市场接盘有限加上 T＋1 的交易制度,只能借助于股指期货,尤其很多没有融资融券的机构和个人蜂拥而至进入期货市场抛空,从而引起了金融市场和管理层的误解和强烈指责。随后,中金所连续数次增加保证金,提高手续费,最终达到了 40％的保证金,单客户限仓 10 手的持仓限制。

无独有偶,美国证券市场的发展中也曾多次被质问是期货市场的罪责,比如,1987 年美国股市暴跌,就引起了证券市场对期货市场的非议。期货市场需要足够的流动性来保证价格的发现和现货市场的风险管理功能,所以期货市场的成交量超过现货成交量并不是其受到批判和指责的充分理由,正是大量的投机者参与,才能充分发挥发现价格和保证流动性的风险管理功能。关于现货与期货到底是谁引领和推动了谁的问题,早已经成了"鸡生蛋、蛋生鸡"的问题。现货市场需要期货市场的风险管理作为保障,而期货市场需要投机者的大量参与,但投机不能过度,要用一定的规则来限制过度投机。

本 章 小 结

现代期货市场诞生于 19 世纪中期的美国芝加哥,于 20 世纪 70 年代之后诞生了金融期货(外汇期货、利率期货、股票指数期货等)。1980 年代之后很多期货交易所实现了 24 小时的全球电子化交易。目前金融衍生品市场已成为全球主要交易市场之一。

期货市场的主要功能有:发现价格、风险管理、资产配置和风险投资。期货市场的组织机构主要有:期货交易所、期货结算机构、期货经纪机构、投资者、期货监管机构、其他相关机构等。期货市场类别主要分为大宗商品期货(铜、铝、大豆、玉米等)和金融期货(外汇、利率、股票指数等)。

新中国期货市场,以 1990 年郑州粮食批发市场正式开业为标志,经历了初期发展和清理整顿阶段、逐步规范发展阶段、推出金融期货发展和国际化发展新阶段等几个重要发展时期。截至 2017 年 10 月底,中国共有 3 家商品期货交易所和 1 家金融期货交易所,有 149 家期货公司,已上市 55 个期货品种,包括 5 个金融期货品种、1 个金融期权品种、47 个商品期货品种、2 个商品期权品种。

期货市场定价理论,包括商品期货价格构成的理论、期货定价的理论基础和影响期货价格的因素等。期货投资分析方法主要包括基础分析方法和技术图表分析法。

重要概念

期货交易、期货合约、期货功能、保证金制度、做空机制

习题与思考

1. 期货市场的定义及其主要功能。
2. 期货市场与现货市场的主要区别是什么?
3. 简述股指期货和商品期货的主要区别。
4. 期货投资的技术分析有什么特点和方法?
5. 联系实际谈谈股灾的主要推动因素和前期表现。
6. 结合我国现状,论述我国期货市场的现状以及存在的问题。

第八章

期权市场及其他衍生品市场

> **教学目的与要求**
>
> 通过本章学习,全面了解和掌握期权市场的发展历史,期权市场的基本概念和功能,期权市场类别及其主要品种,中国期权市场及其主要品种的构成,以及其他衍生品市场中的外汇掉期、互换产品和权证市场的基本概念和发展情况。

第一节 期权市场概述

一、期权概念

期权(Option)是一份具有选择权的合约,期权买方拥有在约定期限的时间内以约定价格买入或卖出标的资产的权利;而期权卖方则通过卖出这样一份权利获取权利金,但期权卖方也同时承担了兑付合约的义务。期权合约中注明的日期被称为到期日,注明的价格被称为执行价格。期权实质上是一种"权利"的买卖。交易过程中,买卖双方权利义务的不对等导致收益结构是不对称的,期权买方被赋予买进或卖出标的物的权利,但不负有必须买进或卖出的义务,卖方则需备有保证金,只有履约的义务,没有履约的权利。期权种类繁多,因为现实中的期权按交易方式、执行价格、方向和标的资产等因素的不同而进行划分,认识不同的产品会有助于我们更好地使用期权进行交易。

二、期权与期货的区别

首先,与期货相比,期权主要有以下三个方面特性:其一,期权更具弹性。期权在锁定风险的同时,也享有资本增值的权利。其二,期权的高杠杆性。权利金使其拥有更高的杠杆倍数,从而可以使用少量的资金配置更多资产,提高资金效率。其三,资产组合的多样性。期权风险与收益的非线性特点使其能够与任何资产组合,在市场不确定状况下,利用多样化的策略实现收益目的。总之,期权除了套期保值管理现货风险以外,它还存在着多样化的市场功能,不仅可以满足投资者个性化的投资需求,也增加了机构的获利渠道。

其次,尽管期权与期货都是标准化合约,它们之间主要有以下几点不同:

1. 买卖双方的权利和义务不同

期权是单向合约,买卖双方的权利与义务不对等,买方有以合约规定的价格买入或卖出标的资产的权利,而卖方则被动履行义务。期货合约是双向的,双方都要承担期货合约到期交割的义务。

2. 履约保证不同

在期权交易中,买方最大的亏损为已经支付的权利金,所以不需要支付履约保证金。而卖方面临较大风险,可能亏损无限,因而必须缴纳保证金作为担保履行义务;而在期货交易中,期货合约的买卖双方一般都要缴纳等比例的保证金。

3. 保证金的计算方式不同

由于期权是非线性产品,因而保证金非比例调整;对于期货合约,由于是线性的,保证金按比例收取。

4. 清算交割方式不同

当期权合约被持有至行权日,期权买方可以选择行权或者放弃权利,期权的卖方则只能被行权;而在期货合约的到期日,标的物自动交割。

5. 合约价值不同

期权合约本身有价值,即权利金,而期货合约本身无价值,只是跟踪标的价格。

6. 盈亏特点不同

期权合约的买方收益随市场价格的变化而波动,但其最大亏损只为购买期权的权利金,卖方的收益只是出售期权的权利金,若亏损则是不固定的;在期货交易中,买卖双方都可能面临着无限的盈利或亏损。

7. 结算方式不同

期货持仓者每天收盘后需根据结算价进行每日无负债结算,对于结算后保证金不足的投资者追加保证金或强行平仓;期权交易不需要进行盈亏结算,只要计算义务方的维持保证金是否充足就可以了。

表 8-1 期货与期权的区别

	期 权	期 货
买卖双方的权利与义务	不对等。买方有以合约规定的价格买入或卖出标的资产的权利,而卖方则有被动履约的义务	买卖双方的权利与义务对等
保证金收取	只有期权的卖方需要缴纳保证金	买卖双方均需缴纳保证金
保证金计算	期权是非线性产品,保证金非比例调整	期货是线性产品,保证金按比例收取
清算交割	若期权合约被持有至到期行权日,期权买方可以选择行权,或者放弃权利;期权卖方需做好被行权的准备,可能被要求行权交割	若期货合约被持有至到期日,将自动交割
合约价值	期权合约类似保险合同,本身具有价值(权利金)	期货合约本身无价值,只是跟踪标的价格

续　表

	期　权	期　货
盈　亏	期权买方的收益随市场价格的变化而波动,但其亏损只限于购买期权的权利金;卖方的收益只限于出售期权的权利金,其亏损则是不固定的	随着期货价格的变化,买卖双方都面临着无限的盈利与亏损
每日无负债结算	否	是

三、期权的分类

期权由于交易方向、标的物、方式等特征不同,衍生出很多期权品种。

(一) 按期权等权利分类,可分为看涨期权、看跌期权和双向期权

(1) 看涨期权。是指期权持有者按规定价格向期权授予者买入规定数量内的期权规定标的物的权利,但这种权利只有在计划规定的时间内且要支付一定数额的费用才能拥有。但是不负有必须买进的义务。对于期权授予方来说,义务均等而权利不均等,即在计划规定时间段内有义务应期权持有者的意愿规定的价格卖出计划规定的标的物。

(2) 看跌期权。是指期权持有者拥有按规定价格向期权所有者卖出规定数量内的期权规定标的物的权利,但这种权利只有在计划规定时间内且要支付一定数额的费用后才能拥有。但不负有必须卖出的义务。对于期权授予方来说义务均等而权利不均等,即在规定的时间段内有义务应期权持有者的意愿按规定的价格买入计划规定的标的物。

(3) 双向期权。是指期权的买方既享有在规定期限内按照某一具体敲定的价格买进某一特定数量的相关商品期货合约的权利,又享有在商定的有效期内按同一敲定价格卖出某一特定数量的相关商品期货合约的权利。

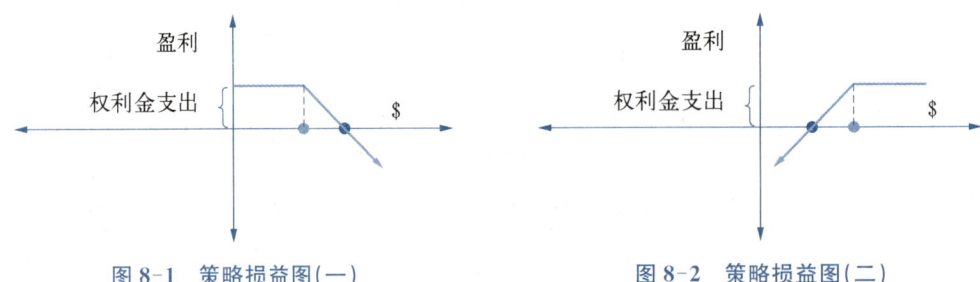

图 8-1　策略损益图(一)　　　　　图 8-2　策略损益图(二)

(二) 按照期权的交割时间分类,可分为欧式期权、美式期权

(1) 欧式期权。持有期权的人只有在规定的日期当天才能执行,在之前的时间是不可以行使权利的,如果时间过了,这一权利自动消失。

(2) 美式期权。持有期权的人可以在规定的到期日当天或任何到期日之前的时间执行。

（三）按期权价格与期权敲定价格的关系分类，可分为实值期权、平价期权、虚值期权

实值、虚值、平价期权是对应于标的指数点位而言的。实值期权是指行权价格小于当前标的价格的看涨期权及行权价格大于当前标的价格的看跌期权；虚值期权是指行权价格大于当前标的价格的看涨期权及行权价格小于当前标的价格的看跌期权；平价期权是指行权价格等于当前标的价格的看涨期权和看跌期权。

（四）按标的物分类，可分为商品期权、股票期权、股指期权、利率期权以及外汇期权等

商品期权指农产品、能源化工、有色金属等大宗商品期权。金融期权包括股票、利率、外汇、互换、债券等期权。股票期权指在单只股票的基础上衍生出来的一种选择权；股指期权又分为两种，一是股指期货期权，二是现货期权，现货期权是从股票指数衍生出来的。这两种期权在执行结果上有所区别，股指期货期权的执行结果是投资者得到了一张期货合约，而现货期权则是进行的现金差价结算。外汇期权是由于外汇期货对象的不同，即从买卖有形的外币改为买卖无形外币的一种选择权。利率期权通常情况下比较常用的是利率上限期权、利率下限期权和利率上下限期权。利率上限是指买方和卖方达成一定的协议，制定一个利率上限水平，在规定的时间内，如果市场的参考利率比约定中的利率上限要高，那么卖方就要向买方支付这两者之间的差额部分。

四、期权价格的构成要素

（一）期权价格

期权价格通常称为"权利金"或者"期权费"。权利金是期权合约中的唯一变量，期权合约上的其他要素，如执行价格、合约到期日、交易品种、交易金额、交易时间、交易地点等要素都是在合约中事先规定好的，是标准化的，而期权的价格是由交易者在交易所里竞价得出的。期权价格主要由内涵价值、时间价值之和组成。内涵价值（intrinsic value）指立即履行合约时可获取的总利润。时间价值（time value）指期权距到期日时间越长，大幅度价格变动的可能性越大，期权买方执行期权获利的机会也越大。与较短期的期权相比，期权买方对较长时间的期权应付出更高的权利金。

按期权价格与期权敲定价格的关系分为：

1. 实值期权

当看涨期权的执行价格低于当时的实际价格时，或者当看跌期权的执行价格高于当时的实际价格时，该期权为实值期权。

2. 虚值期权

当看涨期权的执行价格高于当时的实际价格时，或者当看跌期权的执行价格低于当时的实际价格时，该期权为虚值期权。当期权为虚值期权时，内涵价值为零。

3. 平价期权

当看涨期权的执行价格等于当时的实际价格时，或者当看跌期权的执行价格等于当时的实际价格时，该期权为平价期权。当期权为平价期权时，内涵价值为零。

表 8-2　不同期权的分析

	看 涨 期 权	看 跌 期 权
实值期权	期权执行价格＜实际价格	期权执行价格＞实际价格
虚值期权	期权执行价格＞实际价格	期权执行价格＜实际价格
平价期权	期权执行价格＝实际价格	期权执行价格＝实际价格

表 8-3　不同期权的到期价格

	期权价格（未到期）	期权价格（到期）
实值期权	内涵价值＋时间价值	内涵价值
虚值期权	时间价值	零
平价期权	时间价值	零

(二) 期权理论价值的构成要素

1. 资产标的价格

合约标的是指期权交易双方权利和义务所共同指向的对象。通常个股期权的合约标的是在交易所上市交易的单只股票或 ETF。

2. 敲定价格

敲定价格（行权价格，strike price）也称履行价格、履约价格，是期权合约规定的、在期权权利方行权时合约标的的交易价格。这一价格确定后，在期权到期日，不管合约标的的市场价格上涨或下跌到什么水平，只要期权权利方要求行权，期权义务方都必须以此行权价格实行交易。

3. 合约到期前所剩的时间

合约到期前所剩的时间是指合约有效期截止的日期，也是期权权利方可行使权利的最后日期。合约到期后自动失效，期权权利方不再享有权利，期权义务方不再承当义务。同一品种的期权合约在有效期时间长短上不尽相同，可以按周、季、年以及连续月等不同时间期限划分。

4. 权利金和履约保证金

权利金（premium）又称期权费、期权金，是期权的价格。权利金是期权合约中唯一的变量，是由买卖双方在期权市场上公开竞价形成的，是期权的买方为获取期权合约所赋予的权利而必须支付给卖方的费用。对于期权的买方来说，权利金是其损失的最高限度，对于期权卖方来说，卖出期权即可得到一笔权利金收入，而不用立即交割，期权卖方必须存入交易所用于履约的财力担保。

5. 现行利率、资产的波动率

在股票价格、看跌期权价格和期权到期日以前的天数保持不变的情况下，利率上升导致看涨期权的价格上涨。因为利率成本增加导致了持有该头寸的成本上升，而看涨期权不得不以更高的价格出售，以弥补增加的持有的成本。利率对看跌期权的价格的影响正好相反,当利率上升时,看跌期权的价格将下跌。因为利率上涨导致持有成本的增加,为了补偿增加的成本,就必须或者增加持仓收益或减少持仓成本。假设股票价格不变,只有通过降低看跌期权的价格来补偿持有成本的增加。在其他变量相同的情况下,利率越高,看涨期权的价格就越高,看跌期权的价格就越低,利率越低,看涨期权的价格就越低,看跌期权的价格就越高。利率的变化对期权价格影响的大小,与期权到期剩余时间的长短正相关。资产的波动率同期权价格是一种直接的关系,即当波动率增长时,期权的价格同样增长。因为波动率指的是标的股票价格的变动,波动率越高,意味着价格更大变动的可能性,而更大的价格变动为更高的期权价格提供了理由。必须特别注意,期权的价格是以标的股票的预期波动率为基础的,从数学的角度来看,波动率是无方向性的。如果市场预期股票价格将有较大起伏,这种起伏可以向上也可以向下。因此,当预期波动率增大时,看涨期权和看跌期权价格都会上涨。当预期的波动率增大时,平值期权的价格上升要大于虚拟期权的价格上升,这是因为价格变动是根据概率论而分布的。期权价值构成的理论的要素中,一只股票的未来波动将决定股票期权的真实价值,而未来的波动率无法预知。因此,对期权理论价值的计算说到底是主观的。能够解释一个期权现行市场价格的波动率的百分比是隐含波动率,又称恐慌指数或市场情绪温度计,是利用期权平价理论反推算出的期权权利金。当市场预期未来的行情波动幅度变大时,期权权利金会变高,因此可以把隐含波动率当作权利金是否高估或低估的衡量标准。

表 8-4 各个指标与期权价格的关系

标的物价格	看涨期权↑ 看跌期权↓
约定未来买卖的价格	看涨期权↓ 看跌期权↑
标的物价格变化	看涨期权↑ 看跌期权↑
到期时间	看涨期权↑ 看跌期权↑
利　率	看涨期权↑ 看跌期权↓

(三)期权的重要风险指标

一些期权的风险指标,主要是以希腊字母度量期权的风险,用于期权头寸的风险管理,被期权做市商和期权交易员所使用。其中易变的因素有四个:标的物价格(Delta,Gamma)、标的资产波动率(Vega)、距离到期日时间(Theta)、无风险利率(Rho)。Delta(Δ)形容的是期权价格变化与标的资产价格变化的比率,度量了期权价值对标的资产价格变化的敏感性。因为期权跨度囊括了不同的资产类别,这里形容的可以是股票、利率、债券、商品、货币、期货的价格变化。对豆粕期权而言,标的资产价格变化就是豆粕期货价格变化。Gamma(Γ)形容的是标的资产价格的变化造成期权的 Delta 值的变化,或是被称为价格变化的二阶导。这也非常重要,因为标的资产每个变化造成的期权价值的变化很可能不会是一个线性的变化率,需要引入 Gamma 来更精确地描述。Vega(ν)形容的是期权价格变化与标的资产波动率变化的比率,度量了期权价值对标的资产波动率的敏感性。标的资产的波动率越大,期权价值就越高,因为价格变化越大,期权进入实值的概率越高。Theta(θ)度量了期权价值随时间衰减的速度。与标的价格呈随机波动不同,距离到期的时间是一个完全确定的量,无需进行对冲。但在交易中由于 Theta 值的大小反映了期权购买者随时间推移而损失的价值,也就是期权卖方随时间增加的价值,因此对投资者而言 Theta 是一个非常敏感的指标。Rho(ρ)是期权价值对无风险利率的偏导数,度量了期权价值对利率变化的敏感性。

表 8-5 各个指标功能说明

指标	说明
Delta 值	衡量标的资产价格变动时,期权价格的变化幅度
Gamma(Γ)	衡量标的资产价格变动时,期权 Delta 值的变化幅度
Theta(θ)	衡量随着时间的消逝,期权价格的变化幅度
Vega(ν)	衡量标的资产价格波动率变动时,期权价格的变化幅度
Rho(ρ)	衡量国内利率变动时,期权价格的变化幅度
Phi	衡量国际利率变动时,期权价格的变化幅度

五、期权市场的发展

早在古希腊时期,就曾出现有关期权概念的记录。亚里士多德在其著作《政治学》中,记载了古希腊哲学家泰勒斯基于自身气象学知识预测来年春季橄榄将大丰收,于是他在很早时就支付较低的价格,获取了米拉特斯和西奥斯地区所有橄榄榨汁机的使用权利,当大丰收真的到来时,泰勒斯获得了巨大收益。

事实上,很难对期权的起源进行非常精准的定义,因为在漫长演变历史中,人们经常将期权与赌博混淆在一起,且在西方金融市场发展历史中,证券和商品买卖合约经常会嵌入期权属性。直到 16 世纪左右,由于商业贸易的快速发展,城市贸易中心逐渐兴起,脱离于远期合约的独立期权概念才慢慢形成。

独立期权合约的形成需要两个重要因素,即交易的证券化和投机交易的兴起。这两点都与商业活动的高度集中趋势紧密相关,首先出现的是大型做市中间商,进而发展成交易所。16 世纪下半叶,安德卫普已形成非常发达的在交易所集中交易的商品贸易。正是安德卫普交易所集中交易带来的良好流动性,为投资者提供了非常规范和系统的环境。当时市场首先突破了需要进行实物贸易交换的远期合约交易,出现了只对合约差额进行结算的"期货"合约,进而催生了"权利金"交易,即卖方可以支付一定权利金,如果两三个月之后不希望继续交易,就有权撤回合约。许多投机者也利用安德卫普交易所这种期权合约来豪赌后市涨跌。1585 年西班牙攻占了安德卫普,大量商人不得不向北转移,并逐渐在阿姆斯特丹和伦敦形成新的贸易中心。1611 年,阿姆斯特丹交易所正式成立。从 17 世纪到 18 世纪,阿姆斯特丹交易所交易的期权合约出现了很多现代衍生品市场才有的重要特质。比如,17 世纪中叶,荷兰东部独立公司的期权不但有看涨和看跌合约,同时还标有规则的到期日。

1634 年至 1637 年的郁金香热中,大量投机客涌入郁金香市场,客观上推动了期权在荷兰商品交易中的使用,直至郁金香泡沫彻底破灭。1637 年 4 月,荷兰政府决定终止所有合同,禁止投机式的郁金香交易,从而彻底击破了本次历史空前的经济泡沫。这一事件损害了期权在人们心目中的形象,相关法律彻底禁止了不持有商品者的卖空行为和相关期权交易。

1. 伦敦市场的出现

伦敦第一个有文献记载的股票期权合约出现在1687年。1688年光荣革命后,英国的股票现货市场极为发达,阿姆斯特丹的投机工具逐渐被引入伦敦市场。1696年股市经历了一场大崩盘,随后许多股票炒手从皇家交易所转移到一些咖啡馆之类的场外场所,股票期权交易在场外市场大肆流行起来。从1697年起,英国就有法令限制滥用期权行为,但对期权是否应该禁止的争论一直在持续。自从南海泡沫事件①开始,英国国会加大力度规范股票炒手行为,直至1733年巴纳德法(Barnard's Act)宣布禁止以证券为标的物的期权交易。但是,期权交易从未停止。1820年的一场针对股票期权交易的争论,几乎导致伦敦证券交易所的分裂。1860年,巴纳德法被撤销,禁止期权交易的规定被废除了,原因是大量交易所会员在期权交易可能带来的巨大利润面前妥协了,他们不希望将这项业务推给别的交易所。

2. 美国期权市场的发展

美国市场对期权交易的态度一直非常谨慎。18世纪末美国出现了股票期权,但直至19世纪末几乎所有美国股票和商品交易所都禁止期权交易,当时期权交易只能在场外进行,依靠做市商为买方和卖方寻求配对。美国期权交易的结算方式与欧洲市场截然不同,他们允许每个月或一系列时间作为连续结算日,这样就允许交易者根据需要滚动调整自身头寸。这就是我们所熟知的"美式期权",即:拥有固定的执行价格,权利金预先支付并允许期权持有者在到期日之前进行行权交割。这种期权目前在全世界都非常流行。进入20世纪以后,股票市场仍然不受监管,期权的声誉也因为投机者的滥用而更加不佳。在20年代,一些证券经纪商从上市公司那里得到股票期权,作为交换,他们要将这些公司的股票推荐给客户,从而使该股票的市场需求迅速上升。上市公司和经纪商因此从中获益,而许多中小投资者却成为这种私下交易的牺牲品。1929年股灾发生以后,美国国会为防止市场再次崩溃而举行听证会,并由此成立了美国证券交易委员会(SEC)。SEC最初给国会的建议是取缔期权交易,原因是"由于无法区分好的期权同坏的期权之间的差别,为了方便起见,我们只能把它们全部予以禁止"。当时,期权经纪商与自营商协会邀请了经验丰富的期权经纪人荷尔伯特·菲勒尔到国会作证。在激烈的辩论中,SEC的成员们问菲勒尔:"如果只有12.5%的期权履约,那么,其他87.5%购买了期权的人不就扔掉了他们的钱吗?"菲勒尔回答说:"不是这样的,先生们,如果你为你的房子买了火灾保险而房子并没有着火,你会说你浪费了你的保险费吗?"通过激烈的辩论,菲勒尔成功地说服了委员会,使他们相信期权的存在的确有其经济价值。这使得在加强监管的前提下,美国期权市场得以继续存在和发展。

从1968年起,商品期货市场交易量的低迷,迫使芝加哥期货交易所(CBOT)讨论扩展其他业务的可能性。在投入大量研发费用并历经5年之后,全世界第一个期权交易所——芝加哥期权交易所(CBOE)终于在1973年4月26日成立,从而标志着真正有组织的期权交易时代的开始。CBOE第一任总裁约瑟夫·W·索利凡(Joseph W. Sullivan)认

---

① 南海泡沫事件是英国在1720年春天到秋天之间发生的一次经济泡沫。

为,与传统店头交易市场相比,期货交易的公开喊价方式更具效率性。其中,期权合约的标准化为投资者进行期权交易提供了最大的方便,也极大地促进了二级市场的发展。同时,期权清算公司的成立也为期权的交易和执行提供了更为便利和可靠的履约保障。

最初阶段,CBOE 的规模非常小,只有 16 只标的股票的看涨期权。交易的第一天,成交合约 911 手。然而到了第一个月底,CBOE 的日交易量已经超过了场外交易市场。CBOE 的成立开创了期权场内集中交易和清算的新阶段,是期权发展历史的里程碑。1977 年 6 月 3 日,CBOE 开始了看跌期权交易。目前 CBOE 挂牌交易的合约有 3 012 种股票期权、30 多种指数期权、344 种 ETF 期权和 30 种利率期权,已经成为全球权益类期权中最重要的交易所。

相比于股票期权,商品期权在 19 世纪就已经开始在交易所交易。但是由于早期的期权交易存在着大量的欺诈和市场操纵行为,美国国会为保护农民利益,于 1921 年宣布禁止交易所内的农产品期权交易。1936 年美国又禁止期货期权交易,之后世界其他国家和地区期权、期货和各种衍生品都相继被禁止交易。直到 1984 年,美国国会才重新允许农产品期权在交易所进行交易。在随后的一段时期内,美国中美洲商品交易所、堪萨斯期货交易所和明尼阿波利斯谷物交易所推出了谷物期权交易,CBOT 也推出了农产品期权合约。欧洲的商品期权则来得比较晚,伦敦国际金融期货交易所(LIFFE)直到 1988 年才开始进行欧洲小麦期权交易。

除农产品之外,能源和金属期权也是很重要的交易品种。纽约商品交易所(NYMEX)是全球能源期权最大的交易市场,伦敦金属交易所(LME)则是全球最大的有色金属期货期权交易中心。目前,美国芝加哥商业交易所集团(CME Group)旗下的 CBOT 是世界上最主要的农产品期货期权交易所,纽约商业交易所(COMEX)也是金属类期货期权的重要交易所。

外汇期权出现的时间较晚,现在最主要的货币期权交易所是费城股票交易所,它提供澳大利亚元、英镑、加拿大元、欧元、日元、瑞士法郎几种货币的欧式期权和美式期权合约。目前的外汇期权交易中大部分的交易是柜台交易,中国银行部分分行已经开办的"期权宝"业务采用的是期权柜台交易方式。

第二节 期权的定价理论与期权的交易策略

一、期权定价理论

1973 年,芝加哥大学《政治经济》杂志上费希尔·布莱克和迈伦·斯科尔斯发表了"期权定价与公司负债"的论文,即 B-S(Black-Scholes)模型,这是期权定价理论研究中的开创性成果。一个月之后,芝加哥的期权交易者们就开始利用布莱克—斯科尔斯公式测算期权的价值。几年时间内,这个基本的模型公式被推广应用到认股证书、可兑现债券、可赎回债券和许多其他的金融工具上。耶鲁大学著名的金融学教授斯蒂芬·罗斯曾把布莱克—斯科尔斯模型描述为:"不仅在金融领域,而且在整个经济学中最为成功的理论。"

Black-Scholes 期权定价模型有一系列的假设条件,主要有:

(1) 市场的无摩擦性,主要包括:无税收,无交易成本,所有的资产都可以进行无限细分,没有卖空的限制。

(2) 在期权有效期内(即从时刻 $t=0$ 到 $t=T$),无风险利率 r 为常数,投资者可以以此利率无限制的进行借贷。

(3) 在期权有效期内,期权的标的资产股票没有红利支付。

(4) 不存在无风险套利机会。

(5) 标的股票资产的价格变化遵循对数正态分布的随机过程,主要包括以下条件:
- 股票价格连续变化;
- 在整个期权生命周期中,股票的预期收益和收益方差保持不变;
- 在任何时段股票的收益和其他时间段股票的收益相互独立;
- 任何时间段股票的复利收益率服从正态分布。

在以上假设条件下,股票价格的运动遵循几何布朗运动,也称为股票价格的伊藤过程,其中,这里的期权合约是指给予持有者在实行到期时间 T 有权以协商的价格 E(通称为执行价格)去买进一股指定的股票,定价问题就是确定买入者在较早的某一 t 时间为获得这样的期权应该支付多少去买进期权,同时确定卖方发行期权应报价多少。S 为股票价格,X 为股票的执行价格,dZ 为均值为零、方差为 dt 的无穷小的随机变化值。μ 为股票价格在单位时间内的期望收益率(以连续复利表示),σ 为股票价格的波动率,r 是无风险利率,也就是证券收益率在单位时间内的标准差。Black-Scholes 期权定价一般公式:

$$V(t, s) = \frac{e^{-r(T-t)}}{\sqrt{2\pi}} \int_{-\infty}^{+\infty} f(Xe^{\sigma\sqrt{T-t}*Z+(T-t)(r-\sigma^2/2)}) \cdot e^{-\frac{z^2}{2}} dZ \tag{8.1}$$

在传统的 Black-Scholes 看涨期权定价模型中,当投资者担心股票价格上涨会给自己带来损失时,投资者会买入看涨期权以进行避险,而当股票价格真的如其所预期的那样上涨时,如果投资者在股票市场上不进行交易活动,而仅仅是等待股票价格超过期权的协议价格,以此来获得收益,规避风险。在现实的股票市场中,当股票价格持续上涨时,仓位小的股票投资者往往会随着股票价格的持续上涨而购进股票,以此来增加收益,这就是股票市场中常说的投资者"买涨不买跌"心理。因此从投资者的角度来分析,如果投资者在购买期权的时候同时制定一个依照股票价格走势确定的投资策略,则此后在期权有效期内,如果股票价格与投资预期的走势一致,则投资者能够在股票市场上按照其预期设计的投资策略买入股票,获得一定的收益,使得投资者按照投资计划进行股票交易时的总的持仓股票的损失比不进行股票交易活动的持仓股票的损失小从而要求期权为股票投资者避险的额度要小,也就使得这种按照投资者预定投资策略设计的新期权的价格会比传统 Black-Scholes 期权价格要低。

二、期权投资策略

投资者在他们的投资产品中加进期权这样的工具,对实现他们的金融目标就拥有一种特殊优势,增加了对金融资产的控制。许多期权投资者用大量时间来获得对期权价格行为的技术方面的了解,同时要注意期权是一种衍生工具,投资者选择合适策略的两个重要因素:一是投资者对标的资产的看法;二是投资者对回报有多大的预期。期权投资策略本身既不是投机的,也不是保守的。运用期权的投资者必须理解,决定期权"个性"的是选择、管理、运作策略的方法。

(一) 单向投机策略

单向投机策略可分为牛市看涨策略和熊市看跌策略。

1. 买入牛市看涨期权(call)策略

这一策略对于投资者的吸引力在于它投入的资金量较小,以及做多看涨期权所提供的金融杠杆。投资者主要的动机是获得标的价格上涨所带来的回报。买入牛市看涨策略买权之后,如果未来标的价格上涨,一般投资者在合适的价差标准就获利了结了;或者买方也可以执行买权,以低价购买标的,然后以市价卖出,获得差价利润。如果未来标的价格下跌,那么买方可以不提出执行,而是任由期权到期作废。也就是说,买方拥有在标的价格上涨、市场价格对自己有利时提出执行期权的权利,而没有在期货价格下跌时必须提出执行、承担损失的义务。如图 8-3 所示是股票期权买入 call 的策略损益图。

2. 买入熊市看跌期权(put)策略

做多看跌期权是投资者希望从标的价格的下跌中获利的投资工具。买入看跌期权而不持有标的资产是一种纯粹方向性的看空投机策略。投资者买入看跌期权的主要目的是从标的资产的价格下跌中获利,做多看跌期权的最大利润限制为标的价格跌到零。图 8-4 所示是股票期权买入 put 的策略损益图。

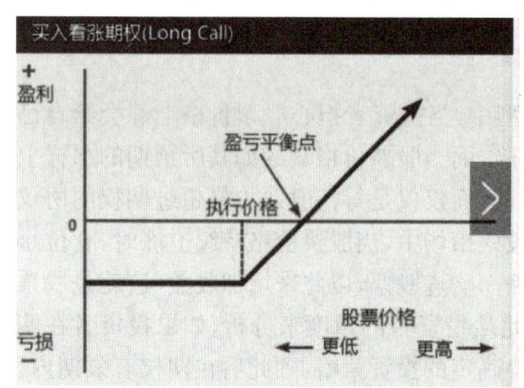

图 8-3 买入 call 的策略损益图

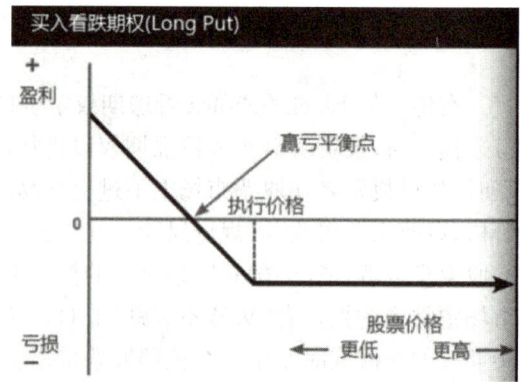

图 8-4 买入 put 的策略损益图

(二) 混合价差策略

在持有某股票、现货、期货头寸时,选择买入相应方向期权进行套期保值的同时,卖出相反方向的期权达到降低套保成本的目的。交易动机:锁定价格范围,不追求最大化收益,可以有效降低整体套保成本。适用于对行情有一定的判断,寻找标的物的成本支撑和安全边际,在买入期权套保的同时,在虚值的行权价格卖出一个期权,不仅可以达到套期保值的目的,还可以有效降低成本。交易策略:期货多头、现货多头,买入较低价位看跌期权卖出较高价位看涨期权;期货空头,卖出较低价位看跌期权买入较高价位看涨期权。

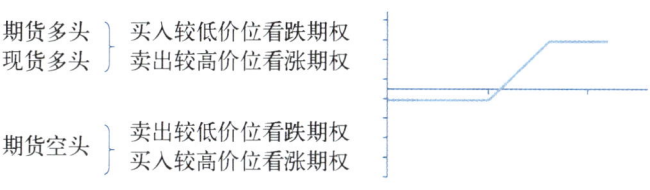

图 8-5 策略损益图

（三）对冲套利策略

对冲套利策略的基本原理是蝶式期权套利策略，是由三个不同行权价格的期权头寸组成。

1. 买入蝶式套利

买进一个低行权价格看涨期权，卖出两个中行权价格的看涨期权，再买进一个高行权价格看涨期权。或是买进一个低行权价格看跌期权，卖出两个中行权价格看跌期权，再买进一个高行权价格看跌期权。

2. 卖出蝶式套利

卖出一个低行权价格看涨期权，买入两个中行权价格的看涨期权，再卖出一个高行权价格看涨期权。或是卖出一个低行权价格看跌期权，买入两个中行权价格看跌期权，再卖出一个高行权价格看跌期权。

买入蝶式套利对于认为标的物价格不可能发生较大波动的投资者来说，预期市价将进入盘整局面，希望在一定市价范围内赚取时间价值及波动幅度值，但又担心市价一旦超出预期的买卖范围的话，会遭遇如期货一样的风险，希望损失也有限。卖出蝶式套利：对认为标的物价格可能发生较大波动的投资者来说，认为市价出现向上或者向下突破，但是又不愿意支付买入跨式期权那么多的权利金。这种策略可以在价格出现大幅度变化时获取收益，并且即使预测错误，所承担的损失也是有限的。构建成本＝买入看涨期权的权利金＋买入看跌期权的权利金。由于跨式策略有两个突破方向，不管向上向下，只要达到突破的成本线就可以获得盈利。最大风险值＝总权利金损益平衡点；高＝行权价格＋总权利金，低＝行权价格－总权利金收益；价格上涨＝期货价格－（行权价格＋总权利金），价格下跌＝（行权价格－总权利金）－期货价格盈利。在高低平衡点区外，风险有限，收益无限（后市方向不明确，波动性增大）。买入跨式套利的损益图标如下所示：

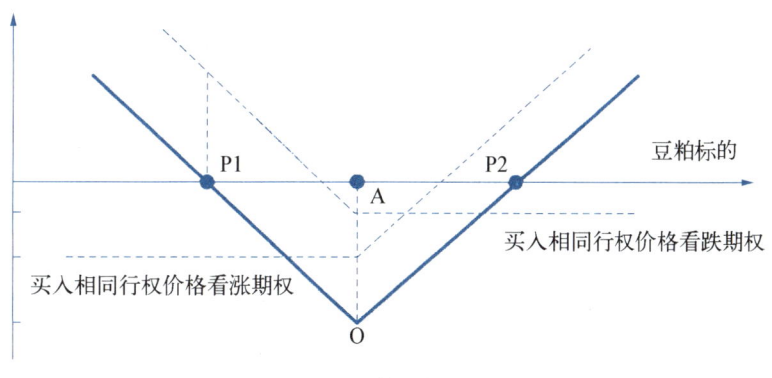

图 8-6 策略损益图

卖出跨式套利的损益图标如下所示：

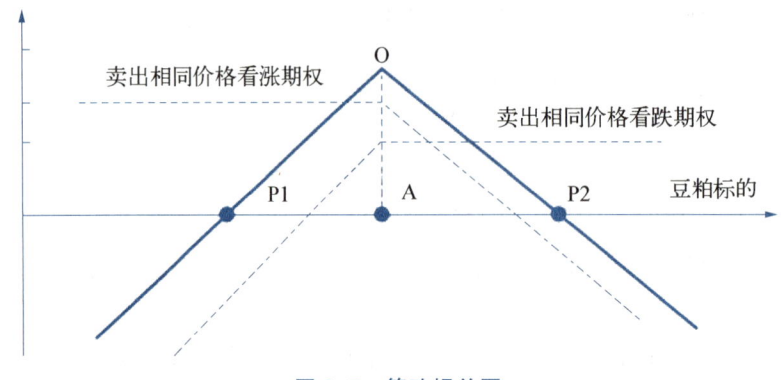

图 8-7　策略损益图

第三节　中国期权市场及产品

中国现代期货市场已经运行将近 30 年，相对于国际市场而言，我国期权市场就像是刚刚降生的婴儿，一切都处于新生阶段。其实在 1995 年，我国就在为踏入期权市场做准备，当年郑商所进入"国际期权市场协会"是我国踏入期权市场的第一步，为我国了解期权市场搭建了平台。在 2002 年时开始了迈出期权的第二步，邀请国际期权市场相关组织参加中国国际期权研讨会。在 2004 年在国内掀起期权讨论热潮，国际期权专家到国内轮番进行"期权报告会"等。直到 2015 年之后，中国才推出了一个金融期权品种——上证 50ETF 期权和两个期货期权品种——大连豆粕期货期权、郑州白糖期权。

一、上证 50ETF 期权

ETF 是交易型开放式指数基金的简称。上证 50ETF 主要采取完全复制法，按照上证 50 指数的成份股的比例构建而成，并随市场变动而进行动态调整。而上证 50 指数，其挑选沪市规模大、流动性好的大盘企业，集中于银行和非银行金融板块，抗操纵性好。目前，我国上交所上市的上证 50ETF 期权属于欧式期权，标的证券为上证 50 交易型开放式指数证券投资基金，简称为"50ETF"，基金管理人为华夏基金管理有限公司。上证 50ETF 期权，于 2015 年 2 月 9 日在上海证券交易所正式上市交易，上证 50ETF 为标的物。上证 50ETF 期权正式上市交易，标志着我国的金融市场正式进入期权时代，而期权市场的出现，为完善多层次资本市场，起到了积极作用。

（一）上证 50ETF 期权合约分类

上证 50ETF 期权按权利划分有两种类型，认购期权和认沽期权，加之四个期限月份、五个执行价格，共计 40 个期权合约。投资者在同一交易日内，可双向持仓，但收盘后，系统会自动对冲直到单向持仓，即收盘后不能同时既持有期权合约的权利仓，又持有该合约的义务仓。

(二) 保证金制度

保证金制度是指投资者进行期权交易时用于履约而提前缴纳的资金,占期权合约价值的一定比率,上证 50ETF 期权约占 7% 的比例。那么期权的杠杆能达 10 倍以上,对于深度虚值的期权,可达 20 倍甚至更高。因为期权的买卖双方的权利和义务是不对称的特点,保证金只需要期权开仓义务仓的提供,而权力仓因为支付一定的权利金而无需提供保证金。所以,期权买方最多损失权利金,即有限的损失。

(三) 涨跌幅限制

我国境内的股票和期货涨跌幅限制通常设为每日收盘价 10% 的幅度,期权的涨跌幅设置则不太一样,由交易规则中的公式可看出,认购、认沽期权合约的最大跌幅为标的前收盘价的 10%,最大涨幅{认购期权所 max{标的前收盘价×0.5%,min[(2×标的前收盘价−行权价格),标的前收盘价]×10%}} 也是关于标的价格变化的百分比,对期权价格的影响是个绝对值、非线性的。可以看出,合约最大涨幅可达标的前收盘价的 10%,其中虚值期权最大涨幅较小,最低可至前收盘价的 0.5%。

(四) 熔断制度

需要注意的是,期权标的的 10% 涨跌幅限制,为了给出现的异常波动一个缓冲期,上交所设置了熔断制度,若某个合约行情剧烈变动触发熔断机制,则进入 3 分钟的集合竞价,其间做市商就会积极参与进来,及时校正参数,发现更准确的市场价格,帮助市场消化异常变动。

(五) 做市商

与期货交易不同的是,期权交易引入做市商制度。上交所采用的是混合型做市商,即在某一个期权合约中有多个做市商负责提供报价,依照"价格优先、时间优先"的原则进行匹配。这种制度的做市商最大的作用体现在缩小价格差距、提高成交的可能性及满足投资者需求的及时性方面。既然涉及到报价,那么做市商必然要做好定价问题,发挥好价格发现的功能。而由国际市场经验来看,应用最广的、最多的就是经典 B-S 的公式。

二、大连豆粕期货期权

大连豆粕期权合约于 2017 年 3 月 31 日在大连商品交易所(以下简称"大商所")推出,这是大商所也是国内期货市场上市的首个商品期权品种。相较于期货,期权的交易方式更为灵活,对标的期货的市场规模和流动性等指标也有较高要求。只有具备一定发展规模、且对期权避险或套利需求旺盛的商品期货才具有推出相应期权合约的条件,进而满足市场需要,发展成为具有一定活跃度的期权产品。大商所参照国际经验,依据期货品种的流动性、波动率、现货市场情况及客户基础等因素,对大商所上市的期货品种进行了严格的筛选分析,最终选择大豆品种系列中的豆粕作为首个商品期货期权品种。豆粕运行特点比较突出,流动性很活跃,持仓量大,波动性比较适中。豆粕套期保值,定位很清晰,现货企业利用期货价格来进行套期保值。豆粕避险需求很强烈,产业链比较长,豆粕是承上启下的品种,市场需求抢眼,产业客户的参与度达到 57%。

表 8-6 大连商品交易所豆粕期货期权合约

合约标的物	豆粕期货合约
合约类型	看涨期权、看跌期权
交易单位	1 手(10 吨)豆粕期货合约
报价单位	元(人民币)/吨
最小变动价位	0.5 元/吨
涨跌停板幅度	与豆粕期货合约涨跌停板幅度相同
合约月份	1、3、5、7、8、9、11、12 月
交易时间	每周一至周五上午 9:00—11:30,下午 13:30—15:00,以及交易所规定的其他时间
最后交易日	标的期货合约交割月份前一个月的第 5 个交易日
到期日	同最后交易日
行权价格	行权价格覆盖豆粕期货合约上一交易日结算价上下浮动 1.5 倍。当日涨跌停板幅度对应的价格范围。行权价格≤2 000 元/吨,行权价格间距为 25 元/吨;2 000 元/吨<行权价格≤5 000 元/吨,行权价格间距为 50 元/吨;行权价格>5 000 元/吨,行权价格间距为 100 元/吨
行权方式	美式。买方可以在到期日之前任一交易日的交易时间,以及到期日 15:30 之前提出行权申请
交易代码	看涨期权:M—合约月份—C—行权价格看跌期权:M—合约月份—P—行权价格
上市交易所	大连商品交易所

在豆粕期权合约规则的设计要点方面,豆粕期权从 2002 年开始研究设计合约,规则制定,借鉴了国际市场的规则运行情况,分为三个原则,即稳健性、可操作性、一致性。严控风险,简便易行,与期货市场的规则尽量保持一致。具体的设计要点是以豆粕期货合约为标的,提供看涨看跌两种功能,交易的撮合方式和期货一样,交易时间与期货一致,也设置了交易时间,只是上市首日没有夜盘。期权的风控制度方面,在期权上也有保证金,限仓、大户平仓制度、涨跌停板与期货一致。

询价:期权交易实行做市商制度,为满足市场流动性,做市商可提供双边报价。若行情中没有出现买卖报价,投资者可以进行询价。询价请求应当指明期权合约代码。交易所可以根据市场情况调整询价合约和询价时间。

竞价方式:与期货交易一样,期权竞价方式也采用集合竞价、连续竞价方式。其中集合竞价指在规定时间内对接受的买卖申报一次性集中撮合;连续竞价指对买卖申报逐笔连续撮合,撮合成交原则为价格优先、时间优先。当期权合约以涨跌停板价格成交,撮合原则为平仓优先、时间优先。

保证金:买方无需缴纳交易保证金,卖方缴纳交易保证金。期权卖方交易保证金的收取标准为下列 AB 两者中较大者:(A)期权合约结算价×标的期货合约交易单位+标的期货合约交易保证金－(1/2)×期权虚值额;(B)期权合约结算价×标的期货合约交易单位+(1/2)×标的期货合约交易保证金。

期权持仓了结方式：期权有三种了结方式，即平仓、行权和放弃。

平仓是指买入或者卖出与所持期权合约的数量、标的物、月份、到期日、类型和行权价格相同但交易方向相反的期权合约，了结权利或义务。行权是指期权买方按照规定行使权利，以行权价格买入或者卖出标的期货合约，了结期权合约的方式。放弃是指期权合约到期，买方放弃权利，卖方义务终结。

三、郑州白糖期权介绍

2017年4月19日，白糖期权在郑州商品交易所（以下简称郑商所）上市交易。这是郑商所第一个，也是国内期货市场第二个期货期权品种。白糖期权的上市，有利于完善白糖产业风险管理体系，满足实体企业个性化、多样性的风险管理需求；有利于形成更加合理的期货价格，完善以市场为导向的白糖价格形成机制；还有利于完善郑商所市场结构，提升郑商所市场的服务能力。

表8-7 郑州商品交易所白糖期权合约

合约标的物	白糖期权合约
合约类型	看涨期权、看跌期权
交易单位	1手(10吨)白糖期货合约
报价单位	元(人民币)/吨
最小变动价位	0.5元/吨
涨跌停板幅度	与白糖期货合约涨跌停板幅度相同
合约月份	1、3、5、7、9、11月
交易时间	每周一至周五上午9：00—11：30，下午13：30—15：00 以及交易所规定的其他交易时间
最后交易日	标的期货合约交割月份前两个月的倒数第5个交易日，以及交易所规定的其他日期
到期日	同最后交易日
行权价格	以白糖期权前一交易日结算价为基准，按行权价格间距挂出5个实值期权、1个平值期权和5个虚值期权。行权价格≤3 000元/吨，行权价格间距为50元/吨；3 000元/吨<行权价格≤10 000元/吨，行权价格间距为100元/吨；行权价格>10 000元/吨，行权价格间距为200元/吨
行权方式	美式。买方可在到期日前任一交易日的交易时间提交行权申请；买方可在到期日15：30之前提交行权申请、放弃申请
交易代码	看涨期权：SR—合约月份—C—行权价格 看跌期权：SR—合约月份—P—行权价格
上市交易所	郑州商品交易所

第四节　其他衍生品市场

金融衍生品市场(Financial Derivatives Market,简称 DFM),是指由主体、客体、载体及监管者所构成的一个完整的交易体系。

当前,国内衍生品市场发展迅速,在服务实体经济发展和推动金融市场繁荣的过程中发挥了重要作用。但在实践过程中,市场对衍生品的理解还存在一些偏差,一定程度上制约了国内衍生品市场的发展。与欧美普遍存在的投机过度、创新超前等问题不同,中国衍生品市场的发展尚处于起步阶段,与实体经济的需求相比,发展程度还很不足。

一、外汇掉期

在全球金融市场动荡不安、国内经济疲软、人民币"入篮"的背景下,汇率风险日益成为我国进出口企业关注的焦点。我国自 2005 年汇改引入了掉期交易以来,发展势头迅猛,2017 年 1—12 月数据为 814 357 亿人民币,整个外汇市场为 1 453 551 亿元人民币。目前,掉期交易逐步成为我国乃至全球外汇市场的主流交易工具,在企业规避外汇风险的管理方面发挥着巨大作用。

(一) 外汇掉期的定义

掉期业务(SWAP)是 20 世纪 70 年代在布雷森林货币体系崩溃后,随着外汇期货、期权等金融衍生品的产生而逐步发展起来的。外汇掉期,是指双方约定以一种货币交换一定数量的另一种货币,并约定在未来某日再按相反方向交换同样数量的货币的操作,有利率掉期和汇率掉期两大类。

(二) 掉期的功能

外汇掉期兼具消除外汇暴露头寸、套期保值、降低融资成本并实现外汇资产保值等诸多功能,在我国外贸企业汇率风险管理方面发挥着巨大作用。利用外汇掉期消除外汇暴露头寸:外汇风险暴露主要是指企业所面临的以外币计价的应收应付款项或预收预付款项等在汇率变动时所产生的交易风险。其原因在于从合同签订到合同履行期间的时间差,使企业外在款项受到汇率波动的影响。利用外汇掉期套期保值:在规避汇率风险的实践中,外汇套期保值操作正受到越来越多进出口企业的关注。在 2014 年之前,人民币一直长期处于单边升值的行情,我国大部分外贸企业不需要过多担心汇率风险的问题,但是当今汇率双向波动迹象明显,企业应根据自身情况,选择合适的套期保值方法。

利用外汇掉期套期保值,简单来说,是指企业通过外汇掉期交易提前买进未来的应付款和卖出未来的应收款项来抵消汇率变动带来的风险,实现外汇资产保值。主要用于外贸进出口商存在不同期限、数额相等的外汇应收款和应付款的情况。一买一卖,金额相等,币种相同,方向相反,正好可以通过外汇掉期交易一次完成,相比应收款和应付款分别通过期货市场做套期保值的多笔交易来说,可以大大地节约企业的成本。

利用外汇掉期降低融资成本,实现外汇资产保值:在日常资金管理过程中,外贸企业经常面对现有资金币种与需要使用的资金币种不相匹配的问题。比如,我国很多来料加工贸易企业结算货币是外币,而合同签订后往往需要用人民币资金购买设备、材料以及支付国内人员工资等,但其账户如果只有外汇存款时,就一定面临如何融资的问题。利用外汇掉期融资是指企业将闲置的外币资金通过外汇掉期转换为所需要的货币并加以运用,从中获取收益的融资行为,其主要适用于外贸企业账面上存在某种闲置货币而急需用另外一种货币资金的情况。

(三)掉期的风险

掉期之所以产生,是由于汇率存在风险。而汇率风险的存在,又由于本币、外币以及时间的关系。例如,在国际经济交往中用本国货币计价并结算,对于本国交易商来说,他就回避了汇率变动带来的风险,但是他的交易对手却由于选择了对方国家的货币计价结算而会遭遇汇率风险,这也表明,汇率风险是不会完全规避掉的。对企业来说,特别是有频繁外币收支的企业来说,通过掉期业务,能够锁定汇率风险,而根据需要还能起到降低交易费用、降低融资成本、提高收益等附属好处。

二、互换产品

(一)定义和分类

互换是交易双方按规定就彼此拥有的现金流在未来时间段内进行相互交换的一类金融合约。第一份互换始于1981年,此后以现金流交换方式为基本结构的互换类衍生产品在国际衍生品市场上大量涌现。2007年以来,根据国际清算机构的统计,互换和基于的衍生产品市场已经成为世界上最大的固定收益市场,互换市场的名义本金已经接近万亿美元。目前,互换类衍生品已成为场外市场的核心。事实表明,互换类衍生产品是风险管理的一种有效手段,也是有史以来金融市场上最为成功的创新之一。按交易方式和自身结构特点,互换类衍生产品通常包括:利率互换(Interest Rat Swap,IRS)、信用违约互换(Credit Default Swap,CDS)、篮式信用违约互换(Basket Credit Default Swap,BCDS)、贷款型违约互换(Load Credit Default Swap,LCDS)、货币互换(Currency Swap)、股权互换(Equity Swap)、商品互换即及以基本利率互换和货币互换为标的的各种类型的互换期权(Swaption)等。

(二)互换的风险

互换交易的风险可以从中介机构和终端用户两个角度加以考虑。从中介机构的角度,互换交易首先面临的是信用风险。不管中介机构是否持有不对应的互换头寸,它都将面临信用风险。如果中介机构是一个造市商,持有不对应的头寸,还要面临市场风险。因此,信用风险和市场风险是中介机构日常管理的主要风险。另外,还有一些与之有关的其他风险,如国家风险、法律风险、结算风险等。一般来说,中介机构面临的市场风险与信用风险之间具有联系。只有当互换合同对中介机构具有正的价值时,交易对方才可能拖欠支付,因而该中介机构才暴露于信用风险。当中介机构持有不对应的互换合同时,该中介机构既有信用风险,又有市场风险。市场变动可能使这部分不对应的合同的价值为负值,因而暴露于市场风险之下。市场风险可以采用抵补合同加以对冲,信用风险则不能被对冲掉。当然,互换交易的信用风险和贷款信用风险有所不同。对于贷款来说,当债务人破产不能履约时带来的损失往往只是债权人单方面的,即债权人可能无法收回利息和本金。

互换交易不能履约带来的影响则是双边的,一方未能支付,另一方自动取消支付的义务。因此,一旦一方中途解除合同,另一方面对的问题是在利率、汇率可能已经变化的情况下,如何重新做一笔相同的交易来替换原有合同的成本问题。所以,互换交易的信用风险只涉及替换成本。

(三) 三种主要互换介绍

1. 利率互换

2006年2月7日,中国人民银行发布《中国人民银行关于开展人民币利率互换交易试点有关事宜的通知》,标志着我国利率互换市场的正式启动。这一通知给出了利率互换的明确定义:"交易双方约定在未来的一定期限内,根据约定数量的人民币本金交换现金流的行为,其中一方的现金流根据浮动利率计算,另一方的现金流根据固定利率计算"。根据利率互换的定义可以知道,最常见的利率互换一般只有两个参与者,双方各自将自身借款的利息支付形式进行交换。比如说,如果一方(A企业)已经借入固定利率的资金,但是却想支付浮动利率的利息,而另一方(B企业)已经借入浮动利率的资金,却想支付固定利率的利息。在这种情况下,A和B两家企业可以通过签订利率互换协议实现这一目的。在这一过程中双方无须进行本金的支付,也无须再借入新的资金就可以获得各自期望的利息支付形式。利率互换的基本结构和现金流如图8-8所示:

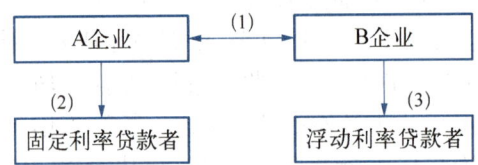

图 8-8 利率互换的基本结构和现金流

(1) A企业向B企业支付按浮动利率计算的利息,同时收到B企业支付的按固定利率计算的利息;(2) A企业向其固定利率贷款的提供者支付按固定利率计算的利息;(3) B企业向其浮动利率的贷款者支付按浮动利率计算的利息。利率互换具有以下三个基本特征:首先,利率互换交易不涉及本金的互换,因为互换双方进行等额本金互换毫无意义,但是存在一个"名义本金",用于计算利息的支付;其次,对于利率互换的任何一方而言,互换与实际的借款行为相互独立,互换双方实际的借款来源、形式及时间均与互换无关,利率互换也不影响双方原有借款的利息支付方式;最后,利率互换的双方是借款者(资金需求者)而非贷款者(资金提供者),借款者有义务向各自的贷款者进行利息和本金的偿付,互换交易对手的违约不影响借款者偿付责任,因此贷款者实际上并不关心借款者是否进行利率互换。

2. 货币互换

货币互换又称货币掉期,一般用于将一种货币的本金和利息与另一种货币的等价本金和利息进行交换。货币互换的主要原因是双方在各自所在区域的金融市场上具有比较优势。一个典型的货币互换包括三个阶段:第一,在合同启动时,两个主体交换特定数量的两种货币;第二,在合同存续期间,两个主体向对方支付与互换资金相关的利息;第三,在合同到期时,两个主体反方向交换相同数量的两种货币。货币互换可以分为商业性互换与央行流动性互换两大类。商业性货币互换的目的通常为控制汇率风险或降低融资成本,而央行流动性货币互换的目的通常为稳定外汇市场或获得流动性支持。2007年8月,中国人民银行发布《关于在银行间外汇市场开办人民币外汇货币掉期业务有关问题的通知》,在银行间外汇市场开办人民币兑美元、欧元、日元、港币、英镑五个货币对的货币掉期交易。该文件所称人民币外汇货币掉期,是指在约定期限内交换约定数量人民币与外币本金,同时定期交换两种货币利息的交易协议。本金交换的主要形式是在协议生效日双方按约定汇率交换人民币与外币的本金,在协议到期日双方再以相同的汇率、相同金额进行一次本金的反向交换。利息交换指双方定期向对方支付以换入货币计算的利息金额,可以固定利率计算利息,也可以浮动利率计算利息。2007年11月,经国家外汇管理局批准,中国外汇交易中心、全国银行间同业拆借中心公布《全国银行间外汇市场人民币外汇货币掉期交易规则》和货币掉期交易指引。基本的货币互换所涉及的利息交换均按固定利率计算。为简化起见,以英镑和美元的固定利率借款为例来阐释基本的货币互换的交易策略机理。

3. 股票互换

股票收益互换业务是指交易双方(即投资者与证券公司)中至少有一方的收益表现与股票或股票指数相联结,他们所签署的股票互换合约是一个收益互换的协议,即根据协议约定某单一股票或股票指数收益与另外一种股票或股票指数的浮动收益互换,或者是某单一股票或股票指数与固定利率互换。由上述定义可见,股票收益互换是一种合约,或者称其为协议。股票收益互换的实质与其他互换合约一样,就是协议双方对未来对两组收益的现金流进行交换。股票收益互换是指投资者和证券公司同意以名义本金为基础,进行现金流的交换。合约中的名义本金不需要进行真正的交换,它只是作为双方在计算互换收益时所使用的参考金额。股票收益互换业务需要在场外进行交易,具有较强的私密性。大部分金融衍生品不是在金融交易所内进行交易,而是在场外金融市场通过双方协商,进而达成交易。相对于交易所交易市场而言,场外交易市场更加开放,因为投资双方可以当面协商确定各交易条款,并且在时间上也比较灵活。股票收益互换业务就是在这样的场外市场进行交易的,投资者与证券公司一对一地进行价格协商与交易,交易信息仅限制在交易主体内部,因此其具有极强的私密性。股票收益互换业务的结算方式是差价结算。差价结算原来是指在期货合同到期时,交易双方做相反方向的交易来冲抵清算,最终只是对两笔交易的差价进行结算的一种结算方式。股票收益互换业务的结算方式与此类似,比如交易双方进行固定利率收益与某一股票收益的互换,在合约到期时,支付固定利率收益的一方会同时获得相应的股票收益,如果其支出大于收入,那么,该交易者需要向其交易对手支付该支出与收入的差价;如果其收入大于支出,那么,它将会获得该收入减去其支出的差额。股票收益互换业务是一种信用交易。信用交易是指由证券公司或金融机构为投资者垫付资金,使其可以从事买空和卖空的一种交易制度。在这种交易制度下,投资者可以通过向证券公司或者是金融机构交付保证金的形式进行买卖交易,而不必动用自己所持有的资金,这种交易又被称为垫头交易或者保证金交易。股票收益互换业务的投资者可以通过预测未来经济变量的市场走势,以支付少量保证金,与证券公司签订互换协议,因此,投资者能够实现较小的资金投入、较大的预期收益。

三、权证市场

(一) 权证的定义及要素

权证是由标的证券发行人或其以外的第三人发行的,约定持有人在规定期间内或特定到期日,有权按约定价格向发行人购买或出售标的证券,或以现金结算方式收取结算差价的有价证券。从权证的设计来看,包括9个权证要素:

1. 发行人

股本权证的发行人为标的上市公司,而衍生权证的发行人为标的公司以外的第三方,一般为大股东或券商。在后一种情况下,发行人往往需要将标的证券存放于独立保管人处,作为其履行责任的担保。

2. 看涨和看跌权证

当权证持有人拥有从发行人处购买标的证券的权利时,该权证为看涨权证。反之,当权证持有人拥有向发行人出售标的证券的权利时,该权证为看跌权证。认股权证一般指看涨权证。

3. 到期日

到期日是权证持有人可行使认购(或出售)权利的最后日期。该期限过后,权证持有人便不能行使相关权利,权证的价值也变为零。

4. 执行方式

在美式执行方式下,持有人在到期日之前的任何时间内均可行使认购权,而在欧式执行方式下,持有人只有在到期日当天才可行使认购权。

5. 交割方式

交割方式包括实物交割和现金交割两种形式,其中,实物交割指投资者行使认股权利时从发行人处购入标的证券,而现金交割指投资者在行使权利时,由发行人向投资者支付市价高于执行价的差额。

6. 认股价(执行价)

认股价是发行人在发行权证时所订下的价格,持证人在行使权利时以此价格向发行人认购标的股票。

7. 权证价格

权证价格由内在价值和时间价值两部分组成。当正股股价(指标的证券市场价格)高于认股价时,内在价值为两者之差;而当正股股价低于认股价时,内在价值为零。但如果权证尚没有到期,正股股价还有机会高于认股价,因此权证仍具有市场价值,这种价值就是时间价值。

8. 认购比率

认购比率是每张权证可认购正股的股数,如认购比率为0.1,就表示每10张权证可认购1股标的股票。

9. 杠杆比率

杠杆比率(Leverage Ratio)是正股市价与购入一股正股所需权证的市价之比,即:杠杆比率=正股股价/(权证价格÷认购比率)。杠杆比率可用来衡量"以小博大"的放大倍数,杠杆比率越高,投资者盈利率也越高,当然,其可能承担的亏损风险也越大。

(二) 权证的分类及特点

权证是一种金融衍生工具,是依附于标的证券的有价证券,是持有者一种权利(但没有义务)的证明。

(1) 按照交易行为划分,权证的种类可分为认购权证(买权)和认沽权证(卖权)。认购权证,指持有人有权利在某段期间内以预先约定的价格向发行人购买特定数量的标的证券,其实质是一个看涨期权;认沽权证,指持有人有权利在某段期间内以预先约定的价格向发行人出售特定数量的标的证券,其实质是一个看跌期权。

(2) 按行权期限的不同,权证可以分为美式权证(American Style Warrant)、欧式权证(European Style Warrant)和百慕大式权证(Bermuda Style Warrant)。美式权证的持权证有人在权证到期日前的任何交易时间均可行使其权利,欧式权证持有人只可以在权证到期日当日行使其权利。

(3) 按发行人可分为两类:股本权证(Equity Warrant)和备兑权证(Covered Warrant)。股本权证一般是由上市公司发行,备兑权证一般是由证券公司等金融机构发行。

(四) 中国权证市场发展

中国早期权证市场起源于20世纪90年代初,在邓小平南方谈话之后,中国经济重新活跃起来,但因为种种复杂原因,经济发展出现了明显偏差,地产泡沫膨胀,通货膨胀率较高,经济过热程度明显。1993年,国家采取了宏观调控政策,房地产开始全面崩溃,虽然全面紧缩的政策主要是针对泡沫比较严重的房地产行业,但是股市同样遭遇严峻的资金面形势,股票市场开始连续近3年的下跌。在这个背景下,发行权证产品有两方面的动力:一是上市公司,很多上市公司由于股价持续下跌再融资受阻,许多上市公司通过权证产品,既可以使老股东的利益得到保障,又可以实现再融资的目的;二是证券交易所拟推出权证来试图活跃交易市场的交易。因此,在这两方面因素的推进下权证产品应运而生。在权证推出的初期,市场上共有大约14只权证。飞乐股份的配股权证是沪市推出的第一只权证,此后有申华权证、金杯权证、福州东百、江苏悦达等股票权证。闽闽东、厦海发、吉轻工、桂柳工、闽福发等股票的权证也陆续在深市推出。在我国权证市场的初期,市场中存在诸多问题:市场还十分稚嫩,市场法律法规尚不完善,投资者的风险意识极其薄弱,伴随着高度投机,市场处于高度无序状态中。权证这种衍生工具没有发挥积极的作用,反而带来了许多问题,有些权证甚至已经演变为纯粹投机的工具。1996年6月,6只权证因摘牌和不摘牌的谣言而暴涨暴跌,最终权证交易被迫停止。正如上面所述,因为当年权证产品市场混乱,权证产品事实上已经失去了本身的含义和价值,沦为投机者过度投机的工具。这也是后来1996年权证市场关闭的根本原因。

股权分置改革让权证在9年之后的2005年迎来了新的发展。股权分置改革时期的权证市场可以让股权作为一种股价激励方式、对价支付手段以及权证创设机制的建立,使得权证市场的应用更加广泛。这个时期的权证资金推动效应十分明显,但投资者对权证了解不够,仅仅把权证作为一种新的交易品种,而且,认沽权证作为做空工具,受到投资者追捧。到了2008年,中国权证市场的交易量已经达到了世界第一。但是随后由于上市公司的再融资门槛降低,上市公司通过权证融资的热情也越来越低,之后几年权证市场越来越萎缩,到了 2011 年,随着最后一只权证长虹 CWB1 的到期,本次权证市场的交易宣告结束。综合来看,这一时期权证市场有以下几个主要特征:

1. 换手率高,价格波动风险大

根据上海证券交易所提供的数据,2005 年 11 月 30 日我国三个权证的单日成交额高达 74 亿元,几乎可与沪深两市股票成交总额 90 亿元相媲美。与此相对应的,是权证换手率高,最高的日换手率达到 645%。2007 年前三个季度,虽然权证占 A 股、基金、权证三大类产品总市值的比重还不到 1%,但其交易活跃程度却仅次于 A 股,占三大类产品交易总额的比重最高达到 37%。伴随交易投资火爆场面的是权证价格的大起大落,价格大幅脱离价值。根据上海交易所的统计数据,2005 年 8 月至 2007 年 9 月期间,包括所有权证在内的日间波动率均值为 5.6%,日内波动率均值为 9.3%,日内波动率最高值达到 544%。另一个反映价格波动程度的指标是日内价格超额波动率,该指标衡量权证价格波幅超过相关股份价格波幅的程度,也就是权证的价格波动风险超过相关股份的程度,日内价格超额波动率=日内权证价格波幅-日内相关股份价格波幅。

2. 定价效率低

我国权证的交易价格长期脱离其理论价值。根据上海证券交易所创新实验室所做的数据样分析,在 2005 年 8 月 22 日第一只权证上市至 2006 年 8 月 21 日整整一年间,沪深所有权证的交易数据,去除个别偏离度极端高企的数值,无创设权证样本组的收盘价与理论价值的偏离度高达 121%,创设组的偏离度虽然低一些,但也达到 102%,两个组别的均价与理论价值的偏离度亦相应高达 124%和 105%。显然,权证的定价效率很低。

3. 回转交易量大

根据上海证券交易所的统计资料,2005 年 8 月至 2007 年 8 月两年间,所有权证的日内回转交易占交易总量比重的平均值达到 50%左右,大户个人投资者基本只做日内回转交易,机构投资者的日内回转交易活跃度高过个人投资者,权证投资者的收益率与回转交易量存在正相关关系。

权证市场是不是会消失？备兑权证时代何时到来？成为目前投资者关注的话题。综合各方观点来看,权证品种的陆续退市并不意味着权证市场的"终点"。作为国际上最通用、最简单实用的金融衍生品,权证在中国资本市场的发展可能还将继续。只要未来与国际市场接轨的大趋势不变,权证市场也将再次迎来螺旋式发展的机会,或许就是真正的备兑权证时代。

专栏

中国白糖期权上市一周年回顾与展望[①]

白糖期权于 2017 年 4 月 19 日在郑商所上市交易一年来,在有关各方的共同努力下,白糖期权运行平稳,投资者参与理性,价格合理有效,功能初步显现。

(一) 白糖期权交易概况

白糖期权上市后,郑州商品交易所(以下简称郑商所)通过严格落实期权投资者适当

---

① 吕双梅等:"白糖期权上市一周年 市场运行平稳 行业、产业获双赢",《期货日报》,2018 年 4 月 27 日。

性制度,确保投资者有序入市,合理参与。随着一系列市场政策调整措施的实施,投资者参与的广度和深度有所提升,结构不断完善。据统计,目前在开通白糖期权交易权限的客户中,法人客户占24%,法人客户(不含做市商)的成交量和持仓量占比分别约为17%、25%。此外,在维护市场价格和提供流动性方面,做市商发挥着不可或缺的作用。郑商所负责人表示,白糖期权的做市商制度运转顺利,做市义务完成良好,能力逐步提高。持续报价义务平均完成94%,回应报价义务平均完成92%,达到了最高水平义务的要求,基本满足了"实盘演练"流动性的需要。白糖期权做市商日均成交量占市场的47%,日均持仓量占市场的32%,多数做市商净Delta持仓接近于零,表明风险控制有效。

截至2018年4月19日,白糖期权共246个交易日,累计成交500万手(双边,下同),日均成交约2万手。在持仓限额等管理措施调整后,日均成交量超过2.5万手,相对前期1.5万手增长67%。每日持仓量最高达到24万手,相对前期持仓10万手增长超过1倍。从成交和持仓分布情况来看,主力期货合约对应的期权合约较为活跃,成交和持仓占比分别高达80%、68%。在不同行权价合约中,平值附近期权合约成交和持仓占比分别约为84%、72%。运行特点符合标的市场实际运行规律及国际市场惯例。

白糖期权上市以来,交易所与会员端的交易、结算等期权功能均表现正常,运行平稳。行权是期权业务的重要环节和主要风险点,也是期权业务最后一个环节,但据市场反应,期权行权操作存在时间紧、任务重、要求高等特点。白糖期权到期业务的顺利开展,表明白糖期权各环节业务制度、技术功能及管理流程均通过了"实盘"检验,为白糖期权的发展和更多期权品种上市创造了条件。

(二)白糖期权让企业的风险管理更灵活

白糖期权上市一周年来,为食糖产业链的企业带来了更为灵活、方便、高效的场内风险管理工具,进一步拓宽了实体企业的套保途径。据了解,目前多家产业企业已经开始探索期权和现货结合的路径,利用白糖期权市场规避风险,为自身生产经营保驾护航。白糖期权与标的期货价格保持了较强的关联性。看涨期权价格与期货价格保持正向变动关系,看跌期权价格则反之,反映白糖期权价格有效。据机构投资者反映,白糖期权合约之间无明显套利机会,期权与期货合约之间的套利空间也较小。主力月份合约隐含波动率处于10%—16%,略高于历史波动率。波动率微笑效应的显现,表明投资者开始对极端风险"赋值"。白糖期权价格定价合理,国际成熟市场的基本特征初现。

白糖期权有利于促进标的市场稳定运行。为企业和机构参与者提供了灵活多样的风险管理工具。郑商所多次派人调研走访主产区涉糖企业和经济发达地区的机构投资者,及时解决白糖期权市场参与问题,提高企业和机构参与者的积极性。开展涉糖企业期权套期保值实务培训,提升现货企业利用白糖期权对冲风险的能力。举办机构投资者实用策略培训班,提高机构投资者应用期权管理资产的能力。支持会员公司通过"三业"活动开展期权市场培训,推动会员探索"保险+期权"模式创新。目前已有10余家产业企业开始探索利用白糖期权市场规避生产经营风险。在2017年16个白糖"保险+期货"试点项目中,5个项目已使用场内期权对冲场外风险。机构投资者探索利用白糖期权对冲期货风险,稳定了投资心态,降低了期货市场价格异常波动。高频数据的统计结果表明,在白糖期权上市后,白糖期货日内价格"毛刺"现象以及日内价格极端波动次数均有所减少。

(三) 积极培育白糖期权,实现行业和产业双赢

目前国内糖价正处于下行周期,基差较强,现货价格跟期货相比相对较高。因此,就产业客户而言,现在直接参与期货套保的难度较大。从市场参与者角度来看,产业客户更多的是比较权利金及风险收益,再去做套保的选择。如果说放开期权的持仓限额,让更多产业客户参与进来,无论是从波动率还是从活跃度来看,期权和期货都是相互正向地提升。如果白糖熊市将转向牛市,可能是白糖期权逐步活跃的一个契机,更利于现货企业参与进来,产业参与度也会大大提升。与此同时,白糖期权上市一周年来,运行平稳,功能显现,吸引了许多机构投资者的参与。

白糖期权的成功上市,检验了技术系统的可靠性,积累了业务管理经验,锻炼了期权人才队伍,增强了风险控制能力,为后续新品种期权的上市创造了有利条件。下一阶段,郑商所将加大市场培育力度,及时调整限仓额度等管理措施,不断提高市场参与的广度和深度;积极引导企业和机构利用白糖期权工具,促进期权市场功能发挥;积极推动 PTA、棉花期权新品种的研发上市,丰富商品期权品种体系,拓展服务实体经济的新领域。

本 章 小 结

期权是一份具有选择权的合约,买卖双方权利义务的不对等导致收益结构是不对称的。期权价值构成要素包括:期权价格、资产标的价格、行权价格、合约到期前所剩的时间、权利金和履约保证金、现行利率和资产的波动率等。除了套期保值管理现货风险以外,它还存在着多样化的市场功能。期权与期货的区别主要有:买卖双方的权利和义务不同、履约保证不同、保证金的计算方式不同、清算交割方式不同等。期权由于交易方向、标的物、方式等特征等不同,衍生出很多期权品种。

期权概念在古希腊时期就曾经出现并被运用,但现代意义的期权市场是从 1973 年芝加哥期权交易所(CBOE)成立开始。目前期权主要集中在美国的几家交易所,美国芝加哥商业交易所集团(CME Group)、CBOE、纽约商品交易所(NYMEX)等。

B-S(Black-Scholes)模型是期权定价理论。主要假设条件有:市场的无摩擦性、无风险利率 r 为常数、期权的标的资产股票没有红利支付、不存在无风险套利机会等。交易策略有买入(卖出)牛市看涨期权(call)、买入(卖出)熊市看跌期权(put)策略和混合价差策略。

我国期权市场开始比较晚,自 2015 年之后,才推出了一个金融期权品种——上证 50ETF 期权,随后几个期货期权品种逐步推出,比如大连豆粕期货期权、郑州白糖期权等,一般都采用美式期权交易。

重要概念

期权价格、权利金、B-S期权定价模型、波动率、外汇掉期

习题与思考

1. 结合期货和期权的定义,简述期权与期货的主要区别。
2. 实值、虚值和平值期权的区别以及相互之间的关系?
3. 不同种类的期权是何时行权的?
4. 看涨期权和看跌期权的区别?
5. 外汇掉期的三种主要互换是什么?
6. 现行利率、资产的波动率是怎样影响期权价值的?

第九章

金融市场中的金融机构：商业银行

> **教学目的与要求**
>
> 理解商业银行是特殊的企业，其特殊性体现在什么地方。掌握现代商业银行主要做什么业务，其利润来源是什么，如何判断和分析银行业经营绩效的好坏，银行业的财务绩效指标与其他行业的差异。结合中国银行业的监管环境，掌握银行业的全面风险管理框架和各项风险管理关键点和核心监管指标。从国际视野和中国的宏观环境视角了解中国银行业的创新与未来发展趋势。

第一节 银行业概览

一、什么是银行

商业银行是国民经济活动中最重要的金融机构之一，不仅为众多个人、家庭、企业和政府提供信贷资金，而且还为他们提供各种基础性的金融服务。尽管银行很重要，但银行的性质以及银行究竟是什么，却很难阐述清楚。我们可以从法律定义、经济作用、向客户提供的服务对商业银行进行定义。

第一，按法律层面的定义。《中华人民共和国商业银行法》第二条对商业银行的定义是："本法所称的商业银行是指依照本法和《中华人民共和国公司法》设立的吸收公众存款、发放贷款、办理结算等业务的企业法人。"该定义揭示了商业银行是特殊金融企业的性质，与证券、基金等其他金融机构相比，商业银行是唯一能够吸收"公众存款"的金融机构。

第二，按经济作用的定义。商业银行在现代经济活动中有信用中介、支付中介、金融服务、信用创造和调节经济等职能，并通过这些职能在国民经济活动中发挥着重要作用。商业银行的业务活动对全社会的货币供给有重要影响，并成为国家实施宏观经济政策的重要基础。

第三，按向客户提供的服务定义。银行向客户提供的服务具有动态演变的特征。最早的银行业发源于西欧古代社会的货币兑换业，公元前 2000 年的巴比伦寺庙，公元前 500 年的希腊寺庙，已从事保管金银、发放贷款、收付利息的活动。中国银行业的产生可追溯到1 000多年前的唐代,当时出现了一些兼营银钱的机构,如邸店、质库等;随后,宋代有钱馆、钱铺,明代有钱庄、钱肆,清代有票号、汇票庄等。现代的商业银行提供最广泛的金融服务,从资产负债表视角向企业、个人和政府提供存贷款服务,从表外业务视角还提供投资业务、保险、财务规划、公司兼并咨询、资产证券化、贷款销售、金融衍生品等金融服务,逐渐成为全能的金融服务超市。

值得注意的是,近年来,由于金融监管的放松和信息技术的飞速发展,银行与非银行机构之间的业务界限日益模糊,对银行进行明确的定义日益困难。沃尔玛等实业公司,亚马逊、阿里巴巴、京东等互联网企业以及新兴的P2P新兴金融企业都开始从事银行的相关业务(甚至包括以往由银行垄断经营的支付清算功能);银行也开始大力发展资产管理和投资银行等创新型业务。

二、银行的存在逻辑及其理论解释

资金从盈余者手中转向稀缺者手中,可以经证券市场的直接融资通道,也可以通过金融中介机构为主的间接融资渠道。其中,直接融资渠道由于联结融资的供需双方,融资成本更具有相对优势,那为何还需要银行为主的金融中介机构存在呢?现实中,不论是美国或其他工业化国家,还是金砖五国等新兴国家,金融中介机构都是企业更为重要的融资渠道(Mishkin,2009)。对此,主要有基于信息理论和流动性理论角度的两种解释。

(一) 银行的信息理论

信息不对称是资金融通始终面临的最重要摩擦。根据信息经济学理论,银行在获取和分析借款人信息方面有优势。投资者难以低成本获得和有效分析借款人的私人信息。金融中介机构能够大大降低交易成本,原因在于一方面,他们具备降低成本的专门技术,另一方面,因为金融中介机构规模较大,可以享受规模经济的好处,即随着交易规模的扩大,平摊在每一货币交易上的信息成本在降低。当投资者可以低成本获得并有效分析高质量的借款人信息时银行则是无关紧要的。这可以解释一个重要事实,即发展中国家银行的重要性更为突出。与工业化国家相比,发展中国家私人企业的真实信息更加难以获取,社会信用状况相对较差,因此证券市场的作用就被弱化,而银行等金融中介机构发挥着更为重要的作用。银行的作用一般会随着企业信息获取难度的下降和信息质量的提高而降低。从中国各类型金融机构总资产占比来看,2018年银行业总资产占比仍高达92%,居于绝对主导地位。美国1970年前银行业总资产占所有金融机构总资产比重约为50%,而随着金融监管的放松和信息技术突飞猛进的发展,金融市场信息披露制度更加严格,信息披露的数量和质量有了较大幅度提高,2000年以来银行业占金融机构总资产比重降为约20%。

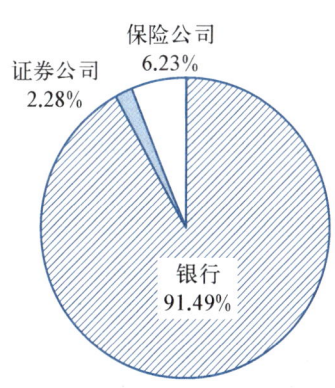

图9-1 2018年中国不同类型金融机构总资产占比(单位:%)

注:银行业和保险业数据来源于中国银保监会网站;证券公司数据来源于证券业协会网站。

(二) 银行的流动性理论

传统上,银行是所有类型金融机构中唯一能提供交易账户(如活期存款)的机构,为经济社会提供了流动性服务,

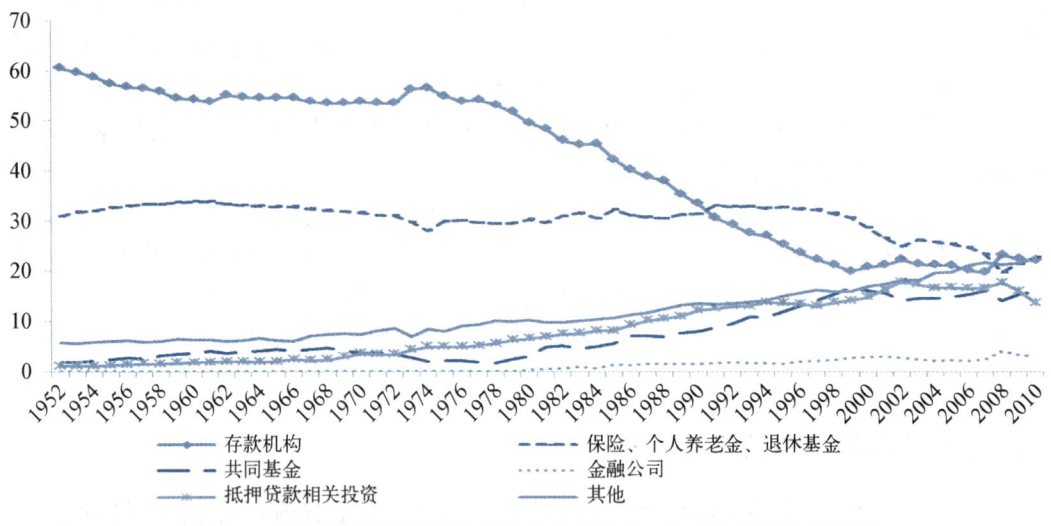

图 9-2　美国不同类型金融机构持有的金融资产占金融业总资产比重

数据来源：http://www.census.gov/compendia。

而且银行还承担了期限错配的功能，将客户的短期存款转化为长期贷款，通过承担流动性风险而获得盈利；银行也给其他类型金融机构提供大量的存贷款服务，被称为其他类型金融机构的流动性支撑来源。尽管随着电子技术和互联网金融的迅猛发展，出现了阿里巴巴（支付宝）、腾讯（微信）等提供替代性交易账户和支付服务的新兴机构，但银行业仍然占据着交易账户和支付清算服务的绝对主导地位。这也能解释随着信息技术和金融市场等的发展，即使银行业总资产占金融机构总资产比重大幅度下降，但银行业金融机构仍然在一国的金融体系中具有非常重要的作用。

三、银行业的特殊性

商业银行是一种特殊的企业。其特殊性体现在如下几个方面：

第一，宏观层面。具体体现在如下几个方面：（1）银行提供交易账户（Transaction Account），提供支付体系服务，维系着整个宏观经济和金融体系的正常运行。（2）银行业是货币政策的传导纽带，无论央行采取什么形式的货币政策调控工具和调控策略，往往首先作用和影响的就是商业银行。（3）银行是其他类型金融机构流动性的支撑来源，银行为其他类型金融机构提供存贷款和支付清算服务。

第二，中观层面。主要体现在如下两个方面：（1）银行业是规模经济比较明显的行业。银行提供的创新产品往往容易复制，也没有专利权的保护，银行业的竞争优势主要体现在客户的服务满意度和资金成本优势，规模经济明显，规模就是竞争力。从各国的经验来看，银行业是市场份额高度集中的行业。据 Demirgüç-Kunt and Levine(2000)对 99 个国家的数据研究显示，平均三家最大银行占该国贷款市场的份额为 72%，最大值为 100%，最小值为 20%。（2）银行业是所有行业中监管最严的行业。银行是规模最大的金融机构（如以总资产占比衡量），又处于社会资金融资的网络节点，提供了维护经济金融交易顺利进行的支付清算服务，同时又具有高杠杆、高风险、外部性与传染性高等特征。为保护公众储蓄安全与存款人利益,银行在进入退出、资产持有种类、资产负债定价、资产负债结构、日常经营管理、风险管理评估等方面都面临各种监管限制和严格的要求。

第三,微观层面。主要体现在如下几个方面:(1)商业银行是资产转换中介(期限和流动性转换)。(2)银行的风险不是源自企业组织运营,而是来自银行自身经营的产品,也是银行利润的来源,经营风险是银行业的本质特征。(3)负债不是外部资本,负债本身就是银行的产品,与企业运营密不可分。(4)高杠杆经营,与一般企业平均约2倍财务杠杆(总资产/所有者权益)不同的是,银行业的财务杠杆往往高达10—30倍。(5)银行是现金的海洋,资产和负债都含有期权(如房地产抵押贷款客户可选择提前还款,储蓄存款客户可能随时提款),其自由现金流(Free Cash Flow)难以定义和估计。

第二节 商业银行的基本业务

现代商业银行是提供全方位金融服务的公司。Hudgins and Rose(2010)对现代商业银行的主要经济职能概括为八大职能:中介职能、支付职能、担保职能、风险管理职能、存款/投资顾问职能、价值保管/证明职能、代理职能、政策职能,详见下表。根据《中华人民共和国商业银行法》的规定,境内商业银行可以开办的业务范围有十三项,主要包括吸收存款、发放贷款、办理结算、买卖债券、同业拆借、各类代理业务、银行卡业务等。

表9-1 银行在经济中承担的职能

职 能	服 务 内 容
中介职能	将存款转化为贷款,提供给商业公司及需要投资于新建筑、设备和商品的其他筹资人
支付职能	代表客户支付商品及服务价款(如签发和支付支票、电汇资金、提供电子支付渠道、发行货币和硬币)
担保职能	担保在客户无力偿付债务时代为偿付(如签发信用证)
风险管理职能	帮助客户应对资产或人身方面的经济损失
存款/投资顾问职能	通过存款设计、管理和保障,帮助客户实现长期目标并改善生活
价值保管/证明职能	保管客户的贵重物品,评估其实际的市场价值并做出证明
代理职能	代表客户管理和保护其资产或为其发行及收回职能(通常由银行的信托部门提供服务)
政策职能	充当政府控制经济增长和实现社会目标的手段

资料来源:Hudgins and Rose(2010)。

从财务角度看,银行业务可以分为表内业务和表外业务。表内业务指资产负债表业务,又可以分为资产业务和负债业务。表外业务与表内业务相对,即商业银行从事的不列入资产负债表,但能影响当期损益的经营活动。

一、负债业务

根据负债资金来源的不同,银行负债业务可分为两大类:存款负债和非存款负债。

(一) 存款业务

存款是银行最主要的资金来源,是银行利润和发展的源泉。2008年金融危机的国外经验表明,相比同业拆借和发行债券等金融市场融资渠道,存款是银行最稳定的资金来源。银行存款负债管理的主要目标是,以尽可能低的成本吸收存款以及获得充足的资金支持银行想要发放的贷款。

按中国目前监管规定,只有银行业金融机构能够合法吸收公众存款,集团财务公司只能吸收特定对象的存款,而不能吸收公众存款。我国商业银行的存款包括人民币存款和外币存款两大类。人民币存款又分为个人存款、单位存款和同业存款。其中,个人存款可分为活期储蓄存款、定期储蓄存款、定活两便储蓄存款、个人通知存款、教育储蓄存款、保证金存款,单位存款一般分为单位活期存款、单位定期存款、单位通知存款、单位协定存款和保证金存款等。美国银行业的存款分为交易存款和非交易存款。交易存款是指可以开支票和用于支付结算的存款,包括无息活期存款和有息活期存款,后者包括20世纪70年代后发展起来的一系列创新型存款产品,如可转让支付命令账户(Negotiable Order of Withdraw Account,简称NOW)、货币市场存款账户(Money Market Deposit Accounts,MMDA)和超级可转让支付命令账户(Super Negotiable Order of Withdrawal/Super NOW,SNOW)等。

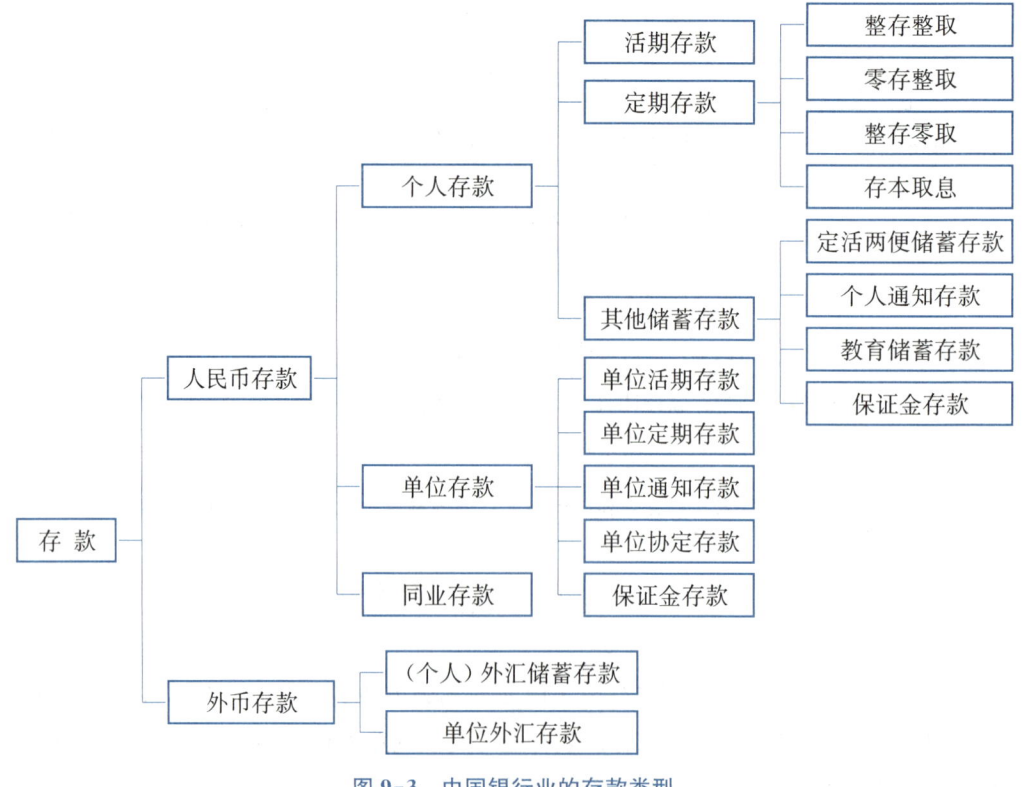

图 9-3 中国银行业的存款类型

(二) 非存款负债业务

非存款负债已成为银行日益重要的资金来源,这也是银行负债业务日益金融市场化的重要表现。非存款负债的主要渠道包括:发行商业票据或公司债券、向中央银行借款、同业拆借和证券回购协议等。

向中央银行借款的形式包括传统的再贴现再贷款以及常备借贷便利(SLF)和中期借贷便利(MLF)等创新型货币政策工具。发行商业票据或公司债券包括发行可转换债券、次级债、混合资本债、同业存单等。商业银行次级债券是指商业银行发行的、本金和利息的清偿顺序列于商业银行其他负债之后、先于商业银行股权资本的债券,商业银行混合资本债是指商业银行发行的、本金和利息的清偿顺序列于商业银行次级债之后、先于商业银行股权资本的债券。按我国的监管规定,符合条件的次级债和混合资本债可计入附属资本。关于近年来快速发展的银行同业业务后面还将专门分析。

与被动性的传统存款负债相比,非存款负债业务往往是主动性负债,具有无法定准备金要求、时间迅速、借款银行掌握主动权、灵活性等优点,但其往往更加依赖于金融市场环境,具有资金成本和可得性对市场环境和银行特征变化敏感(如2007—2009年金融危机期间)、流动性风险较高等弊端。

据统计,美国银行业1973年存款/总资产超过90%,而非存款负债/总资产仅为2%,到了2008年金融危机前,非存款负债/总资产已上升到约25%;金融危机发生后,依赖于金融市场的非存款负债大幅度下降,银行对存款资金的依赖程度有较大幅度回升。中国银行业金融机构的非存款负债/总资产比例由2003年的17.11%上升到了2007年的27.31%。

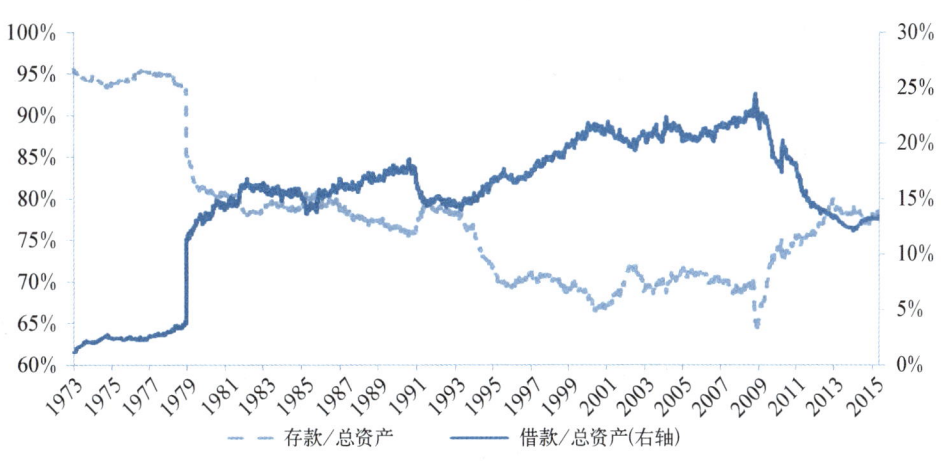

图 9-4 美国银行业负债结构

数据来源:www.fdic.gov。

二、资产业务

(一) 贷款业务

贷款业务是银行的传统业务,也是最主要的盈利途径,一般占银行总资产比例的

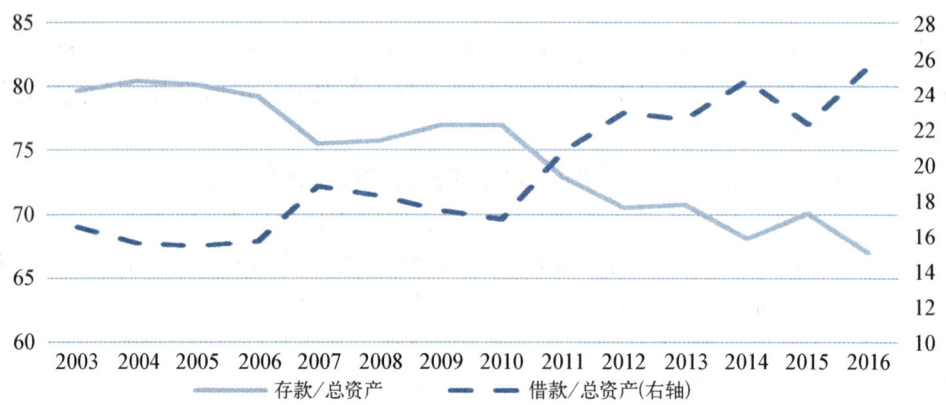

图 9-5　中国银行业的负债结构

数据来源：《中国银监会年报(2016)》。

50%—75%。按照借款人性质不同，我国银行业的贷款可分为公司贷款和个人贷款。按照贷款用途和风险特征不同，公司贷款还可细分为流动资金贷款、项目融资、贸易融资、贴现、透支、保理、拆借和回购等；个人贷款还可细分为个人住房贷款、个人消费贷款、个人经营贷款、个人助学贷款等。按贷款担保方式可分为信用贷款、保证贷款、抵押贷款、质押贷款、票据贴现。出于信用风险防范和管理的需要，中国银行业发放的信用贷款占全部贷款的比重仅约 20%，而其他各种担保性质的贷款占比约 80%。

从贷款结构的发展趋势看，金融自由化将极大促进直接融资市场的发展，资金需求方企业客户将面临更多的直接融资渠道选择，大型优质客户可选择从债券、股权、商业票据市场等筹资，中小企业客户可从 PE、VC 等渠道融资，工商业企业贷款占银行贷款的比重将显著下降。同时，经济的发展将带来国民收入和财富的持续增长，这给银行的财富管理和房地产贷款等零售业务带来了重要机会。据统计，1973—2015 年，美国银行业贷款占总资产的比重虽然维持在 50% 左右，但贷款的结构却发生了显著改变，企业贷款占总贷款的比重由 40% 下降到约 20%，而房地产贷款占总贷款的比重由 23% 上升到最高的 58%。

长期以来中国银行业资产的高速增长主要来源于工商业贷款。2015 年底工商业贷款占银行资产比重约为 40%。上世纪 90 年代后期房地产市场化改革以来，房地产抵押贷款尽管常受房地产调控的影响，但其增速远超过总资产的增速，在银行业总资产中的比重从初期接近于 0 大幅度上升；尽管房地产抵押贷款占总资产的比例仍仅为工商业贷款所占比例的 1/3 左右(2015 年底工农中建四大国有银行房地产抵押贷款占总资产的比例约为 13%)，但随着房地产抵押贷款的持续高速增长，房地产抵押贷款对总资产增长的贡献度日益上升。

(二) 投资业务

证券投资已成为商业银行的一种重要资产形式，约占银行总资产比重的 1/5—1/3。商业银行证券投资的目标主要是平衡流动性和营利性，并降低资产组合的风险，提高资本充足率，其具体功能详见表 9-3。

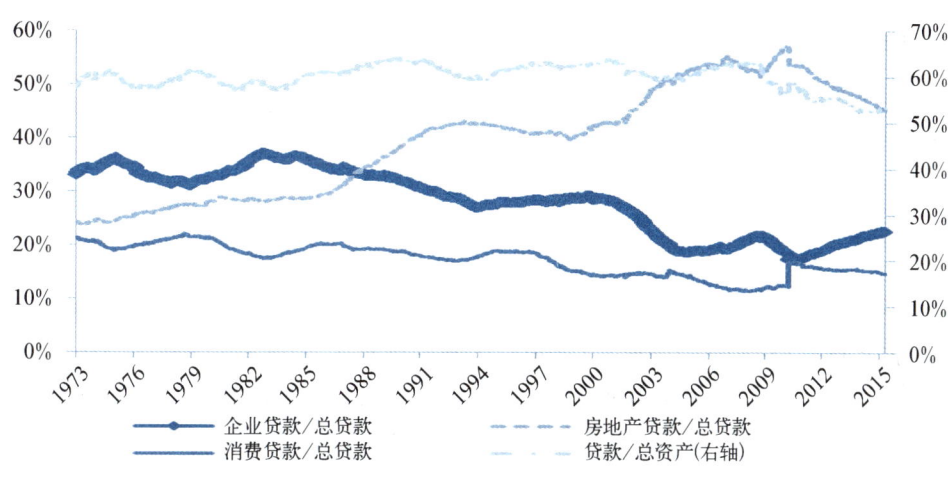

图 9-6 美国银行业贷款结构

数据来源：www.fdic.gov。

表 9-2 商业银行投资证券组合的功能

	具 体 功 能
1	稳定收入：保持收入在经济周期中的稳定；若贷款收入下降，投资证券收入可能上升
2	轧平贷款组合的信用风险敞口：通过买入并持有高质量证券冲抵贷款风险
3	提供地域多元化：证券来源地通常不同于贷款来源地，从而实现金融机构收入来源的多样化
4	提供备用流动性：可以出售证券以筹集所需资金
5	用作担保品（抵押资产）：用作担保品向央行等官方机构或市场机构借入资金
6	用于套期保值：规避利率变化造成的损失
7	为金融机构的资产组合提供流动性：投资证券可以迅速买卖并重组资产
8	提高资本充足率：证券投资的风险权重低于贷款资产

资料来源：Hudgins and Rose(2010)。

商业银行能购买的金融资产类型往往受到严格监管。美国商业银行典型的投资证券包括政府债券和票据、公司债券及商业票据，资产支持证券、欧洲货币存款以及法律允许的普通股和优先股股票，监管机构禁止银行购买投投机证券（穆迪公司债券评级 Baa 级以下或标准普尔公司债券评级 BBB 以下的证券）。根据我国《商业银行法》的相关规定，商业银行的投资业务实际上是"买卖政府债券、金融债券"以及其他监管规定的债券。我国商业银行债券投资的对象主要包括国债、地方政府债券、中央银行票据、金融债券、资产支持证券、企业债券和公司债券等。随着金融市场的发展，我国债券市场近年来发展较快，市场品种创新不断，债券发行规模和债券余额均有较大幅度提高，部分商业银行的债券投资在总资产中的占比已经接近贷款所占比例。

三、其他业务

随着传统存贷款息差业务竞争日益激烈,商业银行越来越依赖于拓展非息差的中间业务来获取收入,各种创新产品和业务层出不穷。本章将介绍银行业尤其中国银行业快速发展的中间业务、理财业务及同业业务。

(一) 中间业务

1. 中间业务的定义及分类

中间业务是我国的提法,指区别于银行的资产、负债业务的第三类业务,国外一般指表外业务,中间业务收入在国外也泛指银行的非利息收入。2002年4月22日,中国人民银行发布"关于落实《商业银行中间业务暂行规定》有关问题的通知",在其附件《商业银行中间业务参考分类及定义》中将中间业务分为如下九大类:支付结算类中间业务、银行卡业务、代理类中间业务、担保类中间业务、承诺类中间业务、交易类中间业务、基金托管业务、咨询顾问类业务、其他类中间业务。

我国银行业的中间业务等同于广义上的表外业务,它可以分为两大类:金融服务类业务和表外业务。其中,金融服务类业务是指商业银行以代理人的身份为客户办理的各种业务,目的是为了获取手续费收入,主要包括:支付结算类业务、银行卡业务、代理类中间业务、基金托管类业务和咨询顾问类业务。表外业务是商业银行从事的,按照现行的会计准则不计入资产负债表内,不形成现实资产负债,能够引起当期损益变动的业务(银监会2011年《商业银行表外业务风险管理指引》),其同表内资产业务和负债业务关系密切,并在一定条件下会转为表内资产业务和负债业务,主要包括保证业务(如备用信用证)、承诺类业务(如贷款承诺)、金融衍生品业务、贷款出售和资产证券化四类业务。

财政部颁布的《金融企业会计制度》要求银行应在会计报表附注中披露下列不在资产负债表中反映的表外项目,包括银行承兑汇票、融资保函、非融资保函、开出即期信用证、远期汇率合约、货币和利率套期、货币和利率期权等衍生金融工具八大类。

2. 中间业务的发展趋势

随着传统银行存贷款业务竞争日益激烈,国内外商业银行纷纷寻求业务创新而大力发展中间业务。随着利率市场化的快速推进,发展中间业务是中国银行业转型的重要方向,中间业务收入占比也被认为是衡量银行业务转型的重要指标。

中间业务与传统息差业务相比,具有如下优势:一是完善了商业银行的综合化服务功能,为商业银行提供了丰富稳定的收入来源;二是除部分可能构成或有负债的表外业务外,大部分服务类中间业务不占用银行资本,不进入银行资产负债表,银行不承担风险,只增加收入。

银行常以表外业务为突破口规避监管当局的监管要求。如自2000年以来美国银行业快速发展的直接贷款出售和资产证券化业务,即银行或其他金融机构放款后,将债权卖给其他的金融机构或投资人,银行贷款出售出表可以获得流动性、提高资本充足率、风险转移等好处,规避了资本充足率和流动性等的监管,并彻底改变了传统的银行业务模式,从"发行并持有"向"发行并销售"模式转变。IMF(2009)的研究发现,2007—2008年金融危机前,美国、西欧和澳大利亚的住房贷款20%—60%资金来源于资产支持证券(Asset-backed securities，ABS）。美国 2012 年的统计数据显示，各项贷款资产证券化的比率分别为住房抵押贷款 56.3%、商业地产抵押贷款 23%、信用卡抵押贷款 49%、消费贷款 15%。

（二）理财业务

1. 理财业务的定义及分类

理财业务是近年来国内商业银行快速发展起来的一项重要业务。根据《商业银行个人理财业务管理暂行办法》(2005) 的定义，个人理财业务，是指商业银行为个人客户提供的财务分析、财务规划、投资顾问、资产管理等专业化服务活动；商业银行个人理财业务按照管理运作方式不同，分为理财顾问服务和综合理财服务。理财顾问服务，是指商业银行向客户提供的财务分析与规划、投资建议、个人投资产品推介等专业化服务；综合理财服务，是指商业银行在向客户提供理财顾问服务的基础上，接受客户的委托和授权，按照与客户事先约定的投资计划和收益与风险承担方式进行投资和资产管理的业务活动。

理财业务在国际上被称为广义的资产管理业务。资产管理的本质就是管理资产，即"受人之托，代客理财"。具体而言，资管业务具有如下本质特征。第一，不刚性兑付，卖者有责，买者自负。所谓卖者有责，是指资产管理的发行者通过合适的渠道向客户销售合适的产品，履行信息披露、充分告知风险、按合同约定的范围审慎投资等义务；买者自负是指购买理财产品的客户要了解产品的收益特点和风险属性，自行承担亏损或预期收益率不达标的风险。第二，低资本占用，低风险水平。资产管理业务一般是代客理财，用来投资的资金来源于客户，一般不占用金融机构的自有资本。

2. 理财业务的发展趋势

自 1980 年代以来，随着投资者财富的扩张，以商业银行为经营主体的全球资产管理业务规模迅速发展。据统计，2012 年末美国银行业受托管理资产余额 12.7 万亿美元，占美国 GDP 的 78%，占商业银行总资产的 97%，其中摩根大通、美国银行受托管理资产占表内资产的比重分别为 68% 和 43%，业务规模增长非常迅速。

2004 年，光大银行推出了国内首款投资于银行间债券市场的阳光理财 B 计划，揭开了我国人民币银行理财产品的发行序幕。2006 年出现了银信合作，2009 年出现了资产池产品。据统计，2010—2016 年期间，银行理财产品余额年均增速高达 55%，远高于同期银行表内资产规模 16% 左右的平均增速。银行表外资产的快速扩张，使得理财产品余额占总资产规模的比重不断提高，从 2010 年的 2.97% 提升至 2015 年末的 11.79%。其中，截至 2015 年年底，南京银行、兴业银行和光大银行等银行的理财业务余额/贷款余额比例超过了 80%。

近年来我国银行理财业务爆发式增长的原因包括两个。一是在经济进入新常态和金融改革加速推进的背景下，我国商业银行面临制度红利消失、竞争日趋激烈、金融需求多样化等问题，轻资本占用的理财业务也成为其寻求发展转型、探索新的经营模式和盈利模式的重要途径。二是金融机构监管套利的结果，利用理财业务以吸收存款，规避贷款规模控制和存贷比等流动性监管指标，节省资本占用等满足表内资产表外化管理需要，表现出产品预期收益型、刚性兑付、盈利模式利差化等特征。2010—2012 年，随着信贷管理收紧，监管套利的主要目标是绕开贷款规模管制和存贷比指标。2013 年之

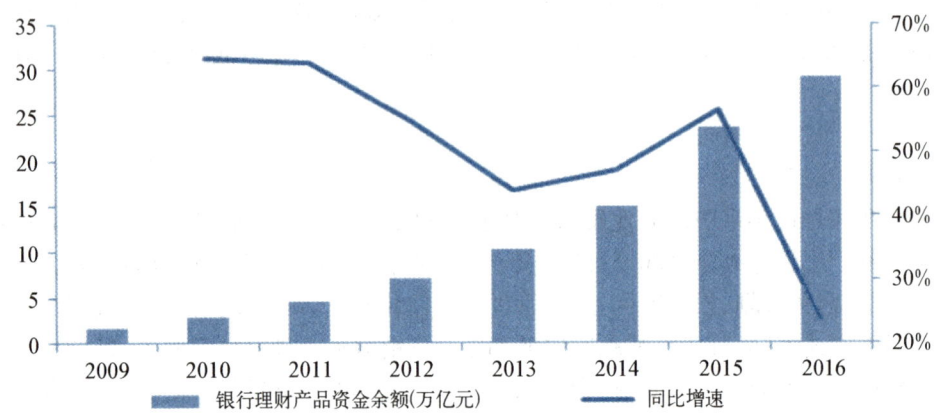

图 9-7　银行业理财产品余额规模与增速

数据来源：苏宁金融研究院。

后，《商业银行资本管理办法（试行）》开始正式实施，监管套利的主要目标又变成减少资本占用。理财产品成为中国银行业规避监管的"影子银行"（shadow banking）最主要的业务形式之一。

针对理财产品等监管套利业务的蓬勃发展，2014 年以来，监管当局发布了一系列日趋严格的法规，如《商业银行理财业务监督管理办法（2014 年意见征求稿）》（2014.12）、《商业银行理财业务监督管理办法（2016 年意见征求稿）》（2016.7）、《人民银行关于将表外理财业务纳入"广义信贷"测算的通知》（2016.10）、《关于规范金融机构资产管理业务的指导意见（内审稿）》（2017.2），上述监管文件反映出理财业务的监管思路是回归资产管理本质"受人之托，代人理财"，打破刚性兑付，去资产池、去通道、缩短金融链条、加大透明度，净值型产品发展导向等。

（三）同业业务

1. 同业业务的定义及分类

商业银行同业业务是指以金融同业客户为服务与合作对象，以同业资金融通为核心的各项业务。近年来，在净息差不断收窄、传统业务收入持续萎缩的背景下，各种形式的创新型同业业务成为中国银行业业务扩张的主要方式，也是维持收入增长最为重要的动力之一。据统计，2007—2016 年，我国银行的同业资产占总资产的比重从 12.21% 提高至 25.23%，同业负债占总负债的比重则从 8% 升至 13%（赵卿，2017）。但同时，由于监管体系不完善和银行内部管理不到位，部分同业业务在发展中异化为监管套利的重要手段。

从资产负债表的角度来划分，可将银行同业业务分为三大类：从资产角度，同业资产主要包括"存放同业""拆出资金"及"买入返售金融资产"以及近来兴起的"应收款项投资"等科目；从负债角度看，同业负债主要体现在"同业存放""拆入资金""卖出回购金融资产"以及近年扩张迅速的"应付债券"（主要包括同业存单）科目；从中间业务角度看，包括代客外汇交易、基金和年金等托管、代理清算、代理开票、代开信用证、第三方存管、代理基金买卖、代理保险买卖、代理信托理财买卖、代理债券买卖、代理金融机构发债等。

2. 同业业务的发展趋势

商业银行同业业务最初主要承担司库职能,是为商业银行之间平衡头寸而进行的短期资金拆借和划拨,主要作为短期流动性管理工具,但 2010 年之后,随着宏观环境和监管环境的变化,同业业务开始从单纯的流动性管理工具,发展成为监管套利的工具。2002 年以前,商业银行的同业业务模式相对单一,主要是资金拆借、回购、同业存放和存放同业等。2010—2012 年,随着信贷管理收紧,监管套利的主要目标在于绕开贷款规模管制和存贷比指标。2013 年之后,《商业银行资本管理办法(试行)》开始正式实施,监管套利的主要目标又变成减少资本占用,主要方式是通过拉长交易链条来转换资产形式,以降低资产的风险加权系数或实现出表,以此来降低资本、拨备计提等要求等。银行同业业务的会计科目也不断变化,除了传统的同业存放、同业拆借、同业票据转贴现、债券回购等,又扩展到诸如转贴现、信托受益权、信贷资产转让与回购、同业代付、买断式回购、票据对敲和应收款项投资等,模式创新令人眼花缭乱。

表 9-3 2016 年年末加入 1 年以内同业存单后的同业负债占比情况

	2016 年年末总资产(亿元)	总负债(亿元)	旧同业负债/总负债	1 年以内同业存单(亿元)	新同业负债/总负债
工商银行	241 373	221 561	11.80%	0	11.80%
建设银行	209 637	193 741	11.00%	0	11.00%
农业银行	195 701	182 485	9.10%	98	9.20%
中国银行	181 489	166 618	10.30%	519	10.70%
交通银行	84 032	77 708	23.00%	149	23.20%
兴业银行	60 859	57 315	35.20%	5 260	44.40%
招商银行	59 423	55 389	17.50%	1 846	20.80%
中信银行	59 311	55 466	21.40%	2 740	26.30%
民生银行	58 959	55 439	27.40%	2 541	32.00%
浦发银行	58 573	54 843	27.90%	5 073	37.20%
光大银行	40 200	37 690	25.70%	3 528	35.00%
平安银行	29 534	27 513	16.90%	2 317	25.30%
华夏银行	23 562	22 033	18.40%	2 094	27.90%
北京银行	21 163	19 726	21.90%	1 799	31.00%
上海银行	17 554	16 392	25.80%	2 169	39.00%
江苏银行	15 983	15 141	26.80%	1 094	34.10%
南京银行	10 639	10 015	12.00%	995	21.90%

续　表

	2016年年末总资产(亿元)	总负债(亿元)	旧同业负债/总负债	1年以内同业存单(亿元)	新同业负债/总负债
宁波银行	8 850	8 346	17.00%	855	27.20%
杭州银行	7 204	6 819	17.40%	1 488	39.20%
邮储银行	82 656	79 187	5.40%	0	5.40%
广发银行	20 476	19 416	29.10%	376	31.10%
浙商银行	13 549	12 874	30.60%	812	36.90%
恒丰银行	12 085	11 413	13.80%	1 511	27.10%
盛京银行	9 055	8 591	25.90%	658	33.60%
渤海银行	8 561	8 147	24.00%	672	32.20%
重庆农商行	8 032	7 490	17.90%	501	24.60%
徽商银行	7 548	7 016	18.70%	579	27.00%
北京农商行	7 242	6 836	10.10%	178	12.70%
上海农商行	7 109	6 374	12.60%	154	15.00%
成都农商行	6 731	6 245	22.70%	403	29.20%
广州农商行	6 610	6 231	13.50%	861	27.30%
天津银行	6 573	6 156	32.00%	280	36.50%
厦门国际银行	5 635	5 235	14.30%	248	19.00%
锦州银行	5 391	4 962	34.30%	269	39.70%
哈尔滨银行	5 390	5 017	21.20%	250	26.20%

注：数据来源于《债券杂志》2017年第10期；同业负债原口径为同业和其他金融机构存放款项、拆入资金和卖出回购金融资产三项加总；新同业负债口径为加入1年以内到期的同业存单后的数额。

同业套利业务的过度发展，引发了诸多金融乱象和潜在金融风险，可能导致银行信用风险低估，并加剧流动性风险和利率风险。具体表现在：第一，通过监管套利，大量银行信贷被转移出表外(或仍在表内，但转换成了同业投资)。由于这种转移在法律以及在实践操作上，都很难达到风险的完全隔离，这就意味着，有许多表外项目，银行不需要为其计提资本和拨备，但在风险暴露时，有可能由银行承担最终的责任。第二，经由同业套利业务的操作，部分信贷资金进入了原本被禁止的行业和领域。这些较高风险的业务在银行资产负债表内没有得到充分的揭示。第三，通过金融同业融入资金，然后再投向收益较高但期限较长的资产(债券或非标资产)，是比较常见的加杠杆模式。在市场资金充裕、利率较低的环境下，银行可以通过滚动发行短期限的同业存单来维持这一交易结构，并获取利差收入，但若市场资金趋紧，部分机构的流动性风险和利率风险都会显著上升，并对金融市场整体预期和稳定性产生负面影响。

针对同业套利业务,从 2009 年起,监管部门就开始密集出台规范同业业务的监管政策。2014 年 5 月 16 日,"一行三会"和外汇局联合发布《关于规范金融机构同业业务的通知》(银发〔2014〕127 号,简称 127 号文)要求"单家商业银行同业融入资金余额不得超过该银行负债总额的三分之一"。但由于银行业务扩张冲动较大以及监管执行力度不够,并未取得明显成效。35 家商业银行 2016 年年末加入 1 年以内同业存单后的同业负债占比指标有 14 家超过了 30%,其中兴业银行甚至高达 44.4%。2017 年以来,根据中央"抑制资产泡沫""防范金融风险"的要求,同业套利业务再次成为金融整治的重点。

第三节　商业银行的绩效评估与风险管理

一、银行经营绩效评估

银行的财务报表本身提供了大量的信息,但如果对这些信息进一步加工,计算出一些财务比率,我们就能得到更多的信息,以便对商业银行进行更全面合理的评价。

(一) 杜邦分析法

商业银行的目标是"约束条件下的股东价值最大化"。股东价值等于归股东所有的未来全部现金流的现值。虽然股东现金流并不等于利润,但利润是股东价值的基础。反映股东单位投入资本的利润指标就是净资产收益率(Return of Equity,ROE),也称资本收益率。

分析净资产收益率的主要模型是杜邦模型(Du Pont Model),其核心是通过结构性分解净资产收益率来分析影响企业盈利水平的各种因素。传统的杜邦模型主要用于分析一般行业的利润指标,针对银行业会计指标的特殊性,1972 年大卫·科尔(David Cole)改编了传统的杜邦模型用作商业银行的绩效评估。

银行业的净资产收益率模型将 ROE 与总资产收益率(Return of Assets,简称 ROA)和财务杠杆相关联,ROE 等于二者的乘积,然后将 ROA 进一步分解为各贡献因素。ROE 是分红前股东的总收益,根据定义,ROE=净资产/平均净资产,表示每一单位股东权益的收益率。使用平均净资产是因为损益表提供的是流量信息,而资产负债表提供的是存量信息,为数据匹配往往将资产负债表会计期间期初与期末数据相加求平均。ROA 等于净利润除以总资产平均额,衡量的是每单位当期所有平均资产额的净收益。ROA 的高低具有明显的行业属性,正常情况下国内外银行业的 ROA 一般为 0.5%—1.5%,远低于所有行业的平均值(约 5%)。财务杠杆等于总资产平均额除的净资产平均额;银行业具有高杠杆特征,财务杠杆一般为 10—30 倍。

进一步可将 ROA 分解为总收入/平均总资产、总费用/平均总资产、所得税/平均总资产。总收入/平均总资产又可以分解为净利息收入/平均总资产、非利息收入/平均总资产、净营业外收入/平均总资产三部分。总费用/平均总资产可以分解为非利息费用/平均总资产和贷款减值损失/平均总资产两部分。

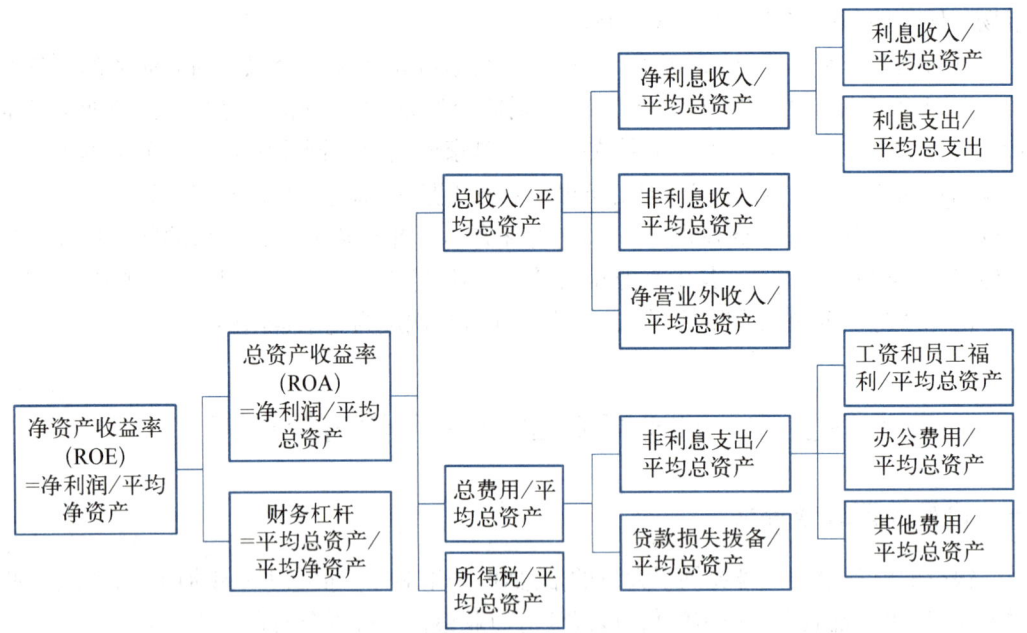

图 9-8 银行业净资产收益率的杜邦分解

(二) 净利息收益率

衡量银行的传统息差业务营利性除了上述杜邦分解框架中的净利息收入/平均总资产,往往更常用的指标是净利息收益率指标。净利息收益率(Net Interest Margin, NIM)=(利息收入-利息支出)/平均生息资产(Average Interest Earning Assets,贷款和证券投资平均,最常用)或者总资产(平均)。

净利息收益率含义丰富,可反映微观、中观、宏观信息(包含制度因素),与资产规模、信用风险(信用环境、经济周期)、利率风险(利率波动)、流动性风险、储备的机会成本、管理质量(经营成本)、市场竞争环境(市场集中度)、宏观经济形势、利率管制等相关。

值得注意的是,净利息收益率相当于毛利率概念,虽是银行业传统业务业绩的重要参考指标,但该指标的影响因素很多(包括宏观经济环境、制度性因素等),而且该指标主要衡量的仅是构成银行净利润的主要组成部分净利息收入,没有考虑银行日益增加的非利息收入和运营成本(非利息费用,国内银行业常称业务与管理费),需要谨慎用于国际银行同业业绩的直接比较,比如不能简单得出高利率收益率国家的银行盈利状况更好。

表 9-4 全球 TOP 银行主要盈利指标(2013)

银 行 名 称	ROAE	ROAA	NIM
算术平均值	8.77	0.61	1.83
Industrial & Commercial Bank of China	21.85	1.44	2.51
China Construction Bank Corporation	21.26	1.47	2.73
Agricultural Bank of China Limited	20.83	1.20	2.79

续 表

银 行 名 称	ROAE	ROAA	NIM
Bank of China Limited	17.96	1.23	2.25
HSBC Holdings Plc	9.53	0.66	1.49
JP Morgan Chase & Co	8.63	0.75	2.06
Mitsubishi UFJ Financial Group Inc-Kabushiki Kaisha Mitsubishi UFJ Financial Group	7.71	0.46	0.90
Citigroup Inc	7.00	0.74	2.84
Crédit Agricole-Crédit Agricole	6.95	0.32	1.44
BNP Paribas	5.87	0.29	1.31
Bank of America Corporation	4.87	0.53	2.44
Barclays Bank Plc	2.12	0.09	0.89
Deutsche Bank AG	1.25	0.04	0.90
Royal Bank of Scotland Group Plc	−13.08	−0.72	1.05

数据来源：Bankscope 数据库。

（三）非利息收入占比

传统上，非利息收入占收入结构的比重常被视作业务多元化、业务稳定性和盈利质量的高低。非利息收入占比指非利息收入占营业收入的比重，营业收入包括净利息收入和非利息收入。

非利息收入具体计算公式列示如下：

$$非利息收入占比 = 非利息收入 / 营业收入$$
$$营业收入 = 净利息收入 + 非利息收入$$
$$净利息收入 = 利息收入 - 利息支出$$
$$手续费及佣金净收入 = 手续费及佣金收入 - 手续费及佣金支出$$
$$手续费及佣金收入 = 银行卡手续费 + 结算与清算手续费 + 代理服务手续费 +$$
$$信贷承诺及贷款业务佣金 + 托管及其他受托业务佣金$$
$$其他净收入 = 公允价值变动净收益 + 投资净收益 + 汇兑净收益$$

非利息收入占比越高，常被视作业务更多元化，对传统息差业务依赖度越低，利润来源更稳定，盈利质量越高。近年来国内银行业日益认识到靠资产规模扩张赚取利差收益的粗放式业务模式不可持续，强调以创新业务为导向的业务转型，其衡量业务转型程度的指标往往就是非利息收入占比。手续费及佣金收入在中国银行业 2016 年收入中占比约 25%，在总收入中的占比仍低于发达国家银行。2008 年的金融危机期间，欧美等发达国家的非利息收入由于依赖金融市场状况，当金融市场崩溃时，非利息收入受到的负面冲击更大，甚至变为负值（主要为投资收益亏损导致）。

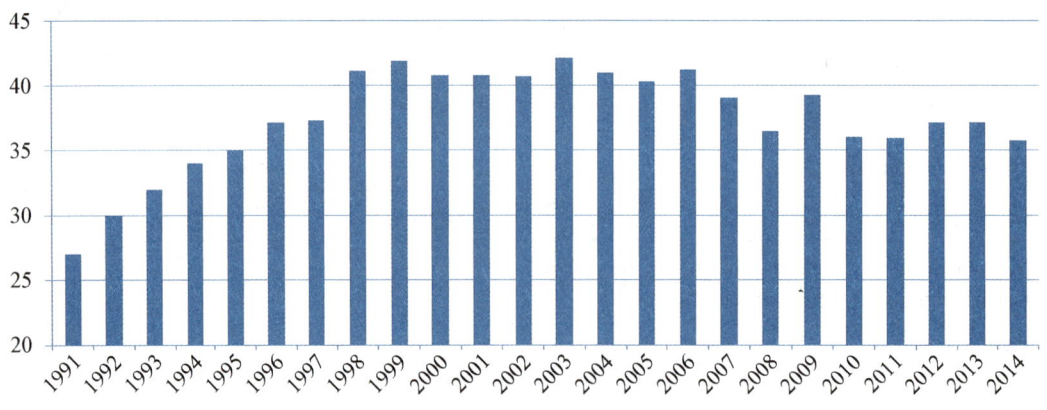

图 9-9 美国银行业非利息收入占比

数据来源：www.fdic.gov。

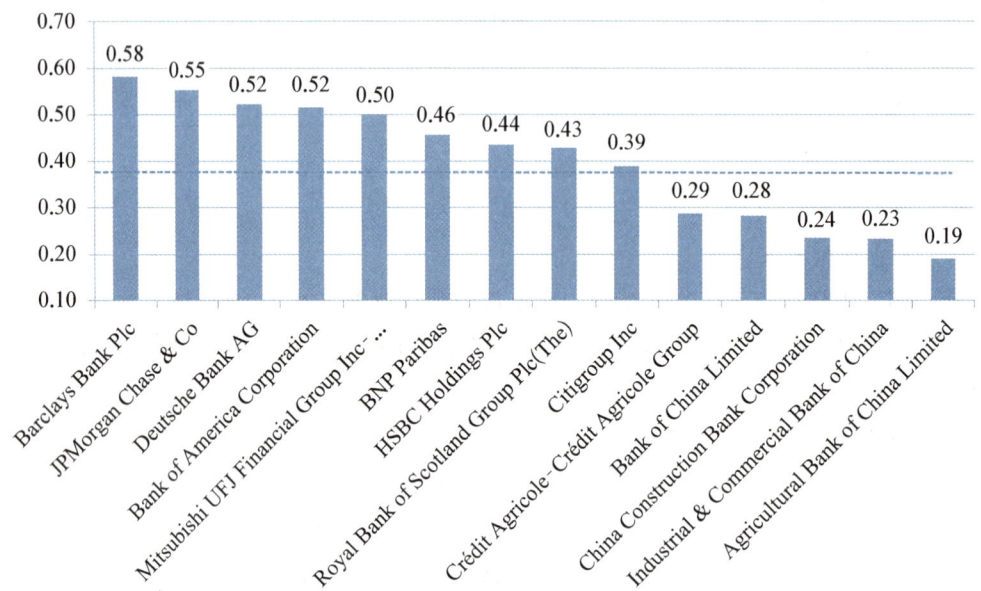

图 9-10 全球 TOP 银行非利息收入占比（2013）

数据来源：Bankscope 数据库。

（四）成本收入比

成本收入比率又称效率指标（Efficiency Ratio），是银行营业费用（非利息支出）与营业收入的比率，反映出银行每一单位的收入需要支出多少成本，该比率越低，说明银行单位收入的成本支出越低，银行获取收入的能力越强。成本收入比率是测度银行生产率的重要指标。与净利息收益率一样，该指标需要谨慎用于国际银行同业业绩的直接比较，比如不能简单得出成本收入比低的国家其银行盈利状况更好的结论。

值得注意的是，当对银行会计指标横向比较时需要注意规模因素对会计指标可比性的影响。比如大银行 ROE、ROA 更高，中小型银行 NIM 较高，大银行平均利息成本更低，大银行较低的运营成本、较高的营业效率，大银行服务费用收入的增加更快，大银行财务杠杆更高等。因此,选择相似规模的银行对象更具有比较意义。

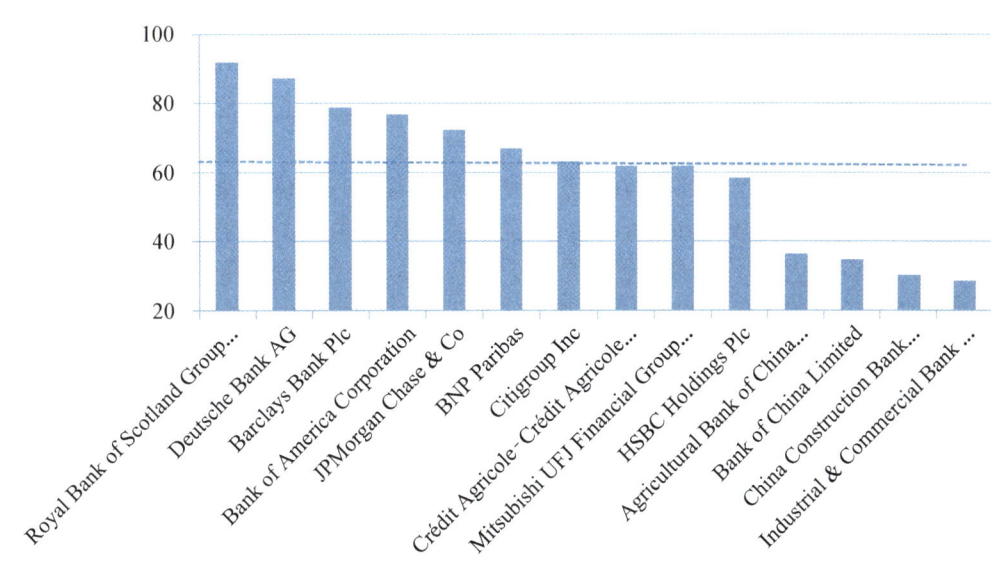

图 9-11　全球 TOP 银行的成本收入比(2013)

数据来源:Bankscope 数据库。

二、商业银行全面风险管理框架

经营风险是银行的本质特征,良好的风险管理能力是商业银行的核心竞争力。全面风险管理框架代表了国际先进银行风险管理的最佳实践,符合巴塞尔系列资本协议和各国监管机构的监管要求,已经成为现代商业银行谋求发展和保持竞争优势的重要基石。

2008 年全球金融危机后,国际监管机构充分吸取危机的深刻教训,以资本监管改革为核心和突破点,修正补充资本监管漏洞,强化了风险监管的有效性。国际主要银行也以满足新监管标准为契机,对风险管理机制进行了调整和优化。一是强化了全面风险管理。突出强调要突破部门、业务种类、风险种类的限制,在银行层面实现跨账户、跨业务条线与跨风险种类的管理,实现风险的整合。二是强调各项业务规章制度的更新完善。三是健全相互制约机制。加强部门之间的相互协调、制约和监督。四是完善内部审计机制,增强内部审计的独立性、专业性。五是进一步明确风险管理部门的职能定位,不断突出风险管理部门的独立性和话语权。六是提升以风险量化管理为核心的全面风险管理技术水平,强化风险量化管理和模型化管理。七是建立针对尾部事件的压力测试机制。

(一) 全面风险管理模式的发展

20 世纪 90 年代末以前,商业银行管理实践和理论的发展经历了资产风险管理模式、负债风险管理模式、资产负债风险管理模式等阶段,风险的管理侧重于单纯的信用风险和流动性管理。

到了 20 世纪 80 年代,金融自由化、全球化浪潮和金融创新的迅猛发展,使商业银行面临的风险日益呈现多样化、复杂化、全球化的趋势,特别是 20 世纪 90 年代中后期的亚洲金融危机、巴林银行倒闭等一系列事件进一步昭示,商业银行的损失不再是由单一风险造成,而是由信用风险、市场风险、操作风险等多种风险因素交织而成,原有的风险管理模式已无法适应新形势的需要。风险管理理念和技术也因此得到了迅速发展,由以前单纯的信贷风险管理模式,转向信用风险、市场风险、操作风险管理并举,组织流程再造与定量分析技术并举的全面风险管理模式。

美国 COSO 委员会 2004 年在其《企业风险管理——整体框架》(Enterprise Risk Management-Integrated Framework,也称《全面风险管理框架》)中,对全面风险管理给出了一个较为权威的定义:全面风险管理是一个动态过程;这个过程受董事会、管理层和其他人员的影响;这个过程从企业战略制定一直贯穿到企业的各项活动中,用于识别那些可能影响企业的潜在事件,以将风险控制在企业的风险偏好之内,合理地确保企业取得既定的目标。

近年来,随着中国银行业传统业务不良资产问题凸显,为加强和规范商业银行风险管理,银监会陆续制定了各类审慎监管规则,覆盖了资本管理、信用风险、市场风险、流动性风险、操作风险、并表管理等各个领域。在此基础上,银监会从现有规则中梳理提炼出共性要素,同时参照巴塞尔银行委员会《有效银行监管核心原则》的基本要求,借鉴国际经验,起草了《银行业金融机构全面风险管理指引》(2016),形成了我国银行业全面风险管理的统领性、综合性规则。

(二) 商业银行全面风险管理的核心理念

全面风险管理模式体现了以下先进的风险管理理念和方法。

1. 全球的风险管理体系

随着商业银行的结构性重组以及合并收购的浪潮,有实力的商业银行已经开始实施全球化的经营战略,要求商业银行的风险管理体系同样是全球化的。例如,根据业务中心和利润中心建立相适应的区域风险管理中心,与国内的风险管理体系相互衔接和配合,有效识别各国、各地区的风险,对风险在国别、地域之间的转化和转移进行评估和风险预警。

2. 全面的风险管理范围

所谓全面风险管理是指对商业银行所有层次的业务单位、全部种类的风险进行集中统筹管理。例如,将信用风险、市场风险和操作风险等不同风险类型,公司/机构、个人等不同客户种类,资产业务、负债业务和中间业务等不同性质的业务,以及承担风险的各个业务单位等,纳入统一的风险管理体系当中,对各类风险依据统一的标准进行计量并加总,最后对风险进行集中控制和管理。

3. 全程的风险管理过程

商业银行的业务特点决定了每个业务环节都具有潜在的风险,任何一个环节缺少风险管理都有可能造成损失,甚至导致整个业务活动的失败。因此,风险管理应当贯穿于业务发展的每一个阶段,在此过程中保持风险管理理念、目标和标准的统一,实现风险管理的全程化和系统化。

4. 全新的风险管理办法

现代商业银行风险管理的重点已经从原有的信用风险管理,扩大到信用风险、市场风险、操作风险、流动性风险等多种风险的一体化综合管理。为了避免各类风险在地区、产品、行业和客户群的过度集中,商业银行可以采取统一授信管理、资产组合管理、资产证券化以及信用衍生产品等一系列全新的技术和方法来降低各类风险。同时,商业银行风险管理越来越重视定量分析,通过内部模型来识别、计量、监测和控制风险。

5. 全员的风险管理文化

风险存在于商业银行业务的每一个环节,这种内在的风险特性决定了风险管理必须体现在每一个员工的习惯行为中,所有人员都应该具有风险管理的意识和自觉性。风险管理绝不仅仅是风险管理部门的职责,无论是董事会、高级管理层,还是业务部门,乃至运营部门,每个人在从事其岗位工作时,都必须深刻认识到潜在的风险因素,并主动地加以预防。

(三) 商业银行风险管理的主要策略和方法

按照不同的分类方法,风险有不同的分类。按照风险事故的来源,风险可以分为经济风险、政治风险、社会风险、自然风险和技术风险。按照风险发生的范围,可以分为系统性风险和非系统性风险。按照诱发风险的原因,可以分为信用风险、市场风险、操作风险、流动性风险、国家风险、法律风险、声誉风险、战略风险等。

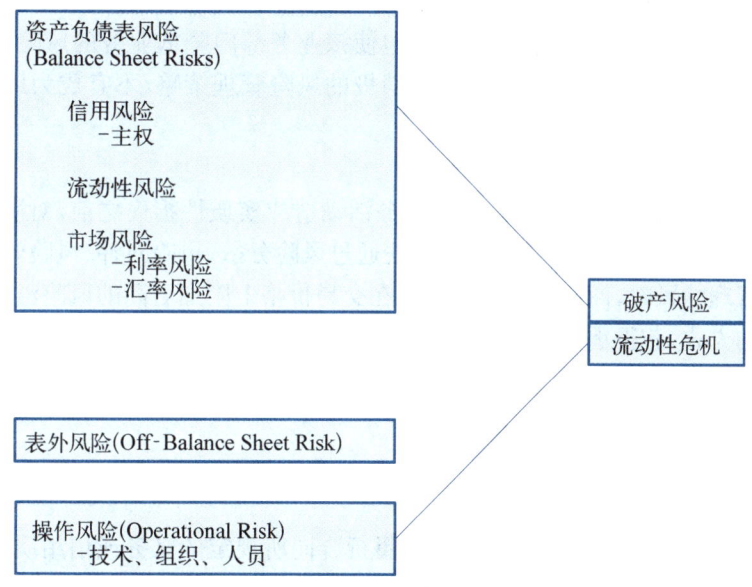

图 9-12 银行各类型风险间关系

从经营风险的角度考虑,商业银行应当基于自身风险偏好(Risk Appetite)来选择其应承担或经营的风险,并制定恰当的风险管理策略以有效控制和管理所承担的风险,确保商业银行稳健运行,不断提高竞争力。商业银行通常运用的风险管理策略大致可以概括为风险分散、风险对冲、风险转移、风险规避和风险补偿五种策略。

1. 风险分散

风险分散是指通过多样化的投资来分散和降低风险的策略性选择。根据多样化投资分散风险的原理,商业银行的信贷业务应是全面的,而不应集中于同一业务、同一性质甚至同一个借款人。商业银行可以通过资产组合管理或与其他商业银行组成银团贷款的方式,使自己的授信对象多样化,从而分散和降低风险。

2. 风险对冲

风险对冲是指通过投资或购买与标的资产（Underlying Asset）收益波动负相关的某种资产或衍生产品，来冲销标的资产潜在损失的一种策略性选择。风险对冲对管理市场风险（利率风险、汇率风险、股票风险和商品风险）非常有效，可以分为自我对冲和市场对冲两种情况。

3. 风险转移

风险转移是指通过购买某种金融产品或采取其他合法的经济措施将风险转移给其他经济主体的一种策略性选择。风险转移可分为保险转移和非保险转移。此外，在金融市场中，某些衍生产品（如期权合约）可看作特殊形式的保单，为投资者提供了转移利率、汇率、股票和商品价格风险的工具。

4. 风险规避

风险规避是指商业银行拒绝或退出某一业务或市场，以避免承担该业务或市场风险的策略性选择。在现代商业银行风险管理实践中，风险规避可以通过限制某些业务的经济资本配置来实现。对于不擅长且不愿承担风险的业务，商业银行对其配置非常有限的经济资本，并设立非常有限的风险容忍度，迫使该业务部门降低业务的风险暴露，甚至完全退出该业务领域。风险规避策略是一种消极的风险管理策略，不宜成为风险管理的主导策略。

5. 风险补偿

风险补偿是指商业银行在所从事的业务活动造成实质性损失之前，对所承担的风险进行价格补偿的策略性选择。对于那些无法通过风险分散、风险对冲、风险转移或风险规避进行有效管理的风险，商业银行可以采取在交易价格上附加更高的风险溢价，即通过提高风险回报的方式，获得承担风险的价格补偿。

三、银行主要风险及其管理

（一）信用风险及其管理

1. 信用风险的定义及识别

信用风险是指债务人或交易对手未能履行合同所规定的义务或信用质量发生变化，影响金融产品价值，从而给债权人或金融产品持有人造成经济损失的风险。信用风险管理的目标是通过将信用风险保持在可接受的指标范围内，使风险调整后的收益率最大化。

对大多数商业银行来说，虽然贷款是最大、最明显的信用风险来源，但信用风险不仅存在于传统的贷款、债券投资等表内业务中，也存在于信用担保、贷款承诺及衍生产品交易等表外业务中。20 世纪 90 年代以来，随着银行同业业务和场外衍生品市场的快速扩张，交易对手信用风险（Counterparty Credit Risk）逐步成为大型金融机构面临的主要风险之一。2008 年的国际金融危机表明，场外衍生品的交易对手信用风险会使金融机构大幅亏损甚至倒闭。2010 年 11 月颁布的《巴塞尔资本协议Ⅲ》中重点改进了对交易对手信用风险的监管，规定银行在从事场外衍生品交易时，需要对交易对手信用风险计提储备资本，计提的基础是信用风险加权资产。2016 年中国银监会起草了《衍生工具交易对手违约风险资产计量规则（征求意见稿）》，完善了交易对手信用风险资本计提的度量方法。

银行降低信用风险的措施包括准确评估借款人的信用状况、适当的信用额度控管、征提担保品、要求补偿性存款、适当的信用配给、贷款后的追踪与查核等手段。2009年至2010年,中国银监会相继发布了《固定资产贷款管理暂行办法》《个人贷款管理暂行办法》《流动资金贷款管理暂行办法》和《项目融资业务指引》,并称"三个办法一个指引",又称"贷款新规",初步构建和完善了我国银行业金融机构的贷款业务监管框架,形成了我国银行业贷款风险监管的长期制度安排。银行的信用风险控制包括全流程管理(审贷分离、贷款三查、信贷审批)、受托支付管理、限额管理、贷款测算、期限管理、还款管理、合同管理、风险缓释等方面。

2. 信用风险的计量

在信用风险计量中最重要的是估计违约概率(Probality of Default,PD)和违约损失率(Loss Given Default,LGD),二者的乘积就是预期损失。目前在全球范围内,巴塞尔委员会鼓励有条件的商业银行使用基于内部评级的方法(Internal Rating Based Approach,IRB)来计量违约概率、违约损失率、违约风险暴露(Exposure at Default,EAD),并据此计算信用风险监管资本。

信用风险计量模型的重要作用在于量化哪些风险因子重要以及相对重要性,其作用具体识别出高风险贷款者、改进违约风险定价、计算出未来预期贷款损失需要的准备金等。信用风险计量包括单项资产的信用风险计量和组合资产的信用风险计量两类方法。信用风险计量主要模型有信用评分模型(Credit Score Models)以及以金融市场数据为基础的信用风险模型(主要应用于对企业贷款及贷款组合的信用风险进行评估)。其中信用评分模型(Credit Score Models)将多维信用风险因子加总为代表违约可能性的单一信用评分,信用风险因子既包括市场利率和经济周期等市场因子,也包括借款人声誉、担保物、资本结构、偿债能力等借款人特征和债项特征等风险因子,其典型模型是Altman的Z值法。但因子模型仅区分违约还是不违约两种情形,忽略了难以量化的因子(如借款人声誉、长期借贷关系、商业周期)。以金融市场数据为基础的信用风险模型包括Value at Risk(VaR)模型、期权模型(KMV模型)、RAROC模型、瑞士信贷银行cridetrisk+、死亡率模型(Mortality Rate)等。

3. 贷款风险分类

贷款分类,是指商业银行按照风险程度将贷款划分为不同档次的过程,其实质是判断债务人及时足额偿还贷款本息的可能性。2007年7月,中国银监会印发《贷款风险分类指引》,要求商业银行应至少将贷款划分为正常、关注、次级、可疑和损失五类。其中,后三类合称为不良贷款。它们的定义分别如下:正常是指借款人能够履行合同,没有足够理由怀疑贷款本息不能按时足额偿还。关注是指尽管贷款人目前有能力偿还贷款本息,但存在一些可能对偿还产生不利影响的因素。次级是指借款人的还款能力出现明显问题,完全依靠其正常营业收入无法足额还贷款本息,即使执行担保,也可能会造成一定损失。可疑是指借款人无法足额偿还贷款本息,即使执行担保,也肯定要造成较大损失。损失,是指在采取所有可能的措施或一切必要的法律程序之后,本息仍然无法收回,或只能收回极少部分。

对贷款进行分类应考虑以下七大因素:借款人的还款能力、借款人的还款记录、借人的还款意愿、贷款项目的盈利能力、贷款的担保、贷款偿还的法律责任、银行的信贷管理状况。实践中贷款五级分类存在一定的主观性,银行出于不良贷款率监管指标的考核有动机将次级类贷款划分为关注类贷款,从而降低不良贷款率指标,所以分析银行的贷款质量时往往综合参考不良贷款率和关注类贷款比率指标。

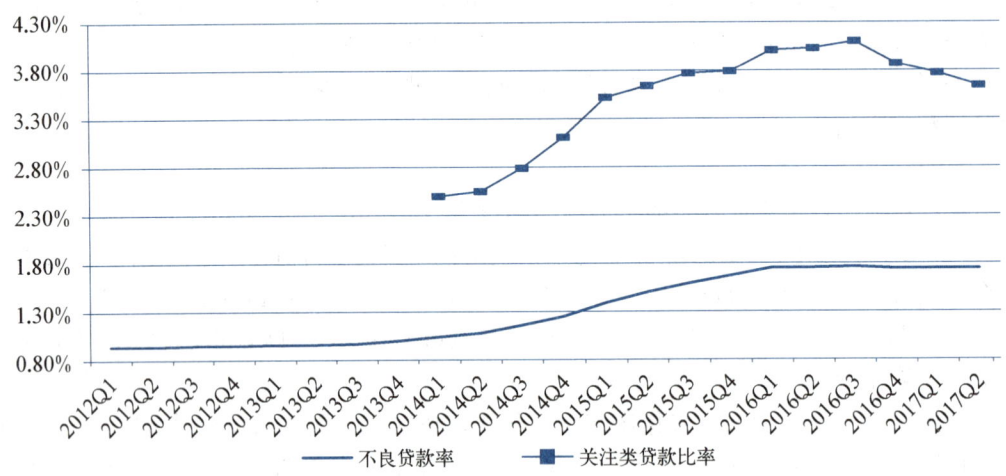

图 9-13 中国银行业不良贷款率和关注类贷款比率

资料来源:中国银监会网站数据经整理所得。

(二) 利率风险的管理

1. 利率风险的定义及来源

随着中国利率市场化的快速推进,利率风险日益成为银行面临的重要风险。由于影响利率变动的因素很多,利率变动难以预测,而且单个金融机构无论是资金的供给者还是需求者(金融机构同时身兼二职),往往都是价格接受者,都不能决定市场利率。利率水平、期限结构等不利变动导致银行经济价值和整体收益遭受损失的风险就被称为利率风险(Interest Rate Risk,IRR)。

一般所指的利率风险是指银行账户利率风险。所谓银行账户业务,是指未划入交易账户的相关表内外业务。利率变化可能引起银行账户表内外业务的未来重定价现金流或其折现值发生变化,导致经济价值下降,从而使银行遭受损失。同时,利率变化可能引起净利息收入减少,或其他利率敏感性收入减少、支出增加,从而使银行遭受损失。

巴塞尔银行监管委员会将利率风险分为重新定价风险、基差风险(Basis Risk)、收益率曲线风险(Yield Curve Risk)和期权性风险(Optionality Risk)四类。重新定价风险是最主要的利率风险,它源于期限错配,即银行资产、负债和表外项目头寸重新定价时间(对浮动利率而言)和到期日(对固定利率而言)的不匹配。1980 年美国储贷协会危机主要就是由于利率大幅上升而带来的重新定价风险。基差风险主要源于银行资产和负债的利率不对称调整。收益率曲线风险是指收益率曲线的非平行移动,对银行的收益或内在经济价值产生不利影响。期权性风险是指利率变化时,银行客户行使隐含在银行资产负债表内业务中的期权给银行造成损失的可能性,即在客户提前归还贷款本息和提前支取存款的潜在选择中产生的利率风险,这是一种越来越重要的利率风险。

<u>2. 利率风险的计量</u>

对银行账户利率风险进行计量。常用方法包括传统的重定价缺口和久期缺口分析法、敏感性分析、情景模拟及压力测试等。

(1) 重定价缺口和净利息收入(NII)分析法。

重定价缺口分析法的基本思想是测度在给定时间区间内利率变化如何影响净利息收入。该方法首先定义银行账户的重定价时段表,根据各类利率敏感的资产、负债和表外业务(包括固定利率和浮动利率)的剩余到期日将其对应填入各个时段,然后按时段计算资产与负债之差得到该时段的缺口,最后将各时段的缺口汇总就得到总的缺口报告。实际计算利率冲击的影响时,可将各时段缺口乘以利率变动的幅度再乘以缺口的持续时间,就能得到净利息的变动值。该方法易于计算和操作,且结论直观清晰,但其不足包括没有考虑基差风险、收益率曲线风险和期权性风险,忽略了表外工具等。

净利息收入法拓展了重定价缺口分析法,综合考虑了利率的各种变化(各种利率风险来源)、资产负债表结构的各种可能变化、情景分析、模拟分析和压力测试技术等。该方法首先预测未来利率,然后识别在不同利率环境下资产和负债结构的变化,预测可能被执行的隐含期权,估计净利息收入,并重复估计在不同利率环境下的净利息收入。

(2) 久期缺口(Duration Gap)和经济价值分析法(EVE)。

久期缺口分析衡量银行总资产和负债的市场价值对利率变动的敏感度,其基本思路是比较银行总资产的价格敏感性和总负债的价格敏感性,从而评估利率的可能变化对股东权益市场价值的影响。该方法首先预测利率,然后估计银行资产、负债和股东权益的市场价值,计算出每笔资产和负债的久期,估计出资产和负债的加权平均久期,预测在不同利率环境下股东权益市场价值的变化。久期缺口分析优点是提供了利率风险的综合测度,比利率敏感性缺口覆盖的期间更长,反映最后到期日前的所有承诺现金流的价值。

由于久期很难精确计算,且简单久期缺口分析主要反映再定价风险,不能反映收益率曲线风险、基差风险、期权风险等。经济价值分析法拓展了久期缺口分析方法,考虑了利率的各种变化(各种利率风险来源)、资产负债表结构的各种可能变化、情景分析、模拟分析和压力测试技术等。该方法首先预测未来利率,然后识别在不同利率环境下资产和负债结构的变化,预测可能被执行的隐含期权,重复估计在不同利率环境下的股东权益市场价值的变化。

<u>3. 利率风险管理</u>

银行的利率风险管理主要有资产负债表调整和金融衍生工具策略。

(1) 资产负债表调整(ALM)策略,包括重定价缺口管理和久期缺口管理。重定价缺口管理以其原理易懂、思路清晰、操作简便等特点,在商业银行的利率风险管理中得到广泛运用。相比重定价缺口管理,久期缺口管理考虑了资金的时间价值。

(2) 金融衍生工具的应用如浮动利率存单、期货、利率选择权、利率交换、利率上限等。由于利率很难预测,而且即使利率能被预测,银行改变再定价缺口或者久期缺口的难度也很大(比如贷款和存款的期限),往往必须牺牲收益率。银行往往利用表外交易(衍生品交易)对冲利率风险。

(三) 流动性风险(Liquidity Risk)的管理

1. 流动性风险的定义及来源

根据中国银监会《商业银行流动性风险管理指引》(2009)的定义,流动性风险是指商业银行虽然有清偿能力,但无法及时获得充足资金或无法以合理成本及时获得充足资金以应对资产增长或支付到期债务的风险。根据该定义,流动性风险不同于清偿能力(破产风险),银行虽有清偿能力,但仍然可能面临流动性风险。

流动性风险来自于资产和负债两个方面。从负债方面来看,流动性风险产生于金融机构负债的持有者(如储户)要求兑现其金融债权时,银行需要借入额外的资金或出售资产来满足提款要求。流动性风险的第二个原因来自资产方面,如提供表外贷款承诺,当借款人按贷款承诺取款时,银行必须立即为表内贷款融资,与负债被提取一样,银行可以通过减少现金资产、出售其他流动性资产或借入额外资金来满足流动性需求。

流动性风险可以分为融资流动性风险(Funding Liquidity Risk)和市场流动性风险(Market Liquidity Risk)。融资流动性风险是指商业银行在不影响日常经营或财务状况的情况下,无法及时有效满足资金需求的风险。市场流动性风险是指由于市场深度不足或市场动荡,商业银行无法以合理的市场价格出售资产以获得资金的风险。

2. 流动性风险的计量

常见的流动性风险测度有流动性指数法、同业比率比较法、流动性的来源和使用法。

(1) 流动性指数法。

流动性指数法用于衡量金融机构的潜在损失,即紧急时刻出售资产的价格(P_i)与正常市场条件下出售资产价格(P_i^*)之比。

$$I = \sum w_i P_i / P_i^*$$

其中 w_i 表示资产权重,P 和 P^* 差距越大,流动性指数越低,流动性风险越高。

(2) 同业比率比较法。

常用来比较的重要比率,如核心存款比率(核心存款/总资产)、存贷比(贷款余额/存款余额)、贷款承诺与总资产比、流动资产与总资产比、易变负债与总资产比等。其中,核心存款比率越高,表明银行资金来源越稳定,流动性越强;流动资产与总资产比越高,表明商业银行存储的流动性越高,应付流动性需求的能力也就越强;易变负债是指那些受利率等经济因素影响较大的资金来源,当市场发生对商业银行不利的变动时,这部分资金来源容易流失,易变负债与总资产比越大则商业银行面临的流动性风险越高。

(3) 流动性的来源和使用法。

实践中最常用的流动性风险测度方法,包括融资缺口法和 BIS 期限阶梯法等。银行一般将核心存款作为长期资金来源之一,融资缺口是指不能被核心存款覆盖的平均贷款规模,即融资缺口=平均贷款-平均核心存款;融资缺口越大,银行需持有更多的流动性资产,或依赖于借入更多资金来满足流动性短缺,银行的流动性风险敞口越大。2000 年 BIS 引入了期限阶梯法(Maturity Ladder),其思想是在不同时间段内评估所有的现金流入和流出,反映正常市场情形下什么时候银行流动性过剩什么时候流动性不足。针对异常情况下的流动性管理,BIS 也提出了情景分析法(Scenario Analysis),将商业银行可能面临的市场条件分为正常、最好和最坏三种情景,尽可能考虑到每种情景下可能出现的有利或不利的重大流动性变化。

3. 流动性风险的管理策略

流动性的三种来源:出售流动性资产、借入准备金、自有的超额准备金。流动性管理问题的本质主要在于两个方面:一方面商业银行在某特定时刻很少有流动性需求等于流动性供给,必须不断地处理其缺口;另一方面银行的流动性与营利性之间存在矛盾关系,银行必须在二者之间进行权衡。依照对满足流动性的途径的不同选择,流动性管理策略主要可分为资产流动性管理策略、负债流动性管理策略和平衡流动性管理策略。

(1) 资产流动性管理策略。这是最古老的银行满足流动性需求的方法,以持有流动性资产(主要是现金和可转让证券)的形式储存流动性。当需要流动性时,银行就选择性地出售流动性资产,直到现金需求得到满足,该策略又称为资产转换策略。该策略主要采用牺牲资产收益率换取流动性的自我保险,主要被小银行采用,因为小银行规模小,当发生流动性危机时,在市场借入资金的成本和可得性都会受到较大的负面影响。

(2) 负债流动性管理策略。20世纪60年代和70年代,随着金融管制的逐步放松和银行业竞争的加剧,银行负债结构多元化且日益复杂,银行开始注重负债管理。以大银行为先导,很多银行开始通过以货币市场借款的方式筹集更多的流动资金。借入资金通常只在需要时发生,从而避免储存大量闲置资金和频繁的资产转换,在保持银行资产规模和构成稳定性的同时,提高了银行的潜在收益。但这种策略的风险最大,因为银行间市场利率变化大,且资金供给情况也变化快,银行常常在成本和供给不利于借入的时候必须借入。

(3) 平衡流动性管理策略。该策略采用了折中的原则,克服了负债流动性管理中的高风险和资产流动性管理中的高成本缺陷,吸取二者优点,动态地调整资产和负债结构,进行资产负债流动性平衡管理。该策略下,正常情况下的流动性需求则通过储存在可转让证券和现金类资产的流动性来满足,而突发性流动性需求则通过借入流动性来满足。

(四) 操作风险的管理

自银行开展经营活动以来就存在操作风险,但直到20世纪90年代操作风险才引起国际银行界及监管部门的重视。尤其是1995年外汇交易员李森导致巴林银行倒闭事件。1995年2月26日,英国中央银行英格兰银行宣布:巴林银行不得继续从事交易活动并将申请资产清理。10天后,这家拥有233年历史的银行以1英镑的象征性价格被荷兰国际集团收购。巴林银行的倒闭导致全球银行业及监管当局重视银行操作风险的管理,并被纳入《巴塞尔资本协议Ⅱ》的风险管理框架中。

1. 操作风险的定义及特征

中国银监会参考了《巴塞尔资本协议Ⅱ》(2004),在《商业银行操作风险管理指引》(2007)中,将操作风险定义为:"操作风险是指由于不完善或有问题的内部程序、员工和信息科技系统,以及外部事件所造成损失的风险。本定义所指操作风险包括法律风险,但不包括战略风险和声誉风险"。在操作风险中没有包括战略和声誉风险,更易于量化操作风险。

根据巴塞尔银行监管委员会(2004),操作风险具体可以分为七类:内部欺诈事件;外部欺诈事件；就业制度和工作场所安全事件；客户、产品和业务活动事件；实物资产的损坏；信息科技系统事件；执行、交割和流程管理事件。

有别于信用风险和市场风险等其他风险，操作风险具有以下特点：第一，操作风险来源广泛。与市场风险主要存在于交易账户、信用风险主要存在于银行账户不同，操作风险广泛存在于商业银行业务和管理的各个领域，具有普遍性。第二，操作风险是一种管理成本，与报酬非一一对应。信用风险与市场风险存在风险与收益的对应关系，风险越大，收益也越大。然而，操作风险损失在大多数情况下与收益的产生没有必然的联系。第三，操作风险损失大小难以确定，操作风险损失数据不易收集。第四，操作风险属于内生性风险。操作风险主要由内部因素造成，其控制和缓释往往必须通过管理来实现，而不能纯粹依靠计量的手段。

2. 操作风险的计量

在 2004 年巴塞尔委员会颁布的《巴塞尔资本协议Ⅱ》中，明确把银行的全部风险分为信用风险、市场风险和操作风险，首次将操作风险纳入风险资本的计算和监管框架，并提出了三种操作风险测量方法，即基本指标法(Basic Indicator Approach)、标准法(Standard Approach)和高级计量法(Advanced Measurement Approach)。

基本指标法和标准法属于基础方法，以银行收入为指标，简单易行，但操作风险暴露与银行总收入之间并非线性相关(Pezier, 2002)，因而巴塞尔委员会不鼓励商业银行使用这两种方法。高级计量法是一种通过商业银行自身的经验数据测算操作风险资本从而计算监管资本要求的方法，这种方法对风险的敏感度更高，而且能降低操作风险资本要求，受到越来越多的商业银行的关注。但是，根据《巴塞尔资本协议Ⅲ》的要求，用于计算监管资本的高级计量法，必须基于至少 5 年的内部损失历史数据，对于初次使用高级计量法的商业银行，也必须使用 3 年的历史数据。然而，大多数银行内部损失数据的收集还处于起步阶段，内部操作风险损失数据的数据库尚未建立，《巴塞尔资本协议Ⅲ》中对于高级计量法使用数据的要求很难实现，因内部数据不足导致的小样本偏差严重影响了操作风险资本计量的精确度。为了解决这一问题，巴塞尔委员会提出可以对符合一定条件的金融机构适当引入外部数据，以解决自身经验数据不足的问题。

3. 操作风险的管理

基于操作风险类型和特点的多样性，因此加强操作风险损失数据的收集和统计，对商业银行操作风险的量化管理非常重要。操作风险的损失形态包括：法律成本、监管罚没、资产损失、对外赔偿、追索失败、账面减值、其他损失等。在进行操作风险数据收集统计时，统计内容应至少包含：损失事件发生的时间，发现的时间及损失确认时间，业务条线名称，损失事件类型涉及金额、损失金额、缓释金额，非财务影响，与信用风险和市场风险的交叉关系等。

现代商业银行的内外部环境复杂，操作风险点繁多，加强内控制度建设是银行操作风险管理的主要途径。商业银行整体风险控制环境包括公司治理、内部控制、合规文化和信息系统。此外，并非所有的操作风险都能得到人为控制，如自然灾害、恐怖袭击等，因此银行通常采取一些缓释措施来尽可能降低风险。如业务和技术风险评估、面对灾难时的风险缓释措施、危机和事故管理等；购买商业保险，商业银行在计量操作风险监管资本时，可以将保险理赔收入作为操作风险的缓释因素,但按监管规定,保险的缓释最高不超过操作风险监管资本要求的20%;采取业务外包,即将非关键过程和非核心业务外包给具有较高技能和规模的其他机构等。

(五) 资本管理

1. 银行资本的职能及概念

银行资本的功能可归纳为如下四方面。第一,信心功能。资本可增强公众信心,提高银行声誉。第二,损失吸收功能。资本是非预期损失的吸收器,也是银行保持清偿能力的基础。第三,融资功能。资本作为一种资金来源,为银行的注册、组建和持续经营提供了所需的资金。第四,约束功能。监管机构和金融市场都要求金融机构资本的增长与贷款及风险资产的增长基本保持一致,资本规模决定了商业银行的规模扩张能力,有助于保证银行长期可持续的增长。

随着银行理论和实践的发展,银行资本的内涵不断发展,产生了会计资本、监管资本和经济资本不同但相互联系的资本概念。会计资本(Accounting Capital)又称账面资本(Book Capital)或权益资本(Equity Capital),是银行所有者在银行资产中享有的经济利益,其金额为资产负债表资产减去负债的金额,代表着银行所有者(或股东)对银行的控制权、收益权及对银行净资产的要求权。监管资本(Regulatory Capital)是指银行已经持有的或必须持有的符合监管法规规定的资本。巴塞尔系列资本协议所规定的资本要求,已成为国际银行业的准则。经济资本(Economic Capital)又称风险资本,是描述在一定的置信度水平上(如99%)、一定时间内(如一年),为了弥补银行的非预期损失所需要的资本,置信度水平由银行的风险偏好决定。

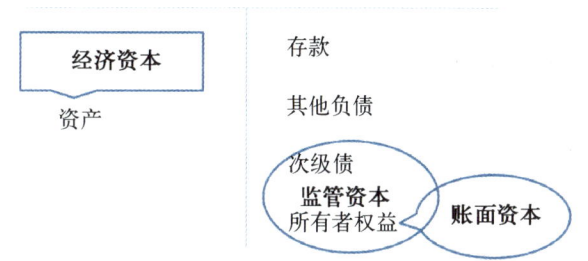

图 9-14 银行资本的概念(账面资本 vs 监管资本 vs 经济资本)

2. 最低监管资本要求

资本监管的逻辑主要有两方面:一是资本作为一种事前的成本机制,能够约束商业银行经营行为,防止银行体系过度承担风险,从而降低单个银行失败以及银行体系危机的概率。资本有效约束银行信贷扩张需要具备的条件包括:高资本融资成本、监管资本硬约束、有效的市场约束等。二是资本作为一种事后风险补偿机制,有助于增强银行体系吸收损失的能力,提升社会公众对银行体系的信心,降低风险的传染性。

资本监管是审慎银行监管的核心,银行资本管理的一项重要内容就是满足监管资本要求。资本充足率是衡量单个银行乃至整个银行体系稳健性最重要的指标,巴塞尔委员会1988年发布的《巴塞尔资本协议Ⅰ》提出了4%和8%的核心和一般资本充足率要求,是银行监管历史上一个重要的里程碑,为各国监管当局提供了统一的资本监管框架,成为资本监管的国际标准。2004年发布的《巴塞尔资本协议Ⅱ》纳入了全面风险管理(信用风险、市场风险、操作风险)的理念,并提出了资本监管三支柱(最低资本要求、监管当局的监督检查、市场约束)的有效监管体系。

2008年的全球金融危机反映出资本监管制度的重大缺陷,如风险资本监管制度的设计缺陷导致资本不能充分覆盖和反映银行所面临的各类风险,监管资本工具的损失吸收能力不强,风险资本要求未能有效地约束银行体系的杠杆效应等。危机后2010年发布的《巴塞尔资本协议Ⅲ》全面提高了最低资本比率和资本质量,并增加了杠杆率要求和宏观审慎资本要求(系统重要性银行和逆周期资本要求),并建立了量化流动性监管标准(流动性覆盖率和净稳定融资比率)。

根据危机后的国际监管改革,中国银监会也很快跟进国际银行监管标准的改革,于2012年6月颁布了《商业银行资本管理办法(试行)》,规定了核心一级资本、一级资本、二级资本、对应资本扣除项以及资本充足率等规定。

表9-5 危机前后监管资本要求比较

项 目		原规定	国际巴Ⅲ	新《资本办法》
资本要求	最低资本要求 核心一级资本	4%	4.5%	5%
	最低资本要求 一级资本	—	6%	6%
	最低资本要求 总资本	8%	8%	8%
	其他资本要求 储备资本	—	2.5%	2.5%
	其他资本要求 逆周期资本	—	0—2.5%	0—2.5%
	其他资本要求 系统重要性银行附加资本	—	1%—3.5%	1%
	总资本要求 系统重要性银行	11.5%	11.5%—14%	11.5%
	总资本要求 非系统重要性银行	10.5%	10.5%	10.5%
过渡期安排	起始	—	2013年	2013年
	结束	—	2018年年底	2018年年底

注:国际巴Ⅲ指《巴塞尔协议Ⅲ》,新《资本办法》指《商业银行资本管理办法(试行)》(2012)。

3. 银行的监管资本管理

微观银行的最优资本决策取决于破产成本和回报间的权衡。资本比率越高,破产风险和违反资本监管规定的风险越低,但财务杠杆也越低,会降低净资产回报率。具体而言,银行的最优资本比率取决于外部监管环境、市场约束强度和银行内部因素等。监管资本要求越高,监管惩罚与纠正要求越严,则银行资本比率越高。资本比率过低会导致信用评级下降,股价下跌,债务融资成本上升、融资可得性下降,内部信用评级机构和投资者要求的资本比率越高,银行的资本比率越高。银行资产规模要高速扩张,就需要更高的资本比率来支撑。

银行面临监管资本约束,主要有三种方法:增加资本、紧缩资产、调整风险资产结构。

具体措施包括增加发行新普通股或可转换债券、增加发行次级债券、减少盈余的分配、增加保留盈余、减少资产、调整资产组合(减少贷款等高风险资产、增加国债等低风险资产)等。

四、商业银行风险监管指标

为了对银行的经营管理情况进行及时准确的评价,中国银监会建立了完整的、与国际接轨的银行监管指标体系以及监管方法。从监管级别看,商业银行风险监管与管理指标分为监管、监测和关注三大类,本部分将主要介绍风险监管类指标。

根据《商业银行风险监管核心指标》(2005),风险监管类指标包括流动性风险指标、信用风险指标、市场风险指标和操作风险指标。具体各项指标及监管标准详见下表。

表 9-6 中国商业银行风险监管指标一览表

指标类别	指标名称	指标定义	监管标准	来源
资本充足	核心一级资本充足率	核心一级资本/表内外风险加权资产余额	最低要求 5%,储备资本 2%,逆周期资本要求为 0—2.5%,系统重要性银行附加 1%	《商业银行资本管理办法(试行)》(2012)
	一级资本充足率	一级资本/表内外风险加权资产余额	最低要求 6%,储备资本 2.5%,逆周期资本要求为 0—2.5%,系统重要性银行附加 1%	
	资本充足率	(一级资本+二级资本)/表内外风险加权资产余额	最低要求 8%,储备资本 2.5%,逆周期资本要求为 0—2.5%,系统重要性银行附加 1%	
	杠杆率	(一级资本——级资本扣减项)/调整后的表内外资产余额	≤4%	《商业银行杠杆率管理办法(修订)》(2015)
信用风险	不良贷款率	不良贷款余额/各项贷款余额	≤5%	《商业银行风险监管核心指标》(2005)
	拨备覆盖率	贷款损失准备/不良贷款余额	≥150%	
	贷款拨备率	贷款损失准备/各项贷款余额	≥2.5%	
	贷款集中度	对最大十家客户贷款总额/银行资本净额	≤50%	
	单一客户贷款集中度	对单一客户的贷款总额/银行资本净额	≤10%	
	单一集团客户授信集中度	对单一客户的授信总额/银行资本净额	≤15%	

续 表

指标类别	指标名称	指标定义	监管标准	来源
信用风险	单一关联方关联度	对单一关联方的授信余额/商业银行资本金额	≤10%	《商业银行风险监管核心指标》(2005)
	单一集团关联方关联度	对单一集团关联方的授信余额/商业银行资本净额	≤15%	
	全部关联度指标	对全部关联方的授信余额/商业银行资本净额	≤50%	
流动性风险	流动性比例	流动性资产余额/流动性负债余额	≥25%	《商业银行流动性风险管理办法(试行)》(2015)
	流动性覆盖率	合格优质流动性资产/未来30天现金净流出量	≥100%	
	同业市场负债依存度			《关于规范金融机构同业业务的通知》(2014)
市场风险	外汇总敞口头寸比例	累计外汇敞口头寸/资本净额	≤20%	《商业银行风险监管核心指标》(2005)
操作风险	操作风险损失收入比	操作造成的损失/前三期净利息收入加上非利息收入平均值	≤0.25%	

第四节　中国银行业的创新、转型与发展趋势

宏观层面,金融创新被认为是金融体系发展变革的重要推动力量和金融体系促进实体经济运行的引擎(Merton,1992);微观层面,金融创新是金融机构获得和保持核心竞争力的必要途径。

20世纪60年代以来,伴随着经济金融环境的变化以及电子信息和互联网技术的推动,金融创新蓬勃兴起,金融领域出现了全方位、大规模的金融巨变,新型的金融机构、新型的金融市场、新型的金融工具层出不穷。近年来随着中国经济从"旧常态"向"新常态"演进,互联网金融和科技金融飞速发展,带来了银行经营环境的全面、持续和深刻的变化,中国银行业需要直面新变化、新挑战,摒弃过去粗放式规模扩张的业务思路,逐渐转变业务模式和盈利模式,走金融创新、资本节约和内涵增长的可持续发展道路。

一、FinTech与互联网金融发展对银行业的影响

近年来,互联网金融与"金融科技"(FinTech)概念在全球范围内迅速兴起。虽然二者

尚无统一定义，但从字面意思上，二者既有联系又有区别，互联网金融的实质偏向"科技＋金融"，FinTech的实质偏向"金融＋科技"，都泛指信息技术在金融领域的深入应用与发展。

互联网技术与FinTech的发展带来了传统银行机构客户行为和竞争环境的巨大变化，但对银行业的积极影响大过竞争效应，将通过"鲶鱼效应"倒逼、激励银行业改进服务效率、提高而不是降低银行业的核心竞争力。

(一) 互联网和支付技术的进步彻底改变了银行客户的金融行为

第一，互联网金融服务的渗透率迅速上升，客户获得金融服务的方式也大大改变，中国客户正以飞快的速度接受和使用全新的、更复杂的线上金融服务，网点不再是最重要选择。据麦肯锡PFS2014年的调研，越来越多的客户借助移动终端来享受自由化的金融服务，超过70％的中国个人金融客户愿意开办纯数字银行账户。

第二，客户使用银行服务的行为已发生巨大变化，他们不会只单独使用特定银行的特定渠道或产品。据麦肯锡PFS2014年的调研，中国个人金融客户的平均开户银行达到3.5—4家，已较2008年增加40％。

第三，客户比较和选择不同银行金融产品和服务的交易成本、转换成本(Switching Cost)大幅度降低，金融客户对其主要银行的忠诚度将发生变化。据麦肯锡PFS2014年的调研，当其他银行提出更优惠的条件时，仅有不到50％的中国客户会坚持使用原先的主要银行，而在新兴亚洲国家，这一数字将近70％。

第四，客户的范围和需求边界模糊化，客户的规模增加和减少速度将可能n倍于以往。

(二) 互联网和支付技术的进步，使得银行的边界由封闭走向开放，银行业将面临新的竞争对手和新的竞争格局

作为机构的银行的重要性被不断冲击、削弱，而银行服务本身，将扩展到互联网(Google、Paypal)、电子商务(支付宝)、电信运营商、手机制造商、零售连锁业等渠道性的行业和企业。过去，中国金融行业内各子行业间的边界非常清晰且完全分割，存款、贷款以及汇兑功能只能由商业银行承担。但随着互联网和支付技术的进步，近年来各类金融和非金融机构纷纷进军传统银行业务，从资产、负债以及表外各方面分流银行业务。据统计，截至2017年末，中国P2P网贷交易余额达到1.72万亿元，余额宝规模为1.58万亿元，证券、保险、基金以及信托等资产管理规模达到96.46万亿元[①]。

(三) 互联网金融的本质侧重"科技＋金融"，FinTech的本质侧重"金融＋科技"，二者对传统银行机构的冲击更多可能是倒逼式的作用，将迫使传统银行机构为客户提供金融产品和服务的模式发生革命性变化(Philippon，2016)，在为传统银行提供更多新业务机会的同时，也将导致金融服务的价格下降

King(2012)提出了"Bank 3.0"概念，认为随着客户金融行为的彻底改变，未来的零售银行将是一种基于未来消费群体和消费者习惯、企业金融需求、全新的风险管理模式、降

---

① P2P交易规模数据来源于Enfodesk易观智库，http://www.enfodesk.com；余额宝数据来源于http://money.163.com。

低价值产生和传递过程中的金融成本,减少金融交易的中间环节,将金融产品的选择权直接交给客户的一种商业模式,"银行不再是客户要去的地方,而是实现客户需求的场所(Banking is No Longer Somewhere You Go But Something You Do)"。

二、中国银行业的转型与发展趋势

经济从"旧常态"向"新常态"演进,互联网金融与FinTech的飞速发展,将带来银行经营环境的全面、持续和深刻变化,中国银行业需要直面新变化、新挑战,摒弃过去粗放式规模扩张的业务思路,逐渐转变业务模式和盈利模式,走资本节约和内涵增长的可持续发展道路。

(一)中国经济新常态、利率市场化和混业经营大背景下,表外业务是银行业务未来的发展重点,传统信贷等表内业务的盈利贡献仍可能将继续下降

一方面,经济新常态,与经济增速下降伴随的企业信贷的内生需求将下降,而且传统的信贷市场已成为红海市场、竞争将日益激烈,为满足盈利增长的需要(尤其对于上市银行),大力发展表外业务(包括投资银行业务、资产管理业务等),利用银行庞大的客户基础和资金实力去分享中国蓬勃发展的投资银行和财务管理机会是一个重要的发展方向。在投行和资管业务领域,从客户基础和资金实力等方面,银行比证券公司、基金公司、保险公司等具有自己的比较优势。

(二)表内业务的发展趋势在零售银行,对公业务的比重将逐渐下降,从依赖传统的企业信贷业务逐渐向零售银行和财富管理业务转型

长期以来,与欧美等国家大型银行的业务结构相比,中国银行业业务模式简单,业务结构过分依赖公司业务,零售业务比重很低。尽管近年来部分银行有所重视,但国内零售银行业务总体上发展水平仍然较低。

新常态下经济增速放缓,公司信贷增速放缓、对银行利润贡献降低是大趋势,但中国多年来经济高速增长带来的巨额财富管理却为银行提供了重要的收入来源,加快发展零售银行业务和财富管理业务将成为商业银行业务模式转型的重点。与批发银行业务相比,零售银行业务更强调专业服务质量,而不只是信贷资源投入,受经济下滑、渠道脱媒、利率变化等影响相对较小。国外发达国家金融市场的历史经验也表明,应对金融脱媒和利率市场化的战略举措之一就是大力发展零售银行业务。

(三)混业经营背景下,银行业务(无论是表内还是表外业务)会更加积极地参与资本市场

从国际金融业的发展路径来看,混业经营是金融自由化、金融业深化发展的必然趋势。由于金融创新导致来自非银行部门的竞争加剧,全球金融一体化所带来的激烈国际竞争,金融自由化和金融脱媒压缩银行业本身利润空间,目前在全球系统重要性银行的所在国,包括美国、日本、法国、德国、英国、瑞士等,法律均允许银行业开展不同形式的混业经营。混业经营作为一种经营模式,也广泛被世界各领先银行所采用。例如,以投资银行业务为主的德意志银行、瑞银集团等均有各自的商业银行业务,而以商业银行业务知名的花旗银行、三菱东京日联银行等也通过控股集团的形式广泛开展了投资银行、资产管理等非银行业务。

利率的自由化将带来金融资产价格的波动增加,价格的波动意味着风险和机遇,在风

险规避者避险需求和投资者逐利动机的推动下,将极大地促进金融产品、金融机构、金融市场的创新,金融业将获得空前的发展机会(尤其是直接融资市场)。随着混业经营时代的到来,银行将从单纯参与存贷款市场向积极参与包括存贷款市场、货币市场、资本市场、衍生品市场、外汇市场等在内的大范畴金融市场转变,优化银行的资产负债组合和风险管理;从习惯于持有资产至到期的模式向以交易管理资产为主的模式转变,积极发展代客管理、托管业务等,发展轻资产、轻资本的业务模式。银行业务(尤其大型银行)积极参与资本市场,将有利于从存贷利差经营转向综合化经营,从收入过度依赖利差转向收入多元化。金融需求的综合化、竞争主体的多元化、资金价格的市场化等外部环境因素的日趋复杂对商业银行的发展产生硬约束,促使其转向综合金融服务发展模式,业务结构和收入结构均走向多元化。

(四) 银行根据自身比较优势,差异化经营将日益显著

长期以来,中国银行业普遍存在内部过度竞争和服务不足同时存在的矛盾问题,其根源在于银行经营高度同质化。由于规模竞争是银行业竞争的主旋律,部分银行的产品和服务仍没有基于自身比较优势来探寻在金融价值链中的地位,呈现出高度同质化特征。比如当国内部分商业银行从淘宝、京东等互联网平台企业为客户提供零售金融服务的成功经验中意识到"零售金融服务与商品交易关系日益密切"的趋势后,其反应是纷纷成立网络购物商城(如工农中建四大银行纷纷建立了自己的网络商城),然而花费大量人力、物力和财力建立的网络商城在商品定价、物流服务、售后服务等方面与专业的网络购物平台公司存在巨大差距。再比如,当互联网金融的重要性被各家银行意识到后,短短两年内国内迅速成立了超过二十家的直销银行,这些数量众多的直销银行所提供的服务和产品也都大同小异(主要是理财产品),结果就是大多数的直销银行都没有客户流量。

未来在竞争加剧、风险上升的严峻形势下,单纯依赖规模增长的竞争模式难以持续,同质化经营模式难以维系。不同类型的银行需要充分发挥自身优势,借此确立自己独特的发展战略,形成符合自身资源禀赋和能力的商业模式,通过差异化的客户、产品定位,一方面能更好地满足目标客户的金融需求,另一方面能从"红海市场"转向"蓝海市场",改变围绕现市场份额过度竞争的传统做法。具体而言,大型银行可能会转向以综合化、国际化经营为特色,凭借其庞大的资产负债规模,在资本市场和金融市场更加活跃,依托广阔的网点布局、巨大的客户资源、金融渠道的全覆盖,提升综合金融服务水平,推进金融集团建设,打造综合化经营的全能银行。小型银行则可能做精做深,成为中国的"社区银行",以数量众多的中小企业和零售客户为主要服务对象。

(五) 银行的风险管理能力和风险定价能力将日益成为传统银行业务的核心竞争能力

尽管随着银行业的改制和公司治理的完善,银行业的操作风险和信用管理水平有了较大幅度的提高,但由于存贷款利率的长期管制,中国银行业提高利率风险管理能力和风险定价能力的内在激励不足。如以往中国的存贷款利率管制不仅管制了商业银行最大的资产和负债的价格,而且通过公布不同期限的存贷款基准利率管制了存贷款利率的期限结构,这就使得商业银行失去了重视利率风险管理的内部动力。

经济下行给商业银行带来了严峻挑战,利率市场化更是增加了风险管理的复杂性。

银行的风险管理工作要从单纯关注流动性风险和信用风险转到兼顾利率风险、流动性风险和信用风险的全面风险管理,加强对各类风险的识别和防范。存贷款利率管制放开之后,未来存贷款利率的期限结构将逐渐受到市场因素的影响,且波动频率加大,利率风险将成为影响商业银行面临的重要风险之一,从风险定价、业务模式、风险管理以及信息科技等方面对国内商业银行的经营管理提出了诸多挑战,基于风险识别和管理的资产负债定价能力将成为银行的重要竞争力。

专栏

中国式影子银行的发展

按照金融稳定理事会的定义,影子银行(Shadow Banking)是指游离于银行监管体系之外、可能引发系统性风险和监管套利等问题的信用中介体系(包括各类相关机构和业务活动)。影子银行系统(The Shadow Banking System)的概念由美国太平洋投资管理公司执行董事麦卡利首次提出并被广泛采用,又称为平行银行系统(The Parallel Banking System),它包括投资银行、对冲基金、货币市场基金、债券、保险公司、结构性投资工具(SIV)等非银行金融机构。

中国的"影子银行"主要包含两部分,一部分主要包括银行业内不受监管的证券化活动,以银信合作为主要代表,还包括委托贷款、小额贷款公司、担保公司、信托公司、财务公司和金融租赁公司等进行的"储蓄转投资"业务;另一部分为不受监管的民间金融,主要包括地下钱庄、民间借贷、典当行等。

据穆迪测算,2016年中国影子银行资产增长超过20%,达到64万亿元人民币,相当于当年国内生产总值(GDP)的86.5%,增速仍然较快。不过,与2015年30%的增长率相比,已有所放缓。影子银行总资产规模和社会融资总量之间的差距,在2016年年底接近23万亿元人民币(2015年年底为17万亿元)。

随着银行表外理财业务纳入中国央行宏观审慎评估体系,以及监管部门对银行和非银金融机构之间同业嵌套作出更为严格的规定,作为影子银行业务中增长尤为迅速,且融资余额占比最大的理财产品对接资产,比如银行表外理财、证券公司和基金子公司资管产品等,其增长正逐渐受到制约。

请分析下述问题:

(1) 分析中国式影子银行与美国式影子银行在形式上的差异。
(2) 中国影子银行快速发展的原因是什么?
(3) 分析中国影子银行快速发展对中国金融体系的积极和消极影响。
(4) 央行、银监会等监管机构对中国影子银行的监管思路是什么?

本 章 小 结

商业银行是特殊的企业,其特殊性体现在宏观、中观和微观层面。仅从传统的资产负债表角度认识现代商业银行(尤其大型银行)是远远不够的。传统资产负债表业务金融市场化和业务表外化是现代大型商业银行的重要业务发展趋势,资产管理、金融交易、投资银行等表外业务日益成为银行增加其利润的重要途径。

银行财务报表分析主要分析资产负债表和利润表,要重视贷款损失拨备、贷款损失准备等科目的变动,当使用净利息收益率、非利息收入占比、成本收入比率等指标进行同行业比较时应谨慎注意适用性。风险管理是商业银行的本质特征,现代银行的最佳风险管理实践是全面风险管理框架,各种类型的风险管理越来越重视定量分析,通过内部模型来识别、计量、监测和控制风险,并重视各种风险间的关联关系。

微观层面,金融创新是金融机构获得和保持核心竞争力的必要途径。互联网技术与 FinTech 的发展带来了传统银行机构客户行为和竞争环境的巨大变化,但对银行业的积极影响大过竞争效应,将通过"鲶鱼效应"倒逼、激励银行业改进服务效率、提高而不是降低银行业的核心竞争力。中国经济从"旧常态"向"新常态"演进,互联网金融与 FinTech 的飞速发展,将带来银行经营环境的全面、持续和深刻变化,中国银行业需要直面新变化、新挑战,摒弃过去粗放式规模扩张的业务思路,逐渐转变业务模式和盈利模式,走资本节约和内涵增长的可持续发展道路。

重 要 概 念

银行信息理论、银行流动性理论、同业业务、银行业杜邦分析法、净利息收益率、非利息收入占比、成本收入比、全面风险管理框架、资本监管 FinTech、银行业转型

习 题 与 思 考

1. 试比较商业银行流动性风险与破产风险的区别和联系。
2. 银行开展资产证券化业务能获得哪些好处?
3. 如何理解 FinTech 与互联网金融发展对银行业的影响。
4. 据统计,2012 年第三季度,16 家上市银行实现净利润 8 127.67 亿元,占到了所有 2 471 家上市公司净利润的 55.4%。关于中国银行业是否存在暴利当时出现了如下观点(持各观点人士的职务均为时任职务)[①]:

    (1) 中国国际经济交流中心副秘书长陈永杰:"银行和实体经济一个利厚一个利薄的问题,已经到了非常严峻的程度。资本利润率已经大幅高于工业,而且高于石油和烟草,我们都说烟草是最暴利的,石油勘探开采也很暴利,而现在银行业比这两个行业利润还要高。"

    (2) 民生银行行长洪崎:"中国银行业一枝独秀、利润很高,不良率很低,大家有一

---

① 各观点资料均来源于 http://bank.hexun.com/2012/bankbaoli/。

点为富不仁的感觉,企业利润那么低,银行利润那么高,所以我们有时候利润太高了,有时候自己都不好意思公布。"

(3)吴晓灵:"目前,银行业如何将钱挣得让大家心服口服是一个问题。银行存贷利差相对较高,某些收费不透明,准入门槛高,确实不合适。我国目前存款利率是3.5%,贷款利率是6.56%,息差超过3%,高于国际平均水平"

(4)深发展董事长肖遂宁:"实际上银行业高利都算不上,利润实际上超低,计算高利一般是指单位投入所得回报。目前银行业资产收益率只有1%,前几年还只有百分之零点几,而一般制造业这个指标能达到5%,所以银行业既非暴利也非高利"。

(5)中国农业银行副行长潘功胜:"和国际上相比,中国的存贷利差并不大。2010年国际上前十大银行平均利差2.31,中国略高,为2.46。而与金砖四国来比,中国是金砖四国中最低的"。

请评论上述各位人士的论点是否正确以及论据是否合理。

第十章

金融市场中的金融机构：证券类金融机构

教学目的与要求

证券类金融机构是证券市场的重要组成部分。通过本章的学习，了解我国证券类金融机构的发展历程及其现状，知悉证券类金融机构的具体分类和在证券市场中发挥的功能，了解投资银行的主要业务范围和我国投行的竞争状况，证券投资基金的分类和竞争格局。

第一节 证券类金融机构概述

根据中国证券业协会的统计，截至2017年12月，我国有证券公司131家，证券投资基金管理公司122家，证券投资咨询公司84家，资信评估机构11家，合格境外机构投资者(QFII)311家，特别会员44家(其中地方证券业协会33家，基金托管机构8家，证券交易所2家，证券登记结算公司1家)。

一、证券类金融机构的分类

证券类金融机构是证券市场运转的动力所在，主要可以分为证券市场投资者(包括私募股权投资基金、证券投资基金等)、证券市场中介组织(包括投资银行、证券服务机构等)、自律性组织(包括证券业协会等)和监管机构(包括证券交易监督委员会等)四大类。

(一) 证券市场投资者

证券市场的投资者是资金供给者，也是金融产品的购买者，投资者可以分为个人投资者和机构投资者。机构投资者相对中小个人投资者而言，拥有资金、信息、人力等优势，包括证券投资基金、私募股权投资基金、证券自营商、商业银行、企业等机构。其中，部分机构投资者如证券投资基金、私募股权投资基金、证券自营商等都属于证券类金融机构范畴。证券投资基金的具体介绍将在本章第三节中展开。

私募股权投资基金(Private Equity Fund)是指以非上市股权为投资对象的私募基

金。私募股权投资基金的类型、投资方向、投资风格、风险收益特征、主要代表具体见表10-1。

表 10-1 私募股投基金分类

基金类别	基金类型	投资方向	投资风格	风险收益特征	主要代表
风险投资基金	种子期基金 初创期基金 成长期基金 Pre-IPO 基金	主要投资于中小型、未上市的成长企业	分散投资、参股为主	高风险、高收益	高盛、摩根斯坦利、IDG、软银、红杉、鼎晖、联想
并购重组基金	MBO 基金 LBO 基金 重组基金	以收购成熟企业为主,单体投资规模通常很大	控股或参股	风险、收益中等	高盛、贝恩、凯雷、KKR、黑石、弘毅、鼎晖
资产类基金	基础设施基金 房地产投资基金 融资租赁基金	主要投资于基础设施、收益型房地产等	具有稳定现金流的资产	低风险、稳定收益	麦格理、高盛、EOP、领汇、越秀 REIT
其他PE 基金	PIPE 夹层基金 问题债务基金	PIPE:上市公司非公开发行的股权 夹层基金:优先股和次级债等 问题债务基金:不良债权	—	—	夹层基金:高盛、黑石、鼎晖、中信产业基金

资料来源:何小锋、黄嵩著,《投资银行学》(第二版),北京大学出版社,2008 年。

风险投资基金采取私募权益投资方式,一般通过组合投资来分散风险,主要采取参与管理型的投资方式,投资于具有优秀管理层和优良管理制度的公司。与"个人分散性的风险投资"和"非专业管理的机构性风险投资"相比,风险投资基金存在以下优势:风险投资基金具有较大的资金规模,因而能够通过组合投资分散和规避投资风险;实现了专家管理,因而有利于提高运作效率;实现了专家管理的机构化,从而有利于市场对其进行及时评价和监督。因此,风险投资基金从 20 世纪 40 年代中期出现以来,已经迅速发展成为风险投资的主要形态。

风险投资基金的运作包括以下几个步骤:首先,风险投资基金会根据市场前景、公司管理层的素质、公司的发展阶段、投资的规模等多个方面的标准选择投资对象;其次,风险投资基金会与创业企业之间经过协商达成一系列协议,协议事项包括金融工具的选择、交易价格的确定等,这一阶段被称为交易构造;然后,风险投资基金介入被投资企业后,会在一定程度上参与公司的管理,参与程度各有不同,有的偏好于依赖管理层报告和定期视察,有的愿意发挥更积极的作用;最后,风险投资基金会在一定时间退出,退出的方式主要有首次公开发行、出售股权、被投资企业回购股份等等。当然,如果投资失败,破产清算也是一种退出方式。

(二)证券市场中介组织

证券市场中介组织是指为证券的发行与交易提供服务的各类组织。中介组织是连接证券投资人与筹资人的重要的联系纽带。一般而言,在证券市场中起到中介作用的组织是投资银行和其他证券服务组织,具体包括:证券承销商、证券经纪商等证券经营组织;投资咨询机构、财务顾问机构、资信评级机构、资产评估机构、会计师事务所、律师事务所等证券服务机构;证券登记结算机构等等。其中,投资银行业务范围广泛,包括证券承销、证券经纪、资产管理、兼并收购等,是重要的中介组织。

1. 证券服务机构

证券服务机构是指依法设立的从事证券服务业务的法人机构。证券服务机构包括投资咨询机构、财务顾问机构、资信评级机构、资产评估机构、会计师事务所、律师事务所等从事证券服务业务的机构。

根据我国有关法规的规定,证券服务机构的设立需要按照工商管理法规的要求办理注册,从事证券服务业务必须得到中国证监会和有关主管部门的批准。投资咨询机构、财务顾问机构、资信评级机构、资产评估机构、会计师事务所从事证券服务业务,必须经我国的证券监督管理机构和有关主管部门批准。投资咨询机构、财务顾问机构、资信评级机构从事证券服务业务的人员,必须具备证券专业知识和证券从业资格。

2. 证券登记结算机构

证券登记结算机构是为证券交易提供集中登记、存管与结算服务,不以营利为目的的法人。集中登记包括对投资者证券账户的开立、挂失等证券账户管理登记;上市证券的发行登记;上市证券非流通股份的抵押、冻结以及法人股、国家股股权的转让过户登记和证券持有人名册登记等。存管包括上市证券的股份管理,证券存管与转存管,受发行人的委托派发证券权益等。结算服务指证券交易所上市证券交易的清算和交收,包括证券交易的清算过户,证券交易的资金交收和新股网上发行的资金清算等。

根据我国相关法规的规定,设立证券登记结算机构必须经我国的证券监督管理机构批准,并应当具备下列条件:(1)自有资金不少于人民币2亿元;(2)具有证券登记、存管和结算服务所必须的场所和设施;(3)主要管理人员和从业人员必须具有证券从业资格;(4)国务院证券监督管理机构规定的其他条件。

(三)证券市场监管机构

世界各国都非常重视对证券市场的监督,并建立相应的监管组织进行监管活动。美国是采取设立专门管理证券组织的证券管理体制的国家,实行这种体制或类似这种体制的国家还有加拿大、日本等,当然每个国家都结合本国的具体情况进行了不同程度的修改。英国的证券管理体制传统上以证券交易所自律为主,政府并无专门的证券管理组织,实行类似管理体制的国家还有荷兰、意大利、德国等。在我国,对证券市场进行监管的组织主要是中国证券监督管理委员会。经授权,中国证监会的派出组织也可在一定范围内行使监管职能。在广义上,证券交易所和自律性组织均属于证券市场监管机构。

证券交易所是为证券集中交易提供场所和设施,组织和监督证券交易,实行自律管理的法人。其主要职责在于提供交易场所和设施、制定交易规则、监管在该交易所上市的证券及参与者交易行为的合规性、合法性,确保市场的公开、公平、公正。证券交易所有会员制证券交易所和公司制证券交易所两种形式。目前,多数国家的证券交易所都实行会员制。我国的证券交易所是会员制证券交易所,是不以营利为目的的法人。

自律性组织一般是指行业协会。它发挥着政府监管部门与证券经营组织之间的桥梁和纽带作用,促进证券业的发展,维护投资者的合法权益,完善了证券市场体系。我国证券业自律性组织是中国证券业协会。中国证券业协会是依据《中华人民共和国证券法》和《社会团体登记管理条例》的有关规定设立的证券业自律性组织,属于非营利性社会团体法人,接受中国证监会和国家民政部的业务指导和监督管理。

二、证券类金融机构的功能

证券类金融机构的产生是社会分工越来越趋向专业化的表现,也是市场经济发展的内在要求。市场经济需要实现资源的最优配置。在证券活动中,虽然发行活动和买卖活动都可直接进行,但往往效率低下,只有通过证券类金融机构的中介作用,才能提高效率、优化配置、适应市场要求,其特殊作用主要体现在以下几个方面:

(一) 媒介资金供需

证券类金融机构作为证券市场的中介组织,是证券市场上沟通资金盈余者和资金短缺者的有效途径。证券发行公司发行证券的目的在于筹集到公司所需的资金,一般都是以长期投资为主要目的并伴以数量巨大的特点,证券发行可以是间接的,也可以是直接的,考虑到相关的成本和风险,发行公司一般采用间接方式发行证券,即发行过程涉及三方:投资者、筹资者和中介人。在证券发行过程中,证券类金融机构作为中介组织起到了关键媒介作用:一是帮助资金需求者寻找资金来源,同时帮助资金盈余者寻求投资机会;二是设计合理的交易方式,如债券发行要考虑期限、利率和还本付息方式等,使得交易双方在互惠互利的基础上达成协议。实力雄厚的证券类金融机构(如证券交易所、投资银行等)具备十分便利的发行证券条件,可以聚集分散的资金,形成企业发展所需长期资金,实现有效资源配置,为社会创造价值。

(二) 构造证券市场

任何一个完备的金融市场都是由活跃的交易主体、充分的信息披露、灵敏的价格机制和多样化的金融产品组成的。就证券市场而言,其中的金融机构是促成这几方面不断完善的中坚力量。

在证券一级市场上,投资银行等机构是证券发行者和证券投资者的中介人,一方面为资金供给者选择合适的投资机会,另一方面也为资金需求者找到资本来源,促进了长期资本形成,加快了产业投资的速度,提高了资金运作效率。在证券二级市场上,证券经纪商作为主要中介人,证券自营商和证券投资基金作为主要参与者,在提高市场流动性、活跃市场交易方面,发挥了不可替代的作用。在财务顾问服务方面,投资银行、证券咨询服务机构为投资者提供了专业化的理财顾问服务,既分散了投资风险,也起到了维护证券市场理性发展的作用。因此,可以说,没有证券类金融机构的存在,就没有高效率、低成本和规范化的证券市场。

(三) 优化资源配置

证券类金融机构通过发行和交易证券、管理证券投资基金、提供兼并收购等服务,在促进资源在整个经济体系中的合理运用和有效配置方面发挥着重要作用。

(1) 通过证券发行,实现资金的有效配置。这是指通过发行证券,使资金流向社会平均利润率比较高的行业和企业,并加以有效利用。一种利率、期限设置合理的证券是否为广大投资者所接受,既取决于筹资者的资信和盈利能力,又取决于投资银行的资信水平。证券评级机构可以通过对不同企业和不同项目融资的收益和风险的判断,对其进行不同的评级,从而引导社会资金流向,促进社会资金的有效配置。

(2) 证券投资基金通过有效的投资管理,实现资金的有效配置。证券投资基金聚集众多的闲散资金,投资于股市、债市、货币市场及特定行业等,为具有良好发展前景、业绩优良的企业提供资金支持,也有利于社会投资结构和规模的调节,提高社会的投资效益。

(3) 投资银行、并购重组基金等在兼并收购和资产重组方面,更是为企业提供了多种金融中介服务,促进了存量资源的再配置,不仅提高了资本运营效率,而且对规范上市公司治理和加强竞争起到了积极作用。

(四) 促进产业结构升级

在经济发展的过程中,市场的高度社会化必定会导致产业的集中和垄断,而产业的集中和垄断反过来又促进了生产社会化向更高层次发展,从而实现产业结构的升级,推动经济的前进。一方面,投资银行等机构通过推动企业兼并与收购,促进了产业结构的调整;另一方面,风险投资基金的发展,又促进高新科技企业的发展,实现产业结构的升级换代。可见,证券类金融机构产业结构升级中又起到了十分关键的作用。

第二节 投资银行

投资银行作为活跃于国际金融市场上的一类重要的金融机构,在现代市场经济和金融体系中发挥着不可替代的作用。它以灵活多变的形式参与资本市场配置,成为资金供给者和资金需求者之间重要的联系纽带,在资金供给者和资金需求者之间建立了一个方便快捷的通道,节省了交易环节和交易费用,实现了资本的高效配置。

一、投资银行概述

(一) 投资银行的定义

投资银行是主要从事证券发行、承销、交易、兼并与收购、基金管理、衍生金融、风险投资、投资分析等业务的非银行金融机构,是资本市场上非常重要的金融中介。

一般来说,投资银行业务由广到狭可以有四个定义:

(1) 投资银行业务包括所有金融市场业务;
(2) 投资银行业务包括所有资本市场业务;
(3) 投资银行业务只限于证券承销、交易和并购顾问;
(4) 投资银行业务仅指证券承销和交易。

在我国,能够被称为"投资银行"的,是那些具备证券承销资格的综合类证券经营机构。投资银行之所以称为投资银行,一方面是因为其本身就是金融体系中的重要组成部分,另一方面也在于其历史上是从商业银行中分离出来的。

投资银行区别于其他相关行业的显著特点是:其一,它属于金融服务业,这是区别于一般性咨询、中介服务业的标志;其二,它主要服务于资本市场,这是区别于商业银行的标志;其三,它是智力密集型行业,这是区别于其他专业性金融服务机构的标志。

(二) 投资银行的类型

投资银行可以分为三种类型:大型金融控股公司、全能型投资银行和专业型投资银行。

金融控股公司是提供一站式金融服务的"金融超市",除了投资银行业务之外,还提供包括商业银行业务在内的其他金融业务。这些公司有专门的部门或下属公司从事投资银行业务。在混业经营体制下,欧洲和日本的大型银行同时经营商业银行业务和投资银行业务。在美国,1999年《金融服务现代化法案》生效后,投资银行业务也成为美国大银行的必备业务。汇丰、花旗、摩根大通、德意志银行、瑞银等都是金融控股公司的典型代表。我国金融业属于分业经营管理体制,但中信集团、光大集团、平安集团属于典型的金融控股公司。

全能型投资银行提供全面的投资银行业务,但不提供投资银行业务以外的其他金融业务,不属于金融控股公司的一部分。

专业性投资银行并不提供全面的投资银行业务,而是专注于为某个特定行业提供投资银行服务,或专注于某一类投资银行业务。如美国小型投资银行Greenhill公司、国内的海际大和与摩根斯坦利华鑫等均属于此类。

(三) 投资银行的组织形式

20世纪70年代前,投资银行主要是合伙制。在合伙制投资银行中,人的因素十分重要。一般来说,合伙制投资银行中的合伙人是那些在投资银行业务方面具有较高声望和地位的专业人士。

20世纪80年代以来,投资银行发展的最大变化之一就是由有限合伙制转变为公司制,并先后上市。与合伙制投资银行相比,公司制投资银行,尤其是上市的投资银行具有如下优点:第一,增强了筹资能力;第二,避免了所有权与管理权不分的弊端,使公司更为稳定;第三,推动并加速投资银行间的兼并浪潮,优化了投资银行业的资源配置。在投资银行的组织形态上,各国的规定不尽相同。目前,世界上只有比利时、丹麦等少数国家的投资银行仍限于合伙制;德国和荷兰虽然在法律上允许有不同的组织形态,但事实上只有合伙制;新加坡、巴西等国则只允许采取股份公司制的形式。从投资银行业比较发达的美、欧、日等国家和地区来看,公司制是具有典型意义的投资银行组织形式。我国法规规定,证券公司的组织形式必须是有限责任公司或者股份有限公司,不得采取合伙及其他非法人组织形式。

(四) 主要业务范围

经过最近一百年的发展,现代投资银行已经突破了证券发行与承销、证券交易经纪等传统业务框架,企业并购、项目融资、风险投资、财务顾问、投资咨询、基金管理、资产证券化、金融衍生产品等业务已成为投资银行的重要业务。各投资银行在业务上的侧重点不尽相同,都有自己的特色,归纳起来主要有以下几个方面。

1. 证券发行与承销

证券承销是投资银行的基本业务和本源业务,是投资银行帮助公司或者政府机构等融资的主要手段之一。在直接融资的资本市场中,投资银行的承销活动使筹资活动高效、正规、快速进行。投资银行承销的范围很广,包括本国中央政府及地方政府政府机构发行的债券、企业所发行的债券和股票、金融机构发行的债券、外国政府与外国公司发行的证券、国际金融机构(例如世界银行、亚洲开发银行等)发行的证券。当公司首次上市发行新股或上市公司发行股票(如配股、增发和发行可转换债券)时,投资银行可以以包销、代销等形式进行证券承销。股票承销一般包括发行准备、尽职调查与辅导、申请文件的制作、向有关证券交易管理部门申报、申请文件的审核、路演询价定价、发行上市等几个步骤。

证券承销方式业务可以采取包销和代销方式。证券包销是指投资银行将发行人的证券按照协议全部购入或者在承销期结束后将售后剩余证券全部自行购入的承销方式,前者为全额包销,后者为余额包销。证券代销是指投资银行代发行人发售证券,在承销期结束后,将未售出的证券全部退还给发行人的承销方式。

2. 证券经纪业务

证券经纪业务,又称为"代理买卖证券业务",是指证券公司接受客户委托代客户买卖有价证券的业务。在证券经纪业务中,投资银行按照客户的指令进行交易,只收取一定比例的佣金作为业务收入,不承担投资风险。证券经纪业务分为柜台代理买卖证券业务和通过证券交易所代理买卖证券业务。目前,我国公开发行并上市的股票、公司债券及权证等证券,在证券交易所以公开的集中交易方式进行,因此,我国证券公司从事的经纪业务以通过证券交易所代理买卖证券业务为主。根据《证券公司监督管理条例》的规定,证券公司从事证券经纪业务时,可以委托证券公司以外的人员作为证券经纪人,代理其进行客户招揽、客户服务及产品销售等活动。证券经纪人应当具有证券业从业资格。证券经纪人应当在证券公司的授权范围内从事业务,并应当向客户出示证券经纪人证书。2009年3月中国证监会发布《证券经纪人管理暂行规定》,对证券公司采用证券经纪人制度开展证券经济业务营销活动做出了进一步的明确规定。

3. 证券自营业务

证券自营业务是指投资银行以自己的名义,以自有资金或者依法筹集的资金,为本公司买卖依法公开发行的股票、债券、权证、证券投资基金及法律认可的其他证券,以获取盈利的行为。证券自营活动有利于活跃证券市场,维护交易的连续性。但是,由于投资银行在交易成本、资金实力、获取信息以及交易的便利条件等方面都比投资大众占有优势,因此,在自营活动中要防范操纵市场和内幕交易等不正当行为;加之证券市场的高收益性和高风险性特征,许多国家都对投资银行的自营业务制定了法律法规,进行严格管理。

我国《证券法》规定,证券公司开展自营业务,需要取得证券监管部门的业务许可。证券公司从事自营业务、资产管理业务等两种以上的业务,注册资本最低限额为5亿元,净资本最低限额为2亿元。同时,要求证券公司治理结构健全,内部管理有效,能够有效控制业务风险;公司有合格的高级管理人员及适当数量的从业人员,安全平稳运行的信息系统;建立完备的业务管理制度、投资决策机制、操作流程和风险监控体系。

4. 证券资产管理业务

证券资产管理业务是指投资银行作为资产管理人,根据有关法律、法规和投资者签订的资产管理合同,按照资产管理合同约定的方式、条件、要求和限制,为投资者提供证券及其他金融产品的投资管理服务,以实现资产收益最大化的行为。

我国《证券法》规定,证券公司从事资产管理业务,应当获得证券监管部门批准的业务资格;公司净资本不低于2亿元,且各项风险控制指标符合有关监管规定,设立限定性集合资产管理计划的净资本限额为3亿元,设立非限定性集合资产管理计划的净资本限额为5亿元;资产管理业务人员具有证券业从业资格,且无不良行为记录,其中具有3年以上证券自营、资产管理或者证券投资基金管理从业经历的人员不少于5人;公司具有良好的法人治理机构、完备的内部控制和风险管理制度。经中国证监会批准,证券公司可以从事为单一客户办理定向资产管理业务、为多个客户办理集合资产管理业务、为客户办理特定目的的专项资产管理业务。

5. 证券投资咨询业务

证券投资咨询业务是指从事证券投资咨询业务的机构及其咨询人员为证券投资人或者客户提供证券投资分析、预测或者建议等直接或者间接有偿咨询服务的活动。投资建议服务内容包括投资的品种选择、投资组合以及理财规划建议等。按照我国的《发布证券研究报告暂行规定》,发布证券研究报告是指证券公司、证券投资咨询机构对证券及证券相关产品的价值、市场走势或者相关影响因素进行分析,形成证券估值、投资评级等投资分析意见,制作证券研究报告,并向客户发布的行为。证券研究报告主要包括涉及证券及证券相关产品的价值分析报告、行业研究报告、投资策略报告等。

6. 兼并收购业务

企业并购是一项十分复杂的交易活动,其中会涉及并购价格的确定、并购方案的设计、条件谈判、协议执行以及配套的融资安排、重组规划等问题。这些操作都很复杂。企业必须依靠专业性的中介机构及专家去完成并购的前期调查、项目评估、方案设计、融资计划等工作。投资银行作为中间人,在企业并购中扮演着牵线搭桥的角色,极大地提高了并购重组的效率。

当一家投资银行受聘为并购方的财务顾问后,它所要进行的是完整的重组咨询业务,程序大致为:第一,寻找目标企业;第二,对目标企业进行评估;第三,进行股权结构设计;第四,提出具体的收购建议,包括收购的策略、收购的价格与非价格条件、收购的时间表和相关财务安排等;第五,向目标企业发出收购要约并与目标企业的董事或大股东进行谈判;第六,编制有关的并购公告,详述有关并购事宜;第七,签约成交,处理收尾和善后事宜。

7. 财务顾问业务

财务顾问业务是指与证券交易、证券投资活动有关的咨询、建议、策划业务。具体包括:为企业申请证券发行和上市提供改制、资产重组、前期辅导等方面的咨询服务;为上市重大投资、收购兼并、并联交易等业务提供咨询服务;为法人、自然人及其他组织收购上市公司及相关的资产重组、债务重组等提供咨询服务;为上市公司完善法人治理结构、设计经理层股票期权、职工持股计划、投资者关系管理等提供咨询服务;为上市公司再融资、资产重组、债务重组等资本营运提供融资策划、方案设计、推介路演等方面的咨询服务；为上市公司的债权人、债务人对上市公司进行债务重组、资产重组、相关的股权重组等提供咨询服务，以及法律认定的其他业务形式。

8. 其他业务

投资银行从事的其他业务还包括：融资融券业务、证券公司中间介绍（IB）业务、风险投资业务等。

二、我国投资银行现状分析

（一）中外投资银行各业务占比情况分析

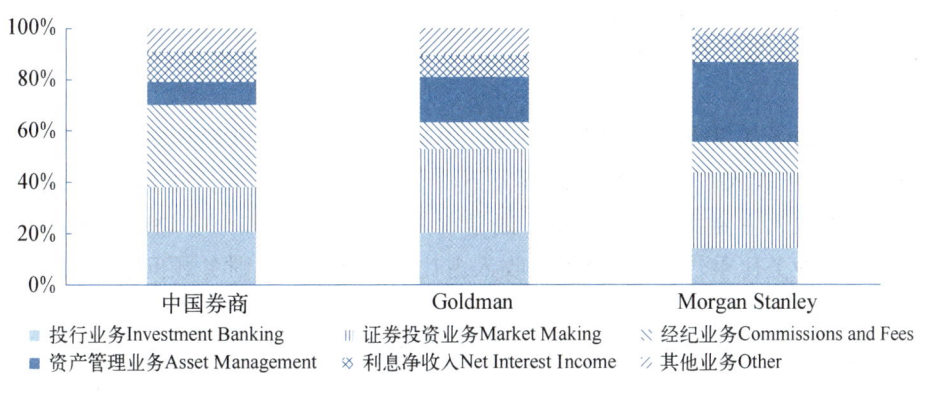

图 10-1　2016 年中外投资银行各业务净收入占比

资料来源：中国证券业协会，公司年报。

注：Market Making 即做市业务，主要指在外汇等场外市场上提供买卖双边报价，通过买卖价差获取利润，和证券投资业务概念并不完全相同。但由于二者都可归于证券自营业务的范围内，此处暂将二者视作同类业务，以便对比。

由图 10-1 可知，相对于我国券商对经纪业务的倚重，外资投行的业务分布更加平均和多样，资产管理业务、投资银行业务和证券投资业务均有较大的比重。根据 2016 年的数据，我国券商的经纪业务占比明显高于外资投行。高盛与摩根士丹利的经纪业务收入占仅比在 10% 左右，而我国券商这一占比则超过 30%。我国券商的资产管理业务与证券投资业务在比重上明显低于外资投行。在资产管理业务方面，我国券商该项收入占比仅约 9%，而摩根士丹利的资管业务占比超过 30%。我国券商的证券投资业务占比约 17%，较高盛与摩根士丹利 30% 左右的占比也存在差距。

（二）中国证券公司各业务收入占比情况分析

表 10-2　2011—2017 年中国证券公司各业务净收入占比

	2011	2012	2013	2014	2015	2016	2017
代理买卖证券业务净收入	50.67%	38.93%	47.68%	40.32%	46.79%	32.10%	26.37%
证券投资收益业务净收入	3.66%	22.41%	19.19%	27.29%	24.58%	17.33%	27.66%
投资银行业务收入	17.76%	16.45%	10.89%	11.89%	9.24%	20.86%	16.37%

续表

	2011	2012	2013	2014	2015	2016	2017
融资融券业务利息收入		4.06%	11.59%	17.14%	10.28%	11.64%	11.18%
受托客户资产管理业务净收入	1.55%	2.07%	4.41%	4.78%	4.78%	9.04%	9.96%
投资咨询业务净收入		0.89%	1.62%	0.86%	0.78%	1.54%	1.09%

资料来源：中国证券业协会，Wind。

根据中国券商各业务收入占比情况显示，目前代理买卖证券业务净收入，即经纪业务仍然是我国券商收入的最主要来源，但在2011至2017年间，经纪业务占比呈逐步下降的趋势，2011年度该业务收入占比超过50%，而截至2017年，该业务占比已下降至26%左右。

证券投资业务和投资银行业务收入是我国券商收入的另外两项重要来源。近五年来，证券投资业务收入占比维持在20%上下，而投资银行业务收入占比则略低于20%。投资银行业务收入主要由两部分组成：证券承销与保荐业务和财务顾问业务。其中，证券承销与保荐业务比重较大，近两年来收入占比超过10%，而财务顾问业务收入占比较小，基本在5%以下。

其他收入来源中，融资融券业务利息收入占比维持在略高于10%的水平，而资产管理业务占比则呈现稳步提升的态势，从2011年的1.55%提升至2017年的9.96%，虽然总体占比依然较小，但发展趋势可观。而投资咨询业务占比始终十分微小，约为1%左右。

（三）中国证券公司行业集中度分析

截至2017年12月，国内已经有131家证券公司。根据中国证券业协会的数据，2017年度证券公司净利润排名靠前的券商有中信证券、国泰君安、华泰证券、广发证券、海通证券、招商证券、国信证券、申万宏源、中信建投、银河证券等券商。分析2007至2017年我国证券公司行业集中度数据可见，在收入与净利润方面，近年来我国排名前五的券商约占总市场30%的份额，排名前十的券商约占50%左右。2017年度，收入集中度出现明显提升，CR5占比接近45%，CR10超过60%。

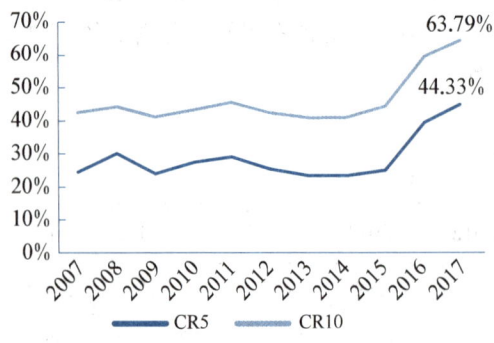

图10-2 2007—2017年券商收入集中度

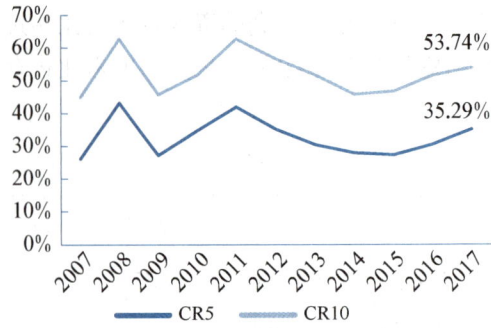

图10-3 2007—2017年券商净利润集中度

资料来源：中国证券业协会，Wind。

表10-3显示了2017年度我国证券公司各业务行业集中度情况。可见,在大部分业务中,CR5占比接近30%,CR10占比在50%左右。投资咨询业务集中度最为突出,CR5占比近50%,而CR10占比约63%。

表10-3　2017年证券公司各业务集中度

	CR10	CR5
代理买卖证券业务收入(含席位租赁)	46.72%	26.15%
证券承销与保荐业务收入	48.02%	29.76%
财务顾问业务收入	42.90%	29.08%
融资融券业务利息收入	53.59%	29.96%
投资咨询业务收入	62.71%	47.98%
资产管理业务净收入	35.57%	22.65%
证券投资收益(含公允价值变动)	50.15%	34.24%

资料来源:中国证券业协会,Wind。

在股票及债券承销方面,中信证券、中信建投、华泰证券、中金公司、国泰君安等位居前列。中信证券在股票承销中牢牢占据榜首,中信建投的金额及家数更加有优势。股票及债券主承销金额的CR5及CR10集中度较高。可以看到,前几大券商在股票及债券承销方面的优势十分明显。

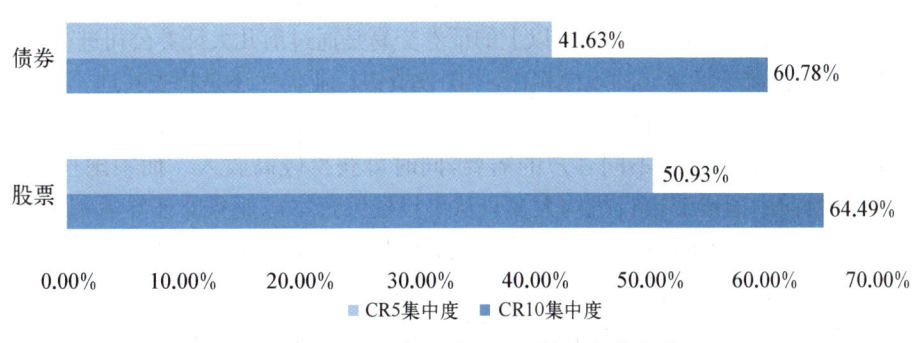

图10-4　2017年证券公司承销业务集中度

资料来源:中国证券业协会。

在经纪业务方面,中信证券、国泰君安、银河证券位居前三。经纪业务收入由代理买卖证券业务净收入、交易单元席位租赁净收入及代销金融产品净收入三部分构成。该指标中位数为37 695万元,不低于中位数的公司数为47家。近五年来,前五位及前十位券商经纪业务收入占比基本稳定。

资产管理收入方面,中信证券、国泰君安等大型券商资产管理业务突出,同时一些中等规模券商也脱颖而出。CR5集中度达到22.65%,CR10集中度为35.57%。

财务顾问业务方面,由于与承销保荐、并购重组业务密切相关,仍然是大型券商占优

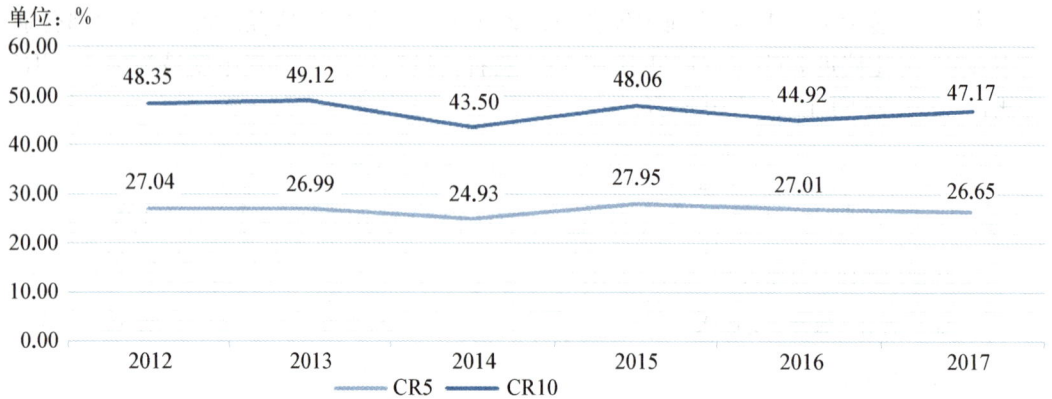

图 10-5　2017 年证券公司经济业务集中度

资料来源：中国证券业协会，Wind。

势，业务收入前三名分别为中信证券、中信建投、华泰证券。

根据上述数据及相关分析可以看到，我国投资银行目前主要存在以下几点问题：

第一，资产规模偏小，行业集中度不足。中国投资银行资本实力与国际知名投资银行相比不可同日而语。在资产总额方面，差距也很明显。按照国际通行表征行业集中度的赫芬德尔—赫希曼指数（HHI 指数），2012 年年底，中国证券业的 HHI 指数仅为 248，表明中国证券行业仍然高度分散。在国际成熟市场上，证券公司都经历了一个由小型化、分散化逐步向大型化、全能化发展演变的过程。据统计，美国大型证券公司经过并购重组后数量大幅减少，前十大证券公司资本总额占全行业资本总额的比例由 20 世纪 70 年代初的 1/3 上升到 21 世纪初的 3/4。在日本，证券公司数由 1949 年的 1 127 家减少到 1997 年的 232 家，至今仅存约 10 家大型证券公司，全国 80% 以上的证券交易是通过前几大证券公司进行的。与境外的著名投资银行数千亿美元的规模相比，中国投资银行业仍然还是相去甚远。

第二，业务范围相对比较狭窄，盈利模式同质。在业务开拓方面，国外投资银行积极开发设计新金融品种以满足不同客户的需要，同时可获得较高收入。而中国投资银行业务极其狭窄，目前中国投资银行机构大多只从事投资银行本源业务即证券承销和经纪，少数大投资银行虽涉足较多业务，但因经验不足、专业人才队伍不够完善，使得自身业务的发展受到一定的限制。大部分证券公司经营模式单一，现有经纪业务在盈利中占比过高，盈利模式同质化程度过高，对客户和产品服务也缺乏分层和多样化服务。

第三，证券公司治理结构和内部控制机制不完善。证券公司的股权结构不合理，普遍存在两种极端情况：相当一部分证券公司股权结构单一，大股东控制管理层的现象较为突出；另一些证券公司股权结构又过于分散，单个股东持股比例均较小，股东会、董事会对管理层的约束作用不足，容易产生内部人控制的问题。

第四，整体创新能力不足。目前证券公司在产品创新、业务创新、组织创新等方面受到较多限制，整体创新能力不足。一方面证券公司创新活动受到一些体制和市场环境的制约，创新过程较长、不确定性因素较多，在一定程度上影响了公司创新的动力和投入；另一方面，部分证券公司在创新活动中未能有效控制可能产生的风险，也在一定程度上增加了创新活动的成本。

三、投资银行业的发展趋势

世界经济与金融业的不断变化与发展给投资银行带来了新的挑战与机遇,而投资银行在历史成长中所形成的创新性与灵活性也使其能够时刻处于动态调整变化中,不断完善壮大,适应时代的要求。在金融自由化、金融市场全球化、资产证券化、金融工程迅速发展的背景下,投资银行的发展呈现出以下趋势。

(一) 经营模式全能化

全能化趋势又叫混业化趋势,是指投资银行通过整合商业银行、保险公司、信托公司等各类金融机构,开展多元化的业务,日益向大型和超大型金融集团发展的趋势。全球金融自由化的浪潮改变着传统的金融结构,要求银行和证券业在面向用户的情况下开放彼此业务领域。

历史上,美国、日本等国家形成的证券业与银行业严格分离的分业监管模式为减少银行风险、维护证券市场的正常秩序、促进金融和经济的安全稳定曾做出过重大贡献。但进入 80 年代以来,传统的业务分工已经不能再适应两者各自所面临的激烈竞争。银行业与投资银行业在大力拓展新业务领域的同时,交叉经营日益增大,这既是竞争的需要,也是金融业不断完善、发展的要求。

1999 年 11 月,美国通过了《金融改革现代化法案》,废除了禁止银行从事证券业务的《格拉斯·斯蒂格尔法案》,这标志着美国终止了分业经营的历史,开始进入混业经营的新纪元。这项议案,给混业经营创造了广阔的空间,引起美国及国际金融界普遍关注,被认为是促使美国金融制度和银行改革的实质性转变的关键。

金融工具的创新使得许多原有的分业监管措施失去了意义,商业银行与投资银行业务范围的划分变得越来越模糊。无论是商业银行还是投资银行,都不断通过金融创新绕过法律的约束,侵入对方的业务领域,形成了"你中有我,我中有你"的现实局面。

在上述背景的影响下,投资银行和商业银行混业经营成为潮流,投资银行与商业银行在交叉经营的背景下,优势互补,联系更为紧密。

(二) 经营范围全球化

20 世纪 60 年代以后,特别是 80 年代以来,随着经济全球化进程的不断强化和加速,金融和贸易的自由化日益成为各国经济国际化和自由化的先导,在这种背景下,投资银行也不断走向国际化,在全球范围内广泛开展业务。

全球化的趋势主要源于以下几点:

1. 经济全球化、贸易全球化推动

20 世纪下半叶,随着国际贸易的迅速增长和生产的国际化,资本流动的规模越来越大,客观上要求金融实现国际化和自由化。特别是从 70 年代末开始,许多国家相继拆除了金融壁垒,使投资银行的进出相对十分便利。各国金融管制的放松,对金融机构跨国经营的限制减少,促进了国际资本的流动和金融市场的国际化,作为金融中介的投资银行自然也开始走向国际化。

2. 资本市场发展的不平衡

资本市场发展的不平衡性和差异性必然带来投资收益的不平衡,也带来巨大的贸易

和投资机会,作为资本市场上最活跃的服务机构,投资银行必定会寻找获利的机会。由于各国经济周期和政策偏好不同,各国货币金融政策存在很大差异,造成各国汇率和利率波动的特征不同,这就为投资银行提供了套利的机会。

3. 现代企业具有全方位的需求

现代企业越来越需要投资银行为其提供全方位、一体化、多功能的服务,只有规模庞大、实力雄厚的全球投资银行才能满足它们的需求。大型的跨国集团可能需要投资银行参与它们的并购战略,帮助其设计和实施巨额融资方案,为企业提供资金。另外,跨国集团的国际筹资活动中很大一部分是债券筹资,这就要求有国际化背景的投资银行为其提供服务。因此,全球性的大型投资银行应运而生,具有广阔的全球业务网络、巨额的资本和经验丰富的专业人员,成为投资银行国际化经营的发展方向。

在全球化经营中,投资银行可以突破狭小的国内市场的限制,获得更广泛的市场空间,从而获得更多的利益。通过各地的分支机构网络,投资银行可以方便地获得更准确、及时、廉价的信息,提高投资银行的服务质量和竞争能力。同时国际化经营可以进行不同的投资组合,也相应降低了投资银行的经营风险。

(三) 经营方式专业化

现代的投资银行向两种趋势发展。一是大型投资银行,其业务面涉及广泛,不但经营传统的证券发行与承销业务、证券经纪业务、证券自营业务,而且还开展了公司理财、资金管理和投资咨询等业务。大型投资银行资金雄厚,技术全面,在世界金融市场有着卓著的声誉,并与各国政府和大公司保持着良好的关系。它们靠提供多样化服务来应对竞争对手,进行更大的投资以增加市场占有率,获得规模收益。同其他行业中一定时期就会出现的并购一样,近年来金融业的合营与兼并趋势愈演愈烈,其规模之大、影响之广盛况空前。在防范金融风险已成为金融市场严峻课题的今天,资本雄厚、经营有方、业务多样的大型投资银行更容易抵御风险。二是业务的专业化发展。经营多元化也会导致缺乏专业领域的优势,同时会导致固定成本的增加。而且经营多元化及跨国经营会带来相应的管理难题。因此,许多投资银行正在走重点发展、特色经营的道路。根据自身的优势和不足以及各项业务的进入成本和投资回报,相应调整向不同业务领域的投入,以达到最佳业务构成。即使是那些超大型投资银行,如高盛公司、美林公司等,它们在业务上也有所侧重。例如,美林公司擅长于组织项目融资、产权交易;高盛公司在从事财务顾问方面具有优势,并在外国企业、政府融资领域独树一帜;摩根斯坦利公司在基金管理和二级市场上有优势等。

第三节　证券投资基金

一、证券投资基金概述

(一) 证券投资基金的定义

证券投资基金是一种利益共享、风险共担的集合投资方式,即通过公开发行基金份额,集中投资者的资金,由基金托管人托管,由基金管理人管理,以集合投资的方式进行证券投资。

由于各国发展历史及习惯的不同,对证券投资基金的称谓也有所区别。在美国,证券投资基金通称为"共同基金"或"投资公司";在英国和中国香港则称为"单位信托基金"或"集合投资计划";在日本、韩国和中国台湾习惯称为"证券投资信托基金";中国一般统称为"证券投资基金"。

(二) 证券投资基金的特点

证券投资基金主要有以下六个特点。

1. 集合理财,专业管理

基金将众多投资者的资金集中起来,委托基金管理人进行投资,有利于发挥资金的规模优势,降低投资成本,是一种集合理财行为。基金管理人一般拥有大量专业的投资研究人员和完善的投资决策机制,投资者将资金交给基金管理人管理,能够享受专业化的投资管理服务。

2. 组合投资,分散风险

在投资活动中,风险和收益总是并存的,而通过分散的多样化投资能够降低投资风险。但是,中小投资者由于资金实力有限,很难实现分散的多样化投资。而投资基金通过汇集众多投资者的小额资金,形成雄厚的资金实力,可以进行科学的组合,进行分散投资,实现资产组合的多样化,从而降低了投资风险。因此,组合投资、分散风险是证券投资基金的一大特色。

3. 利益共享,风险共担

证券投资基金投资收益在扣除基金应承担的费用后,盈余全部归基金投资者所有。基金投资者依其所持基金份额的多少享受证券投资基金的收益,也承担亏损的风险。基金管理人、托管人只能按照规定收取一定的管理费、托管费,并不得参与基金收益的分配。

4. 独立托管,资产安全

资产托管是基金运作的基本制度。基金管理人负责基金的投资运作,但不保管基金财产。基金财产由完全独立于管理人的托管人负责保管,以确保基金资产的安全。

5. 买卖方便,易于变现

基金的买卖程序简便,投资者易于投资和变现。一般而言,对开放式基金,投资者既可以向基金管理人直接申购或赎回基金,也可以通过商业银行、证券公司等代理销售机构申购或赎回。封闭式基金一般在证券交易所上市交易,买卖程序与股票相似,投资者可通过交易所买卖封闭式基金。

6. 监管严格,信息透明

为确实保护投资者利益,各国证券监管机构均对基金业实行严格的监管,并强制基金进行较为充分的信息披露,以便于投资者了解信息和进行投资决策。

(三) 证券投资基金的分类

根据不同的标准,证券投资基金可以进行不同的分类,这里介绍几种主要的分类。

1. 开放式基金和封闭式基金

开放式基金是指投资者可以随时向基金管理人或其代理销售机构申购或赎回,因而规模不是固定不变的证券投资基金。封闭式基金是相对于开放式基金而言的,是指在发

行完毕后和规定的期限内,基金规模固定不变的投资基金。开放式基金和封闭式基金的主要区别如下:

(1) 存续期限不同。

开放式基金没有固定期限,投资者在开放日可随时向基金管理人赎回基金;封闭式基金均有明确的存续期限,一般为 10 年或 15 年,在此期限内已发行的基金份额不能被赎回。

(2) 规模可变性不同。

开放式基金通常无发行规模限制,投资者可以随时提出认购或赎回申请,基金规模因此而增加或减少;而封闭式基金在招募说明书中列明其基金规模,发行后在存续期内总额固定,未经法定程序认可不能再增加发行或减少基金份额。

(3) 交易方式不同。

开放式基金只有一级市场,没有二级市场,不挂牌上市交易。首次发行结束后只能通过柜台办理申购或赎回;封闭式基金既有一级市场,又有二级市场,首次发行结束后即正式挂牌上市交易,可以在交易所二级市场流通转让。

(4) 可赎回性不同。

开放式基金具有法定的可赎回性。投资者可以在首次发行结束一段时间后(我国规定该期限最长不得超过 3 个月)后,在每一个开放日随时提出赎回申请。封闭式基金在封闭期间不能赎回,虽然挂牌上市的基金可以通过证券交易所进行转让交易,但是总的基金份额都保持不变。

(5) 交易价格计算标准不同。

开放式基金的申购价一般是基金单位净值加一定的购买费,赎回价是基金单位资产净值减一定的赎回费,与市场供求情况的相关性不大,因此其价格取决于基金的资产净值,反映资产净值的真实变化。封闭式基金的交易价格容易受市场供求关系影响,常出现溢价或折价交易现象,其价格波动并不必然反映基金的资产净值变化。

(6) 投资策略不同。

为了应付投资者随时赎回兑现,开放式基金必须在投资组合上保留一部分现金和变现能力强的资产。由于封闭式基金不能随时被赎回,其募集到的资金可全部用于投资,这样基金管理公司便可据以制定长期的投资策略。

2. 公司型基金和契约型基金

根据组织形式的不同,证券投资基金可分为公司型基金和契约型基金。契约型基金是基金投资者和基金管理人、基金托管人订立基金合同而组建的投资基金。基金管理公司依据法律、法规和基金合同负责基金的经营和管理操作;基金托管人负责保管基金资产,执行管理人的有关指令,办理基金名下的资金往来;投资者通过购买基金份额,享有基金投资收益。英国、日本和中国香港、台湾地区的基金多是契约型基金。我国《基金法》所规定的基金即为契约型基金。

公司型基金是具有共同投资目标的投资者参照公司的组织架构组成以营利为目的、投资于特定对象(如各种有价证券、货币)的股份制投资公司。这种基金通过发行股份的方式筹集资金,是具有法人资格的经济实体。基金持有人既是基金投资者又是公司股东,按照公司章程的规定,享受权利,履行义务。公司型基金成立后,通常委托特定的基金管理公司运用基金资产进行投资并管理基金资产,基金资产的保管则委托另一个金融机构,该机构的主要职责是保管基金资产并执行基金管理人指令,二者权责分明。基金资产独立于基金管理人和托管人的资产之外,即使受托的金融保管机构破产,受托保管的基金资产也不在清算之列。美国的基金多为公司型基金。

契约型基金与公司型基金的主要区别有以下几点:第一,法律依据不同。契约型基金是依照基金合同组建的,体现了信托关系,基金按照基金合同来运作;公司型基金是依照公司的组织结构组建的,依据公司章程来经营。第二,法律地位不同。契约型基金不具有法人资格,而公司型基金本身就是具有法人资格的股份有限公司。第三,投资者的地位不同。契约型基金的投资者是信托关系下的受益人,公司型基金的投资者则是公司的股东。

3. 股票基金、债券基金、货币市场基金和混合基金

根据投资对象的不同,证券投资基金可分为股票基金、债券基金、货币市场基金和混合基金。

股票基金是以股票为投资对象证券投资基金,是证券投资金的主要种类。依据中国证监会颁布的《证券投资基金运作管理办法》的规定,60%以上的资产投资于股票的基金为股票基金。

债券基金是一种以债券为投资对象的证券投资基金,它通过集中众多投资者的资金,购买债券进行组合投资,寻求较为稳定的收益。按照《证券投资基金运作管理办法》的规定,80%以上的资产投资于债券的基金为债券基金。债券基金的波动性通常要小于股票基金,因此一般为风险承受能力较低的投资者所喜爱。

货币市场基金是指仅投资于货币市场工具的基金。根据中国证监会、中国人民银行颁布的《货币市场基金管理暂行规定》,其投资范围包括:现金;一年以内(含一年)的中央银行票据;中国证监会、中国人民银行认可的其他具有良好流动性的货币市场工具。

混合基金是同时投资于股票、债券、货币市场工具或其他金融产品的基金。按照中国证监会颁布的《证券投资基金投资管理办法》的规定,投资于股票、债券、货币市场工具,并且股票投资和债券投资的比例与股票基金和债券基金不一致的,为混合基金。

二、证券投资基金的发展历史及现状

(一) 证券投资基金的起源与早期发展

证券投资基金是证券市场发展的必然产物,在发达国家已有一百多年的历史。1822年由荷兰国王威廉姆一世所创立的私人信托投资基金可能是世界上最早的基金。19世纪中叶时的英国经过第一次产业革命之后,工商业发展速度很快,社会和个人财富迅速增长,国内投资成本提高,于是许多商人将财产转移到海外市场进行投资,以谋求资本的最大增值。但由于投资者缺乏国际投资经验,在经历了投资失败、被欺诈等惨痛教训之后,集合投资者的资金、委托专人经营和管理、分散投资的封闭式信托投资基金应运而生,并受到人们的欢迎。

早期的基金基本上是封闭式基金。1924年3月21日诞生于美国的"马萨诸塞投资

信托基金"成为世界上第一只开放式基金。此后,美国逐渐取代英国成为全球基金业发展的中心。1929年美国只有十多只开放式基金,而封闭式基金的数量则有700多只。但1929年经济大危机,使得普遍进行杠杆操作的美国封闭式基金几乎全军覆没,而开放式基金则顽强地生存了下来。大危机过后,美国监管部门开始对基金加强监管,其中1940年出台的《投资公司法》和《投资顾问法》是美国基金业的发展的基石,也对基金在全球的普及性发展影响深远。

(二) 我国证券投资基金业发展概况

我国基金业的发展可以分为三个历史阶段:20世纪80年代末至1997年11月14日《证券投资基金管理暂行办法》颁布之前的早期探索阶段、《证券投资基金管理暂行办法》颁布实施以后至2004年6月1日《证券投资基金法》实施前的试点发展阶段与《证券投资基金法》实施以来的快速发展阶段。

1. 早期探索阶段

1987年,中国新技术创业投资公司与汇丰集团、渣打集团在中国香港联合设立了中国置业基金,首期筹资3 900万元人民币,直接投资于以珠江三角洲为中心的周边乡镇企业,并随即在香港联合交易所上市。这标志着中资金融机构开始正式涉足投资基金业务。1992年11月,淄博乡镇企业投资基金(简称"淄博基金")经中国人民银行总行批准正式设立。淄博基金的设立揭开了投资基金业在内地发展的序幕,并在1993年上半年引发了短暂的中国投资基金发展的热潮。

相对于1998年《证券投资基金管理暂行办法》实施以后发展起来的新的证券投资基金(简称"新基金"),人们习惯上将1997年以前设立的基金称为"老基金"。截至1997年年底,老基金的数量共有75只,筹资规模在58亿元人民币左右。

老基金存在的问题主要表现在以下三个方面:一是缺乏基本的法律规范,普遍存在法律关系不清、无法可依、监管不力的问题;二是受地方政府要求服务地方经济需要的引导以及当时境内证券市场规模狭小的限制,老基金并不以上市证券为基本投资方向,而是大量投向了房地产企业等产业部门,因此它们实际上是一种直接投资基金,而非严格意义上的证券投资基金;三是这些老基金深受房地产市场降温、实业投资无法变现以及贷款资产无法回收的困套,资产质量普遍较低。总体而言,这一阶段中国基金业的发展带有很大的探索性与自发性。

2. 试点发展阶段

1997年11月14日,国务院证券监督管理委员会颁布了《证券投资基金管理暂行办法》,这是我国首次颁布的规范证券投资基金运作的行政法规,为我国基金业的规范发展奠定了规制基础。由此,中国基金业的发展进入了规范化的试点发展阶段。

在此阶段,我国基金业在发展上主要表现出以下几个方面的特点:

(1) 基金在规范化运作方面得到了很大的提高。在此阶段,监管部门在基金管理公司和基金的设立上实行了严格的审批制度,对基金管理公司的设立规定了较高的准入门槛,明确了基金托管人在基金运作中的作用,建立了较为严格的信息披露制度。这些措施的实行,在一定程度上确保了基金的社会公信力,促进了我国基金业的规范发展。

(2) 在封闭式基金成功试点的基础上成功推出开放式基金,使我国的基金运作水平实现历史性跨越。1998年3月27日,经中国证监会批准,新成立的南方基金管理公司和国泰基金管理公司分别发起设立了两只规模均为20亿元的封闭式基金——基金开元和基金金泰,由此拉开了中国证券投资基金试点的序幕。在封闭式基金成功试点的基础上,2000年10月8日中国证监会发布了《开放式证券投资基金试点办法》。2001年9月,我国第一只开放式基金——华安创新诞生,使我国基金业发展实现了从封闭式基金到开放式基金的历史性跨越。此后,开放式基金逐渐取代封闭式基金成为中国基金市场发展的方向。

(3)对老基金进行了全面规范清理,绝大多数老基金通过资产置换、合并等方式被改造成为新的证券投资基金。在1999年10月下旬,10只老基金最先经资产置换后合并改制成4只证券投资基金,随后其他老基金也被陆续改制成为新基金。老基金的全面清理规范,解决了基金业发展的历史遗留问题。

(4)监管部门出台了一系列鼓励基金业发展的政策措施,对基金业的发展起到了重要的促进作用。例如,向基金进行新股配售,此举提高了基金的收益水平,增强了基金对投资者的吸引力,对基金业的发展起到了重要的促进作用。允许保险公司通过购买基金间接进行股票投资,使保险公司成为基金的最大机构投资者,也有力地支持了基金业在试点时期的规模扩张。

(5)开放式基金的发展为基金产品的创新开辟了新的天地。在开放式基金推出之前,我国共有47只封闭式基金。2002年8月,我国封闭式基金的数量增加到54只。其后由于封闭式基金一直处于高折价交易状态,封闭式基金的发展因此陷入停滞状态。与此相反,开放式基金的推出为我国基金业的产品开创了新的天地,我国的基金品种日益丰富。这一阶段具有代表性的基金创新品种有:2002年8月推出的第一只以债券投资为主的债券基金——南方宝元债券基金,2003年3月推出的我国第一只系列基金——招商安泰系列基金,2003年5月推出的我国第一只具有保本特色的基金——南方避险增值基金,2003年12月推出的我国第一只货币性市场基金——华安现金富利基金等。

3. 快速发展阶段

2004年6月1日开始实施的《证券投资基金法》,为我国基金业的发展奠定了重要的法律基础,标志着我国基金业的发展进入了一个新的发展阶段。我国基金业在发展上出现了以下一些新的变化:

(1)基金业监管的法律体系日益完善。为配合《证券投资基金法》的实施,中国证监会相继出台了包括《证券投资基金管理公司管理法》《证券投资基金运作管理办法》《证券投资基金销售管理办法》等法规,使得我国基金业监管法律体系日趋完善。

(2)基金品种日益丰富,开放式基金取代封闭式基金成为市场发展的主流。《证券投资基金法》实施以来,我国基金市场产品创新活动日趋活跃,具有代表性的基金创新产品包括:2004年10月成立的国内第一只上市开放式基金(LOF)——南方积极配置基金,2004年年底推出的国内首只交易型开放式指数基金(ETF)——华夏上证50ETF,2007年9月推出的首只QDII基金——南方全球精选基金QDII基金等。层出不穷的基金产品创新极大地推动了我国基金业的发展。

(3)基金公司业务开始走向多元化,出现了一批规模较大的基金管理公司。目前,我国的基金管理公司除了募集、管理基金外,已被允许开展社保基金管理、企业年金管理、QDII 基金管理以及特定客户资产管理等其他委托理财业务,基金管理公司的业务正在日益走向多元化。随着市场的发展,市场上也涌现出一批管理资产规模较大的基金管理公司。截至 2017 年末,公募基金市场规模为 11.63 万亿元,与去年同期的 9.17 万亿元相比增长逾 26%,基金总净值超过 1 000 亿元的基金管理公司有 27 家。

表 10-4 截至 2017 年末基金公司净值排名

序 号	基金公司	基金净值(亿元)	货币基金净值(亿元)
1	天弘基金	17 893	17 649
2	易方达	6 072	3 368
3	工银瑞信	5 463	4 232
4	建信基金	4 888	3 687
5	博时基金	4 428	2 159
6	南方基金	4 416	2 428
7	华夏基金	4 009	1 620
8	招商基金	3 921	2 174
9	嘉实基金	3 794	1 397
10	中银基金	3 626	1 738

资料来源:Wind。
注:本表按照各公司管理的基金净值从大到小排序。

从分类型基金上看,公募基金的扩张主要得益于货币基金规模的增长。截至 2017 年末,货币基金占据了基金市场的超半数江山,占比达 61.38%,其次是混合型基金,占比为 17.95%。

基金净值位居首位的天弘基金,旗下主要货币基金——天弘余额宝基金净值达 15 798 亿元,对基金规模影响巨大。在排除货币基金型基金的影响后,非货币基金规模排名如下表所示。

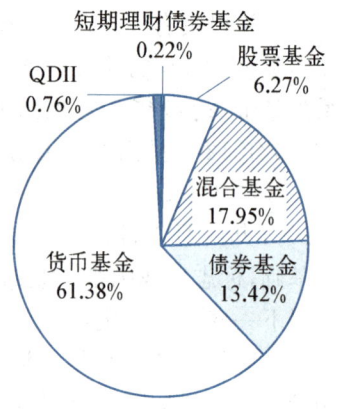

图 10-6 截至 2017 年末各类基金规模占比情况

表 10-5 截至 2017 年末基金公司非货币基金净值排名

序 号	基金公司	非货币基金净值(亿元)	非货币基金数量(只)
1	易方达基金	2 704	116
2	嘉实基金	2 397	123
3	华夏基金	2 389	104

续 表

序 号	基金公司	非货币基金净值（亿元）	非货币基金数量（只）
4	博时基金	2 269	177
5	南方基金	1 988	143
6	中银基金	1 888	83
7	招商基金	1 747	125
8	汇添富基金	1 454	86
9	富国基金	1 305	94
10	广发基金	1 290	148

资料来源：Wind。

注：本表按照各公司管理的非货币基金净值从大到小排序。

（4）基金业市场营销和服务创新日益活跃。基金业市场化程度的提高直接推动了基金管理人营销和服务意识的增强。例如，在申购费用模式上，客户可以选择前端收费模式或后端收费模式；在交易方式上，可以采用电话委托、ATM、网上委托等。定期定额投资计划、红利再投资这些在成熟市场较为普通的服务项目，也越来越多地为我国基金管理公司所采用。

（5）基金行业对外开放程度不断提高。基金行业的对外开放主要体现在三个方面：一是合资基金管理公司不断增加，推动了国内基金业的发展和成熟。二是合格境内机构投资者（QDII）的推出，使我国基金行业开始进入国际投资市场。三是自2008年4月后，部分基金管理公司开始到香港设立分公司，从事资产管理相关业务。

三、证券投资基金的发展特点

证券投资基金在当前的发展中，呈现出以下特点：

（一）美国占据主导地位，其他国家和地区发展迅猛

目前，美国的证券投资基金资产总值占世界半数以上，对全球证券投资基金的发展有着重要的示范性影响。除欧洲、美国、日本外，澳大利亚、拉丁美洲、亚洲新兴国家和地区，如中国香港、中国台湾等地区以及新加坡、韩国等国家的证券投资基金发展也很快。随着数量、品种、规模的大幅度增长，证券投资基金日益成为各国或各地区资本市场的重要力量，市场地位和影响不断提高。

（二）开放式基金成为证券投资基金的主流产品

20世纪80年代以来，开放式基金的数量和规模增加幅度最大，目前已成为证券投资基金中的主流产品。探究其中的原因，开放式基金更加市场化的运作机制和制度安排是非常重要的因素之一，其灵活独特的赎回机制适应了市场竞争的客观需要，是金融创新顺应市场发展潮流的集中体现和必然结果。事实证明，开放式基金更加全面的客户服务和更加充分的信息披露，已经获得了基金投资者的广泛青睐。

(三) 基金市场竞争加剧,行业集中趋势突出

在证券投资基金的发展过程中,基金市场行业集中趋势明显,资产规模位居前列的少数最大的基金管理公司所占的市场份额不断扩大。随着市场竞争的加剧,许多基金管理公司不得不走上兼并、收购的道路,这反过来进一步加剧了基金市场的集中趋势。

(四) 基金资产的资金来源发生了重大变化

个人投资者一直是传统上的证券投资基金的主要投资者,但目前已有越来越多的机构投资者,特别是退休基金成为基金的重要资金来源。比如,美国允许雇主发起的养老金计划和个人税收优惠储蓄计划以共同基金为投资对象。在近10年中,美国共同基金业的迅速发展壮大与退休养老金快速增加紧密相关。

专栏

QFII 制度

QFII(Qualified Foreign Institutional Investors)是合格境外机构投资者的简称,中国台湾、韩国、印度、巴西等国家和地区在20世纪90年代初就设立和实施了这种制度。QFII制度本质上就是对进入本国证券市场的外资进行一定的限制。QFII是一国在货币没有实现完全可自由兑换、资本项目尚未开放的情况下,有限度地引进外资、开放资本市场的一项过渡性的制度。这种制度要求外国投资者若要进入一国证券市场,必须符合一定的条件,经该国有关部门的审批通过后汇入一定额度的外汇资金,并转换为当地货币,通过严格监管的专门账户投资当地证券市场。

我国法律规定,QFII的投资目标种类包括:在证券交易所挂牌上市的以人民币计价的金融投资工具:上市股票,但不包括在国内上市的外资股(即B股)、国库券、公司债券及可转换债券以及其他获中国证监会认可的金融投资工具。

2002年,中国证监会与中国人民银行共同颁布了《合格境外机构投资者境内证券投资管理暂行办法》,合格境外机构投资者试点开始实施。2006年在总结试点经验基础上,中国证监会、中国人民银行和国家外汇管理局共同颁布了《合格境外机构投资者境内证券投资管理办法》。2007年根据第二次中美战略经济对话成果,QFII额度从100亿美元增加到300亿美元。2012年4月3日,中国证监会、中国人民银行及国家外汇管理局决定新增合格境外机构投资者投资额度500亿美元,总投资额度达到800亿美元。

截至2017年7月,我国已批准了来自30个国家和地区的311家境外机构的QFII资格,其中资产管理公司82家,保险公司11家,主权基金、养老金、捐赠基金等机构29家,商业银行23家,证券公司13家。其中129家QFII累计获批投资额度245.5亿美元。截至3月23日,QFII账户总资产规模达到2 656亿元,其中股票、债券和银行存款占比分别为74.5%、13.7%和9.6%,QFII持股市值约占A股流通市值的1.09%。

QFII制度实施以来,整体投资运作平稳。从实施情况来看,以境外长期投资机构为主的QFII注重价值投资和长期投资,丰富了境内资本市场的投资者结构,推动了上市公司质量的提升,提高了资本市场的国际化水平和影响力,增加了国际社会对于我国经济和社会发展情况的了解。国内银行、证券公司、基金管理公司、保险资产管理公司等金融机构也通过与QFII开展业务合作,提高了金融服务水平,培养了专业人才,对国内金融机构

拓展国际市场发挥了积极推动作用。同时，QFII进入我国资本市场投资和日常资金汇出入，增加了我国对跨境证券投资和资本流动的监管经验，为资本市场进一步对外开放和实现人民币资本项目自由兑换进行了积极探索。

本章小结

证券类金融机构主要可以分为证券市场投资者、证券市场中介组织、自律性组织和监管机构四大类。证券类金融机构有利于提高证券市场的运行效率，其主要功能包括媒介资金供需、构造证券市场、优化资源配置和促进产业结构升级。

投资银行是活跃于国际金融市场上的一类重要的非银行金融机构。投资银行有不同的类型和组织形式，其主要业务范围包括证券发行与承销、证券经济业务、证券自营业务、证券资产管理业务、证券投资咨询业务、兼并收购业务、财务顾问业务等。

相对于我国券商对经纪业务的倚重，外资投行的业务分布更加平均和多样化，而目前我国券商经纪业务占比亦呈逐步下降的趋势。我国投资银行业现存主要的问题包括行业集中度不足，业务范围狭窄，治理机制不完善和创新能力不足，今后将会向更加全能化、全球化和专业化的方向发展。

证券投资基金是一种利益共享、风险共担的集合投资方式，有多种分类方式，主要包括开放式基金和封闭式基金；公司型基金和契约型基金；股票基金、债券基金、货币市场基金和混合基金。我国基金业的发展由早期探索阶段、试点发展阶段，进入到如今的快速发展阶段，监管体系日益完善，基金品种日益丰富，业务逐渐多元化，市场创新度和开放度逐渐提升。

重要概念

证券类金融机构、投资银行、证券投资基金

习题与思考

1. 证券类金融机构主要包括哪几类？各个类别分别有哪些重要组成部分？
2. 证券类金融机构的功能有哪些？
3. 投资银行的主要业务范围有哪些？我国投资银行业现存的主要问题有哪些，以后的发展方向是什么？
4. 证券投资基金的主要分类方式有哪些？在快速发展阶段，该类机构表现出哪些特点？

第十一章

金融市场中的金融机构：保险公司

教学目的与要求

通过本章学习，了解全球保险市场概况，熟悉我国保险市场在全球保险市场发展中的动态演进，掌握衡量一个国家或地区保险业发展程度的度量指标及相关计算。熟悉保险公司的业务类型，包括寿险业务和非寿险业务的基本分类；掌握人寿保险的主要类型，包括传统人寿保险和新型人寿保险的基本分类；了解新型人寿保险产品发展的社会背景，加深理解社会变化对产品创新对影响；熟悉新型人寿保险中分红保险、投资连结保险、万能保险的主要特征以及我国的监管规定。熟悉我国人身保险公司和财产保险公司的运行情况。了解欧盟和美国保险公司偿付能力监管制度，掌握美国RBC监管的相关计算，熟悉我国第一代和第二代偿付能力监管制度体系的基本内容。了解保险公司与其他金融机构的相互作用。

第一节　全球保险市场概况

保险市场是指保险商品交换关系的总和或保险商品供给与需求关系的总和。2016年全球保险市场总保费收入按名义美元计算，约为 48 916.94 亿美元，名义保费增长率为 4.0%，实际保费增长率为 1.5%，其中寿险业保费收入实际增长率为 0.5%，非寿险业保费收入实际增长率为 3.7%。

就总保费收入而言，中国内地从 2000 年位居全球第 16 大保险市场到 2017 年晋升为全球第二大保险市场仅用了 17 年时间。2017 年中国内地总保费收入 5 414.46 亿美元，随着中国内地保险市场的强劲增长，开展保险业发展的国际比较研究，借鉴发达国家保险业发展的经验与启示，到 2020 年基本建成与我国经济社会发展需求相适应的现代保险服务业，努力使我国从保险大国转变为保险强国，是一项宏伟的事业。为了深入了解中国保险市场的快速成长以及在全球保险市场中扮演的角色，我们有必要对全球保险市场的发达程度进行对比分析。

根据保险市场的发达程度，我们沿用瑞士再保险研究院对全球保险市场的分类，将全球保险市场分为发达保险市场和新兴保险市场,其中发达保险市场可以细分为北美洲市场、西欧市场、亚洲发达市场、大洋洲市场;新兴保险市场可以细分为亚洲新兴市场、拉丁美洲与加勒比地区市场、中欧和东欧市场、中东和中亚及土耳其市场、非洲市场。这种分类遵循国际货币基金组织(IMF)对发达经济体和新兴经济体的归属惯例。其中发达经济体包括美国、加拿大、西欧(不含土耳其)、以色列、大洋洲、日本和亚洲其他发达经济体(新加坡、韩国、中国香港和中国台湾);其他国家归为新兴经济体,对应于 IMF 的"新兴和发展中国家"经济体,不含捷克、爱沙尼亚和斯洛伐克。

一、发达保险市场

2017 年发达保险市场增长放缓,以名义美元计算的发达保险市场总保费收入为 38 190 亿美元,仅比 2016 年上涨了 1.5%。发达保险市场保费占全球保险市场的市场份额从 2016 年的 80.0% 下降至 2017 年的 78.1%,原因在于发达保险市场增长放缓,而新兴保险市场增长强劲。

(一)保费增长率

图 11-1 绘制了 2017 年 28 个发达寿险市场和 29 个发达非寿险市场保费实际增长率与实际 GDP 增长率,其中 12 个发达市场寿险保费增速超过 GDP 增速,17 个发达市场非寿险保费增速超过 GDP 增速。

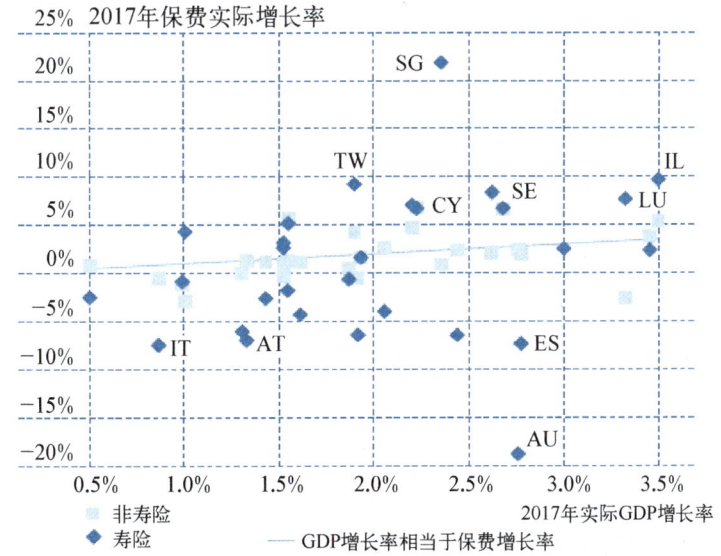

注:AT=奥地利,AU=澳大利亚,CY=塞浦路斯,ES=西班牙,FL=列支敦士登,IL=以色列,IT=意大利,LU=卢森堡,SE=瑞典,SG=新加坡,TW=中国台湾

图 11-1 2017 年发达保险市场寿险和非寿险保费增长率与 GDP 增长率

资料来源:瑞士再保险研究院。

我们绘制了 2017 年各地区保险市场保费实际增长率及其对全球保险业的贡献,如表 11-1 所示。从中可以看出,在发达保险市场中,北美洲市场的寿险和非寿险保费增速均放缓;西欧市场的寿险保费停滞不前,非寿险保费恢复增长;亚洲发达市场

的寿险保费负增长,非寿险保费增长放缓;大洋洲市场的寿险保费下降,非寿险保费增加。

(二) 保险深度和保险密度

通常衡量一个国家或地区保险业发展程度的指标是保险深度和保险密度。其中保险深度是指某国或地区保费收入占GDP之比,反映了该国或地区保险业在整个国民经济中的地位。保险密度是指按当地人口计算的人均保费支出。保险密度可以反映出一个国家的国民参与保险的程度,以及一国国民经济和保险业的发展水平。

表 11-1 2017 年各地区 GDP 实际增长率、保险市场保费实际增长率及其对全球保险业的贡献

分类	地区	寿险业务		非寿险业务		GDP
		保费增长率	全球贡献	增长率	全球贡献	增长率
发达市场	北美洲市场	-3.50%	-0.80%	2.50%	1.00%	2.30%
	西欧市场	-1.90%	-0.60%	1.00%	0.30%	2.50%
	亚洲发达市场	-2.10%	-0.50%	1.40%	0.10%	2.20%
	大洋洲市场	-18.00%	-0.30%	2.60%	0.10%	2.40%
	合计	-2.70%	-2.20%	1.90%	1.50%	2.30%
新兴市场	新兴市场(不含中国)	5.80%	0.57%	2.50%	0.38%	3.50%
	亚洲新兴市场	18.00%	2.50%	10.00%	1.20%	
	亚洲新兴市场(不含中国)	9.70%	0.40%	9.70%	0.20%	5.90%
	中国市场	21.00%	2.10%	10.00%	1.00%	6.90%
	拉丁美洲与加勒比地区市场	1.10%	0.03%	-0.90%	-0.03%	1.50%
	中欧和东欧市场	12.00%	0.10%	3.30%	0.10%	3.10%
	中东和中亚及土耳其市场	7.00%	0.04%	4.10%	0.10%	1.50%
	非洲市场	0.30%	0.00%	1.00%	0.01%	3.80%
	合计	14.00%	2.67%	6.10%	1.38%	4.80%
全球	全球市场	0.50%	0.47%	2.80%	2.88%	3.30%

注:表 11-1 中的数据是根据瑞士再保险公司出版发行的 Sigma 杂志 2017 年第 3 期中的统计数据进行整理汇总的,其计算误差来自四舍五入。

图 11-2 绘制了瑞士再保险研究院提供的 2017 年 29 个全球发达保险市场的保险深度和保险密度(含寿险密度和非寿险密度)。其中中国台湾地区寿险深度达到 17.89%,非寿险深度达到 3.42%,总保险深度达到 21.32%,全球排名第二,仅次于开曼群岛;中国香港地区保险密度最高,寿险密度约为 6 756 美元,非寿险密度约为 1 557 美元,总保险密度约为 8 313 美元,全球排名第二,仅次于开曼群岛。

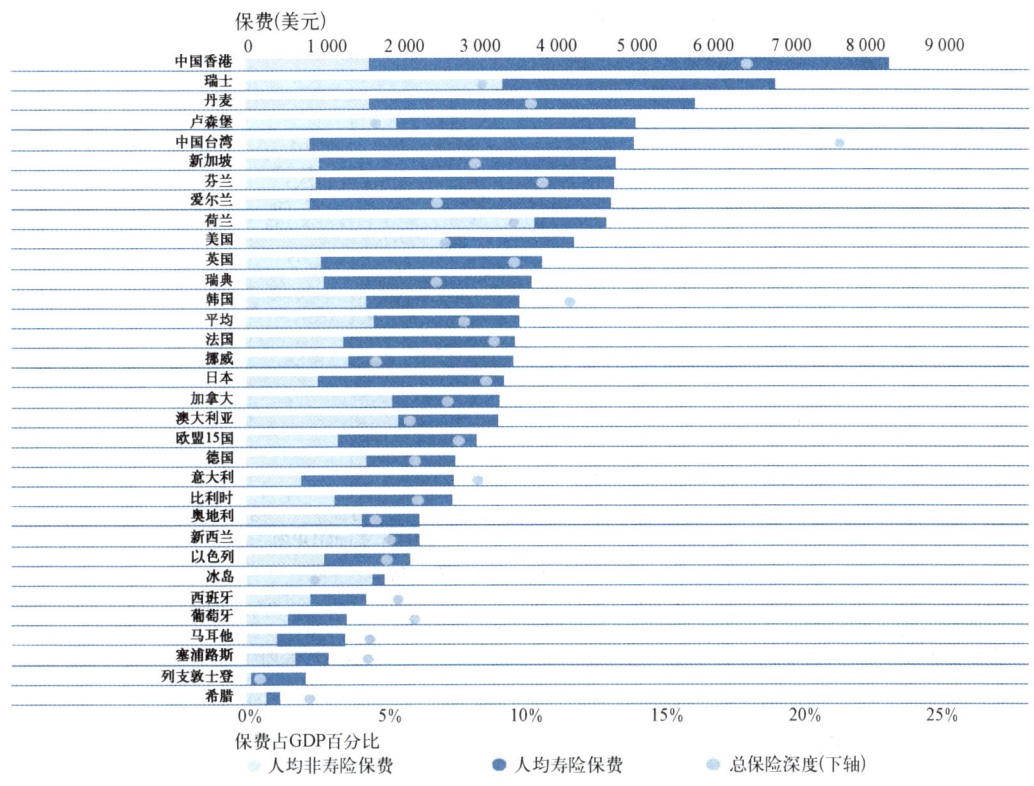

图 11-2 2017 年发达保险市场的保险深度和保险密度

资料来源:瑞士再保险研究院。

二、新兴保险市场

2017 年新兴保险市场增长强劲,以名义美元计算的新兴保险市场总保费收入为 10 720 亿美元。新兴保险市场保费占全球保险市场的市场份额从 2016 年的 19.7% 增加至 2017 年的 21.9%,原因在于发达保险市场增长放缓,而新兴保险市场进一步扩张。

(一)保费增长率

图 11-3 绘制了瑞士再保险研究院提供的 2016 年 53 个全球新兴寿险市场和 52 个全球新兴非寿险市场寿险和非寿险保费实际增长率与实际 GDP 增长率,其中 27 个新兴市场的寿险、非寿险保费增速超过 GDP 增速。

结合表 11-1 可以看出,在新兴保险市场中,亚洲新兴市场寿险和非寿险保费增速均提高;拉丁美洲市场保险需求放缓,反映出该地区经济增长放缓;中欧和东欧市场增长趋势分化;中东和中亚及土耳其市场寿险和非寿险稳健增长;非洲市场主要经济体陷入困境,保费增长放缓。进一步讲,2017 年新兴市场保费快速增长,中国内地是主要增长动力。在中国内地高速增长的推动下,亚洲新兴市场增长再度引人瞩目。按地区细分的保费增长率显现出中国作为全球保费增长引擎的重要地位。主要表现在:一方面,在 2017 年全球寿险保费 0.5% 增长中,中国贡献了 2.1%,除中国外的亚洲新兴市场贡献 0.4%;中

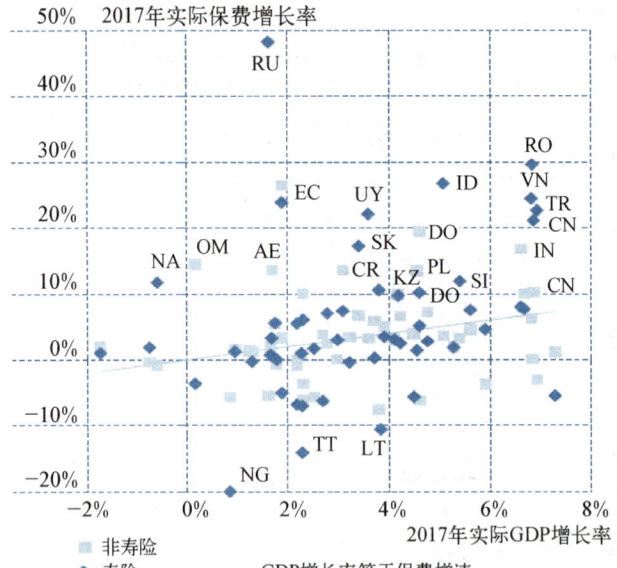

AE=阿拉伯联合酋长国，CN=中国内地，CR=哥斯达黎加，DO=多米尼加共和国，EC=厄瓜多尔，ID=印度尼西亚，IN=印度，KZ=哈萨克斯坦，LT=立陶宛，NA=纳米比亚，NG=尼日利亚，OM=阿曼，PL=波兰，RO=罗马尼亚，RU=俄罗斯，SI=斯洛文尼亚，SK=斯洛伐克，TR=土耳其，TT=特立尼达和多巴哥，UY=乌拉圭，VE=委内瑞拉，VN=越南

图 11-3　2017 年新兴保险市场寿险和非寿险保费增长率与 GDP 增长率

资料来源：瑞士再保险研究院。

国内地占亚洲新兴市场寿险保费约 70% 的份额，成为主要推动力。受传统寿险和新型万能寿险增长提速的驱动，中国内地寿险保费增速上升至 2017 年的 21%，强劲的增速也归功于保险费率市场化改革以及中国政府大力鼓励发展保障型寿险产品。另一方面，在 2017 年全球非寿险保费 2.8% 增长中，中国贡献了 1%，对全球非寿险保费增长的贡献相当于北美洲市场贡献率；中国内地占亚洲新兴市场非寿险保费的份额超过了 80%，成为主要驱动力。由于中国内地消费者保险意识增强，加上税收优惠政策的实施，使得健康险需求大增。此外，中国政府推行保险费率市场化以及优惠措施导致汽车销售回升也支撑了中国车险需求。预计未来中国内地依然是新兴市场寿险业强劲增长的引擎，通过开发特种保险等举措进一步支持农业险、责任险和信贷险发展，不断增加的家庭可支配收入则有望提升对个人险险种的需求。

(二) 保险深度和保险密度

2017 年新兴保险市场保险深度和保险密度均有所增加。其中保险深度从 2016 年的 3.2% 上升至 3.3%；保险密度达到 166 美元，较 2016 年增加 11.4%，人均寿险保费支出为 92 美元，人均非寿险保费支出为 73 美元。图 11-4 绘制了瑞士再保险研究院提供的 2017 年 57 个全球新兴保险市场的保险深度和保险密度（含寿险密度和非寿险密度）。

可以看出，中国内地寿险深度仅为 2.68%，非寿险深度只有 1.89%，总保险深度才 4.57%，全球排名第 36；中国澳门地区寿险深度仅为 1.51%，非寿险深度只有 0.47%，总保险深度才 1.98%，全球排名第 67 位。中国内地寿险密度约为 225 美元，非寿险密度约为 159 美元，总保险密度约为 384 美元，全球排名第 46 位；中国澳门地区寿险密度

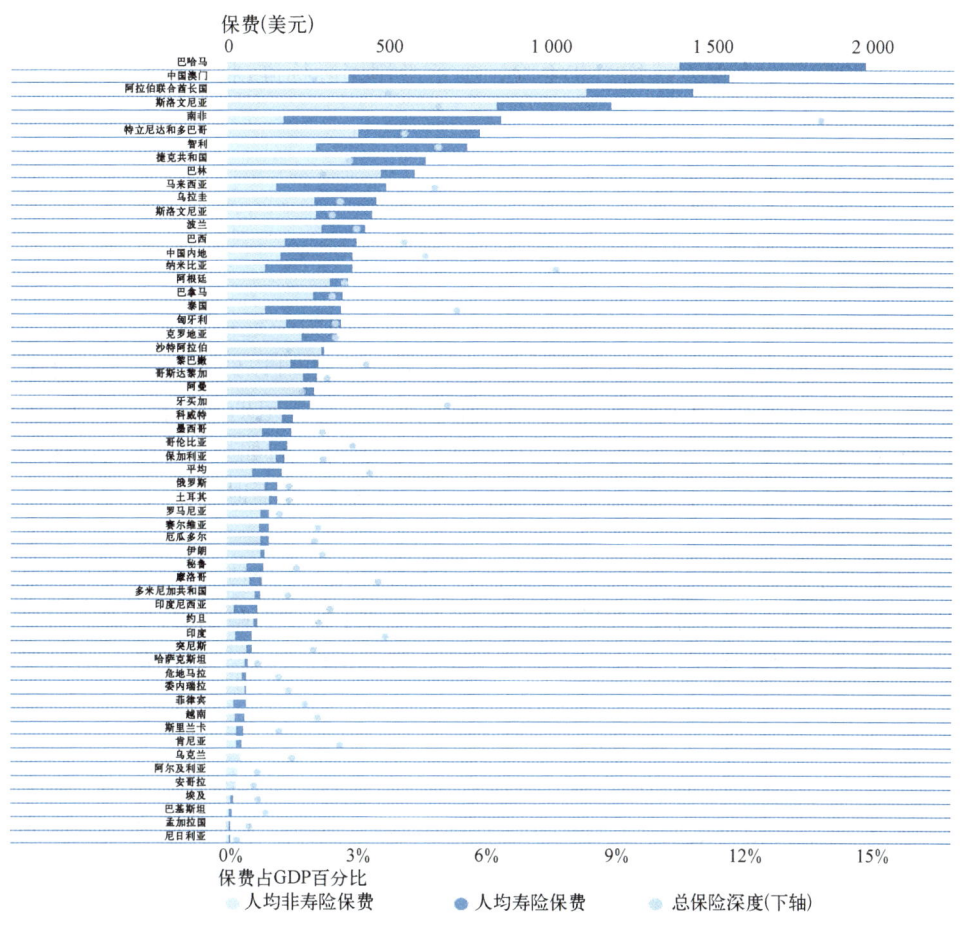

图11-4 2017年新兴保险市场的保险深度和保险密度

资料来源：瑞士再保险研究院。

约为1 181美元，非寿险密度约为371美元，总保险密度约为1 552美元，全球排名第23位。从保险深度和保险密度来看，中国内地和澳门与中国台湾和香港还存在显著差距。

第二节 保险公司的业务

我国通常把人寿保险、健康保险和意外伤害保险等以人的寿命和身体为保险标的的各种保险统称为人身保险，把财产损失保险、农业保险、责任保险、保证保险、信用保险等以财产或相关利益为保险标的的保险统称为广义财产保险，狭义财产保险则仅指财产损失保险。

有时，我们也把健康保险和意外伤害保险统称为"第三领域保险"。由于这两类保险的业务特征和经营技术更像财产保险，故我国财产保险公司与人身保险公司一样也可以经营健康保险和意外伤害保险业务，尤其是短期健康保险和短期意外伤害保险业务。也鉴于这两类保险的性质更像财产保险,美国等发达国家将除寿险之外的健康保险、人身意外伤害保险和广义财产保险统称为非寿险。本章沿用国际标准,将保险业务分为寿险业务和非寿险业务。

一、寿险业务的主要类型

(一) 传统人寿保险

1. 定期寿险

定期寿险是指以死亡为给付保险金条件,且保险期限为一定年限的人寿保险。该年限可以约定为一固定年限,如保险期限为 10 年、20 年等,也可以约定为从投保时至某一特定年龄(如至 60 岁)。简单地讲,定期寿险在合同中约定一定期间为保险期限,如被保险人在保险期限内死亡,保险公司即给付受益人约定的保险金;如果被保险人在保险期限届满时仍然生存,保险合同即行终止,保险公司无给付义务,也不退还已收的保险费。

2. 终身寿险

终身寿险是指以死亡为给付保险金条件,且保险期限持续到死亡时的人寿保险。终身寿险可看作一种不定期的死亡保险,即保险合同中并不规定保险期限,保险期间自合同有效之日起,至被保险人死亡为止。无论被保险人何时死亡,保险公司都负有给付保险金的义务。

3. 两全保险

两全保险是指在保险期间内以死亡或生存为给付保险金条件的人寿保险。两全保险也称为生死合险,是指将定期死亡保险和生存保险(即以被保险人在保险期满或合同约定时刻仍生存为给付保险金条件的人寿保险)联合起来的保险形式。

4. 年金保险

年金保险(或称为生命年金)是指以生存为给付保险金条件,按约定分期给付生存保险金,且分期给付生存保险金的间隔不超过 1 年的人寿保险。

此外,人寿保险还包括传统寿险的各种变形和混合,以及为特殊需要而设计的人寿保险。感兴趣的读者可以参考著作张连增(2010)的第 12 章和荆涛(2011)的第 3 章。

(二) 新型人寿保险

创新型人寿保险主要包括分红保险、万能保险和投资连结保险三种类型。

1. 分红保险

相对于非分红寿险,分红保险是一种按照相对保守的精算假设假定较高的费率,保险人除了按照保单所载明的保险责任对被保险人进行给付之外,还将公司在经营中取得的一部分盈利以保单红利的方式返还给保单所有人的保险。

分红保险的主要特点是:第一,保单持有人享受经营成果。第二,保单持有人承担一定的风险。第三,定价的精算假设比较保守。第四,保险给付、退保金中含有红利。

2. 万能保险

万能保险是一种缴费灵活、保额可调整、非约束性的寿险。它针对消费者在生命周期中保险需求和支付能力的变化来设计,投保人在购买了万能寿险以后,既可以通过调整保额来满足不同生命周期阶段的保险需求,又可以根据实际保费缴付能力增减保费甚至停缴保费,还可以通过对现金价值的抵押贷款和提现来满足对现金的需求。这种设计满足了客户对人寿保险的个性化需求,并能与投资公司、银行和其他金融机构提供的货币市场基金、存款单等业务竞争。万能寿险是一种综合性和应变性强的新型寿险产品,适合需要长期保障和投资相对安全的人购买。万能保险产品的主要特征包括:

(1) 死亡给付方式。万能保险主要提供两种死亡给付方式:A 方式是一种均衡给付方式;B 方式是直接随保单现金价值的变化而改变的方式。投保人可以任选其一,而且给付方式也可依据保单持有人意愿随时改变。

(2) 保费缴纳。万能保险投保人可采用灵活方式缴纳保费,保险公司一般会对每次缴纳最高和最低保费做出规定,只要符合保单规定,投保人可在任何时间不定额地缴纳保费。

(3) 结算利率。保险公司应当为万能保险设立单独账户。在单独账户中,不得出现资产小于负债的情况。一旦资产小于负债,保险公司应当立即补足资金;同时,因结算利率低于实际投资收益率而产生的公司收益也应被转出单独账户。

(4) 费用收取。万能保险保单只可收取以下几种费用:初始费用、风险保险费、保单管理费、手续费和退保费用。

3. 投资连结保险

我国保险监管规定中定义的投资连结保险是指包含保险保障功能并至少在一个投资账户拥有一定资产价值的人身保险产品。投资连结保险产品的主要特征包括:

(1) 投资账户设置。投资连结保险均设置单独的投资账户。

(2) 保险责任和保险金额。投资连结保险的保险责任与传统产品类似,不仅有死亡给付、残疾给付、生存领取等基本保险责任,一些产品还加入了豁免保险费、失能保险金、重大疾病等保险责任。死亡保险金额的设计存在两种方法:一种是给付保险金额和投资账户价值两者较大者,另一种是给付保险金额和投资账户价值之和。

(3) 保险费。投资连结保险大多引入了一定的灵活缴费机制,并且有不同的设计方式。

(4) 费用收取。根据原中国保监会①的规定,投资连结保险产品仅可收取以下费用:初始费用、买入卖出差价、风险保险费、保单管理费、资产管理费、手续费和退保费用。

二、非寿险业务的主要类型

(一) 财产保险

1. 财产损失保险

(1) 企业财产保险。企业财产保险是财产保险的主要险种,它以各类工商企业及其他经济组织、机关事业单位等存放在相对地点、相对状态的固定资产、流动资产以及与企业经济利益相关的财产为主要保险对象。

---

① 2018年3月13日国务院机构改革方案出炉,将中国保监会和银监会合并为中国银行保险监督管理委员会。鉴于此,本章将中国保监会统一称为原中国保监会。

(2) 家庭财产保险。家庭财产保险是指以城乡居民家庭财产为主要保险标的的一种保险。可保财产主要有房屋及其附属设备、衣服、卧具、家具、用具、器具、家用电器、文化娱乐用品、交通工具等生活资料。

(3) 货物运输保险。货物运输保险是指以运输过程中的各种货物作为保险标的,因遭受保险责任范围内的事故而造成的货物损失,由保险公司给予经济补偿。货物运输保险的业务种类有:国内水路、陆路货物运输保险、航空货物运输保险、海洋(陆上、航空)运输货物保险和邮包保险。

(4) 机动车辆保险。机动车辆保险是机动车辆本身及其相关利益为保险标的的一种不定值财产保险。机动车辆保险一般包括基本险和附加险两部分。基本险又分为车辆损失险和第三者责任险。

(5) 工程保险。工程保险是指以各种工程为主要承保对象的保险,主要包括建筑工程一切险和安装工程一切险。

2. 农业保险

农业保险是指在农业生产经营过程中,对种植业和养殖业因自然灾害或意外事故蒙受损失时,由保险人给予经济补偿的一种保险。由于农业生产具有周期长、季节性强、不稳定性高以及露天作业等特点,农业生产抵御自然灾害和意外事故的能力较差,经办农业保险业务的风险也较大,故各国普遍将农业保险视为政策性保险业务,在财政资金上予以扶持和支持。

3. 责任保险

责任保险是指以被保险人的民事损害赔偿责任或经过特别约定的合同责任作为保险对象的保险,其承保标的是责任风险。责任保险主要包括公众责任保险、产品责任保险、雇主责任保险和职业责任保险四种。

(1) 公众责任保险。主要承保被保险人在各个固定场所或地点、运输途中,进行生产、经营或其他活动时因发生意外事故造成他人人身伤亡或财产损失,依法应由被保险人承担的经济赔偿责任。

(2) 产品责任保险。产品责任保险承保被保险人因其所制造、销售和修理的产品质量有缺陷,致使产品使用者或他人遭受人身伤害和财产损失,依法承担的经济赔偿责任。

(3) 雇主责任保险。雇主责任保险(又称劳工保险),指承保被保险人(雇主)的雇员在受雇期间因工作意外导致伤、残、死亡或患有与职业有关的职业疾病依法或根据雇佣合同应由被保险人承担的经济赔偿责任。

(4) 职业责任保险。职业责任保险是指承保各种专业技术人员在从事职业技术工作时,因工作疏忽或过失造成合同对方或他人的人身伤亡和财产损失依法承担的经济赔偿责任。

以被保险人从事的职业为依据,职业责任保险可以细分为医疗责任保险、律师责任保险、会计师责任保险、建筑师责任保险、设计师责任保险、美容师责任保险、兽医责任保险、教师责任保险、保险经纪人和保险代理人责任保险等许多具体险种。

4. 信用保险

信用保险是指权利人直接向保险公司投保,要保险公司担保被保证人的信用,是权利人要求保险公司为他人(被保证人)的信用提供担保。当权利人因发生保险事故遭到经济损失时,作为担保方的保险公司,只在被保证人不能补偿损失时,才行使代为补偿的职责。并且,被保证人对保险公司(保证人)为其向权利人支付的任何补偿均有返还给保险公司的义务。

信用保险分为出口信用保险和投资保险两类。其中出口信用保险是指承担出口商因买方不履行贸易合同而遭受的损失,其责任范围可概括为三类:即商业信用风险、政治风险和外汇风险。投资保险(又称政治风险保险)是指为保障投资者利益而开办的一种保险。

5. 保证保险

保证保险是指被保证人(义务人)根据权利人的要求,向保险公司投保,要保险公司担保自己的行为。保险公司承保的是投保人自己的信用。换言之,保证保险是被保证人借保险公司的信用,向权利人提供担保。

保证保险通常分为忠诚保证保险和确实保证保险两类。其中忠诚保证保险是指承保雇主因雇员不诚实行为而遭受的损失。国际上较常见的忠诚保证保险有指名保证、职位保证和总括保证三种。确实保证保险是国际保险市场上常见的保证保险的一种,是对业主或其他权利人的保证,其保险标的是被保证人的违约责任。当权利关系人因无力或不愿履行应尽义务使权利人遭受损失时,由保险人代为赔偿。国际上较常见的确实保证保险有履约保证、司法保证、特许保证、公务员保证和存款保证五种。

(二) 健康保险

健康保险是指以被保险人的身体为保险标的,对被保险人因疾病或意外事故所致伤害时发生的医疗费用或由此导致工作能力丧失而引起的收入损失,以及由于年老、疾病、意外事故导致需长期护理的费用提供经济补偿的商业行为。健康保险主要包括医疗费用保险、补充医疗保险、残疾收入保险和长期护理保险四种类型。在我国,健康保险包括医疗保险(医疗费用保险)、疾病保险(重大疾病保险)、失能保险和护理保险。

1. 医疗费用保险

医疗费用保险,是指由保险公司提供的,对被保险人因疾病或意外事故导致的医疗费用提供经济补偿的保险。医疗费用保险可细分为基本医疗费用保险和大额医疗费用保险两种。

(1) 基本医疗费用保险。基本医疗费用保险类型大致可分为住院费用保险、外科手术费用保险和内科医生医疗费用保险。通常基本医疗费用保险是全额补偿保险(或称无免赔额要求的保险),即保险公司对被保险人合格的医疗费用进行全部补偿,而不要求被保险人进行分摊的医疗费用保险。但基本医疗费用保险的保险金额较低,且保障范围有限,许多医疗费用被排除在保障范围之外。

(2) 大额医疗费用保险。大额医疗费用保险是指对重大的、未预料的或意外的,因而未作事先预算的医疗费用支出进行更宽泛的并提供实质性保障的保险。它是在基本医疗费用保险基础上,为被保险人提供范围更广、保额更高的保险。它承保大多数医疗费用,并订有免赔额和共保额条款,同时设立最高给付限额,以防止保险公司责任过高。

2. 补充医疗保险

由于存在免赔额、共保额、最高给付金额限制、除外及限制责任,医疗费用保险很少能为被保险人提供全面保障,总是有很大的缺口,因而需要某些险种对其进行补充,以扩展或增强其功能,这就使补充医疗保险呈现出优势,颇受大众青睐。补充医疗保险的主要种类有:牙科保险、处方药保险、眼科保险、住院补偿保险、重大疾病保险和意外医疗费用保险。

3. 残疾收入保险

残疾收入保险是为被保险人因疾病或意外伤残而丧失工作能力,导致收入损失提供阶段性保险金保障的保险。在残疾收入保险中,保险人对先天性残疾收入损失不负赔偿责任,只对由于后天疾病或意外伤害导致丧失工作能力收入损失给付阶段性的保险金。它可以以团体或个人保险的方式销售。当被保险人因丧失工作能力导致收入中断时,基本的保险金给付是对其丧失工作能力前所得收入的部分替代。

4. 长期护理保险

长期护理保险是指对被保险人因为年老、严重或慢性疾病、意外伤残等因素导致身体上的某些功能全部或部分丧失,生活无法自理,需要入住安养院接受长期的康复和支持护理或在家中接受他人护理时支付的各种费用给予补偿的一种健康保险。

(三) 意外伤害保险

意外伤害保险承保被保险人的意外伤害风险,对被保险人因意外伤害导致死亡或伤残给付保险金。该类保险因其保障金额高、保费低而备受欢迎,通常作为寿险或健康保险的补充。

第三节 我国保险公司运行状况

我国保险业继续强劲增长,这主要表现在以下五个方面。第一,2017年,原保险保费收入36 581.01亿元,同比增长18.16%,其中寿险业务原保险保费收入21 455.57亿元,同比增长23.01%;非寿险业务原保险保费收入15 125.44亿元,同比增长11.90%。在非寿险业务中,财产险业务原保险保费收入9 834.66亿元,同比增长12.72%;健康险业务原保险保费收入4 389.46亿元,同比增长8.58%;意外险业务原保险保费收入901.32亿元,同比增长20.19%。第二,原保险赔款和给付支出11 180.79亿元,同比增长6.35%,其中寿险业务给付4 574.89亿元,同比下降0.61%;非寿险业务赔款和给付6 605.91亿元,同比增长11.78%。在非寿险业务中,财产险业务赔款5 087.45亿元,同比增长7.64%;健康险业务赔款和给付1 294.77亿元,同比增长29.38%;意外险业务赔款223.69亿元,同比增长22.23%。第三,资金运用余额149 206.21亿元,同比增长11.42%,其中银行存款19 274.07亿元,占比12.92%;债券51 612.89亿元,占比34.59%;股票和证券投资基金18 353.71亿元,占比12.3%;其他投资59 965.54亿元,占比40.19%。第四,总资产167 489.37亿元,较年初增长10.80%,其中人身保险公司总资产132 143.53亿元,较年初增长6.25%;财产保险公司总资产24 996.77亿元,较年初增长5.28%;再保险公司总资产

3 149.87亿元,较年初增长14.07%;资产管理公司总资产491.45亿元,较年初增长15.28%。第五,净资产18 845.05亿元,较年初增长9.31%。

表11-2进一步汇总了1999—2017年我国保险业寿险业务和非寿险业务的原保费收入和赔付支出、业务及管理费、资金运用余额和总资产的经营情况。在此基础上,图11-5绘制了我国保险公司经营的寿险、财产险、健康险和意外险的赔付率。这里,赔付率是指一个会计年度赔付支出占保费收入的百分比。整体来看,近20年来四类险种赔付率由高到低依次是财产险、健康险、意外险、寿险。其中,财产险的赔付率约为50%—60%,比较平稳;寿险赔付率约为10%—30%,且寿险的长期性导致赔付率的周期波动比较明显;意外险赔付率呈现出明显下降趋势,由1999年的39.74%下降到2017年的24.82%;健康险赔付率的周期性也比较明显,由于健康险中的道德风险和逆向选择通常更严重,故与其他三种险种相比,健康险赔付率的波动性往往更大。

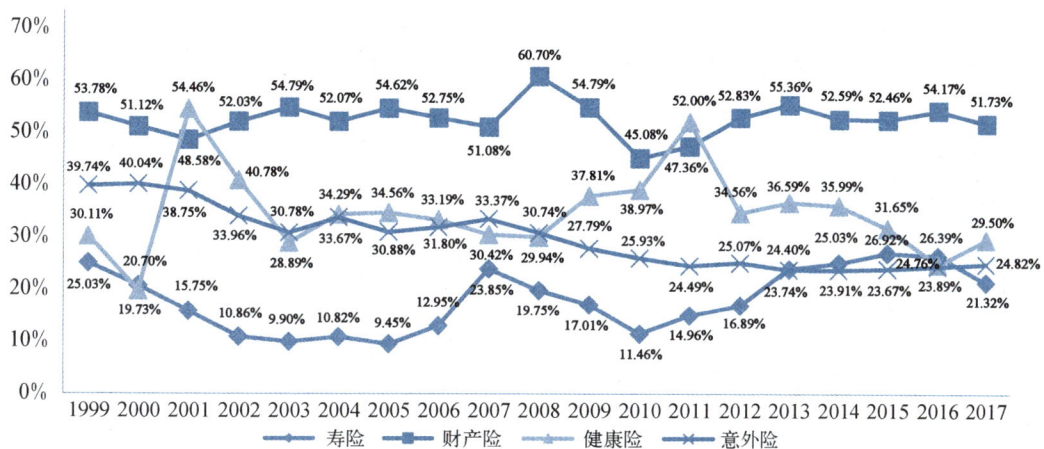

图11-5 1999—2017年我国保险公司不同业务的赔付率

一、人身保险公司

(一) 保费收入

我国人身保险市场发展势头强劲,人身保险公司总体实力不断增强。截至2017年末全国共有85家人身保险公司,其中中资公司57家,外资公司28家,较2016年末增加了8家,较2015年末增加了10家,且增加的都是中资公司。

我国人身保险市场保费收入迅猛增长。近10多年来中资公司市场份额约占95%,外资公司市场份额约占5%。2017年保费收入超过千亿的人身保险公司共有8家,全部都是中资公司,排名依次是:中国人寿保险股份有限公司、中国平安人寿保险股份有限公司、中国太平洋人寿保险股份有限公司、安邦人寿保险股份有限公司、泰康人寿保险股份有限公司、太平人寿保险股份有限公司、新华人寿保险股份有限公司、中国人民人寿保险股份有限公司,市场份额合计为64.89%;专业健康险公司6家,分别是人保健康、昆仑健康、和谐健康、太保安联健康、复星联合健康、平安健康,佐证了我国健康保险市场从无到有的迅猛发展。与此同时,我国人身保险市场集中度:2016年排名前7的寿险公司市场

表 11-2 1999—2017 年我国保险业经营情况

单位：亿元

年份	原保费收入					原保险赔付支出					业务及管理费	资金运用余额	总资产
	寿险	财产险	非寿险 健康险	意外险	合计	寿险	财产险	非寿险 健康险	意外险	合计			
1999	768.30	521.12	36.54	67.25	1 393.22	192.27	280.24	11.00	26.73	510.24	182.73	1 817.39	2 604.09
2000	851.17	598.39	65.48	80.82	1 595.86	176.19	305.89	12.92	32.36	527.36	216.61	2 538.61	3 373.89
2001	1 287.58	685.39	61.55	74.84	2 109.35	202.80	332.93	33.52	29.00	598.25	258.36	3 643.18	4 591.34
2002	2 073.68	778.30	122.45	78.71	3 053.14	225.14	404.92	49.94	26.73	706.73	314.37	5 530.33	6 494.07
2003	2 669.49	869.40	241.92	99.58	3 880.40	264.15	476.32	69.90	30.65	841.01	361.22	8 378.53	9 122.84
2004	2 851.30	1 089.89	259.88	117.07	4 318.13	308.39	567.52	89.10	39.42	1 004.44	435.82	10 680.72	11 853.55
2005	3 244.28	1 229.86	312.30	140.89	4 927.34	306.50	671.75	107.92	43.51	1 129.67	525.96	14 135.84	15 225.97
2006	3 592.64	1 509.43	376.90	162.47	5 641.44	465.41	796.29	125.10	51.67	1 438.46	667.06	17 785.39	19 731.32
2007	4 463.75	1 997.74	384.17	190.11	7 035.76	1 064.45	1 020.47	116.86	63.43	2 265.21	947.62	26 721.94	29 003.92
2008	6 658.37	2 336.71	585.46	203.56	9 784.10	1 314.98	1 418.33	175.28	62.57	2 971.17	1 079.52	30 552.77	33 418.44
2009	7 457.44	2 875.83	573.98	230.05	11 137.30	1 268.74	1 575.78	217.03	63.92	3 125.48	1 234.06	37 417.12	40 634.75
2010	9 679.51	3 895.64	677.47	275.35	14 527.97	1 108.99	1 756.03	264.02	71.39	3 200.43	1 538.35	46 046.62	50 481.61
2011	8 695.59	4 617.82	691.72	334.12	14 339.25	1 300.93	2 186.93	359.67	81.84	3 929.37	1 882.38	55 473.85	60 138.10
2012	8 908.06	5 330.93	862.76	386.18	15 487.93	1 505.01	2 816.33	298.17	96.80	4 716.32	2 171.46	68 542.58	73 545.73
2013	9 425.14	6 212.26	1 123.50	461.34	17 222.24	2 253.13	3 439.14	411.13	109.51	6 212.90	2 459.59	76 873.41	82 886.95
2014	10 901.69	7 203.38	1 587.18	542.57	20 234.81	2 728.43	3 788.21	571.16	128.42	7 216.21	2 795.79	92 230.85	101 591.47
2015	13 241.52	7 994.97	2 410.47	635.56	24 282.52	3 565.17	4 194.17	762.97	151.84	8 674.14	3 336.72	111 795.49	123 597.76
2016	17 442.22	8 724.50	4 042.50	749.89	30 959.10	4 602.95	4 726.18	1 000.75	183.01	10 512.89	3 895.52	133 910.67	151 169.16
2017	21 455.57	9 834.66	4 389.46	901.32	36 581.01	4 574.89	5 087.45	1 294.77	223.69	11 180.79	4 288.06	149 206.21	167 489.37

注：表中数据基于原中国保监会官网公布的统计数据整理，网址为 http://www.circ.gov.cn/web/site0/tab5179/。

份额合计为58.87%,2015年排名前7的寿险公司市场份额合计为65.66%,下降了6.79%。2017年排名前7的寿险公司市场份额总计为60.81%,比2016年上升1.94%。

(二)赔付支出

表11-3绘制了2017年我国人身保险公司的赔偿与给付支出情况。

表11-3　2017年我国人身保险公司赔偿与给付支出情况

险　种	赔款与给付金额(亿元)	同比增长(%)	占比(%)
寿　险	4 574.89	−0.61	75.08
健康险	1 294.77	29.38	21.25
意外险	223.69	22.23	3.67
合　计	6 093.34	5.30	100.00

(三)产品结构

受益于费率市场化改革,人身保险产品结构明显优化。近5年来我国人身保险公司的业务结构为例,寿险占比约85.9%,其中传统寿险占比约33.9%,分红保险占比约51.3%,万能型和投连型占比约0.7%;健康保险占比约11.2%,意外伤害保险占比约2.9%。

(四)业务渠道

人身保险公司保费收入各渠道业务平稳发展。近5年来人身保险公司保费收入渠道构成为例,个人代理渠道占比约48.6%,银保渠道占比约39.0%,公司直销渠道占比约1.3%,专业代理渠道占比约0.6%,保险经纪渠道占比约0.5%。

(五)风险防控

我国人身保险公司防控市场风险的能力进一步增强。这主要表现在:第一,平稳化解满期给付和退保风险。保险业不断加大风险防范力度,顺利渡过满期给付和退保高峰期,守住了风险底线。第二,成功处置个别风险。妥善处置了风险爆发的个别公司风险,维护了行业整体稳定。第三,偿付能力整体充足。第四,规范了高现金价值业务发展。

二、财产保险公司

(一)保费收入

我国财产保险市场迅猛发展,财产保险公司数量增长迅速。截至2017年年末,全国共有85家财产保险公司,其中中资公司63家,外资公司22家;较2016年年末增加了4家,较2015年年末增加了12家,且增加的都是中资公司。

我国财产保险市场保费收入平稳增长。近10多年来中资公司市场份额约占98%,外资公司市场份额约占2%。2017年保费收入超过千亿元的财产保险公司共有2家,分别是中国人民财产保险股份有限公司、中国平安财产保险股份有限公司、太平洋财产保险股份有限公司,保费收入排名前10位的财险公司依次是:中国人民财产保险股份有限公司、中国平安财产保险股份有限公司、中国太平洋财产保险股份有限公司、中国人寿财产保险股份有限公司、中华联合财产保险股份有限公司、中国大地财产保险股份有限公司、阳光财产保险股份有限公司、太平财产保险有限公司、中国出口信用保险公司、天安财产保险股份有限公司,市场份额合计为 85.34%,2016 年排名前 10 位的财产保险公司市场份额合计为 85.52%,下降了 0.18%。

(二) 赔付支出

我国财产保险公司保障水平持续提升。财产保险公司积极参与重大灾害的抗灾、救灾工作,帮助受灾地区及时恢复生产生活,充分发挥改善民生保障、救灾减灾的作用。

(三) 产品结构

受益于国家政策支持和费率市场化改革,财产保险产品结构显著改善。我国财产保险公司的业务构成为例,车险占比 73.1%,企财险占比 5.1%,农业险占比 4.3%,责任险保费占比 3.4%,信用险占比 2.7%,保证险占比 2.6%,意外险占比 2.3%,健康险占比 2.3%,货运险占比 1.3%,工程险占比 1.1%,船舶险占比 0.7%,特殊风险保险占比 0.5%,家财险占比 0.4%,其他险占比 0.2%。

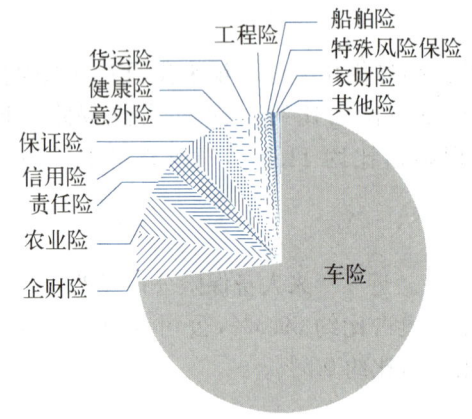

图 11-6 我国财产保险公司的业务结构

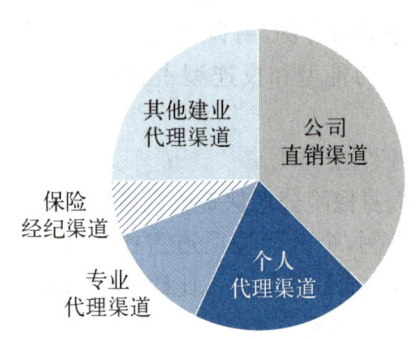

图 11-7 我国财产保险公司的业务渠道

(四) 业务渠道

财产保险公司保费收入各渠道业务平稳发展。公司直销渠道占比 37.41%,保险中介渠道占比 62.59%,其中个人代理渠道占比 19.73%,专业代理渠道占比 11.84%,保险经纪渠道占比 5.85%,其他兼业代理渠道占比 25.17%。

(五) 风险防控

我国各家财产保险公司偿付能力和核心资本指标均达标,所有财险公司偿付能力充足率均高于 150%,行业准备金较为充足,未出现系统性、区域性风险。

伴随着我国保险市场的快速发展,直保公司再保险分出业务的规模持续增长,再保险公司继续保持稳健发展。再保险公司拓展海外市场的步伐明显加快。我国多家大型保险公司有意设立专业再保险公司,多家离岸再保险公司积极谋求在我国境内设立分支机构,社会资本积极提出进入再保险领域。

三、保险资金运用

(一) 总体情况

图 11-8 绘制了 1999—2017 年我国保险资金运用整体情况。截至 2017 年年末,我国

保险资金运用余额为 149 206.21 亿元,保险业总资产 167 489.37 亿元,占保险业总资产的 89.08%,较年初增加 15 295.54 亿元,增幅达 11.42%。

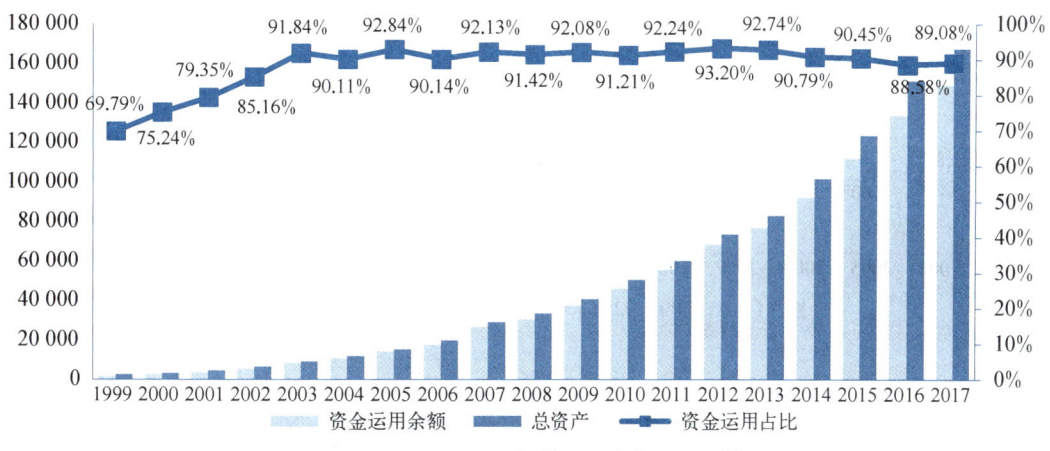

图 11-8　1999—2017 年我国保险资金运用情况

（二）配置结构

从图 11-9 可以看出,第一,固定收益类资产(含银行存款和国债、金融债、企业债等各类债券)继续保持主导地位,但配置比例有明显下降趋势,从 2013 年的 72.87% 下降到 2017 年的 47.51%。第二,权益类资产(含投资股票和证券投资基金)稳中有升,配置比例从 2013 年的 10.23% 上升到 2017 年的 12.30%。第三,其他投资增长较快,从 2013 年的 16.90% 上升到 2017 年的 40.19%,尤其是长期股权投资、不动产投资、基础设施投资计划等另类投资增长显著。

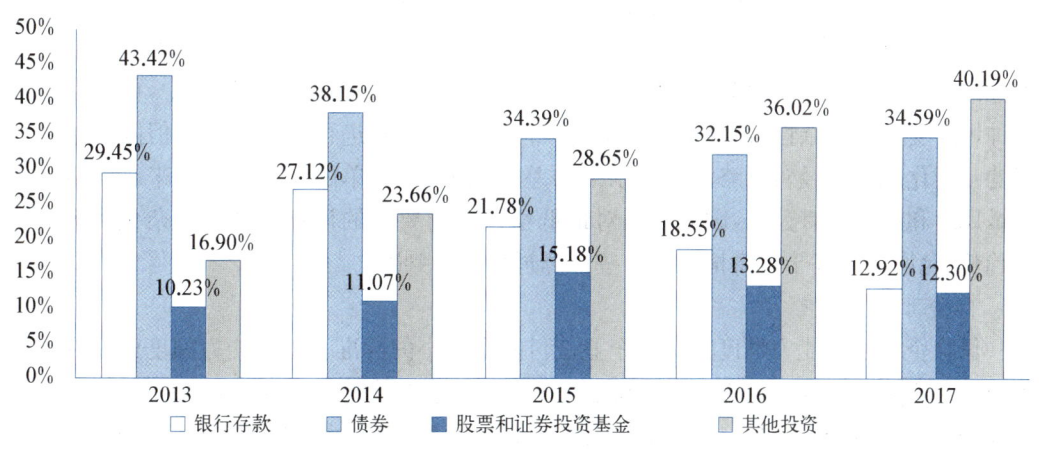

图 11-9　2013—2017 年保险资金的配置结构

（三）投资收益

图 11-10 绘制了 2004—2017 年我国保险资金运用收益率。

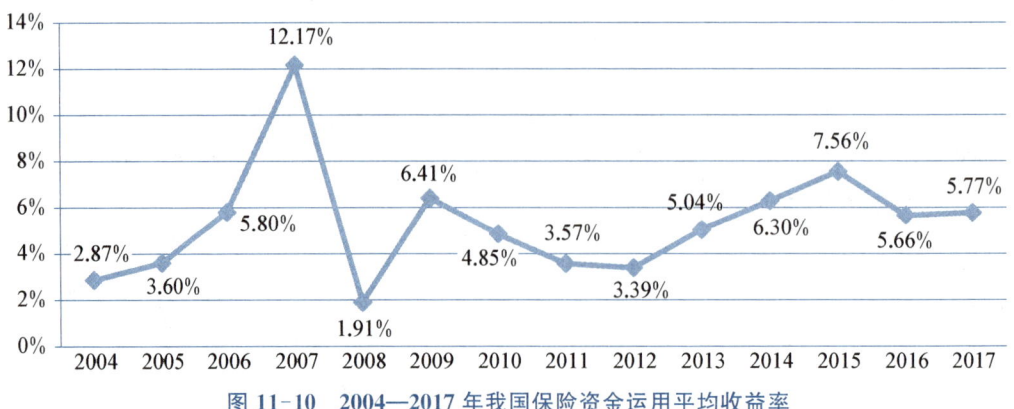

图 11-10 2004—2017 年我国保险资金运用平均收益率

第四节 我国保险公司的偿付能力监管

一、偿付能力监管制度介绍

（一）偿付能力监管概述

保险公司偿付能力是指其履行保险合同约定的赔偿或给付责任的能力。偿付能力额度（或称资本充足率）监管要求保险公司除按监管要求提供各项准备金外，应同时将公司自有资本金维持在一定水平，保证公司在市场出现不利情况时，仍能维持其赔偿或给付保险责任的能力。

1. 最低偿付能力要求

最低偿付能力要求（或称最低资本要求），是保险监管部门基于满足公司在遇到市场不利情况下，仍能维持公司正常偿付能力的最低资本要求。各国在制定最低偿付能力要求标准时，都是基于对市场不利情况的风险度量，在具体标准的制定过程中，由于考虑到各种风险度量的复杂性，监管部门一般将风险度量的规则进行适当简化。但随着市场环境的复杂化和公司经营策略及管理水平的差异化增大，简单的计算规则越来越难以准确度量风险和适用所有公司，因此各国对最低偿付能力要求的计算规则有复杂化和灵活化的趋势，允许公司基于自身情况对一些计算过程进行判断。

2. 偿付能力额度

保险企业偿付能力额度是衡量企业偿付能力大小的标准。偿付能力额度涉及两方面内容：一是保险公司具备的实际偿付能力额度，实际偿付能力额度是指在任何一个指定日期，其认可资产和认可负债之间的差额；二是保险管理机关要求保险公司必须具备的最低偿付能力额度，即法定偿付能力额度，保险企业法定偿付能力额度是国家或政府主管机关依据立法要求保险企业必须具备的偿付能力额度。

3. 偿付能力充足率

偿付能力充足率是指实际偿付能力额度与最低偿付能力额度的比例，各国在进行偿付能力监管时，一般要求偿付能力充足率保持在一定的水平之上。

(二) 欧盟和美国偿付能力制度简介

1. 欧盟偿付能力额度监管制度

(1) 欧盟偿付能力Ⅰ标准。1994年欧盟监管委员会正式启动了偿付能力Ⅰ项目。欧盟偿付能力额度监管的主要依据有两个：一是法定偿付能力额度，为保险监管机关规定保险公司必须具备的偿付能力额度；二是实际偿付能力额度，即保险公司认可资产与认可负债的差额。

针对法定偿付能力额度评估，其基本原理是：分析引起实际支出与预计支出偏差的风险因素，然后将各种风险量化成偿付能力额度指标。引起偏差的风险因素包括承保风险、投资风险、费用风险、管理风险等。

针对实际偿付能力额度评估，实际偿付能力额度等于认可资产减去认可负债。通常保险公司资产和负债的评估方法是大概的、原则性的规定，具有一定的灵活度，其中资产的价值应以其当时的市场价值为基础评估，并且应满足条例中的认可限制。某些资产在确定法定偿付能力额度时可能由于不符合认可要求，其认可价值可能为零；责任准备金的评估要符合法定最低准备金的要求。但为满足偿付能力额度管理的谨慎要求，监管部门一般规定一个最低基础，保险公司所得评估结果的保守程度都不应低于在最低基础下得到的结果。

对此，欧盟规定两种水平的监控干预措施，一是如果保险公司的实际偿付能力额度达不到最低偿付能力额度要求，保险监管者将要求其提交一份短期内扭转财务状况的整改报告；二是针对"所需准备金"（一般为法定偿付能力额度的1/3），即如果保险公司实际偿付能力额度达不到此要求，那么财政部将对该公司采取更加严厉的干预措施，保险公司必须立即着手增加资本以扭转这一状况。

(2) 欧盟偿付能力Ⅱ项目。欧盟偿付能力Ⅱ项目是偿付能力Ⅰ项目的延续，它不仅仅是对欧盟现有偿付能力监管系统的简单的评估和改进，而且是在借鉴美国、加拿大等国的偿付能力监管工具的基础上，借鉴《新巴塞尔资本协议》监管思路，以更基础、更广阔的视角全面审视现有的监管体系。在构建未来欧盟的监管体系时，充分考虑国际保险业的发展、国际保险会计准则的修改、风险管理理论的成熟、内部控制的完善等诸多因素。偿付能力Ⅱ项目关注的不仅是偿付能力或资本是否充足的问题，更重要的是将偿付能力监管植根于评价和控制保险公司的经营风险，确保保险公司财务稳健的基础之上。其重点在于设计出一套全面衡量保险公司所面临风险的方法，同时促进保险公司自身开发和完善内部风险管理体系。

2. 美国偿付能力额度监管制度

美国保险监督官协会（NAIC）于1993年开始实行并一直沿用基于风险资本（Risk-Based Capital，RBC）标准的监管制度。RBC标准是基于保险公司的规模和风险状况来综合评价该公司的资本和盈余是否充足，突破了传统监管模式的桎梏，开创了风险监管新模式。

通常来说，非寿险业务以短期为主，而寿险业务则以长期为主，故与非寿险业务相比，寿险业务的偿付能力额度监管更复杂。鉴于此，下面以寿险公司为例，详细给出美国

RBC 监管的相关计算公式和监管机构的干预措施。

(1) 美国 RBC 监管的相关计算公式。

① NAIC 的最低风险资本要求。寿险公司的最低风险资本要求考虑了以下五类风险。

a. 关联企业风险(C_0)：是指对关联企业的投资无法收回的风险。

b. 资产违约风险(C_1)：是指保险公司持有的资产面临的违约或市场价值跌落的风险，但不包括因为利率波动而造成的市场价值跌落的风险。每类资产都根据该资产承受的风险被赋予了一个权重系数。

c. 定价风险(C_2)：是指保险公司关于死亡率、发病率、续保率、费用率所作的假设可能与实际发生的情况不一致所造成的风险。风险基数为有效保险责任减去再保险分出保险责任。根据大数法则，扣除再保险后的有效保单越多的保险公司的风险系数就越小。

d. 利率风险(C_3)：是指在利率变动的情况下，由于资产与负债的不匹配而造成保险公司损失的风险。需要强调的是，因为利率波动造成的保险公司资产贬值或负债增值的风险属于利率风险，而不属于资产风险或定价风险。

e. 一般管理风险(C_4)：是指保险公司面临的以上四类风险以外的风险，包括：拓展新业务的市场风险、地理上扩张造成的风险、税法变化造成的风险、欺诈、管理失误、法律诉讼、保证责任的基金的评估、害怕偿付能力不足造成的资产抽逃等。

这五类风险都被纳入寿险公司 RBC 计算公式中，以得出保险公司的法定风险资本，RBC 计算公式的关键是合理确定不同项目的风险的计算因子。其中：

资产违约风险(C_1)是为保险公司因资产给付违约所提供的储备。确定资产违约风险(C_1)时，必须考虑资产类型、资产组合质量(包括 NAIC 对债券的评级)、同类资产的分散程度及资产的期限结构等因素，采用相应的权重系数和规则进行计算。

保险风险(C_2)是为保险公司因不利趋势、经验或保费不足等情况提供更高的保障。寿险因子按风险净额计算，健康险因子按保费计算，但考虑到风险的聚合效应，保险风险(C_2)通常是风险净额的减函数。

利率风险(C_3)按保险责任准备金来计算，其风险因子取决于风险水平(低、中、高)及寿险公司的精算意见是否合格。具体来说，低风险水平包括个人寿险准备金、不能退保或因市场价值调整而使退保风险不大的个人年金准备金；允许按面值退保但退保费用不低于5%的个人年金准备金属于中风险；可以自由按面值退保且退保费用低于账户价值5%的延期年金属于高风险。

营业风险(C_4)按保费水平计算。对于各类规模的寿险公司，寿险和年金的风险因子为2%，健康险为0.5%。

由于这五类风险都可视为随机变量，NAIC 假设 C_2 与 C_1、C_3 是相互独立的，而 C_1 与 C_3、C_4 与其他四个随机变量都是完全相关的，并且给出两个技术性假设：一是假设这五个随机变量都服从正态分布，二是假设度量偏差的关键统计量为标准差。在此基础上，NAIC 采用的最低风险资本的计算公式为：

$$\text{NAIC 最低风险资本和盈余} = \sqrt{(C_1+C_3)^2 + C_2^2} + C_0 + C_4 \qquad (11.1)$$

② 总调整后资本。寿险公司的总调整后资本(Total Adjusted Capital，TAC)为以下各项之和：公司的法定资本和盈余、资产评估准备金、自主投资准备金和保单分红责任的50%。其中分红责任乘以50%是因为分红对未来财务不利情形提供了一种缓冲，为了在调整后资本中反映这种缓冲效果，NAIC 建议将其乘上50%的调整因子。

③ RBC 比率。RBC 比率是总调整后资本与授权控制水平对应的资本数额之比，其计算公式为：

$$\text{RBC 比率} = \frac{\text{总调整后资本}}{\theta \times \text{风险资本总额}} \qquad (11.2)$$

其中，θ 为调节系数，在采用 RBC 制度的前两年该系数较小(如1994年为0.4，1995年为0.45)，目前为0.5；θ 与风险资本总额的乘积称为授权控制水平对应的资本数额。

综上所述，RBC 比率的计算是先将保险公司上报的不同资产乘以相应的风险权重，再将其加总得到 NAIC 认为的保险公司的最小风险资本金，代入公式得到 RBC 比率，再与预定的标准比较，确定是否需要采取相应的后续措施。通常，保险公司提交给政府保险监督管理部门的 RBC 报告是不公开的，目的是防止保险公司或其竞争者不正当地利用 RBC 信息。

(2) 监管机构的干预措施。

根据 RBC 比率的具体值，NAIC 确定了四个不同层次的 RBC 水平，并要求监管者采取相应的干预措施。这四个干预层次如表11-4所示。

监管机构一般根据 RBC 比率采取相应的干预措施。其中，公司行动水平是指当保险公司的资本达不到授权控制水平的200%时，保险公司必须向保险监督官提供一份方案，对其财务状况做出解释，并提出相应的改进意见。监管行动水平是指当保险公司的资本达不到授权控制水平的150%时，保险监督官必须对其进行审查，如有需要，还可以提出改进措施。授权控制水平是指当保险公司的资本达不到授权控制水平，即100%时，保险监督官可以依法对其进行整顿或清算。强制控制水平指当保险公司的资本达不到授权控制水平的70%时，保险监督官必须对其进行接管。

表 11-4 RBC 比率范围及 RBC 水平

RBC 比率(%)	RBC 水平
≥200	适当水平
[150,199]	公司行动水平
[100,149]	法定行动水平
[70,99]	授权控制水平
<70	强制控制水平

【示例】为了更好地理解 RBC 比率的计算方法,下面给出一个例子。
假设某保险公司的财务状况如下:

① 资本和盈余共计 800 000。

② 不考虑关联企业风险,其余风险的构成如下:

风险类别		计算基础	平均 RBC 因子
资产风险	AAA 级债券	2 000 000	0.3%
	BB 级债券	5 000 000	4%
	B 级债券	3 000 000	12%
保险风险		350 000 000	0.2%
利率风险		4 000 000	1%
营业风险		500 000	2%

计算该保险公司的 RBC 比率,并给出监管机构应该采取的相应干预措施。

解:由题意得到该公司的总调整后资本 $TAC = 800\ 000$。

$C_0 = 0$

$C_1 = 2\ 000\ 000 \times 0.3\% + 5\ 000\ 000 \times 4\% + 3\ 000\ 000 \times 12\% = 566\ 000$

$C_2 = 350\ 000\ 000 \times 0.2\% = 700\ 000$

$C_3 = 4\ 000\ 000 \times 1\% = 40\ 000$

$C_4 = 500\ 000 \times 2\% = 10\ 000$

进而得到:授权控制水平对应的资本数额为:

$$\frac{\sqrt{(C_1+C_3)^2 + C_2^2}}{2} + C_0 + C_4 = \frac{\sqrt{(566\ 000 + 40\ 000)^2 + 700\ 000^2}}{2} + 0 + 10\ 000$$
$$= 467\ 935.20$$

所以,该保险公司的 RBC 比率为: $\frac{800\ 000}{467\ 935.20} = 170.96\%$。

可以看出,该保险公司的 RBC 比率位于 [150%,199%] 区间。因此,监管机构应该采取的相应干预措施为公司行动水平。即保险公司必须向保险监督官提供一份方案,对其财务状况作出解释,并提出相应的改进意见。

二、我国偿付能力监管制度体系介绍

伴随着保险业的快速发展,目前我国偿付能力监管制度体系经历了由第一代偿付能力监管制度体系到第二代偿付能力监管制度体系的转变。我国第一代偿付能力监管制度体系更注重规模导向,形成于 2003 年,在制定初期较多参考了发达国家保险市场的经验,尤其是欧盟偿付能力监管制度。第二代偿付能力监管制度体系更注重风险导向,形成于 2015 年,在国际保险业偿付能力监管制度体系改革发展之际,原中国保监会在借鉴发达国家保险市场的经验,尤其是在美国 RBC 偿付能力监管制度的基础上,充分考虑了中国保险业发展的实际情况,历时3年率先研制完成了具有自主知识产权的中国第二代偿付能力监管制度体系,即中国风险导向的偿付能力体系(China Risk Oriented Solvency System,C-ROSS),简称"偿二代"。

下面详细介绍我国两代偿付能力监管制度体系。

(一) 我国第一代偿付能力监管制度体系

我国第一代偿付能力监管制度体系,即《保险公司偿付能力额度及监管指标管理规定》(原保监会令〔2003〕1号)形成于2003年,经过不断地发展和完善,形成了一套适用于我国保险业发展初级阶段的完整的偿付能力监管措施。2008年为了进一步完善我国的第一代偿付能力监管体系,原保监会颁布了修订后的《保险公司偿付能力管理规定》(原保监会令〔2008〕1号),将偿付能力管理制度和偿付能力相关技术及计算规定分开,以便于偿付能力相关计算及技术文件能及时根据市场环境变化进行调整和修订。

我国第一代偿付能力监管制度包含最低偿付能力计算规定、实际偿付能力额度和监管措施三方面内容。

1. 最低偿付能力计算规定

以寿险公司为例,根据监管要求,我国寿险公司最低偿付能力计算规定如表11-5所示。

表11-5 我国寿险公司最低偿付能力的计算规定

项　　目	比　　例
短期人身险业务	max[(1)+(2),(3)+(4)]
(1) 自留保费净值:1亿元以下部分	18%
(2) 自留保费净值:1亿元以上部分	16%
(3) 最近3年综合赔款均值:7 000万元以下部分	26%
(4) 最近3年综合赔款均值:7 000万元以上部分	23%
长期人身险业务的最低资本	本项为下列各细项之和
保险合同负债	4%
投资连结保险保单分拆后其他风险部分的负债	1%
其他混合保险合同分拆后其他风险部分的负债	4%
未通过重大保险风险测试的保单负债	4%
3年内的定期死亡保险合同风险保额	0.1%
3—5年定期死亡保险合同风险保额	0.15%
5年以上定期死亡保险合同风险保额	0.3%
未区分保险期的死亡保险合同风险保额	0.3%
其他保险合同的风险保额	0.3%

注:自留保费净值=直接保费收入+分入保费-分出保费-营业税金。

2. 实际偿付能力额度

根据监管要求,实际偿付能力额度等于认可资产减去认可负债。认可资产根据不同资产的流动性特点及风险特征确定了相应的认可比例。

值得注意的是,实际偿付能力额度不等于保险公司一般会计准则下的所有者权益,主要有两方面的原因:一是在偿付能力报告中,有些资产是非认可的资产;二是偿付能力报告中的保险合同准备金负债不等于一般会计准则下的保险合同准备金负债,在偿付能力报告中保险合同准备金负债按照法定方法评估准备金。这一处理方式与欧盟偿付能力Ⅰ号的方式类似。

3. 监管措施

按照《保险公司偿付能力管理规定》要求,原中国保监会根据保险公司偿付能力状况将保险公司分为下列三类,实施分类监管:(1)不足类公司:是指偿付能力充足率低于100%的保险公司;(2)充足Ⅰ类公司:是指偿付能力充足率在100%到150%之间的保险公司;(3)充足Ⅱ类公司:是指偿付能力充足率高于150%的保险公司。原中国保监会不将保险公司的动态偿付能力测试结果作为实施监管措施的依据。

对于不足类公司,原中国保监会应当区分不同情形,采取下列一项或者多项监管措施:(1)责令增加资本金或者限制向股东分红;(2)限制董事、高级管理人员的薪酬水平和在职消费水平;(3)限制商业性广告;(4)限制增设分支机构、限制业务范围、责令停止开展新业务、责令转让保险业务或者责令办理分出业务;(5)责令拍卖资产或者限制固定资产购置;(6)限制资金运用渠道;(7)调整负责人及有关管理人员;(8)接管;(9)原中国保监会认为必要的其他监管措施。另外,原中国保监会可以要求充足Ⅰ类公司提交和实施预防偿付能力不足的计划,当充足Ⅰ类公司和充足Ⅱ类公司存在重大偿付能力风险的,原中国保监会可以要求其进行整改或者采取必要的监管措施。

(二)我国第二代偿付能力监管制度体系

1. C-ROSS 的整体框架[①]

为进一步完善偿付能力监管,加强制度建设的顶层设计,建立科学有效的第二代偿付能力监管制度体系,制定整体框架。

(1)总体目标。

第一,科学全面地计量保险公司面临的风险,使资本要求与风险更相关。第二,守住风险底线,确定合理的资本要求,提高我国保险业的竞争力;建立有效的激励机制,促进保险公司提高风险管理水平,促进保险行业科学发展。第三,积极探索适合新兴市场经济体的偿付能力监管模式,为国际偿付能力监管体系建设提供中国经验。

(2)整体框架构成。

C-ROSS 的整体框架由制度特征、监管要素和监管基础三大部分构成,如图 11-11 所示。

[①] 本小节内容参考了中国保监会关于印发《中国第二代偿付能力监管制度体系整体框架》的通知(保监发〔2013〕42 号),网址为:http://www.circ.gov.cn/web/site0/tab5225/info244154.htm。

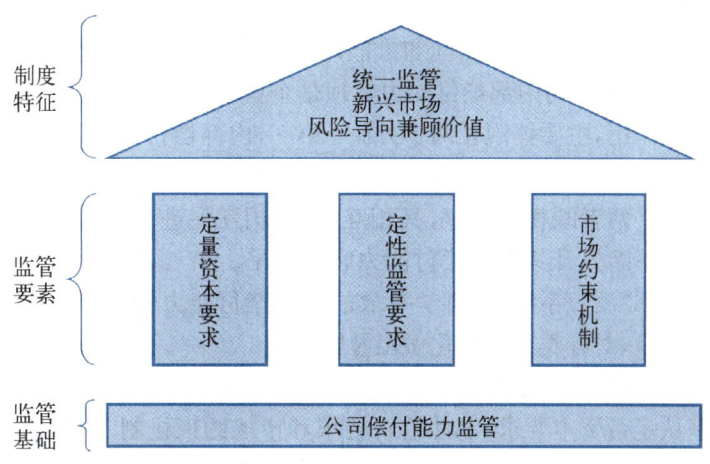

图 11-11　C-ROSS 的整体框架

① 制度特征。偿二代的制度特征是基于我国保险市场环境和发展阶段特征的一种现实选择,是开展偿付能力监管各项工作的出发点,体现在偿二代体系的具体原则、方法和标准之中。

第一,统一监管。原中国保监会根据国务院授权,履行行政管理职能,依照法律、法规统一监督管理全国保险市场,包括对全国所有保险公司的偿付能力实施统一监督和管理。统一监管不同于部分国家和地区的分散监管模式,充分体现了我国偿付能力监管的特点。偿二代应充分发挥统一监管效率高、执行力强、执行成本低的优势。同时,由于我国地域辽阔,在制定统一监管政策的同时,还需要充分考虑各地差异,适应不同地域保险市场监管需要。在定量监管方面,主要是原保监会机关对保险公司总公司资本充足性的监管,监管标准需要尽量统一;在定性监管和市场约束方面,对于与分支机构相关的风险,可以体现一定的地域差异。原保监会机关和派出机构分工协作,共同实施偿付能力监管。

第二,新兴市场。我国保险市场仍处于发展的初级阶段,属于新兴保险市场,在市场规模、发展速度、产品特征、风险管理能力、人才储备、国际活跃度等方面与成熟保险市场存在一定差异。基于新兴市场特征,与成熟的偿付能力监管制度相比,偿二代应当更加注重保险公司的资本成本,提高资本使用效益;更加注重定性监管,充分发挥定性监管对定量监管的协同作用;更加注重制度建设的市场适应性和动态性,以满足市场快速发展的需要;更加注重监管政策的执行力和约束力,及时识别和化解各类风险;更加注重各项制度的可操作性,提高制度的执行效果。

第三,风险导向兼顾价值。防范风险是偿付能力监管的永恒主题,是保险监管的基本职责。偿二代的资产负债评估,要能适时、恰当地反映保险公司面临的实际风险状况及变动;资本要求要更加全面、准确地反映保险公司的各类风险;监管措施要更加具有风险针对性。对风险的防范,要具有底线思维。守住区域性、系统性风险的底线,科学计量潜在的风险损失,在此基础上科学确定所需要的监管资本底线,降低保险公司经营的资本占用,提高保险业资本使用效率和效益,提升保险公司的个体价值和整个行业的整体价值。在技术目标层面,既不能将偿二代简单化为只是为市场中的保险公司划出一条及格线或风险预警线，也不能将其复杂化为对保险公司进行完美而理想的经济价值评估。基于新兴市场的偿二代，需要在风险预警目标和价值评估目标之间，寻求平衡与和谐。

② 监管基础。保险公司内部偿付能力管理是企业内部的管理行为，在偿付能力监管中具有十分重要的作用，主要体现在两个方面：第一，内部偿付能力管理是外部偿付能力监管的前提、基础和落脚点。特定阶段外部偿付能力监管必须与当时的行业内部偿付能力管理水平相适应。两者既相互依存，又相互制约、相互促进。好的偿付能力监管体系，能够激励保险公司不断提升其内部偿付能力管理水平。第二，内部偿付能力管理是保险公司的"免疫系统"和"反应系统"。科学有效的内部偿付能力管理制度和机制，可以主动识别和防范各类风险，对各类风险变化做出及时反应。

③ 监管要素。监管要素是偿付能力监管的三支柱，是偿付能力监管的重要组成部分。三支柱分别从定量资本要求、定性监管要求和市场约束机制三个方面对保险公司的偿付能力进行监督和管理，主要规范偿付能力监管的内容、原则、方法和标准。

第一支柱定量资本要求。第一支柱定量资本要求主要防范能够量化的风险，通过科学地识别和量化各类风险，要求保险公司具备与其风险相适应的资本。

在第一支柱中，能够量化的风险应具备三个特征：第一，这些风险应当是保险公司经营中长期稳定存在的；第二，通过现有的技术手段，可以定量识别这些风险的大小；第三，这些风险的计量方法和结果是可靠的。

第一支柱定量资本要求主要包括五部分内容：一是第一支柱量化资本要求，具体包括：保险风险资本要求；市场风险资本要求；信用风险资本要求；宏观审慎监管资本要求，即对顺周期风险、系统重要性机构风险等提出的资本要求；调控性资本要求，即根据行业发展、市场调控和特定保险公司风险管理水平的需要，对部分业务、部分公司提出一定期限的资本调整要求。二是实际资本评估标准，即保险公司资产和负债的评估标准和认可标准。三是资本分级，即对保险公司的实际资本进行分级，明确各类资本的标准和特点。四是动态偿付能力测试，即保险公司在基本情景和各种不利情景下，对未来一段时间内的偿付能力状况进行预测和评价。五是监管措施，即监管机构对不满足定量资本要求的保险公司，区分不同情形，可采取的监管干预措施。

第二支柱定性监管要求。第二支柱定性监管要求，是在第一支柱的基础上，进一步防范难以量化的风险，如操作风险、战略风险、声誉风险、流动性风险等。

保险公司面临许多非常重要的风险，但这些风险无法量化或难以量化。特别是，我国保险市场是一个新兴市场，采用定量监管手段来计量这些风险存在较大困难，因此，需要更多地使用第二支柱的定性监管手段来评估和防范。例如，操作风险难以量化，我国也没有积累这方面的历史数据，现阶段难以通过定量监管手段进行评估。因此，对于不易量化的操作风险、战略风险、声誉风险等将通过第二支柱进行定性监管。

第二支柱共包括四部分内容：一是风险综合评级，即监管部门综合第一支柱对能够量化的风险的定量评价和第二支柱对难以量化风险（包括操作风险、战略风险、声誉风险和流动性风险）的定性评价，对保险公司总体的偿付能力风险水平进行全面评价。二是保险公司风险管理要求与评估，即监管部门对保险公司的风险管理提出具体监管要求，如治理结构、内部控制、管理架构和流程等，并对保险公司风险管理能力和风险状况进行评估。

三是监管检查和分析,即对保险公司偿付能力状况进行现场检查和非现场分析。四是监管措施,即监管机构对不满足定性监管要求的保险公司,区分不同情形,可采取的监管干预措施。

第三支柱市场约束机制。第三支柱市场约束机制,是引导、促进和发挥市场相关利益人的力量,通过对外信息披露等手段,借助市场的约束力,加强对保险公司偿付能力的监管,进一步防范风险。其中,市场力量主要包括社会公众、消费者、评级机构和证券市场的行业分析师等。

第三支柱主要包括两项内容:一是通过对外信息披露手段,充分利用除监管部门之外的市场力量,对保险公司进行约束;二是监管部门通过多种手段,完善市场约束机制,优化市场环境,促进市场力量更好地发挥对保险公司风险管理和价值评估的约束作用。

第三支柱市场约束机制是新兴保险市场发展的客观要求,是我国偿付能力监管体系的重要组成部分。第一,市场力量是对保险公司进行监管的有效手段和重要组成部分,可以有效约束保险公司的经营管理行为,应当充分利用。第二,我国现阶段监管资源有限,更应该充分调动和发挥市场力量的约束作用,成为监管机构的有力补充。第三,现阶段,我国市场约束力量对保险公司的监督作用没有充分发挥,急需监管机构进一步完善市场约束机制,优化市场环境。

三个支柱的关系。与保险公司内部偿付能力管理不同,三个支柱都是保险公司外部的偿付能力监管。三个支柱的作用各不相同,在防范风险方面各有侧重:第一支柱是通过定量监管手段,防范能够量化的偿付能力相关风险;第二支柱是通过定性监管手段,防范难以量化的偿付能力风险;第三支柱是通过信息披露等手段,发挥市场约束力量,可以强化第一支柱和第二支柱的效果,并且更加全面地防范保险公司的各类偿付能力风险。三个支柱相互配合、相互补充,成为完整的风险识别、分类和防范的体系。

保险集团监管。三个支柱的监管要素同样适用于保险集团监管。集团监管的内容和要求,在三个支柱中均会有所体现。例如,第一支柱既包括对单个保险公司的定量资本要求,也包括对整个保险集团的定量资本要求;第二支柱既包括对单个保险公司的定性监管要求,也包括对整个保险集团的定性监管要求;第三支柱既包括对单个保险公司的市场约束要求,也包括对整个保险集团的市场约束要求。

与单个保险公司相比,保险集团往往具有风险分散的效益;同时,保险集团也具有一些不同于单个保险机构的特殊风险,如资本重复计算风险、组织结构不透明风险、利益冲突风险、风险传递和风险传染等。在制定三个支柱的具体监管标准时,应当考虑和反映这些特殊风险。

(3)技术原则。

① 偿付能力充足指标。评价保险公司偿付能力状况的指标有三个:核心偿付能力充足率、综合偿付能力充足率和风险综合评级。其中,核心偿付能力充足率是指核心资本与最低资本的比率,反映保险公司核心资本的充足状况。综合偿付能力充足率是指核心资本和附属资本之和与最低资本的比率,反映保险公司总体资本的充足状况。风险综合评级是指综合第一支柱对能够量化的风险的定量评价和第二支柱对难以量化风险的定性评价,对保险公司总体的偿付能力风险水平进行全面评价所得到的评级,评级结果反映了保

险公司综合的偿付能力风险。核心偿付能力充足率、综合偿付能力充足率反映公司量化风险的资本充足状况,风险综合评级反映公司与偿付能力相关的全部风险的状况。

② 实际资本。实际资本是指保险公司在持续经营或破产清算状况下可以吸收损失的经济资源。实际资本等于保险公司认可资产减去认可负债后的余额。其中,认可资产是保险公司依据原中国保监会的有关规定,以偿付能力监管为目的所确认和计量的资产。偿付能力监管体系中的认可资产,不同于财务会计报告体系中的资产,需要根据偿付能力监管的目的,进一步考虑确认和计量的差异,对资产金额进行适当调整。例如,有迹象表明保险公司到期不能处置或者对其处置受到限制的资产(如被依法冻结的资产、由于战乱等原因无法处置的境外资产等),在偿付能力监管体系中,不能确认为认可资产,或者其确认和计量的原则不同于财务会计报告体系中的资产。认可负债是保险公司依据原中国保监会的有关规定,以偿付能力监管为目的所确认和计量的负债。偿付能力监管体系中的认可负债,不同于财务会计报告体系中的负债,需要根据偿付能力监管的目的,进一步考虑确认和计量的差异,对负债金额进行适当调整。例如,保险公司的资本性负债,在偿付能力监管体系中,其确认和计量的原则可能会不同于财务会计报告体系中的负债。

实际资本应符合以下特性:存在性,即保险公司的资本应当是实缴或承诺的资本;永续性,即保险公司的资本应当没有到期日或具有一定期限;次级性,即保险公司资本的清偿顺序应当在保单负债和一般债务之后;本息约束,即保险公司资本的本金和股息的偿付应当具备一定的约束条件。

根据损失吸收能力的大小,实际资本可分为核心资本和附属资本。核心资本和附属资本应该保持合理的数量关系,确保资本质量。

③ 最低资本。最低资本是指保险公司为了应对市场风险、信用风险、保险风险等各类风险对偿付能力的不利影响,依据监管机构的规定而应当具有的资本数额。确定最低资本时,必须处理好风险防范与价值增长的关系,建立恰当的最低资本标准,既能有效防范风险,又能避免资本冗余。偿二代的最低资本应当是集中反映不同利益诉求、兼顾各方利益的均衡、公允的资本。

④ 风险分类。保险公司的风险分为两大类:能够量化的风险和难以量化的风险。能够量化的风险包括市场风险、信用风险和保险风险,在第一支柱反映;难以量化的风险包括操作风险、战略风险、声誉风险和流动性风险等,在第二支柱反映。

各类风险的定义如下:市场风险是指由于利率、汇率、权益价格和商品价格等的不利变动而遭受非预期损失的风险。信用风险是指由于交易对手不能履行或不能按时履行其合同义务,或者信用状况的不利变动而导致的风险。保险风险是指由于死亡率、疾病率、赔付率、退保率等假设的实际经验与预期发生不利偏离而造成损失的风险。操作风险是指由于不完善的内部操作流程、人员、系统或外部事件而导致直接或间接损失的风险,包括法律及监管合规风险(但不包括战略风险和声誉风险)。战略风险是指由于战略制定和实施的流程无效或经营环境的变化,而导致战略与市场环境和公司能力不匹配的风险。声誉风险是指保险公司的经营管理或外部事件等原因导致利益相关方对保险公司负面评价从而造成损失的风险。流动性风险是指保险公司无法及时获得充足资金或无法以合理成本及时获得充足资金以支付到期债务的风险。

保险公司表外业务的风险需要特别关注。表外业务主要包括不在资产负债表内反映的承诺、担保、衍生工具等,这类业务面临的风险主要是市场风险(如汇率风险、利率风险等)、信用风险、流动性风险等。表外业务不在保险公司的资产负债表内反映,因此其风险容易被忽视。目前,保险公司的表外业务规模逐步扩大,对保险公司的偿付能力将产生重要影响,在偿付能力监管体系中需要特别关注。

⑤ 第一支柱资产和负债的评估原则。第一,产险公司和寿险公司的资产负债评估原则应尽可能保持一致。第二,相同的保险业务应适用相同的资产负债评估原则。相同的保险业务,无论其由寿险公司还是非寿险公司、直接保险公司还是再保险公司经营,都应适用相同的资产负债评估原则。第三,资产的评估原则应与负债的评估原则尽可能一致,减少由于评估原则的不一致而导致的资产负债不匹配问题。第四,资产负债评估原则应能适时、恰当地反映出保险公司资产和负债在市场环境中所面临的实际风险状态及其变动。第五,偿付能力的资产负债评估应充分利用保险公司现存的财务会计系统,在基础数据、计量原则和方法、报告系统等方面尽可能地实现共享和协调,以便有效降低偿付能力评估和管理的实施成本。第六,计算第一支柱量化资本要求时所使用的资产负债评估原则,应当与计算实际资本时所使用的资产负债评估原则保持一致。第七,资产负债评估原则应客观反映中国实际,充分考虑对保险行业的影响,标准的设定应适度、可行。

⑥ 第一支柱量化资本要求的基本原则。第一,第一支柱量化资本要求原则上采用在险价值(Value at Risk,VaR)方法,时间参数为 1 年,置信水平将以我国国情为基础,依据行业定量测试结果确定,例如 99.5% 或其他数值。第二,第一支柱量化资本要求的计量基础为净资产,即在计算资本要求时,考虑各类风险因素对保险公司认可资产和认可负债的综合影响。第三,计算第一支柱量化资本要求时,原则上采用标准模型,条件成熟时,逐步引入内部模型。第四,在计算资产风险的资本要求时,风险暴露中不应包括非认可资产,因为非认可资产已从实际资本中扣除。第五,第一支柱量化资本要求的计量,原则上不考虑新增业务。第六,第一支柱量化资本要求的计量应考虑风险分散效应,采用相关系数矩阵法。

⑦ 第一支柱量化资本要求的计量方法。第一,第一支柱量化资本要求的计量采用自下而上的方法,从最底层开始按照规定的方法计算各风险模块的资本要求,然后按照规定的汇总方法进行逐级汇总。汇总时,考虑风险模块之间的风险分散效应,通过相关系数矩阵法对各个风险模块的结果进行汇总,得到整个公司的最低资本。第二,第一支柱最底层风险模块资本要求的计算可选择情景法或者风险因子系数法。不同的风险模块可以选用不同的方法。

⑧ 第二支柱流动性监管。第一,流动性风险与其他风险关联性较强,信用风险、市场风险、保险风险、操作风险等风险同样会导致保险公司的流动性不足,因此,流动性风险通常被视为一种综合性风险。流动性风险管理除了应当做好流动性安排之外,还应当有效管理其他各类主要风险。第二,对于流动性风险,持有额外的资本不是最恰当的监管方法,而应当主要通过定性监管手段防范流动性风险。第三,保险公司应建立健全流动性风险管理治理结构、管理策略、政策和程序,建立全方位的流动性风险识别、计量、监测、控制体系,提升流动性风险管理水平。第四,流动性监管应当同时考虑单个公司层面和整个集团层面的流动性风险,应当监测当前和未来一段时间内的流动性风险,应当考虑基本情景

(即正常经营情况下)和极端不利情景下的流动性风险。

⑨ 第二支柱风险综合评级。第一,偿付能力监管应反映保险公司所有与偿付能力相关的风险,包括能够量化的风险和难以量化的风险。能够量化的风险,如市场风险、保险风险、信用风险,在三支柱体系中的第一支柱反映;难以量化的风险,如操作风险、战略风险、声誉风险、流动性风险等,在第二支柱反映。同时,在第二支柱中对保险公司所有与偿付能力相关的风险进行综合评价。第二,风险综合评级包括三部分内容,分别是:对能够量化风险的评价(在第一支柱反映)、对难以量化风险的评价(在第二支柱反映)和对所有风险的综合评价(在第二支柱反映)。第三,风险综合评级既包括对保险公司总公司的评级,也包括对保险公司分支机构的评级。

⑩ 第二支柱保险公司风险管理要求与评估。第一,第二支柱保险公司风险管理要求和评估,是对保险公司与偿付能力相关的全部风险的管理要求和对保险公司风险管理能力的评价,不仅包括可量化的风险,还包括不可量化的风险。第二,保险公司应定期对自身的风险管理能力、特定风险和总体风险状况进行自评估,并向监管机构报告,作为风险综合评级的重要依据。第三,监管机构可以根据保险公司风险管理能力、水平和实际状况,对保险公司的最低资本进行调整。第四,第二支柱风险管理要求是对保险公司风险管理的最低要求,保险公司可以在监管要求的基础上,建立更高标准的内部风险管理制度。

⑪ 第三支柱公开信息披露。第一,偿付能力公开信息披露应遵循充分性原则。保险公司应当充分披露有助于信息使用者了解保险公司偿付能力风险状况的所有重大相关信息。第二,偿付能力公开信息披露应遵循及时性原则。保险公司应当定期、及时披露偿付能力相关信息。第三,偿付能力公开信息披露应遵循真实性原则。保险公司应确保信息披露的内容真实、准确、完整,且没有虚假、严重误导性陈述或重大遗漏。第四,偿付能力公开信息披露应遵循公平性原则。保险公司应确保具有相关利益的社会公众平等获悉偿付能力相关信息,确保信息披露的集中性、可访问性和信息使用者的获取便利。第五,偿付能力公开信息披露应遵循成本效益原则。

2. 保险公司偿付能力监管规则(1—17号)[①]

我国第二代偿付能力监管制度体系的主干技术标准共17项监管规则,主要内容如表 11-6 所示,具体内容可查阅保监发〔2015〕22 号文件。

表 11-6 保险公司偿付能力监管规则(1—17号)

序号	主干	技术标准涵盖内容
第1号	实际资本	认可资产、认可负债、资本分级
第2号	最低资本	计量原则、计量方法
第3号	寿险合同负债评估	最优估计准备金、风险边际
第4号	保险风险最低资本(非寿险业务)	各业务类型保费风险最低资本、各业务类型准备金风险最低资本保费及准备金风险最低资本、巨灾风险最低资本、保险风险最低资本

[①] 本小节内容参考了保监发〔2015〕22 号文件。

续表

序号	主干	技术标准涵盖内容
第5号	保险风险最低资本（寿险业务）	损失发生风险最低资本、费用风险最低资本、退保风险最低资本 寿险业务保险风险最低资本
第6号	保险风险最低资本（再保险公司）	非寿险再保险业务保险风险最低资本（保费风险最低资本、准备金风险最低资本、保费及准备金风险最低资本、巨灾风险最低资本、保险风险） 最低资本、寿险再保险业务保险风险最低资本
第7号	市场风险最低资本	利率风险最低资本（财产保险公司、人身保险公司、再保险公司） 权益价格风险最低资本、房地产价格风险最低资本、境外资产价格风险最低资本、汇率风险最低资本、市场风险最低资本汇总
第8号	信用风险最低资本	利差风险最低资本、交易对手违约风险最低资本、信用风险最低资本汇总
第9号	压力测试	基本情景测试、压力情景测试、监督管理
第10号	风险综合评级（分类监管）	评价内容、评价类别、评价方法、监管政策和监管措施、运行机制
第11号	偿付能力风险管理要求与评估	风险管理基础与环境、风险管理目标与工具、保险风险管理 市场风险管理、信用风险管理、操作风险管理、战略风险管理 声誉风险管理、流动性风险管理、偿付能力风险管理评估
第12号	流动性风险	流动性风险管理、流动性风险监管指标、流动性风险监管
第13号	偿付能力信息公开披露	定期披露、日常披露、管理与监督
第14号	偿付能力信息交流	偿付能力监管工作信息发布、偿付能力信息交流
第15号	保险公司信用评级	评级行为、监督管理
第16号	偿付能力报告	季度报告、季度快报、临时报告、报送方式、监督管理
第17号	保险集团	资本计量（一般规定、最低资本、实际资本） 偿付能力风险管理要求与评估（偿付能力风险治理、风险管理策略与实施、风险传染、组织结构不透明风险、集中度风险、非保险领域风险、其他风险、资本管理、偿付能力风险管理评估） 偿付能力报告和信息披露（报告和披露主体、偿付能力报告） 监督管理与协作（监督管理、监管协作）

专栏

偿二代下我国保险公司偿付能力充足率剖析

2016年保险行业正式实施偿二代保险公司偿付能力监管规则，各保险公司发布了2016年第一季度偿付能力报告摘要。本文将分析偿一代与偿二代下偿付能力充足率之间的差异。

一、偿付能力充足指标的差异

(一) 实际资本的差异

保险公司实际资本是指保险公司在持续经营或破产清算状态下可以吸收损失的财务资源,实际资本等于认可资产减去认可负债后的余额。从下表中可以看出,偿一代和偿二代下计算的实际资本差异较大,偿二代下的实际资本明显高于偿一代下的实际资本。

表 11-7 2015 年末我国 6 家上市保险公司实际资本及其差异   单位:亿元

公司简称	实际资本		差异	
	偿一代	偿二代	绝对差异	相对差异
中国人寿	2 828.20	7 020.76	4 192.56	148.24%
平安人寿	1 239.12	4 443.66	3 204.54	258.61%
新华人寿	559.49	1 646.80	1 087.31	194.34%
人保财险	853.56	1 214.78	361.22	42.32%
平安财险	394.64	660.30	265.66	67.32%
太平洋财险	261.01	371.41	110.40	42.30%

注:偿一代下的实际资本来自各保险公司 2015 年信息披露年报,偿二代下的实际资本来自各保险公司 2016 年第一季度偿付能力报告摘要。

偿二代和偿一代下实际资本的差异主要来源于认可负债的差异,偿二代下负债端降低了对保险合同准备金的要求,从而导致了偿二代下的实际资本高于偿一代。

(二) 最低资本的差异

最低资本是指基于审慎监管目的,为使保险公司具有适当的财务资源,以应对各类可量化为资本要求的风险对偿付能力的不利影响,原保监会要求保险公司应当具有的资本数额。偿一代下的最低资本是保险业务对应的资本要求。目前,偿二代下的最低资本为可量化的风险资本,包括保险风险、市场风险和信用风险三大类风险资本。因此,理论上讲,偿二代下的最低资本应高于偿一代下的最低资本。从下表可以看出,偿二代下计算的最低资本明显高于偿一代下的计算结果,且人身保险公司的最低资本增加幅度较大,财产保险公司增加幅度较小。这与人身保险公司的最低资本中非保险风险资本占比较大的事实一致。

表 11-8 2015 年末我国 6 家上市保险公司最低资本及其差异   单位:亿元

公司简称	最低资本		差异	
	偿一代	偿二代	绝对差异	相对差异
中国人寿	856.76	1 955.53	1 098.77	128.25%
平安人寿	609.81	2 022.89	1 413.08	231.72%
新华人寿	246.00	586.13	340.13	138.26%
人保财险	378.31	428.24	49.93	13.20%

续 表

公司简称	最低资本		差异	
	偿一代	偿二代	绝对差异	相对差异
平安财险	216.56	244.98	28.42	13.12%
太平洋财险	123.72	130.16	6.44	5.21%

注：偿一代下的最低资本来自各保险公司2015年信息披露年报，偿二代下的最低资本来自各保险公司2016年第一季度偿付能力报告摘要。

（三）偿付能力充足率的差异

由于偿一代与偿二代下实际资本与最低资本的评估方法存在差异，导致两种口径下计算的偿付能力充足率有一定差异。表11-9汇总了在偿二代和偿一代下，2015年末我国6家上市保险公司的偿付能力充足率及其差异。从中可以看出，偿二代下的综合偿付能力充足率比偿一代下的偿付能力充足率要高。

表 11-9　2015 年末我国 6 家上市保险公司偿付能力充足率及其差异　　单位：亿元

公司简称	偿付能力充足率	综合偿付能力充足率	差异
	偿一代	偿二代	
中国人寿	330.00%	359.02%	29.02%
平安人寿	203.20%	219.67%	16.47%
新华人寿	227.43%	280.96%	53.53%
人保财险	226.00%	283.67%	57.67%
平安财险	182.20%	269.53%	87.33%
太平洋财险	211.00%	285.40%	74.40%

注：偿一代下的偿付能力充足率来自各保险公司2015年信息披露年报，偿二代下的最综合偿付能力充足率来自各保险公司2016年第一季度偿付能力报告摘要。

二、保险公司的最低资本构成的差异

由于人身保险公司与财产保险公司的最低资本评估方法不同，从而导致了两者之间最低资本构成存在差异。从下表可以看出，在财产保险公司的风险资本构成中，保险风险资本是第一大风险资本，占比几乎都超过了50%，而在人身保险公司的风险资本构成中，市场风险资本则成为第一大风险资本，其在最低资本的占比近70%，占比最大。进一步讲，在人身保险公司市场风险的最低资本构成中，利率风险是最重要的市场风险。以平安人寿为例，利率风险资本在市场风险资本中的占比约73%，其次是权益价格风险资本，占比约22%。

表 11-10　2015 年末我国 6 家上市保险公司的最低资本构成

各类风险资本占比	中国人寿	平安人寿	新华人寿	人保财险	平安财险	太平洋财险
保险风险最低资本占比	21.11%	24.33%	24.05%	48.94%	54.06%	65.20%
市场风险最低资本占比	70.05%	67.91%	68.94%	31.76%	25.46%	12.09%

续 表

各类风险资本占比	中国人寿	平安人寿	新华人寿	人保财险	平安财险	太平洋财险
信用风险最低资本占比	8.84%	7.76%	7.01%	19.30%	20.48%	22.71%
合　　计	100.00%	100.00%	100.00%	100.00%	100.00%	100.00%

注：偿二代下各类风险资本占比来自各保险公司2016年第一季度偿付能力报告摘要，其计算未考虑量化风险分散效应。

三、量化风险分散效应

在偿二代下，保险公司最低资本的计量采用相关系数矩阵法，反应各类风险之间的分散效应。由于各类风险资本之间相关系数小于1，故量化风险资本小于各风险资本的总和。表11-11汇总了2015年末我国6家上市保险公司的量化分散效应。总体上看，财产保险公司量化分散效应相对较大，表明财产保险公司的各风险资本之间总体相关度较低。

表11-11　2015年末我国6家上市保险公司的量化分散效应

项　　目	中国人寿	平安人寿	新华人寿	人保财险	平安财险	太平洋财险
量化风险分散效应	15.17%	14.96%	14.53%	25.09%	24.42%	21.19%

本 章 小 结

本章详细介绍了金融市场中的保险机构。第一节根据保险市场的发达程度，将全球保险市场分为发达保险市场和新兴保险市场，详细介绍了两大保险市场的发展状况，尤其梳理了我国保险市场在全球保险市场发展中的动态演进。第二节系统梳理了保险公司的业务类型，包括寿险业务和非寿险业务的基本分类。其中寿险业务可以细分为传统人寿保险和新型人寿保险两大类，传统人寿保险的主要类型是定期寿险、终身寿险、两全保险和年金保险；新型人寿保险的主要类型是分红保险、投资连结保险和万能保险；非寿险业务可以细分为财产保险、健康保险和意外伤害保险三大类，财产保险的主要类型是财产损失保险、农业保险、责任保险、信用保险和保证保险，健康保险的主要类型是医疗费用保险、补充医疗保险、残疾收入保险和长期护理保险，意外伤害保险的主要类型是意外伤害死亡伤残保险、意外伤害医疗费用保险、意外伤害收入损失保险。第三节从保费收入、赔付支出、产品结构、业务渠道、风险防控、保险资金运用六个方面详细介绍了我国人身保险公司和财产保险公司的运行情况。第四节在介绍欧盟和美国保险公司偿付能力监管制度的基础上，重点介绍了我国第一代和第二代偿付能力监管制度体系的基本内容，结合案例深度剖析了偿二代与偿一代下我国保险公司偿付能力充足率的差异。

重 要 概 念

保险深改、保险密度、保险业务、保险资金运用、偿付能力监管

习 题 与 思 考

1. 阐述我国保险市场的发展演进及其对全球保险市场的贡献。
2. 简述保险公司的主要业务类型。
3. 简述分红保险、万能保险和投资连结保险的特点。
4. 请列举2个涉及我国保险投资违规处罚的案例,并给出相应的分析。
5. 假设某保险公司的财务状况如下:

① 资本和盈余共计800 000。

② 该公司当前的 $C_0=0$,$C_1=560\,000$,$C_2=120\,000$,$C_3=35\,000$,$C_4=8\,000$。

③ 某项业务的风险如下:

风险类别	计 算 基 础	平均RBC因子
C_1	6 000 000	6%
C_2	80 000 000	0.1%
C_3	2 500 000	1%
C_4	300 000	2%

④ 假设该项业务的50%进行了比例再保险,分入的再保险公司支付了一定数额的佣金,增加了该分出公司的资本盈余,数额为转移出的资产价值的3%,再保险部分的资产的RBC因子为0.5%。

计算:

(1) 该保险公司再保前的RBC比率,并给出监管机构应该采取的相应干预措施。

(2) 该保险公司再保后的授权控制水平对应的资本数额的变化及新的RBC比率,并给出监管机构应该采取的相应干预措施。

6. 阐述我国第二代偿付能力监管制度体系的整体框架。

第十二章

其他金融机构

教学目的与要求

通过本章学习,全面了解期货经纪机构和信托业的构成、基本概念、准入条件,期货公司和信托公司的发展现状、主要收入来源及其业务转变等。

第一节 期货经纪机构

期货经纪机构一般包括期货经纪公司、期货交易中介公司、期货经纪居间人、介绍经纪商、期货经纪人、期货交易投资顾问公司等。中国期货经纪机构主要包括期货经纪公司、介绍经纪商、期货交易中介公司、期货经纪居间人等,当前中国的介绍经纪商主要是指由证券公司担任期货经纪公司的介绍经纪商,为期货经纪公司提供中间介绍业务的,也有一些管理咨询公司作为期货经纪公司的介绍经纪商。

一、期货经纪公司的定义

期货经纪公司是依法设立的、以其名义代理客户进行期货交易,收取一定手续费而交易结果由客户自身承担的中介经纪组织。其作为期货交易者与期货交易所之间的桥梁,可以根据客户指令代理买卖期货合约,办理结算和交割手续,对客户账户进行风险管理,控制客户交易风险,为客户提供期货市场报价和市场信息,充当客户的期货交易顾问,进行期货交易咨询等。

期货交易者是期货市场的主体。正是因为大量的期货投机者、现货交易商、期货套利商等期货交易者的参与,才促进了期货市场的逐步产生和蓬勃发展。由于期货市场的高杠杆风险性,层层的信用担保是期货交易的主要保障,这就决定了并不是每一个交易者都可以直接进入期货交易所进行交易,必须制定严格的交易会员制度。因此,期货经纪公司必须成为期货交易所的交易会员,只有期货交易会员才能进场交易,非会员不得入场交易。从而,制定严格的交易会员准入制度成为期货市场的主要基础性制度。

期货经纪公司是期货交易所的主体,作为期货交易所的会员,由期货交易所进行统一管理。期货交易所对期货经纪公司的交易风险进行严格控制,期货经纪公司对交易者的账户风险进行严格控制。期货交易所的期货经纪公司会员数量将决定所上市期货品种的市场参与广泛度,而期货经纪公司的客户数量将决定整个期货市场的规模。

二、期货经纪公司的职能和组织结构

(一) 期货经纪公司的职能

期货经纪公司作为期货交易者与期货交易所之间的桥梁和纽带,具有的职能一般有:根据客户交易指令,代理买卖期货合约、办理结算和交割手续,对客户资金账户进行风险管理,控制客户交易风险,为客户提供期货交易信息,进行期货交易培训资质,充当客户的交易顾问。期货经纪公司作为客户与期货交易所的桥梁,既作为营利性的法人主体,又作为期货市场的业务范围拓展者、期货交易信息和风险管理理念的传播者,主要体现在以下几个方面:(1)接受客户委托,代理期货交易,拓展市场参与者范围,扩大了市场的规模,有利于节约交易成本,提高交易效率,增强期货市场竞争的充分性,从而有助于形成权威有效的期货价格;(2)聘用有专门从事信息收集及行情分析的人员,为客户提供咨询服务,有助于提高客户交易的决策效率和决策的正确性;(3)拥有并必备的一套严格的风险控制制度,可以较为有效地控制客户的交易风险,实现期货交易风险在各个交易环节的风险分散承担。

(二) 期货经纪公司的组织结构

现代公司制的期货经纪公司因为规模大小不同,经营理念和管理方式不同,其内部结构大致上相同也有所差别。一般设有:

(1) 股东会。股东会是期货公司的最高权力机构。

(2) 董事会。董事会是股东会的常设机构。

(3) 监事会。监事会是期货公司的监督机构。

(4) 总经理。总经理负责期货公司的日常经营管理工作。

(5) 首席风险官。首席风险官负责期货公司经营管理行为的合法合规性和风险管理状况,是期货公司高级管理人员,对期货公司董事会负责。

(6) 期货公司部门设置。期货公司一般设置如下业务部门:综合人事部、财务部、技术部、稽核部、合规管理部、交易部、结算与风控部、交割部、客户服务部、信息技术部、IB业务机构部、机构客户部、资产管理部、期权业务部等。期货经纪公司可以根据业务开展需要,报中国证监会批准,设立营业部等分支机构。营业部不具备独立法人资格,在总公司授权范围内开展经纪业务,其民事责任由总公司承担。期货经纪公司总部对下属营业部实行统一规范管理,即统一交易制度管理、统一结算、统一风险合规管理、统一财务管理和账务核算等。

(三) 介绍经纪商(IB)业务机构

介绍经纪商在国际上既可以是机构,也可以是个人,但一般都以机构的形式存在。其主要业务是为期货经纪公司开发客户,但不能直接接受客户的资金,且必须通过期货经纪

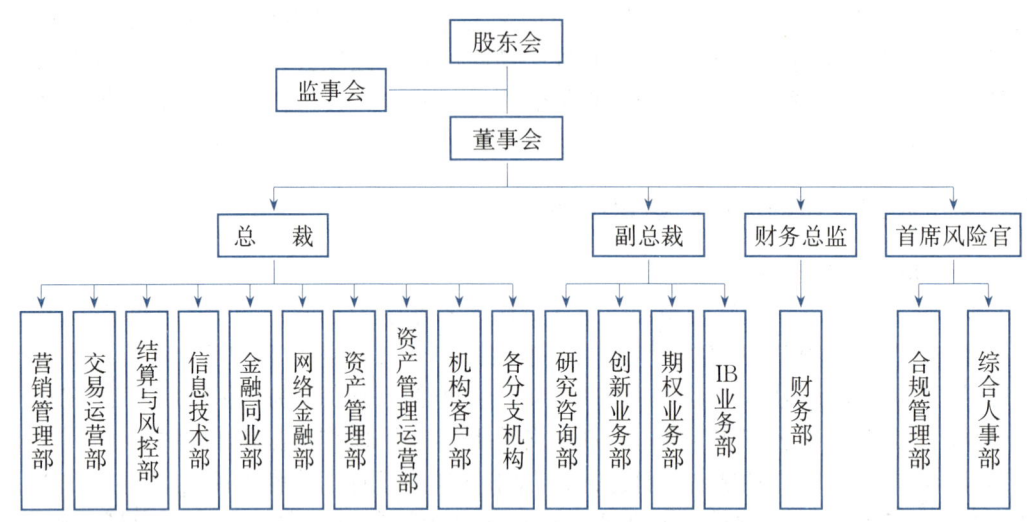

图 12-1　期货经纪公司的组织结构

公司进行结算。中国引入的 IB 制度是由证券公司担任期货经纪公司的介绍经纪人并提供中间介绍服务,这有利于开展证券公司和期货公司间的合作,利用证券公司的客户资源,方便证券投资者从事期货交易。2007 年 4 月 20 日,中国证监会颁布《证券公司为期货公司提供中间介绍业务的试行办法》,对证券公司从事中间介绍业务的资格、业务范围、业务规则、监管制度等进行了较为详细的规定,这标志着中国正式确立的 IB 业务制度。从 2008 年开始,中国证监会开始陆续核准证券公司为期货公司提供 IB 业务的资格,目前,国内大部分证券公司都取得了 IB 业务资格。

三、期货经纪公司的设立条件

在中国境内,期货经纪公司是依照《中华人民共和国公司法》和 2016 年 2 月国务院令第三次修订的《期货交易管理条例》规定设立的经营期货业务的金融机构。设立期货公司,应当在公司登记机关登记注册,并经国务院期货监督管理机构批准。未经国务院期货监督管理机构批准,任何单位或者个人不得设立或者变相设立期货公司,经营期货业务。期货行业曾在我国发展迅猛,但是随之产生的问题更不可轻视,为了加强期货行业和对期货公司的规范管理和指导,《期货公司管理办法》已经于 2007 年 3 月 28 日在中国证券监督管理委员会第 203 次主席办公会议审议通过,自 2007 年 4 月 15 日起开始施行。这有利于国家金融市场的规范和稳定,同时也有利于期货公司风险控制。

《期货交易管理条例》第十六条明确规定了如下设立条件:

第一,注册资本金不低于人民币 3 000 万元;

第二,董事、监事、高级管理人员具备任职资格,从业人员具有期货从业资格;

第三,有符合法律、行政法规规定的公司章程;

第四,主要股东以及实际控制人具有持续盈利能力,信誉良好,最近 3 年无重大违法、违规记录;

第五,有合格的经营场所和业务设施;
第六,有健全的风险管理和内部控制制度;
第七,国务院期货监督管理机构规定的其他条件。

除了第十六条规定的条件外,2007年颁布的《期货公司管理办法》还规定了应当具备如下条件:(1)具有期货从业人员资格的人员不少于15人;(2)具备任职资格的高级管理人员不少于3人;(3)对持有5%以上股权的股东进行了特别的规定。另外,《期货交易管理条例》第十七条规定了期货公司业务实行许可制度,由国务院期货监督管理机构按照其商品期货、金融期货业务种类颁发许可证。期货公司除申请经营境内期货经纪业务外,还可以申请经营境外期货经纪、期货投资咨询以及国务院期货监督管理机构规定的其他期货业务。

四、中国国内期货经纪公司的历史、现状与展望

(一) 国内期货经纪公司的发展

20世纪90年代初,政府开始提出要探索期货市场的发展,首先抢滩并登陆国内市场的是境外期货交易。大量的欧美、港、台等期货从业人士与内地企业和个人一起,或合资,或独资,或合法,或地下开办了大量的期货经纪公司。在1994年国家明文取缔代理境外期货交易前夕,全国注册登记的期货经纪公司就有上千家。由于当时法律法规缺位、管理失控,期货经纪公司的业务发展有着明显的投机色彩和短期快速回报的特征。在利益驱动下,一些公司甚至不惜杀鸡取卵,恶意损害投资者的利益。其通行做法是不断招募经纪人,经短期培训后以底薪加佣金的方式激励经纪人拓展市场。一般三个月为一个周期,一个周期没有客户经纪人就将被淘汰出局。经纪人在业务上还担负着多重角色:既要发展客户,又要帮客户交易;既要管理客户账户,还要兼顾行情研究;既想从市场为客户获利,又要完成公司业务指标,还要考虑自身佣金收入等。期货行业是一个特别强调专业化的行业。在国际上,通行标准是必须有10至15年从业经历的从业人员才具备成熟投资理财资格。归纳起来,国内期货经纪公司在开始的最初10余年业务发展主要有以下特征:其一是因后发优势,电子化交易完全普及,硬件水平较之国际同行普遍较高;其二是服务同质化,在专业化程度较低,特点和定位不明确的条件下行业竞争陷入比拼代理交易手续费(价格战)的怪圈;其三是经济功能未能完全体现,导致全行业生存基础动摇后的行业边缘化;其四是业务人员素质单一,全方位复合型人才奇缺;其五是行业性渗透力不强,业务拓展面狭窄,还没有融入经济发展主流。进入21世纪以后,借助商品期货市场的繁荣发展和金融期货的逐步推出,经过充分同质化竞争的180家的期货公司业务开始集中,并进入收购重组和分化阶段,20%的公司基本囊括了市场80%的可交易资源。尤其是中金所在2006年9月8日的成立,2007年4月20日,中国证监会颁布《证券公司为期货公司提供中间介绍业务的试行办法》,证券公司积极参与到期货市场中来,大量期货公司被券商或重组或并购,对期货公司的竞争进入了白热化阶段。

(二) 国内期货公司发展现状

截至2017年10月底,全国共有149家期货公司,下设65家风险管理子公司、11家资产管理子公司,1 677个遍布全国34个省、自治区和直辖市的营业部,通过经纪业务、资管

业务、风险管理业务、投资咨询业务等全方位参与期货市场的各项服务。2016年底注册资本达到10亿元及以上的期货公司有14家,分别是中国国际17亿、中信期货16.04亿元、永安期货13.1亿元、海通期货13亿元、广发期货13亿元、华信万达12.61亿元、五矿经易12亿元、国泰君安12亿元、银河期货12亿元、国投安信10.86亿元、华泰期货10.09亿元、鲁证期货10.01亿元、光大期货10亿元和东证期货10亿元。2017年8月10日中期协公布了2017年的评级情况,AA类期货公司数量22家,A类以上期货公司37家,B类以上期货公司137家。排在A类以上的前37家期货经纪公司主要有以下四方面特点:其一是券商系期货公司的实力和竞争优势非常明显。前22家AA类期货公司绝大多数都属于"券商系"期货公司,2016年底注册资本达到6亿元及以上的"券商系"期货公司达到17家。其二是央企控股期货公司实力优势明显。目前27家央企控股期货公司在2016年整体保持增长趋势,其中,中信期货、光大期货、银河期货、五矿经易和申银万国净利润居前五位,都属于A类以上期货公司。其三是地域优势。一般经济较为发达的地区的期货公司,其客户量和手续费收入都会比较好。比如北上广深及江浙等沿海发达地区的期货公司优势明显。其四是行业优势。具有行业优势的期货经纪公司更多体现的是特色化服务优势,一般此类期货经纪公司的控股方或股东结构中某些股东有行业背景,比如"中粮系"、金瑞期货等。

中国期货业协会的最新数据显示,截至2016年年底,国内期货公司综合看来有主要以下特点:

(1) 行业净利润持续攀升。

2016年期货行业净利润为65.85亿元,2015年全行业净利润水平为59.13亿元,同比增长9.08%,为历年最高,较2014年的40.72亿元增长了61%,较2013年增长90.59%。

(2) 手续费收入创新高。

2016年全行业手续费收入水平达到138.91亿元,相比2015年增长12.94%,创历年新高,相比2014年增长25.96%,相比2013年增长14.81%,创历年新高。

(3) 客户权益持续上升再创高。

2016年期货客户权益4 369.07亿元,创历史新高,相比2015年末的3 829.57亿元增长14.08%,相比2014年大幅增长62.89%,2016年和2015年是历年以来增长最快的两年,相比2010—2014年的这4年的1 500亿—2 700亿元规模出现大幅增长,说明社会经济领域关注期货市场、利用期货市场的意识和行动大幅提升。

(4) 近年净资本水平大幅提高。

2016年全行业净资本水平达到687.71亿元,相比2015年末596.65亿元增长了14.55%,相比2014年增长了45.56%;2016年全年若根据全行业的149家期货公司来计算,平均4.62亿元的净资本水平。

(5) 近三年净资产规模快速增长。

2016年期货公司净资产呈现逐月攀升的态势,期末为911.53亿元,再创历史新高;相比2015年末的783.4亿元增长16.42%。超过2014—2015年两年均值619亿元。根据全行业的149家期货公司来计算,平均6.12亿元的净资产规模。从2016年底国内期货公司的整体发展势头来看,在前几年"券商系"期货公司发展势头快速增长之后,中小期货公司也开始快速发展,实力也正在进一步提升,但是整个行业需要寻找金融期货之外的新的利润增长点,从而进一步推动整个行业的深度发展。

目前,制约期货行业发展的内外部条件仍然存在。主要有以下四方面:其一是中国金融市场发展还不充分,与发达国家相比还有一定差距,还没有一部完整的《期货法》,立法的滞后必然影响整个行业的规范化建设;其二是还有不少企业和投资者对期货市场相当陌生,对期货知识缺乏了解,部分人士对期货仍存偏见;其三是市场经济的发展在不同的经济主体间还存在着不同步和不协调,对期货市场的关切度和依存度差异较大,部分国企对企业进入期货市场还有一定限制;其四是资本管制限制了"中国价格"的世界影响力;其五是期货经纪公司的主要业务仍然相对比较单一,高端管理人才和专业人才相对缺乏,基础研究投入不足,缺少行业底蕴。伴随着"一带一路"的战略实施,中国经济正在走向世界,中国需要最具实力和竞争力的期货企业,中国需要大宗商品的话语权和定价权,中国需要有在国际上最权威的"定价中心"。

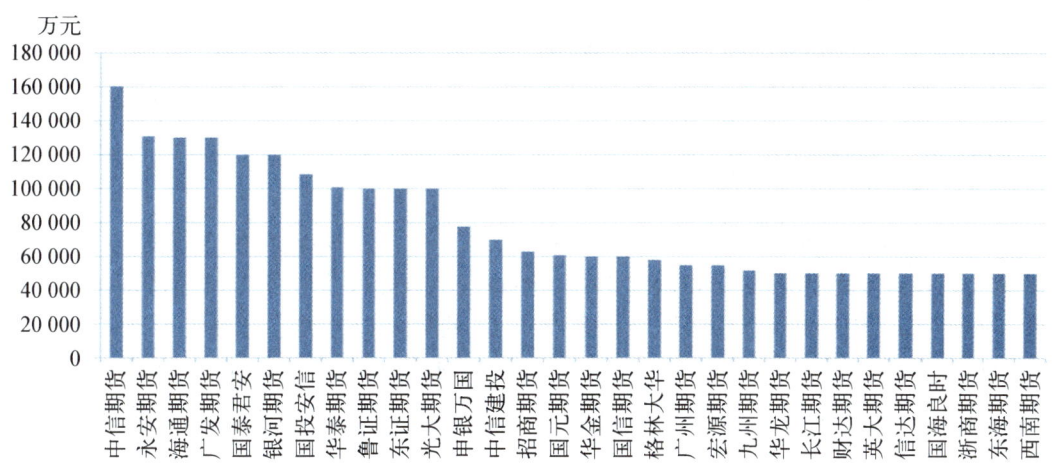

图 12-2　2016 年底注册资金最多的前 30 家"券商系"期货公司

数据来源:中国期货业协会。

表 12-1　2016 年手续费收入超过两亿元的期货公司

排　名	公　司	2016 年手续费收入	2015 年手续费收入	同比变化
1	国泰君安	56 326.79	55 256.71	1.94%
2	永安期货	53 715.22	47 003.7	14.28%
3	海通期货	44 518.94	34 662.78	28.43%
4	银河期货	39 554.01	35 192.91	12.39%
5	方正中期	38 060.14	31 598.03	20.45%
6	中信期货	36 370.54	40 948.75	−11.18%
7	华泰期货	30 544.34	24 505.71	24.64%

续 表

排　名	公　司	2016 年手续费收入	2015 年手续费收入	同比变化
8	申银万国	30 528.26	28 713.17	6.32%
9	广发期货	30 499.07	32 650.34	−6.59%
10	徽商期货	29 431.53	15 368.51	91.51%
11	南华期货	29 305.81	25 776.18	13.69%
12	瑞达期货	28 226.78	39 633.27	−28.78%
13	光大期货	25 020.69	26 105.30	−4.15%
14	中信建投	24 089.37	18 341.25	31.34%
15	中国国际	23 256.64	20 449.50	13.73%
16	国投安信	21 789.36	9 261.77	135.26%
17	浙商期货	21 174.83	18 212.20	16.27%
18	东海期货	21 089.87	10 969.71	92.26%

数据来源：中国期货业协会。

(三) 中国期货公司的分类监管

为有效实施对期货公司的监督管理,引导期货公司进一步深化中介职能定位,促进期货公司持续规范健康发展和做优做强,全面提升期货行业服务国民经济能力,2011年4月15日,中国证券监督管理委员会发布了《期货公司分类监管规定》〔2011〕9号,自公布之日起施行。根据其中第二十五条规定,根据期货公司评价计分的高低,将期货公司分为 A(AAA、AA、A)、B(BBB、BB、B)、C(CCC、CC、C)、D、E 5类11个级别。其中标准为：

(1) A类公司风险管理能力、市场竞争力、培育和发展机构投资者状况、持续合规状况的综合评价在行业内最高,能够较好地控制业务风险;

(2) B类公司风险管理能力、市场竞争力、培育和发展机构投资者状况、持续合规状况的综合评价在行业内较高,能够控制业务风险;

(3) C类公司风险管理能力、市场竞争力、培育和发展机构投资者状况、持续合规状况的综合评价在行业内一般,风险管理能力与业务规模基本匹配;

(4) D类公司风险管理能力、市场竞争力、培育和发展机构投资者状况、持续合规状况的综合评价在行业内较低,潜在风险可能超过公司可承受范围;

(5) E类公司潜在风险已经变为现实风险,已被采取风险处置措施。

根据此规定,期货公司分类评价采取期货公司自评、中国证监会派出机构初审、评审委员会复核和评审、中国证监会确认评价结果的方法。期货公司分类评价每年进行1次。

2017年8月10日,中期协公布了2017年的评级情况。从结果看,AA类期货公司数量由2016年的10家骤升至22家。A类以上期货公司37家,2016年仅有30家,B类以上期货公司较 2016 年略有上升,从 2016 年的 132 家增至 137 家。处于 C、D、E 低分段的公司数量也创 7 年来新低(近两年没有 E 类公司)。

第二节　信　托　公　司

一、信托的内涵

信托是一种以理财为核心、以信用为基础、以委托为方式的财产管理制度。按照《信托法》的定义,信托"是指委托人基于对受托人的信任,将其财产权委托给受托人,由受托人按委托人的意愿以自己的名义,为受益人的利益或者特定目的,进行管理或者处分的行为"。其含义简而言之是"受人之托、代人理财"。

(一) 信托的前提是财产权

信托财产是信托业务的中心,财产权是信托行为成立的前提。信托财产的委托人必须是该项财产的所有者,要对信托财产拥有绝对的支配权,并要具有能够转让财产的所有权。只有这样,受托人才能接受这项财产的信托,取得法律上的地位,信托行为才能真正成立,受托人也才能代委托人进行管理或处分,为受益人谋取利益[①]。

(二) 信托的基础是信任

作为一种社会信用活动,信托业务中始终贯穿着信任关系。委托人之所以会把自己的财产交给受托人代为管理,是建立在委托人对受托人充分信任的基础上,这种信任关系是信托业务得以存续的基本条件。委托人提出委托,由受托人同意,接受委托而成立信托关系,在之后的业务处理中受托人也必须尊重委托人对自己的信任,严格按照委托人的意图实施信托行为。

(三) 信托的目的是为了受益人的利益

信托的目的是委托人设定信托的出发点,也是检验受托人是否完成信托事务的标志。在信托关系建立时,委托人一般要设立信托目的,而该目的必然指向受益人的利益。受托人在对信托财产进行管理时,要时刻以受益人的利益最大化为己任,约束自己的行为,不能作出有损于受益人利益的行为,更不能利用信托财产为自己或第三者谋利益。

(四) 信托收益按实际收益计算

信托关系是在委托人信任的基础上,由受托人代为管理或处分信托财产的经济活动,受托人应尽职为受益人谋利。但信托业务也是有风险的,这表现为信托损益要按实际原则进行计算。如果受托人按合同规定处理,并恪守职责,对于资金运用所发生的亏损应由委托人自己承担。当然,如果委托人或受益人有证据证明受托人未尽职守或存在重大疏忽,则由此带来的损失应由受托人负责赔偿。

(五) 信托体现的是多边信用关系

信托业务体现的是一种多边信用关系。一般来说,一项信托业务至少要涉及委托人、

---

① 叶伟春编著:《信托与租赁》(第 3 版),上海财经大学出版社 2015 年版。

受托人和受益人这三方当事人,它们围绕信托财产形成了信托行为的多边关系。其中,作为信托财产的最初所有者——委托人是信托行为的起点;受托人则接受委托人的信托财产,通过信托业务进行运用,以满足委托人的要求,使受益人获得相应的利益,并实现信托目的;受益人在信托关系中扮演了实际利益获得者的角色,是信托行为的终点。在这种围绕信托财产的管理、处分和受益而产生的一系列经济活动中,各方之间都存在相互信任的关系,而这种多边信用关系的建立,必须根据法定的形式,将各方关系人的条件、权利和义务加以明确。

信托与银行、证券、保险并称为金融业的四大支柱。信托之所以能够在现代经济生活中获得广泛地应用,关键在于其具有高度灵活性,能够满足市场主体多样化的资产管理需求,而这种灵活性则来源于信托制度所具有的风险隔离功能和权利重构功能,这些功能使得信托具有高度的弹性和个性,在金融中介的手中,通过创造性的结构设计,直接转化为风险和收益各异的产品,满足了市场主体多元化和特定的需求。因此,信托的制度优势在金融创新过程中被广泛地运用,信托业的类型日益多元化。

二、信托的构成要素

(一) 信托行为

信托是依照一定的目的,将财产委托他人代为管理和处分的活动。信托行为是合法设定信托而发生的法律行为。通过信托行为,各方当事人之间可以建立起信托关系,确定各方的权利与义务。

信托行为是指以信托为目的的法律行为。信托约定(信托关系文件)是信托行为的依据,即信托关系的成立必须有相应的信托关系文件作保证。信托行为的发生必须由委托人和受托人进行约定。

(二) 信托主体

信托主体包括:委托人、受托人以及受益人。

委托人是信托的创设者,他应当是具有完全民事行为能力的自然人、法人或者依法成立的其他组织。委托人提供信托财产,确定谁是受益人以及受益人享有的受益权,指定受托人,并有权监督受托人实施信托。

受托人承担着管理和处分信托财产的责任,应当是具有完全民事行为能力的自然人或者法人。受托人必须恪尽职守,履行诚实、信用、谨慎、有效管理的义务;必须为受托人的最大利益,依照信托文件和法律的规定管理和处分信托事务。

受益人是在信托中享有信托受益权的人,可以是自然人、法人或者依法成立的其他组织,也可以是未出生的胎儿。公益信托的受益人则是社会公众,或者一定范围内的社会公众。

(三) 信托客体

信托客体主要是指信托财产。

信托财产是指受托人承诺信托而取得的财产,以及因管理、运用、处分该财产而取得的财产。通常我们将前者称为信托财产,将后者称为信托收益,信托财产和信托收益是广义的信托财产。

信托财产特性主要表现为独立性,具体包括三个方面:(1)信托财产与委托人的自有财产和受托人的固有财产相区别,因此信托财产的安全较有保证。(2)信托设立后,信托财产脱离委托人的控制,由具有理财经验的受托人对其进行有效管理,进而较好地实现信托财产的保值增值。(3)受托人因信托财产的管理、运用或其他情形而取得的财产都归入信托财产。受托人不享有信托利益。

为了保证信托财产的独立性,信托财产必须与受托人自己的固有财产及其他信托财产分别管理。只有分别管理,才能保障各个受益人的利益。如果信托财产是货币,可以放在一起管理、运用,但必须分别计算。

三、信托公司的设立与经营

在我国,信托公司是指依照《中华人民共和国公司法》和《信托公司管理办法》设立的,主要以营业和收取报酬为目的,以受托人身份承诺信托和处理信托事务的非银行金融机构。

(一) 信托公司的设立

设立信托公司,应当采取有限责任公司或者股份有限公司的形式,在满足设立条件的基础上,经中国银行业监督管理委员会(现银保监会)批准,并领取金融许可证。中国银行业监督管理委员会(现银保监会)依照法律法规和审慎监管原则对信托公司的设立申请进行审查。目前,信托公司注册资本最低限额为3亿元人民币或等值的可自由兑换货币,注册资本为实缴货币资本。

(二) 信托公司的经营业务

中国银监会于2007年下发了《信托公司管理办法》,办法明确了信托公司可以申请经营下列部分或者全部本外币业务:

(1)资金信托;(2)动产信托;(3)不动产信托;(4)有价证券信托;(5)其他财产或财产权信托;(6)作为投资基金或者基金管理公司的发起人从事投资基金业务;(7)经营企业资产的重组、购并及项目融资、公司理财、财务顾问等业务;(8)受托经营国务院有关部门批准的证券承销业务;(9)办理居间、咨询、资信调查等业务;(10)代保管及保管箱业务;(11)法律法规规定或中国银行业监督管理委员会批准的其他业务。

此外,信托公司可以根据《中华人民共和国信托法》等法律法规的有关规定开展公益信托活动。

由此可见,我国信托机构目前办理的信托业务按内容大体分为四大类:资金信托业务、财产信托业务、投行业务与其他类业务。财产信托又包括动产信托、不动产信托、有价证券信托与其他财产或财产权信托;投行业务包括投资基金、并购重组、公司理财、证券承销等业务;其他类业务主要有代理、咨询、担保、公益信托等业务。

信托公司可以根据市场需要,按照信托目的、信托财产的种类或者对信托财产管理方式的不同设置信托业务品种。信托公司管理运用或处分信托财产时,可以依照信托文件的约定,采取投资、出售、存放同业、买入返售、租赁、贷款等方式进行。

与此同时,信托公司经营存在部分明确的限制主要包括以下几方面:不得以卖出回购方式管理运用信托财产;不得开展除同业拆入业务以外的其他负债业务,且同业拆入余额不得超过其净资产的20%;对外担保余额不得超过其净资产的50%。

信托公司固有业务(即自营业务)项下可以开展存放同业、拆放同业、贷款、租赁、投资等业务。其中的投资业务限定为金融类公司股权投资、金融产品投资和自用固定资产投资。但不得以固有财产进行实业投资。

(三)经营规则

1. 维护受益人最大利益

信托公司管理运用或者处分信托财产,必须恪尽职守,履行诚实、信用、谨慎、有效管理的义务,维护受益人的最大利益。在处理信托事务时应当避免利益冲突,在无法避免时,应向委托人、受益人予以充分的信息披露,或拒绝从事该项业务。

2. 亲力亲为

信托公司应当亲自处理信托事务。信托文件另有约定或有不得已事由时,可委托他人代为处理,但信托公司应尽足够的监督义务,并对他人处理信托事务的行为承担责任。

3. 依法保密

信托公司对委托人、受益人以及所处理信托事务的情况和资料负有依法保密的义务,但法律法规另有规定或者信托文件另有约定的除外。

4. 信息披露

信托公司应当妥善保存处理信托事务的完整记录,定期向委托人、受益人报告信托财产及其管理运用、处分及收支的情况。委托人、受益人有权向信托公司了解对其信托财产的管理运用、处分及收支情况,并要求信托公司作出说明。

信托公司开展关联交易,应以公平的市场价格进行,逐笔向中国银行业监督管理委员会事前报告,并按照有关规定进行信息披露。

5. 独立性原则

信托公司应当将信托财产与其固有财产分别管理、分别记账,并将不同委托人的信托财产分别管理、分别记账。对信托业务与非信托业务分别核算,并对每项信托业务单独核算。

在机构设置上,信托公司的信托业务部门应当独立于公司的其他部门,其人员不得与公司其他部门的人员相互兼职,业务信息不得与公司的其他部门共享。

四、中国信托业的发展

(一)改革开放后中国信托行业的发展历程

中国信托行业与中国经济改革相伴而生。1979年6月,国务院正式批准了荣毅仁提议的中国国际信托投资公司方案,同年10月1日中信公司正式在北京宣告成立。1979年10月,中国银行总行也在北京成立了信托咨询部,停办了近30年的信托业得到了迅速恢复。

中国信托业自1979年恢复以来,为我国改革开放、引进外资以及市场经济的发展做出了重要贡献。在20世纪80年代的扩张期中,各中央部委、金融机构、各省市甚至县等地方政府纷纷成立了各自的信托投资公司,80年代末最多时全国的信托公司达到1 000

多家。

在改革开放的前20年里,信托业抓住制度空白所提供的灵活性,在市场化力量的驱使下野蛮生长,信托的主要使命是满足中央有关部委、地方政府和国有企业的投融资需求。这一阶段的信托行业主要开展两种业务:一种是"类银行"业务,高息揽储并进行放贷;另一种是"类证券"业务,包括证券经纪、自营证券投资、股票和债券发行等。但野蛮生长和过度创新往往蕴含着阶段性的风险失控和发展无序,信托机构在金融业中的地位、功能、业务范围等缺乏合理的定位,在银行、证券、保险分工明确的格局中失去了自己的业务方向。信托业出现膨胀—整顿—再膨胀的循环怪圈,以致遭遇5次整顿。1998年以人民银行关闭广东国际信托投资公司并强制破产清算为标志开始了我国信托业的第五次清理整顿。信托公司的数量由整顿初期1998年底的239家到2001年保留的近60家。2001年以后,中国先后颁布了《信托法》《信托投资公司管理办法》等系列法规,中国信托业的法律制度基本确立。

到2002年上半年,第五次整顿结束后,信托公司逐渐回归本业,成为"受人之托,代人理财"的金融机构。但是,自2002年以来,重新登记后的信托公司仍然暴露出一些经营风险问题。为了进一步贯彻"分类监管、扶优限劣"的思想,银监会于2006—2007年相继下发《信托公司管理办法》《信托公司集合资金信托计划管理办法》《关于信托公司过渡期有关问题的通知》等系列文件,被视为"第六次整顿"的开始。根据银监会的要求,凡能够按照新办法开展业务的信托公司。应当于新办法颁布后的3年过渡期内清理固有投资,申请换发新的金融牌照。2007年3月下旬,华宝信托第一个提出换领新的金融许可证的申请并获得批准。随着第六次整顿结束,得益于信托牌照所赋予的监管红利,驱动了信托业规模和收入的快速上升。

2012年后,宏观环境和金融监管开始发生新的变化,驱使信托业再度调整和转变。一方面,中国经济增长速度放缓,经济转型加速;另一方面,金融业综合经营影响逐步扩大,信托面临了来自银证券、基金等机构的更加激烈的跨界竞争。

当前信托行业所处的经营环境再次面临根本性改变。经济转型和供给侧改革进入深入攻坚阶段。在金融领域,防范和化解金融风险,强调金融回归服务实体经济,去通道、去杠杆举措频出。2017年,《信托登记管理办法》出台,信托业正式建立了统一登记制度,市场规范化和透明度大大提升。为规范金融机构资产管理业务,统一同类资产管理产品监管标准,有效防控金融风险,更好地服务实体经济,2018年4月,中国人民银行、中国银行保险监督管理委员会、中国证券监督管理委员会、国家外汇管理局日前联合印发了《关于规范金融机构资产管理业务的指导意见》,进一步明确了资管业务"回归本源"、强化跨行业功能监管的发展方向。

(二)中国信托行业发展现状

1. 行业规模

经过改革开放以来近40年的发展,截至2017年年末,全国68家信托公司管理的信托资产规模突破26万亿元,达26.25万亿元(平均每家信托公司3 859.60亿元),同比增长29.81%,较2016年年末的24.01%上升了5.8个百分点。2017年年末,信托全行业实收资本由2016年年末的2 038.16亿元上升至2 417.70亿元,同比增长18.62%,环比增长

8.22%；未分配利润由 1 330.50 亿元上升至 1 550.09 亿元，同比增长 16.50%，环比降低 0.62%；信托赔偿准备上升至 221.12 亿元，同比增长 18.23%，环比增长 12.78%。实收资本增加是近两年来信托公司持续增资扩股效应的直接体现，未分配利润和信托赔偿准备的增加能直接提升信托公司抵御风险的能力。① 信托公司平均管理资产规模达到 3 800 亿元。全行业 12 家公司管理资产规模超过 6 000 亿元。

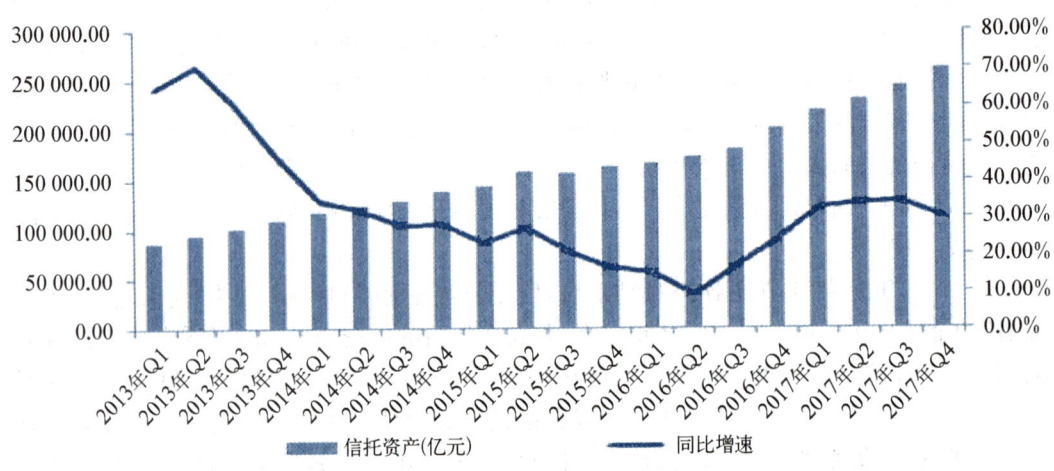

图 12-3　2013 年 Q1—2017 年 Q4 各季度信托资产及同比增速

数据来源：中国信托业协会。

表 12-2　2017 年排名前十位的信托公司管理资产规模

信托公司	信托资产总计（亿元）	信托公司	信托资产总计（亿元）
中信信托	19 867.30	兴业信托	9 321.65
建信信托	14 096.70	上海信托	9 123.91
华润信托	13 469.39	渤海信托	7 549.75
华能信托	10 102.53	中融信托	6 699.07
交银信托	9 656.30	中航信托	6 577.67

数据来源：各信托公司年报。

从信托资金的来源看，单一类资金信托占比整体呈下降趋势，而集合类资金信托和管理财产类信托占比上行趋势愈加明显。截至 2017 年年末，单一类信托占比由 2016 年年末的 50.07% 降至 45.73%，下降幅度为 4.34 个百分点；集合类信托占比由 36.28% 增至 37.74%，上升幅度为 1.46 个百分点；管理财产类信托占比由 13.65% 增至 16.53%，上升幅度为 2.88 个百分点。

---

① 中国信托业协会：《2017 年度中国信托业发展评析》，中国信托业协会网站。

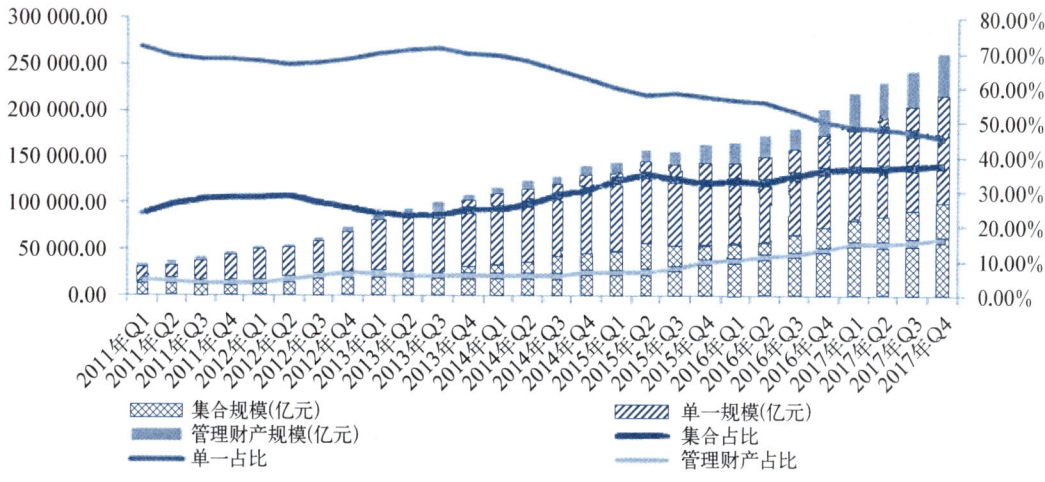

图 12-4　2011 年 Q1—2017 年 Q4 各季度信托资金来源及占比

数据来源：中国信托业协会。

2. 经营业绩与业务结构

信托行业经营业绩进一步提升。截至 2017 年年末，信托全行业实现经营收入 1 190.69 亿元，相较 2016 年年末的 1 116.24 亿元，同比增加 6.67%。2017 年年末信托全行业实现利润总额 824.11 亿元，较 2016 年年末同比上升 6.78%。

从经营收入的构成来看，信托业务收入仍是经营收入增长的主要驱动力。截至 2017 年年末，信托业务收入为 805.16 亿元，占比为 67.62%，同比增长 7.41%；投资收益为 284.93 亿元，占比为 23.93%，同比增长 5.24%；利息收入为 62.38 亿元，占比仅为 5.24%，同比下降 0.60%。信托业务是信托公司的主业，随着整个金融行业回归本源和信托行业转型升级的推进，信托业务收入占比仍有继续提升的空间。

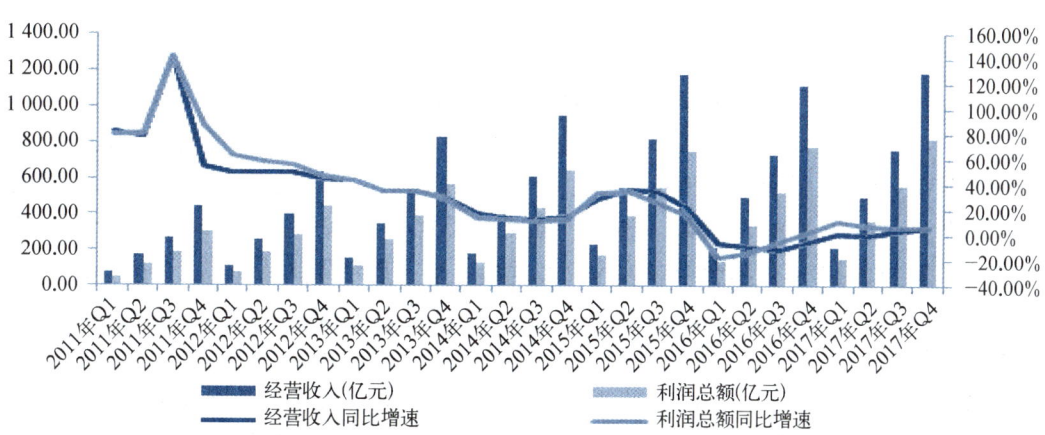

图 12-5　2011 年 Q1—2017 年 Q4 各季度经营收入、利润总额及其同比增速

数据来源：中国信托业协会。

从信托资金的投向来看，工商企业依然稳居信托投向的榜首，其后依次是金融机构、基础产业、证券投资、房地产。截至 2017 年年末，五大投向占比情况如下：工商企业占比

27.84%，金融机构占比18.76%，基础产业占比14.49%，证券投资占比14.15%，房地产行业占比10.42%。与2016年年末相比，变化在于基础产业超过证券投资升至第三位。

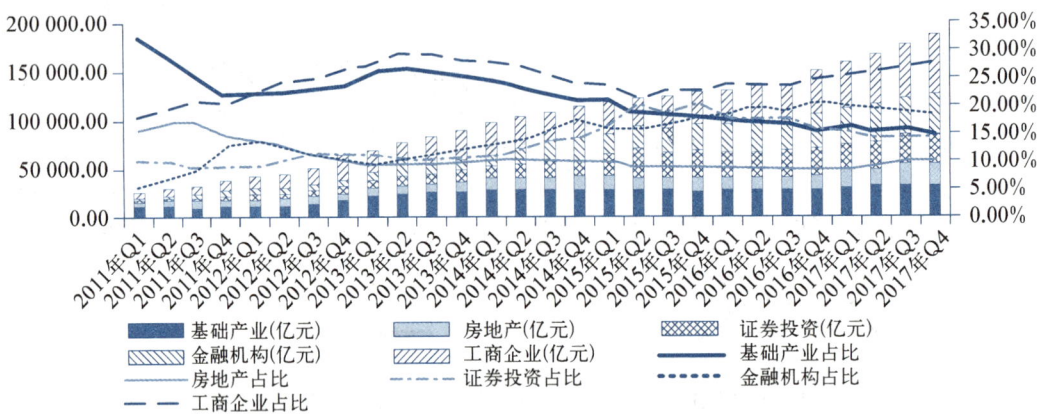

图12-6 2011年Q1—2017年Q4信托资金投向各领域的规模及其占比

数据来源：中国信托业协会。

随着通道业务发展逐步受限，信托公司传统依赖的规模竞争难以为继，信托业粗放经营、专业管理能力不强等问题亟须改变。在严格监管形势下，走集约化、创新化的发展道路，才是信托公司实现可持续发展的理性选择。未来，中国信托业仍将迎来广阔的发展机遇，面对经济结构调整和转型升级，信托公司要打造自己的核心竞争能力，紧抓供给侧改革、制造业升级、绿色发展、区域发展战略、"一带一路"、财富管理等市场机遇，走集约化、创新化道路，通过投贷联动、资产证券化等形式，深入产业链条，更好地服务实体经济。与此同时，需不断完善公司治理结构，严守合规经营底线，以更好地服务实体经济为着眼点，加快推进业务转型，回归信托本源，实现可持续健康发展。

专栏

中国国内期货经纪公司的收入结构分析

目前，国内期货经纪公司主要收入来源主要有四项：手续费收入（含交易所返还）、风险管理子公司收入、资管业务收入和利息收入。从中国期货业协会公布的数据来看，手续费收入仍是主要收入来源，2013—2015年度风险管理公司财务情况显示的，资管业务收入占比仍然偏少，风险管理子公司收入暂无数据。从中国期货业协会2017年6月23日公布的最新期货公司财务信息披露数据表明，2016年全行业实现净利润65.85亿元，创历史新高，其中有20家期货公司净利润为负，129家期货公司盈利。相比2015年全行业22家期货公司亏损，127家公司盈利，出现亏损公司减少盈利公司增加的良好局面。2016年券商系期货公司的发展势头有所减缓，多项财务指标的占比出现下滑，除净利润以外的五项财务指标占比均下滑，这主要与2016年以来券商整体经营形势不佳、股票市场弱势震荡、投资者投资热度下降有密切关系。但是，2016年度我国中小期货公司和非券商期货公司发展势头迅猛，在注册资本、净利润、手续费收入、客户权益等指标增幅情况来看，部分中小期货公司排名居前，一方面说明部分中小期货公司在激烈的市场竞争中优化资源配置、坚持不懈开拓市场和找准自身市场定位;另一方面说明部分中小期货公司股东重视衍生品工具和金融牌照,加大资本投入和股东客户资源利用。

表 12-3　2013—2015 年度风险管理公司财务情况

指标(亿元)	2013 年	2014 年	2015 年	同比增长(%)
总资产	25.16	66.94	113.48	69.52%
净资产	16.45	35.99	51.21	42.29%
注册资本	16.10	35.70	66.85	87.25%
实收资本	—	—	52.17	—
业务收入	34.48	197.99	374.66	89.23%
净利润	0.33	0.08	0.49	512.50%

数据来源:中国期货业协会。

表 12-4　2016 年度手续费收入全国前十名的期货公司财务信息

排名	公司名称	手续费收入（万元）	注册资本（万元）	净资本（万元）	客户权益（万元）	净利润（万元）	净资产（万元）
1	国泰君安	56 326.79	120 000	220 427.72	2 086 134.72	31 729.91	227 037.06
2	永安期货	53 715.22	131 000	225 721	2 226 645.42	46 376.05	441 984.11
3	海通期货	44 518.94	130 000	201 318.16	1 904 918.92	30 076.97	260 974.34
4	银河期货	39 554.01	120 000	158 903.09	1 806 933.87	18 555.29	174 079.3
5	方正中期期货	38 060.14	34 000	77 218.1	705 600.13	15 788.85	94 163.52
6	中信期货	36 370.54	160 479.3	207 468.39	3 162 678.63	37 579.11	331 248.12
7	华泰期货	30 544.34	100 900	183 611.59	2 133 636.72	20 623.09	163 721.66
8	申银万国	30 528.26	77 600	115 774.76	1 059 325.04	15 514.04	130 522.83
9	广发期货	30 499.07	130 000	103 963.2	1 089 804.12	19 060.87	191 225.1
10	徽商期货	29 431.53	10 000	31 279.91	275 407.44	6 679.24	28 530.77

数据来源:中国期货业协会。

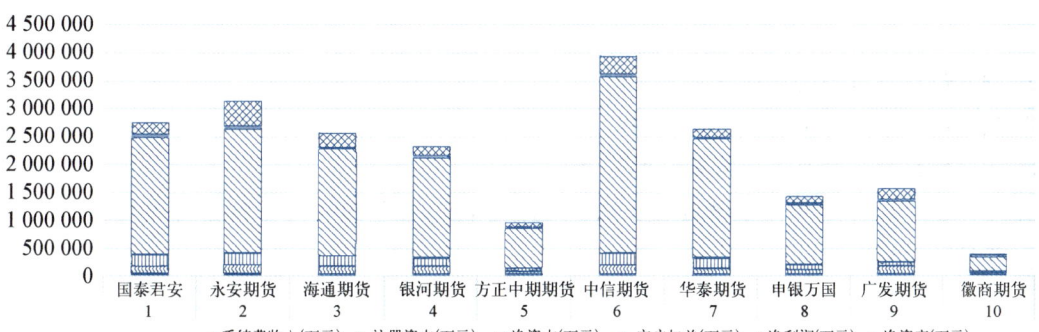

图 12-7　2016 年度手续费收入全国前十名的期货公司财务信息对比图

数据来源:中国期货业协会。

本 章 小 结

期货经纪机构一般包括期货经纪公司、期货交易中介公司、期货经纪居间人、介绍经纪商、期货经纪人、期货交易投资顾问公司等。期货经纪公司具有的职能包括根据客户交易指令,代理买卖期货合约、办理结算和交割手续,对客户资金账户进行风险管理,控制客户交易风险,为客户提供期货交易信息,进行期货交易培训资质,充当客户的交易顾问等。介绍经纪商在国际上既可以是机构,也可以是个人,其主要业务是为期货经纪公司开发客户,但不能直接接受客户的资金,且必须通过期货经纪公司进行结算。中国期货经纪公司依照《中华人民共和国公司法》和《期货交易管理条例》规定设立。

信托是一种以理财为核心,以信用为基础,以委托为方式的财产管理制度。信托与银行、证券、保险并称为金融业的四大支柱。信托之所以能够在现代经济生活中获得广泛地应用,关键在于其具有的高度灵活性,能够满足市场主体多样化的资产管理需求,而这种灵活性则来源于信托制度所具有的风险离功能和权利重构功能。在我国,信托公司是指依照《中华人民共和国公司法》和《信托公司管理办法》设立的,主要以营业和收取报酬为目的,以受托人身份承诺信托和处理信托事务的非银行金融机构。中国信托行业与中国经济改革相伴而生。随着通道业务发展逐步受限,信托公司传统依赖的规模竞争难以为继,信托业粗放经营、专业管理能力不强等问题亟须改变。

重 要 概 念

期货经纪公司、居间人、首席风险官、信托公司、信托

习 题 与 思 考

1. 期货经纪公司的主要职能是什么?
2. 期货经纪公司的主要风险有哪些?
3. 期货经纪公司的业务范围有哪些转变?
4. 2017—2018 年一系列金融监管法规和文件发布后,你认为将对信托机构的发展方向产生什么影响?

第十三章

金融市场监管

教学目的与要求

通过本章学习,熟悉金融监管法的内涵,了解中国金融监管法律体系的演进,熟悉中国金融监管法律体系。掌握金融监管的内涵,了解金融监管的目标和原则,熟悉金融监管的主要模式,功能监管的探索框架,了解各国金融监管的新进展与趋势,我国金融监管现状及其面临的挑战。熟悉宏观审慎政策的内涵、目标、组织结构安排以及政策工具。

第一节 中国金融监管的法律体系

一、金融监管法律体系概述

法由国家制定、认可或解释并由国家强制力保证实施的以权利义务为内容的行为规范的总称,法的调整对象是社会关系[①]。金融监管法即是调整金融监管关系的法律规范的总称。金融监管关系是指金融监督管理机关为规范和保护金融市场,对金融活动参与者所从事的金融活动进行领导、管理、协调、监督而发生的社会关系。

金融监管法具有实体法和程序法相统一的特点。它既对金融活动参与者的职责与义务、权力与权利做了规定,又规定了实现这些职责、义务、权力、权利的程序、方法和步骤等。金融监管法公法特征明显,兼具社会法的特征。作为国家对金融活动的监督和管理,金融监管法显然主要是体现国家意志本位的,以公法为主要调整方法,但是,金融活动具有私法性质,金融监管从社会整体利益出发,保护金融活动当事人的合法权益。作为监督管理的法律规范,金融监管法多具有强行性、义务性、禁止性的特征。随着社会的发展,作为现代经济的核心的金融业也实现创新发展,新的金融机构、新的金融工具、新的金融模式不断涌现,所以,金融监管法调整范围越来越广,法律内容也越来越多,对金融监管法的适时性提出了挑战。这也使得金融监管法律体系中低效力等级的规范性文件如规章和其

[①] 张文显主编:《法理学》(第三版),法律出版社2007年版,第106—110页。

他规范性文件，依据实践发展的需要频繁地制定与发布。

金融监管法的表现形式按照制定机关和效力等级不同，可以分为宪法、金融监管法律、金融监管法规、金融监管规章、金融监管国际条约和惯例、金融监管其他规范性文件和自律规章。

宪法是国家根本大法，是我国所有法律的最高渊源，当然也是金融监管法律的最高渊源，任何金融监管法与宪法相抵触的皆属于无效。金融监管法律，是指全国人民代表大会及其常务委员会依照法定程序制定，由国家主席签署，并以国家主席令公布实施的有关金融监管活动规范性文件。金融监管法规，由金融监管行政法规与地方性金融监管法规组成。金融监管行政法规是指国务院根据宪法和法律制定，由国务院总理签署，以国务院令发布实施的有关金融监管活动的规范性文件，金融监管行政法规的效力低于宪法和金融监管法律。金融监管地方性法规依据制定主体的不同可分为两种：一种是省、自治区、直辖市人民代表大会及其常务委员会制定，由大会主席团或者常务委员会用公告公布施行的有关金融监管活动的规范性文件，地方性金融监管法规在本行政区域内有效，其效力低于宪法、金融监管法律和金融监管行政法规；另一种是设区的市的人民代表大会及其常务委员会制定，报省、自治区人民代表大会常务委员会批准后施行的有关金融监管活动的规范性文件，这些地方性法规在本市范围内有效，其效力低于宪法、金融监管法律、金融监管行政法规和本省、自治区的地方性金融监管法规。第三层级是金融监管规章，包括部门金融监管规章和地方政府金融监管规章。部门监管规章是指国务院中的金融监管机构在本部门的权限范围内制定，由机构负责人签署发布的有关金融监管活动的规范性文件，部门金融监管规章在全国范围内有效，其效力低于金融监管法律和金融监管行政法规。地方政府金融监管规章是指省、自治区、直辖市以及设区的市的人民政府制定，由省长、自治区主席、市长签署，以政府令发布实施的有关金融监管活动的规范性文件，地方政府金融监管规章在本行政区域内有效，其效力低于金融监管法律、金融行政监管法规和地方性金融监管法规。鉴于我国金融监管无论之前实行的是"一行三会"体制，还是正在确立的"一委一行三会"体制，皆强调的是国家对金融监管工作的垂直领导，所以，金融监管的法规和规章中，地方性法规和地方政府规章并不处于显著地位。

金融监管国际条约和惯例，是指我国缔结或者参加的有关金融监管国际条约、协定以及一些具有广泛影响的、为国际社会接受并认可的国际惯例。我国参加金融监管国际条约后，该条约对我国具有约束力，而且一般具有优先适用力。目前我国加入了《国际货币基金组织协定》《国际金融公司协定》等国际条约，并认可了《商业单据托收统一规则》《有效银行监管的核心原则》等国际惯例。

其他规范性文件和自律规章，是由监管机构或者金融行业或金融机构制定的有关金融活动的行为规范，具有准法律效力。如《上市公司章程指引》《中国证券业协会章程》《上海证券交易所股票上市规则》（2014年修订）等。

法律体系，是指一国现行的全部法律规范按照不同的法律部门分类组合而形成的一个呈体系化的有机联系统一整体。金融监管法律体系即是调整金融监管不同领域的金融法律、法规、规章等规范，分类组合成的层次分明、和谐统一的整体。

二、中国金融监管法律体系的演进

1949年后的前30年计划经济时期,我国实行高度集权的计划经济体制,金融业发展缓慢。全国仅有的中国人民银行、3家国家专业银行、中国人民保险公司和农村信用社这几个金融机构,由中央银行或政府对其领导。因此,对金融活动的监管也以行政手段为主,不存在所谓的金融立法。

十一届三中全会后,我国进入改革开放的新时期。为适应有计划的商品经济的发展需要,我国金融立法的进程也随之加快,以1986年1月《中华人民共和国银行管理暂行条例》的颁布为起点,我国开始正式构建金融监管法律体系。自1992年十四大正式确立了建立社会主义市场经济体制的目标以来,社会主义市场经济迅速发展,金融机构的种类和数量日益增多,国务院证券委员会和证券业监督管理委员会也正式成立,我国金融立法步入了一个崭新的发展时期。仅1995年就陆续颁布了《中华人民共和国中国人民银行法》《中华人民共和国商业银行法》《中华人民共和国票据法》和《中华人民共和国保险法》四部金融基本法律,系统规定了中国人民银行、银行业和保险业的金融监管,从根本上改变了我国金融领域基本法律规范欠缺的局面。之后,我国金融立法日渐完善。1997年修改的《刑法》中规定了两节规制金融犯罪的内容,1998年人大常委会通过的《中华人民共和国证券法》,标志着我国金融监管法律体系已经基本建立。随着经济全球化的不断扩张,我国金融业迅速发展,跨国金融活动逐渐频繁,这对我国的金融监管法律体系建设又提出了新的要求。因此,人大常委会又于2001年、2003年、2005年和2006年先后通过了《信托法》《证券投资基金法》《中华人民共和国外国中央银行财产司法强制措施豁免法》《反洗钱法》与《银行业监督法》,并先后在《刑法修正案》中对金融犯罪行为予以规制,在行政法规层面制定了《外汇管理条例》等。与此同时,国务院与各个金融监管机构也根据法律规定和实践需要,制定和发布了大量的行政法规和规章。当在金融活动的各领域和各层面,制定法律的条件不成熟时,先行出台行政法规的或者部门规章乃至其他规范性文件形式予以规范。自此,我国形成了包括十几部金融法律、数百个金融行政法规和一系列金融规章三个层级的金融监管正式法律体系和大批的其他规范性文件,涵盖了银行、货币管理、信贷、银行结算与票据、信托、融资租赁、保险、证券、期货、外汇、涉外金融等金融监管领域,有力地推动了我国金融监管的法治化进程。

随着中国金融监管体制的演变,金融监管法律体系亦随之更新。继1992年国务院证券委员会和中国证券业监督管理委员会成立,分离出人民银行证券监管职能之后,国务院于1998年、2003年先后批准设立中国保险业监督管理委员会和中国银行业监督管理委员会,中国金融业分业监管的体制最终得以成立。但是近年来金融业逐渐向混业方向发展,分业监管存在的监管套利、监管真空、重复监管等弊端显现,危及金融安全与金融稳定,这对金融机构监管协调机制与信息共享机制的构建提出了新的要求。

2017年11月8日,国务院金融稳定发展委员会成立,以健全金融监管体系,加强各监管机构间的统筹协调。2018年,《国务院机构改革方案》将中国银行业监督管理委员会(银监会)和中国保险监督管理委员会(保监会)的职责整合,组建中国银行保险监督管理委员会。在新的监管结构之下,金融法律体系也将相应地发生变化,金融稳定发展委员会的法律地位、组织、职权、监管手段、行为和程序等都会在未来更新的法律体系中得以正式确认,更多地填补金融监管真空,避免重复监管,防止金融监管套利的法律规范将会出台,金融法律体系内部也会更加协调统一。

三、中国金融监管法律体系的内容

当前,中国已经建立了相对完整的金融监管法律体系。在表现行形式上有法律、法规、规章和其他规范性文件各级层次;在监管领域上,涵盖了从金融机构的监管到金融市场的监管,从金融市场准入、业务运营到退出的监管,从实体到程序的监管,涵盖了中国现有金融市场的各类业务领域,如货币市场业务、外汇市场业务、债券市场业务、股票市场业务、金融担保业务、信贷业务、支付结算业务、信托与租赁业务、期货业务、金融期货业务、保险业务等,也涵盖了各类金融机构的监管如商业银行、政策性银行、证券公司与投资基金、期货公司、保险公司,以及信托、资产管理、融资担保、金融租赁、消费金融公司等其他类金融机构,基本上实现了有法可依。

(一)中国人民银行履行金融监管职能的法律体系

中国人民银行是我国的中央银行,根据《中国人民银行法》(2003年修正)规定,它除了金融宏观调控、为政府与金融机构服务职能外,还承担部分金融监管职能,具体如下:执行有关储蓄准备金管理规定的行为;与中国人民银行特种贷款有关的行为;执行有关人民币管理规定的行为;执行有关银行间同业拆借市场、银行间债券市场管理规定的行为;执行有关外汇管理规定的行为;执行有关黄金管理规定的行为;代理中国人民银行经理国库的行为;执行有关清算管理规定的行为;执行有关反洗钱规定的行为。

鉴于以上监管职能,中国人民银行行使金融监管权力的法律规范依据有《中国人民银行法》《反洗钱法》《票据法》等为代表的法律,以《中国外汇管理条例》《存款保险条例》《征信业管理条例》《人民币管理条例》(2014年修订)等为代表的行政法规,以及《黄金及黄金制品进出口管理办法》《同业拆借管理办法》《全国银行间债券市场债券交易管理办法》《非金融机构支付服务管理办法》《中国人民银行执法检查程序规定》《中国人民银行行政许可实施办法》等为代表的规章,他们与《行政许可法》《行政处罚法》《刑法》以及有关法律法规和规章的相关规定一同构成了中国人民银行履行金融监管职能的实体与程序法律体系。

(二)银行业监管法律体系

我国银监会(现银保监会)依据国务院授权,对银行和金融资产管理公司、信托投资公司等非银行金融机构进行统一监管。以《银行业监督管理法》(2006年修正)和《商业银行法》(2015年修正)等为代表的法律,以《中华人民共和国外资银行管理条例》(2014年修订)、《金融资产管理公司条例》、《金融机构撤销条例》、《存款保险条例》、《非法金融机构和非法金融业务活动取缔办法》(2011年修)等为代表的行政法规和以《国家开发银行监督管理办法》、《中国进出口银行监督管理办法》、《中国农业发展银行监督管理办法》、《商业银行信息披露暂行办法》、《商业银行与内部人和股东关联交易管理办法》、《商业银行资本管理办法》、《银行业金融机构衍生产品交易业务管理暂行办法》(2011年修订)、《信托公司管理办法》、《消费金融公司试点管理办法》、《汽车金融公司管理办法》、《金融租赁公司管理办法》(2014年发布)、《企业集团财务公司管理办法》《境外金融机构投资入股中资金融机构管理办法》《网络借贷信息中介机构业务活动管理暂行办法》《中国银监会农村中小金融机构行政许可事项实施办法》(2015年修订)、《中国银监会中资商业银行行政许可事项实施办法》(2017年修订)等为代表的部门规章,以及《公司法》《企业破产法》《行政许可法》和《刑法》等法律,对银行业金融机构设立、运营和退出,银行业金融机构设立的行政许可审批条件及程序和涉及银行业金融机构设立的金融犯罪行为进行规制,共同构成了对我国银监会监管下的行业的市场准入、业务运营和市场退出监管的法律体系。

在法律法规和规章之外,作为对正式法律法规和规章的补充、适用等,尚有其他规范性文件,如《银行业金融机构全面风险管理指引》《商业银行房地产贷款风险管理指引》《商业银行个人理财业务风险管理指引》《商业银行风险监管核心指标》《商业银行合规风险管理指引》《商业银行不良资产监测和考核暂行办法》《商业银行公司治理指引》等。

(三)证券业监管法律体系

依据《证券法》第179条规定,证券监督管理机构对证券市场实施监督管理。我国纳入证券业监管的行业包括证券公司、证券投资基金管理、风险投资、期货公司与私募股权投资基金等。以《证券法》《证券投资基金法》《公司法》等为代表的法律,以《股票发行与交易管理暂行条例》《期货交易管理条例》(2017年修订)、《证券公司风险处置条例》(2016年修订)、《证券公司监督管理条例》(2014年修订)等为代表的行政法规和以《公司债券发行与交易管理办法》(2015年发布)、《上市公司重大资产重组管理办法》(2016年修订)、《上市公司收购管理办法》(2014年修订)、《证券期货市场诚信监督管理暂行办法》(2014年修订)和《证券投资基金信息披露管理办法》《私募投资基金监督管理暂行办法》《创业投资企业管理暂行办法》《证券发行与承销管理办法》(2017年修正)、《证券市场禁入规定》(2015年修订)、《期货公司监督管理办法》《中国证券监督管理委员会行政许可实施程序规定》等为代表的部门规章,以及《企业破产法》《行政许可法》《行政处罚法》《刑法》的相关规定共同构成我国证券行业准入、运营和退出监管的法律体系和程序规定。

除以上法律法规和规章,在证券业的发行、上市公司、非上市公众公司、外资股、信息披露、市场交易、证券公司、证券服务机构、基金、期货等相关业务领域制定的其他规范性文件,如《优先股试点管理办法》《上市公司章程指引》《上市公司股东大会规则》《上市公司大股东、董监高减持股份的若干规定》《非上市公众公司收购管理办法》《公开发行证券的公司信息披露内容与格式准则》《发布证券研究报告暂行规定》《基金管理公司子公司管理规定》《合格境外机构投资者参与股指期货交易指引》等。

(四)保险业监管法律体系

中国保监会(现银保监会)依法统一监督管理全国保险市场,维护保险业的合法、稳健运行。保险业监管法律体系构成包括,以《保险法》为代表的法律,以《农业保险条例》(2016年修订)、《机动车交通事故责任强制保险条例》(2016年修订)、《外资保险公司管理条例》《道路交通安全法实施条例》(2017年修订)等为代表的行政法规,以《再保险业务管理规定》(2015年修订)、《保险专业代理机构监管规定》(2015年修订)、《保险经纪机构监管规定》(2015年修订)、《保险公司管理规定》(2015年修订)、《保险公估机构监管规定》(2015年修订)、《保险公司股权管理办法》(2014年修订)、《保险资金运用管理暂行办法》《保险公司董事、监事和高级管理人员任职资格管理规定》《保险公司偿付能力管理规定》

《保险资产管理公司管理暂行规定》《保险资金运用管理暂行办法》《保险机构投资者股票投资管理暂行办法》《中国保监会行政处罚程序规定》和《中国保监会行政许可实施办法》(2014年修订)等为代表的规章,与《公司法》《企业破产法》《行政许可法》《行政处罚法》《刑法》的相关规定共同构成我国保险行业准入、运营和退出监管的法律体系。

在保险业监督管理法律体系中,同样存在大量其他规范性文件,其涉及保险业的各方面,包括机构管理、财产保险、人身保险、资金运用、财务会计、统计与信息化、中介和稽查等,具体如《中国保监会关于开展重点新材料首批次应用保险试点工作的指导意见》《保险公司董事会运作指引》《财产保险公司保险产品开发指引》《养老保障管理业务管理办法》《保险资金运用内部控制指引》《保险公司资本保证金管理办法》《保险集团并表监管统计制度》《保险专业代理机构基本服务标准》《保险业反洗钱工作管理办法》等。

第二节 金融监管模式

一、金融监管的内涵

金融监管是指一个国家(地区)的中央银行及其他金融监督管理当局依据国家法规的授权对金融业实施监督管理。

从金融监管的过程上划分,各国金融监管制度的基本内容包括事前、事中、事后三个方面。

一是预防性措施,即事前监管,主要包括开业登记、资本充足性、清偿能力、业务活动、贷款集中程度、管理层、稽核检查等方面的监管。预防性措施一般以公开发布的法律制度为依据,因而是一种制度化的监管手段。预防性监管是为了预防或限制由金融机构本身经营不善而引起的种种风险而采取的一种积极的预防性措施,以便将风险隐患消除在萌芽状态。

二是援救性措施,即事中监管。许多国家的金融监管当局担当最后贷款人的职责,对遇到临时性清偿困难的商业银行提供紧急资金援助,帮助它们渡过暂时的流动性困难,避免倒闭事件的发生。为了防止商业银行过分依赖最后贷款人而不负责任地扩大资产业务,最后贷款人的确切职能范围一般不予公布。

三是事后补救措施,即事后监管,事后补救的主要形式是存款保险制度,它是保护存款人利益、稳定金融体系的最后一道防线[①]。

二、金融监管的目标

金融监管目标是金融监管行为要取得的最终效果或达到的最终目标,是实现金融有效监管的前提和监管当局采取监管行动的依据。金融监管的目标是金融监管理论与实务的核心问题,对金融监管目标的认识直接决定或影响着金融监管理论的发展方向,也主导着具体监管制度和政策的建立与实施。

---

① 祁敬宇主编:《金融监管学》(第2版),西安交通大学出版社2013年版。

经济学家 Long Millard and Dimitri Vittas(1991)把金融监管的核心目标概括为：维持系统稳定性、维护金融机构稳健运行和保护消费者，提出评估金融监管和结构的三个标准分别是稳定、效率和公平。BIS 银行监管核心原则对银行监管目标的表述是：保持金融体系的稳定性和信心，以降低存款人和金融体系的风险。英国学者泰勒（Michael Taylor）在 1995 年的"双峰监管"理论中提出，金融监管存在两个并行的目标：一是审慎监管目标，旨在维护金融机构的稳健经营（微观审慎）和金融体系的稳定（宏观审慎），防止发生系统性金融危机或金融市场崩溃；二是致力于提高金融效率的行为监管目标，包括金融消费者保护、促进公平有效竞争、提高金融市场透明度、诚信建设和减少金融犯罪五个方面。

以上西方学者及机构提出的监管目标都十分相似，突出金融机构的稳健运行和对金融消费者利益的保护。金融监管的核心是消费者主权理论。实践中，无论是美国的多目标型金融监管、日本的双重目标型还是英国的单一目标型，维护保护存款人利益都是大多数国家金融监管的出发点和立足点。另一方面，金融混业经营的新环境下，金融交易规模急剧扩张，金融交易方式日趋复杂，金融机构和金融市场之间的相互依赖程度和危机相互感染可能性明显增大，导致金融体系的系统性风险上升，金融危机的频率和破坏程度扩大，因而，防止金融系统性危机或减少危机破坏力，也成为当今金融监管当局的首要任务之一。

三、金融监管的原则

金融监管的原则是监管过程中监管当局的行为准则，从中外的实践来看，其大体包括以下几个方面。

（一）依法原则

监管法律框架十分必要，其内容包括对设立金融机构的审批、要求金融机构遵守法律、安全和稳健合规经营的权力和监管人员的法律保护。依法监管与严格执法是各国金融监管当局共同遵守的一项原则。金融监管必须依据现行的金融法规，保持监管的严肃性、权威性、强制性和一贯性。

（二）独立性原则

每个银行监管机构都有明确的责任和目标，都应具备操作上的独立性，良好的治理结构和充足的资源，并就履行职责情况接受问责。不干涉金融机构的内部管理，形成有效的市场约束。

（三）"三公"原则

"三公"原则即公平、公正、公开。监管对象，不论其性质、规模、背景如何，都必须在统一标准下展开合理竞争，金融监管当局也要按照统一的监管标准和监管方式对它们实施监管，这样才能从根本上规范金融机构的市场行为，保证金融市场良好有序地运行。

（四）透明度原则

监管机构应有透明的程序，规则明晰。

（五）合作性原则

建立监管当局之间信息交换和保密的安排和不同监管部门间的合作机制。建立起与市场主体的监管合作，金融机构"内部自律"与监管部门"外部监管"相结合。

(六) 审慎性原则

审慎性原则要求金融监管当局关注金融机构重要稳健性经营指标和经营行为，对单个金融机构、金融集团和金融体系的稳定性有深入的了解，工作重点放在安全性和稳健性方面。及时识别风险，防止利用金融服务从事犯罪活动，促进金融部门形成较高的职业道德与专业水准。

在国内经济与世界经济逐步接轨的情况下，国内金融监管的政策、法规、措施也要与国际接轨，如巴塞尔核心原则规定了有效监管体系应遵循的25条原则。这些原则总体上可划分为七个方面的内容：目标、独立性、权力、透明度和合作，许可的业务范围，审慎监管规章制度，持续监管的各种方法，会计处理与信息披露，监管当局的纠正及整改权力和并表及跨境监管[①]。

有效的监管体系还取决于一些外部因素或前提条件。虽然这些前提条件不在银行监管当局的直接管辖范围之内，但是实践中它们对银行监管的有效性有直接的影响。这些外部因素主要包括：稳健且可持续的宏观经济政策；完善的公共基础设施；有效的市场约束和适度的系统性保护机制。

稳健的宏观经济政策是实现金融体系稳定的基础。完善的公共基础设施包括有助于公平解决争议的长期实施的商业法律体系，国际普遍接受的综合、明确的会计准则和规定，独立审计的体系，有效独立的司法部门和接受监管的会计、审计和律师行业，安全、有效的支付和清算系统等。有效的市场约束取决于市场参与者能否得到充分的信息、管理良好的金融机构能否得到适度的激励，是否存在使投资者对其决策结果负责的各项安排。明确系统性保护（或安全网）与正常机构日常监管两者之间的区别。在处理系统性问题时，一方面要解决影响金融体系的信心问题，避免问题扩散到其他健康的银行；另一方面要注意将对市场信号和市场约束的扭曲降到最低点。

四、金融监管的主要模式

金融监管模式是指一国关于金融监管机构和金融监管法规的体制安排。根据不同的划分标准，可以分为不同的金融监管模式。

从金融机构的业务范围来划分，可以分为分业监管和混业监管；从监管职能的划分依据可以分为机构监管和功能监管；从监管所关注的领域和目标来划分，可以分为行为监管、宏观审慎管理和双峰监管。而在一国实践中，不同的监管模式可能在不同程度上有所综合。历史经验表明，没有绝对好或坏，只有相对适合的监管模式。各国根据其特有的历史、文化和金融市场环境等因素选择不同的模式。

（一）机构监管

机构监管是指以金融企业的法定属性（如商业银行、证券公司、保险公司和信托公司等）为标准，确定该金融企业应由某一专职机构进行监管。在此模式下，监管机构同时负责金融企业安全和稳健与商业行为监管。我国内地、香港地区和墨西哥对金融业的监管属于机构监管模式。其优势在于：当金融机构从事多项业务时易于评价金融机构产品系

---

① 巴塞尔银行监管委员会：《有效银行监管核心原则》，中国银行与保险监督委员会网站。

列的风险,尤其在越来越多的风险因素如市场风险、利率风险、法律风险等被发现时,机构监管也可避免不必要的重复监管,一定程度上提高了监管功效,降低了监管成本。

(二) 功能监管

功能监管是指以金融业务的本质属性(如银行业务、证券业务、保险业务和资产管理业务等)为标准,确定该金融企业应由某一专职机构进行监管。在此模式下,不同类型的金融企业可以开展同一属性的金融业务,例如商业银行的理财产品、基金公司的公募基金、证券公司的集合理财产品和保险公司的投连险同属资产管理业务,通常由负责监管证券市场的机构监管。

在持续的金融创新中,金融机构提供的金融产品与服务的范围实际上是不断变化的,金融机构与金融市场的边界也是不断变化的,传统的机构监管者就会不断面临严重的监管重叠与监管真空共存的尴尬局面。在功能监管理念下,一般按照经营业务的性质来划分监管对象的金融监管模式,监管机构针对业务进行监管,而不管从事这些业务的经营机构性质如何。其优势在于:监管的协调性高,监管中发现的问题能够得到及时处理和解决;金融机构资产组合总体风险容易判断;可以避免重复和交叉监管现象的出现,为金融机构创造公平竞争的市场环境。[①]

(三) 双峰监管

英国经济学家泰勒(Michael Taylor)在1995年以行为监管为基础提出了双峰监管(Twin Peaks),认为金融监管的目标应当是"双峰"的:一是实施审慎监管,旨在维护金融机构的稳健经营和金融体系的稳定、防范系统性风险;二是实施行为监管,旨在纠正金融机构的机会主义行为、防止欺诈和不公正交易、保护消费者和投资者利益。

双峰监管模式应当由承担上述两大监管目标的两类监管机构组成。即一类监管机构通过审慎监管维护金融体系安全稳健,而另一类监管机构通过行为监管保护消费者利益,因此又被称为目标型监管模式。可以说,从体制安排上划分审慎监管和行为监管的职能,有利于保持"双峰"监管目标的清晰。虽然"双峰"监管的差异很大,但彼此相互补充,不可偏废一端。

五、功能监管的探索框架

功能监管通常用于混业经营的金融体制中,从20世纪末开始,世界各国围绕功能监管实践的互动更加密切,一个带有共性的探索框架日渐成型。即以框架、立法、信息和平台为主要切入点,分工重构、政策协同、监管协调、金融消费者保护、立法支持、架构调整、信息共享、业界共治为八个探索方向。根据英文单词第一个字母,又可简称为以"SCI"为核心的探索框架。[②]

(一) 分工重构

分工重构是指以不留空白点、降低空窗期为目标,提高反应速度,及时重新调整或明确监管部门之间的职责分工关系。美国的金融监管职责划分是在20世纪30年代确立分

---

① 郑杨等著:《全球功能监管实践与中国金融综合监管探索》,上海人民出版社2016年版。
② 同上。

业经营模式时确定的,金融危机后做了升级。美国分工重构的基本原则是,强调全面覆盖、综合监管和双层安排,每一家金融机构至少对应着一个监管当局,其中银行类金融机构至少在联邦政府层面有一家监管机构负责对其实施主监管职责,州层面都设立银行、证券、保险监管机构,负责小型金融机构监管。英国也根据金融形势的变化,动态调整监管分工。2005年全球第一个P2P网络供贷平台Zopa在英国成立。为了加强监管。英国金融服务管理局将P2P平台界定为证券经纪商,要求在其注册处登记,并接受相应管理。

(二) 政策协同

政策协同是指针对金融监管中存在的监管部门众多、部门之间职责不明确以及监管领域既相互交叉又留有空白等问题,加强政策协调机制建设。例如,美国推出了一系列金融监管改革举措,旨在根据功能监管的理念,对具有相同功能的同类业务,面向其监管范畴内的所有金融机构和非金融机构,制定标准一致的监管新规,改变了此前由商品期货交易委员会(CFTC)、证券交易委员会(SEC)等不同监管机构根据分别出台的相关监管规则进行分类监管的做法。即无论何种机构类型的市场参与主体,只要开展相同类型的业务,均需遵守标准一致的法规细则。英国重视货币政策和宏观审慎政策的协同,通过英格兰银行货币政策委员会和金融政策委员会的联席会议实现。

(三) 监管协调

监管协调是指全面加强监管机构之间的协调合作,避免制度不完备、信息不对称和行动不协调造成的监管漏洞,提高金融监管效率,维护金融安全的一种制度安排。监管协调的目的是防范监管冲突与监管空白,避免监管套利,难点在于如何处理监管空白,举措方面强调加强监管信息交流、技术合作以及共同决策。

(四) 金融消费者保护

金融消费者保护是指加强金融消费者权益保护,以此提升金融消费者信心,维护金融安全与稳定。世界各国普遍大幅提高重视程度,探索建立"各行业统一、产品全覆盖、处置权独立"的运行框架。

美国在联储下设金融消费者保护局(CFPB)。德国既有以联邦金融服务业监察署(BaFin)为核心的官方保护,又有依靠行业协会等自律组织的民间保护,保护角度集中在信息披露、解决争议和损失补偿等方面。韩国2012年在金融监督院下设金融消费者保护院,直接受韩国金融监督院院长监督并向其报告。英国金融行为监管局(FCA)的核心目标包括:保护金融消费者,公平竞争和维护资本市场诚信;英国还成立金融申诉专员服务公司(FOS),作为消费者和金融机构纠纷处理的操作机构,突出了金融消费者保护处置的公平、快速、合理和非正式特征。

(五) 立法支持

立法支持是指完善金融立法机制,修订现有金融法规,完善金融立法体系,提升金融立法效率。目前,大多数西方国家都曾出台过推进功能监管探索的专门法案,内容较为全面,且在法案中提出制定诸多配套细则及进度要求,为功能监管探索奠定了重要的法律保障。

1999年,美国出台了《金融服务现代化法案》,明确提出了功能监管的理念,并将其作为单独章节进行论述,相关监管规定侧重从具有相同功能的同类业务维度,面向所有市场参与主体,制定统一的监管规定,并要求其遵照实施。该法案被理论和实务界普遍视为美国金融监管正式引入功能监管理念的标志。

(六) 架构调整

架构调整是指考虑本国金融业发展阶段、行业差异与监管资源分布特征,选择并搭建最适合本国国情与发展目标的金融监管架构,并根据行业发展动态进行调整。架构设计与调整往往被认为是一国金融监管体系改革的核心内容。

1998年,澳大利亚成立金融审慎监管局(Australian Prudential Regulation Authority, APRA),负责原由央行承担的对吸收存款机构、保险公司和养老金机构的审慎监管职责,同时将金融消费者保护职责交给澳大利亚证监会(Asc),并将其更名为澳大利亚证券与投资委员会(ASIC),其监管职责进一步扩展至通过提高投资者和金融消费者信心,改善金融市场的公平性和透明度。实际上,ASIC已经承担了金融功能监管的主要职责,形成了审慎监管与行为监管的"双峰监管"模式。

1999年《金融服务现代化法案》颁布后,美联储的监管职责由负责监管银行控股公司相应调增为对金融控股公司的监管,并设计了法人隔离的制度安排,即银行、证券和保险类业务必须在不同的法人实体中经营,主要通过金融控股公司的方式实现混业经营,以期在获得混业经营效益的同时,降低滥用存款保险等金融安全网保护的道德风险。同时明确,对一些兼具银行、证券或保险性质的交叉业务放到哪类法人机构中,根据业务的协同效应和监管专业优势确定。这样,银行、证券、保险法人机构的监管者同时也就成为"功能监管"当局。各"功能监管"当局与负责对金融控股公司实施并表监管的美联储一起构成了美国特有的伞形监管结构。在2010年,美国又从两个方面对原有的金融监管框架进行了修正和补充:一是设立金融稳定监管委员会,加强分业监管机构之间的合作,由财政部长任主席;二是扩大美联储监管职权。

英国在金融危机前是由金融服务局(FSA)对银行、证券、保险业金融机构实施统一审慎监管。金融危机后,英国以构建强有力的中央银行为核心,全面调整监管机构设置。在英格兰银行下设金融政策委员会(FPC)负责宏观审慎监管,设立审慎监管局(PRA)和金融行为局(FCA,设在英国财政部下)共同负责微观审慎监管,包括对吸收存款机构、保险公司以及系统重要性投资机构进行审慎监管,其他金融机构的监管仍由金融行为局负责。同时明确英格兰银行为银行处置机构,负责问题金融机构的有序处置和退出。

(七) 信息共享

信息共享是指加强监管部门之间的信息互换,强调信息共享的全面性、及时性、跨界性和法制保障。

美国国会在1979年就建立了金融监管部门之间的协调机构——联邦金融机构检查委员会,负责统一金融机构在接受联邦检查时的准则、标准和信息报送格式。2008年7月,美国两大金融监管机构联邦储备委员会和证券交易委员会宣布达成一项信息共享协议,以更好地监测美国金融体系存在的潜在风险。美国为了追查本国居民海外逃税,已经与86个国家和地区达成或基本达成了金融信息共享协议,以落实《海外账户税收合规法》(FATCA)。

(八)业界共治

业界共治是指聚合金融业界各方智慧,从监管部门完全主导的政府行政管理方式,转变为有效履行政府职能和充分发挥市场、社会主体的作用相结合的公共治理模式,形成推进金融领域发展的共识与合力。

英国的业界共治有着悠久传统,包括一系列市场化运作的平台。伦敦金融城由公司制的共治政府——伦敦金融城公司管理,政府由伦敦金融城市长、市府参事议政厅、政务议事厅和市政委员会委员等组成。伦敦金融城第一任市长于1192年产生。金融城政府提供长远规划,为企业、机构提供基础设施维护到战略性的经济发展等各领域专门服务。英国的业界共治模式还体现为将行业自律和政府监管相结合,两者相互补充,共同执行监管职能。由于英国相关行业自律性很强,行业协会的监督和管理非常有效,成为对宏观层面金融监管的有效补充。P2P发展起来之后,英国迅速成立了全世界第一个P2P行业协会,即英国P2P行业协会(Peer-to-Peer Finance Association,P2PFA)。之后又成立了众筹协会。这些协会制定行业统一的标准和规则,在微观层面,对行业的发展起到了非常好的引导规范作用。

美国的行业协会自律在业界共治中也发挥了重要作用。美国银行家协会(ABA)是美国最大的银行贸易协会,成立于1875年,成员包括社区、区域和货币中心银行和控股公司、储蓄协会、信托投资公司和储蓄银行。下设美国银行业公司(CAB)、ABA教育基金会、ABA房产基金会、ABA网络协会、ABA证券协会、ABA银行保险协会、美国银行业(AIB)、ABA银行家与金融贸易协会、ABA银行家认证协会(ICB)等子公司,显示其独立性和多功能性。承担的主要功能有,通过教育、技术援助、技术培训等项目帮助企业改善经营成果;制定行业规范、行业标准,对行业内成员加以制约;促进和参与国内外经济交流与合作;收集详细信息帮助政府和立法部门进行决策。

总体来讲,2008年金融危机之后,世界主要发达经济体对各自的金融监管模式进行了改革调整。归总起来,主要有以下三个方面:一是强化了中央银行在整个金融监管中的核心地位,尤其是在宏观审慎和防范系统性风险方面,赋予中央银行更多的职责;二是微观审慎监管的职责有着向中央银行集中的趋势。不管是美国出台的《多德—弗兰克法案》,还是英国通过的《2010年金融服务法》,抑或是欧盟建立的银行业单一监管机制,均在不同程度上赋予中央银行更多的微观审慎监管的职责;三是强化了对金融控股公司的监管。混业经营势必影响金融机构的组织架构,为了更好地满足金融市场的监管需求,不同经济体对金融控股公司的监管也逐步加大了力度。

六、我国金融监管现状及其面临的挑战

(一)我国金融监管现状

自1984年1月1日起,中国人民银行开始专门行使中央银行智能,负责对金融业实行统一监管。1986年国务院颁布了《中华人民共和国银行管理暂行条例》,明确了监管当局市场准入的监管权力。1992年中国证券监督委员会成立,将对证券业的监管职能从人行中分离出来,这是我国分业监管体系的开端。1997年亚洲金融危机爆发后,我国对金融监管体制进行了改革,1998年中国保险监督管理委员会成立,把中国人民银行对保险

业的监管职能抽离出来。2003年,第十届全国人民代表大会第一次会议通过了《关于国务院机构改革方案》,中国银行业监督管理会成立,接管了中国人民银行的银行监管职能。这标志着我国的分业监管、"一行三会"分工合作的金融监管体系正式确立。

在"一行三会"的金融分业监管模式下,人民银行负责监管银行间债券市场、外汇市场、同业拆借市场以及黄金市场,银监会负责监督各类银行机构和银行业,证监会负责监管所有证券公司和证券行业,保监会负责监督保险机构和保险行业。"一行三会"分工监管,协调合作,共同承担我国金融行业的监管责任。我国虽然建立了金融监管联席会议制度等协调机制,但金融监管主体之间协调程度不高。

此外,我国还有一些自律性监管机构和地方金融监管机构。自律监管机构是通过制度公约、章程、准则、细则,对证券市场活动进行自我监管的组织。自律组织一般实行会员制,符合条件的证券经营机构及其他机构,可申请加入自律组织成为其会员。我国的自律性监管机构主要有:中国证券业协会、上海、深圳两家证券交易所。地方性金融监管机构是地方政府的组成部门,主要包括各级政府和中央三个金融监管职能部门向各个省市派出机构及地方政府成立的地方金融服务(工作)办公室,其职能是为地方发展融资和招商、防范金融风险、维护地方金融稳定。目前,我国地方性金融监管机构的设置还存在很多问题,比如和中央监管机构设置的重叠、重招商轻监管等,这些问题的出现都意味着我国目前的监管体系仍有待改进。

2015年夏季,中国股市崩跌,防范金融风险的呼声开始变得迫切;2016年年初,中国股市"熔断"触发再度倒逼监管升级,同时,近年来影子银行、第三方脚力理财的等创新性金融现象层出不穷,我国的金融体系迫切需要一个能独当一面的机构来加强统一金融监管。2016年1月,国务院办公厅将其经济局六处独立出来,批设金融事务局,即秘书四局。主要负责涉及"一行三会"的行政事务协调,但不涉及具体业务的执行落实。金融事务局的设立有利于"一行三会"之间的沟通,建立一个协调机制;从中央与地方层面上来看,新成立的金融事务局有利于中央和地方金融监管的对接。可以看见的是,我国也在不断加强监管层面的创新,对出现的各种问题都在积极应对。

2017年7月14—15日,全国金融工作会议在北京召开。本次会议提出,要以防范系统性金融风险为底线,加快相关法律法规建设,完善金融机构法人治理结构,加强宏观审慎管理制度建设,加强功能监管,更加重视行为监管。

2017年11月8日,国务院金融稳定发展委员会成立,以健全金融监管体系,加强各监管机构间的统筹协调。2018年3月13日,《国务院机构改革方案》拟将中国银行业监督管理委员会(银监会)和中国保险监督管理委员会(保监会)的职责整合,组建中国银行保险监督管理委员会。4月8日,中国银保监会举行挂牌仪式,原银监会、保监会正式成为历史。自此,我国"一行三会"的金融体系改变为"一委一行两会"的金融监管结构。

(二) 我国现行金融监管体制面临的挑战

近年来,信息技术对我国的影响日益显著,以余额宝、人人贷、众筹网等为首的互联网金融快速发展,加速了传统金融机构混业经营趋势的转变,大型商业银行普遍采取银行控股公司或金融控股公司的形式,从而间接取得证券、基金等业务的经营权,形成混业经营的机构,发挥资金规模效应及协同效应,以此应对互联网金融、外资银行的不断壮大而带来的压力,金融机构间的界限逐渐模糊,对我国的金融监管提出了更高的要求。

1. 金融产品多样化,使得监管机构难以处理边界问题

理财产品日益丰富且呈不断壮大趋势,商业银行通过理财产品等不断地将表内资产转换为表外资产,表外资产一旦发生问题,很容易连及原本风险程度较低的表内资产,威胁储户利益。金融集团通过兼并、收购等方式,涵盖了各种类型业务的公司,取得了储蓄、证券、保险、基金等多个业务的经营牌照。一张万能险的保险单既能提供保障,又能兼顾理财,在金融机构致力于为消费者打造"金融超市",提供极大便利的同时,其经营活动远远超出现行分业金融监管制度范围。分业监管是在分业经营的基础上建立的,某一监管机构难以对属于多个业务的边界问题进行处理。

2. 相关制度建设不够全面,易产生监管套利行为

金融监管的具体制度都是根据各国实际利益制定的,我国监管机构、地方金融办、政府、其他国家监管机构等的监管标准不尽统一,而且实行微观审慎的分业监管,容易产生"监管寻租"现象,加速监管套利行为的出现。目前我国影子银行日趋壮大,其具有混业经营、不透明性、高杠杆性、表外性、监管较薄弱等特征,容易利用各方监管标准的不一,成为监管套利的工具。此外,金融集团的不断扩大,内部交易越来越多,但信息披露制度没有跟紧步伐,导致内部交易不易被监管,容易发生金融问题的"蝴蝶效应"。机构监管也易造成监管的疏漏区域,未有效落实监管职责,或者造成监管的重叠地带,增加了监管的成本,对监管者与被监管者而言均是一种资源的浪费。

3. 金融风险点多面广

当前和今后一个时期我国金融领域尚处在风险易发高发期,在国内外多重因素压力下,风险点多面广,呈现隐蔽性、复杂性、突发性、传染性、危害性特点,结构失衡问题突出,违法违规乱象丛生,潜在风险和隐患正在积累,脆弱性明显上升。

一是宏观层面的金融高杠杆率和流动性风险。高杠杆是宏观金融脆弱性的总根源,在实体部门体现为过度负债,在金融领域体现为信用过快扩张。一些高风险操作打着"金融创新"的幌子,推动泡沫在多个市场积聚。国际经济复苏乏力,主要经济体政策外溢效应等也使我国面临跨境资本流动和汇率波动等外部冲击风险。

二是微观层面的金融机构信用风险。近年来,不良贷款有所上升,侵蚀银行业资本金和风险抵御能力。债券市场信用违约事件明显增加。信用风险在相当大程度上影响社会甚至海外对我国金融体系健康性的信心。

三是跨市场跨业态跨区域的影子银行和违法犯罪风险。一些金融机构和企业利用监管空白或缺陷"打擦边球",套利行为严重。理财业务多层嵌套,资产负债期限错配,存在隐性刚性兑付,责权利扭曲。各类金融控股公司快速发展,部分实业企业热衷投资金融业,通过内幕交易、关联交易等赚快钱。部分互联网企业以普惠金融为名,行庞氏骗局之实,线上线下非法集资多发,交易场所乱批滥设,极易诱发跨区域群体性事件。个别监管干部被监管对象俘获,金融投资者消费者权益保护尚不到位。

(三) 我国金融监管体制的改革和发展趋势

十九大报告中提出"健全监管体系,守住不发生系统性金融风险的底线",当前金融监管改革方向日益明晰,监管部门要加强统筹协调,建立国务院金融稳定发展委员会,强化

人民银行宏观审慎管理和系统性风险防范职责,切实落实部门监管职责。充分利用人民银行的机构和力量,统筹系统性风险防控与重要金融机构监管,对综合经营的金融控股公司、跨市场跨业态跨区域金融产品,明确监管主体,落实监管责任;统筹监管重要金融基础设施;统筹金融业综合统计,全面建立功能监管和行为监管框架,强化综合监管;统筹政策力度和节奏,防止叠加共振。

中央和地方金融管理要统筹协调。中央金融监管部门进行统一监管指导,制定统一的金融市场和金融业务监管规则,对地方金融监管有效监督,纠偏问责。地方负责地方金融机构风险防范处置,维护属地金融稳定。严格监管持牌机构和坚决取缔非法金融活动要统筹协调。金融监管部门和地方政府要强化金融风险源头管控,坚持金融是特许经营行业,不得无证经营或超范围经营。建立层层负责的业务监督和履职问责制度。

新设立的国务院金融稳定发展委员会的主要指责包括:落实党中央、国务院关于金融工作的决策部署;审议金融业改革发展重大规划;统筹金融改革发展与监管,协调货币政策与金融监管相关事项,统筹协调金融监管重大事项,协调金融政策与相关财政政策、产业政策等;分析研判国际国内金融形势,做好国际金融风险应对,研究系统性金融风险防范处置和维护金融稳定重大政策;指导地方金融改革发展与监管,对金融管理部门和地方政府进行业务监督和履职问责等。

2018年新成立的中国银行保险监督管理委员会(以下简称中国银保监会或银保会),其主要职责是依照法律法规统一监督管理银行业和保险业,维护银行业和保险业合法、稳健运行,防范和化解金融风险,保护金融消费者合法权益,维护金融稳定。与此同时,商务部也将制定融资租赁公司、商业保理公司、典当行业务经营和监管规则职责划给中国银行保险监督管理委员会履行。原来银监会和保监会对银行业和保险业重要法律法规和监管制度的拟定职责划拨给人民银行。"一委一行两会"的监管体系基本确立。

第三节 宏观审慎管理

国际金融危机爆发后,国际社会深刻认识到原有的金融监管体系主要关注单个金融机构的稳健运营,未能从系统性、逆周期的视角防范金融风险的积累和传播。由此,主要经济体纷纷改革国内金融监管体制,加强宏观审慎管理。2016年,中国作为G20轮值主席国,要求IMF、FSB和BIS总结各国有效宏观审慎政策的核心要素和良好实践经验。为此,三家组织联合撰写了报告《有效宏观审慎政策要素:国际经验与教训》,对宏观审慎政策的内涵、目标、组织结构安排以及政策工具等进行系统研究和分析,为各国建立和完善有效的宏观审慎政策框架提供指引。[①]

---

① 本节内容主要参考了 IMF、FSB 和 BIS 联合撰写的《有效宏观审慎政策要素:国际经验与教训》一文。

一、宏观审慎管理的定义和目标

宏观审慎管理是指运用审慎性工具防范系统性风险的做法。

系统性风险是指由于金融体系的部分或全部功能受到破坏所引发的大规模金融服务中断,以及由此对实体经济造成的严重负面冲击。系统性风险有两个维度:一是时间维度,即金融风险随着时间不断积累最终导致金融体系的脆弱性增加;二是结构性维度,即在给定时点上,金融体系内金融机构和金融市场之间因相互关联所产生的风险。

宏观审慎政策的目标包括:一是通过建立并适时释放缓冲,提高金融体系应对冲击的能力;二是减缓资产价格和信贷间的顺周期性反馈,控制杠杆率、债务和不稳定融资的过度增长,防止系统性风险的不断累积;三是降低金融体系内部关联性可能带来的结构脆弱性,防范关键市场中重要金融机构的"大而不能倒"(too-big-to-fail)风险。

二、宏观审慎政策的机构安排

(一) 政策制定机构的治理结构和职责

虽然各国宏观审慎政策框架的差异说明并没有一个"放之四海而皆准"的模式,但目前公认,应该将宏观审慎管理职能明确赋予某一决策机构,确定其政策目标和权力。许多国家的经验表明,央行由于具备专业知识、采取政策措施的内在动力和独立性,在宏观审慎政策制定中扮演重要角色。可采取的模式包括由央行董事会(或行长)直接制定宏观审慎政策,由央行行长担任宏观审慎政策制定委员会主席,明确赋予央行向宏观审慎政策制定机构提出政策建议的权力,或确立央行在系统重要性金融机构监管中的主导地位等。在央行或宏观审慎政策制定委员会中设立金融稳定职能部门,负责监测分析系统性风险并对政策制定提出建议,可以为有效宏观审慎政策提供支持。

(二) 政策制定机构相关权力

为确保政策的有效实施,应明确赋予宏观审慎政策制定机构相应的权力,主要包括:从其他部门获取信息、弥补数据缺口的权力;影响监管政策实施和调整的权力;影响系统重要性金融机构(SIFIs)认定的权力;以及建议调整监管范围的权力等。权力强度上可以分为三种:一种是"硬性权力",即宏观审慎政策制定机构能够直接运用宏观审慎政策工具或指导其他监管部门的行为。这一模式可以有效减少政策落实阻力。第二种是"半硬性权力",即宏观审慎政策制定机构可以对其他监管部门提出正式政策建议,且监管部门须服从建议或做出解释。这种模式的优点是能在保持监管部门独立性的同时,提高宏观审慎政策建议被执行的概率。第三种是"软权力",即宏观审慎政策制定机构可以提出政策建议、发出警示或表达观点。单独的"软权力"不足以构成有效宏观审慎政策框架,须与其他权力配合使用。

三、宏观审慎政策操作

(一) 系统性风险分析与监测

对系统性风险的分析监测基于两个维度。从时间维度看,需要关注的问题包括信贷总量或资产价格过快增长所可能引发的实体经济脆弱性,实体经济中个别部门的脆弱性,金融体系的期限、币种错配引发的系统性风险等。从结构性维度看,主要关注在给定时点上不同类型金融机构以及金融市场基础设施间的相互关联可能带来的风险,以及个别机构倒闭对金融体系产生的冲击。多数国家使用一系列指标来对系统性风险进行综合分析判断,宏观审慎压力测试也可以与早期预警指标一起为决策提供支持。

(二) 构建宏观审慎政策工具

与风险相对应,宏观审慎政策工具也分为两个维度。从时间维度看,可以要求金融机构在系统性风险积累时建立风险缓冲,在面临冲击时释放缓冲,主要政策工具包括动态拨备要求和逆周期资本缓冲(CCyB)等通用资本工具,针对特定行业的资本要求和风险敞口上限等资产侧工具,以及准备金要求、流动性覆盖比率、核心融资比率和存贷比上限等流动性工具。从结构维度看,可以提高 SIFIs 抗风险能力,降低金融体系的相互关联度,主要政策工具包括识别系统重要性银行和保险机构,加强其损失吸收能力,增强可处置性;增强金融市场基础设施抗风险能力,制订恢复和处置计划等。

四、宏观审慎政策框架的三种主要组织结构模式

宏观审慎政策框架组织结构模式有三种。一是将宏观审慎职责赋予中央银行,由央行董事会或行长做出决策。如果监管机构独立于央行之外,则需要建立跨部门的协调机制(加上财政部)。二是将宏观审慎职责赋予央行内设的专门委员会。这一做法有利于防范央行的双重职能(货币政策和宏观审慎)间的潜在冲突,同时也可以允许微观审慎监管部门的代表及外部专家参与政策制定。三是将宏观审慎职责赋予一个独立于央行之外的跨部门委员会,通过政策协调、信息共享、共同研究系统性风险的方式来制定和实施宏观审慎政策。

五、主要国家和地区加强宏观审慎管理的进展

(一) 美国

系统性风险监测和评估。金融稳定监督委员会(FSOC)于 2016 年 6 月发布年报,认为在全球经济增速放缓、商品市场供给过剩、汇率升值、其他国家货币政策溢出效应等因素影响下,美国金融体系面临一系列潜在风险。主要包括:网络安全影响金融体系关键服务功能;资产管理产品存在流动性、杠杆率、可处置性等方面的风险;大型金融机构存在资本充足、流动性和可处置性方面的风险;中央清算对手方与其清算对手的关联性风险上升;大额融资市场稳定性仍显不足;市场参与者仍然过度依赖 LIBOR 等参考利率;金融市场数据收集和监管机构数据共享仍不充分;住房融资改革立法滞后;国内外长期低利率环境导致市场参与者过度依赖短期融资,推升杠杆,承担更高风险;部分机构在固定收益市场使用自动交易系统开展交易,可能影响金融稳定。

逆周期资本要求。2016 年 9 月,美联储发布巴塞尔协议Ⅲ CCyB 政策实施框架。作为 Q 条例(美国联邦法规第 12 章第 217 条)的附件,CCyB 框架适用于所有使用高级法资本框架、总资产大于 2 500 亿美元或境外风险敞口超过 100 亿美元的银行业金融机构。美联储通过多种方法评估金融风险,并据此设定和调整 CCyB 标准。如无另行规定,美国 CCyB 生效后 12 个月将自动降为 0。2016 年,美联储还提高了适用 CCyB 要求的大型银

行业金融机构压力测试标准。

系统重要性金融机构监管。2016年3月，美联储提议出台规则，规范大型银行业金融机构对单一交易对手的信贷集中度。2016年5月，美联储提议出台一项新规，要求美国G-SIBs和外资G-SIBs的美国分支机构修改金融合同条款，在其进入破产程序后48小时内交易对手不得解除合同，以防止出现大规模解除合约，引发资产甩卖。2016年12月，美联储通过新规，要求美国G-SIBs和外资G-SIBs的美国分支机构自2019年起需保留足够规模、能在处置时转化为股权的长期负债，同时还需满足相应的TLAC要求。此外，美联储、货币监理署等六个监管部门联合起草了华尔街薪酬管制新规，要求大型金融机构递延高级管理人员薪酬奖金4年，并且如果在7年中发现高管行为损害了机构和投资者合法权益，可以追回已支付的奖金。

(二) 英国

宏观审慎政策制定。金融政策委员会(FPC)认为，2016年英国金融体系的不稳定因素主要来自脱欧公投的后续影响，使得全球和英国经济前景的不确定性加大。英国房地产市场风险凸显，经常账户赤字达到历史高位，英镑汇率自脱欧公投后下跌12%，住户部门债务率偏高。基于上述对金融风险的判断，7月，FPC将CCyB要求由3月设定的0.5%下调为0，此后进一步决定将该水平维持至2017年年中。同时，为避免出现银行囤积资本和出现惜贷行为，FPC还建议审慎监管局(PRA)下调对金融机构的监管资本缓冲要求。FPC的其他政策建议还包括：将准备金存款从银行的杠杆率计算中予以扣除；允许审慎监管局在适用保险业偿付能力监管新规时给予保险公司一定的灵活性。

银行业压力测试。2016年3月，英格兰银行开展了第三次银行业压力测试，测试对象a贷款规模占全部贷款的80%。此次压力测试采用了2015年10月英格兰银行发布的《银行体系压力测试方法》，压力情景的设置较以前更为严格。在重度压力情景下，系统性的总损失将达到440亿英镑，是2008年国际金融危机期间的5倍。7家银行的总体一级资本充足率将下降至8.4%，高于2014年和2015年压力测试中7.4%的水平。总体来看，境外业务和公司业务较多的银行受到的影响相对较大，而劳埃德银行、国民建筑协会和桑坦德银行这三家主要在国内市场经营的银行受到的冲击相对较小。同时，英格兰银行还基于银行的最低资本监管要求(Hurdle Rate)框架，对各家银行的资本充足情况进行了测试。结果表明，苏格兰皇家银行、巴克莱银行和渣打银行在压力情景下资本严重不足，需要采取措施改善其资本状况。

(三) 欧盟

系统性风险监测和评估。欧洲系统性风险委员会(ESRB)发布年度风险监测报告，指出当前受全球长期低利率环境和地缘政治不确定性影响，欧洲面临四大潜在金融风险：较低的市场流动性放大了全球金融市场风险溢价的重新定价程度；银行和保险机构的资产负债表健康程度仍不容乐观；公共部门、企业和居民部门的债务可持续性进一步恶化；影子银行部门的持续快速扩张可能对金融体系造成潜在冲击。

宏观审慎政策制定和执行。ESRB指导成员国实施CCyB政策，要求成员国按季度计算信贷/GDP和其长期趋势值的偏离度，根据计算结果设定并公开CCyB基准水平，并结合国内系统性风险情况进一步调整CCyB标准。欧洲央行(ECB)可根据需要设定比成员国更高的 CCyB 标准。欧盟的 CCyB 监管互认范围为所有欧盟成员国,最高互认标准为 2.5%。ESRB 将欧盟银行业在该国的风险加权资产、总资产或违约敞口其中之一占比超过 1% 的非欧盟国家认定为"实质第三国",对其使用同样的监管互认标准。

发布宏观审慎公报。2016 年 3 月,欧央行发布第一期宏观审慎公报,阐述了单一监管机制下欧央行的宏观审慎职责,讨论了欧央行宏观审慎政策目标、实现途径、政策工具、管理架构等,介绍了家庭贷款发放标准评估模型、银行早期预警模型等宏观审慎政策分析工具。10 月,欧央行发布第二期宏观审慎公报,从系统重要性银行压力测试的宏观审慎效果、宏观审慎政策分析与工具、高频交易和暗池交易监管等方面介绍了欧元区宏观审慎政策进展情况。

影子银行监测。2016 年 7 月,ESRB 发布首份欧盟影子银行监测报告,指出近年来欧盟影子银行快速发展,截至 2015 年底,规模已达 37 万亿欧元,占欧盟金融部门总资产的 36%,达到欧盟 GDP 的 250%。其中,欧元区影子银行规模达 28 万亿欧元,相比 2012 年底增长了 27%。影子银行快速发展推升了金融杠杆,增加了金融体系的关联性风险,特别是部分对冲基金、房地产市场基金和货币市场基金存在潜在风险隐患。

银行业压力测试。欧洲银行业监管局(EBA)参考 ESRB 提供的压力情景,对来自 15 个国家的 51 家银行(37 家欧洲单一监管机制监管的银行和 14 家来自丹麦、英国等欧洲经济区的银行)开展了压力测试。结果表明,在最强冲击下,2018 年这些银行的资本充足率将比 2015 年下降 3.4 个百分点,总杠杆率将由 5.2% 下降至 4.2%,消耗资本 2 260 亿欧元,最大信贷损失达 3 490 亿欧元,7 家银行杠杆率低于 3%。

六、我国宏观审慎管理的实践

宏观审慎政策框架的内涵极其丰富,根据 IMF、FSB 和 BIS 的研究,这一概念包含合理的机构安排、系统性风险的分析与监测以及一系列宏观审慎政策工具的使用。现阶段我国经济正处于结构调整和转型升级时期,结构性矛盾较为突出,凸显了改革并建立适应现代金融市场发展的金融监管框架、强化宏观审慎政策的必要性。为此,我国应不断完善宏观审慎政策框架,从基于多部门合作的机构安排制度的完善、风险监测识别框架的不断健全、政策工具的运用与校准等多个方面,全流程、多维度维护金融稳定,牢牢守住不发生系统性风险的底线。

(一)进一步完善金融监管协调机制

2016 年,金融监管协调部际联席会议(以下简称联席会议)继续深入推进金融监管政策、措施、行动的统筹协调,不断增强金融监管合力和有效性,在防范系统性金融风险和促进金融更好地服务实体经济等方面发挥了积极作用。一是推动构建跨市场金融风险监测分析框架,健全金融监管部门之间的风险通报机制,研究推进统筹金融基础设施监管和金融业综合统计管理。二是推动规范保险机构跨行业跨市场发展,强化万能险监管,规范保险公司举牌行为,加强保险资金股票投资和境外投资监管。三是加强对实业企业投资金融业的监管协调,研究对实业企业设立的金融控股公司的监管安排,推动制订金融控股公司监管规则。四是促进新兴金融业态规范发展,推动建立更为规范的资产管理产品标准规制,研究制定《互联网金融领域专项整治工作实施方案》,推动建立适应互联网金融活动特点的市场准入和日常监管制度。五是着力整顿金融秩序,明确民间金融理财业务的监管职责分工,研究确定进一步规范场外配资、清理杠杆融资的工作措施,推动加强对地方交易场所的监督管理,督促商业银行、第三方支付机构与地方交易场所规范开展业务合作。

2017年7月召开的全国金融工作会议强调把防控金融风险作为金融工作的三项重要任务之一,提出要加强宏观审慎管理制度建设,设立国务院金融稳定发展委员会,并强化人民银行宏观审慎管理和系统性风险防范职责。党的十九大报告明确提出健全货币政策和宏观审慎政策双支柱调控框架。宏观审慎评估(MPA)是中国在构建和完善宏观审慎政策框架方面所做的重要探索和实践,是中央银行加强系统性金融风险防范的重要工具和抓手,在防范系统性金融风险、维护金融稳定方面发挥了重要作用。

(二) 加强系统性风险监测与评估

加强银行、证券、保险业金融机构和具有融资功能的非银行金融机构的监测评估和现场检查工作。组织商业银行和证券公司开展金融稳定压力测试,不断扩大压力测试覆盖范围。持续加强对重点领域和突出问题的风险监测和排查,对银行业不良贷款反弹和利润增长持续承压,资产管理业务、股权众筹和私募基金风险,保险资金运用等问题进行重点研究。加强对大型有问题企业的风险监测,及时处理重大风险事件,加强对宏观经济形势、区域金融风险及特定行业趋势研判。

(三) 有效使用并完善宏观审慎政策工具

G-SIFIs处置机制继续加强。工商银行、农业银行、中国银行、建设银行和中国平安保险集团5家被识别为G-SIFIs的机构均按照FSB要求建立了危机管理小组(CMG),制定并按年度更新其恢复和处置计划(RRP)。中国平安保险集团已完成首轮可处置性评估(RAP),中国银行和工商银行已完成第二轮RAP,农业银行已完成第一轮RAP,建设银行于2017年开展首轮RAP。

宏观审慎评估体系(MPA)有效运行。为进一步完善宏观审慎政策框架,自2016年起,人民银行将差别准备金动态调整机制"升级"为MPA,从资本和杠杆、资产负债、流动性、定价行为、资产质量、跨境业务风险、信贷政策执行情况七个方面引导银行业金融机构加强自我约束和自律管理。人民银行还对指标构成、权重、相关参数等加以改进和完善。将原有"外债风险"指标扩充为"跨境业务风险",并相应增加了相关分项指标,适应资金跨境流动频繁的趋势;自2017年第一季度开始正式将表外理财纳入广义信贷范围,以合理引导金融机构加强对表外业务风险的管理。

人民银行初步建立了外汇和跨境资本流动的宏观审慎政策框架。一是建立并完善全口径跨境融资宏观审慎管理政策框架,企业和金融机构可在基于自身资本实力确定的上限内自主开展各类跨境融资业务,人民银行可根据宏观调控需要对金融机构和企业的跨境融资进行逆周期调节。二是对银行远期售汇采取宏观审慎措施,要求金融机构按其远期售汇(含期权和掉期)签约额的20%交存外汇风险准备金。三是对境外金融机构在境内金融机构存放执行正常存款准备金率,促进境外金融机构稳健经营。

房地产市场的逆周期调节进一步强化。完善因城施策的差别化住房信贷政策。督促商业银行调整优化信贷结构,加强审贷管理。管控房地产领域流入资金,引导资金更多流向实体经济。

专栏

我国资管业务发展及其监管挑战

自1991年中国出现第一只公募基金产品、2004年推出首只银行理财产品以来,资产管理业务快速发展,规模不断攀升,对促进直接融资市场发展、拓宽居民投资渠道、改进金融机构经营模式、支持实体经济融资需求发挥了积极作用。但是,规则差异、产品嵌套等问题也逐渐呈现,市场秩序有待规范,迫切需要进行顶层设计,将宏观审慎管理与微观审慎监管相结合,机构监管和功能监管相结合,统一同类产品的监管标准,切实防范跨行业、跨市场风险传递。

资产管理业务是指机构接受投资者委托,对受托的投资者财产进行投资和管理的金融服务,资产管理机构为委托人利益履行勤勉尽责义务并收取相应的管理费用,委托人自担投资风险并获得收益。改革开放30多年来,中国经济快速增长,居民财富和高净值人群不断增加,财富保值增值和多元化资产配置的要求大幅上升,企业对直接融资的需求日益增强,金融机构改进单一业务结构和盈利模式的要求也日益迫切。可以说,资产管理业务有效连通了投资与融资,其迅速发展是居民、企业、金融机构的共同需求。

2012年下半年以来,证券、基金、期货、保险等机构的资产管理业务快速发展,各类机构之间的跨行业资产管理合作日益密切,中国步入"大资管时代"。截至2016年年末,银行表内、表外理财产品资金余额分别为5.9万亿元、23.1万亿元;信托公司受托管理的资金信托余额为17.5万亿元;公募基金、私募基金、证券公司资产管理计划、基金及其子公司资产管理计划、保险资产管理计划的规模分别为9.2万亿元、10.2万亿元、17.6万亿元、16.9万亿元、1.7万亿元。剔除交叉持有的因素后,各行业金融机构资产管理业务总规模约60万亿元。

由于投资范围、资本计提、分级杠杆等监管标准在不同行业存在差异等因素,出现了不同金融机构相互合作、多层嵌套的资产管理业务模式。银行同业理财、银信合作、银证、银基合作、银保合作等层出不穷。

资产管理业务发展中需要关注的主要问题:其一是资金池操作存在流动性风险隐患;其二是产品多层嵌套导致风险传递;其三是影子银行面临监管不足;其四是刚性兑付使风险仍停留在金融体系;其五是部分非金融机构无序开展资产管理业务。这些都对当前的监管体系带来了挑战。

本 章 小 结

金融监管法即调整金融监管关系的法律规范的总称。当前,中国已经建立了相对完整的金融监管法律体系。在表现行形式上有法律、法规、规章和其他规范性文件各级层次;在监管领域上,涵盖了从金融机构的监管到金融市场的监管,从金融市场准入、业务运营到退出的监管,从实体到程序的监管,涵盖了中国现有金融市场的各类业务领域,也涵盖了各类金融机构，基本上实现了有法可依。

金融监管是指一个国家（地区）的中央银行及其他金融监督管理当局依据国家法规的授权对金融业实施监督管理。从金融监管的过程上划分，各国金融监管制度的基本内容包括事前、事中、事后三个方面。金融监管目标是金融监管行为要取得的最终效果或达到的最终目标，当前监管目标主要集中于金融机构的稳健运行和对金融消费者利益的保护。金融监管的原则是监管过程中监管当局的行为准则。有效的监管体系还取决于稳健且可持续的宏观经济政策；完善的公共基础设施；有效的市场约束和适度的系统性保护机制等外部因素。按金融机构的业务范围来划分，金融监管可以分为分业监管和混业监管；按监管职能的划分依据可以分为机构监管和功能监管；按监管所关注的领域和目标来划分，可以分为行为监管、宏观审慎管理和双峰监管。世界各国围绕功能监管实践以框架、立法、信息和平台为主要切入点，分工重构、政策协同、监管协调、金融消费者保护、立法支持、架构调整、信息共享、业界共治八个探索方向。当前我国要以防范系统性金融风险为底线，加强宏观审慎管理制度建设，加强功能监管，更加重视行为监管，形成了"一委一行两会"的金融监管结构。

宏观审慎管理是指运用审慎性工具防范系统性风险的做法。宏观审慎政策的目标是提高金融体系应对冲击的能力；减缓资产价格和信贷间的顺周期性反馈；降低金融体系内部关联性可能带来的结构脆弱性。应该将宏观审慎管理职能明确赋予某一决策机构，确定其政策目标和权力。系统性风险分析与监测和构建宏观审慎政策工具是宏观审慎政策操作的两个重要方面。近年来，主要国家和地区在加强宏观审慎管理方面进行了探索。

重 要 概 念

金融监管、机构监管、功能监管、行为监管、宏观审慎政策

习 题 与 思 考

1. 简述中国金融监管法律体系的构成。
2. 简述金融监管的主要模式。
3. 如何评价主要发达国家近10年来金融监管的新发展？
4. 当前我国金融监管现状及面临的挑战是什么？

参 考 文 献

1. Admati A R, Pfleiderer P. A theory of intraday patterns: Volume and price variability[J]. Review of Financial Studies, 1988, 1(1): 3-40.
2. Admati A R, Pfleiderer P. Divide and conquer: A theory of intraday and day-of-the-week mean effects[J]. Review of Financial Studies, 2000, 2(2): 189-223.
3. Admati A R. A noisy rational expectations equilibrium for multi-asset securities markets[J]. Econometrica, 1985: 629-657.
4. Aharony J, Swary I. Quarterly Dividend and Earnings Announcements and Stockholders' Returns: An Empirical Analysis[J]. The Journal of Finance, 1980, 35(1): 1-12.
5. Ahn H, Cao C, Choe H, et al. Decimalization and competition among stock markets: Evidence from the Toronto Stock Exchange cross-listed securities[J]. Journal of Financial Markets, 1998, 1(1): 51-87.
6. Allen, F and Gale D. A welfare comparison of the German and U.S. financial systems, Working paper (Wharton school), 1994a.
7. Amihud Y, Mendelson H. Dealership market: Market-making with inventory[J]. Journal of Financial Economics, 1980, 8(1): 31-53.
8. Amihud, Y, Mendelson, H. 1989, The effect of computer base trading on volatility and liquidity. In: Lucas H C & Schwartz R A (Eds.), The challenge of information technology for the securities markets, liquidity, volatility, and global trading (pp. 59-85). Homewood, IL: Dow Jones & Company, Inc.
9. Ariel R A. A Monthly Effect in Stock Returns[J]. Journal of Financial Economics, 1987, 18(1): 161-174.
10. Ariel R A. High Stock Returns before Holidays: Existence and Evidence on Possible Causes[J]. The Journal of Finance, 1990, 45(5): 1611-1626.
11. Asquith P, Mullins D W. The Impact of Initiating Dividend Payments on Shareholders' Wealth[J]. Journal of Business, 1983, 56(1): 77-96.
12. Asquith P. Merger Bids, Uncertainty, and Stockholder Returns[J]. Journal of Financial Economics, 1983, 11(1-4): 51-83.

13. Bachelier L. Théorie de la spéculation[D]. Annales Scientifiques De L École Normale Supérieure, 1900, 3: 21-86. (英译本见 Cootner P H. The Random Character of Stock Market Prices[M].Cambridge, MA: MIT press, 1964.)

14. Back K. Insider trading in continuous time[J]. Review of financial Studies, 1992, 5(3): 387-409.

15. Bagehot W. The only game in town[J]. Financial Analysts Journal, 1971, 27(2): 12-14.

16. Banz R W. The Relationship between Return and Market Value of Common Stocks [J]. Journal of Financial Economics, 1981, 9(1): 3-18.

17. Barberis N, Shleifer A, Vishny R. A Model of Investor Sentiment[J]. Journal of Financial Economics, 1998, 49: 307-343.

18. Basu S. The Investment Performance of Common Stocks in Relation to their Price/Earnings Ratio: A Test of the Efficient Market Hypothesis[J]. The Journal of Finance, 1977, 32(3): 663-682.

19. Basu S. The Relationship between Earnings' Yield, Market Value and Return for NYSE Common Stocks: Further Evidence[J]. Journal of Financial Economics, 1981, 12(1): 129-156.

20. Bessembinder H. Trade Execution Costs and Market Quality after Decimalization [J]. Journal of Financial and Quantitative Analysis, 2003, 38(4): 747-777.

21. Black F, Kaplan R S. Yes, Virginia, There Is Hope: Tests of the Value Line Ranking System[J]. Financial Analysts Journal, 1973, 29(5): 10-92.

22. Black, F. Towards a fully automated exchange, part I, Financial Analysts Journal, 1971, 27(29-35): 44.

23. Bloomfield R J, Ohara M. Market Transparency: Who Wins and Who Loses? [J]. Review of Financial Studies, 1999, 12(1): 5-35.

24. Blume M E, Friend I. A New Look at the Capital Asset Pricing Model[J]. The Journal of Finance, 1973, 28(1): 19-34.

25. Bodie Z. Common Stocks as a Hedge against Inflation[J]. The Journal of Finance, 1976, 31(2): 459-470.

26. Bradley M. Interfirm Tender Offers and the Market for Corporate Control[J]. Journal of Business, 1980, 53(4): 345-376.

27. Breeden D T. An Intertemporal Asset Pricing Model with Stochastic Consumption and Investment Opportunities[J]. Journal of Financial Economics, 1979, 7(3): 265-296.

28. Brown D P, Jennings R H. On technical analysis[J]. The Review of Financial Studies, 1989, 2(4): 527-551.

29. Caballe J, Krishnan M. Imperfect competition in a multi-security market with risk neutrality[J]. Econometrica, 1994, 62(3): 695-704.

30. Campbell J Y, Froot K. International experiences with securities transaction taxes [J]. Nber Working Papers, 1993, 34(1).
31. Campbell J Y, Shiller R J. Stock Prices, Earnings, and Expected Dividends[J]. The Journal of Finance, 1988, 43(3): 661-676.
32. Carhart M M. On Persistence in Mutual Fund Performance[J]. The Journal of Finance, 1997, 52(1): 57-82.
33. Chakravarty S, Harris F H D, Wood R A. Do Bid-Ask Spreads Or Bid and Ask Depths Convey New Information First? [J]. Econometrics, 2002.
34. Chamberlain G, Rothschild M. Arbitrage, Factor Structure, and Mean-Variance Analysis on Large Asset Markets[J]. Econometrica, 1983, 51(5): 1281-1304.
35. Chan K C, Chen N F. An Unconditional Asset-pricing Test and the Role of Firm Size as an Instrumental Variable for Risk[J]. The Journal of Finance, 1988, 43(2): 309-325.
36. Chan L K C, Hamao Y, Lakonishok J. Fundamentals and Stock Returns in Japan [J]. The Journal of Finance, 1991, 46(5): 1739-1764.
37. Chan L, Jegadeesh N, Lakonishok J. Momentum Strategies. NBER Working Paper, 1995, No.5375.
38. Chang E C, Lewellen W G. Market Timing and Mutual Fund Investment Performance[J]. Journal of Business, 1984, 57(1): 57-72.
39. Charest G. Dividend Information, Stock Returns and Market Efficiency-II[J]. Journal of Financial Economics, 1978, 6(2-3): 297-330.
40. Chen N F, Roll R, Ross S A. Economic Forces and the Stock Market[J]. Journal of Business, 1986, 59(3): 383-403.
41. Cochrane J H. Asset Pricing: (Revised Edition) [M]. Princeton University Press, 2009.
42. Cohen K J, Maier S F, Schwartz R A, et al. Transaction costs, order placement strategy, and existence of the bid-ask spread[J]. The Journal of Political Economy, 1981: 287-305.
43. Connor G, Korajczyk R A. Risk and Return in an Equilibrium APT: Application of a New Test Methodology[J]. Journal of Financial Economics, 1988, 21(2): 255-289.
44. Conrad J, Kaul G. Time-variation in Expected Returns[J]. Journal of Business, 1988: 409-425.
45. Copeland T E, Galai D. Information effects on the bid-ask spread[J]. The Journal of Finance, 1983, 38(5): 1457-1469.
46. Copeland T E, Mayers D. The value line enigma: A Case Study of Performance Evaluation Issues[J]. Journal of Financial Economics, 1982, 10(3): 289-321.
47. Cowles A. Can Stock Market Forecasters Forecast? [J]. Econometrica: Journal of the Econometric Society, 1933: 309-324.

48. Cross F. The Behavior of Stock Prices on Fridays and Mondays[J]. Financial Analysts Journal, 1973, 29(6): 67-69.
49. Cutler D M, Poterba J M, Summers L H. Speculative Dynamics. Review of Economic Studies, 1991, 58 (3): 529-546.
50. Daniel K, Titman S. Evidence on the Characteristics of Cross Sectional Variation in Stock Returns[J]. The Journal of Finance, 1996, 52(1): 1-33.
51. De Bondt W F M, Thaler R H. Further Evidence on Investor Overreaction and Stock Market Seasonality[J]. The Journal of Finance, 1987: 557-581.
52. De Bondt W F, Thaler R H. Does the Stock Market Overreact[J]. The Journal of Finance, 1985, 40: 793-805.
53. DeBondt W F M, Thaler R. Does the Stock Market Overreact? [J]. The Journal of Finance, 1985, 40(3): 793-805.
54. Demirgüç-Kunt A. and R. Levine, 2000, "Bank Concentration: Cross-Country Evidence", World Bank Global Policy Forum Working Paper.
55. Demsetz H. The cost of transacting[J]. The Quarterly Journal of Economics, 1968: 33-53.
56. Diamond D W, Verrecchia R E. Information aggregation in a noisy rational expectations economy[J]. Journal of Financial Economics, 1981, 9(3): 221-235.
57. Dodd P, Ruback R. Tender Offers and Stockholder Returns: An Empirical Analysis [J]. Journal of Financial Economics, 1977, 5(3): 351-373.
58. Dodd P. Merger Proposals, Management Discretion and Stockholder Wealth[J]. Journal of Financial Economics, 1980, 8(2): 105-137.
59. Easley D, O'Hara M, Yang L. Opaque trading, disclosure, and asset prices: Implications for hedge fund regulation[J]. Review of Financial Studies, 2014, 27 (4): 1190-1237.
60. Easley D, O'Hara M. Price, trade size, and information in securities markets [J]. Journal of Financial economics, 1987, 19(1): 69-90.
61. Easley D, O'Hara M. Time and the process of security price adjustment[J]. The Journal of Finance, 1992, 47(2): 577-605.
62. Fama E F, Fisher L, Jensen M C, et al. The Adjustment of Stock Prices to New Information[J]. International Economic Review, 1969, 10(1): 1-21.
63. Fama E F, French K R. A Five-factor Asset Pricing Model[J]. Journal of Financial Economics, 2015, 116(1): 1-22.
64. Fama E F, French K R. Common Risk Factors in the Returns on Stocks and Bonds [J]. Journal of Financial Economics, 1993, 33(1): 3-56.
65. Fama E F, French K R. Dividend Yields and Expected Stock Returns[J]. Journal of Financial Economics, 1988, 22(1): 3-25.
66. Fama E F, French K R. Multifactor Explanations of Asset Pricing Anomalies

[J]. The Journal of Finance, 1996, 51(1): 55-84.

67. Fama E F, French K R. Permanent and Temporary Components of Stock Prices [J]. Journal of Political Economy, 1988, 96(2): 246-273.

68. Fama E F, French K R. Permanent and Temporary Components of Stock Returns [J]. Journal of Political Economy, 1988, 96: 246-273.

69. Fama E F, French K R. The Cross-Section of Expected Stock Returns[J]. The Journal of Finance, 1992, 47(2): 427-465.

70. Fama E F, Macbeth J D. Risk, Return, and Equilibrium: Empirical Tests[J]. Journal of Political Economy, 1973, 81(3): 607-636.

71. Fama E F, Schwert G W. Asset Returns and Inflation[J]. Journal of Financial Economics, 1977, 5(2): 115-146.

72. Fama E F. Efficient Capital Markets: A Review of Theory and Empirical Work [J]. The Journal of Finance, 1970, 25(2): 383-417.

73. Fama E F. Efficient Capital Markets: II [J]. The Journal of Finance, 1991, 46(5): 1575-1617.

74. Fama E F. Stock Returns, Real Activity, Inflation, and Money[J]. The American Economic Review, 1981, 71(4): 545-565.

75. Fama E F. The Behavior of Stock-market Prices[J]. The Journal of Business, 1965, 38(1): 34-105.

76. Fisher I. The Money Illusion. The Works of Irving Fisher Vol. Picking & Chatto Publisher, 1928.

77. Foster F D, Viswanathan S. A theory of the interday variations in volume, variance, and trading costs in securities markets[J]. Review of Financial Studies, 1990, 3(4): 593-624.

78. French K R. Stock Returns and the Weekend Effect [J]. Journal of Financial Economics, 1980, 8(1): 55-69.

79. Froot, Scharfstein and Stein. Herd on the Street: Information Inefficient in a Market with Short Term Speculation[J]. The Journal of Finance, 1992, 47: 1461-1484.

80. Garman M B. Market microstructure[J]. Journal of Financial Economics, 1976, 3(3): 257-275.

81. Gemmill G. Transparency and Liquidity: A Study of Block Trades on the London Stock Exchange under Different Publication Rules[J]. The Journal of Finance, 1996, 51(5): 1765-1790.

82. Gibbons M R, Hess P. Day of the Week Effects and Asset Returns[J]. Journal of Business, 1981: 579-596.

83. Glosten L R, Milgrom P R. Bid, ask and transaction prices in a specialist market with heterogeneously informed traders[J]. Journal of Financial Economics, 1985, 14(1): 71-100.

84. Grossman S. On the efficiency of competitive stock markets where trades have diverse information[J]. The Journal of Finance, 1976, 31(2): 573-585.
85. Grundy B D, McNichols M. Trade and the revelation of information through prices and direct disclosure[J]. The Review of Financial Studies, 1989, 2(4): 495-526.
86. Han B, Tang Y, Yang L. Public information and uninformed trading: Implications for market liquidity and price efficiency[J]. Journal of Economic Theory, 2016, 163: 604-643.
87. Harris L. A Transaction Data Study of Weekly and Intradaily Patterns in Stock Returns[J]. Journal of Financial Economics, 1986, 16(1): 99-117.
88. He H, Wang J. Differential information and dynamic behavior of stock trading volume[J]. The Review of Financial Studies, 1995, 8(4): 919-972.
89. Hellwig M F. On the aggregation of information in competitive markets[J]. Journal of Economic Theory, 1980, 22(3): 477-498.
90. Henriksson R D. Market Timing and Mutual Fund Performance: An Empirical Investigation[J]. Journal of Business, 1984, 57(1): 73-96.
91. Ho T S Y, Stoll H R. The dynamics of dealer markets under competition[J]. The Journal of Finance, 1983, 38(4): 1053-1074.
92. Ho T, Stoll H R. Optimal dealer pricing under transactions and return uncertainty[J]. Journal of Financial Economics, 1981, 9(1): 47-73.
93. Hodges S D, Brealey R A. Portfolio Selection in Dynamic and Uncertain Word[J]. Financial Analyst Journal, 1973(3-4).
94. Holden C W, Subrahmanyam A. Long-lived private information and imperfect competition[J]. The Journal of Finance, 1992, 47(1): 247-270.
95. Hou K, Xue C, Zhang L. Digesting Anomalies: An Investment Approach[J]. The Review of Financial Studies, 2015, 28(3): 650-705.
96. Huberman G, Kandel S. Market Efficiency and Value Line's Record[J]. Journal of Business, 1990, 63(2): 187-216.
97. Huberman G, Kandel S. Value Line Rank and Firm Size[J]. Journal of Business, 1987, 60(4): 577-589.
98. Hudgins S. C. and P. S. Rose, 2010, Bank Management & Financial Services, 8th ed.ed. McGraw-Hill/Irwin. Boston.
99. Ippolito R A. Efficiency with Costly Information: A Study of Mutual Fund Performance, 1965-1984[J]. Quarterly Journal of Economics, 1989, 104(1): 1-23.
100. Jaffe J F. Special Information and Insider Trading[J]. Journal of Business, 1974, 47(3): 410-428.
101. James W. Principle of Psychology[M]. New York, Dover Publications, 1890.
102. Jeffrey F J, Mandelker G. The "Fisher Effect" for Risky Assets: An Empirical

Investigation[J]. The Journal of Finance, 1976, 31(2): 447-458.
103. Jegadeesh N, Titman S. Returns to Buying Winner and Selling Losers: Implication for Stock Market Efficiency[J]. The Journal of Finance, 1993, 48 (1): 65-91.
104. Jensen M C, Black F, Scholes M S. The Capital Asset Pricing Model: Some Empirical Tests [J]. Social Science Electronic Publishing, 1972, 94(8): 4229-4232.
105. Kahneman D, Tversky A. The Framing of Decisions and the Psychology of Choice [J]. Science, 1981, New Series, 453-458.
106. Kahneman D, Knetsch J L, Thaler R H. Fairness and the Assumptions of Economics[J]. Journal of Business, 1986, 59: S285-S300.
107. Keim D B, Madhavan A. Anatomy of the Trading Process: Empirical Evidence on the Behavior of Institutional Traders[J]. Journal of Financial Economics, 1995, 37(3): 371-398.
108. Kendall M G. The Analysis of Economic Time-series Part I: Prices[J]. Journal of the Royal Statistical Society. Series A (General), 1953, 116(1): 11-34.
109. King B. Bank 3.0: Why Banking is No Longer Somewhere You Go but Something You Do[M]. John Wiley & Sons, 2012.
110. Knetsch J L. The Endowment Effect and Evidence of Nonreversible indifference curves[J]. The American Economic Review, 1989, 79(5): 1277-1284.
111. Kyle A S. Continuous auctions and insider trading[J]. Econometrica, 1985: 1315-1335.
112. Kyle A S. Market Structure, Information, Futures Markets, and Price Formation [J]. International Agricultural Trade Advanced Reading in Price Formation, Market Structure and Price Instability. 1984: 45-64.
113. LaPorta, Rafael, Florencio Lopez-de-Silanes, Andrei Shleifer, and Robert W Vishny[J]. "Law and Finance." Journal of Political Economy, 1998, 106(6): 1113-1155.
114. Lettau M, Ludvigson S. Consumption, Aggregate Wealth, and Expected Stock Returns[J]. The Journal of Finance, 2001, 56(3): 815-849.
115. Liu P, Smith S D, Syed A A. Stock Price Reactions to the Wall Street Journal's Securities Recommendations[J]. Journal of Financial & Quantitative Analysis, 1990, 25(3): 399-410.
116. Lloyd-Davies P, Canes M. Stock Prices and the Publication of Second-Hand Information[J]. Journal of Business, 1978, 51(1): 43-56.
117. Lo A W, MacKinlay A C. Stock Market Prices do not Follow Random Walks: Evidence from a Simple Specification Test[J]. The Review of Financial Studies, 1988, 1(1): 41-66.
118. Lucas R E. Asset Prices in an Exchange Economy[J]. Econometrica, 1978, 46(6):

1429-1445.

119. Mandelker G. Risk and Return: The Case of Merging Firms[J]. Journal of Financial Economics, 2006, 1(4): 303-335.

120. Mayhew S. Implied Volatility[J]. Financial Analysts' Journal, 1995, 51(4): 8-20

121. Mehra R, Prescott E C. The Equity Premium: A Puzzle[J]. Journal of Monetary Economics, 1985, 15(2): 145-161.

122. Mishkin F. S. The Economics of Money, Banking, and Financial Markets[M]. 9th ed. Pearson/Addison Wesley. Boston, 2009.

123. Nelson C R. Inflation and Rates of Return on Common Stocks[J]. The Journal of Finance, 1976, 31(2): 471-483.

124. O'Barr W M, Conley J M. Fortune and Folly: The Wealth and Power of Institutional Investing[J]. Homewood: Irwin, 1992.

125. O'Hara M, Oldfield G S. The microeconomics of market making[J]. Journal of Financial and Quantitative analysis, 1986, 21(04): 361-376.

126. O'Hara M. Market microstructure theory[M]. Cambridge, MA: Blackwell, 1995. (中译本: O'Hara.杨之曙.市场的微观结构理论[M].北京:中国人民大学出版社,2007.)

127. Pastor L, Stambaugh R F. Liquidity Risk and Expect Stock Returns[J]. Social Science Electronic Publishing, 2003.

128. Philippon T. "The Fintech Opportunity", National Bureau of Economic Research Working Paper, 2016.

129. Poterba J M, Summers L H. Mean Reversion in Stock Prices: Evidence and Implications[J]. Journal of Financial Economics, 1988, 22(1): 27-59.

130. Roberts H V. Stock-Market "Patterns" and Financial Analysis: Methodological Suggestions[J]. The Journal of Finance, 1959, 14(1): 1-10.

131. Rochet J C, Vila J L. Insider trading without normality[J]. The Review of Economic Studies, 1994, 61(1): 131-152.

132. Ross L. The Problem of Construal in Social Inference and Social Psychology.// Grumberg N, Nisbett R E, Singer J. A Distinctive Approach to Psychological Research: The Influence of Stanley Schachter. Hillsdale, NJ: Erlbaum, 1987.

133. Rozeff M S. Dividend Yields are Equity Risk Premiums[J]. The Journal of Portfolio Management, 1984, 11(1): 68-75.

134. Rubinstein M. The Valuation of Uncertain Income Streams and the Pricing of Options[J]. The Bell Journal of Economics, 1976: 407-425.

135. Saar G. Price Impact Asymmetry of Block Trades: An Institutional Trading Explanation[J]. Review of Financial Studies, 2001, 14(4): 1153-1181.

136. Savage L J. The Sure-Thing Principle//Savage L J. The Foundation of Statistics [M]. New York: John Wiley, 1954: 21-26.

137. Schaeck K., M. Cihak and S. Wolfe. "Are Competitive Banking Systems More Stable?" [J]. Journal of Money, Credit and Banking, 2009, Vol. 41. No. 4, 711-734.

138. Seyhun H N. Insiders' Profits, Costs of Trading, and Market Efficiency[J]. Journal of Financial Economics, 1986, 16(2): 189-212.

139. Sharpe W F. Likely Gains from Market Timing[J]. Financial Analysts Journal, 1975 (3-4).

140. Shefrin H, Statman M. Behavioral Portfolio Theory (unpublished paper). Santa Clara University, 1994.

141. Shefrin H, Thaler R H. The Behavioral Life-Cycle Hypothesis. Economic Inquiry, 1988.

142. Shiller R J. Do Stock Prices Move Too Much to be Justified by Subsequent Changes in Dividends? [J]. American Economic Review, 2001, 71 (3): 421-436.

143. Shiller R J. Stock Prices and Social Dynamics. Brookings Papers on Economic Activity, II, 1984: 457-498; Shiller R J. Fashions, Fads and Bubbles in Financial Markets Jack Coffee. Knight, Raiders and Targets: The Impact of the Hostile Takeover[M].: Oxford: Oxford University Press, 1987.

144. Shiller R J. Stock Prices and Social Dynamics[J]. Brookings Papers on Economic Activity, 1984: 457-510.

145. Spiegel M, Subrahmanyam A. Informed speculation and hedging in a noncompetitive securities market[J]. Review of Financial Studies, 1992, 5(2): 307-329.

146. Stambaugh R F. Does the Stock Market Rationally Reflect Fundamental Values? Discussion[J]. The Journal of Finance, 1986, 41(3): 591-601.

147. Stoll H R. The supply of dealer services in securities markets[J]. The Journal of Finance, 1978, 33(4): 1133-1151.

148. Subrahmanyam A. Risk aversion, market liquidity, and price efficiency[J]. Review of Financial Studies, 1991, 4(3): 417-441.

149. Summers L H. Does the Stock Market Rationally Reflect Fundamental Values? [J]. The Journal of Finance, 1986, 41(3): 601-602.

150. Thaler R H and Shefrin H M. An Economic Theory of Self-Control[J]. Journal of Political Economy, 1981, 89(2): 392-406.

151. Thaler R H. Toward a positive theory of consumer choice[J]. Journal of Economic Behavior and Organization, 1980, 1: 39-60.

152. Tversky A, Kahneman D. Judgement under Uncertainty: Heurisitics and Biases[J]. Science, 1974, 185: 1124-1131.

153. Tversky A, Shafir E. The Disjunction Effect in Choice Under Uncertainty[J]. Psychological Science, 1992, 3(5): 305-309.

154. Verrecchia R E. Information acquisition in a noisy rational expectations economy

[J]. Econometrica,1982:1415-1430.

155. Wang J. A model of competitive stock trading volume[J]. Journal of political Economy,1994:127-168.

156. Weil P. The Equity Premium Puzzle and the Risk-free Rate Puzzle[J]. Journal of Monetary Economics,1989,24(3):401-421.

157. Working H. A Random-difference Series for Use in the Analysis of Time Series [J]. Journal of the American Statistical Association,1934,29(185):11-24.

158. [加] 约翰·C·赫尔.期权与期货市场基本原理[M].王勇等译,北京:机械工业出版社,2016.

159. Franklin, Allen, Douglas, Gale. 比较金融系统[M]. 北京:中国人民大学出版社,2002.

160. Madura J. Financial Institutions and Markets (8th Edition)[M].何丽芬译,北京:机械工业出版社,2010.

161. Mishkin F S and Eakins S G. Financial Markets & Institutions (7th Edition) [M].杜惠芬译,北京:中国人民大学出版社,2014.

162. Moorad, Choudhry.回购市场导论[M].北京:清华大学出版社,2010.

163. 斜利珍.证券中介组织[M].上海:上海人民出版社,2007.

164. 范适安,李瀚.期货经纪公司业务模式及创新初探[N].期货日报,2006-3-1.

165. 高建宁.我国证券发行监管制度及其有效性分析[M].南京:南京大学出版社,2008.

166. 何帅领.中国创业板市场理论与实务[M].北京:北京机械工业出版社,2002.

167. 何小锋,黄嵩.投资银行学(第二版)[M].北京:北京大学出版社,2008.

168. 胡海峰.现代投资银行学[M].北京:首都经济贸易出版社,2010.

169. 黄宪,江春编著.货币金融学[M].武汉:武汉大学出版社,2008.

170. 霍文文主编.金融市场学教程(第二版)[M].上海:复旦大学出版社,2010.

171. 荆涛.人寿与健康保险[M].北京:北京大学出版社,2011.

172. 李心丹.金融市场与金融机构[M].北京:中国人民大学出版社,2013.

173. 刘狄.证券市场微观结构理论与实践[M].上海:复旦大学出版社,2002.

174. 刘红忠,蒋冠.金融市场学[M].上海:上海财经大学出版社,2015.

175. 刘红忠,邵宇.金融市场学[M].北京:高等教育出版社,2005.

176. 刘红忠.投资学[M].北京:高等教育出版社,2014.

177. 刘逖.证券市场微观结构理论与实践[M].上海:复旦大学出版社,2002.

178. 刘颖,孙月秋.中国债券市场发展回顾与展望[J].中国货币市场,2008(12):9-14.

179. 禄正平.中国资本市场规制[M].上海:上海财经大学出版社,2007.

180. 美国芝加哥期权交易学院编.期权:基本概念与交易策略(第三版)[M].郭晓利,郑学勤译,北京:中国财政经济出版社,2006.

181. 潘功胜.关于利率市场化的宏观思考——利率市场化、银行资本充足性与金融市场结构[J].金融市场研究,2013(12):4-7.

182. 潘英丽.商业银行管理[M].北京:清华大学出版社,2006.

183. 任淮秀主编.投资银行学[M].北京:中国人民大学出版社,2006.
184. 任映国,徐洪才.投资银行学(第四版)[M].北京:经济科学出版社,2005.
185. 瑞士再保险.2016年度世界保险业:中国继续强劲增长[J].Sigma,2017(3):1-56.
186. 桑德斯,科尼特.金融机构管理:一种风险管理方法[M].北京:人民邮电出版社,2009.
187. 邵宇,秦培景.证券投资分析——来自报表和市场行为的见解[M].上海:复旦大学出版社,2009.
188. 盛松成,阮建弘,张文红.社会融资规模理论与实践[M].北京:中国金融出版社,2016.
189. 盛松成,翟春.中央银行与货币供给[M].北京:中国金融出版社,2016.
190. 宋国良主编.投资银行学[M].北京:人民出版社,2004.
191. 隋平,罗康."新三板"融资操作实务[M].北京:法律出版社,2012.
192. 孙国峰.货币政策框架转型与中国金融市场发展[J].清华金融评论,2016(1):30-33.
193. 陶梓锋.论中国金融监管"一行三会"制度的现状与发展[J].中国商论,2015(31):94-96.
194. 汪鑫主编.金融法学(第四版)[M].北京:中国政法大学出版社,2011.
195. 王春英,贾宁.中国外汇市场发展回顾与展望(上)[J].清华金融评论,2014(4):77-80.
196. 王春英,贾宁.中国外汇市场发展回顾与展望(下)[J].清华金融评论,2014(5):83-86.
197. 王国刚.中国创业板市场研究[M].北京:社会科学文献出版社,2002.
198. 吴腾华.金融市场学[M].上海:立信会计出版社,2004.
199. 吴志攀著.金融学概论(第五版)[M].北京:北京大学出版社,2011.
200. 谢百三,童鑫来.中国2015年"股灾"的反思及建议[J].价格理论与实践,2015(12).
201. 徐洪才主编.期货投资学[M].北京:首都经济贸易大学出版社,2014.
202. 徐孟洲著.金融法[M].北京:高等教育出版社,2007.
203. 徐文虎,陈冬梅.保险学[M].北京:北京大学出版社,2014.
204. 杨帆.人民币汇率制度历史回顾[J].中国经济史研究,2005(4):59-64.
205. 殷孟波著.货币金融学(第二版)[M].北京:中国金融出版社,2014.
206. 张连增.寿险精算[M].北京:中国财政经济出版社,2010.
207. 张文显主编.法理学(第三版)[M].北京:法律出版社,2007.
208. 张育军.上海证券交易所研究中心研究报告2011[M].上海:上海人民出版社,2012.
209. 赵洪军.证券监管体制的国际演变及对我国的启示[J].经济社会体制比较,2007(5):66-69.
210. 赵曙东.期货投资和期权[M].南京:南京大学出版社,2012.
211. 中国保险监督管理委员会.保险公司偿付能力监管规则(1—17号)文件(保监发〔2015〕22号)[R].http://www.circ.gov.cn/web/site0/tab5225/info3951923.htm,

2015年2月17日.
212. 中国保险监督管理委员会.中国第二代偿付能力监管制度体系整体框架(保监发〔2013〕42号)[R].http://www.circ.gov.cn/web/site0/tab5225/info244154.htm,2013年5月14日.
213. 中国证券业协会.证券发行与承销[M].北京：中国财政经济出版社,2011.
214. 中国证券业协会.证券市场基础知识[M].北京：中国财政经济出版社,2011.
215. 中国证券业协会.证券投资基金[M].北京：中国财政经济出版社,2011.
216. 朱崇实主编.金融法教程[M].北京：法律出版社,2005.
217. 朱大旗著.金融法[M].北京：中国人民大学出版社,1999.
218. 叶伟春.信托与租赁(第3版)[M].上海：上海财经大学出版社,2015.
219. 张自力,林力.中国货币市场运作导论[M].北京：经济科学出版社,2010.
220. 祁敬宇.金融监管学[M].西安：西安交通大学出版社,2013.
221. 郑杨等.全球功能监管实践与中国金融综合监管探索[M].上海：上海人民出版社,2016.

图书在版编目(CIP)数据

金融市场与机构/刘红忠,卢华编著.—上海:复旦大学出版社,2019.3(2024.1重印)
经管类专业学位研究生主干课程系列教材
ISBN 978-7-309-14159-7

Ⅰ.①金… Ⅱ.①刘…②卢… Ⅲ.①金融市场-研究生-教材②金融机构-研究生-教材 Ⅳ.①F830.9②F830.3

中国版本图书馆 CIP 数据核字(2019)第 021912 号

金融市场与机构
刘红忠　卢　华　编著
责任编辑/戚雅斯

复旦大学出版社有限公司出版发行
上海市国权路 579 号　邮编:200433
网址:fupnet@fudanpress.com　http://www.fudanpress.com
门市零售:86-21-65102580　团体订购:86-21-65104505
出版部电话:86-21-65642845
上海四维数字图文有限公司

开本 787 毫米×1096 毫米　1/16　印张 24.75　字数 543 千字
2024 年 1 月第 1 版第 2 次印刷

ISBN 978-7-309-14159-7/F·2545
定价:68.00 元

如有印装质量问题,请向复旦大学出版社有限公司出版部调换。
版权所有　侵权必究